L'INDUSTRIE

Paris. — Typographie SCHNEIDER ET LANGRAND, rue d'Erfurth, 1.

L'INDUSTRIE

EXPOSITION

DES

PRODUITS DE L'INDUSTRIE FRANÇAISE

EN 1844.

PARIS,

L. CURMER,

49, RUE RICHELIEU.

EXPOSITION

DES

PRODUITS DE L'INDUSTRIE FRANÇAISE

EN 1844.

INTRODUCTION. — LE PALAIS DE L'INDUSTRIE.

Voici la dixième exposition de l'industrie française depuis l'inauguration de ces luttes pacifiques où la défaite est presque une victoire pour les vaincus, puisqu'elle abrége leurs efforts de toute la distance parcourue par les vainqueurs. Quel vaste espace franchi, quelles nombreuses découvertes durant les quarante-cinq années qui nous séparent de cette mémorable solennité! A voir les résultats obtenus pendant ce court intervalle, ne semble-t-il pas que l'on ait devant les yeux l'ouvrage de plusieurs siècles? Est-ce la même nation? est-ce le même territoire? Il n'est peut-être pas une industrie qui n'ait été entièrement renouvelée. Mais c'est surtout depuis le rétablissement de la paix que nos progrès industriels ont pris une marche plus ferme et un développement plus large. L'exposition de 1806 ne comptait que mille quatre cent vingt-deux exposants ; celle de 1844 en réunit près de quatre mille. A ce signe, reconnaissons l'avénement d'une nouvelle puissance dans la direction de nos idées. Nous avons régné par la littérature, par la philosophie et par la guerre. Répondant à des besoins nouveaux, nous aspirons maintenant au sceptre de l'industrie ; et, fidèles à notre caractère national, nous ne mettrons pas, comme l'Angleterre, nos armées et notre politique à la solde de nos manufactures; mais nos travaux industriels se répandront d'eux-mêmes en Europe par la seule force que leur imprimera notre génie. Que de motifs pour souhaiter le maintien de cette paix féconde qui nous a donné de si riches moissons et qui nous en promet encore de plus abondantes ! Je ne sais quelle tristesse nous saisit malgré nous lorsque, songeant aux profondes complications des affaires présentes, nous jetons nos regards sur l'avenir. Entre l'exposition de 1844 et celle de 1849, quels événements s'accompliront ? Arriverons-nous par une route aussi facile à ce nouveau relais de l'industrie française ? Espérons que la paix continuera tranquillement sa tâche et abaissera les barrières élevées autour de chaque peuple par l'esprit de nationalité. Qu'il n'y ait plus désormais entre les États de l'Europe que des rivalités d'industrie, d'art et de littérature ; c'est le seul terrain sur lequel ils puissent parvenir à se rapprocher et à s'entendre. De quel pays est Raphaël, Laurent Coster, un des inventeurs de l'imprimerie, Shakspere, Newton, Descartes, Salomon de Caus, déclaré fou pour avoir découvert la toute-puissance de la vapeur, le mécanicien Vaucanson, Franklin, Joseph Montgolfier, Lavoisier, le créateur de la chimie moderne, Jacquard, Jenner, qui a trouvé la vaccine, Galvani, le premier observateur du fluide qui porte son nom ? Ne sont-ils pas tous frères par le génie, et leur patrie commune n'est-elle pas l'humanité ? Est-ce pour l'Angleterre que Newcommen et Watt ont perfectionné la machine à vapeur de Papin et de Savary ? Est-ce pour l'Allemagne que Leibnitz a pensé ? Est-ce pour la France que Georges Cuvier a réformé l'histoire naturelle, et qu'il a donné aux sciences deux nouvelles sœurs, l'anatomie comparée et la géologie ?

Non qu'il faille à l'instant même ouvrir toutes les frontières et proclamer la maxime des économistes du dix-huitième siècle : laissez faire et laissez passer. Sans doute une époque viendra où l'intérêt des peuples, mieux entendu, exigera l'abolition de ces droits prohibitifs que l'on peut encore appeler protecteurs. Alors tous les marchés seront accessibles à toutes les nations, à toutes les industries ; et de cette concurrence universelle naîtront de plus énergiques efforts, de plus promptes améliorations. Chaque pays ne se proposera plus de se suffire entièrement à lui-même et d'engager une lutte impossible avec des adversaires mieux favorisés par la nature. L'inégale répartition des besoins et des produits rapprochera les peuples, comme l'inégalité des intelligences et des fortunes rapproche les individus. Mais que d'années s'écouleront avant la réalisation de ce progrès ! que de graves désastres entraînerait l'exécution immédiate de cette réforme !

Ne soyons donc ni trop prompts ni trop lents, ne nous immobilisons point dans le passé, ne nous précipitons point trop violemment vers l'avenir ; soyons patients, car l'humanité ne meurt pas dans chacun de nous ; avançons, c'est autant de chemin que nous épargnerons à nos successeurs. Laissons notre industrie grandir et se fortifier à l'ombre des prohibitions et des tarifs ; mais ne permettons pas qu'elle s'y endorme. Protégeons-la contre les invasions des industries étrangères, mais ne l'élevons pas dans le complet oubli de ses rivales. Pour tout dire, exigeons d'elle qu'elle marche et qu'elle ne perde jamais de vue ce dernier mot de tout art industriel : faire le mieux et au meilleur marché possible.

Tels sont les motifs qui ont fait créer les expositions périodiques et qui les ont maintenues à travers les révolutions dont la France a été le théâtre depuis un demi-siècle. Nous ne comprenons donc pas les attaques dont cette institution est l'objet de la part de certains manufacturiers qu'elle a élevés sur le pavois, et qui maintenant la renient, soit parce qu'ils n'ont plus besoin d'elle, soit parce qu'elle peut leur susciter des rivaux.

Les expositions servent à la fois d'aiguillon, d'épreuve et d'encouragement. Loin d'en suspecter l'utilité, nous souhaiterions peut-être qu'elles fussent séparées par de moins longs intervalles. Nous savons bien que cette opinion soulèvera de vives réclamations, surtout de la part des industriels exposants. « Comment, s'écrieront-ils, rapprocher les expositions ! Mais le délai de cinq ans est déjà trop court pour suffire aux sacrifices qu'elles nous imposent. — Eh bien, c'est précisément pour cette raison même que nous les voudrions moins distantes.

Nous croyons, en effet, que l'institution est

détournée de son but par la manière dont la plupart des fabricants la comprennent et l'appliquent. L'exposition tend à devenir un stérile étalage de chefs-d'œuvre sans antécédents et sans conséquents, une espèce de *Camp du drap d'or* de l'industrie, où chaque manufacture veut paraître riche et puissante en dépit de sa situation réelle. Au lieu de montrer ce qu'il fait, le fabricant montre ce qu'il ne fait pas, ce qu'il ne peut pas faire. Il confectionne à grand'peine et à grands frais ce qu'on appelle des pièces d'exposition, dont l'équivalent ne s'est jamais trouvé dans ses magasins, et qu'il se gardera bien de recommencer une fois l'exposition terminée. A part quelques maisons dont la supériorité est au-dessus de toute atteinte, qui sont fières de leur position et assez puissantes pour être de bonne foi, toutes les autres se fardent à l'envi, fabriquent à perte des objets invendables, et présentent comme règle ce qui est une exception, ou, pour mieux dire, une déception.

Il en serait tout autrement si les expositions étaient plus rapprochées. Les tours de force épuisent vite et ne peuvent se renouveler souvent. Ils ne tarderaient point à disparaître et à laisser la place aux produits sincères et obtenus dans des conditions équitables. On exposerait sans doute ce qu'on aurait fait de mieux, mais ce serait le spécimen d'une fabrication continue, un gage réel de prospérité, une garantie pour le consommateur, et non une fantasmagorie illusoire, une mystification pour tout le monde.

Nous parlons ici par expérience. Que de fois, après l'exposition, sommes-nous entré dans quelque magasin pour y chercher des objets analogues à ceux que nous avions vus exposés, et avons-nous reçu pour réponse cet aveu naïf : « Nous n'avons jamais confectionné que ceux-là. » Il nous est également arrivé de retrouver l'objet lui-même invendu et invendable, que le fabricant montrait en levant les épaules : « On fait cela pour la médaille, disait-il, et la médaille c'est pour l'enseigne. »

Il est temps de s'arrêter dans cette voie périlleuse. Quel doit être, avant tout, le but de l'industrie manufacturière? C'est de se mettre en rapport avec toutes les exigences de la consommation. Se refuse-t-elle à l'accomplissement de cette tâche pour se livrer à des efforts isolés, à des fantaisies exceptionnelles, elle se jette dans toutes les incertitudes de l'agiotage, elle joue avec le hasard, elle court au-devant de ces crises qui amènent la ruine. Loin d'exciter ce penchant funeste, l'institution des expositions industrielles devrait être un frein pour l'arrêter, en remettant chaque chose à son juste point de comparaison. Mais le seul moyen pour obtenir ce résultat serait de rendre sincères les expositions, et elles ne deviendront telles qu'au moment où elles seront assez rapprochées pour ôter aux industriels toute possibilité de s'abuser eux-mêmes et d'abuser le public par leurs chefs-d'œuvre postiches et ruineux.

Au reste, cette situation a été parfaitement sentie par l'autorité supérieure, et nous ne pouvons résister au plaisir de citer les instructions par lesquelles M. le ministre du commerce, dans une de ses dernières circulaires, appelle l'attention des autorités locales et des jurys départementaux sur cette tendance des expositions quinquennales :

« Tous les arts industriels, dit M. le ministre, « contribuent au bien-être de la société, et con- « courent au développement de la richesse publi- « que ; leur utilité seule donne la mesure de « leur valeur relative, et cette base est la règle « la plus sûre que le jury puisse adopter pour « l'appréciation des produits qui lui seront sou- « mis.

« En effet, un produit isolé, fût-il un chef- « d'œuvre de patience ou d'adresse, un modèle de « richesse ou d'élégance, s'il n'a été obtenu qu'à « prix de travail ou d'argent, n'a pas par lui- « même une valeur industrielle qu'on doive par- « ticulièrement encourager. Souvent même de « pareils travaux sont pour leur auteur une « cause de mécompte et de ruine. Mais il n'en est « pas de même d'un produit en réalité plus mo- « deste, s'il satisfait à un besoin commun, si sa « bonne fabrication en assure le bon usage, si « son bas prix en généralise l'emploi. »

Rien de plus juste et de mieux exprimé. Mais ces paroles si sages n'auraient-elles pas besoin d'une sorte de sanction, et ne la trouverait-on pas dans la mesure que nous venons de proposer?

Sans insister plus longtemps sur une solution qui, du reste, ne présente pas moins d'obstacles que d'avantages, dirigeons-nous vers l'immense bazar où sont accumulés en ce moment les produits qui nous ont suggéré les considérations précédentes. A la vue de cet édifice qui, pour satisfaire à toutes les exigences matérielles de sa destination, n'en est pas moins une maison de planches que l'on démolira au bout de deux mois, à la pensée des frais stériles que nécessite le retour périodique de cette construction éphémère, la plupart de nos lecteurs se demandent sans doute s'il ne serait pas à la fois plus convenable et plus économique d'élever un palais durable à l'industrie française? N'est-ce point, en effet, une vérité passée à l'état d'axiome, que le provisoire est toujours plus coûteux que le définitif?

Cependant, lorsque de cette théorie, si juste en apparence, on veut passer à l'application, les difficultés se présentent en foule. Un grand nombre d'administrateurs et d'architectes, frappés des raisons que nous venons d'indiquer, ont essayé de les réduire en fait; mais, rebutés par la presque impossibilité de l'entreprise, ils y ont ou renoncé ou échoué. Et d'abord, où mettre ce palais? Les uns le voudraient sur la rive gauche, les autres sur la rive droite. Le reléguera-t-on dans un faubourg? Ce serait pitoyable. L'élèvera-t-on au centre de Paris? Où trouver l'emplacement nécessaire? Abattra-t-on tout un quartier? Quelle dépense!

On se récrie sur les 200,000 fr. environ que coûte en pure perte, à chaque exposition, la seule construction du bâtiment provisoire. Voyons la solidité de cette objection, et, d'abord, ajoutons au capital déboursé la somme de 75,000 fr. pour intérêts sur le pied de cinq pour cent durant les cinq années qui séparent les expositions. Sait-on maintenant ce que coûterait l'érection du palais que l'on demande? Environ 10 millions, sans compter la valeur du terrain que la ville de Paris vous prête et qu'il faudrait acheter. Or, l'intérêt annuel de cette somme est de 500,000 fr. De plus, vous auriez à supporter des réparations matérielles et une surcharge de 40,000 fr. pour l'entretien du personnel qu'exigerait l'administration de ce palais. Multipliez à présent 540,000 fr. par cinq, et vous arriverez au chiffre énorme de 2,700,000 fr. Chaque exposition coûterait donc, selon le mode proposé, sept à huit fois plus cher que le mode actuel, et le provisoire, qu'on attaque comme ruineux, est, en réalité, beaucoup meilleur marché que le définitif.

Comme on le pense bien, le résultat de ces calculs n'a totalement désabusé que les administrateurs. Les architectes, étonnés d'abord, n'ont point tardé à reprendre courage et se sont remis vaillamment à l'œuvre. Un d'eux a proposé d'élever le palais de l'industrie dans le nouveau quartier de Tivoli, auprès des chemins de fer, emplacement assez avantageux par sa position et par la facilité que laisse l'étendue des terrains disponibles. Un autre, et ce n'est pas un de nos moins habiles constructeurs, M. Rolland, a placé son édifice près du rond-point des Champs-Élysées, à l'angle de l'allée des Veuves et de l'avenue de Neuilly.

Quel que soit le mérite de ces différents projets, comme c'est encore dans un bâtiment provisoire que la solennité de l'industrie a lieu cette année, nous nous voyons contraint de négliger le rêve pour le réel, et, sans plus tarder, nous allons prendre sommairement connaissance des galeries de bois ouvertes à l'industrie française par l'hospitalité nationale. Elles ont été élevées, comme pour l'exposition de 1839, sur le carré Marigny. Ainsi, après avoir successivement occupé une portion du Champ de Mars, puis le palais et la cour du Louvre, puis la place de la Concorde, le musée industriel, se rapprochant de son point de départ, semble avoir pris en affection les Champs-Élysées. La construction de cet édifice a été confiée à M. Moreau, qui s'est déjà signalé, dans l'architecture civile, par le nouvel hôtel du ministère de l'intérieur. Le bâtiment de l'industrie a cent mètres de largeur sur une longueur de deux cents mètres, ce qui présente un total de vingt mille mètres superficiels. Nous ne comprenons pas dans ce calcul les avant-corps placés sur les faces nord et sud. L'avant-corps septentrionnal forme l'entrée royale par un porche ouvert, et donne accès au salon du roi et à la salle du jury central. L'avant-corps opposé contient les bureaux de l'administration et le magasin des colis. L'édifice offre un vaste parallélogramme qui se compose d'une galerie pourtournant sur quatre faces, et d'une salle centrale dont la surface est de six mille mètres. Cette espèce de cour intérieure est uniquement destinée aux machines, métaux, arts céramiques, voitures, etc. Le jour y arrive par le haut, à l'aide de grands châssis vitrés et disposés en ventilateurs.

La galerie qui règne autour de cette salle se divise en deux nefs, ayant ensemble vingt-six mètres de largeur, et le parcours autour des tables disposées le long de ces deux nefs est de deux mille mètres. Quoiqu'on ait laissé à la circulation le moins d'espace possible, elle absorbe néanmoins les trois cinquièmes de l'étendue totale, et ne laisse aux objets exposés qu'une surface de huit mille mètres. Or, comme il y a près de quatre mille exposants, chacun d'eux, à la rigueur, n'aurait droit qu'à deux mètres. Cette remarque fournirait peut-être un argument de plus contre la construction d'un bâtiment définitif. Si l'empire, par exemple, avait élevé un palais pour l'exposition de 1806, ce palais n'aurait pu recevoir que le quart des exposants de 1844, et, dès lors, il se serait trouvé inutile. De même, si nous bâtissions en 1845, ne nous verrions-nous pas contraints ou d'ériger un édifice tellement vaste qu'il resterait aujourd'hui vide aux trois quarts, ou bien de condamner nos successeurs, dans une quarantaine d'années, à bivaquer à la porte d'un palais lilliputien?

Revenons au bâtiment de 1844. Employer rigoureusement tous les points de l'espace donné, répandre partout l'air et la lumière sans compromettre la solidité de l'édifice ni la sécurité des produits, faciliter par des divisions naturelles la tâche distributive de l'administration, ne point faire lutter la décoration intérieure avec les objets exposés, disposer les entrées de manière à éviter tout encombrement; en un mot, résoudre la partie matérielle de la question architecturale avant d'aborder la partie artistique, tel est le programme que s'est tracé M. Moreau et dont il nous semble avoir parfaitement rempli toutes les conditions. On se sent à l'aise sous ces hauts plafonds que supporte une forêt de pilastres à tables renfoncées; et les curieux pourront circuler sans peine, grâce aux quatre entrées, composées chacune de trois portes à deux vantaux, qui ont été pratiquées sur chaque face du bâtiment. Mais il est d'autres visiteurs dont la présence est beaucoup plus à craindre, et dont la sortie doit être ménagée avec encore plus de soin; nous voulons parler des eaux pluviales. Une couverture de zinc, offrant un développement d'environ sept arpents, a été chargée de recevoir ces hôtes incommodes, et de nombreux conduits les amènent dans un aqueduc qui les transmet à la Seine. Enfin M. Moreau a prudemment placé des barrières autour de l'édifice. Soixante-dix jours ont suffi pour achever tous ces travaux, bien qu'ils aient été exécutés pendant la mauvaise saison, au milieu des assauts conjurés du vent et de la pluie.

Mais c'est assez nous occuper de la reliure du livre; voyons-en, s'il vous plaît, le contenu. Et d'abord, quel ordre suivrons-nous dans ce vaste compte rendu dont nous allons tracer les premières lignes? Adopterons-nous les divisions établies par l'administration dans le classement des objets exposés? Commencerons-nous par l'examen des produits les plus importants, et ne quitterons-nous chaque groupe qu'après l'avoir entièrement analysé? Nous avouons que cette marche ne nous a paru *ni fort agréable*, ni même très-rationnelle. A quoi se reconnaît l'importance d'un produit? Est-ce aux qualités qui lui sont propres ou au rang de la classe à laquelle il appartient? Et pourquoi, par exemple, donnerions-nous la priorité à la métallurgie ou aux tissus, si tel instrument agricole ou chirurgical nous paraissait relativement supérieur aux produits actuels de ces deux industries? Nos lecteurs ne trouveront donc pas mauvais que nous nous laissions aller où nos pas nous conduiront. Nous ne suivrons aucune direction déterminée. Aujourd'hui nous parlerons des pianos; demain, des bronzes d'art et de l'orfévrerie; puis, des fers et des fontes; puis, de l'ingénieuse industrie du carton-pierre, et des essais de moulage qui viennent d'être tentés avec le ciment romain. Nous passerons tour à tour des orgues aux instruments de précision, des machines à l'ébénisterie, des armes et des produits en fer creux aux riches éditions que le jury industriel du département de la Seine, sous l'empire de préventions inexplicables, a failli écarter de l'exposition; bref, nous prendrons plutôt à tâche de mêler les objets que de les grouper. Ce n'est ni un dictionnaire ni une classification que nous voulons donner à nos lecteurs. L'uniformité des objets leur rendrait le voyage insipide. Nous aspirons à leur en dissimuler la longueur par la diversité des sites et des points de vue que nous ferons passer sous leurs yeux; en d'autres termes, par la différence des produits sur lesquels nous appellerons leur attention. Seulement, comme à tout spectacle il faut une conclusion, et à tout labyrinthe une issue, nous ferons suivre notre travail de trois tables : l'une indiquant les noms des exposants dont nous aurons parlé; l'autre, les principaux produits que nous aurons analysés; la troisième, le sujet des gravures qui accompagneront notre texte.

Un dernier mot : dans un compte rendu aussi compliqué, il est impossible que nous ne commettions pas quelques erreurs et quelques graves oublis. Or, comme tout homme n'est responsable que des actes de sa volonté, nous déclarons que nos colonnes seront toujours ouvertes aux réclamations qui nous sembleront fondées.

De plus, si l'on nous présentait quelques produits repoussés par les jurys départementaux, et qu'ils nous parussent mériter un meilleur accueil, nous les analyserions avec le même soin que s'ils avaient figuré à l'exposition. Nous admettrons pareillement tout dessin qui serait nécessaire à la complète intelligence du texte.

En somme, nous voulons élever à l'exposition industrielle de 1844 un monument qui soit digne d'elle et qui la rende en quelque sorte présente à tous ceux qui n'y pourront assister. Si nous avons fait entrer dans un recueil artistique l'examen de produits manufacturés, si nous avons réuni dans le même titre les beaux-arts et l'industrie, c'est qu'il nous a semblé que ces deux créations de l'intelligence humaine ne pouvaient que gagner à cette association, et que le sens pratique de l'une corrigerait ce qu'il y a parfois de trop théorique dans les rêves de l'autre, comme l'élévation et les délicatesses de celle-ci purifieraient les arts industriels de leur trop grand dédain pour l'idéal de la forme et pour la véritable richesse des ornements.

HENRY TRIANON et CH. ROUGET.

COMPOSITION DU JURY CENTRAL.

M. le ministre du commerce et de l'agriculture a nommé les membres du jury central chargé d'examiner les produits exposés.

MM. Arlès-Dufour, négociant, à Lyon;

Barbet, manufacturier, à Rouen; Berthier, de l'Académie des sciences, professeur à l'école royale des mines; Beudin, négociant, ancien député; Blanqui, de l'Académie des sciences morales et politiques, professeur au Conservatoire royal des arts et métiers; Brongniart, de l'Académie des sciences, directeur de la manufacture royale de Sèvres;

Chevalier (Michel), ingénieur en chef des mines; Chevreul, de l'Académie des sciences; Combes, ingénieur en chef, professeur à l'école royale des mines;

Darcet, de l'Académie des sciences; de Laborde (Léon), membre du comité des monuments historiques; Delamorinière, membre du comité des arts et manufactures; Deneirouse, manufacturier; Denière, fabricant, membre du conseil général des manufactures; Didot (Firmin), imprimeur; Dufaud, manufacturier, membre du conseil général des manufactures; Dumas, de l'Académie des sciences; Dupin (baron Charles), pair, de l'Académie des sciences, professeur au Conservatoire royal des arts et métiers; Durand (Amédée), membre de la société d'encouragement.

Fuchère (Léon), architecte; Fontaine, architecte, de l'Académie des beaux-arts;

Gambey, de l'Académie des sciences; Gay-Lussac, pair, de l'Académie des sciences et membre du comité consultatif des arts et manufactures; Girod (de l'Ain), député, copropriétaire du troupeau de Naze; Goldenberg, manufacturier; Griolet, manufacturier; Guibal (Anne-Veaute), manufacturier;

Hartman, manufacturier, député; vicomte Héricart de Thury, de l'Académie des sciences, inspecteur général des mines:

Ingres, de l'Académie des beaux-arts;

Keittinger, manufacturier, à Rouen; Kœchlin (André), manufacturier, député;

Legentil, négociant, président du conseil général du commerce; Legros, négociant;

Mathieu, de l'Académie des sciences; Meynard, député, membre du conseil général des manufactures; Minzeral, manufacturier, président du conseil général des manufactures; Moll, professeur au Conservatoire royal des arts et métiers; Morin, de l'Académie des sciences et professeur au Conservatoire royal des arts et métiers; Mouchel, manufacturier, membre du conseil général des manufactures;

Noé (comte de), pair;

Payen, de l'Académie des sciences et professeur au Conservatoire royal des arts et métiers; Péligot, professeur au Conservatoire royal des arts et métiers; Petit, ancien négociant en soieries, à Paris; Pouillet, député, de l'Académie des sciences et professeur au Conservatoire royal des arts et métiers;

Reverchon, manufacturier;

Sallandrouze-Lamornaix, manufacturier, membre du conseil général des manufactures; Savart, membre du comité des arts et manufactures; Schlumberger, secrétaire du comité consultatif des arts et manufactures; Séguier (baron), de l'Académie des sciences et membre du comité consultatif des arts et manufactures;

Thénard (baron), pair, de l'Académie des sciences et membre du comité consultatif des arts et manufactures;

Yvart, inspecteur général des écoles vétérinaires.

Le jury central, après s'être constitué, a composé ainsi son bureau élu au scrutin parmi ses membres: M. le baron Thénard, membre de l'Institut, président; M. le baron Charles Dupin, membre de l'Institut, vice-président, et MM. Payen et Morin, membres de l'Institut, secrétaires. Le jury s'est ensuite divisé en huit commissions: 1° des tissus; 2° des métaux; 3° des arts mécaniques; 4° des arts chimiques; 5° des poteries; 6° des instruments de musique et de précision; 7° des beaux-arts; 8° des arts divers.

PIANOS.

—

M. PAPE, RUE DES BONS-ENFANTS, 19, ET RUE DE VALOIS, 10.

S'IL est un beau spectacle pour l'intelligence, c'est celui d'un savant, d'un poëte ou d'un artiste luttant contre les difficultés de son œuvre et contre les préventions de ses juges. Tel est le tableau que nous présente la vie presque tout entière de M. Henri Pape. Le but qu'il assigne à son activité n'est ni de produire ni de vendre, c'est d'inventer, c'est de perfectionner. Jamais cette loi du progrès qui nous crie à chaque pas : Marche, marche, ne se manifesta d'une manière plus éclatante que dans le développement de cet esprit inventif. A l'âge de vingt ans, M. Pape quitte le Hanovre et se rend à Paris. Dans ce milieu plus vaste, ses facultés s'élargissent. Poussé par le sentiment de sa force, il renonce à la carrière de l'ébénisterie qu'il avait d'abord embrassée, et entre dans l'atelier d'un facteur de pianos. L'Angleterre et l'Allemagne conservaient encore à cette époque le monopole de ces instruments. Ce sera M. Pape qui le leur arrachera. Il se rend d'abord à Londres et y étudie les principes de la fabrication qu'il veut importer en France. Puis, lorsqu'il se sent l'égal des facteurs anglais, il revient à Paris et y fonde un établissement dont la réputation ne tarde point à devenir européenne. Les artistes oublient graduellement le chemin de l'Angleterre et de l'Allemagne. M. Pape couronne l'œuvre inaugurée par Sébastien Erard ; le piano français est définitivement créé. Certes, un esprit ordinaire aurait pu s'enorgueillir et se contenter de ce résultat. Une existence tranquille et une fortune assurée étaient au bout de cette route. M. Pape préféra les dangers de l'invention. Dès la première année de son séjour à Paris, il change entièrement le système de ses pianos carrés, en y adaptant un mécanisme semblable à celui des pianos à queue, c'est-à-dire en redressant les touches qui avaient été courbées jusqu'alors, en imaginant des étouffoirs qui fonctionnent par leur propre poids, et des échappements qui se règlent à volonté par des vis à double pas. Ces diverses améliorations eurent tout le succès qu'elles méritaient. Aujourd'hui encore, elles sont adoptées par les principaux facteurs. Aspirant à l'élégance et à la commodité de l'enveloppe presque autant qu'à l'excellence du mécanisme, M. Pape remplace les coins carrés par des coins arrondis, et les pieds pointus par des balustres avec estrades en X. Il substitue en outre le cylindre à la fermeture incommode qui était alors en usage pour les pianos à queue.

Mais l'instant approche où il va donner la pleine mesure de ce qu'il vaut. Jusqu'ici nous ne l'avons vu occupé qu'à des améliorations de détails. Il suit encore l'ancienne route. Quoique le système en vigueur lui paraisse défectueux, il n'y porte qu'une main timide. Tantôt c'est une pièce qu'il simplifie, tantôt c'est une autre qu'il retranche ou qu'il ajoute. Au lieu de remonter au principe, il essaye d'en pallier les conséquences. Tout à coup il s'aperçoit que ses efforts sont vains. Il voulait réparer un édifice croulant, et il faut qu'il l'abatte pour le rebâtir sur un plan nouveau.

De la modeste place d'instrument accompagnant, le piano s'était élevé à celle d'instrument concertant. Dès lors on avait cherché à en augmenter la sonorité. On le monta donc avec des cordes d'un calibre beaucoup plus fort, et son diapason fut haussé. Pour résister au tirage des cordes que cette dernière modification avait porté jusqu'au chiffre énorme de sept mille deux cents kilogrammes, on consolida la charpente de l'instrument en y adaptant des sommiers de fonte et des barrages en fer. Mais ce remède énergique ne put produire tout son effet, parce que l'action des cordes ne continuait pas moins de s'exercer sur la partie la plus faible de la boîte, et que le sommier restait toujours séparé de la caisse par l'ouverture pratiquée dans la table d'harmonie pour le passage des marteaux. Le piano avait sans doute acquis plus de puissance, mais il avait moins gagné en volume de son que perdu en solidité.

Fatigué du cercle vicieux où il tournait sans cesse, las des palliatifs que sa féconde imagination lui fournissait en vain, M. Pape résolut d'en finir par une tentative hardie. Il transporta au-dessus des cordes le mécanisme qui jusque-là avait été placé au-dessous. A cette brusque innovation, un haro presque universel se fit entendre. Artistes et facteurs s'unirent pour déclarer que ce système était irréalisable ; que les marteaux ainsi disposés ne pourraient se relever qu'à l'aide d'un levier ou d'un ressort. « Le ressort, ajoutaient-ils, s'affaiblira par l'usage ; la résistance du levier alourdira le toucher. » Nous ne reviendrons pas sur cette querelle qui est aujourd'hui vidée, et où la victoire est restée à M. Pape. Il nous suffira de résumer en quelques lignes l'opinion de MM. Fétis père, Cherubini, Lesueur, Boïeldieu, Auber, Paer, Berton, Francœur, Castil-Blaze, Anders et de Pontécoulant, sur les divers avantages qui caractérisent le système de l'illustre facteur.

1° Les conditions de sonorité des pianos sont bien plus favorables quand les cordes sont frappées vers la table d'harmonie et dans un plan perpendiculaire, que lorsque les marteaux soulèvent les cordes de leur point d'appui, comme dans le système ordinaire.

2° Par la disposition du mécanisme en dessus, M. Pape a acquis la faculté de faire frapper les cordes au point de leur longueur, le plus favorable à la bonne qualité et à l'intensité des sons.

3° Une remarque générale, c'est que le piano perd considérablement de sa sonorité au bout de quelque temps. Ce déplorable résultat vient du tirage des cordes qui, agissant sur la table d'harmonie, la font fléchir, boucler, et quelquefois même casser. Dans le nouveau système de M. Pape, non-seulement cette table est à l'abri de la détérioration causée par le tirage des cordes, mais encore l'habile facteur s'est servi de ce tirage pour la bander en quelque sorte, comme on emploie la corde d'une scie pour en bander la lame, en sorte que la sonorité des pianos de M. Pape, loin de s'affaiblir, s'accroît à la longue. Autre observation : la force de résistance de la caisse au tirage des cordes est bien plus énergique, et les conditions de solidité sont bien meilleures quand il n'y a pas d'interruption depuis le sommier des chevilles jusqu'au point d'attache des cordes, que lorsqu'il faut laisser un passage aux marteaux, comme dans les pianos de l'ancien système.

4° Les marteaux, poussés immédiatement sur les cordes par une bascule des touches, n'éprouvent qu'un très-petit nombre de frottements, tandis que, lorsque le mécanisme est en dessous, ils ne peuvent fonctionner que par l'intermédiaire d'une foule de leviers. Il est dès lors facile de comprendre auquel des deux systèmes appartiennent les plus sûres garanties de promptitude et de légèreté.

5° La corde étant toujours maintenue par le coup même du marteau sur le chevalet, tient incomparablement mieux l'accord que dans les anciens pianos, où elle est toujours placée hors du sillet.

6° Les pianos à queue de M. Pape sont moins longs d'un pied et pèsent deux cents livres de moins que les autres. Diminuer autant que possible le volume extérieur et le poids de ses instruments, tout en augmentant leurs qualités sonores, tel a été le problème résolu par ce facteur.

7° Enfin, lorsqu'un accident arrive à un piano à queue construit selon l'ancien système, il faut nécessairement cesser la musique jusqu'à ce qu'on ait trouvé l'ouvrier nécessaire pour effectuer la réparation, tandis que les pianos à queue, les pianos-tables et les pianos-consoles de M. Pape ne font éprouver aucune interruption de ce genre. En ayant la précaution de se munir d'une seconde mécanique, on peut à l'instant même la substituer à la première.

Sonorité, solidité, simplicité et légèreté du mécanisme, telles sont, on le voit, les qualités souvent incompatibles que M. Pape est parvenu à associer. C'est vers ce quadruple résultat que ses efforts ont particulièrement tendu. Mais à cela ne se borne pas le cercle de ses travaux. Le piano en lui-même n'est que le centre d'une vaste circonférence que parcourt incessamment cet esprit infatigable. Il trouve un nouveau système pour l'accordage des pianos et réduit de neuf dixièmes la force nécessaire pour cette opération délicate. Il imagine une scie en spirale pour débiter l'ivoire et un nouveau mode d'éclairage pour les ateliers. Appelant à son aide les ressources de l'ébénisterie, sa première profession, il construit ou plutôt il invente des pianos de toutes formes et de toute dimension, piano-table, piano-console, piano-guéridon, piano sans cordes. Il semble que cet instrument soit dans ses mains ce que la terre glaise est pour le potier, et que le mécanisme intérieur soit obligé d'obéir aux caprices de la charpente, au lieu de lui faire la loi. Et remarquez que la fabrique de M. Pape, c'est M. Pape lui-même. Otez-lui ses capitaux et ses ouvriers, vous ne lui aurez enlevé que ses outils. Comme le philosophe Bias, il peut dire : « Je porte tout avec moi. »

Terminons cet article en citant l'opinion récente de M. Fétis père sur le grand piano de huit octaves complètes, par lequel M. Pape semble avoir voulu couronner son œuvre, et dont l'étendue marque les dernières limites du piano : « Je ne crains pas de déclarer, dit le savant directeur du Conservatoire de Bruxelles, que je ne connais pas de piano de concert dont l'énergie soit comparable à celle des instruments de cette espèce. Pendant mon séjour à Paris, ajoute-t-il, j'ai entendu un morceau à huit mains exécuté par MM. Pixis, Osborne, Rosenhain et Wolf, sur deux des nouveaux pianos de M. Pape, et jamais musique de ce genre ne m'a paru avoir produit un pareil effet. De plus, malgré cette grande puissance, le son était clair, limpide, et, dans la plus grande vélocité de mouvement, toutes les notes partaient avec une netteté remarquable. » Après un tel éloge sorti d'une telle bouche, que pourrions-nous ajouter ?

MÉCANIQUE.

M. DURAND, FILS AÎNÉ, RUE SAINT-NICOLAS-D'ANTIN, 29.

Au nombre des plus habiles mécaniciens-plombiers qui figurent à l'exposition présente, nous devons citer M. Durand, fils aîné, dont les produits ont déjà été honorés de deux médailles d'argent par l'Académie de l'industrie française. Examinons d'abord une nouvelle pompe aspirante et foulante qu'il a nommée *la Seine*, sans doute pour faire allusion à l'abondance de l'eau qu'elle produit. Cette pompe, à la profondeur de six mètres et par la seule force de deux hommes, donne, en une heure, 64,800 litres d'eau. Elle peut être appliquée aux besoins de la marine, aux irrigations, aux incendies et aux grands épuisements. Le système en est fort simple, et elle fournit plus d'eau qu'une pompe à double effet du même diamètre. Le nouvel appareil de M. Durand se compose d'un corps de pompe de 25 centimètres de diamètre sur 25 centimètres de profondeur. Il n'a qu'un piston, sans clapet, armé de cuirs flexibles. Les quatre trous d'aspiration et d'ascension ont été pratiqués les uns auprès des autres dans le haut du corps de pompe, qui se divise en deux parties distinctes. De chaque côté de la séparation se trouvent deux trous, l'un pour l'aspiration et l'autre pour la colonne d'ascension. Les soupapes qui donnent passage à l'eau montante sont placées au-dessus de la pompe et se réunissent dans une culotte qui reçoit le tuyau d'ascension. Les soupapes des deux trous d'aspiration se trouvent au-dessous du corps de la pompe, qui est entouré d'une double cheminée formant deux parties indépendantes, pourvues chacune d'une soupape. Les deux soupapes sont portées par une culotte à laquelle s'adapte le tuyau d'aspiration qui, de cette manière, devient commun aux deux soupapes aspirantes. Cette heureuse disposition permet d'introduire dans le corps de pompe un piston qui peut en parcourir les trois quarts, c'est-à-dire deux quarts de plus que dans les autres pompes. Ce piston est mis en mouvement par le pignon d'une grande roue qui fait agir le balancier. Quand le balancier descend à droite, il aspire par la cheminée du même côté et refoule l'eau par le côté contraire : lorsqu'il remonte, il aspire par la cheminée du côté gauche et refoule par l'autre cheminée l'eau qu'il vient d'aspirer. Comme on le voit, à chaque coup de balancier, le piston fait monter deux fois la quantité d'eau qui peut être contenue dans les trois quarts du corps de pompe, c'est-à-dire dix-huit litres.

Dans les autres pompes exposées par M. Durand aîné, nous trouvons de nouvelles traces de son esprit inventif. La pompe élévatoire, en fonte, qui fonctionne avec un volant portant une manivelle mobile pour augmenter ou pour diminuer à volonté le produit d'eau, est un véritable chef-d'œuvre de mécanique. Malgré l'abondance du liquide qu'elle ne cesse de fournir, elle ne perd rien de son extrême douceur. La pompe en fonte à balancier se distingue par la simplicité et par la solidité de son mécanisme. Ce qui la rend supérieure aux autres produits du même genre, c'est que son balancier porte un arbre en fer jouant dans des coussinets de cuivre. La pompe en fonte, de forme ronde, ne présente rien de nouveau, si ce n'est le modèle qui est d'une rare élégance.

La pompe Artésienne, aspirante et foulante, nous paraît appelée à un grand succès. Elle n'offre aucun des inconvénients des autres pompes et en réunit les divers avantages : douceur, sécurité, régularité. Voici la description sommaire de ce nouvel appareil : il se compose d'un corps de pompe cylindrique en cuivre et formant un demi-cercle. L'arbre en fer, qui se trouve placé au point de centre, fait mouvoir, par l'intermédiaire d'un levier, les tringles qui décrivent un demi-cercle comme le corps de pompe. A chaque extrémité des tringles se trouve un piston rond, en cuivre et armé de cuirs emboutis. Le corps de pompe se divise en deux parties distinctes. Chaque partie porte deux soupapes, l'une pour l'aspiration, et l'autre pour donner passage à la colonne montante. Quand le balancier fonctionne, les tringles font agir régulièrement les pistons, sans éprouver aucun va-et-vient, comme les autres pompes à piston, et refoulent aisément par le tuyau d'ascension l'eau qu'elles ont aspirée.

M. Durand a exposé aussi un modèle de couverture en zinc, qui nous paraît offrir une solution depuis longtemps cherchée par les constructeurs. D'après ce nouveau système, 2 centimètres de pente par mètre suffisent pour obtenir une couverture à libre dilatation, sans aucune soudure, et dont la durée peut être rigoureusement garantie pour dix ans. M. Durand se sert de grandes feuilles de zinc pour ce mode de toiture.

Passons maintenant aux garde-robes de ce jeune exposant. Rien de plus ingénieux que celle qui porte son nom. Les autres appareils de ce genre n'interceptent les émanations fétides que lorsqu'ils sont fermés et que grâce à l'intermédiaire de l'eau versée dans la cuiller. Fait-on basculer cette partie de la machine, le gaz s'élance aussitôt par l'ouverture et vient corrompre l'air extérieur. Il n'en est point ainsi dans la garde-robe Durand. Le gaz inférieur ne peut s'échapper, parce que l'ouverture de la cuvette se trouve hermétiquement fermée avant que l'appareil communique avec la descente de la fosse. Et ce n'est pas seulement sous le rapport de la salubrité que cette invention se recommande, c'est encore sous celui de l'économie. M. Durand a imaginé une autre garde-robe dont la clef tourne des deux côtés, et, par ce moyen, il a mis un terme aux ruptures fréquentes qu'entraînait le mécanisme antérieur. Nous ne sommes point étonné que le nouveau système de ce mécanicien agrée à la fois aux propriétaires et aux contrefacteurs, et qu'il soit adopté par les uns et exploité par les autres. Nous avons aussi remarqué, parmi les produits de M. Durand, une garde-robe inodore à mouvement vertical, qui nous a paru satisfaire aux doubles conditions de l'hygiène et de la durée.

CHROMOLITHOGRAPHIE.

M. ENGELMANN, CITÉ BERGÈRE.

La chromolithographie, tel est le nom que M. Engelmann père a donné à l'impression lithographique en couleurs, en même temps qu'il imaginait pour la perfectionner des procédés d'exécution qui lui valurent, dès l'année 1838, le prix spécial de deux mille francs fondé par la Société d'encouragement pour l'industrie nationale.

Le but de la chromolithographie n'est rien moins que d'ajouter à la simple imitation du dessin tout le prestige du coloris, tout l'effet de la peinture proprement dite. Hardi problème, dont l'admiration du public, devant les merveilleux résultats obtenus par la maison Engelmann et Graf, atteste les difficultés aussi bien que son immense intérêt au point de vue de la science et des arts.

Telle de ces feuilles si richement émaillées de tous les tons de la palette a subi, sur quinze ou vingt pierres différentes, un nombre égal de pressions. Autant de teintes, autant d'opérations successives. Jugez du soin minutieux, de l'exactitude scrupuleuse qu'exige le tracé de ces linéaments complémentaires, mais indépendants l'un de l'autre, l'ordre de succession raisonnée dans l'application des teintes et surtout le repérage précis, incommutable de l'épreuve sur la série de planches nécessaires à son achèvement.

Cependant, et comment ne pas s'en étonner davantage? les procédés imaginés par Godefroy Engelmann sont si ingénieux et tellement simples à la fois, que ni la concordance exacte des dessins partiels sur chaque pierre ni le tirage multiple des épreuves ne présentent plus aucune complication, et qu'ils s'exécutent pour ainsi dire tout seuls, sans exiger de la part de l'ouvrier un long apprentissage ou des connaissances, des facultés spéciales.

Et c'est en cela que cet industriel, cet artiste distingué, a fait une découverte vraiment précieuse; puisque, sans la garantie constante d'un tirage uniforme et sans l'économie qui résulte de ces moyens mécaniques, les avantages de l'impression en couleurs auraient été restreints à des cas exceptionnels, sinon tout à fait perdus pour l'art.

Car, vers 1832, M. Hildebrand, de Berlin, avait réalisé le premier des travaux de chromolithographie, par l'emploi d'un nombre de pierres égal à celui des teintes dont il avait besoin, et il publia plusieurs ouvrages, notamment un recueil d'armoiries, exécutés avec une adresse infinie, sans le secours d'aucun instrument mécanique. C'est d'après le même système que M. Owen Jones, de Londres, a entrepris récemment un bel ouvrage sur l'Alhambra, qui fait aussi le plus grand honneur à son habileté. Cependant, il ne faut qu'un examen attentif pour y découvrir des irrégularités de repérage dont l'indécision du travail manuel menacera toujours une opération aussi délicate.

Tandis que l'Allemagne et l'Angleterre s'empressaient d'exploiter cette nouvelle branche d'industrie, sans admettre peut-être la possibilité de l'améliorer, Engelmann, à qui la lithographie devait déjà de si grands, de si utiles perfectionnements, travaillait aussi de son côté à la doter d'une gloire nouvelle, mais avec tout le zèle et l'amour-propre d'un artiste dévoué à son art et qui du premier coup d'œil avait embrassé le riche avenir réservé au procédé chromolithographique, lorsque l'*emploi* en serait rendu facile, *économique* et *infaillible*.

C'est à ce but désiré qu'ont abouti enfin ses recherches et ses expériences nombreuses. Non-seulement l'appareil mécanique à l'aide duquel le repérage s'opère aujourd'hui est d'une admirable précision et les épreuves n'exigent aucune retouche à la main, mais l'on est parvenu, qui l'aurait cru? au moyen de la combinaison des couleurs, à dégrader les teintes, à fondre les nuances les unes dans les autres, à obtenir enfin, sans le secours du pinceau, tous les effets d'un dessin colorié et ceux même d'un tableau peint à l'huile ou à fresque.

Que dirai-je de plus, et quelle imparfaite idée les paroles, à défaut de la vue, ne donneraient-elles pas d'ailleurs des magnifiques productions exécutées déjà par le fils de l'inventeur? Sans parler d'une foule d'ornements, d'encadrements, de spécimens et de fantaisies de toute espèce pour les besoins journaliers du commerce, et qui ont provoqué l'émulation de nombreux concurrents, MM. Engelmann et Graf ont édité ou entrepris, et sur ce terrain ils peuvent défier toute rivalité, un grand nombre d'ouvrages d'art du plus haut intérêt, dont les principaux sont :

Des planches d'architecture pour les publications archéologiques de MM. Lenoir, Isabelle, Roux et Texier ;

Le recueil si curieux des *Arts au moyen âge*, publié par feu M. Dusommerard ;

Les peintures de Pompéi analysées par M. Raoul-Rochette ;

Des fac-simile des vitraux et des boiseries de la cathédrale de Brouc ;

Une superbe collection d'*Antiquités russes* ;

La description de l'église de Saint-Isaac à Saint-Pétersbourg ;

Enfin les belles fresques du couvent de Saint-Marc à Florence, et d'autres ouvrages d'une délicatesse infinie et d'une perfection inconcevable pour d'autres publications de la maison Curmer.

Je ne saurais passer sous silence une circulaire composée exprès par MM. Engelmann et Graf, pour donner à leurs clients un échantillon complet du nouveau mode d'impression, et qui suffirait à elle seule pour établir les droits incontestables de la maison Engelmann à la récompense éclatante qu'attend encore, il faut bien le dire, notre industrie lithographique, dont la prééminence, depuis longtemps, est proclamée dans toute l'Europe.

Quelle autre cependant peut se prévaloir de progrès plus rapides et mieux avérés? Quelle autre peut s'enorgueillir d'avoir été portée au degré suprême de la perfection par le même homme qui l'introduisit en France à peine naissante, il y a trente ans? Comment admettre que, devant les jurys des expositions qui se sont succédé dans cet intervalle, la lithographie n'ait pas mérité une récompense supérieure à la médaille d'argent, tandis que le roi de Prusse offrait un prix de 4,000 fr. à celui qui, dans ses États, exécuterait une planche comparable à celles des ateliers français, et quand, par ses résultats, cette belle industrie peut être classée au rang des beaux-arts, en même temps que la science de ses procédés implique une connaissance approfondie de la chimie et de la mécanique? Espérons donc que, cette fois, justice entière sera faite, et qu'une distinction de premier ordre acquittera la dette de la reconnaissance publique envers ceux qui, par leurs constants efforts et le dévouement de leur vie entière, ont su enrichir la France d'une branche importante de commerce et ouvrir aux beaux-arts, par l'invention de la chromolithographie, une voie nouvelle plus large et plus féconde en espérances que toutes celles exploitées jusqu'à présent.

OPTIQUE.

M. L'INGÉNIEUR CHEVALLIER.

Nous regrettons que l'ingénieur Chevallier, opticien du Roi, n'ait envoyé aucun produit de son art à l'exposition de l'industrie. Il importe à l'avenir de cette féconde institution que l'élite de nos industriels se fasse en quelque sorte un devoir d'y figurer, et que l'émulation des nouveaux producteurs soit excitée par la présence de leurs glorieux devanciers. Nous n'agirons point envers les absents comme ils ont agi envers nous, et nous ne leur rendrons pas en silence ce qu'ils semblent avoir voulu nous donner en indifférence. Aspirant à tracer dans ces pages non moins le tableau de la France manufacturière en 1844 que celui de l'exposition de l'industrie, nous ne pouvions omettre les travaux qui ont rendu si populaire le nom de l'ingénieur Chevallier. Et comment oublier la suite non interrompue d'inventions remarquables et d'ingénieux perfectionnements que présente la vie presque tout entière de cet habile artiste? En 1801, son baromètre mécanique est mentionné honorablement par le Lycée des arts; en 1806, M. Chevallier fait connaître ses lunettes à double foyer, dites jumelles; en 1811, il invente l'échelle optique. A l'aide de cet instrument, on peut déterminer avec précision l'inégale portée des deux ministres de la vue, et faciliter ainsi le choix des verres qui doivent neutraliser cette infirmité. En 1821, M. Chevallier publie les lunettes isoscentriques qui méritèrent les éloges de la société royale académique des sciences; en 1822, il donne les lunettes de spectacle actiniques; en 1823, il s'associe à Descroizilles, de l'Académie de Rouen, pour l'exécution d'un alcalimètre et pour celle d'un alambic propre à dévoiler la falsification des vins; en 1825, il fournit aux yeux délicats les verres doubles azurés isochrones; en 1829, il construit le microscope selligue approuvé par l'Académie des sciences, et, en 1835, les jumelles centrées d'une commodité si incontestable, puisqu'elles peuvent s'ajuster suivant l'écartement des yeux; enfin, en 1839, il exécute d'après les dessins du professeur Alexandre Fischer, de Moscou, le nouveau microscope pancratique, et obtient à l'Athénée des arts le maximum des récompenses. Cet instrument, d'un très-petit volume, redresse les objets et les grossit à volonté, sans qu'on soit obligé de changer les lentilles.

Sur le terrain moins élevé, mais plus vaste, de la fabrication journalière, nous retrouvons M. Chevallier, fidèle aux principes que nous lui avons vu suivre dans la sphère de l'invention. Il exécute avec autant de soin les instruments tombés dans le domaine public que ceux dont il est le créateur. L'excellence de la matière et l'habileté de la mise en œuvre, telles sont les deux qualités qui les recommandent pareillement, et que MM. Arago et Ch. Dupin y ont officiellement reconnues.

Là ne se bornent point les services rendus à la science par M. Chevallier. Avant lui, les observations météorologiques étaient fort négligées; il est le premier qui en ait fait l'objet de constantes études. Depuis plus de quarante ans, il les suit et les publie chaque jour pour le climat de Paris. C'est à son exemple que de semblables travaux se font aujourd'hui sur tous les points de la France. Non content de se montrer habile dans la pratique de son art, l'ingénieur Chevallier a voulu encore en consigner les règles dans des ouvrages théoriques. Tels sont : 1° une *Introduction sur les cadrans solaires, horizontaux et universels*, 1805, in-8°; 2° le *Conservateur de la vue*, qui compte quatre éditions; 3° de l'*Usage des lunettes*, 1814, in-8°; 4° *Essai sur la fabrication des instruments de physique expérimentale en verre*, 1819, in-8°, curieux traité enrichi de quinze planches et offrant une théorie neuve et complète de l'aréométrie et de ses différentes applications aux sciences et aux arts chimiques; 5° *Instruction sur les paratonnerres*, 1825, in-8°; enfin un grand nombre de mémoires et de lettres scientifiques insérées dans les journaux à diverses époques.

Tant de droits à l'estime générale firent admettre M. Chevallier dans plusieurs sociétés académiques, et des récompenses lui furent accordées, soit en France, soit à l'étranger, ainsi que des médailles dans diverses expositions. En 1841, il reçut la grande médaille d'or de Russie.

Voilà certes plus de titres qu'il n'en faut pour aspirer à une place honorable dans toute solennité industrielle, et pour y former un vide par son absence. Peut-être serait-il plus juste d'expliquer celle de l'ingénieur Chevallier par les dérangements de toute sorte que lui a causés la translation récente de ses magasins sur le Pont-Neuf.

ÉBÉNISTERIE. MEUBLES.

—

M. ROYER, RUE DE RICHELIEU, 104.

M. Royer n'a exposé qu'une bibliothèque en bois d'Amboine, mais ce morceau suffit pour lui assurer une des places les plus honorables dans l'ébénisterie française. M. Royer, par le style sobre et pur dont il a fait choix, semble avoir voulu protester contre l'engouement qui nous emporte aujourd'hui vers le style appelé *renaissance* et vers le genre bizarrement fastueux qu'on a surnommé *rococo*. Notre intention n'est point de prendre un parti dans cette lutte. Nous savons que l'esprit de l'homme ne peut suivre éternellement la même route, ni goûter les mêmes formes, et que ses plus grandes déviations finissent toujours par tourner à son profit, en élargissant l'horizon dans lequel il lui a été donné de s'agiter. Mais, à côté des recherches aventureuses qu'inspire l'amour du changement et quelquefois le désir du mieux, nous aimons à signaler la constance de certains esprits d'élite qui ne se lassent point d'une chose parce qu'il y a longtemps qu'elle est belle, et dont les efforts ne tendent qu'à en perpétuer le culte.

MÉTALLURGIE.

—

COMPAGNIE DES HOUILLÈRES ET FONDERIES DE L'AVEYRON. USINE DE DECAZEVILLE.

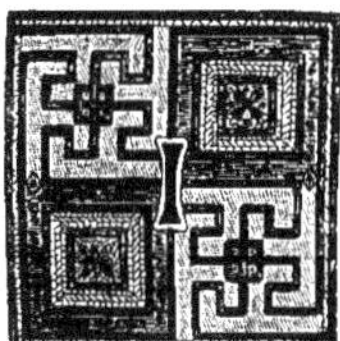

Il y a vingt et un ans, à la place où s'élève aujourd'hui Decazeville, dans ce lieu qui compte cinq mille âmes, il n'y avait qu'une grange. Le bruit courait pourtant qu'il existait par là des couches de houille d'une prodigieuse puissance, et, dans le terrain houiller lui-même, d'épaisses couches de minerai de fer. Las de vingt-quatre ans de guerres et de révolutions, tous les esprits commençaient alors à se tourner vers les arts de la paix, et notre industrie prenait déjà ce magnifique essor qui devait l'élever si rapidement jusqu'au niveau de l'industrie anglaise. M. le duc Decazes, qui, dans le cours de son ambassade en Angleterre, avait été à même d'admirer les merveilles de la production du fer, résolut de participer, autant qu'il était en lui, à la résurrection de la sidérotechnie française. De là l'origine des houillères et fonderies de l'Aveyron; de là le nom de Decazeville si justement donné à la bourgade qui ne tarda point à se former autour de cet établissement.

La renommée n'avait point exagéré les richesses minérales du sol qui devint la propriété de M. le duc Decazes. Il existe, en effet, à Decazeville, une couche de houille de 30 à 50 mètres d'épaisseur, et quelquefois de 75 mètres. Je ne crois pas qu'il y ait la pareille au monde, dit M. Michel Chevalier. Les cent quinze couches du pays de Mons, toutes ensemble, présentent rarement une puissance supérieure sur un même point. A côté de cette couche extraordinaire, poursuit le savant ingénieur, une autre de 20 mètres a été découverte. Quant à celle de 1 mètre à 2 mètres, qu'on regarderait ailleurs comme une fortune, on s'y arrête à peine à Decazeville. Auprès du charbon se présente en couches de 1 mètre,

2 mètres et 4 mètres de puissance, le minerai de fer, dit *des houillères*. Non loin se montrent d'autres minerais, le fer oligiste, le fer hydraté, le fer oolitique. Mais les principaux gisements se composent de carbonates de fer. Ils sont assez considérables pour que, d'après des calculs qui ne paraissent nullement exagérés, ils puissent, pendant des siècles, alimenter plus de hauts fourneaux que n'en possède Decazeville. Ajoutons que l'exploitation de ces minerais est peu coûteuse, et que le fondant appelé castine se trouve sous la main. On trouve, en outre, dans le voisinage, à vil prix et en abondance, des matières réfractaires, argiles et grès, pour la construction de l'intérieur des fourneaux. Enfin, le Lot coule à deux pas de l'usine et lui ouvre, par la Garonne, une communication facile avec Bordeaux. Certes, en considérant tous ces avantages réunis, personne n'aurait pu concevoir la pensée que l'entreprise ne serait pas immédiatement couronnée d'un plein succès. Et cependant, quoique l'usine eût été construite sur un plan excellent, par un homme de la plus haute capacité, M. Cabrol, directeur actuel, quoiqu'elle eût été successivement administrée par des ingénieurs d'un mérite reconnu, quoique les chambres, comprenant toute l'importance de cet établissement naissant, eussent généreusement voté plusieurs millions pour l'amélioration du Lot, les forges et fonderies de l'Aveyron ne donnèrent aucun profit pendant les quinze premières années. Il y eut même un moment où l'on put croire que tout était perdu, et que tant d'efforts auraient été inutilement prodigués. Mais M. Cabrol reprit la direction de l'usine et sauva tout par un effort en quelque sorte désespéré. Aujourd'hui Decazeville n'a plus rien à craindre, et il est entré dans une voie de prospérité que les besoins croissants de la consommation du fer élargissent tous les jours.

Voici la situation actuelle de cet établissement. Il comprend six hauts fourneaux contigus, au devant desquels s'élève une vaste fonderie. A quelques toises de distance est une fonderie composée de trois machines soufflantes dont la force collective est de 250 chevaux de vapeur, et dont les cylindres, coulés d'un seul jet, ont 8 pieds de diamètre. Les deux globes en feuilles de fer, où l'air se rassemble avant d'aller activer le feu, ont un diamètre, l'un de 8 mètres, l'autre de 12 mètres. La longueur des tuyaux en tôle qui mettent l'air à portée des fourneaux est de 66 mètres, et le diamètre de 1 mètre 30 centimètres.

Un peu plus loin que la soufflerie sont placés trois feux d'affinerie et deux grands bâtiments où se trouvent cinquante fours à pudler et à réchauffer, les marteaux pesant 4,000 kilogrammes et battant soixante coups par minute, les laminoirs pudleurs et étireurs, les laminoirs à tôles, les fonderies, les cisailles, dont une, en deux secondes, tranche une plaque de 15 centimètres de largeur et de 5 centimètres d'épaisseur, et recommence indéfiniment la même tâche avec la même rapidité. Dans l'un de ces bâtiments se voit en outre une scie circulaire avec laquelle on découpe les extrémités des rails. En un clin d'œil elle se fraie un passage dans toute l'épaisseur de ces barres massives, et accomplit cette opération avec une vitesse de 200,000 mètres (50 lieues à l'heure). C'est aussi la vapeur qui donne le mouvement nécessaire pour faire agir tous ces appareils. On estime que, dans l'usine de Decazeville, la force totale des machines est de 600 chevaux de vapeur. Il faudrait à l'écurie 3,500 chevaux pour obtenir la même quantité de mouvement jour et nuit.

La maison de l'administration, les casernes d'ouvriers, la maison de direction et de grands ateliers en voie d'achèvement, destinés à la construction de machines à vapeur, complètent l'ensemble des bâtiments de l'usine. Le service des machines est assuré au moyen de plusieurs réservoirs dont le principal se prolonge dans toute la longueur de la forge, des feux d'affinerie et de la fonderie, et contient 50,000 mètres cubes d'eau.

La houille exploitée dans les concessions de la compagnie est convertie en coke par deux cents fours et se consomme entièrement dans l'usine. Signalons, à ce propos, une des plus importantes améliorations introduites à Decazeville depuis quatre ans. Pour amener la houille de la mine principale sur le plateau qui domine l'établissement et d'où, après l'avoir carbonisée, on la précipite dans les hauts fourneaux pour y être dévorée, il en coûtait il y a trois ans, écrivait M. Michel Chevalier en 1843, 2 fr. 50 cent. par tonne de 1,000 kilog.; aujourd'hui cette dépense est réduite à 60 cent. De même, le transport de l'un des minerais, celui de Combes, est tombé de 2 fr. 25 cent. à 15 cent. Pour le minerai de Tramont, la réduction a été de 2 fr. à 40 cent. Et la cause de cette différence, c'est que, pour effectuer les transports, on a tracé un réseau de petits chemins de fer, avec plans inclinés, viaducs, tunnels, etc., dont le développement est de 75 kilomètres (17 lieues), et qui rattachent entre eux tous les points de l'exploitation.

On fabrique annuellement à Decazeville 12 millions de kilog. de fer (12,000 tonnes), et incessamment on pourra porter le chiffre de la fabrication à 15.000 tonnes et même à 18,000. Les six hauts fourneaux peuvent produire ensemble chaque jour 72,000 kilog. de fonte. On brûle régulièrement dans l'usine, en vingt-quatre heures, 500,000 kilog. de houille, et on y fond tous les jours 150,000 kilog. de minerai associés à 50,000 kilog. de castine. Enfin, plus de deux mille ouvriers sont employés à ces divers travaux.

Parmi les causes qui, dans un avenir plus ou moins rapproché, accroîtront la prospérité de Decazeville, il ne faut point omettre la canalisation du Lot, qui est aujourd'hui presque entièrement terminée. Bientôt la compagnie des forges et fonderies de l'Aveyron pourra entretenir avec Bordeaux des communications aussi régulières qu'avec les villes de Villefranche, de Montauban et de Toulouse. Mais elle n'atteindra à tout le développement dont elle est susceptible que par le percement de deux routes, dont l'une serait dirigée de Rodez sur Tulle, par Figeac, et traverserait le bassin houiller de Decazeville, et dont l'autre suivrait le cours du Lot, passerait dans la vallée de la Cèze, un des tributaires du Rhône, et ouvrirait ainsi une communication entre les bords de ce fleuve et le bassin de la Gironde, entre Bordeaux et Toulouse d'un côté, Lyon et Marseille de l'autre.

En attendant que ces nouveaux débouchés soient ouverts à la compagnie des forges et houillères de l'Aveyron, elle n'en poursuit pas moins le cours de ses progrès. On peut dire qu'à l'exposition de cette année, elle s'est en quelque sorte surpassée elle-même. Nous remarquons, parmi les produits qu'elle a envoyés :

1° Des plaques de tôle de 1 mètre 10 centimètres de largeur sur une longueur de 5 mètres ;

2° Des fers nerveux pour câbles de vaisseaux ;

3° Des feuillards de toutes dimensions et d'une qualité réellement supérieure ;

4° Trois modèles de rails destinés aux chemins de fer de Paris à Orléans, de Paris à Rouen, et de Paris à la frontière belge.

Quoique l'usine de Decazeville soit maintenant à même de fournir au commerce tous les produits de fer en barre ou en feuilles, cependant c'est surtout par la ténacité et la dureté de ses rails qu'elle se distingue. Aussi, lorsque S. A. R. Mgr. le duc de Montpensier visita cet établissement, M. Cabrol, comme pour faire à la fois allusion à la plus importante découverte des temps modernes et à la principale production de Decazeville, fit ériger, à l'entrée des ateliers, un arc de triomphe tout en rails de chemins de fer. Le rail, on le sait, est une barre de fer de 4 mètres 50 centimètres de longueur, haute d'environ 11 centimètres, et offrant en dessus et en dessous deux bourrelets aplatis, le premier soutenant la roue du waggon, le second s'engageant dans le coussinet ou support fixé lui-même sur la traverse en bois. La section d'un rail offre quelque chose de la forme d'un X ou d'un 8. En couchant les rails sur le côté et en logeant les rebords saillants des uns dans le rentrant des autres, on parvint, sans altérer les rails, sans un coup de lime ni de marteau, à les enchevêtrer longitudinalement et parallèlement et à faire par ce moyen de l'architecture régulière et pittoresque. « Voûtes circulaires, » ajoute M. Michel Chevalier, à qui nous empruntons ces détails, « corniches attiques, soubassements, jours et dentelures, rien n'y manque. Un faisceau d'armes en couronnement, et des inscriptions encadrées en l'honneur du roi, de la reine et de la famille royale, et où l'industrie nationale n'a pas été oubliée, complètent ce curieux monument. Son élévation est de 35 pieds, sa face d'autant ; son épaisseur est de 14 pieds, c'est-à-dire de la longueur d'un rail. Son aspect rappelle l'arc du Carrousel ; il a de même une porte principale et deux petites voûtes latérales. Il y est entré 1 million de kilog. de rails, ce qui représente une valeur de 300,000 fr. »

DENTELLES.

M. G. VIOLARD, rue de Choiseul, 2 *bis*.

Les dentelles se divisent en trois catégories bien distinctes, qui se subdivisent elles-mêmes en un si grand nombre de genres et de variétés qu'il serait difficile de les énumérer ici.

Le fil, le coton et la soie, telles sont les matières premières employées dans la fabrication des différentes espèces de dentelles. Nous n'entrerons pas aujourd'hui dans l'analyse des divers procédés de fabrication, nous nous bornerons à constater des faits, quitte à revenir plus tard sur l'histoire d'une industrie qui a pris chez nous, depuis quelques années, des développements considérables.

Parmi les fabricants de dentelles qui se sont signalés aux expositions de 1834 et de 1839, il en est plusieurs que nous retrouvons encore cette année placés au premier rang. Par des efforts soutenus, ils ont su lutter victorieusement contre la crise affreuse qui atteignit, en 1836, l'industrie des dentelles de fil et des blondes.

Au nombre de ces fabricants dont nous parlons, figurait, dès 1834, M. G. Violard, dont les travaux ont puissamment contribué à relever la fabrique de blondes du discrédit dans lequel elle était tombée.

Pour faire revivre les blondes avec toutes les améliorations dont elles étaient susceptibles, M. Violard employa un moyen fort ingénieux quoique fort simple ; il les débaptisa, et, sous le nom de *dentelles de soie*, il mit au jour des produits d'une perfection telle que les détracteurs de la blonde furent les premiers à encourager ses efforts en imitant son exemple.

En 1834, le rapport du jury, que nous citons textuellement, disait, en parlant de l'exhibition de M. Violard : « Nous avons particulièrement « remarqué des blondes de soie d'un dessin très- « riche et d'une exécution irréprochable. Ce fa- « bricant est un de ceux qui ont le plus contribué « aux progrès des dentelles de soie. C'est aux « efforts de M. Violard que cet article doit d'a- « voir conservé à l'intérieur un reste de la fa- « veur immense dont il a joui. »

Là cependant ne se bornèrent pas les tentatives de l'habile fabricant. De même que l'industrie des blondes avait eu son heure de souffrance, de même aussi les dentelles de fil eurent leur jour de crise. M. Violard se remit courageusement à l'œuvre, et ses efforts furent, une fois encore, couronnés de succès.

Aujourd'hui, le fabricant dont nous venons d'esquisser rapidement la carrière industrielle se présente dans la lice avec de nouveaux produits qui nous montreront jusqu'où peut aller la persévérance unie à l'aptitude industrielle.

M. Violard expose une toilette de mariée entièrement composée de dentelles vulgairement appelées *applications de Bruxelles*.

Il est impossible de rien voir de plus léger, de plus gracieux, de plus parfait, comme aspect et comme fabrication, que les différentes pièces qui composent cette toilette.

La robe et l'écharpe, composées sur des dessins originaux de M. Violard, semblent sortir des mains de quelque fée capricieuse, qui se serait plu à multiplier les difficultés pour les vaincre.

En présence d'un pareil résultat, on est forcé de s'écrier, avec les admirateurs exclusifs de la fabrique de Bruxelles : « Jamais les fabricants français n'arriveront à ce degré de perfection ! »

Eh bien ! qu'on nous pardonne cette petite supercherie, que l'esprit de nationalité nous a seul inspirée. Cette toilette en *application de Bruxelles* est entièrement fabriquée en France. Dessins, fleurs, application, tout, jusqu'au réseau, est de fabrication française. Pour que rien ne manquât à ce beau succès industriel, M. Violard a voulu offrir au public ainsi qu'au jury un terme de comparaison entre l'application de Bruxelles faite en Belgique et le même produit fabriqué par lui. La mariée qu'il expose, et dont nous venons de parler, tient dans sa main un volant en application, dont la moitié est le produit de l'industrie belge, et dont l'autre moitié appartient à la fabrique française. Jamais alliance avec une puissance étrangère ne fut plus complète et plus intime, c'est à défier l'œil le plus exercé, et si le fabricant n'avait pris soin de tracer lui-même la ligne de démarcation qui sépare les deux industries, nous courrions fort le risque de passer la frontière sans nous en être aperçu.

Ce qu'il y a de beau, de louable surtout dans cette dernière tentative de M. Violard, c'est qu'elle dote la France d'une industrie nouvelle, et qu'elle nous affranchira tôt ou tard du tribut onéreux que nous payons depuis assez longtemps à l'étranger. Déjà, du reste, M. Violard a trouvé de nombreux imitateurs, et c'est là, nous le croyons, son plus bel éloge.

GÉNÉRALITÉS SUR L'EXPOSITION.

Dans un premier article d'introduction, nous avons inauguré l'exposition de 1844 et le palais où la France entière vient admirer sa force productrice et les merveilles de son industrie. Nous avons décrit l'aspect extérieur de cette solennité importante qui fait de Paris, à cette époque, le véritable centre de la civilisation du monde. C'est bien en face de cette activité prodigieuse dont nous sommes aujourd'hui les témoins et qui nous communique à notre insu sa chaleur et sa vibration, que l'on se sent au cœur même de la circulation des idées et du progrès qui entraîne l'humanité vers le bonheur. Oui, la France a bien reçu du ciel la mission d'initier le monde aux conquêtes du génie et de la civilisation. Si ce grand spectacle que l'exposition nous présente attire vers nous, comme par une puissance supérieure, des milliers d'étrangers de toutes les contrées de la terre, qu'on se garde d'y voir le résultat d'une curiosité frivole ou d'une rivalité inquiète. Ce qui les amène, c'est bien plutôt cette confiance dans notre rôle instituteur ; c'est le besoin de prendre possession des conquêtes faites par une grande nation pendant une de ces périodes qui comptent pour un jour dans l'histoire de l'humanité, et qu'elle laisse généreusement rayonner autour d'elle comme la chaleur et la lumière.

Que ne nous est-il donné de faire pénétrer dans ces lignes cette surabondance de vie qui circule en ce moment dans l'air que nous respirons ! Que ne pouvons-nous immobiliser dans ces pages le tableau de ces jours si beaux, si fugitifs et dont il ne restera bientôt qu'un froid souvenir ! Ce printemps, fête dont le ciel de Paris nous avait depuis si longtemps déshabitués, cette séve d'émulation et d'espérances qui travaille les esprits, en même temps que la séve de la nature s'épanouit en ses trésors annuels, ce mouvement, cette fièvre dont une société tout entière se sent agitée et qui vibre jusqu'aux extrémités d'un corps de tant de millions d'hommes, double solennité que Dieu nous accorde de temps en temps pour nous révéler une partie de la splendide destinée qu'il nous réserve !

Mais s'il est impossible de se soustraire à un mouvement d'enthousiasme en face de ces efforts de l'homme vers un avenir prospère, il importe d'éclairer cet élan d'espérance à l'aide d'une raison plus calme et d'une étude plus sérieuse. Cherchons donc à constater d'une manière générale et par un premier aperçu ce que la science et l'industrie ont véritablement conquis dans cette joute nouvelle, et marquons à la fois, par ces jalons plantés aujourd'hui, la longueur de la route parcourue depuis hier et la direction de celle que nous devrons tracer demain.

Nous ne nous dissimulons pas la gravité de notre tâche, et nous savons combien elle diffère des simples et faciles exigences imposées aux nombreux organes de la publicité. Destinée à une existence éphémère, simple oiseau de passage dans le domaine de la science, la presse quotidienne peut se livrer à ses impressions premières, sans contrôle sérieux, sans études longues et profondes. Bien différent est notre rôle, et les devoirs qu'il nous impose, nous les comprenons d'une façon sinon plus consciencieuse, du moins plus sévère. Monument spécial élevé à cette solennité de l'industrie, notre œuvre doit y apporter une maturité exempte de précipitation. Utile avant tout, elle doit reproduire toutes les idées utiles, de quelque côté qu'elles aient été émises ; ce n'est point à dire du nouveau, mais à dire tout ce qu'on a dit de bien, en le complétant et en le coordonnant, que nous mettrons notre mérite et notre gloire. Que l'on ne s'étonne pas de nous voir reproduire, au milieu de nos propres idées, les idées semées avant nous sur la route que nous suivons. C'est cette gerbe glanée dans le champ que parcourent à cette heure tant d'intelligences élevées, tant de savants publicistes, tant d'écrivains généreux, que nous donnerons comme les prémices de notre propre moisson.

Avant donc d'entreprendre dans les galeries de l'exposition notre étude sommaire, essayons une revue rapide des impressions qu'a produites cette solennité, et dont l'écho nous a été renvoyé déjà par la presque totalité des voix de la presse.

Cette courte promenade au milieu des idées nous sera nécessaire pour nous préparer à un plus long parcours au travers des faits.

Pourquoi faut-il, d'ailleurs, que ce rôle nous soit réservé, à nous qui le remplirons imparfaitement malgré tous nos efforts? Ce haut enseignement que nous chercherons à tirer d'un si grand développement de puissance, ces conclusions générales que nous essayerons de poser, comme des pierres d'attente, ne serait-il pas à désirer qu'une voix partie de plus haut en prît l'initiative? Le droit dont nous usons pour résumer une œuvre toute nationale et pour lui communiquer, autant qu'il dépendra de nous, le cachet d'unité et d'ensemble, est-ce donc un droit de premier occupant, et ne serait-ce pas à l'intelligence directrice et suprême du pays, à l'Etat, de faire l'histoire et la synthèse de cette manifestation énergique et vivace?

Non, il faut le reconnaître, l'exposition a beau se reproduire à des époques fixes et périodiques; elle n'est encore qu'un accident aux yeux de l'Etat, aux yeux même des industriels; elle ne se relie pas à l'essence même de la production; elle ne consiste guère qu'en une exhibition pleine d'intérêt, mais dénuée de la plupart des résultats féconds qu'elle pourrait enfanter. Enfin, c'est une institution imparfaite et qui n'est pas organisée.

Comment, du reste, en serait-il autrement, quand l'industrie elle-même est privée de cette organisation supérieure, de cette unité directrice dont l'absence commence à se faire sentir sur tous les points de notre édifice industriel? Quand tous les faits qui servent de base à cet édifice apparaissent plus incompatibles de jour en jour, peut-on en tirer un enseignement concordant et rationnel dans ses conclusions?

Sans parcourir tout le cycle des vices fondamentaux de notre système producteur, il nous suffirait d'en indiquer un certain nombre pour qu'on reconnaisse avec nous qu'en l'absence d'une organisation industrielle, les solennités périodiques de l'exposition perdront la plus belle part de leur utilité, les plus grandioses de leurs conséquences.

Que faudrait-il pour que l'exposition fût réellement organisée?

Il faudrait qu'elle fût l'expression sincère et naturelle de l'industrie nationale, qu'elle représentât pour chaque branche, pour chaque établissement spécial, l'état de la fabrication courante avec les procédés de tous les jours et les produits qui entrent habituellement dans le commerce. On commence à le sentir, et plusieurs publicistes l'ont proclamé : l'exposition est une enquête qui se rattache à toutes les questions de la production et de la consommation, qui soulève tous les problèmes de l'économie manufacturière, travail, salaires, libre concurrence, liberté de commerce, et dont la conclusion doit être un pas fait vers la solution de ces graves difficultés. Cette enquête devrait être la vérification quinquennale et la traduction pour les yeux de l'enquête annuelle que le pays réclame sans l'obtenir, à savoir une STATISTIQUE GÉNÉRALE de l'industrie. Tant que nous ne posséderons pas ce vaste tableau de notre production nationale, tant que nous ne connaîtrons pas la série complète de nos industries et des établissements qui s'y livrent, quelles comparaisons pourrons-nous faire, quelles conséquences pourrons-nous tirer? A qui est-il possible de dire aujourd'hui quel est, dans une branche de commerce quelconque, le rapport entre la production réelle du pays et sa représentation dans nos galeries? Qui peut établir une liste générale de nos producteurs? Qui pourrait grouper tous les établissements similaires, en indiquant ce qui les rapproche et ce qui les distingue? Aucun document ne peut nous éclairer sur les conditions manufacturières spéciales à chacun de ces établissements et sur son importance relative. Leur consistance, leur puissance motrice, leur personnel, leurs procédés techniques, la nature, le prix et l'origine de leurs matières premières et de leurs combustibles, les qualités, la valeur et les débouchés de leurs produits, et tant d'autres têtes de colonnes où le pays devrait trouver depuis longtemps constatés et classés ses éléments de force productrice, qui pourrait en présenter la plus légère ébauche, en tracer le premier aperçu? La statistique de l'industrie, ce point de départ de toute étude, de toute comparaison, de toute conclusion, n'existe pas même en germe. Nous ne possédons que les vagues et incomplètes notions fournies, soit par les enquêtes partielles, soit par les expositions précédentes. Nous ne faisons ici que signaler une lacune sur laquelle on ne s'est pas assez appesanti jusqu'à présent. A chaque pas que l'on fera désormais, on sentira le besoin et l'absence de documents certains, de faits réels et comparés. Au premier essai d'organisation industrielle, on se trouvera arrêté par l'ignorance de tous ces éléments que nous avons sommairement indiqués, et l'on perdra un temps utile pour les réunir. Nous n'ignorons pas toutes les difficultés que présente un travail de ce genre. Mais ce n'est pas l'œuvre d'un jour, et les moyens dont l'État dispose, mis en œuvre avec une sage persévérance, auraient déjà pu en déterminer les bases.

Or, l'exposition quinquennale est l'une des plus précieuses occasions de constater cet ensemble de conditions industrielles, de les comparer, de rectifier les erreurs de classement, de compléter les séries. Si un pareil travail avait été commencé dès 1834, ainsi que le permettait l'état de la science économique, qu'il se fût éclairé des résultats mis au jour par l'exposition de cette époque, qu'il se fût corrigé à l'aide de celle de 1839 et qu'il vînt puiser un complément de lumière dans l'exposition de 1844, il est indubitable qu'il serait parvenu dès maintenant à un haut degré d'exactitude, et partant d'utilité.

Mais pour n'avoir pas été entrepris jusqu'à ce jour, est-ce une raison de le différer davantage? Nous ne le pensons pas, et nous aborderons plus tard d'une manière spéciale cette étude, que nous regardons comme le résumé de l'enseignement ouvert au pays par les expositions périodiques.

De la part de l'État, cet enseignement, tel que nous le concevons, pourrait être bien plus complet encore.

On s'accorde à reconnaître que le fait préalable de l'exposition, l'examen préliminaire des produits par le jury d'admission, a été une formalité trop précipitée et par cela même moins sérieuse qu'elle n'aurait pu l'être. Les produits, admis à figurer dans les galeries, ont perdu de la sorte une partie de l'honneur que cet examen pouvait leur conférer. Une première enquête générale, bien motivée, eût été un service réel rendu au public et à l'institution elle-même. L'exposé raisonné de cette enquête eût fourni au pays un aperçu sommaire plein d'intérêt, au lieu de la sèche et aride nomenclature que le livret nous étale.

Le livret, tel qu'il a été conçu cette année, est tout à fait indigne du rôle qu'il devrait remplir, et si nous nous attachons à ce détail, c'est qu'il est de la plus haute importance, puisque là se trouve le tableau synoptique et résumé de l'exposition. Nous n'insisterons pas néanmoins sur la réforme qu'il conviendrait d'y introduire ; nous préférons la pratique à la théorie, et nos tables analytiques prouveront de quelle manière nous comprenons l'utilité de cet important accessoire. Mais un fait que nous devons constater, parce qu'il est le signal d'une tendance précieuse, c'est qu'on a émis le vœu de voir dans le livret un premier classement des industriels, non-seulement par catégories d'industrie, mais encore, pour chacune de ces catégories, dans l'ordre de leur mérite et de leur importance respective. On regrettait que le jury d'enquête ne se fût point érigé en un premier tribunal d'appréciation, ne fût-ce qu'afin de relier par l'émulation et la hiérarchie tous ces producteurs isolés. C'est, en effet, un spectacle singulier et triste assurément que cet individualisme absolu qui fractionne à l'infini la grande nation des industriels. Entre tous ces hommes qu'un même but rassemble, il n'y a qu'une simple juxtaposition ; la cohésion est nulle; aucun lien, aucun rapport, aucun intérêt commun, sauf le vague intérêt d'une même nationalité, ne tendent à les réunir par groupes, par classes, et, enfin, en un faisceau général. Toute tentative réalisée dans ce sens est un premier pas vers l'organisation, et, sous ce rapport, nous lui vouons le plus vif intérêt.

D'où vient que le classement des industries entre elles laisse tant à désirer? D'où vient que les efforts de l'administration pour obtenir d'une manière générale l'indication des prix de vente n'aboutissent à aucun résultat? D'où vient l'impossibilité absolue de connaître le prix de fabrication par comparaison avec le prix de vente? D'où vient que, malgré les généreuses intentions du jury, les véritables inventeurs restent si souvent dans l'obscurité, tandis que la gloire de leur découverte échoit à ceux qui l'ont mise en lumière? D'où vient que ces baisses énormes dans les prix de vente, que l'on signale comme des progrès réels, sont souvent une déplorable fiction et le plus triste de tous les résultats, puisqu'on ne les obtient qu'à l'aide de réduction sur les salaires, sur l'existence des travailleurs? D'où viennent tant d'anomalies choquantes, tant d'assertions hasardées pendant l'exhibition et démenties après, un contraste si fréquent entre l'apparence et la réalité?

Tout cela vient de ce que l'industrie est un vaste ensemble, mais non un grand corps : de ce que rien ne s'y tient, ne s'y enchaîne, ne s'y contrôle ; de ce que la liberté de faire, entravée par la concurrence, est remplacée par la liberté de paraître ; de ce qu'il n'y a nulle sanction véridique, nulle direction supérieure, nulle représentation des intérêts divers, en un mot, nulle organisation.

Du moins, à défaut de cette réglementation directrice, l'administration pourrait compléter, par quelques mesures spéciales, le rôle utile que l'exposition peut remplir.

Un résumé succinct de l'exposition précédente, extrait du rapport du jury de 1839, serait une excellente annexe à livrer d'une manière courante à cette portion du public qui regarde les galeries de l'industrie non comme un bazar, mais comme une école. Une amélioration plus féconde encore nous semblerait être la création d'un certain nombre de démonstrateurs, hommes compétents dans chaque spécialité et chargés par les industriels de mettre en relief et d'expliquer au public la valeur et le mérite particulier des produits exposés. C'est surtout dans la salle des machines, en face de ces grands appareils si intéressants même pour ceux qui ne peuvent les comprendre, qu'on sent tout le prix de cette institution de démonstrateurs spéciaux. En voyant le public se porter avec une curiosité avide devant ces puissants moteurs, ces organismes si complexes et si frappants par leur aspect, on devine que cette curiosité ne demande qu'à être éclairée pour devenir un intérêt fécond en instruction et en progrès, quelquefois même l'éveil d'une faculté latente.

Dans cette revue que nous venons de passer des idées générales auxquelles l'exposition a donné cours, nous croyons avoir été l'écho fidèle de toutes les critiques rationnelles, de toutes les tendances progressives, de toutes les propositions utiles. Toutefois, en pareille matière, l'erreur est inévitable, et nous nous réservons de revenir sur nos pas pour réparer des omissions involontaires, sans tenir compte du mérite accessoire d'une régularité systématique.

Abordons maintenant l'aspect intérieur de l'exposition.

Le dessin en plan du palais de l'industrie, qui est joint à notre première livraison, a dû déjà donner l'idée générale de la disposition des produits et servir de guide à nos lecteurs dès leur entrée dans ces vastes galeries.

L'idée qui a présidé au classement des articles n'est pas tout à fait la même que celle qui domine dans le groupement des industries en huit classes adoptées par le jury de cette année, à l'instar des expositions précédentes. La méthode du jury a été modifiée d'une manière ingénieuse pour se trouver en harmonie avec la distribution de l'édifice. Composé d'une salle centrale, à laquelle on arrive par quatre entrées et d'une vaste galerie rectangulaire circulant autour des quatre faces de cette salle, cet édifice se trouvait offrir cinq grandes divisions, la salle du centre et les quatre angles adjacents. L'angle nord-est a été affecté aux arts qui relèvent principalement du règne minéral : optique, horlogerie, chirurgie, cuivre estampé, lampes, bronzes, orfèvrerie, verrerie, terre cuite. L'angle nord-ouest est consacré aux arts qui dépendent plus spécialement de la mise en œuvre des matières végétales, sauf les tissus : tels sont la menuiserie et l'ébénisterie avec leurs variétés, les billards, les instruments de musique, la papeterie et la librairie. Les tissus occupent les deux galeries angulaires du sud-est et du sud-ouest. La grande salle du centre offre, sur la face nord, les échantillons métalliques et les divers produits de la métallurgie ; sur la face orientale, les briques, poteries grossières, marbres et stucs : sur sa face méridionale, les appareils divers destinés à d'innombrables usages : sur sa face occidentale, le groupe des produits chimiques ; enfin, des deux côtés de son grand axe, s'allonge la quadruple rangée des machines à vapeur et des gigantesques instruments de travail.

On voit que ce classement s'éloigne en plusieurs points des catégories adoptées par le jury central. Mais l'ensemble de ces catégories n'est pas lui-même d'une exactitude assez satisfaisante, et les limites entre chaque classe ne sont pas assez nettement tracées pour qu'il y ait lieu de blâmer gravement ces écarts. En somme, il nous semble plus facile que les années précédentes de se porter à coup sûr vers l'objet que l'on veut plus particulièrement étudier.

Toutefois, ce ne sera pas cet ordre que nous suivrons dans notre étude, si convenable qu'il soit pour les yeux et la disposition matérielle. Mais nous nous reporterons aux huit divisions formées par le jury central, et nous les traiterons dans une série d'articles spéciaux. Ces divisions sont si larges elles-mêmes et quelquefois si vagues, qu'il y a lieu, pour fixer les idées, de déterminer d'une manière plus précise la classification de chacune d'elles. C'est par cette énumération sommaire, qui forme en quelque sorte l'inventaire de l'industrie, que nous terminerons ce premier article d'indispensables généralités.

1re CLASSE. — *Des tissus.*

Amélioration des laines.
Filature de la laine.
Tissus de laine.
Couvertures.
Châles cachemires et imitations.
Soies.
Soieries, rubans, tissus de crin.
Filage et tissage du lin.
Filage du coton.
Tissus de coton, de couleur et blancs.
Bonneterie, canevas, passementerie.
Tapis, tissus de verre, dentelles, etc.

2e CLASSE. — *Des métaux et autres substances minérales.*

Outils et objets divers.
Métaux divers et alliages.
Fers, fontes, aciers, tôles, fer-blanc, etc.
Objets minéralogiques et bitumes.

3e CLASSE. — *Arts mécaniques.*

Machines hydrauliques.
Machines à vapeur.
Grands mécanismes.
Machines à fabriquer les tissus et le papier.
Machines à imprimer.
Peignes, cardes.
Constructions hydrauliques.
Constructions navales et civiles.
Construction.
Outils.
Instruments aratoires.
Industrie agricole.

4e CLASSE. — *Arts chimiques.*

Produits divers.
Produits chimiques.
Conservation des substances alimentaires.
Savons, colle forte.
Gélatine, cire à cacheter.
Sucre, fabrication des couleurs.
Produits appliqués à l'éclairage.
Chauffage.
Distillation.

5e CLASSE. — *Poteries et verreries.*

Terre cuite.
Faïence, porcelaine.
Poterie en grès.
Décors sur porcelaine.
Emaux.
Glaces et strass.
Verrerie, cristallerie.
Pierres artificielles.

6e CLASSE. — *Instruments de musique et de précision.*

Horlogerie.
Instruments de précision relatifs à l'optique, à la géodésie, à l'horlogerie.
Lampes.
Armes diverses.
Instruments de musique.

7e CLASSE. — *Beaux-arts.*

Vitraux peints.
Bronzes.
Bijouterie.
Ciselure.
Orfévrerie.
Plaqué.
Constructions.
Imprimerie.
Lithographie.
Ouvrages imprimés reliés.
Stores, peinture.
Ameublements.

8e CLASSE. — *Arts divers.*

Teinture.
Blanchiment.
Impression et papiers peints.
Cuirs.
Papiers.
Maroquins.
Buffles.
Literie.
Sellerie.
Objets divers.
Chapellerie.
Bonneterie.
Papeterie.
Chaussure.
Ganterie.
Instruments de chirurgie.
Objets orthopédiques.
Fleurs artificielles.
Imitations de la nature.

E. LAMULONIÈRE.

DE L'AVENIR RÉSERVÉ A L'INDUSTRIE.

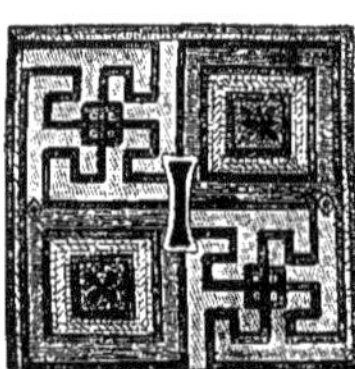

Il suffit de parcourir le vaste bazar de l'exposition de l'industrie pour se faire les questions suivantes :

Quel est donc cet élément nouveau qui vient, en s'amplifiant chaque année, occuper une place de plus en plus grande au milieu des anciennes institutions ?

Quand le Briarée de la production industrielle aura-t-il pris toute sa croissance et gagné tous ses bras ?

Était-il donc prophète, le premier qui s'écria après la révolution de 92 :

Le travailleur est libre et son joug est brisé !
L'industrie, autrefois, embryon méprisé,
Longtemps emmailloté, naguère à la lisière,
De ses bras vigoureux presse aujourd'hui la terre.

Enfant de l'intelligence humaine, nourrisson de l'imagination utilitaire qui a remplacé celle des muses de l'empire, l'industrie ne peut plus reculer désormais, son destin est de croître et d'embellir toujours. En peut-on douter un instant quand on songe à cette admirable loi du progrès : ce qu'un homme a fait, un autre homme peut le perfectionner ?

Et ne sait-on pas que la combinaison géométrique des éléments de l'alphabet mécanique pouvait, dès Euler, fournir tant d'incommensurables quotients, qu'il s'écriait déjà :

NOUS SOMMES PLUS PRÈS DU COMMENCEMENT QUE DE LA FIN.

Nous avons, nous aussi, la conviction bien arrêtée qu'il existe dans l'esprit et dans les cartons des inventeurs pour toutes les branches de l'industrie, plus de projets de machines perfectionnées qu'il n'en faudrait pour réduire de 50 pour 100 le prix de tous les objets de la production présente. Un grand progrès, néanmoins, a été signalé cette année par M. le baron Thénard, dans le sens de l'abaissement des prix, et l'exposition de 1839, qui nous avait fait dire que les Français n'en étaient encore qu'à l'horlogerie mécanique, est aujourd'hui parvenue à un point de perfection tel, qu'il ne leur reste plus rien à envier à l'Angleterre ni à la Belgique, sous le rapport de la mécanique monumentale. La France n'a plus maintenant qu'à gagner ses antagonistes de vitesse ; elle y parviendra, sans aucun doute, à moins que la guerre ne vienne redonner aux Anglais les cent années d'avance dont les avaient gratifiés en fait d'industrie économique la révocation de l'édit de Nantes, le système des jurandes et la gloire impériale.

La France possède tous les éléments nécessaires pour devenir le plus grand conquérant industriel du monde. Ses hommes de génie, de science et d'application sont aussi nombreux aujourd'hui qu'ils étaient rares alors que le produit naturel du sol, l'intelligence, se trouvait entièrement absorbé par les stériles préoccupations de la conquête militaire.

Quand on songe que toutes ces merveilleuses inventions qui se sont succédé avec tant de rapidité pendant les vingt premières années de la révolution n'étaient dues qu'à une trentaine d'inventeurs au plus, on ne sait où s'arrêtera l'industrie, aujourd'hui que l'étude des sciences positives a formé déjà des milliers d'ingénieurs, parfaitement *outillés* (qu'on nous passe l'expression) pour faire des inventions.

Cependant le génie est loin encore d'être affranchi en France; il ne jouit pas du *droit commun*, il ne s'appartient pas, il n'est point propriétaire de ses œuvres; en un mot, il est encore l'esclave du capital!

Certainement le beau idéal de l'industrie serait l'association *du capital, du talent et du travail;* mais jamais le capital ne prendra pour associés des gens qui sont forcés de s'offrir à lui comme esclaves. Il faudrait commencer par donner une valeur quelconque au travail et au talent pour qu'ils eussent le droit de réclamer leur part des bénéfices de l'association.

Or, un moyen se présente tout naturellement à la pensée; faites que l'homme de talent soit propriétaire inviolable de ses œuvres; mettez son enclos sous la sauvegarde de la loi, et qu'il soit aussi bien protégé que l'était le meunier de *Sans-Souci* contre les empiétements même d'un Frédéric, et vous abattrez la féodalité dans l'ordre intellectuel, comme vous l'avez détruite avec tant davantage dans l'ordre matériel.

Voulez-vous avoir une idée et un exemple de l'effet que produirait l'affranchissement complet de la propriété intellectuelle, voyez ce qu'a produit pour l'Angleterre l'affranchissement même incomplet des inventeurs?

Pendant plus de cent ans, l'Angleterre fut le seul pays du monde qui accordât quatorze ans de propriété aux inventions; aussi tous les inventeurs du continent s'empressaient-ils d'y transporter leurs découvertes; c'est ainsi que le métier à tricoter, le balancier à monnaie, l'art d'emboutir les métaux passèrent en Angleterre, et ne revinrent dans leur pays natal que bien longtemps après.

Qu'est-il arrivé de ceci?

C'est que l'Angleterre a dû forcément devenir plus industrielle que tous les autres peuples du monde. Le résultat eût encore été forcé, les Anglais n'eussent-ils eu qu'une médiocre aptitude pour l'industrie. Si la Suède, si l'Espagne, si l'Islande même avaient présenté une plus longue garantie aux inventeurs, ces pays fussent devenus les plus industriels du monde.

Toute l'Europe a pris, bien que tardivement, le parti d'imiter l'Angleterre, en offrant une garantie de quinze ans à tous les inventeurs; mais il nous paraît singulier qu'aucun gouvernement n'ait songé à primer les autres en prolongeant la durée de la propriété au delà de quinze ans.

Supposons qu'en ce moment la France concédât la pérennité de leurs œuvres aux inventeurs littéraires, industriels, artistiques, qu'arriverait-il?

C'est que tous les hommes d'invention accourraient en France pour y planter leur tente; c'est que les capitaux étrangers se précipiteraient à leur suite, si les capitaux français ne pouvaient suffire; c'est que toutes les branches de la production deviendraient de grandes affaires, et que les prix, grâce à la fabrication en grand, seraient tellement réduits, que la France, malgré l'élévation des tarifs, rendrait tous les peuples du globe tributaires et vassaux de son industrie, qui se trouverait élevée bientôt à sa plus grande puissance de production.

Quelles objections le gouvernement pourrait-il faire à celui qui viendrait lui poser la question en ces termes :

Vous pouvez, d'un mot, augmenter indéfiniment le nombre des *propriétaires*, par conséquent celui des *conservateurs* et des *contribuables*, sans rien enlever aux possesseurs actuels, si ce n'est une partie du fardeau de l'impôt qui les accable?

Ce seul mot, passé dans l'application, donnera la prépondérance industrielle au peuple, satisfera tous les hommes d'intelligence en leur enlevant le droit et le besoin de se plaindre, remplira les coffres de l'État, et vous délivrera du mal de l'émeute et du paupérisme.

Ce seul mot donnera de l'emploi à toutes les intelligences et de l'occupation à tous les bras, fera cesser l'anarchie de la concurrence, donnera une organisation au travail, et moralisera nécessairement le commerce.

Ce mot, enfin, que les chambres prononceront quand vous le voudrez, le voici :

La propriété intellectuelle est assimilée à la propriété foncière, jouira des mêmes droits et supportera les mêmes charges.

C'est-à-dire que vous réaliseriez spontanément la maxime équitable : A chacun selon sa capacité, selon ses œuvres, en créant un ordre de choses tel qu'il fût permis à tout individu de prendre dans le milieu social la position qu'il doit occuper d'après sa pesanteur spécifique : car il faut que la lie tombe librement au fond, que l'huile surnage, et que les esprits et les essences éthérées s'élèvent et se dilatent dans toutes les conditions de leur nature expansive.

Quand on croit fermer la bouche aux détracteurs de l'industrie française, en leur montrant les magnifiques produits de l'exposition, ils vous répondent : Ce n'est pas le tout de bien faire en industrie, il faut faire à bon marché; et, sous ce rapport, nous sommes encore en arrière des Anglais, en admettant même que nous les égalions en fait d'exécution; il faut bien qu'il en soit ainsi, puisque nos fabricants ne peuvent se passer de protection.

Nous avons entendu exprimer l'état de cette lutte d'une façon très-pittoresque par un économiste russe, qui la comparait au combat de *John Bull* contre le *french-dog*: Ce dernier, disait-il, a donc toujours besoin du tonneau douanier, puisqu'il n'a pas encore osé affronter son antagoniste dans l'arène ouverte de la libre concurrence. Tel est, en somme, le reproche que l'on ne cesse d'adresser, et de très-haut, aux producteurs français; mais personne n'indique la source de cette infériorité, et moins encore les moyens de s'y soustraire.

On dit bien, en général, que les capitaux manquent à l'industrie française, et qu'ils ne manquent point à l'industrie anglaise; cependant les capitaux sont tout aussi abondants en France qu'en Angleterre; il existe donc une double cause qui détermine les capitalistes de la Grande-Bretagne à porter leurs fonds dans l'industrie, pendant que les capitalistes français en éloignent les leurs; car le capital se porte toujours où il trouve le plus de garantie : ceci est aussi vrai en deçà qu'au delà du détroit. Toute la question se trouvant là, rien n'est plus facile à résoudre, à notre sens.

Nous devons commencer par dire une chose dont s'étonneront beaucoup les contempteurs de brevets d'invention, c'est que toutes les grandes industries anglaises ne sont fondées que sur des patentes, et qu'on ne trouverait pas un *schelling* pour créer la meilleure affaire du monde, avant qu'elle fût bien et dûment patentée.

Pour donner une idée de la sévérité avec laquelle les tribunaux anglais font respecter les droits du patenté, il suffit de dire que l'inventeur du fer à l'air chaud vient de faire condamner son contrefacteur à cinq cent mille francs de frais de procès et à une indemnité de deux millions et demi, plus cinq schellings par tonnes du fer fabriqué par lui et par tous ceux qui avaient reçu de lui le droit de travailler avec le système contrefait.

En France, les brevets sont loin d'être aussi bien garantis; la plupart sont caducs et attaquables, soit par négligence de rédaction ou défauts de formes, aux termes mêmes de la loi, qui permet de chercher dans les livres ou dans les pays étrangers des preuves de caducité que la loi anglaise n'admet dans aucun de ces deux derniers cas. En somme, il nous serait aisé de prouver qu'il y a moins de garanties en France qu'en Angleterre pour les brevets, et moins encore en Belgique. Ce défaut suffit seul pour expliquer l'éloignement des capitaux français de l'industrie brevetée. Or, sans capitaux, pas d'outillage de force ni de vitesse, point de fabrication à bon marché.

Nous sommes même tellement étonné que l'article Paris ait pu conquérir et conserver jusqu'ici une si grande supériorité sur l'article Londres, Manchester ou Birmingham, que nous avons cru devoir en rechercher la cause, et nous l'avons encore trouvée dans un vice de la législation anglaise, qui n'existe heureusement pas dans la législation française, sur la propriété des formes.

En France, la propriété des modèles et des dessins de fabrique est garantie perpétuellement pour 10 francs; en Angleterre, elle ne l'a pas été. En France, un fabricant de bronze, de meubles, d'étoffes, peut faire les frais d'un modèle de pendule, de candélabre, de meuble ou de dessin de tissu dont il reste l'unique monopoleur; en Angleterre, le fabricant qui payerait 10 à 15,000 francs à un sculpteur de premier mérite verrait surmouler son modèle par son voisin, sans pouvoir l'en empêcher; l'indienneur verrait contrefaire ses rouleaux les plus coûteux, sans pouvoir réclamer; aussi, en fait de bronzes, de bijouterie, d'ornements, de porcelaine, de dessins d'étoffes, en fait d'objets de goût et de mode, la France l'emporte-t-elle constamment sur l'Angleterre, et cependant il n'y a et ne peut y avoir d'autre raison que celle-là : les gens de l'art le comprendront sans peine; car, avec leur argent, les Anglais recruteraient bientôt les meilleurs modeleurs, dessinateurs et artistes modistes de France, si la propriété de leurs œuvres était garantie aux fabricants qui les occuperaient.

Le gouvernement anglais vient, à ce qu'il paraît, d'entrevoir un coin de cette vérité, puisque, par une loi récente, il garantit cette nature d'invention pour trois ans, moyennant la somme de 400 francs. C'est un premier pas qui conduira plus loin, et bientôt Londres partagera l'empire du goût avec Paris, et finira peut-être par lui arracher le sceptre de la mode dans les contrées étrangères, par la facilité qu'elle a d'établir la moindre de ses productions sur une vaste échelle, et, par conséquent, de l'emporter par son bon marché.

Qu'on n'oublie pas cet avertissement. Déjà, comme pour faciliter l'avénement de cette infortune, une loi est proposée, dit-on, par le ministère du commerce français, pour limiter à quinze ans la pérennité accordée jusqu'aujourd'hui à la propriété des formes, dans le but de la réduire au funeste niveau des brevets d'invention. C'est cependant cette perpétuité de possession qui a donné à la France le monopole de la grande *fantaisie* désignée sous le nom générique d'ARTICLE PARIS (1)!

Puissent les chambres y songer! S'il ne reste à la France d'autre supériorité que celle de ses élégances manufacturières, qu'on la lui laisse au moins. Et que ce soit dans l'intérêt de son trésor, si l'on n'y voit pas autre chose qu'une question d'écus.

Industriels, députés, publicistes, veillez-y. Quant à nous, nous promettons d'y revenir.

JOBARD, directeur du *Musée de l'industrie belge*, à Bruxelles.

MEUBLES EN FER.

M. CAMILLE LÉONARD, BOULEVARD POISSONNIÈRE, 14, ET RUE DES TROIS-COURONNES, 30.

La fabrication des meubles en fer a fait, depuis dix ans, des progrès bien dignes d'intérêt, et elle semble appelée, en raison des qualités qui lui sont spéciales, à un développement plus vaste encore. Solidité, légèreté de formes, diminution de volume, économie de confection, tels sont les avantages qui ont permis au fer de lutter avec supériorité contre le bois dans l'emploi qui semblait devoir être exclusivement dévolu à cette dernière matière. Depuis longtemps, dans les casernes, dans les hôpitaux, dans les pensionnats, dans les communautés religieuses, partout où la place est restreinte, où la propreté est aussi difficile à obtenir qu'importante à conserver, on avait apprécié tous les avantages d'un genre de couchers qui se casent avec une grande facilité, ne s'imprègnent d'aucun miasme malsain, ne donnent asile à aucun insecte. En un mot, l'industrie des meubles en fer avait déjà rempli toutes les exigences utiles: elle était consacrée dans l'application du premier, du plus nécessaire de tous les meubles.

Dans cette fabrication courante des lits en fer, M. Camille Léonard est, de longue date, au premier rang parmi ses confrères; tout ce que réclame une production solide et à bon marché, cet industriel l'avait résolu; grâce à une clientèle nombreuse, il avait pu monter ses ateliers sur une large échelle et mettre en œuvre les procédés les plus économiques, les moteurs les plus puissants, l'outillage le plus parfait. Les détails dans lesquels nous entrerons tout à l'heure, sur notre visite dans les ateliers de ce fabricant, prouveront combien ces éloges sont légitimes. Mais il est un autre genre de mérite, qu'il est rare de rencontrer chez un industriel et que M. C. Léonard réunit au sens pratique et à la science matérielle : c'est le sentiment artistique qui lui a fait créer des meubles de luxe à l'aide du fer. Nous l'avons dit en commençant, les meubles en métal n'avaient encore satisfait qu'aux besoins utiles. Mais si un succès de ce genre est d'une haute importance, il n'est pas le seul qu'on doive ambitionner. Tant qu'un produit n'est pas adopté par le goût des classes moyennes et n'a pas pénétré dans les habitudes intérieures des familles, il est privé du plus grand encouragement qu'il puisse obtenir, du seul élément de progrès capable de l'amener à sa perfection.

C'est ce qui avait lieu pour les meubles en fer. L'exiguïté de leurs formes grêles, la couleur dure et froide de leur membrure métallique, parfaitement convenables dans le cas de pure utilité, les rendaient impropres au luxe des riches; ils choquaient même les habitudes confortables des fortunes moyennes. C'est à M. Camille Léonard surtout qu'on doit leur appropriation à ce besoin d'élégance. Il a compris que ce n'était pas seulement à la force de l'habitude que les tissus végétaux devaient la préférence que l'on continuait de leur accorder, mais bien à la richesse de leurs teintes chaudes et à la grâce de leur veinure. Or, ces avantages, qui suffisaient pour compenser aux yeux du public les qualités spéciales aux meubles en fer, pouvaient être obtenus, sinon avec facilité, du moins à coup sûr, puisqu'ils ne résidaient qu'à la surface. M. C. Léonard a su résoudre ce

(1) Toutes ces questions sont soulevées dans un livre qui vient de publier l'auteur de cet article, sous le titre de NOUVELLE ÉCONOMIE SOCIALE, ou *Monautopole industriel, artistique et commercial*. Paris, Mathias, quai Malaquais, 15.

problème. Il a su plier les formes du fer à l'instar des courbes gracieuses du bois, et, sur la froide surface métallique, il a étendu d'épaisses et solides couches, dignes de rivaliser par le ton avec les acajous les plus riches, les palissandres les plus sévères.

Mais ce qui constitue le mérite spécial de ces meubles, c'est la flexibilité du métal à toutes les formes, à tous les usages, sa facilité à se plier sur lui-même, à se réduire au plus mince volume, à changer en quelque sorte d'aspect, comme de dimensions. Là se trouve l'une des propriétés les plus précieuses de ce genre d'ameublement. Faciles à démonter, à s'allonger comme à se rétrécir, d'un transport aisé, puisque leur poids peut descendre au-dessous de celui des plus légers meubles de sapin, les meubles en fer sont sans rivalité possible sous le rapport de la commodité, comme sous celui de la durée.

Il faut ajouter que leur prix est désormais, même pour ces riches ameublements ornés de tout le luxe des arabesques et des incrustations, au-dessous de celui des meubles ordinaires en bois. Ce résultat économique est dû, ainsi que nous l'avons indiqué précédemment, à l'habile fabrication organisée par M. C. Léonard. La visite que nous avons faite dans ses beaux ateliers nous a donné la clef des résultats auxquels il est arrivé. Partout nous avons trouvé la vapeur distribuée avec intelligence. Tantôt déployant toute sa force pour tailler, percer et courber le fer, tantôt broyant les plus fines couleurs et séchant ces délicates nuances de blanc et d'or, d'ivoire ou de bronze, la vapeur est l'agent universel de cette fabrication. L'homme n'est là que pour en diriger et en régler la force brute. Ainsi, M. C. Léonard a résolu dans sa branche d'industrie la question de l'affranchissement du travailleur de toute dépense de force matérielle. Il en est de même de la division du travail, cette autre loi de la production bien entendue; M. C. Léonard l'a poussée au degré nécessaire pour obtenir de chacun de ses ouvriers toute l'habileté spéciale qu'il était possible d'en espérer.

C'est grâce à cette habileté, dirigée par ce fabricant, que sont dus les produits exposés cette année par M. C. Léonard. On s'arrête avec un intérêt particulier devant ces meubles de tout genre, et l'on admire d'une manière spéciale un ameublement en imitation d'écaille et d'incrustation d'or, et composé de cinq pièces conçues dans un même style, d'un goût original et d'une grande richesse. Ces cinq pièces sont un lit à colonnes droites, une table à pieds contournés, genre Louis XV, un guéridon ovale, une étagère d'un travail excessivement fini et découpée à jour; enfin une jardinière qui peut rivaliser de grâce et de fraîcheur avec les fleurs qui doivent un jour la compléter.

BIJOUTERIE. JOAILLERIE.

—

M. RUDOLPHI, SUCCESSEUR DE MENTION ET WAGNER, BIJOUTIER-JOAILLIER, RUE DU MAIL, 11.

L'orfévrerie et la bijouterie françaises ne s'étaient point encore élevées si haut qu'à l'exposition de cette année. Ces deux arts, que bientôt on ne pourra plus nommer industries, ont presque entièrement recouvré parmi nous l'éclat dont ils brillaient autrefois à Venise et à Florence.

Au nombre des hommes qui ont le plus travaillé à la régénération de l'orfévrerie niellée et émaillée, chacun de nos lecteurs cite Wagner, et le plus bel éloge que nous puissions faire de l'artiste qui lui a succédé, c'est de dire qu'il ne nous semble point indigne de son prédécesseur. C'est la première fois que M. Rudolphi expose, et il s'est placé tout d'abord parmi l'élite de ses confrères. Deux de ses produits nous ont principalement frappé : une corbeille de mariage et un vase byzantin.

La corbeille est tout en argent, et des pierres fines semées çà et là interrompent agréablement la blancheur du fond. Mais ce n'est pas la richesse de la matière, c'est l'art qui donne à ce morceau tout son prix. La ciselure et la sculpture se sont unies pour l'embellir. Sur le haut du premier couvercle est une jeune fille qui semble se réveiller, et au-dessus de laquelle vole un enfant armé d'un arc et d'une flèche : c'est Vénus surprise par l'Amour. Sur les deux côtés de la corbeille sont deux groupes en ronde bosse représentant, l'un, des enfants qui se disputent des oiseaux; l'autre, de jeunes mutins qui luttent entre eux à qui embrassera le premier une petite fille. Les deux faces de la corbeille sont pareillement ornées de deux figures en ronde bosse : l'Amour chasseur et l'Hyménée. Au-dessus de ces sculptures circule une frise composée de symboles amoureux sous forme d'animaux et de plantes. Puis se présentent quatre bas-reliefs dorés : le Repos, la Toilette, le Guerrier désarmé et le Philosophe. Une bande de petits démons se sont précipités sur les in-folio du grave penseur et les déchirent en riant.

Nous ne connaissons rien de plus spirituellement distribué, ni de mieux rendu que les diverses parties de ce poëme amoureux. On y reconnait l'empreinte d'une main savante, et nos lecteurs ne seront point étonnés d'apprendre que les modèles en ont été fournis par un de nos plus habiles sculpteurs ornemanistes, M. Geoffroy Dechaume, dont le talent ne s'éclipserait point dans une sphère plus haute.

Ajoutons à cette description sommaire que la corbeille s'ouvre en trois endroits, et que M. Rudolphi a su joindre de la sorte la commodité à la richesse et à l'élégance.

Le vase byzantin exposé par cet artiste est en alliage de platine. Il est orné de pierres fines serties sur or, et de deux peintures sur émail représentant, l'une, Louis IX à la bataille de Taillebourg; l'autre, la mort du saint roi. Sur la courbe extérieure de chacune des deux anses, s'ouvre une petite niche dans laquelle se tient debout un guerrier tout armé.

M. Rudolphi a exposé en outre :

1° Une pendule en lapis-lazuli. A droite et à gauche du cadran, sont placées deux statues figurant le Jour et la Nuit. Le Jour a le pied sur la tête d'un cheval, et la Nuit sur un hibou. La Nuit ne diffère pas moins du Jour par la mollesse de l'attitude que par le caractère des attributs. Les deux statues sont en argent. Deux petites coupes, sur des socles niellés, et deux figurines, sur des socles en lapis, accompagnent et complètent ce précieux morceau;

2° Un brûle-parfums en argent, style oriental, avec deux petites bouteilles à long goulot, destinées à recevoir des parfums liquides :

3° Un encrier-pendule en lapis-lazuli. Il est surmonté d'un groupe en argent qui représente l'enlèvement de Déjanire. Cette partie est mobile et cache un serre-papiers. Sur chaque face latérale est un godet dont le couvercle supporte une figure, et derrière l'encrier se trouve un tiroir à ressort :

4° Enfin, un riche assortiment de montures en pierres fines, flambeaux, coffrets, porte-cigares, couteaux à papier, poignards, sabres turcs, bijoux antiques, etc., etc.

—

ORFÈVRERIE

DORÉE ET ARGENTÉE PAR LE PROCÉDÉ DE RUOLZ.

—

MM. BOISSEAUX, DETOT ET Cie,

RUE NEUVE-VIVIENNE, 26.

La curiosité et l'intérêt du public n'avaient pas attendu l'ouverture des galeries des Champs-Élysées pour se fixer sur les remarquables produits de MM. Boisseaux et Detot. Depuis plus de deux ans, l'exposition avait commencé pour eux, et leur beau magasin de la rue Neuve-Vivienne a reçu la visite des amateurs du luxe en même temps que des savants industriels. Peu de découvertes, en effet, ont autant excité l'attention générale que celle dont ces industriels ont popularisé les produits. Détrônant les anciens procédés de dorure, dispendieux bien qu'imparfaits et sans rivaux jusqu'alors, malgré leur emploi si funeste aux ouvriers qui les mettaient en œuvre, l'électricité vint remplacer le mercure et se prêter avec une merveilleuse flexibilité à tous les caprices du luxe, à toutes les exigences du bon marché. MM. de Ruolz et Elkington, dont il n'est plus possible de séparer les noms, obtinrent, d'après les conclusions d'un long et savant rapport de M. Dumas, le prix Montyon et la consécration authentique du service qu'ils avaient rendu à l'industrie en même temps qu'à l'humanité.

Déjà connus par de beaux travaux en orfèvrerie et par la part active qu'ils avaient prise dans l'importation du packfong ou argent allemand, MM. Boisseaux et Detot se trouvaient tout disposés à apprécier l'importance de cette nouvelle industrie. Leurs recherches sur le nickel, base de l'argent allemand, les avaient amenés récemment à doter ce dernier alliage des qualités que possède l'argent au titre de 800mes, et à le rendre aussi blanc et aussi ductile. Il leur restait à l'adapter à la fabrication des plaqués d'or et d'argent. Le procédé de Ruolz vint résoudre cette dernière partie de leur tâche. « Le packfong, dit « M. Dumas, prend très-bien la dorure par ce « procédé, et il devient facile de convertir en « vermeil les couverts en packfong. »

Ce que le savant rapporteur disait avant la réalisation en grand des expériences de laboratoire, est devenu le fait d'une pratique courante. L'orfèvrerie d'argent allemand, soumise au procédé voltaïque, acquiert toute l'apparence du vermeil ou de l'argenterie, et, sous cette double forme, son usage devient général pour les services de table. C'est sous ce rapport surtout qu'il importe d'envisager les produits mis en circulation par MM. Boisseaux et Detot ; nous voulons parler du bas prix de ces produits et de leur mise à la portée des fortunes les plus modiques. Désormais, les couverts de fer ou d'étain, ces ustensiles grossiers et altérables, ne pourront plus invoquer la raison sans réplique, l'économie ; MM. Boisseaux et Detot sont parvenus à livrer, grâce à l'importance de leur commerce et au développement qu'a pris cette nouvelle industrie, leurs couverts unis ou à filets, chargés de 60 grammes d'argent fin, aux prix de 75 et 84 francs la douzaine ; leurs plats ronds ou ovales peuvent être obtenus aux prix de 30 à 80 francs, selon leurs dimensions. Le vieux plaqué, presque sans valeur jusqu'à ce jour, se prête à la réargenture par ce procédé avec une facilité merveilleuse. L'argenterie et le vermeil cessent désormais d'être un luxe et n'exigent plus l'immobilisation de capitaux considérables.

Mais, en faisant la part de l'utile, MM. Boisseaux et Detot ne pouvaient renoncer à celle de l'art, et leur maison spéciale pour la vente des objets dorés et argentés offre, ainsi que leur étalage dans les galeries de l'exposition, des preuves nombreuses et incontestables de leur goût élégant et pur. D'accord avec M. Christofle, cessionnaire des brevets de MM. de Ruolz et Elkington, qui s'est voué à la mise en œuvre de cette nouvelle industrie, ils ont résolu le problème de l'orfèvrerie à bon marché, sur les modèles les plus gracieux. Le cuivre, l'acier et le bronze, recouverts d'une couche solide et durable d'argent ou d'or, se prêtent à toutes les formes, se rehaussent des plus fines moulures, se creusent des ciselures les plus délicates. A l'aide du véhicule électrique, le vernis métallique se fixe en creux ou en relief, sans altérer les contours et avec des nuances que l'on peut varier suivant les effets à obtenir.

On peut dire enfin, à l'inspection des produits de cette méthode si récente, qu'elle a atteint, dès le début, un très-haut degré de perfection, grâce à l'habileté des industriels qui l'ont vulgarisée.

MÉTALLURGIE.

M. BAUDRY, FORGE D'ATHIS-MONS, DÉPARTEMENT DE SEINE-ET-OISE; DÉPÔT A PARIS, RUE DU PETIT-CARREAU, 10.

Cette usine, dont la fondation remonte à 1823, fut d'abord uniquement consacrée à la fabrication des aciers à ressort. Quelques années après, on y introduisit la fabrication des fers de ferraille corroyée, au moyen de laminoirs. Voici les développements que cette forge a déjà pris ou va prendre prochainement entre les mains du propriétaire actuel, M. Baudry :

La roue hydraulique a été élargie, et une machine à vapeur, de la force de quarante chevaux, y a été adjointe. La vapeur est produite par ce que l'on nomme dans les usines flamme perdue, et servira incessamment à faire fonctionner un martinet pour l'étirage des aciers.

L'établissement de M. Baudry va donc comprendre :

1° Laminoirs et presses pour le pudlage;
2° Un train pour fer marchand;
3° Un train pour les petits fers;
4° Un martinet pour l'étirage de l'acier;
5° Deux fours à pudler;
6° Deux fours à réchauffer;
7° Deux fours pour la cémentation des aciers;
8° Un four pour l'étirage des aciers cémentés.

La fabrication de M. Baudry consiste :

1° En fers de ferraille corroyée;
2° En fers de pudlage ou fers laminés;
3° En fers durs ou aciérés pour fabrication d'objets spéciaux;
4° En aciers à ressort.

M. Baudry se propose d'y joindre avant peu les aciers martelés pour taillanderie, coutellerie et limes.

Ce fut en 1839 que cet industriel exposa pour la première fois, et le jury central lui décerna une mention honorable pour ses fers de ferraille, et une médaille d'or pour ses aciers. « Les fers de M. Baudry sont très-bien fabriqués, lisons-nous dans le rapport du jury central. Il a exposé, en outre, ajoute le rapporteur, des aciers à ressort parfaitement fabriqués, et qui ne laissent rien à désirer. Plusieurs expériences, faites avec sévérité dans l'usine même d'Athis sur des aciers pris au hasard, ont prouvé que ces aciers étaient égaux en qualité aux meilleurs aciers à ressort anglais; et il doit en être ainsi, par suite des soins extrêmes que M. Baudry apporte dans tous les détails de la fabrication. Il n'emploie que des fers de Suède de première marque, qu'il prend encore la précaution de corroyer avant leur cémentation. Il augmente ses dépenses des frais de cette opération préalable que négligent, en général, les fabricants du même genre; mais il y trouve l'avantage de livrer aux consommateurs des aciers excellents, et de s'être formé une forte clientèle qui lui enlève ses produits au fur et à mesure de leur confection. Cependant M. Baudry n'a pas augmenté le prix de ses aciers, qu'il maintient au taux de 120 fr. les 100 kilog. »

Nous avons cru devoir nous permettre cette longue citation pour donner plus d'autorité aux éloges que nous allons donner aux produits exposés cette année par le propriétaire de la même usine. Ses aciers peuvent toujours sans crainte être comparés aux meilleurs aciers anglais, et si l'ouvrier consommateur n'avait pas une prévention contre tout ce qui n'est pas fabriqué à l'étranger, il n'y a pas de doute que notre industrie se serait déjà affranchie de l'Angleterre pour cet article; mais les préjugés sont tellement difficiles à déraciner, que pendant longtemps encore nous continuerons de lui payer ce tribut.

Chaque botte d'acier exposée par M. Baudry est accompagnée d'un bout cassé et d'un bout trempé. Par ce moyen, on peut aisément se rendre compte de la qualité que donne une trempe legere.

Quant aux fers d'Athis, nous n'avons rien à ajouter aux paroles si explicites du jury central de 1839. Nous nous contenterons de dire que, depuis quinze ans, ils sont employés pour les cercles de roue des voitures du roi.

ARQUEBUSERIE.

M. LEPAGE-MOUTIER, ARQUEBUSIER DU ROI, RUE RICHELIEU, 13.

L'arquebuserie française se recommande, cette année, moins sous le rapport de l'invention que sous celui de l'ornementation. Nous aurons donc à la juger au point de vue artistique plutôt qu'au point de vue industriel, et l'examen de ses produits nous fournira l'occasion de prouver que la beauté de la forme ne nuit en aucune sorte à la valeur intrinsèque d'un objet quelconque.

Un des noms qui se présentent le plus naturellement sous la plume lorsque l'on parle d'arquebuserie, est celui de la maison Lepage. D'où lui vient ce privilége? De la double autorité de l'ancienneté et du talent. Voilà plus d'un siècle que, de père en fils et d'oncle en neveu, cette maison se maintient dans le même emplacement et sous le même nom, et que ses divers chefs se transmettent successivement, comme par droit de naissance, le même désir d'améliorations et la même intelligence pour les réaliser. Aussi, à chaque exposition, la maison Lepage remporte-t-elle les mêmes succès dans l'arène nationale.

Cette année, nous la trouvons représentée par un artiste habile, qui, loin de la faire déchoir, ne peut que l'élever encore plus haut. M. Lepage-Moutier a exposé des armes à feu et des armes blanches qui satisfont, à juste titre, les plus difficiles connaisseurs. Nous avons remarqué dans la montre de cet arquebusier une paire de pistolets dont les bois sont en ébène, et plusieurs nouveaux modèles de crosses de fusils où il s'est inspiré des formes sveltes et gracieuses de la fin du seizième siècle. Sur toutes ces armes sont distribués, avec une sage profusion, des ornements du meilleur goût, soit en or de relief, soit en platine, soit en or arazé. La damasquine, la ciselure et la gravure n'ont point été oubliées dans cet appel à tous les modes d'ornementation. Signalons, parmi les armes blanches de la maison Lepage, 1° un sabre de fantaisie, dit de *Judith*; 2° une épée de commandement en fer ciselé et incrusté d'or, aux armes et au chiffre de M. le général baron Gourgaud; 3° une épée en acier, damasquinée d'or, qui représente la paix couronnant les arts; 4° un poignard de sultane, tout incrusté en or, et d'une beauté rare; 5° des couteaux de chasse de fantaisie.

Il nous semble difficile de dérober des instruments de mort sous une plus riante enveloppe, et de rendre plus séduisants des objets qui le sont en réalité fort peu. Mais cette richesse d'ornementation nous paraît avoir un autre but, c'est de réveiller le goût des belles armes, et de mettre fin au règne de la pacotille. L'art doit descendre partout, ou plutôt élever tout à son niveau. Pourquoi l'épée, par exemple, cette arme symbolique, ne reprendrait-elle pas à nos yeux l'importance qu'on y attachait jadis, et n'invoquerait-elle pas le secours de l'art pour être digne de figurer dans certaines familles comme un insigne héréditaire?

CARTON-PIERRE

ET IMITATION D'OBJETS D'ART.

M. ROMAGNÉSI AÎNÉ, RUE DU PARADIS-POISSONNIÈRE, 24; SEUL DÉPÔT, BAZAR BONNE-NOUVELLE.

Il y a près de trente ans, l'industrie du carton-pierre était tellement bornée dans ses applications, que l'on peut dire, en toute sécurité, qu'elle n'existait pas. M. Romagnési aîné est le premier qui l'ait fait servir à la reproduction de la sculpture en ronde bosse, et qui de la sorte l'ait mise à même de répondre à presque toutes les exigences de l'ornementation. Chacun se rappelle la décoration intérieure de l'église des Invalides, lors de la translation des restes de Napoléon, et les ornements du char sur lequel avaient été placées ces glorieuses dépouilles; eh bien! cette décoration et ces ornements étaient en carton-pierre et sortaient presque entièrement des mains de M. Romagnési aîné. Il en fut de même du char funèbre destiné aux victimes de la révolution de juillet.

M. Romagnési a exposé, cette année :

1° Un grand fragment de loge d'avant-scène, provenant de l'ancien théâtre de la Renaissance.

2° Un Christ de grandeur naturelle, imitation de bronze, moulé sur un très-beau modèle en bois sculpté, que nous avons vu dans les magasins de M. Romagnési. L'imitation de bronze est si parfaite, qu'il nous paraît difficile de ne pas prendre le carton pour du métal, même en y regardant de près.

3° Quatre bas-reliefs appartenant à une collection de *chemins de croix*.

Le premier a été exécuté pour la cathédrale de Beauvais, et doit figurer au pourtour du chœur. Le style de l'encadrement est du quatorzième siècle. Le second est destiné à la cathédrale d'Évreux, et doit être placé contre un des piliers de la nef. Le style de l'encadrement est du quinzième siècle. Les deux autres bas-reliefs ont été exécutés, l'un pour la cathédrale d'Orléans, l'autre pour celle de Chartres. Le style en a été pareillement approprié à celui de ces deux églises. Les bas-reliefs sont entièrement de la composition de M. Romagnési, et prouvent que cet habile statuaire, en entrant dans l'industrie, n'a point laissé à la porte son premier art.

4° Deux beaux trophées d'armes, propres à la décoration d'un vestibule ou d'une galerie de château.

5° Une petite Vierge de 1 mètre 15 centimètres, imitation de pierre, style du quatorzième siècle. Toutes les broderies de la robe sont dorées, et nous pouvons en garantir l'exactitude, car elles ont été scrupuleusement calquées sur une statue en marbre qui provient de l'ancienne abbaye de Longchamps, créée par sainte Isabelle, sœur de saint Louis, et qui se trouve maintenant dans une des chapelles de l'abbaye de Saint-Denis.

6° Un gros chapiteau qui faisait partie de la grande décoration élevée au centre du dôme des Invalides, lors de la translation des cendres de Napoléon.

7° Enfin divers autres objets, tels que statuettes, coupes, pendules, lustres, etc., etc.

Pour donner d'un seul mot une idée des résultats obtenus par l'industrie du carton-pierre, disons que ces produits réalisent, au bénéfice du consommateur, une économie qui est dans la proportion de 1 à 9. Et la matière qu'elle emploie est arrivée à un tel degré de souplesse, qu'elle peut reproduire les objets les plus délicats, et imiter, à s'y méprendre, l'aspect du marbre, du bronze, du bois, du fer, de l'or, de l'ivoire, etc., etc.

MARBRES ARTIFICIELS.

M. BERTHOMMÉ SARAZIN, RUE DE VILLIERS, 17, AUX THERNES DE NEUILLY.

L'exploitation des marbres fait chaque jour des conquêtes nouvelles. Encouragée par les grands travaux d'architecture de notre époque, elle a cherché, soit à étendre le cercle de ses applications, soit, ce qui revient presque au même, à diminuer le prix de ses produits. Des découvertes nombreuses de gîtes nouveaux ou abandonnés, des progrès récents dans les procédés mécaniques de mise en œuvre, la diminution des frais de transport, par suite de l'amélioration des voies de communication, d'autres causes encore, semblent s'être réunies pour réaliser une baisse considérable dans la marbrerie et pour la mettre, quant au prix, au niveau des matériaux communs qui en tenaient lieu.

Que penser, dans ces conditions, d'un industriel qui a conçu l'idée de créer du marbre de toutes pièces et de fabriquer, avec une économie notable, une matière déjà si commune, en s'imposant la tâche difficile de reproduire avec la même variété, la même richesse que la nature, ces accidents, ces veines, ces cailloutis qui nuancent la surface des marbres, depuis les espèces les plus rares jusqu'aux plus ordinaires? Ce sont de ces entreprises qu'on est forcé de taxer de folie, au point de vue du simple bon sens, et que l'on se voit ensuite contraint d'admirer, quand une persévérance industrieuse a réalisé l'œuvre et triomphé de toutes les difficultés. Ainsi devrons-nous faire devant les imitations de marbre de M. Berthommé Sarazin; et nous avons grand soin d'indiquer ces produits comme des imitations, car c'est sans aucune exagération que nous affirmons y avoir été presque trompés nous-mêmes. Vis-à-vis de sa grande cheminée en imitation de marbre portor, sculptée et refouillée en style Louis XV, nous avons hésité, ne pouvant comprendre ni que cette matière fût autre que ce roi des marbres lui-même, ni qu'il eût été possible de le livrer au prix de 250 francs, auquel est cotée d'une manière courante la valeur de ce beau produit.

A côté de cette cheminée, figure un produit remarquable, quoique moins riche; c'est un chambranle en marbre noir, à consoles, au prix de 125 fr. Et enfin, comme dernier mot, vraiment inouï, du bon marché auquel ce fabricant peut parvenir à l'aide de son marbre artificiel, on voit une cheminée en brèche jaune, d'une imitation accomplie et descendant au prix de 10 francs, c'est-à-dire aussi bas que les chambranles en plâtre ou en bois qui sont destinés aux plus modiques demeures.

Nous sommes sûrs, en signalant ces produits à l'attention de nos lecteurs, de ne faire que prévenir l'approbation compétente et définitive des architectes et des entrepreneurs, qui ne tarderont pas à vulgariser l'ingénieuse et économique fabrication de M. Berthommé Sarazin.

TISSUS.

SERVICE DE TABLE EN SOIE. — M. VICTOR FOURNEL, 8, GRANDE RUE DES FEUILLANTS, A LYON.

Les tissus occupent, cette année, à l'exposition de l'industrie, une large place et un rang des plus honorables; la laine, le fil, le coton et la soie, en un mot tout ce qui est susceptible de subir le travail du tissage a été mis en œuvre, et les résultats obtenus dans chacune des principales branches de cette industrie tiennent véritablement du prodige.

Nous prendrons, entre autres, pour exemple le service de table en tissu de soie exposé par M. Fournel, sous le numéro 1,426.

Depuis la reine Anne, qui, s'il faut en croire les chroniqueurs, fit fabriquer des draps de satin pour sa couche royale, aucun exemple de ce luxe inouï ne nous avait été offert. Aujourd'hui, les somptueuses fantaisies de la cour de Louis XIII sont distancées par les merveilles de notre industrie, la grande reine du dix-neuvième siècle.

A une époque où la recherche du luxe et de l'élégance est poussée jusqu'à ses dernières limites, la tentative hardie, originale, mais heureuse pourtant de M. Fournel, doit trouver de nombreux approbateurs. Elle porte, d'ailleurs, en elle-même un cachet de distinction tout particulier.

Remarquable par la richesse des dessins et le fini de l'exécution, le service que nous avons examiné est d'une blancheur irréprochable, d'une contexture solide et d'une grande souplesse. Il joint à toutes les qualités des toiles de Saxe les mérites qui caractérisent les étoffes de soie. L'extrême ténuité du fil donne au tissu ce moelleux qui caresse le toucher, en même temps que les dessins et les fleurs atteignent une perfection et un éclat auxquels le damassé ne saurait parvenir.

Toutefois il semble, au premier abord, que s'il est un usage auquel la soie doive rester étrangère, c'est celui auquel M. Fournel vient de l'appliquer. La condition première du linge de table, ce luxe de propreté qu'on recherche avant tout, semblait difficilement compatible avec la nature d'un tissu difficile à purifier d'une manière complète et fréquente. Cette nécessité ne pouvait échapper à M. Fournel, et il l'a résolue d'une manière tout à fait satisfaisante. Son linge de table, en soie sans apprêt, ne craint aucune altération des lavages auxquels on le soumet. Ces lavages se font avec la plus grande facilité au savon bouillant; seulement il est bon d'y ajouter un peu de soufre, pour rendre à la soie une parfaite blancheur.

Quant au repassage, il importe de l'opérer sur le linge très-humide, comme du linge ordinaire, à moins que l'on ne préfère le tendre au cadre ou à la rame, ce qui convient mieux pour lui conserver sa force et sa qualité.

Nous faisons des vœux pour que l'ingénieuse idée de M. Fournel soit mise sous le patronage du luxe parisien, tant à cause de l'attention qu'elle mérite par elle-même, qu'en raison du développement que ce débouché nouveau procurerait à la fabrique lyonnaise, à laquelle cet industriel appartient.

REVUE DE L'EXPOSITION.

INDUSTRIE MINÉRALE. — COMBUSTIBLES ET FERS.

OUT ce que Paris renferme de curieux a déjà trop de fois visité l'exposition pour qu'il y ait intérêt à en présenter ici un aperçu sommaire. Au milieu de ce vaste encombrement de toutes les productions de notre industrie, le public a saisi maintenant le fil conducteur; il sait déjà de quel côté porter ses pas et ses éloges; il a pris ses allures, et nous ne saurions plus prétendre à le guider. Notre tâche sera plutôt d'enregistrer ses jugements, lorsqu'ils nous sembleront équitables, ou d'en appeler au tribunal de la science et de la raison, s'ils nous paraissent entachés d'insuffisance ou de partialité. Quant à ceux qui ne peuvent prendre part que de loin à cette fête industrielle et qui, à défaut du spectacle lui-même, en recherchent avidement l'effet général et les descriptions, la presse leur en a déjà retracé la richesse et la variété. Elle leur a signalé, dans l'admiration de son premier coup d'œil, l'aspect grandiose de cette immense salle, pleine de machines et d'appareils de tout genre, le luxe des tissus, les merveilles de l'orfévrerie, les tapis magnifiques, les bronzes et les cristaux, et toutes ces splendeurs de l'industrie qui attirent tout d'abord les regards. Elle a fait passer devant eux, à l'aide des facettes magiques de son style, tous les contrastes qui ressortent du rapprochement de tant d'objets divers, tous les côtés pittoresques de cet ensemble de produits disparates. En entreprenant à notre tour une semblable revue prospective, nous n'aurions plus ni le mérite de l'à-propos, ni celui de la fraîcheur des aperçus.

L'exposition de 1844 n'est pas, d'ailleurs, une de celles où l'on ait besoin d'une sorte d'initiation préparatoire pour en apprécier l'importance. Si remarquable qu'elle soit par ses perfectionnements dans toutes les parties de l'industrie, elle offre peu de ces grands progrès, de ces découvertes savantes que le public ne peut saisir et apprécier tout d'abord. La part du véritable génie d'invention ne consiste guère, à cette exposition, qu'en cinq idées hors ligne :

L'application de l'électricité, non-seulement à la dorure et à l'argenture, mais à la couverte d'un métal quelconque à l'aide d'un autre métal ;

L'emploi de ce même agent électrique pour le moulage exact des objets naturels ou électrotypie ;

La transformation imminente, sinon accomplie, de la composition typographique, à l'aide du clavier compositeur ;

L'introduction directe de la vapeur dans la manœuvre des gros outils, à l'exclusion des communications intermédiaires;

Enfin, la fabrication du fer au moyen des gaz sortant du haut fourneau.

En dehors de ces idées nouvelles et fécondes, nous pensons que le véritable caractère de la période industrielle qui vient de s'écouler est un progrès rapide et intelligent dans la voie des améliorations, dans l'étude des forces motrices ou des combinaisons mécaniques, dans le sentiment de l'art et de la forme, et surtout dans la fusion et dans l'appui réciproque des diverses branches d'industrie entre elles. Mais il résulte de ce caractère même que ce n'est qu'après l'étude de chaque spécialité qu'on peut tirer des conclusions générales, et nous croyons utile, en conséquence, de réserver nos vues d'ensemble pour le coup d'œil rétrospectif que nous jetterons sur l'exposition, à la suite de ces articles.

Nous commencerons donc immédiatement l'examen des grandes catégories industrielles ; mais, tout en suivant dans cet examen le classement adopté par le jury central, nous ne craindrons pas d'intervertir l'ordre de ces catégories entre elles. Ainsi, à part son rôle dans notre importance manufacturière et commerciale, la grande famille des tissus nous semble perdue en tête de cette énumération de la production française. Au point de vue de l'ordre et du groupement, nous croyons devoir la placer après les industries primitives, telles que la fabrication des métaux, des machines et celles plus complexes qui relèvent immédiatement des précédentes.

Les deux seules origines des matières que l'homme élabore pour ses innombrables besoins sont le sein de la terre et sa surface. Industrie minérale, industrie agricole, voilà les deux sources où il puise les matériaux bruts qu'il transforme ensuite en une variété infinie de produits. C'est de la première de ces sources, de l'industrie minérale, que nous nous occuperons d'abord.

DES MÉTAUX ET AUTRES SUBSTANCES MINÉRALES.

L'industrie minérale est dignement représentée à l'exposition de 1844 ; c'est même l'une de ses branches les plus directes et les plus importantes, la métallurgie qui, à notre avis, y occupe la place d'honneur ; la mécanique, cet autre rejeton de l'industrie minérale et dont on est plus généralement porté à vanter les progrès, ne nous semble marcher qu'à la suite de la métallurgie. Nous espérons qu'on partagera cette opinion après les détails que nous allons donner sur cette industrie, et dont l'intérêt motivera le développement.

Un fait préliminaire nous semble dès le début nécessaire à signaler, bien qu'il ne paraisse pas au premier abord rentrer dans le cadre de l'exposition. Néanmoins ce fait la domine dans toutes ses parties et possède sur elle une influence si incontestable, que nous croirions manquer à notre tâche en le passant sous silence. Nous voulons pa de l'accroissement énorme qui a lieu chaque an dans la consommation du combustible minéra France, et qui provient plus encore du dévelop ment de notre exploitation indigène que de l'im tation étrangère. Quand on résume les innom bles usages auxquels on applique actuellemen houille, et que l'on songe en outre à la dance qui vise à remplacer, dans tous les possibles, le combustible végétal par le comb tible minéral, on comprend que l'on ne peut a une idée nette et précise de notre puissance ductrice qu'autant qu'on se rend un compte e de notre puissance carbonifère, cette inépuis source de force et de chaleur. La consomma houillère d'un pays ne peut-elle pas être co dérée à coup sûr comme le thermomètre de activité industrielle ?

Ainsi, quoique l'industrie houillère ne représentée dans les galeries nationales par cun modèle de mécanisme, par aucun éch tillon de produits, nous la sentons en quelque s s'accuser et palpiter dans ces créations innom bles qu'elle a animées de son souffle, de mê que le sang dans le corps qu'il parcourt n'attest présence que par le mouvement et la vie. N'es donc pas d'ailleurs un devoir de faire péné quelque jour dans l'obscurité où s'écoulent d'existences laborieuses ; et puisque, par une explicable fatalité, les mineurs, auxquels l'in ligence et le courage sont si nécessaires, se tr vent exclus du concours à la reconnaissance pays, n'y a-t-il pas justice à s'acquitter du m envers eux par l'appréciation exacte de le services et de leur utilité ?

Vingt-neuf mille ouvriers étaient employés d nos exploitations houillères en 1841, derni année sur laquelle l'administration des mine livré ses renseignements, et, à l'aide d'une fo mécanique d'environ dix mille chevaux, four par 369 machines à vapeur, ils ont livré à la c sommation un poids de 34,102,000 quint métriques de combustibles, valant moyen ment, au pied de la mine, 0 fr. 97 cent. ce chiffre de production totale, cinq bassins seuls fourni près de 27 millions de quintaux. sont les bassins de la Loire, de Valencien d'Alais, du Creuzot et d'Aubin.

L'importance respective de ces bassins, d'après le nombre de leurs concessions, soit près le poids et la valeur moyenne de leurs p duits sur place, est indiquée par les chiffres vants pour cette même année 1841 :

St-Étienne et Rive-de-Gier.	62 c.	11,944,000 q. m.,	à 0 f.	72 c.
Valenciennes	19	8,933,000	1	22
Alais.........	22	2,638,000	0	73
Creuzot......	16	2,372,000	0	92
Aubin........	11	1,048,000	0	52
Tous les autres bassins au nombre de 66.......	238	7,137,000	1	25

A cette production des bassins français venait se joindre une importation répartie de la sorte entre les pays étrangers qui y concouraient :

Belgique..........	9,922,000	16,191,000 q. m.
Grande-Bretagne.	4,299,000	
Prusse et Bavière.	1,965,000	
Autres pays.......	5,000	

L'exportation ne s'élevant pas au delà de 495,000 quintaux métriques, la quantité qui restait définitivement acquise à la consommation française était de 49,799,000 quintaux métriques.

Il est du plus haut intérêt de rapprocher ce chiffre de cette même consommation, à l'époque des trois expositions nationales antérieures, 1819, 1834 et 1839. Le tableau suivant résume cette comparaison.

Consommation de combustible minéral en.......	1819...............	11,738,000
	1834...............	32,144,000
	1839...............	41,808,000
	1841...............	49,798,000

Que l'on calcule, d'après la progression qu'indiquent ces chiffres, ce que doit être cette consommation en 1844, et l'on arrivera à un total presque quintuple de 1819 et bientôt double de celui de 1834.

Nous ne pouvions entrer par une plus large voie au cœur de toutes ces industries qui viennent prendre leur part à cet énorme réservoir calorifique et dynamique, et c'était surtout l'introduction la plus naturelle à l'étude de l'industrie métallurgique qui, sur la consommation du pays, prélève à elle seule plus de 9 millions de quintaux métriques, soit près d'un cinquième de la totalité.

L'industrie métallurgique se borne presque, en France, à la fabrication et aux élaborations du fer. Les autres métaux ne sont pas exploités chez nous sur une large échelle ; sous ce rapport, l'importation est à peu près exclusivement chargée de fournir à nos nécessités.

L'industrie du fer a au contraire une importance colossale. Elle est représentée dans soixante-neuf départements par plus de seize cents usines employant d'une manière directe et continue près de quarante-huit mille ouvriers ; elle a créé, en 1841, une valeur totale de 142 millions de francs. C'est donc l'une des branches capitales de la production française ; mais ce qui lui constitue un rôle à part, c'est son influence immédiate sur toutes les autres industries auxquelles elle fournit l'outillage, à l'aide de la fonte, du fer, de l'acier ; c'est la nécessité constante qui pèse sur elle de diminuer ses prix, dont la valeur est un important élément du prix de revient de tous les autres produits, tout en augmentant sa fabrication pour faire face à des besoins croissants. Ainsi, l'industrie sidérurgique existe depuis quinze ans sous le coup de cette double et inquiétante question :

La France produit-elle tout le fer qui lui est nécessaire ?

La France ne pourrait-elle pas payer le fer à des prix moins élevés ?

Lorsque la réaction en faveur de la liberté commerciale commença de se manifester, ces questions ne pouvaient être résolues en faveur de la métallurgie française. La production n'était guère que d'un million et demi de quintaux métriques de fer forgé ; quant aux prix de ces fers, ils se maintenaient entre 55 fr. le quintal métrique, pour les qualités médiocres, et 75 fr. pour les qualités supérieures. La fabrication se faisait, pour les deux tiers, au charbon de bois ; un tiers seulement employait de la houille. Le charbon de bois coûtait alors environ la moitié de ce qu'il coûte aujourd'hui. Les bénéfices que les maîtres de forges réalisaient étaient donc énormes, et les attaques contre ce monopole véritable furent, sinon exemptes de violences, du moins fondées en raison. Elles eurent, du reste, un résultat plus favorable que celui qu'elles poursuivaient. Car, si elles ne réussirent pas à abattre subitement la barrière du droit protecteur, ce qui eût été un vrai désastre, elles inspirèrent à la forgerie française une terreur qui la fit sortir de son engourdissement.

Depuis lors, ses progrès furent continuels et immenses. Un renouvellement presque complet eut lieu dans les procédés, dans les appareils : d'énormes capitaux s'engloutirent en essais ; les conditions de position changèrent même pour un grand nombre d'établissements qui durent se déplacer ou s'anéantir. La production, en augmentant, amena une rivalité favorable aux intérêts du consommateur, mais funeste pour les maîtres de forges; elle exhaussa le prix des matières premières et surtout des combustibles. Elle abaissa en même temps le prix des produits sur les marchés.

Cet ensemble de circonstances qui continuent d'exercer leur influence a changé complétement la réponse qu'il conviendrait de faire aujourd'hui aux deux questions posées plus haut.

D'une part, on peut affirmer que la France est en mesure dès maintenant, ou peut s'en faut, de fournir tout le fer nécessaire à sa consommation, en y comprenant même les besoins extraordinaires qu'engendre le nouveau système de viabilité, et en calculant sur une exécution annuelle de deux cents lieues de chemins de fer, ce qui correspond à un million de quintaux métriques de rails.

D'autre part, s'il est vrai que le prix des fers en France soit encore supérieur à celui des fers belges et anglais, il faut, même pour nos qualités médiocres, reconnaître leur incontestable supériorité sur les produits étrangers, et, quant aux qualités inférieures, tenir compte des efforts vraiment prodigieux qui se font pour en améliorer la nature, tout en maintenant le bon marché. C'est précisément dans ce dernier sens qu'a eu lieu le remarquable progrès dont nous allons bientôt parler, et qui nous semble le fait capital de l'exposition.

Quelques mots ne seront pas déplacés sur la série de perfectionnements qui ont amené notre forgerie au point de développement, sinon de prospérité, où elle est parvenue. Le point le plus saillant est l'introduction du combustible minéral, soit dans la fabrication de la fonte, soit dans celle du fer. C'est à dater de 1828 que la fabrication de la fonte au coke acquiert une véritable importance. Les chiffres suivants indiquent le nombre des hauts fourneaux au coke en activité à diverses époques, ainsi que leur production en fonte brute :

1828.	»	hauts fourn. au coke ayant produit :	215,700	q. m. de fonte.
1834.	30		471,600	
1839.	33		664,500	
1841.	44		852,500	

Cette production est présumée monter à plus de un million pour 1842, avec un accroissement d'au moins six hauts fourneaux en une année.

A ces mêmes époques, la production de la fonte au charbon de bois, et le nombre des hauts fourneaux correspondants, sont indiqués ci-dessous.

1828.	»	hauts fourn. au charbon de bois ayant produit :	1,995,500	q. m. de fonte.
1834.	379		2,219,000	
1839.	445		2,837,000	
1841.	426		2,919,000	

On voit qu'il y a un accroissement beaucoup plus rapide dans la production au coke que dans la production au charbon de bois. Mais celle-ci n'en a pas moins suivi une progression croissante. Bien que le combustible végétal soit devenu plus rare et plus cher d'année en année, la fabrication s'est continuellement accrue, ce qui s'explique par les économies que des procédés plus parfaits ont permis de réaliser dans la fusion du minerai.

Les hauts fourneaux au charbon de bois se sont exhaussés, et leur capacité s'est notablement augmentée; par suite, leur production s'est élevée de 3,000 à plus de 8,000 quintaux métriques de fonte par an; aux roues hydrauliques imparfaites, on a substitué de nouvelles roues mieux construites ou des machines à vapeur, ce qui supprime les chances de chômage et affranchit les usines de l'irrégularité des cours d'eau moteurs. Souvent ces machines sont alimentées par la flamme perdue sortant de la cheminée du haut fourneau. Les souffleries se sont perfectionnées; quelques-unes tirent parti de cette même flamme perdue pour échauffer l'air qu'elles lancent dans les tuyères. Quant à l'emploi du bois, soit desséché, soit partiellement carbonisé, sous le nom de charbon roux, ce procédé qui donnait tant d'espoir a déchu depuis 1839, à cause des difficultés d'application qu'il présente et malgré l'économie réelle qu'il offrirait, surtout si la dessiccation pouvait s'opérer en forêt.

Ces progrès dans la fabrication de la fonte ne pouvaient manquer d'exercer une réaction favorable sur la fabrication du fer. Celle-ci, d'ailleurs, se régénérait de son côté et subissait une transformation presque complète.

Le caractère de cette révolution était, comme pour la fonte, l'emploi du combustible minéral et l'adoption des procédés anglais. A l'aide du puddlage et du laminage, on peut fabriquer des quantités considérables de produits avec un immense outillage, et, par conséquent, à très-bas prix. C'est ce qui arriva; les grands établissements de la Loire, de l'Isère, de l'Aveyron et du Gard se formèrent et lancèrent dans le pays une espèce de fer que le commerce n'y trouvait pas, à savoir des qualités inférieures, mais à bas prix. La Champagne, ce centre principal de la forgerie française, fut la première à entrer dans cette voie et à entreprendre à la houille l'affinage de ses fontes fabriquées au bois; mais en adoptant la méthode champenoise, les usines anciennes ne changeaient pas leur outillage et gardaient par économie le marteau, au lieu d'adopter le laminoir ; elles perdaient ainsi le plus grand avantage de la méthode anglaise, celui d'une fabrication en grand, tout en ayant l'inconvénient de produire une qualité de fer fort médiocre.

Ce procédé commença, vers 1837, à faire place à un procédé plus rationnel, ayant pour objet de conserver aux fers français ce qui les distingue des fers étrangers, c'est-à-dire leur qualité supérieure, tout en opérant une grande réduction sur le combustible végétal et en leur appliquant la méthode économique du laminage. Ce procédé consiste à réserver le charbon de bois, comme dans la méthode comtoise, à l'affinage proprement dit, c'est-à-dire à l'opération métallurgique qui transforme la fonte en fer et à n'employer au contraire que la houille pour réchauffer le fer et le soumettre à l'étirage. Grâce à cette division du travail, on pouvait soumettre au laminoir des fers obtenus au bois, ou, en d'autres termes, réaliser une grande économie sans altérer la bonne qualité des produits. Cette méthode, essentiellement française, a pris, depuis 1839, un grand développement. Il s'est créé des usines spécialement montées pour le laminage en grand et recevant de plusieurs forges avoisinantes les *massiaux* ou fer affiné auxquels il reste à donner la forme réclamée par le commerce.

Ainsi, trois grandes méthodes se partagent aujourd'hui notre fabrication : la méthode comtoise avec ses annexes (*a*), ou emploi exclusif du charbon de bois; la méthode anglaise et champenoise (*b*), ou emploi exclusif de la houille ; la méthode comtoise modifiée, ou méthode mixte (*c*) avec emploi simultané des deux combustibles. Le tableau ci-dessous permettra de comparer l'importance de ces trois méthodes à différentes époques, en même temps qu'il présentera pour ces mêmes époques l'ensemble de la production du fer forgé en France :

	(*a*)	(*b*)	(*c*)	Total.
1834.	1,020,900	750,800	»	1,771,600
1839.	1,017,600	1,239,700	60,300	2,317,600
1841.	1,103,900	1,439,700	94,900	2,637,500

Trois faits saillants ressortent de l'examen de ce tableau : c'est d'abord l'accroissement continuel de notre production totale ; ensuite l'énorme part que la méthode anglaise prend à cet accroissement, puisque l'importance de ce procédé a doublé de 1834 à 1841 ; enfin la tendance ascendante et le rôle déjà appréciable de la méthode mixte.

L'ensemble des faits que nous venons d'analyser était nécessaire pour comprendre la voie où marchait la métallurgie et le pas immense qu'elle vient de franchir depuis 1839. Les fers à la houille, fort économiques et suffisant à la plupart des usages, sont néanmoins, en raison de leur mauvaise qualité, d'un fâcheux emploi dans beaucoup de circonstances. Plus difficile que le consommateur anglais, l'ouvrier français, qui naguère ne maniait que des produits supérieurs, sent la différence et s'en plaint. Là, comme ailleurs, le bon marché est souvent un défaut. D'un autre côté, la méthode mixte consomme encore pour l'affinage beaucoup de charbon qu'il serait précieux de réserver exclusivement à la fabrication de la fonte, et le prix de ses fers se ressent de cette dépense. C'est dans ces données que vient d'apparaître, il y a environ trois ans, dans le commerce une variété de fers dont la qualité est à peu près égale à celle des fers fabriqués au charbon de bois, et qu'il est possible de livrer au même prix que les fers à la houille. Pour qui aura saisi l'état de la question, c'est dire tout simplement que le problème est résolu ; le bas prix et la bonne qualité se trouvent réunis.

Ces fers sont connus sous le nom de *fers au gaz*. Ils sortent de l'usine de Tréveray (Meuse). C'est cette usine qui aura eu l'honneur de donner naissance à un procédé destiné à révolutionner la métallurgie.

Ce procédé consiste à utiliser, pour l'affinage de la fonte et pour le réchauffage des massiaux, les gaz provenant du haut fourneau et connus sous le nom de *flammes perdues*. L'idée d'employer les flammes du gueulard est loin d'être neuve, et elle a reçu déjà de nombreuses applications; mais c'était seulement la chaleur emportée par ces gaz qu'on avait employée, soit à la production de la vapeur, soit au chauffage de l'air lancé par la soufflerie. Jamais on n'avait tenté de tirer parti de la composition chimique de ces gaz, dans le double but d'exercer une action métallurgique et d'obtenir, par leur complète combustion, tout le calorique qu'ils peuvent fournir.

MM. Laurens et Thomas, ingénieurs civils, pensèrent les premiers à produire et à utiliser cette chaleur supplémentaire, en brûlant ces gaz au moyen d'air neuf amené sous la grille des chaudières à vapeur. Le jury de l'exposition de 1839 leur décerna une médaille d'argent, pour avoir installé ce procédé sur vingt-sept hauts fourneaux et créé dans dix-sept usines la force motrice nécessaire aux souffleries et aux appareils d'étirage.

C'est en 1841 qu'ils prirent un brevet pour l'application métallurgique des gaz au puddlage du fer, et, dans la même année, après de longs essais en collaboration avec MM. d'Andelarre et de Lisa, maîtres de forge à Tréveray, ils parvinrent à mettre leurs procédés en roulement.

On s'explique, d'après ce peu de mots, la bonne qualité de ces fers; les gaz qui sortent du haut fourneau, soit au bois, soit au coke, sont épurés avant leur arrivée dans le four de puddlage; la fonte ne se trouve donc en contact avec aucune des matières qui peuvent en altérer la qualité ou lui communiquer des propriétés nuisibles. En outre, le mélange d'air qui est destiné à brûler ces gaz permet de leur donner à volonté une allure oxydante ou désoxydante, suivant la proportion d'air introduite. Enfin, grâce aux combinaisons de détails, du reste fort simples, qui ont pour but d'employer toute la chaleur possible, la température du mélange gazeux est parfaitement suffisante pour l'affinage complet de la fonte et pour la naissance du fer.

Quant aux résultats économiques, il est encore plus aisé de s'en rendre compte. Dans les usines où la fabrication de la fonte est assez importante pour que les gaz des hauts fourneaux suffisent à affiner et à réchauffer tout le fer que l'on veut obtenir, l'économie est celle de tout le combustible qu'aurait exigé cette double opération. Là où la fabrication de la fonte est insuffisante ou nulle, une sorte d'appareil à cuve, nommé *gazogène* par les inventeurs, et assez semblable à un petit haut fourneau, est construit dans le but d'obtenir les gaz nécessaires en brûlant toute espèce de combustibles, débris de houille, tourbe, fraisil, anthracite, toutes matières enfin presque sans usage et sans valeur.

C'est par ce double mérite de qualité et d'économie que les fers au gaz sont appelés à changer la face de la sidérurgie française aussi profondément que l'a fait l'introduction de la houille et du coke dans l'ancienne fabrication au bois.

Déjà les petits consommateurs de la Meuse demandent avec empressement des produits qu'ils ne distinguent des fers au bois que par leur bas prix; On les vend en effet 32 francs le quintal, et ils pourraient être donnés à un prix inférieur. Il est certain que lorsque cette méthode se sera propagée et qu'elle aura été adoptée par nos grands centres de fabrication anglaise, si peu que coûte la houille dans ces établissements placés sur les bassins carbonifères, il y aura une réduction immédiate de cette dépense, en même temps qu'une amélioration énorme dans la qualité des fers.

Ainsi la forgerie française recouvrera son caractère spécial, la bonne qualité des produits, qu'elle doit à la supériorité de ses minerais; et cependant elle aura réalisé le problème qu'elle poursuit depuis quinze ans, un prix de revient qui lui permette la concurrence avec les fers étrangers.

L'importance d'un pareil résultat pour l'industrie tout entière, non moins que l'immense portée de ces idées théoriques et le mérite des procédés d'application, nous ont semblé motiver d'aussi longs développements. Il ne nous sera pas donné de rencontrer dans toute l'exposition un fait qui intéresse aussi profondément la production nationale; et d'un autre côté, la nature toute spéciale et peu saillante de ce genre de progrès nous faisait un devoir de le mettre en relief.

Nous n'avons pour les autres faits qui concernent l'industrie minérale proprement dite, qu'une courte appréciation à présenter: les grandes usines anciennes sont restées dignes de leur réputation: quelques nouvelles ont paru dans la lice. De part et d'autre, le travail des métaux a fait des progrès sensibles, mais sur lesquels nous aurons peu à nous arrêter. C'est par cette courte revue que nous commencerons notre prochain article.

E. Lamulonière.

L'EXPOSITION INDUSTRIELLE

DANS SES RAPPORTS AVEC L'AGRICULTURE

ET LES ARTS QUI S'Y RATTACHENT.

I.

E vif intérêt qu'excite la belle fête industrielle des Champs-Élysées, l'agitation qu'elle occasionne en France, nos routes chargées de voyageurs, l'immense concours d'hôtes intelligents qui, de toutes les contrées de l'Europe, viennent rendre hommage aux progrès d'une nation aimée parce qu'on sait bien qu'elle est sympathique à tout ce qui est beau, généreux et grand; ce résumé splendide de toute la production matérielle d'un noble peuple, enfin, ne composent pas seulement un spectacle rempli d'attraits, il renferme d'utiles leçons. S'il ne s'agissait que de satisfaire une vaine curiosité, de flatter l'orgueil des uns et d'assouvir la cupidité des autres, que serait au fond notre exposition industrielle? Une parade dorée, une farce bruyante, un habile et vaste prospectus, une excellente aubaine pour les chambres garnies, les cabriolets de place et la halle au poisson; mais le fait en lui-même est d'une portée plus haute, et ses résultats vaudront ce qu'il coûte si nous savons y trouver un point d'appui pour atteindre à des destinées industrielles meilleures.

Telle est, pour nous, la signification réelle et sérieuse d'une exposition industrielle.

La création des produits destinés à satisfaire les besoins les plus rigoureux de notre nature, et les besoins qu'enfante sans cesse une civilisation raffinée, se divise théoriquement en trois branches, afin de faciliter l'étude des importants phénomènes qu'elle offre aux méditations de l'économiste. Ces produits, obtenus directement par la puissance des agents naturels que sollicitent avec ardeur les forces physiques et intellectuelles de l'homme, sont dus avant tout à *l'agriculture*. La *manufacture* les modifie, les transforme, les embellit et achève leur complète appropriation : puis le *commerce* les distribue et les apporte aux pieds du consommateur, but final et centre nécessaire vers lequel convergent tant d'efforts. Chose étrange! le consommateur, être prépondérant, en faveur de qui toute législation économique devrait être invariablement fondée, est si fort oublié par nos lois économiques, qu'on a vu des penseurs révoquer en doute, dans leurs livres, jusqu'à son existence. De là naissent mille désordres dans les trois genres de production : de là les tiraillements et les crises, les misères affreuses que l'ignorance et l'immoralité n'enfantent pas seules, mais que l'on peut voir aisément à travers les murailles en bois d'un palais de l'industrie, sous les riches étoffes, derrière les innombrables et somptueuses bagatelles qui s'y trouvent entassées. Au-dessus des lois passagères qui se font à la hâte, qui vont au plus pressé et s'accordent au plus exigeant, il y a la loi suprême de la nature des choses, qu'on ne foule pas impunément aux pieds : l'histoire de l'industrie, douloureux et long récit de souffrances permanentes, entremêlé parfois d'éclats passagers et de prospérités partielles dépourvues de stabilité, est là pour le dire, l'Angleterre est là pour le prouver !

L'homme sans doute ne vit pas de pain uniquement, mais le pain est son premier besoin. Dès lors il semble superflu de rechercher laquelle des trois branches de l'industrie constitue le plus grand intérêt social. L'agriculture étant donc, en France surtout, la plus importante des industries, l'industrie prépondérante, puisqu'elle occupe vingt-cinq millions de Français sur trente-quatre ; notre pays étant donc par ce seul fait très-essentiellement agricole, comment se fait-il que depuis trois siècles nous ne comptions plus un seul homme d'État qui ait aimé, compris, administré l'agriculture, en homme d'État?

On a dépensé des sommes énormes d'argent et de génie pour *forcer* la manufacture et le commerce français, au lieu de les laisser prendre un développement naturel et conforme aux aptitudes nationales.

Aucune de nos institutions de crédit n'a pensé à l'agriculture. C'est un problème trop difficile à résoudre, dit-on, que le crédit rural, aussi le met-on de côté.

Pour code rural, l'agriculture jouit du régime hypothécaire. Ses gardes champêtres ne sont pas même organisés. Elle n'a pas le droit d'utiliser l'eau, ce plus puissant des engrais, que Dieu donne si abondante, et qui coule inutile jusqu'à la mer. Il est vrai que depuis un mois le farouche braconnier ne peut plus troubler impunément les amours innocentes des perdrix et des lapins !

Où l'agriculture est-elle enseignée? Au Conservatoire de Paris, à Rouen, à Bordeaux. Deux hommes d'un très-grand talent professent l'art d'élever le bétail et de gouverner une ferme, aux ouvriers bijoutiers en faux des rues Saint-Martin et Grenétat.

Le commerce et les manufactures ont leurs chambres consultatives, l'agriculture n'a rien du tout.

Le budget fourmille d'allocations généreuses pour encourager tous les genres d'activité intellectuelle. C'est très-bien, c'est d'une bonne politique. L'agriculture a reçu longtemps une sorte d'aumône montant à 400,000 fr. ; mais grâce à l'intervention d'un général d'armée, on a doublé la somme, et nous voici enfin, sous ce rapport, à la hauteur du royaume de Wurtemberg.

Tout ce que l'intelligence a de plus ferme et de plus viril en France cherche curieusement et découvre mille procédés chimiques, mille engins nouveaux pour faciliter l'acte commercial ou manufacturier. Pas un chimiste, pas un ingénieur, pas un mécanicien de talent ne travaille pour l'agriculture, qui va comme elle peut. On a pu promettre un million à celui qui trouverait une couleur bleue remplaçant l'indigo ; on a offert un million encore à celui qui ferait une machine pour filer le lin ; mais les grands problèmes dont la solution intéresse l'agriculture au plus haut degré ne se posent même pas. Les engrais, par exemple, base du travail agricole, se traitent, s'emploient partout avec une incroyable barbarie, souvent au rebours de leur propriété fécondante. Quelle autorité publique s'inquiète de cela? Et pourtant, c'est la vraie richesse ! L'engrais, du jour de sa création au jour de son emploi, va perdant de sa puissance fertilisante ; le principe qui la recèle, et dont l'agriculture ne sait pas même le nom, se volatilise sans retour; il faudrait découvrir les moyens pratiques de le fixer, aucun intérêt industriel n'est peut-être plus important que celui-là dans le monde. Autre point : il faudrait évaluer facilement, pratiquement la richesse d'un engrais donné dans l'état où on l'emploie, pour connaître avec quelque apparence de certitude l'effet qu'il va produire dans le sol. Nul n'y songe. Quelques chimistes, deux tout au plus, s'en sont occupés cependant au fond de leur laboratoire, et à l'aide de manipulations très-savantes, très-difficiles, qu'un chimiste de loisir sait pratiquer, ils ont calculé des millièmes. On ne sait pas encore ce que c'est que du vin, la plus française de toutes les productions de la France. Aussi, chaque année, de véritables maladies dont personne ne s'occupe, font perdre des millions à l'industrie œnologique. Le curieux est que ces altérations morbides sont prises quelquefois pour des falsifications par des experts ignorants, et deviennent ainsi l'objet des rigueurs de la police correctionnelle.

Et aujourd'hui, dans cette solennité de l'exposition industrielle, voyez donc comme l'agriculture est traitée. Les machines qu'on bâtit pour elle, mal construites en général, faites à coups de serpe, dirait-on, où sont-elles? Cherchez ; peut-être en trouverez-vous quelqu'une derrière les outils luisants et perlés des manufactures, lesquelles remporteront certainement toutes les médailles d'or et les croix d'honneur. Nos machines rurales sont enchevêtrées dans mille autres dont la bizarrerie le dispute souvent à l'inutilité ; elles sont inabordables, tant les appareils inodores les entourent et les cachent. Quant aux charrues, elles avaient tout d'abord été jetées à la porte ; mais sur d'énergiques réclamations, après que la poussière eut souillé ces modèles fraîchement peints, on a fait construire tout exprès pour eux, quoi? une manière de hangar en toile goudronnée. A l'exposition de 1839, les jolis tissus de Mulhouse n'étant point satisfaits du trop petit espace qu'on leur accordait, menacèrent fièrement de se retirer : sur-le-champ on éleva pour eux un bel et vaste pavillon.

Cet oubli, ces dédains dont tous, agriculteurs, industriels, lettrés, savants, artistes, législateurs, ministres, princes et même souverain, nous sommes coupables, et dont nous souffrons tous, en définitive, il faut en sortir. Il faut tourner un regard bienveillant vers cette vénérable mère, cette Isis adorée des anciens, cette grande déesse aux mamelles multipliées et fécondes. Le point capital, aujourd'hui, la véritable politique industrielle, en France, ne consiste plus dans les traités de commerce qui, l'histoire nous l'enseigne aussi, sont une gêne, un embarras dès le lendemain de la signature; ce ne sont pas des augmentations, des abaissements misérables de tarifs protecteurs ou soi-disant tels ; la grande question, c'est la question agricole, le vrai système français. Toutes les puissances combinées de la loi, de l'administration, du travail, des capitaux et du génie ne sont pas de trop pour le restaurer. Retournons à Sully, Colbert a fait son temps.

Au reste, la présence même de ces humbles études d'économie rurale, dans un recueil consacré aux beaux-arts, recueil dont la publicité ne sera certainement invoquée pendant la durée de l'exposition que par l'industrie manufacturière, est la preuve, si petite qu'on la juge, d'une bienveillance qui tend à renaître dans la société française en faveur de l'agriculture. Ce bon vouloir prend sa source dans une pensée vague encore, et trop confuse, dans une aspiration en quelque sorte instinctive vers des prospérités lointaines qu'il faut se hâter de faire éclore. Un événement considérable, et qu'on n'aurait pas cru de nature à porter l'attention publique vers les choses rurales, la révolution de juillet a beaucoup contribué cependant à faire naître quelque intérêt en leur faveur. On sait que ce qui s'appelait alors la société d'élite, le grand monde, quitta la capitale, se retira dans ses châteaux, et traîna d'abord quelqu'ennui à sa suite. Beaucoup d'intelligence et de grands revenus, difficiles à dépenser dans la retraite, ne tardèrent pas à tourner au profit de l'agriculture. Bien des murs de clôture et des corps de ferme furent réparés, des fossés se creusèrent ; on acheta de beaux bestiaux, on étudia quelque peu, on discuta beaucoup, et il se trouve aujourd'hui qu'une foule de jeunes gens élégants et riches figurent dans les sociétés agronomiques, prennent part aux comices agricoles où ils concourent volontiers pour les produits de leurs terres. Ils parlent avec chaleur dans un congrès agricole central, plaident éloquemment pour l'agriculture, et lui impriment, à leur insu, un mouvement ascensionnel qui ne s'arrêtera plus désormais. La presse, bien que timidement encore, paraît vouloir le seconder. Elle commence à s'occuper de l'agriculture aujourd'hui : cela n'est-il pas un heureux symptôme, si réellement la presse exprime la pensée publique? Quant à l'exposition industrielle, qui est apparemment aussi l'expression de quelque chose, si elle n'a pas su être décente avec l'agriculture, elle renferme au moins des preuves manifestes et multipliées d'un progrès décidé. Elle a quatre fois plus d'instruments ruraux, d'outils et de machines en rapport avec l'industrie des campagnes qu'il n'y en avait en 1839, et l'on sait qu'en 1834 ces produits-là ne figuraient qu'imperceptiblement dans les quatre pavillons de la place de la Concorde. La meunerie, les soies grèges, la filature des cocons, les appareils ingénieux introduits dans la magnanerie, les laines et leurs nouveaux modes de lavage si importants, beaucoup de choses qui, pour n'être pas brillantes, n'en sont pas moins utiles, prouvent que nous sommes en marche. Les vins seuls ne sont pas représentés, et ce n'est pas leur faute, la bonne volonté ne manquait pas ; mais un dur et très-impolitique arrêt de proscription leur a interdit l'entrée d'un territoire où ils eussent figuré dignement, nous le démontrerons. Il nous sera facile de faire sentir toute l'injustice d'une telle mesure et la futilité des motifs qu'on allègue à l'appui.

L'important est de conquérir, pour la grande et noble industrie rurale, le suffrage des esprits éclairés, des intelligences ouvertes à tout ce qui peut accroître la prospérité du pays. C'est une tâche qui, du moins, n'est pas au-dessus de notre zèle ; enfant du village, nous allons étudier ici quelques unes des questions agricoles que les faits de l'exposition intéressent. Avec un peu d'expérience, beaucoup de bonne volonté, et des sympathies qui datent de loin, on peut se présenter en brave soldat sur ces pacifiques champs de bataille.

Louis Leclerc.

LITHOGRAPHIE.

—

M. BERTAUTS,

RUE SAINT-MARC, 14.

Le premier mérite de la lithographie est sans contredit de reproduire le dessin original avec une netteté, une franchise généralement inconnues à la gravure, et dont les travaux à l'eau-forte avaient seuls offert jusque-là de brillants spécimens. Et cependant ce n'est qu'avec hésitation et réserve que les artistes ont eu recours depuis vingt-cinq ans à ce moyen de populariser leurs œuvres, soit qu'ils en aient trouvé la pratique trop assujettissante, soit qu'ils aient jugé, sur ses premiers résultats, le procédé trop restreint pour obtenir une grande richesse et une grande variété d'effets. Ainsi les publications qui signalèrent son introduction en France, les albums de Vernet, Charlet, etc., ne sont guère que des livres de croquis pleins, à la vérité, de la grâce et de l'esprit qui dirigeaient leurs crayons faciles. Mais il n'y faut pas chercher la séduction du coloris, ni les raffinements d'une exécution délicate. Tout est dans la pensée de la composition et dans l'heureuse liberté du contour. Cependant d'autres dessinateurs plus patients, et dont la nomenclature serait trop longue, se livraient de leur côté à la reproduction exacte, achevée, sur pierre lithographique, des principaux tableaux de nos galeries, et les belles collections de MM. Motte, Engelmann, Villain, témoignèrent glorieusement du degré de perfection auquel cet art nouveau pouvait atteindre. Et pourtant, depuis une quinzaine d'années, du moins, il est resté stationnaire et a rétrogradé même dans la voie que nous venons de signaler; mais la raison de cette réaction n'est pas aussi opposée au sentiment de l'art qu'on pourrait le croire. C'est que, malgré l'incontestable mérite et la minutieuse perfection des planches les plus terminées des Deveria, des Aubry-Lecomte, des Renoux, des Maurin, etc., l'on sentit que la lithographie, exécutée sur de telles proportions et entrant en lutte avec la gravure au burin pour multiplier les mêmes modèles, devait nécessairement, plus elle approcherait des qualités et des effets acquis à sa noble rivale, perdre d'autant plus de ses qualités propres et de son caractère distinctif d'indépendance.

On revint alors aux espérances du point de départ, mais on y revint avec la confiance de ne plus voir l'inspiration de l'artiste arrêtée ni trompée par l'insuffisance des ressources du métier. Un exercice assidu, d'ingénieux essais, de savantes recherches avaient ouvert une perspective nouvelle à l'application de la lithographie et signalé mille perfectionnements que d'habiles et laborieux chefs d'atelier se préparaient à pousser à leur dernière limite.

Ainsi, on avait regretté pendant longtemps de ne pas trouver sur les dessins sur pierre ces tons fins et légers qu'elle procure aujourd'hui peut-être mieux que tout autre mode d'impression. On avait senti le besoin de relever la vigueur des teintes foncées et la vivacité des lumières. C'est dans ce but que Semfelder, Engelmann et d'autres encore avaient imaginé différents procédés d'aqua-tinta ou de lavis lithographique. Tandis qu'on inventait en Allemagne les épreuves rehaussées, c'est-à-dire revêtues, au moyen d'un double tirage, d'une teinte plate où l'on ne réservait que les clairs les plus vifs, à l'imitation des dessins sur papier de couleur rehaussés de blanc, procédé dont les Anglais surtout ont su tirer un excellent parti; des artistes français, notamment MM. Deveria, Tudot, d'Orschwiller, se livraient à des travaux assidus pour réaliser des gravures sur pierre dont le séduisant effet fût comparable à celui des planches, de l'eau-forte et à la manière noire.

Mais une autre difficulté surgit bientôt, celle d'obtenir des ouvriers l'attention spéciale et tous les soins appropriés à ce nouveau mode de travail pour arriver à un tirage égal et abondant. Beaucoup d'épreuves infructueuses vinrent décourager les mieux intentionnés. Il paraissait surtout impossible de conserver aux teintes estompées la valeur de ton qu'elles avaient sur la pierre, qui ne produisait qu'un nombre très-limité de planches satisfaisantes.

Nous avons cru ces considérations préliminaires essentielles pour bien faire apprécier le mérite particulier de la belle exposition de M. Bertauts. Il suffit d'y jeter un rapide coup d'œil pour reconnaître avec quelle supériorité il a triomphé de tous les obstacles matériels opposés jusqu'à ce jour à la parfaite exécution des ouvrages de la nouvelle école lithographique. Plusieurs de ces planches sont en vérité de vrais chefs-d'œuvre, sous le rapport de leur aspect pittoresque dû en majeure partie aux soins délicats, à l'habileté pratique qui ont présidé à leur impression.

L'exhibition de M. Bertauts comprend la majeure partie des planches dessinées pour le recueil des *Beaux-Arts* avec tant de finesse et de sentiment, par MM. Mouilleron, Eugène Leroux, Baron, Français, Gavarni.

Quelle verve et quel accent vigoureux dans ce *Buveur de bière,* de Leroux, qu'on prendrait pour une brillante eau-forte d'après Callot! Quelle chaleur de ton dans le *Ramus* de Mouilleron, qui s'est fait l'interprète spécial des heureuses compositions de Robert Fleury! Et quelle finesse de touche, quelle suavité de teintes diaprées de la *Bergerie* d'après Watteau, par Baron! Et qui pouvait mieux saisir, mieux rendre l'élégance et la coquetterie d'un tel maître, que le peintre pittoresque des *Condottieri* et du *Bivouac?* Quoi de mieux réussi que les chatoyants effets de clair-obscur des scènes pittoresques de Diaz? Français a également lithographié lui-même son tableau de *Novembre*, si vaporeux, et d'admirables paysages de Jules Dupré.

Nous ne pouvons nous dispenser de citer encore *le Tintoret et sa fille*, d'une vérité d'effet bien préférable, selon nous, à la fantasmagorie rougeâtre du tableau: le *Naufrage*, de Delacroix, et un autre grand sujet peint en lithographie par Guérin, représentant la scène de la fonte des balles du drame de *Robin des Bois*, et enfin des reproductions des plus jolis tableaux de Decamps, traitées par M. Leroux avec une intelligence du modèle et un charme incomparables, et puis les délicieux croquis de Gavarni, dont les plus habiles dessinateurs s'accordent tous à proclamer le mérite exceptionnel et la puissante originalité.

Examinez de près ces dessins inimitables, *Gulnare* et l'admirable portrait de l'auteur, où la grâce de l'ensemble dissimule si bien les traces d'un travail compliqué, et devinez par quelles adroites combinaisons de moyens divers, estompage au liége, frottis intelligent, emploi du grattoir et de la pointe, retouches hardies à la plume ou au pinceau, l'artiste a pu produire un effet si homogène, si simple, si harmonieux.

Mais nous ne saurions trop le répéter, à l'éloge de M. Bertauts, s'il est constant que le plus habile lithographe ne saurait tirer de bonnes épreuves d'une pierre mal dessinée, il est certain aussi que le dessin le plus parfait peut être compromis, dégradé et perdu sans ressource entre les mains d'un imprimeur maladroit. Ce qu'il faut de discernement dans les manipulations de l'ouvrage, des acides, dans le maniement du rouleau, joint à la finesse du coup d'œil et à la compréhension de toutes les intentions de l'artiste, font de l'impression lithographique un art aussi dont l'utilité et l'importance, relativement à celui du dessinateur, peuvent se comparer à ce concours fraternel, indispensable, que le comédien prête à la manifestation de l'œuvre du poète dramatique. Bref, les remarquables travaux de M. Bertauts lui concilieront à coup sûr, avec les suffrages du public, la sympathie et la préférence de tous les artistes jaloux de voir leurs ouvrages traduits avec une intelligence aussi parfaite, un sentiment aussi exquis de leur véritable caractère, et nous nous plaisons à croire que les encouragements du jury ne feront pas défaut à ses heureux efforts.

OPTIQUE.

M. LEREBOURS FILS, OPTICIEN, PLACE DU PONT-NEUF.

Voilà quatre ans que ce jeune opticien a été appelé à la tâche difficile de remplacer son père; et nous nous plaisons à reconnaître que ce fardeau n'a pas été trop lourd pour lui. Il est même parvenu à réduire le prix de ses instruments sans en altérer la qualité. Ainsi il peut maintenant livrer au prix de 3,000 fr., avec leur pied et leur collection d'oculaires, des lunettes de six pouces de diamètre que son père n'avait jamais vendus moins de 6,000 fr.

Pour mieux faire apprécier l'ensemble des progrès qu'il croit avoir accomplis dans sa fabrication, M. Lerebours se proposait de soumettre à l'examen du public et du jury central une collection d'objectifs parmi lesquels figure un objectif dialytique de 5 pouces d'ouverture et de 3 pieds et demi de foyer, et un objectif de 14 pouces de diamètre et de 26 pieds de foyer. Malheureusement l'exiguïté de l'emplacement qui fut assigné à cet opticien le contraignit à restreindre son exhibition, et c'est dans son atelier que nous en avons pu voir les pièces complémentaires.

Il faut avoir exécuté de grands objectifs pour se faire une idée des difficultés sans nombre que présente cette fabrication. Lorsque Frœnhofer estimait qu'elles croissaient en raison du cube du diamètre des verres, il pouvait être dans le vrai, tant qu'il n'était question que de verres de 4 pouces à 9 pouces; mais au delà de ce chiffre, la progression devient réellement effrayante. Ainsi, quoique six objectifs de 6 pouces présentent à peu près en surface l'équivalent d'un objectif de 14 pouces, il est plus facile d'en exécuter douze de la première dimension que d'en faire un seul de la dernière.

Loin de se laisser décourager par ces obstacles, M. Lerebours vient de mettre en travail un disque en *crown* de 18 pouces de diamètre, qu'il se propose d'achromatiser dialytiquement.

Jetons maintenant un regard rapide sur les autres produits de cet opticien. A l'exposition de 1839, il présenta un chercheur de comètes monté parallactiquement et donnant la minute sur les deux sens. Cet instrument était destiné à l'observatoire d'Athènes. Le chercheur de comètes que M. Lerebours a exposé cette année diffère du précédent par les dimensions de la lunette, qui, sur la demande formelle des astronomes de l'observatoire de Paris, a été disposé de façon à offrir un très-grand champ.

Appareil Kater. — Cet appareil, destiné aux observations du pendule, est en tout semblable à l'appareil décrit dans les *Transactions philosophiques* par le capitaine Kater, de qui les instructions ont été scrupuleusement suivies par M. Lerebours. Une seule modification y a été faite : à la division en pouces anglais qui doit être gravée sur la règle, l'opticien français a substitué une division en millimètres.

Porte-lumière universel. — Cet instrument permet de répéter, avec un petit nombre d'appareils, toutes les expériences fondamentales de l'optique, telles que les phénomènes de la diffraction et de la polarisation. Il renferme un microscope solaire, un mégascope pour les corps transparents ou opaques, et une lunette astronomique destinée à projeter sur un écran les images amplifiées de la lune et du soleil. M. Lerebours est le premier qui ait construit un instrument de ce genre. La réunion de pièces si diverses n'était pas sans difficultés : M. Lerebours nous paraît les avoir vaincues; et, résultat non moins remarquable, il donne pour 900 fr. un appareil qui est l'équivalent de plusieurs machines dont le prix va bien au delà de 15 à 1,800 fr.

Microscope à gaz. — Cet instrument a été entièrement construit d'après le modèle de celui de Clarke, que M. Lerebours a fait venir de Londres à grands frais. On sait que les appareils de ce genre construits en Angleterre sont bien supérieurs aux nôtres. Félicitons M. Lerebours d'avoir tenté d'enlever à nos rivaux cette supériorité.

Polariscope pour joindre au microscope à gaz. — Cet appareil, qui permet de produire devant un nombreux auditoire tous les phénomènes de la polarisation, s'adapte sur la lanterne du microscope à gaz, et sera très-utile dans les cours publics, où l'on est souvent forcé de renoncer aux expériences par suite de l'instabilité de la température.

Cristaux. — Parmi les cristaux exposés par M. Lerebours, se trouvent des tourmalines violettes extrêmement rares et d'une dimension considérable, de très-grandes lentilles de sel gemme, des verres trempés et des prismes d'un volume peu commun. Le morceau de spath, d'où ces prismes ont été tirés, en a fourni quatre pareils, dont un appartient à M. Arago.

Sans doute la fabrication de ces produits n'est pas une œuvre bien méritante. Néanmoins, à une époque où les beaux cristaux deviennent de plus en plus rares, on doit savoir gré à M. Lerebours d'avoir réuni une collection d'échantillons assez purs et assez volumineux pour être employés avec succès dans des recherches de précision.

Œil artificiel en ivoire. — Toutes les pièces en sont doubles et reproduisent fidèlement les proportions, l'apparence et la densité des parties qu'elles représentent, de telle sorte que l'image d'une lumière placée à quelques pas en avant vient se peindre sur la rétine factice comme elle ferait dans un œil naturel dépouillé de la sclérotique et de la choroïde de la partie postérieure.

Eriomètre du docteur Young. — Ce petit appareil, qui n'avait point encore été construit en France, sert à déterminer les diamètres de tous les corps déliés, globuleux et fibreux.

Microscopes achromatiques simplifiés. — Ces microscopes, que M. Lerebours présenta à l'Institut en 1838, obtinrent de MM. Arago et Turpin l'accueil le plus favorable. Réunir dans un seul instrument d'un prix très-modéré des effets qui étaient auparavant le partage exclusif de plusieurs appareils extrêmement coûteux, à cela se borne l'œuvre de M. Lerebours; et si l'on ne peut y donner le titre d'invention, il faut bien reconnaître qu'elle résout un important problème d'utilité générale en mettant à la portée des savants peu aisés les recherches microscopiques. Les instruments n_0 2 et nº 3 ont un jeu de lentilles achromatiques, deux oculaires et dix-huit amplifications, depuis vingt-cinq fois la grosseur de l'objet jusqu'au chiffre de quatre cent quatre-vingts. Les accessoires se composent de tout ce qui est nécessaire pour travailler.

Eléments de Bunsen. — M. Lerebours est le premier qui se soit occupé de la fabrication de ces éléments, et ce fut de ses ateliers que sortit, il y a près d'un an, la première batterie présentée à l'Institut. Il a, depuis cette époque, consacré à la fabrication des charbons un petit atelier qui occupe constamment deux ouvriers. La batterie de dix éléments qui figure à l'exposition peut donner une idée de l'exécution de ces piles et de la qualité des charbons.

Appareil électro-médical. — On sait que l'appareil électro-magnétique de Clarke est fréquemment employé dans les cours pour répéter un assez grand nombre d'expériences. Depuis quelques années, il est pareillement mis en usage par beaucoup de médecins. Le petit appareil exposé par M. Lerebours a été tout récemment importé dans ce pays par M. de Nothomb. Seulement l'opticien français a remplacé l'élément de Daniell par un élément Bunsen, qui produit des effets beaucoup plus puissants. L'avantage de cet appareil sur celui de Clarke, c'est qu'il coûte trois fois moins, et que, sous un très-petit volume, il donne des résultats aussi énergiques. Le mécanisme de l'appareil électro-médical permet de percevoir un nombre indéterminé de commotions dans un temps donné, et d'en varier l'intensité.

Machine d'Atwood. — Cette machine, destinée à l'enseignement dans les colléges, est analogue aux appareils du même genre qui existent à la faculté des sciences et au collége de France. Elle en diffère par la disposition simple adoptée pour la détente qui laisse tomber la masse.

Appareil de diffraction. — Destiné à répéter toutes les expériences de Fresnel sur la diffraction, il a été construit de manière que la stabilité du micromètre fût complétement assurée dans tous les points de la règle, et que par suite il pût servir à mesurer *réellement* des cinq centimètres de millimètre.

CIMENT ANGLAIS

OU CIMENT MARBRE.

M. F. SAVOIE. — USINE D'ALFORT (DÉPARTEMENT DE SEINE-ET-MARNE); DÉPÔT A PARIS, RUE D'ANGOULÊME-SAINT-HONORÉ, 11.

Ce n'est pas d'hier que l'homme s'est efforcé de lutter avec les productions de la nature. Sans parler de cet énergique ciment que les Romains semblaient avoir inventé pour appuyer la durée de leur nom sur la durée de leurs œuvres, M. d'Arcet, le célèbre chimiste, était parvenu à donner de la solidité au plâtre, et à durcir les moules faits avec ces produits. Voici les procédés dont il se servait : il gâchait le plâtre avec de l'eau dans laquelle il avait fait dissoudre soit de la colle de Flandre, soit de la gomme, ou bien encore il enduisait les plâtres avec des solutions de ces mêmes substances. On peut encore durcir le plâtre soit à l'aide d'un mastic dit hydrofuge, composé de cire jaune, d'huile de lin, de litharge, soit en se servant d'un mastic composé de résine et d'huile de lin lithargée, soit enfin avec un savon métallique mêlé à de la cire et dissous dans l'huile de lin cuite. Ces mastics veulent être appliqués à chaud et avec des précautions particulières.

M. Penware, de Londres, a imaginé un autre moyen pour donner au plâtre la solidité et l'apparence du marbre. Ce procédé consiste à préparer une solution de sulfate d'alumine, en prenant 6 hectogrammes d'alun et 3 litres d'eau ; puis on plonge dans le liquide encore chaud les objets en plâtre qui ont été séchés, on les y laisse séjourner pendant l'espace de quinze à trente minutes ; on les retire ; après les avoir laissés égoutter et refroidir, on y verse la solution d'alun de manière à les recouvrir d'une couche cristallisée ; on les fait ensuite sécher, et enfin on passe à l'opération du polissage. D'après M. Penware, les objets en plâtre ainsi traités sont revêtus d'un enduit qui a la blancheur, la transparence et presque la résistance du marbre; ils bravent les attaques de l'humidité, et le nettoyage en est très-facile.

Voici un quatrième procédé employé par M. Tissot jeune : on prend un bloc de plâtre tel qu'il sort de la carrière; on lui donne la forme que l'on veut; on le soumet pendant vingt-quatre heures à la chaleur d'un four; on le fait ensuite refroidir; on le trempe dans de l'eau de rivière pendant trente secondes; on l'expose à l'air pendant quelques secondes; on le trempe de nouveau dans l'eau pendant une ou deux minutes; on l'expose à l'air pour lui donner de la dureté, et enfin on le polit par les moyens ordinaires.

Le procédé suivi par M. Savoie ne rentre pas dans ceux que nous venons de décrire. En voici l'explication : M. Savoie prend le gypse de Lagny, la pierre à plâtre, le sulfate de chaux pur, qui, comme on le sait, fournit un plâtre statuaire moins solide que le plâtre amorphe. Il fait un choix 1° de morceaux de gypse purs qui sont destinés à fournir du plâtre d'une grande blancheur; 2° des morceaux de gypse qui contiennent une petite quantité de parties terreuses, et qui sont destinés à fournir du plâtre mi-blanc, du plâtre de deuxième qualité; 3° des morceaux de gypse contenant des substances étrangères, qui sont destinés, par une addition de sulfate de fer, à fournir un plâtre d'une nuance plus tranchée et tirant sur le rouge brique.

Lorsque le choix de ces qualités diverses est fait, on donne au gypse une première cuisson afin de le priver de son eau de cristallisation, employant une température semblable à celle qui sert ordinairement à la cuisson du plâtre; ce gypse, lorsqu'il est cuit, est immédiatement immergé dans un bain d'eau saturée d'alun, où on le laisse pendant six heures environ; il est ensuite retiré du bain, exposé à l'air libre pour le faire sécher, puis porté au four pour subir une deuxième cuisson, dans laquelle l'alun qui a été absorbé par le gypse paraît être décomposé en grande partie; car lorsqu'on traite par l'eau le plâtre ainsi obtenu, on obtient à peine des traces de sulfate d'alumine. Cette cuisson du gypse aluné n'est complète que lorsque ce gypse est arrivé au gypse brun.

Le gypse, qui a subi la deuxième cuisson, est ensuite pulvérisé; mais avant de le soumettre à l'action de la meule, on a soin, pour le plâtre très-blanc, de détacher des morceaux de gypse qui ont été soumis à la cuisson les parties colorées qui pourraient altérer la blancheur de ce plâtre. Ce nettoiement des fragments de gypse se fait à l'aide d'un couteau fixé par l'une de ses extrémités sur une table, et dont la lame peut être dirigée en tout sens.

Les morceaux de gypse, après avoir subi toutes ces préparations, sont broyés à l'aide de meules, puis tamisés pour être amenés à un degré de finesse convenable. Les meules sont mises en mouvement par une machine à vapeur qui porte le plâtre pulvérisé dans les blutoirs, et met en jeu ces derniers appareils.

Après avoir examiné le mode de fabrication du plâtre obtenu par la méthode Savoie, portons notre attention sur les applications qui ont été faites avec ce produit. Il résulte d'expériences pratiquées par les hommes les plus compétents : 1° que ce plâtre peut être facilement mis en usage par le premier maçon venu; 2° que, sans être entièrement hydraulique, il peut servir à former des enduits qui acquièrent une grande dureté et qui résistent parfaitement à l'action de l'air et de l'eau dans les constructions exposées aux alternatives de sécheresse et d'humidité; 3° qu'on peut l'employer pour faire des stucs d'une très-grande beauté, et qui sont plus durs, plus homogènes et plus faciles à polir que les stucs préparés avec le plâtre ordinaire; 4° que ce produit convient parfaitement pour mouler les objets d'art, statuettes, bustes, bas-reliefs, médailles, etc.; qu'il présente l'aspect du marbre et qu'il résiste mieux que les plâtres moulés; 5° enfin que, lorsqu'il est gâché avec du sable, il fournit une composition particulière qui se durcit et qui prend une très-grande solidité.

Voici maintenant les diverses qualités obtenues par M. Savoie, et les prix auxquels il peut les livrer à l'industrie :

1° Blanc double,	35 fr. les 100 kilog.
2° Blanc,	20
3° Blanc moyen,	10
4° Rouge brique,	10
5° Blanc commun,	6 50
6° Jaune, ton de pierre,	4

Ces six qualités ne diffèrent que par le ton et que par le prix de revient; la solidité en est absolument la même, et elles sont pareillement propres à recevoir le poli et la peinture. De nombreux emplois de ce ciment figurent à l'exposition sous la forme de statues, chambranles, cheminées, carrelages; et, à cet égard, le gouvernement rivalise avec la consommation particulière. Le château de Versailles, l'hospice de Charenton, la maison des jeunes aveugles à Paris, la chambre des pairs, le ministère de l'intérieur et le ministère de la guerre présentent des applications plus ou moins larges de ce nouveau produit.

La seule chose qui soit maintenant à désirer, le seul but que nous proposions à M. Savoie, c'est de mettre le ciment-marbre à la portée de la consommation quotidienne, en apportant de nouvelles réductions dans le prix de revient, et par suite dans le prix de vente.

CORSETS.

Mmes BOURGOGNE, RUE HAUTEVILLE, 28.

Malgré les sorties misanthropiques de J.-J. Rousseau, il est aujourd'hui reconnu que le corset en lui-même, loin d'être nuisible, est au contraire utile à la santé et à la taille des femmes. L'abus ne prouve rien contre l'usage, et les défauts de certains corsets ne peuvent porter atteinte aux qualités des autres. Il est surtout des ateliers dont les produits ont toujours satisfait aux doubles conditions de l'élégance et de l'hygiène. La maison de Mmes Bourgogne est de ce nombre. Les corsets qu'elle a exposés nous ont paru de véritables chefs-d'œuvre de grâce et de souplesse. Tout y a été prévu pour que le corps s'y trouvât à l'aise et y gagnât des formes plus sveltes. Aucune époque de la vie des femmes n'a été négligée. Nous trouvons, parmi les produits de la maison Bourgogne, des corsets d'enfants de dix ans, des corsets de jeunes personnes de quinze ans ou de dix-huit ans, des corsets de bal, de mariage, de voyage et de grossesse, des corsets à la paresseuse, des corsets-ceintures, etc., etc. En un mot, raffermir le corps et donner à la taille plus de charme, sans gêner l'exercice des poumons ni de l'estomac, tenir compte des moindres différences d'âge ou de position, répondre aux exigences du bon marché sans méconnaître celles du bon confectionnement, tel est le problème que Mmes Bourgogne nous semblent avoir parfaitement résolu. Elles ont en outre imaginé une méthode fort ingénieuse à l'aide de laquelle chaque dame peut, sans sortir de chez elle, choisir le corset qui lui convient et envoyer, en toute sécurité, les instructions nécessaires pour une parfaite exécution.

Les travaux de Mmes Bourgogne sont du genre de ceux qui, sous une apparence frivole, cachent de sérieux résultats et méritent les encouragements de toutes les personnes qui comptent pour quelque chose l'hygiène publique, si déplorablement négligée dans l'éducation du grand monde et si malheureusement oubliée dans les rapports du gouvernement avec les classes ouvrières.

CARROSSERIE.

M. DESOUCHES-TOUCHARD, AVENUE DES CHAMPS-ÉLYSÉES.

Il n'y a personne qui n'ait été surpris, en parcourant l'exposition, du triste rôle qu'y joue la carrosserie, cette branche remarquable de l'industrie parisienne. Peu habituée encore à figurer dans ce concours, puisque ses produits y avaient pris place pour la première fois en 1839, elle ne semble pas avoir été suffisamment encouragée par l'appréciation favorable que le jury de cette époque faisait de son rôle et de son importance. Elle est même restée cette fois tout à fait au-dessous de son début ; car on ne rencontre dans les galeries qu'un seul de ses produits qui soit digne de fixer l'attention.

Notre mission était de réparer cette inexplicable réserve, et de combler cette lacune en allant chercher des résultats qui ne sont pas venus au-devant de nous, et en leur restituant dans nos colonnes une place qu'ils ont dédaigné d'occuper dans nos galeries.

C'est dans les ateliers de M. Desouches que nous avons trouvé l'un des types de ce que la carrosserie a pu produire de plus accompli en 1844. Nous bornerons notre choix à la description d'un coupé construit sur les dessins de M. Auguste Getting, parce qu'il résume tous les progrès obtenus par les industries que l'art du carrossier appelle à son aide, la forge, la corroyerie, la passementerie et tant d'autres qu'il est superflu d'énumérer.

Ce coupé de ville est monté sur un train à flèche à huit ressorts; la caisse en est vert et noir; le siége est revêtu d'une housse en drap vert, avec une passementerie verte et blanche; une étoffe de soie damassée gris perle, ornée de passementeries vertes, en garnit l'intérieur. Notre gravure en reproduit fidèlement l'aspect. Cet ensemble est élégant et simple; il est d'une richesse de bon goût, et par les détails solides de sa construction autant que par ses qualités extérieures, il aurait mérité de venir occuper à l'exposition le rang élevé que la maison Desouches tient dans ce genre d'industrie.

TISSUS.

MAISON DELISLE, RUE DE CHOISEUL, 4 TER.

Les galeries de l'exposition offrent, pour chaque nature d'industrie, une variété et une profusion de produits avec lesquelles il n'est donné à personne de rivaliser. Nulle maison spéciale, nul établissement si vaste qu'il puisse être, ne saurait réunir autant d'articles du même genre, provenant d'origines aussi diverses. Mais si ce vaste étalage est utile au point de vue de l'appréciation de la richesse nationale, et pour permettre au pays de constater la puissance de sa production, le nombre de ses fabriques et leur émulation vivace, il intéresse moins les visiteurs, curieux de parcourir la série des produits d'une certaine classe, sans s'arrêter à des nuances insensibles, à des différences inappréciables et insignifiantes.

C'est aux tissus principalement que peuvent convenir les réflexions précédentes. Dans le parcours de plusieurs mille mètres que l'on est forcé de faire pour prendre une idée complète de cette industrie à mille faces, l'attention s'épuise et la curiosité se lasse avant d'être satisfaite. En outre, cette étendue, si grande qu'elle soit, est fort restreinte pour chaque exposant; les objets y sont rarement dans leur meilleur jour; il est difficile de les apprécier avec le regard, impossible de les soumettre à cette autre épreuve non moins précieuse du toucher. En résumé, cette collection nationale pèche par un heureux défaut, par une surabondance de richesses. En outre, elle n'a qu'une durée bien passagère, et, dans quelques semaines, ces innombrables produits seront dispersés. Enfin, la fixation de la valeur commerciale, bien qu'instamment demandée par les circulaires administratives, a été le plus souvent éludée, en sorte que cette question, la plus importante de toutes n'est pas résolue par cette exhibition.

Sous tous ces rapports, il est bon et utile que des expositions partielles et permanentes existent à côté de cette solennité périodique et offrent la série et en quelque sorte la monographie des produits de chaque industrie, soit comme but de curiosité, soit comme objet d'utilité réelle et de véritables transactions commerciales.

Quant aux tissus, la maison Delisle pouvait mieux qu'aucune autre offrir une série sans lacune de produits d'élite, dans toutes les fabrications qui reposent sur la mise en œuvre des fils de laine ou de soie, de lin ou de coton, pris ensemble ou séparément. C'est comme succursale du palais de l'industrie, en ce qui concerne les diverses branches du tissage, que nous consacrons, parmi nos gravures, aux nouvelles galeries de la maison Delisle une place que justifient d'ailleurs l'élégance de ces constructions et le gracieux aspect de leur façade.

REVUE DE L'EXPOSITION.

MÉTAUX. — SUBSTANCES MINÉRALES.

ous avons esquissé, dans notre dernier article, les caractères généraux de l'industrie du fer et insisté sur la découverte capitale qui, d'ici à peu d'années, semble appelée à en modifier l'aspect et les conditions. Il nous reste à parcourir rapidement les autres progrès de cette industrie, soit dans le nombre de ses ateliers, soit dans la qualité de ses produits, progrès fort réels encore, bien que moins importants.

Les fers en barre sont, pour la presque totalité, obtenus à l'aide du laminage; l'étirage au marteau a, pour ainsi dire, complétement disparu des grands établissements. Cette substitution est justifiée par ses résultats. On trouve à l'exposition de fort beaux échantillons de rails, de fers plats, de verges, de fers en barre de toutes dimensions. Un certain nombre de ces échantillons sont plutôt, il est vrai, des pièces de curiosité que des produits marchands résultant d'une fabrication courante. Il y a tel arbre forgé, telle feuille de tôle, telle bande de roue, dont les établissements qui les exposent seraient fort peu disposés à recommencer l'essai. Mais nous ne sommes pas aussi sévères qu'on affecte de l'être généralement pour ces sortes de chefs-d'œuvre et de tours de force manufacturiers. Il est intéressant pour les producteurs éminents dans chaque branche de faire connaître au pays tout ce qu'on peut attendre de leurs efforts en certains cas donnés. Il peut se présenter quelque circonstance qui exige de posséder le dernier mot d'un établissement ou d'une industrie en fait de puissance et d'habileté.

Les usines qui figurent au premier rang pour la quantité de production et le bas prix des produits se sont, pour la plupart, abstenues de descendre dans la lice. Les grandes forges de la Loire, celle du Gard, le vaste établissement de Hayange et Moyœuvre (Moselle), les forges du Nord, à l'exception de Denain, sont remarquées par leur absence. Le Creuzot n'a pris rang qu'à titre d'atelier de construction; l'exposition de la grande compagnie du Châtillonais (Côte-d'Or) n'a peut-être pas une importance digne des nombreuses usines qu'elle a réunies. Decazeville (Aveyron), Abainville (Meuse), Fourchambault (Nièvre), ont seuls, parmi leurs grands rivaux, apporté un contingent complet et varié.

La fabrication courante des rails s'est préparée dans un nombre déjà notable d'usines de premier et de deuxième rang; leur outillage est installé et n'attend plus que les circonstances pour réclamer sa part d'activité dans la grande œuvre des chemins de fer que le pays veut enfin mener à terme. Les forges anglaises de Sionne (Vosges) et des Eyzies (Dordogne), ainsi que la grande forge à riblons de Grenelle, près Paris, sont restées dignes des récompenses que le jury de 1839 leur avait décernées. La forge de Saint-Maur, qui ne faisait alors que se créer aux portes de la capitale, a depuis lors augmenté sa fabrication de moitié. Celle de Vierzon (Cher) tend à s'élever au premier rang des ateliers métallurgiques.

Parmi les établissements considérables qui se sont élevés antérieurement à 1839, et dont les produits ont pris place à l'exposition, il faut signaler l'usine de Saint-Antoine dans l'Ariége, qui la première a installé le laminage au centre même de la fabrication catalane, et qui tend à se développer de jour en jour. Ajoutons, pour terminer ce rapide examen des fers forgés, que le prix des gros fers a diminué, de 1839 à 1842, dans la proportion de 41 fr. 12 c. à 58 fr. 52 c., valeur moyenne en France du q. m. de gros fer pris à l'usine.

La fabrication de la fonte au coke a reçu depuis cinq ans un développement qui a exercé la plus heureuse influence sur la baisse que nous venons de constater dans le prix du fer. Sans entrer dans le détail de cet accroissement, nous ne pouvons omettre la mention de trois grands établissements ultérieurs à 1839, et exclusivement consacrés jusqu'à présent à la fusion des minerais à l'aide du coke. Ce sont les hauts fourneaux de Douzies, près Maubeuge (Nord) — ceux de Marquise (Pas-de-Calais) — et ceux de Montluçon (Allier). La création de ce dernier établissement semble être une ère nouvelle pour le riche bassin houiller de Commentry, qui peut, si le minerai ne lui fait pas défaut, devenir d'ici à quelques années un concurrent redoutable pour le grand centre de fabrication de la Loire.

La fonte de première fusion offre un ensemble de produits fort satisfaisants ; les mouleurs sont devenus plus habiles ; l'épaisseur des pièces s'est notablement réduite, en même temps que la forme a pris plus d'élégance et les contours plus de précision. Sans atteindre encore la perfection des fontes de Prusse, nous marchons rapidement vers ce but, et nous avons laissé les Anglais loin derrière nous. Aussi la consommation de ces produits a-t-elle pris un grand accroissement. Elle s'est élevée de 475,000 q. m. (chiffre de 1839) à 565,000 en 1842. Quant à la fonte de seconde fusion, bien que sa fabrication n'ait subi d'autre changement important que l'emploi de l'air chaud par la soufflerie, elle a réalisé des progrès considérables qui sont dus plus spécialement aux progrès du goût et de l'art qu'à des perfectionnements matériels. La fonte moulée est maintenant en état de lutter avec le bronze pour la grande ornementation, tout en offrant une immense différence de prix. Il est impossible de voir quelque chose de plus parfait, comme art et comme matière, que le fragment des portes de Saint-Vincent de Paule, exposé par M. Calla, la fontaine à double vasque du même artiste et les divers bustes qui, joints à la grande statue de saint Louis, complètent ses envois à titre de fondeur.

L'usine du Val d'Osne (Haute-Marne) a exposé une série d'articles d'ornementation dignes d'éloges ; ses balcons sont composés avec goût et exécutés d'une manière fort légère. MM. Ducel et Paillard, pour leurs moulages d'ornements, la maison Morel (Ardennes), pour ses poteries économiques en fonte de première fusion, M. Voruz aîné, de Nantes, pour sa grande cornue propre à distiller la houille, ne sauraient être oubliés dans cette revue, si rapide qu'elle soit.

Nous y mentionnerons aussi le remarquable engrenage de 4 m. 20 c. de diamètre, et 0 m. 10 c. de pas fondu par M. Chapelle avec une précision telle, que le compas, en quelque endroit qu'on le présente, ne peut trouver aucune différence dans la dimension des dents ou dans leur écartement. Un article fort curieux aussi, bien qu'à un tout autre titre, est l'ensemble d'outils tranchants exposés par deux fabricants de Commentry, MM. Maupertuis et Busch. Ces outils sont en fonte de première fusion, provenant du nouvel établissement de Montluçon que nous avons mentionné plus haut ; la fonte est refondue dans des creusets avec un mélange qui la transforme à peu près en acier, et permet de la mouler en outils tranchants, flexibles et d'un prix d'environ 75 p. 100 inférieur au prix de la coutellerie et de la taillanderie ordinaires. Quant à la résistance et au tranchant, ces outils ne craignent pas la comparaison avec les outils d'acier. Ajoutons, comme fait digne de remarque, que la fonte de Montluçon semble seule convenir à ce traitement encore inconnu; la fonte produite au bois avec les mêmes minerais du Berry ne s'y prête pas plus que la fonte au coke de la Loire.

L'exposition abonde en aciers de qualité supérieure ; les aciers raffinés jusqu'à trois fois, comme dans l'Ariége, les aciers fondus de la Loire, les aciers naturels de l'Isère et de la Nièvre offrent toutes les variétés que l'industrie peut réclamer, tant au point de vue de l'économie, que sous celui de la qualité supérieure. Le perfectionnement le plus notable qui se soit introduit dans cette fabrication depuis 1839 est analogue à celui que nous avons signalé dans la fabrication du fer ; tout en conservant l'emploi du combustible végétal dans la fabrication de l'acier, on a substitué la houille au charbon de bois, pour toutes les opérations du corroyage et de l'étirage. On a obtenu de la sorte une économie notable sans rien enlever à la qualité des produits. L'acier de cémentation, c'est-à-dire préparé de toutes pièces avec du fer et du charbon, a pris dans cette dernière période une prépondérance marquée sur l'acier naturel, obtenu directement par l'affinage de la fonte ; le rapport de ces deux sortes d'acier, qui était en 1839 de 30,000 q. m. à 35,000, est devenu par revirement, en 1842, de 37,000, à 32,000. La maison Jackson, d'Assailly, est toujours en tête de cette fabrication, dont l'une des branches, celle des aciers fondus, a été installée par eux pour la première fois en France. Les aciers de Foix et de Saverdun (Ariége), ceux de M. Gourju (Isère) qui a le premier pratiqué le réchauffage à la houille, marchent de près sur les traces d'Assailly. Les produits de M. Baudry à Athis-Mons (Seine-et-Oise), de Saint-Antoine (Ariége), de Corbelin (Nièvre) et de la compagnie Schmidborn, à Sarrable (Moselle), sont dignes de leurs précédents ; les aciers damassés du duc de Luynes prouvent que sa haute position ne l'empêche pas d'attacher un grand prix à la tâche industrielle qu'il a commencée et aux justes éloges que le jury lui a décernés en 1839.

Parmi les nombreux fabricants de limes se distinguent toujours au premier rang les Dequenne (Nièvre), les Monmouceau (Loiret), Boitin et Schmidt, de Paris. La fabrique de Breuvannes (Haute-Marne) a donné d'excellents résultats entre les mains de MM. Gérard et Miélot. En somme, notre pays fait désormais cet article aussi bien que l'Allemagne et l'Angleterre ; mais il lui manque encore de croire à sa propre force et d'avoir confiance en ses produits.

Les fers ouvrés comprennent les échantillons en barres ou en verges, de dimensions inférieures à celles du gros fer, les fers étirés et fendus, les fils de fer, les tôles et les fers-blancs. En descendant à des élaborations plus détaillées, on entre dans la taillanderie et la quincaillerie. On remarque en première ligne dans cette catégorie de produits les tôles et fers-blancs de la Chaudeau (Haute-Saône), les tôles de Framont et Grandfontaine (Vosges), celles de Vienne (Isère) et de Pont-Saint-Ours (Nièvre). Les échantillons d'Abainville (Meuse) sont fort beaux, mais nous ne croyons pas que ce soit le résultat d'une fabrication courante. La grande forge de Montataire (Oise), connue pour ses beaux laminages, n'a pas pris place à l'exposition. La Franche-Comté presque entière (Doubs et Jura), si renommée pour ses petits fers et surtout pour sa tréfilerie, n'est pas représentée non plus ; l'industrie sidérurgique est, à cette heure, cruellement en souffrance dans ce grand centre, pour ne pas dire en dépérissement. En vain l'application des chaleurs perdues à toutes les élaborations du fer avait depuis longtemps réduit la consommation de combustible végétal ; les approvisionnements ne suffisent pas aux besoins de la fabrication ; les usines sont trop nombreuses, les prix trop élevés, et l'industrie ne peut se maintenir qu'au prix de l'existence d'un grand nombre d'établissements. Avant de quitter le laminage du fer, rappelons les fers-blancs de Bains (Vosges) qui ne cèdent le pas à aucun produit analogue. En fait de grandes tréfileries, on remarque les fils de fer de Gorcy (Moselle), ceux de Tréveray (Meuse); ces derniers, moins par leurs qualités que comme provenant des fers fabriqués au gaz. On regrette de ne voir aucun résultat de l'usine spéciale de MM. Colliau, à Gouvieux (Oise). Si la pratique de la filière est le but unique de MM. Mignard, Billinge et fils, on doit reconnaître qu'ils sont arrivés presque à la perfection en ce genre. Rien de plus régulier que les nombreux échantillons de fer, d'acier, de cuivre de tous calibres qu'ils ont exposés, ainsi que leurs tubes étirés en fer et sans soudures. On retrouve toujours la maison Gandillot en tête de cette dernière spécialité. Il est à regretter pour elle et pour le public que ses prix restent aussi élevés que sa fabrication est remarquable.

La quincaillerie et la fabrication des grands outils sont représentées par quelques maisons de premier ordre qui sont depuis longues années en possession de cette supériorité. On s'arrête avec admiration devant les belles tôles d'acier et les produits si variés de la grande fabrique de Molsheim (Bas-Rhin), les mouvements de pendules et l'horlogerie économique de MM. Japy de Beaucourt (Haut-Rhin), les outils d'acier de la compagnie Goldemberg, à Zornhoff (Bas-Rhin), les belles scies circulaires et les aciers fondus de Valentigney (Doubs) et la grande quincaillerie de MM. Peugeot et Jackson, à Hérimoncourt (Doubs). La maison Roswag est restée la première pour les tissus métalliques. Quant aux gros outils, MM. Chauffriat et Baron, de Saint-Étienne, ont fixé d'une manière exclusive l'attention générale par l'exposition de leur gigantesque enclume, à laquelle il ne manque que de figurer sous le marteau cyclopéen de MM. Schneider. Il y aurait toutefois injustice à passer sous silence les enclumes et étaux de MM. Malespine, de Saint-Étienne, M. Chamouton, de Paris. Accordons en outre une mention spéciale à MM. Malespine pour leurs filières.

La France ne produit, on le sait, que des quantités insignifiantes de plomb et de cuivre ; le zinc et l'étain lui viennent en totalité des pays étrangers. Mais elle a acquis une supériorité réelle dans la mise en œuvre de ces métaux, qu'elle reçoit bruts par l'importation, et, sous ce rapport, elle a des établissements qui sont dignes d'un très-haut intérêt. On regrette de ne pas voir, ne fût-ce que comme mémoire, quelques-uns des produits de notre seule mine de cuivre, celle de Chessy (Rhône) ; et, quant aux grandes usines d'élaboration, il en est une dont l'absence est encore plus sensible, nous voulons parler de la société d'Imphy, qui a fait l'éducation du pays dans l'art de travailler le cuivre et particulièrement de laminer le bronze. Les produits assurément fort beaux, en planches de cuivre et de laiton, exposés soit par l'usine de Romilly (Eure), soit par celle de Vienne (Isère), ne sauraient faire oublier les magnifiques résultats de la fabrication d'Imphy. Romilly nous semble, du reste, occuper à bon droit le second rang. Ce bel établissement a exposé un fond de chaudière de 2 m. 22 c. de diamètre et une feuille de 1 m. 68 c. de large sur 2 m. 70 c. MM. Estivant, de Givet (Ardennes), Reveilhac, de Paris, et l'usine de Dangu (Eure) offrent aussi de beaux échantillons de cuivre et de laiton laminés.

Parmi les fondeurs en cuivre pour objets industriels figure toujours au premier rang M. Thiébaut de Paris. Le coulage de l'hélice en bronze du Napoléon a mis au même niveau M. Nillus, du Havre, sur lequel nous reviendrons à l'article des machines. Il convient aussi de citer d'une manière honorable la fonderie de MM. Voruz, de Nantes. Nous parlerons plus loin des fondeurs en œuvres d'art.

La production indigène en plomb n'est représentée que par MM. Pallu, de Pontgibaud. Le travail du métal offre entre autres, comme échantillons de laminage, les tuyaux et tables de M. Jules Simon, de Paris, et comme résultats du coulage en table, les planches de MM. Dufour et Demalle, coulées dans les dimensions de 7 m. 75 c. sur 4 m.

L'usine de Thierceville (Eure) partage la suprématie dans le travail du zinc avec la compagnie de la Vieille-Montagne (Belgique), qui possède deux annexes en France. Mais cette dernière compagnie semble plus exclusivement vouée aux ornements en zinc qu'au simple laminage de ce métal.

Nous avons peu à regretter que l'espace nous manque pour parler des autres substances minérales. A part l'exposition des pierres lithographiques de la Dordogne et du Gard, et les marbres des Pyrénées et de l'Isère, nous avions peu de résultats à signaler. Angers et Fumay sont encore les deux seuls centres de nos exploitations ardoisières; les ciments romains de Pouilly ont une réputation à laquelle il n'y a plus rien à ajouter. Quant aux bitumes, ceux de Bastennes (Landes) et de Seyssel (Ain) restent, dans ce genre de produits, les seuls maîtres du terrain.

Nous faisons suivre cet examen analytique d'une table générale de tous les exposants de la première catégorie industrielle. Nous suivrons cette marche pour les catégories suivantes. Cette table, qui classe ces exposants en subdivisions suivant la nature de leurs produits, et qui les range en outre par série alphabétique dans l'ordre de leurs départements, nous semble le classement le plus complet que l'on pût désirer et celui que nous eussions voulu voir offrir au public par l'administration. C'est cette lacune, dont tout le monde s'est plaint, que nous avons voulu remplir. Nous espérons que ce travail long et ingrat sera du moins apprécié par son utilité. Un appendice sera chargé de réparer, à la fin de l'ouvrage, les erreurs et omissions inséparables d'un pareil remaniement.

I. — MÉTAUX ET AUTRES SUBSTANCES MINÉRALES.

1° FERS, FONTES, ACIERS, TÔLES, FER-BLANC, ETC.

a. Fontes brutes et moulées.

Allier.	GUÉRIN et Cie, à *Montluçon*. — Porte-montre, ornements, médaille, vases en tôle, rognures de tôle, fer.
Ardennes.	MOREL frères, à *Charleville*. — Fonte moulée, fer en barre, fer battu.
Charente.	MARSAT fils, à *Angoulême*. — Fers et fontes de première fusion. (A) 1839.
Ille-et-Vilaine.	BRISOU fils aîné, à *Rennes*. — Marmites, chaudrons, casseroles en fonte.
Jura.	GUYON frères, à *Dôle* et à *Foucherans*. — Fourneaux en fonte. C. F. 1834.
Id.	MÉNÉTRIER, à *Dôle*. — Fourneaux en fonte.
Marne (Haute-).	ANDRÉ, au *Val-d'Osne*. — Statues, ornements, balcons en fonte moulée. (A) 1839.
Meuse.	VIVAUX frères, à *Dammarie*. — Marmites en fonte.
Morbihan.	BESQUENT et Cie, à *Trédion*. — Pots, marmites en fonte de fer.
Nièvre.	BOIGUES et Cie, à *Garchizy-Fourchambault*. — Bancs de fer, boulets en fonte. (O) 1827, R. (O) 1834 et 1839.
Nord.	LEPET-DESUÈDE, à *Douai*. — Ornements en fonte de fer.
Pas-de-Calais.	PINART frères, à *Marquise*. — Fontes de moulage et d'affinage.
Rhin (Bas-).	DE DIÉTRICH (veuve) et fils, à *Niederbronn*. — Fourneaux, essieux, ornements, meubles, roues en fonte et en fer forgé. (B) 1827.
Rhône.	ROGEAT frères, à *Lyon*. — Fourneaux, grilles, etc.
Id.	VILLARD, à *Lyon*. — Fourneaux et plaques foyères en fonte. C. F. 1839, pour ses plantes en métal.

Seine. CALLA, à *Paris*. — Fontaine à double vasque, statue de saint Louis, portes et fonts baptismaux de l'église Saint-Vincent-de-Paule. (O) 1839.

Id. DUCEL fils, à *Paris*. — Vasques, croix, fonts baptismaux en fonte moulée.

Id. PAILLARD, à *Paris*. — Candélabre en fonte de fer.

b. Gros fers.

Ariége. LAMARQUE et Cie, à *Saint-Paul-de-Jarrat*. — Fers et aciers au laminoir et au marteau. (A) 1839, à Garrigou.

Aveyron. COMPAGNIE DES HOUILLÈRES ET FONDERIES DE L'AVEYRON, à *Decazeville*. — Barres et paquets de fer, tôles et rails. (O) 1839.

Cher. GRENOUILLET, LUZARCHES, DESVOYES, à *Vierzon-Villages*. — Fers en barres, essieux, fontes. (A) 1823, 1827, à Aubertot.

Corrèze. BARBAZAN, à *Salons*. — Fer, minerai.

Côte-d'Or. BOUGUERET, COUVREUX, LANDEL et Cie, à *Châtillon-sur-Seine*. — Fers.

Dordogne. BLANCHON et BOISBERTRAND, à *la Chapelle-Saint-Robert*. — Fers et fontes.

Id. FESTUGIÈRES frères aux *Ezgies*. — Fils de fer, fer laminé, etc. (B) 1834. (O) 1839.

Id. PRÉVOT aîné, à *Jumilhac*. — Fer en barre.

Id. RIBEYROL, à *Javerlhac*. — Fer en barre.

Ille-et-Vilaine. LES FORGES DE PAIMPONT, à *Paimpont*. — Fers de toute espèce.

Indre. YVERNAUD frères, à *Crozon*. — Fer en barres.

Isère. CHARRIÈRE, à *Allevard*. — Fer pour essieux de locomotives, barres de fer.

Landes. GEOFFROY (Bertrand), à *Saint-Paul-lès-Dax*. — Fers, crosserie en fer, chaînes.

Loire. SIMON VERNAY et Cie, à *Bérard-lès-Saint-Étienne*. — Essieux, rails, fers laminés.

Lot-et-Garonne. GIGNOUX et Cie, à *Cuzorn*. — Fers, socs de charrues, essieux. (B) 1827.

Meuse. CAPITAIN et Cie, à *Abainville*. — Fers. (B) 1827; R. (B) 1834, (O) 1839, à Muel-Doublat.

Id. D'ANDELARRE et DE LISA, à *Trevcray*. — Fonte, fer, fil de fer.

Id. DEMIMUID, à *Longeville*. — Fers.

Nièvre. DE RAFFIN et Cie, à *la Pique*. — Chaînes, roues, enclume, charrue. (A) 1834. M. H. 1839.

Id. PAIGNON (Charles), à *Bizy*. — Barres d'acier, fer et fonte. (A) 1834. R. (A) 1839.

Id. MARTIN (Emile) et Cie, à *Garchizy-Fourchambault*. — Essieux, grue, ferrures diverses. (O) 1834 et 1839.

Nord. SERRET, LELIEVRE et Cie, à *Denain*. — Fers, tôles, feuillards, formes à sucre en tôle.

Saône (Haute-). GIRARDOT, à *Fougerolles*. — Fers ronds, carrés et plats, au bois et au marteau.

Seine. CAPITAIN, à *Paris*. — Fers en barres et en bottes, tôles, essieux, pointes, etc.

Id. DOÉ frères et Cie, à *Charenton-Saint-Maurice*. — Barres et fers laminés. (B) 1839.

Id. POLI et Cie, à *Grenelle*. — Barres de fer. (B) 1839, à Thoury et Cie.

Id. TRAXLER et HUILLIER, à *Paris*. — Fers.

Tarn. LACOMBE, à *Albi*. — Fers pour câbles de navires.

Vosges. BOURGEOIS et Cie, à *Sionne*. — Essieux, fers laminés (B) 1839, à Muel.

Id. FRAMONT (compagnie des forges de), à *Framont*. — Tôle, essieux, canons de fusils. (B) 1834, à Champy, (A) 1839.

Id. LALLEMAND, à *Uzemain*. — Fer pour baïonnettes, lames, culasses.

c. Fers ouvrés.

Moselle. LABBÉ et LEGENDRE, à *Gorcy*. — Fils de fer.

Nièvre. MÉTAIRIE, à *Pont-Saint-Ours*. — Feuilles de tôle. C. F. 1823, M. H. 1827.

Id. FUSELLIER, à *Nevers*. — Ancre, fer en barres, enclume.

Pyrénées (B.-) SIRODOT, MOUCHET et Cie, à *Oloron*. — Fil de fer, pointes, chaînes.

Saône (Haute-). FALATIEU et CHAVANE, à *Maillercncourt-Saint-Pancras*. — Feuilles de tôle.

Id. DE BUYER (Rodolphe), à *la Chaudeau*, commune d'Aillevilliers. — Tôles et fers blancs. M. H. et (O) 1827, R. en 1834 et 1839.

Id. GANDILLOT et Cie, à *Paris*. — Tuyaux en fers de divers diamètres. M. H. 1839.

Id. MIGNARD, BILLINGE et fils, à *Belleville*. — Tréfilerie, tubes, cordes de musique.

Seine. VEGNI et Cie, à *Paris*. — Câbles en fil de fer.

Id. DE VINOY, à *Paris*. — Tuyaux en fer étiré.

Seine-et-Oise. BLANC, à *Versailles*. — Tuyaux en tôle.

Vienne (H.-) BOUILLON jeune et fils et Cie, à *Limoges*. — Fil de fer.

Vosges. FALATIEU et Cie, à *Bains*. — Ferblanc. (B) 1819, (A) 1823, (O) 1827, R. (O) 1834, *Id.* 1839.

Id. FALATIEU jeune, près de *Bains*. — Fer, fil de fer.

Id. HILDEBRAND, à *Semouse*. — Ferblanc.

d. Aciers et limes.

Ain. DOMBRE (L.) et Cie, à *Saint-Rambert*. — Faux en acier fondu.

Ariége. DESSERRES et Cie, à *Saverdun*. — Aciers, faux, ressorts de voitures.

Id. RUFFIÉ, à *Foix*. — Aciers et faux. (A) 1819, (O) 1823, R. (O) 1827, 1834.

Finistère. PAINCHAUT et LE TESSIER, à *Brest*. — Limes, M. H. 1834, (B) 1839.

Isère. GOURJU, à *Beaupertuis*. — Bottes et barres d'acier. (B) 1839.

Id. TOURNIER et Cie, à *Renage*. — Acier en feuilles et en barres.

Loire. JACKSON frères, à *Assailly*, près Saint-Étienne. — Aciers. (O) 1823, R. (O) 1834 et 1839.

Id. MASSENET-GERIN et JACKSON frères, à *Saint-Étienne*. — Faux en acier fondu. (O) 1827, à Garrigou, Massenet et Cie.

Loiret. MONMOUCEAU, à *Orléans*. — Limes. (O) 1819, à Monmouceau et Dequenne; R. (O) 1823, 1827, 1834, 1839.

Marne (H.-) GÉRARD, à *Breuvannes*. — Limes et râpes. M. H. 1823 à Dessoye et Cie; (A) 1827, *id.*; R. (A) 1834, à Gérard et Miélot; R. (A) 1839.

Id. MIÉLOT aîné, à *Breuvannes*. — Limes et râpes.

Moselle. SCHMIDBORN et Cie, à *Sarralbe*. — Acier. (O) 1806, à Gouvy et Guentz; (B) 1834, à Schmidborn.

Nièvre. LEMOINE, à *Corbelin*. — Aciers et fonte. (B) 1834, R. (B) 1839, à Courot-Bigé.

Id. GRASSET, à *Saint-Aubin*. — Barres d'acier. M. H. 1806, à Grasset père, (A) 1819, (B) 1834.

Id. LASNÉ DU COLOMBIER, à *Narcy*. — Barres d'acier, socs de charrues.

Id. DEQUENNE fils, à *Sainte-Hélène*. — Aciers et limes. (O) 1819, R. (O) 1823, 1834, 1839.

Id. SOYER, à *Nevers*. — Limes, râpe circulaire. (B) 1839.

Id. GOURJON fils, à *Nevers*. — Limes. M. H. 1827, (B) 1834, à Gouyon-Delaplanche, R. (B) 1839.

Nord. DESPRET, à *Anor*. — Aciers, limes, lames de sabres et de rasoirs.

Oise. SIBILLE et Cie, à *Liancourt*. — Limes. M. H. 1839, à de Clugny.

Orne. LEGOUX, à *Laigle*. — Acier. M. H. 1827.

Rhône. GRANJON et Cie, à *Lyon*. — Aciers.

Saône (Haute-). FALATIEU jeune (Joseph-Louis), au *Pont-du-Bois*. — Fers fins et aciers. (B) 1827.

Seine. BOITIN, à *Paris*. — Limes. R. (O) 1839.

Id. BOULLAND et fils, à *Paris*. — Limes. C. F. 1839.

Id. CHAUWIN et Cie, à *Paris*. — Aciers fondus.

Id. DÉROLAND, à *Paris*. — Limes et outils pour la fabrication des limes. C. F. 1839.

Id. FROID, à *Paris*. — Limes pour métaux et cristaux, pour chirurgiens-dentistes. M. H. 1834 et 1839.

Id. LIÉVAUX, à *Paris*. — Limes et outils de graveurs.

Id. LUYNES (duc de), à *Paris*. — Aciers damassés. C. F. 1839.

Id. PICHOT, à *Paris*. — Limes diverses.

Id. PUPIL, à *Paris*. — Limes. (B) 1839.

Id. RAOUL aîné, à *Paris*. — Limes. (B) 1839.

Id. ROGER, à *Paris*. — Acier à cuire et tubes à étirer, battants-brocheurs. C. F. 1834, (B) 1839.

Id. SCHMIDT, à *Belleville*. — Limes diverses. (B) 1823, (A) 1827, R. (A) 1839.

Id. TABORIN, à *Paris*. — Limes.

Seine-et-Oise. BAUDRY, à *Athis-Mons*. — Barres de fer et bottes d'acier. (O) 1839.

2° MÉTAUX DIVERS ET ALLIAGES.

a. Cuivre.

Eure. FONDERIES DE ROMILLY, à *Romilly*. — Planches de cuivre, fond de chaudière, foyers de locomotives.

Garonne (H.-). MATHER et Cie, à *Toulouse*. — Fonds de chaudière, planches et feuilles de cuivre. M. H. 1819, à Mazarin; (B) 1827.

Isère. FREREJEAN, à *Vienne*. — Différents objets en cuivre rouge. (O) 1827, R. 1834, 1839.

Loire-Infér. VORUZ, à *Nantes*. — Cylindres, robinets, clous et autres objets en cuivre et en fonte.

Seine. BOUVIER, à *Paris*. — Cages en cuivre.

Id. GARNIER, à *Paris*. — Feuilles de cuivre et de zinc.

Id. GRONDARD frères, à *Paris*. — Obj. en cuivre et moulures. (B) 1834, R. (B) 1839.

Id. HYON, à *Paris*. — Cuivre laminé.

Id. LACOINTA jeune et Cie, à *Paris*. — Anneaux creux sans soudure, en cuivre rouge, en cuivre jaune, en zinc et en plaqué.

Id. LAFON, à *Paris*. — Lettres en relief et en métal.

Id. REVEILHAC fils et Cie, à *Paris*. — Feuilles de cuivre jaune. (B) 1834, (B) 1839.

Id. ROBERT (A) et Cie, à *la Villette*. — Divers métaux et lingots de cuivre affinés.

Id. THIÉBAUT, à *Paris*. — Cylindres pour l'impression des tissus, bronzes d'art fondus bruts, robinets, appareils pour machines à vapeur, etc., pompes. (O) 1839.

b. *Plomb.*

Bouches-du-R. CAVAILLIER, à ***Marseille***. — Plomb et arsenic. M. H. 1819, 1834.

Puy-de-Dôme. PALLU et Cie, à ***Pontgibaud***. — Plomb argentifère.

Seine. DUFOUR et DEMALLE, à ***Paris***. — Plomb coulé en table et en fils.

Id. LAGOUTTE et fils, à ***Paris***.-Tuyaux en plomb.

Id. LOISEL et HUBIN, à *Paris*. — Tuyaux et tables de plomb.

Id. POULET, à *Paris*. — Plombs filés.

Id. SIMON et Cie, à *Paris*. — Tablettes et rouleaux de plomb, feuilles de zinc.

Seine-Infér. MABIRE, au *Havre*. — Plomb de divers numéros.

c. *Étain.*

Seine. CORNILLARD, à ***Paris***. — Feuilles d'étain.

Id. DUPRÉ, à ***la Roche-d'Arcueil***.—Capsules en étain pour boucher les bouteilles, machine à fabriquer les capsules, machine pour découper les disques. M. H. 1834, (A) 1839.

Id. FAUVEAU-LORIN, à ***Paris***.—Vases en étain pour églises, bassins arsénévédriques, diverses pièces en étain, mesures.

Id. HOUSSEVILLE, à ***Paris***. — Couverts en étain, clysomonoloskène et seringues. M. H. 1839.

Seine-et-Oise. ROBERT et Cie, à ***Poigny***. — Etain en feuilles et laminé. (B) 1839, sous la raison Clanceau.

Seine-Infér. LE JUIF, à ***Rouen***. — Cordage enroulé, en fil de fer.

Id. ROWCLIFFE frères, à ***Rouen***. — Clous à vis.

Vosges. MAYHEY-HUMBERT, à *Darney*. — Cuillers, couverts ordinaires. C. F. 1834.

d. *Zinc.*

Seine. BESSET, à ***Paris***. — Lettres en zinc, en cuivre et en ferblanc.

Id. CARPENTIER, à ***Paris***. — Lettres de zinc en relief.

Id. CHAUVITEAU et Cie, à ***Paris***. — Feuilles de zinc laminé, enseignes en zinc.

Id. GILLIARD et GROS, à ***Paris***. — Lettres en relief en zinc laminé.

Id. HUBERT fils, à ***Paris***. — Lustres en zinc solidifié, candélabres, porte-lampes, etc.

Id. LARRABURE, à ***Paris*** — Zincs laminés. (A) 1839.

Id. PERROT, à ***Paris***. — Lettres et enseignes en zinc et en tôle vernie au four.

e. *Argent et or.*

Isère. OZIER, à ***Pont-Chéruy***. — Argent fin en feuilles.

Seine. DELAHAYE et Cie, à ***Paris***. — Or en feuilles, bronze en poudre.

Id. FAVREL, à ***Paris***. — Échantillons d'or, de platine et d'argent, en feuilles, en poudre et en coquilles; machine à battre. M. H. 1839.

f. *Alliages.*

Ardennes. ESTIVANT frères, à ***Givet***. — Planches de laiton et de tombac. M. H. 1839.

Seine. GILLEBERT, à ***Paris***. — Bronze en poudre.

Id. LELIEUR, à ***Paris***. — Couverts, cuillers à café, truelles à poisson, cuillers à punch en maillechort. C. F. 1839.

Id. PECHINEY aîné, à ***Paris***. — Échantillons de fils étirés et plaques laminées en maillechort et objets divers d'orfèvrerie. M. H. 1834, (A) 1839.

3° SUBSTANCES MINÉRALOGIQUES.

Ardoises, marbres, ciments, pierres diverses, etc.

Ardennes. ARDOISIÈRES DE RIMOGNE (société anonyme des). — Ardoises communes flamandes.

Id. DEBRY, à ***Monthermé***. — Ardoises, mosaïque. C. F. 1834.

Ariège. CABARRUS et GRADIT, à ***Engomer***, arrondissement de Saint-Girons.—Chambranles, consoles, secrétaires, tabernacle table ronde et autres objets en marbre

Calvados. LEGOUX, à *Bayeux*. — Tuyaux, gouttières, pavés et lames de parquet en pierres infiltrées de matières bitumineuses.

Dordogne. DUPONT (Auguste), à *Périgueux*. — Pierres lithographiques, clichés-pierre, etc. (B) 1834, (A) 1839, sous la raison Auguste et Paul.

Gard. ABRIC et Cie, au *Vigan* — Pierres lithographiques.

Id. BERTRAND et GUY, au *Vigan*. — Pierres lithographiques.

Id. D'ASSAS (le comte), au *Vigan*. — Pierres lithographiques.

Id. DONNADIEU, au *Vigan* et à *Nîmes*. — Pierres lithographiques.

Id. ÉLIE CORBIER, à *Anduze*. — Marbre noir.

Garonne (H.-). BELMOMME et DUCOS, à *Toulouse*. — Marbres pour la statuaire.

Id. TARRIDE fils et Cie, à *Toulouse*. — Consoles, colonnes, tablettes et foyers de cheminée et autres objets en marbre.

Id. LAYERLE-CAPEL, à *Toulouse*. — Marbres divers. (A) 1827, R. (A) 1839.

Gironde. BONISSON, à *Bordeaux*. — Marbres factices.

Hérault. GALMIER, à *Montpellier*. — Tables rondes en marbre.

Isère. CARRIÈRE, à *la Porte de France*. — Ciments.

Id. SAPPEY, à *Visille*. — Plateaux de marbre blanc.

Lot-et-Garon. FOURNIER DE SAINT-AMAND, à *Villeneuve-sur-Lot*. — Tables, cheminées, bénitiers en marbres divers.

Maine-et-Loire. SOCIÉTÉ DES ARDOISIÈRES D'ANGERS. — Ardoises de diverses espèces.

Meurthe. MILLER-THIRY, à *Nancy*. — Pavés incrustés de marbre et de bitume. M. H. 1839.

Puy-de-Dôme. MANDON frères, à *Saint-Nectaire*. — Camées, bas-reliefs, incrustations provenant des eaux minérales.

Id. LAUSSEDAT et PERCEPIED-MAISONNEUVE, à *Saint-Nectaire*. — Camées, bas-reliefs, incrustations, provenant des eaux minérales.

Id. CLÉMENTEL, à *Clermont-Ferrand*. — Médailles et incrustations provenant des eaux minérales de Saint-Alyre.

Pyrénées-Or. FRAISSE, à *Perpignan*. — Marbres de diverses couleurs. (A) 1839.

Id. PHILIPOT, à *Perpignan*. — Marbres divers. M. H. 1839.

Saône-et-Loire. BIDREMAN père et fils, à *Charrecey*. — Ciment-marbre en poudre et en bloc, etc.

Seine. BERTHOMMÉ et SARRAZIN, aux *Thernes*. — Guéridon, cheminées, vases et pièces diverses en marbre factice.

Id. CÉLIS, à *Paris*. — Pierres à brunir. M. H. 1839.

Id. DEBRAY, à *Paris*. — Bitumes de Bastennes. M. H. 1839.

Id. DU MÉNY, à *Paris*. — Asphalte pour dallage, couverture de terrasse etc. (B) 1834, au comte de Sassenay. (B) 1839, à Coigniet et Cie.

Id. GARNIER, à *Batignolles*. — Marbres factices.

Id. GAUTIER et MOREL, à *Paris*. — Garniture de cheminée, imitation de marbres riches.

Id. LASSERRE frères et Cie, à *Paris*. — Bitume, carreau pour dallage.

Id. LELOGÉ, à *Paris*. — Fontaines, filtres, pierre, marbre, ardoise. (B) 1839.

Id. LE ROY DE LAFERTÉ et Cie, à *Paris*. — Cheminées en marbre, objets de bijouterie en marbre, etc.

Id. NAYLIES et Cie, à *Paris*. — Meules à moulins.

Id. ROJON, à *Paris*. — Émeri préparé et perfectionné à l'usage de l'optique et de la mécanique; ponce et tripoli pulvérisés pour polir les plaques de daguerréotype.

Id. PERROT et MALBEC, à *Paris*. — Meules artificielles en silex, pierres plates en émeri.

Id. SAVOYE, à *Paris*. — Ciment en poudre, échantillons d'application.

Id. TEXIER, à *Montmartre*. — Statues en pierre factice. C. F. 1834.

Yonne. LACORDAIRE MENTION et Cie, à *Laroche*. — Auges, pavés en ciment romain de Vassy et de Pouilly.

4° OUTILS ET OBJETS DIVERS.

Taillanderie et quincaillerie.

Ain. BOZONNET, à *Bourg*. — Casseroles, pots, tiroirs à poêle, gril à pain.

Allier. MAUPERTUIS et BUSCH, à *Commentry*. — Couperet, couteaux et morceaux de fonte de fer brisée.

Ardennes. PECHENARD-NANQUETTE, à *Pied-Celle*. — Plats, assiettes en fer battu.

Id. PIERROT-GRISARD, à *Nouzon*. — Ferronnerie, garnitures de feu.

Id. RICHARD-DORIVAL, à *Sedan*. — Enclumes, étaux, bigornes.

Id. ROBERT-THOMAS, à *Givonne*. — Poêles, écoupes, bassines en fer platiné, noir, lustré. M. H. 1839.

Id. VITASSE, à *Montey-Saint-Pierre*. — Boulons de toute espèce.

Charente. DELAGE et LAROCHE puiné, à *Lacouronne*. — Toiles métalliques pour la fabrication des papiers. C. F. 1834, (A) 1839.

Id. TROUSSET fils et CATALA et Cie, à *Angoulême*. — Toiles métalliques pour la fabrication des papiers.

Côtes-du-Nord. DOUILLET, à *Dinan*. — Clous.

Doubs. BOURLIER, à *Montichcroux*. — Pince plate, casse-noisette, brunissoir, marteau pour ciseleurs, compas, filière, chasse-goupilles, etc.

Id. JAPY, à *Berne*, commune de Seloncourt. — Ustensiles de ménage en fer battu, tels que casseroles, marmites, soupières, etc.

Id. PAREAU et Cie, à *Montbéliard*. — Clous, machine à fabriquer les clous.

Id. PEUGEOT aîné et JACKSON frères, à *Hérimoncourt*. — Passe-partout, scies, limes, râpes, etc. (B) 1819, (A) 1823 et 1827, (A) 1839.

Id. SALIN, à *Valentigny*. — Scies, tôle, lame circulaire à tondre les draps, racle d'imprimerie, lingot d'acier fondu, etc. (A) 1823 et 1827.

Eure. GONORD-ROSSE, à *Cintray*. — Articles divers de quincaillerie.

Garonne (H^te^.) DEPRATS, à *Gaud*. — Pelles en fer.

Isère. MONTROZIER, à *Chatonnay*. — Pointes de Paris à la mécanique.

Loire. CHAUFFRIAT et BAROU, à *Saint-Étienne*. — Enclumes, étaux, pelles, etc. M. H. 1839.

Id. GRANGER (Auguste), à *Saint-Étienne*. — Fers, compas, outils divers.

Id. MALESPINE, à *Saint-Étienne*. — Enclumes, étaux, essieux, etc. (B) 1834.

Maine-et-Loire. LENOIR neveu, à *Chaudron*. — Pelles en fer.

Meurthe. BATELOT (veuve), à *Blamont*. — Objets de taillanderie et de grosse quincaillerie.

Moselle. GANGLOFF, à *Ippling*. — Clous à monter.

Id. MASSUN et fils, à *Metz*. — Aiguilles.

Id. SOMBORN et Cie, à *Boulay*. — Outils, limes, scies, etc.

Id. VILLEMOITE, à *Metz*. — Étaux, bigorne.

Nièvre. THOMAS (Louis), à *Nevers*. — Étaux.

Orne. LEBAS, à *Laigle*. — Anneaux, dés à coudre, œillets pour la marine.

Id. VANTILLARD, à *Laigle*. — Aiguilles diverses. (A) 1839.

Puy-de-Dôme. GUIMBAL-LHÉRITIER, à *Issoire*. — Clous-Becquets, plan de la machine destinée à les fabriquer.

Rhin (Bas-). COULAUX aîné et Cie, à *Molsheim*. — Ciseaux, rabots, scies, outils divers. (O) 1806, M. H. 1819, (O) 1823, M. H. 1827, R. (O) 1834 et 1839.

Id. GOLDEMBERG et Cie, à *Zornhoff*. — Tenailles, haches, faulx et autres outils. (B) 1827, (A) 1834, à de Guaita et Cie, R. (A) 1839, à Goldemberg et Cie.

Id. ROSWAG (Augustin) et fils, à *Schlestadt*. — Tissus métalliques. (A) 1806, M. H. 1819, (O) 1823, R. (O) 1827, 1834 et 1839.

Id. STAMMLER, à *Strasbourg*. — Ouvrages divers en tissus métalliques.

Rhin (Haut-). MIGEON et fils, à *Morvillars*. — Vis à bois, en fer et en cuivre.

Id. JAPY frères, à *Beaucourt*. — Ébauches de montres, mouvements de pendules et de lampes, vis, vilebrequins, articles de ménage, serrures.

Rhône. NEUSS (H.-J.), à *Vaise*. — Aiguilles et aciers tréfilés.

Saône (Haute-). POULOT (Jean-Baptiste), à *Gray*. — Clous à radouber, à roues, à cheval, à bœuf, etc.

Seine. BOUCHER, à *Paris*. — Fil de fer, élastiques et boucles.

Id. CAMUS, à *Paris*. — Marteaux, haches, tas polis, ciseaux, etc. (B) 1839.

Id. CHAMOUTON, à *Paris*. — Enclumes, bigornes, étaux, etc. (B) 1834, (A) 1839.

Id. CHÉRET, à *Paris*. — Filières à tarauder.

Id. CHEVALLIER, à *Paris*. — Outils. C. F. 1834, 1839.

Id. COQUERET, à *Paris*. — Vis et autres articles cylindriques en fer, cuivre et acier. M. H. 1839, à Pourchasse.

Id. DUPUIS (Mme), à *Paris*. — Aiguilles.

Id. GAILLARD fils, à *Paris*. — Toile métallique. (A) 1819, à Gaillard; R. (A) 1823, 1827, 1834, R. (A) 1839.

Id. GAUTIER, à *Paris*. — Outils pour le charronnage, la charpente et diverses autres professions. C. F. 1834.

Id. KONS, à *Paris*. — Tissus de toile métallique.

Id. LACARNOY, à *Paris*. — Filières et tarauds.

Id. LAVAUX, à *Paris*. — Outils en fer, etc.

Id. MONGIN, à *Paris*. — Outils. (B) 1823, (A) 1827, R. 1834 et 1839.

Id. MONTAGNAC, à *Batignolles-Monceaux*. — Tissus en toile métallique pour moulins à l'anglaise, tamisage, etc. C. F. 1839.

Id. PALMER, à *Paris*. — Étirage au banc de cuivre, fer, acier, etc.

Id. PHILIPPE, à *Paris*. — Tas poli, bigorne, bigorneau, marteaux, cisailles et autres outils.

Id. POMPON, à *Paris*. - Tubes en fer et en cuivre.

Id. PRUDHOMME, à *Bercy*, près Paris. — Boulons en fer. (B) 1839.

Id. SAINT-PAUL (veuve) et fils, à *Paris*. — Toiles métalliques. R. (A) 1839.

Id. TANGRE, à *Paris*. — Toiles métalliques, bluteries pour moulins à farine, tamis pour fonderie et tissus métalliques. C. F. 1839.

Id. TANGRE aîné, à *Paris*. — Toiles métalliques.

Id. TUSSAUD, à *Paris*. — Presses à vis en fer et en fonte, vis pour presses, chariot, taraud, etc. M. H. 1839.

Seine-et-Oise. BLOCH, à *Versailles*. — Boulons de divers genres.

Id. PAROT, à *Saint-Germain en Laye*. — Outils pour lamineurs et tréfileurs.

E. Lamulonière.

L'EXPOSITION INDUSTRIELLE

DANS SES RAPPORTS AVEC L'AGRICULTURE

ET LES ARTS QUI S'Y RATTACHENT.

II.

ous avons dit que les vins français n'étaient pas représentés à l'exposition. Une circulaire ministérielle du 15 décembre 1843, devant servir d'instruction aux jurys départementaux pour l'admission des produits, exclut nominativement les boissons, les produits alimentaires, les cosmétiques, les pièces d'anatomie, etc., etc. Beaucoup de ces proscriptions nous paraissent peu raisonnables, et nous n'avons pas à les discuter toutes ici ; seulement, on peut supposer que plusieurs jurys ont partagé cette opinion, puisqu'on voit, dans la salle, de fort intéressants produits alimentaires, des cosmétiques par avalanches ; l'anatomie pathologique et ses tristes détails, l'anatomie artificielle du cheval, du hanneton et du colimaçon, travaux superbes ! qui impressionnent vivement la foule, et qui sont destinés à rendre d'éminents services à notre chère agriculture : nous y reviendrons. Parmi les jurys d'admission qui se sont conformés strictement à la circulaire, nous pouvons citer le Gard et le Haut-Rhin ; ils ont rejeté deux liquides du plus grand mérite ; le double fait est venu directement à notre connaissance, voilà pourquoi nous disions en effet, dans le précédent article, que les vins ne figuraient point à l'exposition.

Eh bien, c'est une erreur.

Dans un petit coin de la salle des machines, seize flacons de vins mousseux, dont six s'intitulent *champagne* mousseux de Maine-et-Loire, se cachent tout honteux d'être là. Voici donc que Maine-et-Loire et le Puy-de-Dôme accordent ce que le Gard et le Haut-Rhin refusent. Le jury central est en ce moment saisi d'une réclamation contre cette singulière façon d'entendre la justice distributive ; il sera curieux de voir quel jugement interviendra. En attendant, examinons ce que vaut la proscription du 15 décembre, en ce qui concerne les vins, et disons tout de suite que les objets qui intéressent l'œnologie, à l'exposition, sont quatre pressoirs fort bien construits, destinés à remplacer les lourdes machines vulgaires ; une machine à fabriquer les futailles, et une autre destinée à coiffer les bouteilles d'une capsule en plomb, pour remplacer la cire résineuse. La machine à tonneaux pourrait avoir d'excellents résultats pour l'industrie vinicole, surtout dans les années très-fécondes où l'on manque de fûts, où ils sont si chers au moment de la récolte, qu'on les paye deux fois leur capacité de vendange foulée.

Nous avons démontré que l'industrie, création des valeurs, est un phénomène triple dans son essence, et qu'il se manifeste dans le travail agricole tout comme dans le travail manufacturier. Notre langue, fort belle d'ailleurs, mais mal faite en ce point et en beaucoup d'autres, entretient une sorte de préjugé très-fâcheux à cet égard dans les masses et même parmi les gens éclairés qui ne comprennent l'industrie que dans un grand bâtiment pourvu d'une cheminée en forme d'obélisque. La vérité est qu'il se fait autant d'industrie dans une ferme ou un établissement de roulage que dans l'atelier d'un orfévre ou sur la table d'un imprimeur en papier peint; partout, s'il n'y a identité quant au mode d'opérer, il y a similitude parfaite quant au résultat : à l'aide du capital, de la main-d'œuvre et de l'intelligence directrice, on ajoute sans cesse de la valeur à de la valeur, en rapprochant toujours le produit de sa destination finale. Aucun genre d'industrie utile ne l'emporte donc, économiquement parlant, sur un autre. Il peut arriver, par exemple, et c'est le cas pour la France, que le génie d'une nation, son climat, ses précédents historiques, l'aient jetée dans un système industriel plutôt que dans un autre, et qu'elle y trouve des avantages si considérables, qu'alors sa politique ait pour premier devoir de favoriser constamment ce système. La France, donc, essentiellement agricole par le nombre de ses agriculteurs et par son climat, doit voir, ce nous semble, que l'agriculture est sa première et sa plus importante *industrie*; que cette branche du travail national crée la somme de valeurs et de richesse la plus considérable; et si la France venait à considérer encore l'aisance relative, la moralité des agriculteurs, la triste situation des ouvriers qui s'entassent dans les manufactures, et enfin les priviléges dont la nature semble l'avoir spécialement douée en ce qui concerne certains produits de son sol, supérieurs à tout ce qui est similaire sur le globe, n'est-il pas vrai qu'il y aurait une sorte de folie à exclure ces produits-là des honneurs et des encouragements que l'État accorde périodiquement aux fruits du travail manufacturier?

On voit aisément à quels produits ruraux nous prétendons appliquer ces principes économiques dont la justesse est à peu près incontestée. Les objections, toutefois, ne manquent pas.

— Si vous admettez les vins aux expositions industrielles, dit-on, il faut admettre toutes les productions de la campagne. Nous tombons alors dans l'impossible, dans l'absurde!

— Dans l'absurde? Voyons cela.

D'abord, il y a à l'exposition de la soie en cocons, chose très-agricole; puis de la laine objet extrêmement rural; puis du froment, cinq variétés superbes; puis....

— Oh! mais ceci est fort différent: il est de la plus grande importance d'encourager des productions semblables, car les étrangers nous fournissent encore beaucoup trop de laines, et nous achetons pour 60 millions de soie grége à l'Espagne, l'Italie et l'Orient.

— Fort bien; c'est aussi notre avis. Pourtant, l'intervention d'une machine à vapeur ne paraît pas indispensable pour faire croître la laine sur le dos d'un mouton, et les cocons ne se confectionnent pas à la perrotine, que nous sachions. Et, n'avez-vous pas là, près d'une porte de votre grand palais en bois, une jolie tente où s'ennuient fort deux pauvres bêtes indignées contre les imbéciles qui leur arrachent une mèche de laine en passant?

— Je crois bien, une laine comme cela? un type si neuf, si précieux, tout français, dû aux soins intelligents de ce bon M. Graux!

— Alors, l'objection ne porte donc plus sur les produits de l'agriculture, pris absolument. On admettra les uns, on repoussera les autres; on ouvrira les portes à ceux qu'il est possible d'introduire et qu'il est important pour la richesse publique d'encourager; on tiendra à l'écart ceux qui n'ont pas besoin d'entrer, ceux qui ne demandent même pas à entrer. Nous voici d'accord.

Quand nous appelons les honneurs et les avantages de l'exposition sur les vins français, cela veut-il dire que la première piquette venue aura le droit de se pavaner à l'exposition? Point du tout. Le bon sens a tracé des règles à cet égard, et les produits manufacturiers eux-mêmes s'y soumettent en général d'assez bonne grâce. Il est évident, en effet, qu'il ne devrait être admis que les produits des manufactures et de l'agriculture offrant un progrès, un perfectionnement notable, soit dans la nouveauté du produit, soit dans sa nature, dans sa forme mieux appropriée à l'usage, dans les procédés ou l'économie de production ; lorsqu'il est utile enfin pour le pays, bien plus que pour le producteur, d'appeler l'attention du pays sur l'objet déterminé. Eh bien, voici un exemple, un fait curieux que nous livrons à l'appréciation impartiale du lecteur.

On sait que Henri IV, à qui l'histoire et de vieilles chansons populaires attribuent trois talents fort distingués, aimait de prédilection le bon vin de ses vignes d'Argenteuil. Ou bien le digne Prince était médiocre connaisseur, ou bien ses vignes ont tristement dégénéré ; car leur nom seul est la plus triste recommandation pour les gourmets modernes. Cependant le bon Roi pouvait avoir raison dans son temps. En 1837, on présenta à la Société d'œnologie française et étrangère deux flacons de vin rouge récolté sur le coteau de Gouvieux, près de Chantilly, département de.... l'Oise. Un rire homérique accueillit cet hommage! On dégusta, toutefois, et le liquide fut trouvé si excellent, que, d'un commun accord, l'origine indiquée fut déclarée mensongère. Mais par égard pour l'homme respectable qui avait fait l'envoi, et qui demandait qu'une commission fût envoyée sur les lieux, quatre membres se dévouèrent à courir les chances d'une mystification ; celui qui écrit ces lignes était du nombre, et ne vit là qu'une excellente occasion de courir un peu la campagne. C'était pourtant bien sérieux. Le vignoble fut visité dans tous les coins, à la veille des vendanges ; les celliers et les caves, comblés par trois récoltes, ne contenaient pas une futaille qui n'ait été percée et mûrement interrogée ; on prit au hasard, dans les flacons rangés en bataille, sur le grès fin et frais; enquête approfondie eut lieu chez les vignerons voisins, chez les hôteliers, partout. Il fut prouvé de la manière la plus complète que l'Oise produisait un vin comparable aux meilleurs deuxième classe de la haute Bourgogne. C'est que M. D., cultivateur intelligent, avait arraché de sa côte, merveilleusement exposée, tout le vieux plant usé et détestable en honneur dans le pays, pour lui substituer les excellents cépages qui sont la gloire de Volnay. Une vinification rationnelle avait fait le reste.

Or, nous le demandons, à une époque où les meilleurs vignobles dégénèrent, un tel liquide, s'il se fût présenté à l'exposition, si on l'y eût admis, eût-il été plus déplacé parmi les productions de l'industrie française que la gelée de groseille, le café chicorée-moka, la moutarde ravigote au nouveau verjus, produits éminemment manufacturiers, à ce qu'il paraît, et qui resplendissent de tant d'éclat aux Champs-Élysées? En vérité, nous sommes honteux d'avoir à discuter une semblable thèse; il le faut bien, pourtant, puisque dans le public, dans la haute administration, dans le jury central, il se rencontre des personnes très-éclairées qui se mettent presque en colère à la seule idée de voir les vins figurer dans une exposition dite industrielle ! Ces répugnances déraisonnables tiennent à de malheureuses préventions fatales pour notre agriculture ; elles tiennent aussi à une connaissance trop incomplète de l'état réel de l'industrie agricole, et des plus précieux intérêts de la France.

L'industrie vinicole a toujours fait sa richesse et sa gloire. Du vin français! mais quelle nation étrangère ne sourit encore à ce mot? Près des lacs glacés du Nord, au pied des Andes, dans les vallées de l'Hymalaya, il manque toujours quelque chose au festin le plus splendide, si un flacon français tel quel ne vient réjouir les convives. Victor Jacquemont a vu les chefs shykes accueillir, avec les plus bruyantes acclamations, du bordeaux qui ressemblait à du vinaigre, et à l'heure qu'il est, la bourgeoisie hongroise boit avec une bonne foi digne d'un meilleur sort une espèce d'eau sucrée à peu près mousseuse, qu'on lui vend pour du champagne authentique. On sait les erreurs à jamais déplorables qui sèvrent de vins français tant de braves peuples avides de cette brillante production si parfumée, si légère, si variée, si fine, si salubre et inoffensive ; on sait quels excès de fiscalité font déchoir fatalement nos grands vignobles, et poussent les producteurs à chercher dans une fumure dégradante, dans une *quantité* que donnent seuls les cépages vulgaires, les bénéfices que refuse aujourd'hui la *qualité*, fruit des vignes vieilles et toujours un peu avares. On sait encore les dénaturations, les honteuses falsifications, les coupables empoisonnements qui résultent d'un système fondé sur le sophisme et l'erreur; mais, du moins, pourquoi ne pas encourager, bien plus ! pourquoi donc humilier les producteurs qui résistent au torrent, qui respectent leurs vignobles, qui travaillent bravement à relever une production honnie, conspuée, traquée comme si elle n'enfantait que des poisons dangereux? Qui connaît les vins aujourd'hui? Qui est capable de les juger? Les meilleurs liquides se boivent au hasard ; autour des tables les plus opulentes, vous voyez circuler des laquais porteurs de flacons chargés d'étiquettes mensongères : — Monsieur veut-il du Richebourg? de l'Ermitage? Château-Neuf du Pape? Laffitte? Aï? — Croyez-nous, n'acceptez rien; car, dix fois sur neuf, la chose est déplorable, quand elle n'est pas horrible. Vraiment, un homme d'esprit a eu bien raison de dire que désormais un flacon de grand vin de France était une utopie d'amateur! Allez dans les établissements publics les plus renommés, on vous sert pour huit et dix francs des vins insipides; aussi n'y demande-t-on plus rien, à la fin du repas; on s'en tient à ce qui s'appelle ordinaire, et quel ordinaire, bon Dieu! Quelques-uns se hasardent dans les vins de liqueur, et, sous le nom de vieux Malaga, on place dans un petit verre, pour 80 centimes, un je ne sais quoi, pâteux, ardent, avec saveur de fruit cuit ou de confiture. Heureux si pour madère on vous apporte en grande pompe du Marsalla, bâtard d'assez bonne maison, quelque peu naturel et supportable! Et cependant, comme vins de liqueur, nous avons des Lunel, des Frontignan, des Rivesaltes délicieux; quelques habiles, en Provence, en Languedoc, font des vins secs parfaits, des Tokai produits avec le furmint, cépage qui donne la liqueur si justement renommée de l'Égy-Allya. Mais ces charmantes productions, qui devraient figurer avec honneur sur toutes les tables des deux continents, sont quasi inconnues en France même; et la France, qui possède de tels trésors, demande trente mille hectolitres de vins de liqueur, chaque année, à l'Espagne, à la Sicile, à la Grèce, vins brûlants et insalubres, toujours gâtés par l'eau-de-vie, horriblement chers!

Un tel état de choses ne peut durer plus longtemps sans que notre fortune vinicole, créée par l'intelligence de nos pères, n'en soit profondément ébranlée. Nous nous conduisons comme ces riches propriétaires insouciants et blasés, qui laissent follement leur bien patrimonial tomber en ruine, et leurs champs en friche, tandis que des puérilités pompeuses absorbent leur attention. Il y a beaucoup à faire pour réparer les brèches que le temps, bien moins que de désastreuses illusions, ont faites à l'œnologie française. L'étude complète des moyens curatifs serait déplacée ici; mais si nous avons pu porter la conviction dans l'esprit de nos lecteurs, si nous étions assez heureux pour conquérir quelques suffrages en faveur d'une production malheureuse, pourtant bien intéressante, et surtout française autant qu'industrie peut l'être, nous ne perdrions pas l'espoir de lui voir rendre justice quelque jour. Les réactions de ce genre marchent très-vite quand l'impulsion est donnée, et si dans cinq ans elle a fait de sérieux progrès, nous verrons le vin de France figurer glorieusement à l'exposition des produits de l'industrie française, et ce sera un grand point de gagné.

Un dernier mot sur une dernière objection, car il ne faut rien laisser sans réponse, ou bien l'on court risque d'être battu par un faible ennemi qu'on ne voyait pas derrière soi. On dit: Comment voulez-vous donc que le public juge ce qu'il y a au fond d'une bouteille bouchée et goudronnée?

C'est juste; mais à notre tour nous demanderons comment, dans le système des expositions actuelles, le public peut juger une machine dans son état d'immobilité, un chronomètre, les chocolats, les savons, les armes à feu, les pains de sucre, mille choses auxquelles les surveillants, avec l'éloquence qui les caractérise, recommandent de ne pas toucher? Quiconque veut tenter une expérimentation, prend l'adresse de l'exposant et en use pour le mieux. En matière de vins, la marche est ainsi toute tracée. Un numéro, l'adresse du dépositaire, quelques précautions de détail à introduire pour cette nature de produits comme pour bon nombre d'autres, mettront tout le monde à l'aise.

Louis Leclerc.

ORFÉVRERIE, JOAILLERIE.

—

M. FROMENT-MEURICE, RUE DE LOBAU, 2.

L'industrie française redeviendra-t-elle un art ou continuera-t-elle d'être une industrie? Se renfermera-t-elle dans la seule observation des lois matérielles de la fabrication, ou, de nouveau, s'élancera-t-elle vers la recherche de la forme, vers le culte du beau? Telle est la question qui s'agite en ce moment.

Au nombre des orfévres qui se sont frayé une route nouvelle, nous citerons M. Froment-Meurice. Dans ses mains, l'orfévrerie cesse d'être un simple mode d'ornementation, elle devient symbolique; cette industrie ne s'adressait qu'aux yeux; elle ira éveiller la pensée. Dans les moindres pièces, comme dans les plus grandes, sur une pomme de canne aussi bien que sur les contours d'un vase, elle mettra toujours une idée sous une forme; en un mot, elle était morte, elle vivra.

Examinez l'ostensoir émaillé de M. Froment-Meurice, et dites si ce rare morceau ne captive pas autant l'esprit que le regard. Le style en appartient aux derniers jours de l'ère gothique et au commencement de la renaissance. Au sommet brille la Vierge dans une niche émaillée et brodée de pierres fines. A droite et à gauche sont deux petits anges; l'un tient une harpe, l'autre un orgue. Un peu plus bas, deux anges adorateurs foulent aux pieds un monstre qui représente le démon et que l'on retrouve à la base de l'ostensoir. Au centre, rayonne une gloire en améthystes. Nous ne connaissons rien de plus précieusement ciselé que cette magnifique pièce d'orfévrerie. Mais ce que nous y avons surtout admiré, c'est la rectitude des lignes architecturales. Pour quiconque sait qu'il faut passer au feu les parties destinées à recevoir l'émail, et que le feu tend à les faire jouer, la netteté que M. Froment-Meurice a conservée à tous ses profils ne sera pas un médiocre sujet d'étonnement. Les émaux ne sont pas moins remarquables. Ce genre d'ornements est d'une fabrication peu difficile lorsqu'il s'agit de l'appliquer sur de petits objets; mais quand il faut émailler des pièces de la dimension de la cage et du pied de cet ostensoir, alors les obstacles s'accumulent, et nous ne sommes point surpris que, pour en triompher, on ait été contraint de bâtir un four spécial. Une qualité d'un ordre plus élevé recommande les émaux de M. Froment-Meurice, c'est qu'ils offrent une savante application de la loi du contraste des couleurs, découverte par M. Chevreul.

A côté de l'ostensoir dont nous venons de parler figurent un calice pour le pape, un vase et une toilette. Nous voudrions analyser les beautés du calice, mais l'abondance de la matière nous force de ne le signaler qu'en passant. Le vase a été donné à M. Emery par la ville de Paris. La forme en est classique, et l'ornementation appartient au seizième siècle. Deux naïades, dont les bras sont élevés et dont le corps se cambre, forment les anses. Au centre de la buire est un écusson, où M. Froment-Meurice a prouvé que la science armoriale ne lui est point inconnue. Dans la langue du blason, l'écusson se nomme cuir, par allusion à la peau de bœuf ou d'autre bête que l'on clouait jadis à la porte des châteaux, et sur laquelle on attachait les pièces de l'écu. Tout écusson doit donc reproduire les six extrémités de la peau féodale: quatre pour les pieds, une pour la tête et une pour la queue. C'est par ignorance qu'un grand nombre d'artistes négligent ce point archéologique. L'écusson du vase Émery a une tête de lion, deux créneaux pour pieds de devant, une chute de coquillages pour queue, et l'origine de deux grands rinceaux pour pieds de derrière. Sur la tête du lion est assis le génie des eaux tenant dans ses mains deux motifs de plantes marines autour desquelles se roulent des serpents. Au sommet du vase sont les armes de la ville de Paris. Nous n'avons pas besoin de faire remarquer à nos lecteurs que tous les ornements de ce morceau ont une signification symbolique, et sont destinés à rappeler les services rendus à la ville de Paris par M. Émery, dans l'importante question des eaux et de l'assainissement de la capitale.

La toilette exposée par M. Froment-Meurice se compose d'un grand miroir, d'une aiguière et d'une cuvette, style Louis XV. Nous ne prétendons point nous ériger ici en défenseurs de ce style capricieux, que nos arguments d'ailleurs pourraient effaroucher, et qui échappe à l'analyse plus facilement qu'au blâme. Qui nous dira sa naissance? Ennemi de la ligne droite et de la symétrie, son principe, s'il a jamais eu un principe, est de commencer par un contour gracieux et de finir coquettement par une fleur. Ne lui demandez pas autre chose. Gardez-vous d'exiger qu'il se fasse au moins une loi de son caprice, car la haine de l'uniformité serait capable de le rejeter dans le culte des règles, et nous perdrions un des plus aimables hôtes de nos boudoirs. Le miroir de M. Froment-Meurice est une élégante boutade de ce style quinteux, mais charmant. Il semble que la fée de la coquetterie l'ait fait jaillir d'un coup de baguette pour s'y mirer.

La bijouterie de M. Froment-Meurice signale la même tendance que son orfévrerie. C'est le même travail vu par le petit bout d'une lorgnette. Il n'est pas une petite pierre dont l'enchâssement en soit motivé. Voici des naïades qui jouent avec des perles, et des enfants ailés qui s'enroulent dans toutes sortes de pierreries comme dans des guirlandes de fleurs; voici Jeanne d'Arc avec la glorieuse élite de son époque, les la Trémouille, les Lahire, les Dunois. Il va sans dire que la jeune héroïne a été copiée d'après le chef-d'œuvre de notre grande artiste, la belle et infortunée princesse Marie. Voici des épingles d'homme où l'on a représenté soit une Léda, soit un saint Michel terrassant le démon, soit une petite figure d'harmonie. Autour d'une pomme de canne sont sculptés Bayard, Léon X, François Ier et Benvenuto Cellini, un de vos ancêtres, M. Froment-Meurice.

Avec des œuvres comme celles que nous venons d'analyser, l'issue de la lutte qui agite l'orfévrerie ne saurait être douteuse. Ce sera l'art qui triomphera.

TISSUS EN CAOUTCHOUC.

MM. RATTIER ET GUIBAL,

RUE DES FOSSÉS-MONTMARTRE, 4.

La mise en œuvre du caoutchouc et son emploi dans l'économie domestique datent, en France, de moins de quinze années. Jusqu'alors cette matière utile ne servait qu'entre les mains des dessinateurs à effacer les traces de la plombagine sur le papier, ou ne se trouvait que dans les collections de produits végétaux. Hors de là, elle restait sans usage, et l'on ne tirait parti d'aucune des deux propriétés remarquables qu'elle possède, l'imperméabilité et l'élasticité. Ce n'est pas qu'on n'eût compris les précieuses applications qu'on en pouvait espérer. Mais l'on avait en vain cherché le moyen de transformer utilement cette substance livrée brute par le commerce et rebelle à toute élaboration. On avait été jusqu'à tenter d'apporter en Europe le suc de l'*hevea* à l'état de liquide, ainsi qu'il découle de l'arbre. Mais on fut bientôt forcé d'y renoncer; le suc s'altérait par ce long voyage et perdait ses propriétés caractéristiques. Il fallut donc se contenter de la matière impure qui arrivait du Brésil sous la forme incommode d'une sorte de calebasse irrégulière.

L'idée si simple de le dissoudre pour lui imprimer ensuite toutes les formes nécessaires, était naturelle et devait venir tout d'abord. Mais les essais restèrent longtemps infructueux. Le caoutchouc n'est soluble ni dans l'eau, ni dans l'alcool; les corps gras l'attaquent, mais en le décomposant; les huiles essentielles peuvent seules le dissoudre. C'est aux Anglais qu'on doit la première application du caoutchouc ainsi dissous. Telle fut l'industrie que MM. Rattier et Guibal introduisirent en France en 1828, et qu'ils n'ont cessé depuis lors de développer, tant sous le rapport commercial que sous celui des procédés manufacturiers. Il est impossible de voir une usine mieux entendue dans toutes ses parties, mieux séant à l'œil en même temps qu'aux nécessités pratiques, que le vaste établissement fondé aux Thernes par ces habiles fabricants.

Sans passer par tous les essais et toutes les améliorations réalisées par MM. Rattier et Guibal, nous allons prendre cette industrie au point où ils l'ont amenée, et faire connaître à nos lecteurs le triple mode d'élaboration que subit la matière suivant l'usage auquel on veut la soumettre.

Le premier de ces usages, par ordre de date comme par ordre d'importance, c'est la fabrication des tissus imperméables. Cette fabrication a un double but, soit de préserver de toute humidité les objets que le tissu recouvre, soit d'emprisonner dans une enveloppe fidèle l'air qu'on y a introduit: les vêtements contre la pluie, les bottes de marais, les tabliers de nourrice sont dans le premier cas; les coussins à air si commodes en voyages, les tuyaux, etc., rentrent dans le second. On fait aussi avec le caoutchouc dissous du cuir factice qui sert à la fabrication des cordes.

Toute cette manutention s'opère en dissolvant le caoutchouc dans une huile essentielle, et en le réduisant en pâte consistante à l'aide d'une machine. Cette pâte est ensuite appliquée entre les tissus qu'il faut rendre imperméables, et elle les colle ensemble: le passage aux cylindres des deux tissus ainsi réunis achève de déterminer leur adhérence. Après la mise en œuvre, on complète l'imperméabilité des articles fabriqués par l'application du caoutchouc sur les coutures. Un produit plus simple encore consiste à revêtir de l'enduit imperméable la surface extérieure d'un seul tissu qui se trouve ainsi garanti contre les influences du dehors; ces étoffes vernies conviennent parfaitement aux manteaux de chasse et de voyage.

L'impureté du caoutchouc brut, tout souillé de terre et de sable, donnerait lieu à des déchets considérables, si l'on n'avait trouvé le moyen de tirer parti de ces débris. Cette nécessité économique a donné naissance à une seconde manipulation qui a pour objet de recomposer la gomme.

Dans ce but, on lamine les bouteilles impures, et on les amène à la forme de grandes nattes dégagées de tout corps étranger; ces nattes sont réunies en un bloc qu'on soumet à l'action mécanique d'un pétrin, ce qui régénère la matière gommeuse et lui donne une grande homogénéité. Ce travail de recomposition est complété à l'aide d'une presse hydraulique qui comprime la gomme dans des moules ronds ou carrés. Elle sort enfin de ces moules pour recevoir la forme que réclament les usages extrêmement variés auxquels on la destine. Tantôt on l'étire en fil, tantôt on la réduit en plaques : la médecine, les arts, la papeterie, la bimbeloterie, la chaussure, l'appliquent à leurs besoins divers.

A ces deux procédés d'élaboration, MM. Rattier et Guibal ont réuni une troisième industrie dont la France leur est complétement redevable, et dans laquelle surtout ils ont fait preuve de leur habileté manufacturière. C'est la fabrication des tissus élastiques au moyen du filage et du tissage du caoutchouc. De la sorte est mise à profit l'élasticité de la substance naturelle; cette propriété, sans parler des usages auxquels on pourra l'appliquer ultérieurement, est déjà d'un extrême avantage pour l'hygiène du corps, la chirurgie, l'art du bandagiste, les traitements orthopédiques. La faculté que de pareils tissus possèdent de prêter, soit dans un sens, soit dans les deux, suivant les mouvements des membres qu'ils revêtent, ou de suivre sans compression brusque le gonflement ou la réduction graduels des tumeurs et des parties malades, les rend d'un prix inestimable pour les fractures, les grossesses et tous les cas analogues.

Cette fabrication a exigé de longs efforts et des travaux tout particuliers. MM. Rattier et Guibal ont entièrement créé leurs procédés; ils ont dû, pour ce genre de tissage spécial, remanier le métier à la Jacquart dont ils ont tiré un grand parti en lui appliquant la vapeur.

La série des opérations consiste d'abord à ramollir dans l'eau chaude les bouteilles qui arrivent d'Amérique, et à les diviser en deux disques que l'on soumet à la presse. Ces disques sont ensuite divisés en lanières qu'on découpe à leur tour en fils fins dont on compose une longueur unique en les réunissant bout à bout. Ce fil passe sur un dévidoir et subit un étirage qui l'allonge de dix fois sa longueur primitive, en arrivant de la sorte à la limite extrême de l'élasticité. Il importe que cette propriété soit momentanément anéantie pour rendre possible le tissage du caoutchouc, soit avec lui-même, soit avec toute autre matière filamenteuse; pour y parvenir, on laisse sécher ce fil ainsi étiré sur les dévidoirs où il se réduit à l'état de corde à boyau. Mais après le tissage, l'exposition des tissus à une douce chaleur rend au fil son élasticité, en lui donnant plus de force, et lui fait faire corps avec la substance qui l'enveloppe.

La maison de MM. Rattier et Guibal n'est pas seulement la première qui ait nationalisé l'emploi du caoutchouc; elle est restée de beaucoup en tête de cette industrie; en vain la contrefaçon lui a créé une active concurrence; en vain beaucoup de rivaux attendent l'expiration prochaine de ses brevets : ce n'est pas sur le monopole breveté qu'ils ont édifié leur prospérité manufacturière, c'est sur une fabrication savante et consciencieuse, qui leur a permis de conserver à la France la suprématie qu'elle possède dans cette spécialité sur les produits analogues de l'Autriche, de la Suisse et de l'Angleterre. Grâce à eux et aux nombreux fabricants dont ils se sont fait d'actifs auxiliaires, en les autorisant à exploiter leur industrie, les marchés étrangers nous appartiennent; la consommation des États-Unis nous est, entre autres, exclusivement acquise. Cette supériorité nous la devons surtout à l'économie de nos procédés et au bon goût de nos montures; MM. Rattier et Guibal doivent prendre pour eux la plus grande partie de cet éloge.

Du reste, ces manufacturiers ont été justement appréciés dans les récompenses que l'industrie reçoit au nom du pays; l'un d'eux a été décoré; et une médaille d'or, décernée en 1834, rappelée en 1839, leur a prouvé qu'ils avaient obtenu l'estime à laquelle ils avaient droit.

REVUE DE L'EXPOSITION.

MACHINES. — MOTEURS.

VANT de parcourir les magnifiques produits de la salle des machines, n'y a-t-il pas un intérêt plus grand encore à se rendre compte de l'accueil qui est fait par l'esprit public à ces gigantesques enfants d'une civilisation progressive? Laissons à part la curiosité toujours renaissante de la foule et l'admiration raisonnée de l'homme technique et portons plus haut nos regards. Sera-ce encore, comme naguère, de la part des classes inférieures, une haine aveugle contre des rivaux d'une irrésistible puissance qui les chassent sans pitié des ateliers et révolutionnent les habitudes séculaires du travail humain? Sera-ce, de la part des penseurs, la même hésitation douloureuse entre le spectacle des perturbations engendrées par les machines dans le présent et le vague pressentiment des bienfaits de cette révolution dans l'avenir?

Si l'on veut, en effet, se reporter à l'époque de 1839 et aux idées qui régnaient alors, on reconnaîtra que tel était le double sentiment à l'influence duquel peu de gens pouvaient se soustraire. L'admiration était grande et réelle pour ces efforts merveilleux, pour cette variété infinie de résultats, pour cette population artificielle engendrée par la vapeur. Mais alors aussi naissaient les réflexions profondes et inquiétantes; alors s'élevaient avec une légitime énergie les plaintes des travailleurs dépossédés au profit d'un instrument inanimé ou plutôt au profit du capital qui le construit et l'exploite à son bénéfice. En vain les économistes disaient, afin d'apaiser ces plaintes. que le trouble introduit dans l'industrie par les machines est de courte durée et sert toujours de précurseur à un développement considérable de la production; que ce développement nécessite l'emploi d'un nombre d'agents bien supérieur à ce qu'il était antérieurement, et qu'il en résulte un accroissement de bien-être pour les travailleurs, en même temps que de richesse pour la société tout entière. Ce langage, bon pour des hommes de loisir et de science, pouvait-il convenir à des ouvriers sans travail et sans pain? N'étaient-ils d'ailleurs pas en droit d'y répondre: S'il est vrai que ces machines doivent, dans un court délai, enrichir la société entière, pourquoi sommes-nous seuls appelés à supporter les douleurs de cette époque transitoire et le poids de cette révolution qui profitera à tous? Pourquoi la société, qui a foi dans ce prochain bien-être, ne se résigne-t-elle pas à nous indemniser, à nous soulager, à nous rendre l'attente possible et le lendemain abordable?

Et les économistes eux-mêmes, tout en annonçant à voix haute ce résultat prospère de l'avénement des machines, tout en glorifiant le travail de l'homme affranchi de l'effort brut et ramené au rôle d'une direction intelligente, les économistes avaient-ils une entière confiance dans leurs hasardeuses prophéties? Ne se passait-il pas sous leurs yeux un fait immense et qui semblait disposé par la Providence comme un exemple et un enseignement de ce que peuvent pour la prospérité d'une nation les machines introduites dans le régime économique et industriel, sans un remaniement complet et préalable de ce régime? L'Angleterre se débattait, alors comme aujourd'hui, entre sa gigantesque puissance de production, supérieure à toute consommation possible, et ses myriades d'ouvriers sans ouvrage et sans moyens de payer et de consommer des produits qui périssent en magasin.

La science économique, en 1839, avait déjà

constaté ces faits qui donnaient un si éclatant démenti à la glorification des machines ; mais elle n'en avait pas encore tiré d'une manière nette les conséquences rationnelles. Disons même qu'aujourd'hui, en 1844, elle est loin de les avoir toutes formulées avec précision. Mais du moins elle en a la clef ; elle les pressent, et cette prescience suffit à lui donner une confiance et une conviction dans l'avenir que ses nombreux organes transmettent au pays et que celui-ci reçoit et s'assimile à son tour. Depuis 1839, en examinant à fond le progrès des doctrines, on peut dire que l'économie industrielle est en train de se refondre, et qu'à son ancien principe fondamental, la liberté illimitée, elle a substitué une base plus scientifique en même temps que plus humaine : l'association. Or, telle est la puissance logique de ce seul mot qu'on comprend ou qu'on devine, pour mieux dire, l'immense distance, l'abîme qui sépare la constitution à venir de l'industrie en France de celle qui existe aujourd'hui en Angleterre. Dans l'un de ces régimes, les machines, instruments du capital, exclusivement créées par lui, ne rapportent qu'à lui les bénéfices d'une production qui ne se limite que par le défaut de consommateurs et qui se fait indépendamment et à distance des travailleurs humains. Dans l'autre, les machines appartenant non pas seulement au capital, mais à l'association industrielle, composée du capital et du travail, seront installées du consentement commun, profiteront aux deux, affranchiront bien réellement le travailleur d'efforts grossiers et pénibles, lui rendront une portion de son temps et de sa liberté et créeront, par sa participation aux bénéfices de la production, la plus vaste des consommations possibles, celle de tous les producteurs.

Telle nous semble être la tendance réelle et pratique de notre industrie, bien qu'il n'y ait encore que de légers signes précurseurs d'un pareil avenir. Mais à coup sûr, c'est la marche que prédit et que trace la science de nos jours ; c'est l'horizon qu'elle a ouvert, je le répète, depuis 1839, et c'est cette conquête scientifique, commencée bien antérieurement, mais formulée par l'esprit public seulement depuis ce lustre, que nous avons cru devoir mettre en lumière même au-dessus des plus beaux efforts de notre industrie. C'est cette formule, c'est cet espoir rationnel qui nous permettent de nous énorgueillir d'un progrès qui marche d'accord avec les tendances de la société, et qu'il ne faudra pas payer par la misère et la souffrance du pays réel, des travailleurs, au risque même de l'enrayer plus tard, sous peine d'une imminente ruine sociale. C'est grâce à cette formule enfin que, malgré la gloire et la prépondérance actuelle de notre grande rivale, nous devons nous réjouir du fond du cœur de n'avoir ni le présent, ni l'avenir de l'Angleterre.

D'ailleurs, sous le rapport industriel lui-même, il y a entre elle et nous toute la différence qui existe entre un peuple jeune dans la carrière, ayant foi dans lui-même et dans l'avenir, doué de toutes les conditions d'une organisation normale, stimulé enfin par la rivalité, et une nation arrivée par une constitution, puissante mais artificielle, au dernier période d'une prospérité qui ne saurait plus que décroître à mesure que s'écroulent les fondements sur lesquels elle était basée.

Notre exposition de 1844 prouve que nous ne nous courbons plus avec résignation et sans espoir devant les éléments incontestables de supériorité que l'Angleterre possède sur nous, mais que nous cherchons à soutenir la lutte, soit en développant avec énergie nos éléments similaires, soit en leur opposant les conditions spéciales que la Providence nous a départies.

L'une des plus précieuses ressources que la France possède, c'est le vaste ensemble de ses cours d'eau, ce grand réseau naturel qui sillonne le pays en tout sens et charrie avec lui des trésors de fécondité en même temps que des prodiges de puissance. Malheureusement ces deux sources de richesses sont encore presque aussi négligées l'une que l'autre ; et, dût-on nous accuser de tout reporter à la même cause, c'est à l'absence des idées d'association et de solidarité que nous attribuons et le faible rôle que les irrigations jouent dans notre agriculture, et l'infériorité réelle de la force motrice hydraulique comparée à celle de la vapeur. Il suffirait d'un mot pour démontrer que les mesures générales qu'entraîne un bon système d'irrigation exigent le concours d'un grand nombre d'intérêts qui jusqu'à ce jour ont vécu isolés, sinon hostiles ; mais ce n'est pas là notre but, et nous n'insisterons même pas sur la cause première qui tend de plus en plus à annuler nos cours d'eau, soit comme élément de puissance motrice, soit comme aliment de fécondité agricole, soit comme moyen de transport ; nous voulons parler de la dénudation accomplie des hauts lieux où les cours d'eau prennent leur source et de l'indifférence générale qui accueille un ensemble de faits aussi désastreux.

Les cours d'eau, considérés comme moteurs, offrent aujourd'hui, grâce au déplorable régime que notre imprévoyance leur a créé, la réunion de tous les inconvénients qu'on peut redouter dans l'emploi d'une force mécanique : irrégularité continuelle, surabondance intempestive, diminution subite, chômage définitif et de longue durée. C'est à l'aide de cet ensemble de conditions que les ingénieurs hydrauliciens doivent lutter contre la régularité parfaite, le service commode, sûr et de jour en jour plus économique des machines à vapeur. Pour atteindre ce but, les efforts n'ont pas manqué depuis un certain nombre d'années, et ils ont été couronnés de succès. La belle invention des roues à aubes courbes, dites roues à la Poncelet, déjà si précieuses par leur effet utile, la facilité de leur construction, la possibilité de leur emploi, même lorsqu'elles sont partiellement sous l'eau, a été suivie de près par la mise en pratique d'un moteur encore plus avantageux et d'une construction plus simple, la turbine. On sait qu'on désigne sous ce nom toutes les roues dont l'axe est vertical, quelles que soient les différences de leurs dispositions spéciales. Il y a en effet jusqu'à présent presqu'autant de turbines différentes que de constructeurs voués à ce genre de moteurs; mais elles ont toutes une supériorité incontestable sur les roues soit à aubes courbes, soit à augets. Plus légères, moins dispendieuses, elles peuvent travailler tout en étant submergées, et, grâce à leur faible hauteur, elles utilisent les chutes les moins élevées. Ajoutons en même temps qu'elles conviennent seules, par leur mode de réception de la force motrice, aux chutes considérables, telles que celles qui ont lieu dans les pays de montagnes.

L'exposition de 1839 a été l'ère de l'avénement de la turbine; ce récepteur, indiqué par M. Burdin et vulgarisé par M. Fourneyron, réalisait jusqu'aux quatre-vingts centièmes de la force théorique; une médaille d'or récompensa ce beau résultat.

Dès lors, la turbine devint l'objet de nombreuses recherches, et, dans notre exposition actuelle, c'est elle qui, en fait de moteurs, frappe le plus vivement l'attention publique.

Trois systèmes sont en regard, tous trois dignes d'intérêt, bien qu'à des degrés inégaux. Le plus ancien est celui de M. Passot, qui est contemporain de l'exposition précédente, et qui, toutefois, n'a pas encore dit son dernier mot après une lutte de cinq années. La turbine Passot, condamnée par un premier jugement de l'Académie des sciences, en partie modifié plus tard, a cru devoir en appeler des décisions de la haute théorie aux expériences de la pratique. Là encore il y a lieu de suspendre l'arrêt; car, si nous sommes bien informés, les premiers résultats ne répondent pas aux espérances de l'inventeur; mais nous savons M. Passot assez en fonds de persévérance et d'ingénieuse sagacité pour ne pas désespérer de le retrouver enfin victorieux à l'exposition de 1849. La turbine Kœchlin, au contraire, est fort récente et semble avoir conquis, dès son début, la faveur publique. Elle diffère du système ordinaire, en ce que la turbine est placée au sommet d'un cylindre vertical à la partie inférieure duquel fonctionne la vanne régulatrice. L'eau, après avoir parcouru les conduits héliçoïdaux de la roue motrice, tombe librement dans ce cylindre et produit par sa chute une sorte d'aspiration qui augmente la vitesse de la roue et complète, par ce second mode d'action, l'effet utile obtenu par le poids de l'eau. On ne saurait se prononcer, avant l'expérience en grand, sur la valeur de ce système; toutefois il ne satisfait peut-être pas complètement aux exigences théoriques; en admettant qu'une portion de la hauteur du cylindre d'aspiration soit employée à augmenter la vitesse de la roue, il n'en est pas moins certain qu'il en restera une partie qui représente la vitesse de l'eau à l'orifice inférieur. Or, cette vitesse est en déduction de celle que l'eau motrice aurait communiquée à la roue, si celle-ci avait été placée au plus bas de la chute; pour que l'effet fût le plus grand possible, il faudrait que la vitesse de l'eau fût nulle à la sortie, ce qui n'est pas possible après sa chute dans le cylindre vertical.

La dernière des trois turbines exposées, celle qui nous semble réunir tous les avantages de ce genre de moteur, c'est la turbine de M. Fontaine, de Chartres. Les deux plus saillants de ces avantages consistent, l'un dans la facilité de régler la dépense de la roue, suivant la hauteur variable de la chute, l'autre dans le mode de suspension de l'arbre vertical; dans les turbines ordinaires, le poids de l'arbre repose tout entier sur le tourillon inférieur, et l'on est obligé de remédier souvent à l'usure de ce pivot essentiel, ce qui n'est pas aisé, en raison de la disposition qu'il occupe au fond de l'eau. M. Fontaine suspend cet arbre par sa partie supérieure, et, par un emmanchement ingénieux, communique le mouvement à l'arbre moteur. Quant à la réglementation de la roue, elle se fait d'une manière plus ingénieuse encore. L'un des côtés de chacun des conduits héliçoïdaux que parcourt l'eau en descendant tangentiellement au cylindre vertical, est une cloison mobile de bas en haut, une sorte de vanne qui augmente ou rétrécit l'orifice inférieur, suivant qu'on la monte ou qu'on la descend ; toutes ces vannes sont reliées entre elles par une armature circulaire, dont le mécanisme régulateur se compose de trois roues solidaires placées au-dessus du plancher de l'usine. On pourrait même, en isolant le mécanisme pour une portion aliquote de ces vannes, réduire la dépense de la roue du quart, du tiers ou de moitié de la dépense ordinaire. Cet ensemble vraiment remarquable peut être étudié, soit sur le moteur exposé par M. Fontaine, soit sur le charmant modèle construit par M. Antiq et donnant le dispositif d'un moulin à blé mû par une turbine de ce système. Signalons, en fait de modèles du même genre, celui que M. Philippe a consacré à la reproduction de la turbine Fourneyron.

La machine à vapeur, ce moteur prodigieux, né d'hier, pour ainsi parler, puisque ce n'est guère qu'à partir de 1769 qu'il a commencé à se vulgariser, semble cependant arrivé déjà, sous le rapport des idées nouvelles et des perfectionnements importants, à la période du temps d'arrêt, sinon à celle de la décroissance. On paraît avoir obtenu de ce grand mécanisme presque tout ce qu'il pouvait donner, ce que la théorie même permettait d'en espérer. Il y a vingt ans qu'on est arrivé au maximum d'économie, puisque les machines à vapeur employées à l'épuisement des mines dans le Cornwall, depuis 1825, ne dépensent qu'un kilogramme et demi de charbon par force de cheval et par heure; quant aux combinaisons de détails, il en est peu qu'on n'ait essayées, et nul principe nouveau, nulle grande innovation ne se fait jour. Ce n'est pas que nous prétendions que tous nos constructeurs sont arrivés au terme de leur art et qu'ils n'ont plus rien à acquérir; mais pour qui considère l'ensemble des deux expositions de 1839 et de 1844, le progrès est précisément dans l'habileté pratique et manouvrière; il ne se manifeste pas dans la conception, dans l'idée, dans la science. Enfin, pour rendre notre pensée, dans la plupart des cas, l'ingénieur disparaît devant l'habile ouvrier mécanicien.

Nous sommes loin de blâmer cette tendance: nous la constatons; en industrie, comme dans tous les ordres de faits complexes, il est utile que la théorie s'arrête de temps à autre et laisse à la pratique le temps de la rejoindre et de s'assimiler complètement ses savants préceptes. D'ailleurs, à une époque où la petite industrie s'agglomère de toutes parts et se transforme en grands ateliers, il était bon que la machine à vapeur, cet organe principal, ce centre vital de la manufacture, devînt un produit marchand, usuel, abondant et réduit à son expression la plus simple.

Sous ce dernier rapport, nous regrettons de ne voir à l'exposition aucune de ces belles et simples machines de Watt, à basse pression, ces organes qui semblent le type véritable du moteur à vapeur, tant à cause de leur construction facile qu'en raison de leur marche régulière. Nous ne reparlerons pas des dangers de l'explosion ; il est reconnu que, contrairement aux idées préconçues, les machines à basse pression présentent ce risque aussi souvent que celles à moyenne ou à haute pression. S'il n'y a pas lieu de développer le génie de l'invention dans ces sages et anciennes combinaisons auxquelles l'illustre Anglais n'a rien laissé à perfectionner, il y a du moins un vrai mérite de constructeur à mettre en relief et un talent d'exécution que nous ne croyons pas au-dessous de la plupart de nos mécaniciens exposants.

L'exposition des machines à vapeur, en 1844, semble un concours pour le problème de la détente, problème intéressant, mais dont la solution, déjà fort avancée en 1829, ne nous paraît pas encore tout à fait obtenue aujourd'hui. Chaque constructeur a son système de détente, et c'est surtout en face de l'insurmontable difficulté que présente l'étude comparative de ces nombreux systèmes, qu'on se prend à regretter, comme le savant critique de la *Démocratie pacifique*, l'immobilité de tous ces mécanismes dont le mouvement est la vie, et la nécessité d'apprécier uniquement par l'inspection des formes extérieures des organes dont le mérite réel réside surtout dans l'accomplissement de leurs fonctions dynamiques.

La détente est, comme on sait, l'emploi de la force élastique de la vapeur enfermée dans le cylindre et soustraite par la fermeture du robinet d'arrivée à la pression intérieure de la chaudière. En vertu de sa tension, la vapeur emprisonnée continue de se dilater et repousse le piston avec une puissance qu'on peut utiliser jusqu'à un certain point. Ce point peut être fixe, comme pour les machines de Wolf à deux cylindres, ou pour celles qui n'introduisent la vapeur que pendant une portion déterminée, les trois quarts ou les quatre cinquièmes de la course du piston. Il peut, au contraire, varier à volonté, soit à la main, soit à la demande du travail utile lui-même, c'est-à-dire en se conformant aux variations de ce dernier. On comprend, par exemple, que lorsque la résistance vient à augmenter sur l'arbre de couche, il importe de faire monter la pression en rapport avec cet accroissement et de diminuer, en conséquence, l'amplitude de la détente; si la résistance diminue, il n'y a plus de nécessité à soumettre le piston à la force accélératrice de la vapeur, et il est économique de laisser à la détente un libre champ. De ce simple exposé, il résulte que les machines où le mouvement de la détente s'exécute à l'aide de la vitesse de l'arbre de couche offrent une supériorité réelle, soit sur les machines à détente fixe, soit sur celle où la détente se règle à la main. Cette communication entre le tiroir de la détente et l'arbre moteur se fait dans les meilleures et les plus récentes dispositions, au moyen du régulateur à force centrifuge. Les machines de M. Meyer, de Mulhouse, et de M. Farcot, et le petit modèle de M. E. Bourdon sont dans ce cas. Seulement, l'extrême complication du mécanisme de ce dernier nous fait craindre qu'il ne puisse être d'un usage courant. La détente Trézel ou celle de M. Farcot semblent, au contraire, d'une simplicité et d'une facilité de manœuvre qui donne la garantie d'une marche régulière. Il serait fort à désirer que l'un de ces deux systèmes, qui consistent l'un et l'autre dans la superposition d'un second tiroir sur le tiroir de distribution ordinaire, fût appliqué aux locomotives; c'est dans ce genre d'appareils surtout qu'il serait important d'obtenir à la fois un mécanisme modérateur agissant au gré des variations de la résistance et l'économie de combustible, c'est-à-dire de masse et de poids, qu'une bonne détente peut procurer. On doit regretter, à ce sujet, que M. Meyer n'ait pas fait connaître, par un modèle ou un dessin, le mode de détente qu'il a adopté pour la locomotive construite par lui l'année dernière.

En fait de locomotives, notre attente a été complétement déçue. Le développement qu'a reçu depuis 1839 la construction des chemins de fer et la convergence des esprits vers ce vaste sujet de travaux nous avaient préparé à un concours de systèmes divers de locomotives. Nous pensions trouver quelques idées nouvelles, quelques véritables inventions. Nous n'avons eu sous les yeux qu'une machine sortie des ateliers du chemin de Rouen. La locomotive de MM. Allcard et Buddicom semble solidement établie; la mise en dehors des cylindres les rend facilement abordables; l'essieu coudé, sujet à tant d'inconvénients, est supprimé, et la communication de mouvement se fait directement du piston à l'extérieur des roues, à l'aide d'une bielle; cette méthode de communication est, du reste, déjà employé sur les railways d'Amérique. Nous nous permettrons, à propos de cette machine, de faire une critique à laquelle nous étions loin de nous attendre; la mauvaise forme des pièces, le peu de fini de la construction, le travail défectueux du métal, nous ont d'autant plus frappés dans certaines parties de cette locomotive, que la mécanique anglaise se distingue tout particulièrement par les qualités contraires. Il est bon, sans doute, de viser à l'économie; mais, en fait de machines, la plus grande des économies consiste dans une construction sans défauts.

Pour passer immédiatement à l'autre extrémité de l'échelle de comparaison, nous trouvons deux constructeurs au premier rang, MM. Farcot et Meyer. MM. Derosne et Cail partagent aussi avec eux les honneurs de la salle des moteurs. M. Farcot, mécanicien habile autant que consciencieux, a remis en usage un mode de construction du cylindre à vapeur proposé par Watt et repris il y a quelques années, mais avec une modification tellement malheureuse, qu'il y avait eu nécessité d'y renoncer. Watt, pour protéger le cylindre contre le refroidissement atmosphérique, l'enveloppait d'une chemise où il faisait circuler de la vapeur. Comme on ne s'était pas alors bien rendu compte de l'effet utile de ce perfectionnement, on n'y vit le plus souvent qu'une complication inutile et on la supprima. Plus tard, on pensa qu'il pouvait être bon d'employer ainsi la chaleur de la vapeur sortant du cylindre et avant son entrée dans le condenseur. Seulement, on n'avait pas pensé que cette vapeur est nécessairement plus froide que celle qui arrive de la chaudière, et que, par conséquent, s'il y a échange des températures, c'est au détriment de la vapeur du cylindre et de la force motrice. M. Farcot a voulu connaître le dernier mot de cette amélioration. Il a fait arriver dans le cylindre extérieur de la vapeur venant directement de la chaudière, et il l'a entouré d'un troisième cylindre concentrique qui forme une enveloppe et réalise l'idéal de la conservation calorifique. Il paraît qu'on obtient de la sorte une économie sur la vapeur dont le chiffre nous a semblé si exagéré, que nous ne le reproduisons qu'avec hésitation; mais s'il était vrai que cette économie atteint jusqu'à 40 pour cent, on ne saurait critiquer la complication de cette construction.

L'une des deux machines exposées par M. Farcot offre un des meilleurs modèles de machines à balancier; outre les dispositions générales, nous citerons comme tout à fait élégant le bâti à évidements qui supporte les tourillons.

Nous ne saurions accorder les mêmes éloges à la combinaison d'ensemble de la machine Meyer, dont nous avons loué précédemment la conception savante. L'aspect général en est peu gracieux; mais ce défaut est largement racheté par le mérite de la construction. Nous signalerons, entre autres, un emmanchement à genou, et l'appareil modérateur tout entier comme renfermant des détails d'un fini achevé.

Les deux machines de MM. Derosne et Cail sont aussi d'une excellente exécution; l'une est à cylindre horizontal, et fait partie de la grande série d'appareils destinés à la fabrication du sucre, à la Guadeloupe; c'est le moteur du moulin à cannes. Dans l'engrenage qui communique le mouvement entre le moteur et l'arbre des meules, nous ferons remarquer une disposition ayant pour but de faire cesser la solidarité entre la jante qui porte les dents et le reste de la roue, quand la résistance excède un certain effort. L'autre machine est à balancier.

La détente fixe ne se retrouve que dans une machine de Woolf, exposée par M. Casalis, de Saint-Quentin, constructeur fort habile et fort distingué. Il nous a semblé avoir vu dans l'industrie des produits de ses ateliers supérieurs à son exposition actuelle.

La salle des moteurs renferme beaucoup d'échantillons du système oscillant, avec ses variétés; tantôt le cylindre se meut sur ses tourillons, tantôt la tige du piston s'articule directement avec la manivelle. Nous ne pouvons citer tous les noms des constructeurs qui ont modulé leurs combinaisons sur le principe importé par M. Cavé, mais nous citerons, plutôt à titre de tour de force qu'à titre d'approbation, l'idée de deux constructeurs, de Lyon, MM. Legendre et Averly, qui n'ont pas craint de faire partir l'oscillation de la surface même du piston, en sorte que le stuphen-box est mobile et suit le mouvement oscillatoire de la tige.

Nous ne terminerons pas sans dire quelques mots de la charmante machine locomobile et à foyer intérieur, de M. Coursier; cette miniature est parfaitement entendue dans tous ses détails.

Dans cette revue rapide, il y a des noms qui mériteraient une mention des plus honorables, et que nous passons sous silence. MM. Tamizier, pour son système de détente; Hubert, pour le gracieux dispositif de sa machine à élever l'eau, à l'aide de quatre corps de pompe; Nillus, pour le peu de complication de sa machine. Il en est de même pour les éléments des moteurs. Nous aurions voulu rendre à MM. Chaussenot aîné et Sorel le juste tribut d'éloges qu'ils méritent pour leurs appareils de sûreté, les uns imaginés tout récemment, les autres sanctionnés déjà par une longue expérience. Mais en attendant une plus glorieuse récompense, l'attention du public et son intérêt ont déjà complètement indemnisé de notre silence involontaire les honorables exposants que nous nous trouvons forcés de laisser dans l'ombre. Nous désirons qu'ils soient de ceux qu'on remarque par leur absence.

E. LAMULONIÈRE.

II. MACHINES ET APPAREILS.

1o MOTEURS.

a. Moteurs hydrauliques.

Eure-et-Loir.	DE LAMOLÈRE, à *Sours*. — Moteur hydraulique, dit roue à piston.
Id.	FONTAINE, à *Chartres*. — Turbine de la force de 18 chevaux.
Hérault.	MELLET frères et SARRUS, à *Lodève*. — Modèle de turbine hydraulique.
Rhin (Haut-).	KOECHLIN (André) et Cie, à *Mulhausen*. — Banc à broches, métiers à filer et à tisser, turbines hydrauliques.
Seine	BRUNETTE, à *Paris*. — Cabestan grue et machine hydraulique.
Id.	GENTILHOMME, à *Paris*. — Turbine, roue dynamométrique.
Id.	PASSOT, à *Paris*.— Turbines à pression du liquide à l'intérieur et à pression du liquide à l'extérieur.
Id.	PHILIPPE, à *Paris*. — Fabrique de roues, machines à vapeur, moulin portatif, turbine. (O) 1834, R. (O) 183?.

b. Moteurs à vapeur.

Aisne. CASALIS, à *Saint-Quentin*. — Machine à vapeur de la force de 12 chevaux. (A) 1819 et 1827; (O) 1839, aux sieurs Casalis et Cordier.

Loire-Infér. LOTZ fils aîné, à *Nantes*. — Machine à vapeur de la force de 2 chevaux, instruments pour la pêche de la baleine, chaîne-câble.

Rhin (Haut-). MEYER et Cie, à *Mulhausen*. — Machine à vapeur de la force de 8 chevaux.

Rhône. LEGENDRE et AVERLY, à *Lyon*. — Machines à vapeur et pompes.

Seine. ANTIQ, à *Paris*. — Machine à vapeur, système de Wolf; turbine annulaire, système de Fontaine de Chartres. (B) 1827, (A) 1839.

Id. BLACK, à *Paris*. — Modèle d'une machine à vapeur à balancier.

Id. BOURDON, à *Paris*. — Machines hydrauliques, machines à vapeur (nouveau système) et appareils de sûreté pour les chaudières. (B) 1834, (A) 1839.

Id. CARILLION, à *Paris*. — Une machine à vapeur de la force de 3 chevaux.

Id. CART, à *Paris*. — Machine à vapeur de 8 chevaux.

Id. CAVÉ, à *Paris*. — Machine à vapeur, force de 120 chevaux; machine à vapeur, force de 60 chevaux, pour laminage du fer; diverses pièces de forge. M. H. 1827, (O) 1834.

Id. CHARPIN, à *Saint-Denis*. — Machine à vapeur.

Id. CLAIR, à *Paris*. — Machine à vapeur, grue, roue hydraulique.

Id. COURSIER, à *Paris*. — Machine à vapeur portative.

Id. DARET, à *Paris*. — Machine à vapeur de la force de 3 chevaux, un petit moulin à cylindre pour broyer les graines grasses.

Id. DAVID, à *Grenelle*. — Machine à vapeur. (A) 1839.

Id. DAVIRON, à *Paris*. — Mécanique à frotter et lustrer la bougie, machine à vapeur.

Id. DEROSNE et CAIL, à *Paris*. — Appareil d'évaporation dans le vide, machine à vapeur horizontale de 16 chevaux, machine à vapeur à balancier de 12 chevaux, etc. (A) 1819, (O) 1827, R. (O) 1834 et 1839.

Id. DUVAL, à *Paris*. — Machines à vapeur, dont une à deux colonnes (nouvelle disposition), modèle au quart de cette dernière machine, modèle au 5e du métier mécanique à tisser le calicot.

Id. FARCOT, à *Paris*. — Machines à vapeur. R. (A) 1839.

Id. FREY fils, à *Belleville*. — Machine à vapeur de la force de 6 chevaux; machines à fabriquer les clous de souliers et les clous d'épingles. (B) 1839.

Id. GALLAFENT, à *Paris*. — Machine à vapeur à balancier, force de 14 chevaux, haute pression et détente. — Machine à vapeur verticale, force de 6 chevaux, système Maudslay, et machine à vapeur verticale, force de 3 chevaux, système Gallafent. M. H. 1839.

Id. GALY-CAZALAT, MARTRES et MONTAIGUT, à *Paris*. — Machine à vapeur, grilles pour machines à vapeur, appareil pour peser les voitures, balances hydrauliques, lampes à hydrogène liquide, cafetière.

Id. GIRAUDON fils, à *Paris*. — Machine à vapeur de la force de 10 chevaux. M. H. 1839.

Id. HERMANN, à *Paris*. — Machines à vapeur, machines à broyer le chocolat, les couleurs; machine à pulvériser le sucre blanc. (A) 1834, à Dietz et Hermann, pour pompes à incendie. R. (A) 1839, à Hermann, pour pompes et machines à vapeur.

Id. HUBERT, à *Paris*. — Machine à vapeur faisant mouvoir des pompes aspirantes et foulantes.

Id. HUCK, à *Paris*. — Une machine à vapeur de la force de 6 chevaux, une râpe en fonte pour la pomme de terre, un tamis cylindrique, une chaîne à godets et un laveur à pommes de terre, et pompes diverses. (B) 1839.

Id. KIENTZY, à *Paris*. — Machines à vapeur.

Id. LELOUP, à *Paris*. — Une machine à vapeur, à haute pression, à double effet et à détente variable, de la force de 5 chevaux. Une distribution de vapeur d'une machine de 10 chevaux.

Id. ROUFFET fils, à *Paris*. — Machines à vapeur à haute pression et à détente variable, à haute pression avec chaudière tubulaire, machine fixe, etc. (B) 1839.

Id. SÉRAPHIN, à *Paris*. — Machine à vapeur à haute pression, sans détente et à détente variable, force de 3 chevaux.

Id. STOLTZ fils, à *Paris*. — Machine à vapeur oscillante, machine à faire les pointes, pompes rotatives et à balancier, pompes pour incendies, tamis et râpes pour féculerie, machine à plier et à métrer les étoffes. (B) 1839.

Id. TAMIZIER, à *Paris*. — Machine de 15 chevaux, réfrigérant à l'usage des brasseurs, sifflet d'alarme.

Id. THONNELIER père, à *Paris*. — Appareil à vapeur ou nouvelle presse monétaire. (A) 1834, R. (A) 1839.

Id. VARRAL, MIDDLETON et ELWEL, à *Paris*. — Machine à vapeur; plan d'une machine à fabriquer le papier.

Seine-Infér. ALCARD et BUDDICOM, au *Petit-Quevilly*. — Locomotives et tenders.

Id. NILLUS, au *Havre*. — Machine à écraser la canne à sucre, machine à vapeur. M. H. et (A) 1839.

c. *Éléments de moteurs.*

Aisne. TRÉSEL, à *Saint-Quentin*. — Appareil applicable aux machines à vapeur, mesures linéaires métriques.

Aveyron. BOISSE, à *Rodez*. — Hydromètre à cadran, pompe alimentaire, flotteur avec appareils de sûreté.

Loire. PETIN et GAUDET, à *Rive-de-Gier*. — Arbre formant coude pour paquebot à vapeur de 220 chevaux.

Seine. BAUDELOT, à *Paris*. — Régulateur pour machines à vapeur.

Id. BEZAULT, à *Paris*. — Manomètre.

Id. CHAUSSENOT aîné, à *Paris*. — Appareils contre l'explosion des chaudières à vapeur, soupapes de sûreté, flotteurs. M. H. 1839.

Id. DALIOT, à *Paris*. — Appareils régulateurs pour les machines à vapeur.

Id. DE CANSON, à *Paris*. — Robinet d'alimentation à niveau d'eau constant, applicable aux machines à vapeur.

Id. DESBORDES, à *Paris*.—Machine locomotive mue par l'air atmosphérique, manomètres, éprouvettes à vide pour les machines à vapeur, machine pneumatique, ventimètres, appareils divers. M. H. 1839.

Id. DURENNE, à *Paris*. — Caisse tender, chaudière de locomotive, coque de bateau. (A) 1839.

Id. FEVRIER, à *Paris*. — Régulateur à insufflation.

Id. JULLIEN (veuve André), à *Paris*. — Appareils pour la manutention des vins, poudres à clarifier, et flotteur d'alarme pour chaudières à vapeur. R. (A) 1839.

Id. KAULEK, à *Paris*. — Manomètres, flotteurs d'alarme pour chaudières et machines à vapeur.

Id. LEMAITRE, à *la Chapelle-Saint-Denis*. — Chaudières à vapeur, grue en tôle, bouteille avec bouchon à siphon et clapet renversé.

Id. PIAT, à *Paris*. — Engrenages droits, engrenages d'angle, une roue d'angle à dents de bois. (B) 1839.

Id. SOREL et CORDIER, à *Paris*. — Divers appareils pour machines à vapeur. M. H. 1834, (O) 1839.

Id. WISSOCQ, à *Paris*. — Modèles de foyers pour machines à vapeur.

Seine-Infér. BERNARD, à *Rouen*. — Régulateur de pompes à feu.

Id. BIGOT aîné et RENAUX, à *Elbeuf*. — Appareils générateurs de vapeur.

Id. DESTIGNY et LANGLOIS, à *Rouen*. — Régulateur à horloge appliqué aux moteurs à vapeur.

Id. GRANGER, à *Rouen*. — Régulateur pour les roues hydrauliques.

2° MÉCANISMES ET APPAREILS.

a. *Pompes et machines à élever l'eau.*

Doubs. PERRIN, aux *Chaprois*, banlieue de Besançon. — Pompes.

Finistère. KMAREC, à *Brest*. — Trousse du pompier avec la lance élastique. (B) 1823, (A) 1827, R. (A) 1834 et 1839.

Indre-et-Loire. BUDAN aîné, à *Tours*. — Pompe à mouvement horizontal.

Jura. TURQUOIS, à *Lons-le-Saulnier*. — Pompe aspirante et élévatoire.

Maine-et-Loire. ANDRÉ-LAVOY, à *Saumur*. — Pompe à incendie.

Marne. CAILLEZ, à *Châlons*. — Pompe aspirante et foulante, fusil. M. H. 1839.

Marne (Haute-). FÉQUANT, à *Chaumont*.—Pompe à incendie

Morbihan. ROPERT et Cie, à *Vannes*. — Pompe puissante et refoulante.

Rhin (Haut-). KRESS, à *Colmar*.—Pompes à incendie, pompes diverses, boyaux en cuir et en fil.

Rhône. BOURSAULT, à *Lyon*. — Pompe horizontale à double effet.

Id. GERIN, à *Lyon*. — Pompes refoulantes.

Saône (Haute-). JOLYOT, à *Vesoul*. — Pompe foulante et aspirante, à soupapes sphériques.

Seine. DURAND fils aîné, à *Paris*. — Garde-robes

hydrauliques, pompes artésiennes, pompes en fonte élévatoires et aspirantes.

Id. ESTLIMBAUM et Cie, à *Paris*. — Pompes.

Id. FLAUD et BONNEFIN, à *Paris*. — Pompe à incendie, chariot, seaux et tuyaux.

Id. GAILARD (Mme), à *Paris*. — Pompes à incendie. M. H. 1819, à Gailard, (B) 1823 et 1834, au même.

Id. GATEAU (Laurent), à *Bercy*. — Noria, nouveau système pour les irrigations et desséchements.

Id. HUSSENET, à *Paris*. — Pompes à rotations excentrisées.

Id. JACOMY, RIGAL et Cie, à *Paris*. — Pompes à incendie, pour les irrigations, etc.

Id. LAMOTTE, à *Paris*. — Garde-robe, pompes, machine hydraulique. M. H. 1839.

Id. LEMAIRE et CHIFFARAT, à *Paris*. — Soufflets hydrauliques à incendie, à épuisements, à jardins, à puits et à volants, à balancier.

Id. LEPRINCE, à *Paris*.—Garde-robes et pompe.

Id. LETESTU et Cie, à *Paris*. — Pompe à l'usage des vaisseaux, pompe d'épuisement portative, pompe à incendie sur chariot, pompe domestique.

Id. MARIE, à *Paris*. — Pompes.

Id. PENZOLDT et BOHLFS, à *Paris*. — Appareils hydro-extracteurs.

Id. QUÉNARD, à *Paris*. — Une machine pour élever l'eau. M. H. en 1839, pour instruments aratoires.

Id. SAVARESSE, à *Paris*. — Pompe aspirante et foulante. Manomètres et modèles divers de vases siphoïdes.

Id. STOLTZ et Cie, à *Paris*. — Râpes, tamis, pompes rotatives. C. F. 1834. (B) 1839.

Id. THIRION, à *Paris*. — Pompe à incendie, pompe d'arrosement.

Id. TRAVANET (vicomte de), à *Paris*.—Modèle de balancier hydraulique.

Seine-Infér. GENTET et GODEFROY, à *Ingouville*. — Pompes rotatives en cuivre foulantes et aspirantes.

Id. NION, à *Dieppe*. — Seaux à incendie, guêtres, sac.

Somme. DEBAUSSAUX fils, à *Amiens*.—Pompe à incendie avec ses agrés, foyer hydraulique.

b. Peignes et cardes.

Calvados. DE BERGUE (Ch.), DESFRIÈCHES et GILLOTIN, à *Lisieux*. — Peignes à tisser de toute nature, maillons métalliques pour lames, lames à maillons, peignes à peigner le lin, Gills, etc. (A) 1834, R. 1839.

Doubs. PEUGEOT (Constant) et Cie, à *la Roche*. — Pièces détachées pour filatures : cylindres cannelés, de pression, broches de Mull Jenny, plates-bandes, etc. (A) 1839.

Eure. HACHE-BOURGEOIS, à *Louviers*. — Cardes. (B) 1806, (O) 1823, C. F. 1827, R. (O) 1834.

Id. MERCIER (Achille), à *Louviers*. — Cardes et métiers.

Garonne (H.-). ESPINASSE, à *Toulouse*. — Cardes pour la laine.

Hérault. SERET, à *Soubès*. — Cardes.

Loire. JOLY, à *Saint-Étienne*. — Peigne pour la fabrication des rubans de soie.

Meurthe. WEHRLIN, à *Nancy*. — Cardes.

Nord. MALMAZET aîné, à *Lille*. — Cardes. (A) 1834, R. (A) 1839.

Id. SCRIVE frères, à *Lille*. — Cardes à laine et à coton. (B) 1806, (A) 1827, (O) 1834, R. (O) 1839.

Oise. PEROT et POITEVIN, à *Liancourt*.—Cardes. (B) an 10, M. H. 1834, à Poitevin.

Rhin (Haut-). ANDRÉ (Jacques), à *Vieux-Thann*. — Mouvement de friction pour cardes.

Id. SCHLUMBERGER (Nicolas) et Cie, à *Guebwiller*. — Carde à étoupe, banc à broches.

Rhône. CHATELARD et PERRIN, à *Lyon*. — Peignes en acier pour le tissage. (B) 1827, 1834 et 1839.

Seine. HAYÉ, à *Paris*. — Persiennes, peigne pour filature de coton.

Id. LESAGE, à *Paris*. — Peignes à cardes.

Id. PELTIER, à *Paris*. — Carde à laine, peigneuses, moulins à plâtre, plate-forme pour tailler les engrenages et les modèles en plâtre.

Seine-Infér. FOUCHER, à *Rouen*. — Cardes.

Id. FUMIÈRE, à *Rouen*. — Cardes. (B) 1839.

Id. MICHEL, à *Rouen*. — Machine à bouter les plaques de cardes.

Id. MIROUDE, à *Rouen*. — Cardes. M. H. 1839.

Id. PAPAVOINE et CHATEL, à *Rouen*.—Machine à égaliser le cuir des cardes, machine à égaliser et aiguiser les dentures des rubans de carde.

c. Machines pour filage et tissage.

Ardèche. ROBERT (Alexandre), à *Privas*. — Métier à doubler la soie, appareil pour le désengrenage des transmissions de mouvement des usines.

Ardennes. BRUNEAU, à *Réthel*. — Défeutreur, réunisseur, bobinoir, métier Mull-Jenny.

Aube. JACQUIN, à *Troyes*. — Un métier circulaire pour la filature du coton.

Aude. GRANAD fils, à *Trèbes*. — Croiseur mécanique pour la filature de la soie.

Côtes-du-Nord. DUJET et JOSSELIN, à *Dinan*. — Machine à filer le lin à la main.

Creuse. DURANTON, à *Aubusson*. — Volets en fer et régulateurs pour métiers à filer.

Eure-et-Loir. PAVIE, à *Vernouillet*. — Rouets.

Hérault. ANDRÉ (Justin), à *Lodève*. — Foulon prismatique.

Id. BENOIT frères, à *Montpellier*. — Foulon à percussion modérable.

Nord. DASSONVILLE-BONTE, à *Armentières*. — Tempes pour le tissage du calicot et de la toile.

Id. LESAGE-CASTELLAIN, à *Lille*. — Cylindres pour filatures.

Rhin (Haut-). GRUNN, à *Guebwiller*.—Métiers et machines diverses pour la filature du lin et du coton.

Id. SCHEIBEL et LOOS, à *Thann*. — Machine à filer le coton, dite *Selfactina*.

Id. STAMM et Cie, à *Thann*. — Barde, banc à broches.

Rhône. RICARD-FÉLIX, à *Lyon*. — Battant, brocheurs et manomètres.

Seine. AUBRY, à *Paris*. — Mécanique à broder des dessins pour meubles.

Id. BARBÉ-PROYART et BOSQUET, à *Paris*. — Métier à la Jacquart et mécanique à séparer les tissus brochés.

Id. CHANSON (Mlle) et Cie, à *Paris*.— Métiers de diverses formes et ouvrages à l'aiguille.

Id. COADA, à *Paris*. — Banc à étirer, chaîne à quatre maillons, séparés par trois galets. M. H. 1834, (B) 1839.

Id. COLLIER (veuve) et JAMES-HALL, à *Saint-Denis*. — Machine à peigner la laine, pompes à feu, machines à tondre le drap, à planer, à découper les métaux, échantillons de laine peignée. (O) 1819, sous la raison baron de Neuflize, Sevenne et Collier 1819; (O) 1823, à Collier; R. (O) 1827, R. (O) 1834, R. (O) 1839, à veuve Collier.

Id. DEBERQUE, à *Paris*. — Métier à tisser les toiles de lin. (A) 1834, R. (A) 1839.

Id. DECOSTER, à *Paris*. — Machines à filer, à tisser, à peigner et à tisser le lin; tour, machines à raboter, à tailler les écrous et les engrenages, à mortaiser, à percer

Id. DELISLE et Cie, à *Paris*. — Machines diverses, règle parallèle, taille-crayon mécanique, presse à imprimer les étoffes, métiers à tisser, à faire la tapisserie. (B) 1839.

Id. DESHAYS, à *Paris*.— Machines pour fabrication de bourses, régulateur, etc. (A) 1827, R. (A) 1834, (A) 1839.

Id. DUBOS, à *Paris*. — Battant mécanique à boîtes à rotation, pour la fabrication des châles.

Id. FOUCHER, à *Paris*. — Métier à tisser des chaussons, chaussons tressés.

Id. GIRARD (le chevalier de). — Machines diverses, machines à daguer et à peigner le lin, nouvelles turbines, greniers à blé, appareils pour la fabrication du sucre de betteraves, lixiviateur, appareil évaporatoire et nouveau filtre pour la clarification des sirops, au moyen du noir fin.

Id. JAUD, à *Paris*.— Mécaniques à devider la soie.

Id. LANÉRY, à *Paris*. — Mécanique à tisser.

Id. LANEUVILLE, à *Paris*.—Mécaniques à faire les cordons et à battre au blanc.

Id. LEGRAS et POITEVIN, à *Paris*. — Métier circulaire.

Id. MARY, à *Paris*. — Métiers à la Jacquart.

Id. PASCAL, à *Paris*. — Machines à tisser.

Id. PICARD et GUIRAUD, à *Paris*. — Métier à tissus, châle en laine et tissus divers.

Id. TACHY, à *Paris*. — Rouets à filer, métiers à broder, à dentelle, boîtes.

Seine-Infér. BENOIST, à *Rouen*. — Métier dit *taille-mèches*. (B) 1839.

Id. FOURCROY, à *Rouen*. — Rota-frotteur.

Id. HALL (John), POWEL et SCOTT, à *Rouen*. — Machine à fouler les draps.

Id. LAGOGUÉE, à *Macomme*.— Un batteur étaleur à coton.

Id. MALTEAU, à *Elbeuf*. — Machines rotatives à fouler les draps et une machine propre à laver la laine.

Id. PAULY, à *Rouen*. — Machine dite armure sans cartons adaptée aux métiers à la Jacquart.

Somme. BRIEZ, à *Friville*.—Cylindres cannelés pour filatures.

Tarn-et-Garon. PAUILHAC, à *Montauban*. — Machine à tondre les draps.

d. Machines à imprimer.

Rhin (Haut-). HUGUENIN et DUCOMMUN, à *Mulhausen*. — Machine à imprimer les étoffes.

Seine. CLICQUOT, à *Paris*. — Rouleaux gravés, laminoir. M. H. 1827, (B) 1839.

Seine. DELAHAYE, à *Paris*. — Débitants à rouleaux d'acier fondu, unis et gravés.

Id. ELIE, à *Saint-Denis*. — Planches pour imprimer à la main les foulards.

Id. FELDTRAPPE frères, à *Paris*. — Cylindres gravés à la molette pour l'impression des étoffes, cadre avec échantillons. (A) 1834 et 1839.

Id. PERROT, à *Paris*. — Machines à imprimer les tissus, le papier, la lithographie; appareil à détente variable (vapeur). (O) 1839.

Id. PIGNÉ et PIGACHE, à *Paris*. — Cylindres pour gravure.

Seine-Infér. AUBIN, à *Rouen*. — Cylindres à impression, pompes à incendie.

Id. LAVERDIN, à *Rouen*. — Cylindre en cuivre gravé, impressions sur calicots.

Id. OLDRINI, à *Rouen*. — Machine à chiner les cotons.

e. *Machines à papier.*

Aube. FERRAND-LAMOTTE, à *Troyes*. — Régulateur à niveau d'eau, à l'usage des papeteries mécaniques, presse à cylindre, machine à couper le papier.

Charente. CALLAUD-BÉLISLE (G.), à *Maumont*. — Machines à éplucher, satiner, glacer et filigraner.

Seine. CHAPELLE et Cie, à *Paris*. — Machine à fabriquer le papier continu. (O) 1839.

f. *Mécanismes et appareils propres aux constructions civiles, hydrauliques et navales.*

Aisne. POGNART, à *Chermizy*. — Machine à scier les pierres, pierres sciées.

Charente-Infér. COTTON frères, à *la Rochelle*. — Louve pour soulever et mettre en place les pierres d'appareil, cric à déclic, asple pour dévider la soie.

Côte-d'Or. APPARUTI, à *Pouilly-sur-Saône*. — Machine à faire les tuiles, moule à gazons, châssis à faire les pavés, etc.

Garonne (H.-). MONTET, à *Toulouse*. — Modèle d'un plan incliné appliqué aux canaux pour remplacer les écluses ordinaires.

Landes. GEOFFROY (Bertrand), à *Saint-Paul-les-Dax*. — Modèle de chemin à rails de bois.

Loir-et-Cher. DE BUZONNIÈRES, à *Nouan-sur-Loire*. — Machine dite *calibreuse*, pour le rebattage des tuiles.

Loire-Infér. BARONEAU, à *Nantes*. — Appareil de la force de 70 chevaux pour bateau à hélice, machine à percer les métaux.

Marne. PAQUIN. — Modèle de waggons.

Saône et Loire. NOZÉDA, à *Mâcon*. — Modèle de waggon, chemin de fer.

Seine. CARVILLE, aux *Moulineaux*, commune d'Issy. — Machine à mouler les tuiles.

Id. CHESNEAUX, à *Paris*. — Chemins de fer, waggons et trains de waggons.

Id. COMMUNEAU, à *Paris*. — Modèle de plan automoteur de chemin de fer.

Id. CORNU, à *Paris*. — Chemins de fer, locomotives.

Id. DELAMORINIÈRE, DURAND et SEGUIER, à *Paris*. — Bateau à vapeur en fer.

Id. HÉDOUIN, à *Paris*. — Bateaux, pirogue et canots.

Id. JOMEAU (Louis), à *Paris*. — Modèle d'un système de ponts à combles, modèle de passerelles, plans de ces modèles, fermetures de fours.

Id. LAIGNEL, à *Paris*. — Chemin de fer au cinquième, machines diverses. (A) 1834 et 1839.

Id. LETEURNIER, à *Paris*. — Machine à briques.

Id. MEDINGER, à *Paris*. — Bateaux mécaniques.

Id. MORT, à *Paris*. — Passerelle.

Id. MOUSSARD, à *Paris*. — Modèle de chemin de fer.

Id. NEVILLE et Cie, à *Paris*. — Modèle d'un pont.

Id. PARISE, à *Paris*. — Machine à fabriquer la brique.

Id. PRÉVAULT, à *Paris*. — Modèle de pont suspendu, pièce détachée, tableaux explicatifs.

Id. POSTES (administration des), à *Paris*. — Modèle d'hélice pour la navigation à la vapeur.

Id. ROGER, à *Paris*. — Machines à mélanger le béton et à broyer le mortier.

Id. SERVEILLE aîné, à *Paris*. — Modèles de chemin de fer avec waggons articulés, tuyaux en bois, rails en bois avec bandes de fer. M. H 1839.

Seine-Infer. MANOURY, à *Notre-Dame-de-Boudeville*. — Machine à faire de la brique.

g. Mécanismes divers.

Calvados. DELAMARCHE DE MANNEVILLE, à *Honfleur*. — Système de tonnellerie mécanique. (B) 1834.

Charente-Inf. BONNIOT, à *la Rochelle*. — Machine pour enlever les déblais des excavations.

Côte-d'Or. LEMONNIER-JULLY, à *Châtillon-sur-Seine*. — Égrappoir pour la préparation mécanique du minerai de fer.

Hérault. SAGNIER (Louis) et Cie, à *Montpellier*. — Bascules romaines pour le pesage. (B) 1839.

Loiret. CALLIER-DERVAUX, à *Gien*. — Voiture parachute.

Marne. ROUSSEAU, à *Épernay*.—Machine à essayer les bouteilles, *id*. à opérer les vins de Champagne, un acuponcteur.

Nièvre. GARILLAND, à *Nevers*. — Appareil propre à faciliter l'exploration des terrains qui renferment des mines, carrières, etc.

Nord. MEURS (Benoît), à *Valenciennes*. — Balances-bascules.

Rhin (Haut-). ADAM (Eugène), à *Colmar*.— Coupe-lanière avec ses accessoires.

Id. SALADIN, à *Mulhausen*. — Compteur pour vérifier la vitesse des machines, dévidoirs, machines diverses.

Sarthe. GOURDIN, à *Mayet*. — Horloge, rôtissoir, modèle de machine à vapeur, modèle de pressoir. (B) et C. F. 1839.

Seine. ANGER, à *Paris*. — Treuils et cabestans.

Id. AUDENELLE, à *Paris*. — Ressorts atmosphériques appliqués à différents mécanismes ou appareils.

Id. BAUDAT, à *Paris*. — Mécaniques à cylindre et à rouleaux pour scier le placage, les voliges et autres bois. (B) 1839.

Id. BOUCHON, à *Paris*. — Moulins à bras pour les granits et les minerais.

Id. CAMUS, à *Paris*. — Balances à bascule, brouettes, marteaux de moulin, moufles, tendeurs, pinces à plomber, etc. (B) 1834, à Camus-Rochon ; (B) 1839, à Camus.

Id. CART, à *Paris*. — Machine à scier le bois pour placage.

Id. CHARPENTIER fils, à *Paris*. — Balance-bascule à ponts.

Id. CHARPENTIER, à *Paris*. — Modèle de scierie mécanique.

Id. CONTENOT, à *Paris*. — Machines en fer et fonte pour broyer.

Id. DEGOUSÉE, à *Paris*. — Sondes et appareils pour les mines et puits artésiens ; atlas géologique des sondages exécutés. (A) 1839.

Id. DESAULLE jeune, à *Paris*. — Machine à broyer les couleurs.

Id. DOENS, à *Paris*. — Machine à soulever les fardeaux.

Id. DOUAISSÉ, à *Paris*. — Machine à hacher la viande.

Id. DULCHÉ, à *Paris*. — Machines pour battre le blé, la laine ; forges ; un ventilateur ; un appareil de boulangerie avec son tournebroche.

Id. ECK, à *Paris*. — Machine pour isoler spontanément un convoi de la locomotive. (B) 1834 et 1839.

Id. KURTZ, à *Paris*. — Machine à moirer et à gaufrer, balancier-découpoir, laminoir de bijoutier.

Id. LEBON, à *Paris*. — Moulins à broyer les cendres et minerais.

Id. MERTENS, à *Paris*. — Modèle de locomotive, machine à teiller le lin.

Id. MULOT, père et fils, à *Épinay*. — Outils de sondage. (A) 1839.

Id. NEPVEU, à *Paris*. — Moufles, modèle de grue avec chemin de fer suspendu et mobile.

Id. NEUBER, à *Paris*. — Machine à graver, combinée avec le tour universel. M. H. 1839.

Id. ROTTÉE, à *Paris*. — Machines à fendre les peignes, mandrins de tours, support à chariot, métiers. (B) 1834, M. H. 1839.

Id. SAULNIER, à *Paris*. — Engrenage en fonte, écrous taillés par une machine spéciale, planche en acier préparée pour la gravure, dessins de machines. (A) 1827. (O) 1834, R. (O) 1839.

Id. TOUAILLON, à *Saint-Denis*. — Machine à rhabiller les meules.

Sèvres (Deux-). LASSERON et LEGRAND, à *Niort*. — Grue dynamométrique en fonte et en fer.

Seine-et-Marne. DAVID-LYON aîné, à *Meaux*. — Machine à nettoyer les graines, un décortiqueur.

3° OUTILS.

a. Machines-outils.

Côte-d'Or. BOIGNOT, à *Belan sur Ource*. — Foret vertical pour la perforation des métaux.

Doubs. GARNACHE-BARTHOD, aux *Seignes des Gras*. — Tour universel, machine à fendre, outil à tailler, outil à justifier, tour aux vis, à l'archet et à lapidaire, compas à lunette aux engrenages. C. F. 1834 et 1839.

Id. GLORIOD, aux *Seignes*, commune des Gras. — Tour universel, machine à tailler, compas aux engrenages, tour à roue. C. F. 1834. M. H. 1839.

Isère. MOLLARD, à *Vienne*. — Machine à fileter, tourner, percer et aléser le fer.

Moselle. BODIN, à *Metz*. — Tours, filières, niveaux, rabots et autres instruments de mécanique.

Rhin (Bas-). SOCIÉTÉ ANONYME DE CONSTRUCTIONS MÉCANIQUES, à *Strasbourg*. — Tours, scies, découpoirs, pompes, crics, roues de waggons, etc.

Saône-et-Loire. SCHNEIDER frères, au *Creusot*. — Bielles, marteaux-pilons et machines à percer et à river les tôles, etc.

Seine. BAINÉE, à *Paris*. — Lits en fer et cisailles pour métaux. C. F. 1827, M. H. 1834, (B) 1839.

Id. BREGUET et BOQUILLON, à *Paris*. — Machine à tailler les engrenages hélicoïdes.

Id. BRITZ, à *Paris*. — Tour et ses accessoires.

Id. CALLA, à *Paris*. — Machine à planer les métaux, tour à roues de locomotives, machine à percer, machine à mortaiser, débouchoir, découpoir.

Id. CLERC (Armand), directeur de l'école d'enseignement pratique destinée aux orphelins pauvres pour l'exécution des outils d'horlogerie, à *Paris*. — Petits tours, filières et tarauds, coffrets, équarissoirs, outils de précision. (B) 1827, C. F. 1834.

Id. DARBO, à *Paris*. — Tours en cuivre et établis.

Id. GOUET, aux *Thernes*. — Découpoirs à levier concentrique. M. H. 1839.

Id. JOLIOT, à *Paris*. — Tours, meules marchant au pied et à la main.

Id. LARCIN, à *Paris*. — Machine à percer.

Id. LEMARCHAND, à *Paris*. — Tours avec accessoires, tels que chariot, support et mandrins. M. H. en 1827 et 1834.

Id. MARGOZ père et fils, à *Paris*. — Tours divers. (B) et M. H. 1834, (B) 1839.

Id. MARIOTTE, à *Paris*. — Machines-outils, scie circulaire, machines à planer, à tailler les écrous.

Id. MONTILLIER, à *Paris*. — Presses, filières, produits d'une machine à fileter.

Id. NORRET, à *Paris*. — Appareil pour remédier à la rupture des essieux sur les chemins de fer.

Id. PIHET, à *Paris*. — Tour parallèle, machines à tarauder, à percer, à tailler les écrous, carde à coton, carde fileuse pour la laine, objets divers. (B) 1823, à Pihet (Eugène) : (A) 1827 ; (O) 1834, à Pihet frères : R. (O) en 1839, à Pihet (Auguste).

Id. PLADIS, à *Paris*. — Machine à cintrer le fer.

Id. PROST (Jean), à *Paris*. — Machine à tailler les limes.

Id. ROUFFET, à *Paris*. — Tour, machines à percer, étaux. (B) 1827, R. (B) et C. F. 1834, R. (B) 1839.

Id. ROUEN, à *Paris*. — Machine à faire les moulures, vis à pas carrés avec écrous en cuivre, etc.

Id. VIGUIÉ et Cie, à *Paris*. — Plans de machines propres à la coutellerie, machine à forger à froid l'acier des lames, pièces brutes.

Seine-Infér. MINIER, à *Rouen*. — Machine servant à dresser les métaux.

b. Outils proprement dits.

Dordogne. BOURDEAUD, à *Excideuil*. — Appareil à battre les faux.

Eure. CLARY, à *Louviers*. — Rouleaux à émeri.

Manche. BELLOY-RODRIGUEZ, à *Cherbourg*. — Diverses poulies.

Seine. BERNIER aîné et frères, à *Paris*. — Établi, varlopes, outils divers. M. H. 1834, à Klein père.

Id. BINDER, à *Paris*. — Cric nouveau système.

Id. BOLLÉ, à *Paris*. — Tournebroches, presse à lacet et œillets.

Id. BOTTIER, à *Paris*. — Outils propres à battre l'or, échantillons d'or battu. (B) 1834.

Id. BOUCHER, à *Pantin*. — Nouvel extracteur pour jus de betteraves.

Id. BUTT, à *Paris*. — Machine à clous d'épingles.

Id. CHÉRET, à *Paris*. — Filières à tarauder.

Id. CRETENANT, à *Batignolles*. — Essieu, rouillère à vapeur pour forge. C. F. 1839, pour outils de forge ; M. H. 1839 pour outils divers.

Id. CROUSSE, à *Paris*. — Outils de gaufrage, gaufroirs, cuvettes, emporte-pièces, presse à gaufrer. M. H. 1839.

Id. DUMAY, à *Paris*. — Outils de différentes formes pour selliers.

Id. DURAND, à *Paris*. — Poulies métalliques d'assemblage et de marine.

Id. FAN-ZVOLL, à *Paris*. — Machine à raboter

les moulures en bois. (B) 1839.

Id. GENESTE, à *Paris*. — Découpoir excentrique en fonte, fer et cuivre, nouveau système.

Id. GÉRARD, à *Paris*. — Établi avec outils. C. F. 1834.

Id. HUTIN, à Paris. — Outils et assiettes pour doreurs. (B) 1839.

Id. JULLIEN, à *Paris*. — Mécanique pour fixer les œillets métalliques et pour ferrer les lacets. M. H. 1839, à Coulliez.

Id. KLEIN, à *Paris*. — Établi et outils pour l'ébénisterie. M. H. 1834.

Id. LACARNOY, à *Paris* — Filières et tarauds.

Id. MERCIER-BLANCHARD, à *Paris*. — Outils pour selliers, bottiers, tailleurs, etc.

Id. MONTEBELLO (Alfred de), à *Paris*. — Machine destinée à boucher les bouteilles.

Id. RENARD, à *Paris*. — Outils et instruments pour la gravure. C. F. 1834, (B) 1839.

Id. SIMON, à *Paris*. — Mécanique à cambrer les tiges de bottes.

Id. VACHÉ, à *Paris*. — Machine à fabriquer les clous d'épingles.

Id. VIGOUREUX, à *Paris*. — Cric à double vis. C. F. 1839.

Seine-et-Oise. JOLY, à *Argenteuil*. — Machines à boucher le vin de Champagne, et sondes pour les géologues.

Vienne (H.-). MAYOUT, à *Limoges*. — Tranchet mécanique pour redresser les souliers.

DE LA STATISTIQUE INDUSTRIELLE.

(1er article.)

On écrit tous les jours des volumes sur les conditions de l'industrie manufacturière, ses besoins, ses tendances; on se lance dans des dissertations à perte de vue sur la concurrence que se font les capitaux, sur celle des ouvriers, sur les salaires, sur les machines, toutes questions de la plus haute importance et par cela même fort complexes. On discute la supériorité de telle branche de la production française sur telle autre ou sur la branche correspondante d'une industrie étrangère; on pose des généralités hasardées une première fois, et, faute de contrôle, acceptées dans la circulation. Tous ces écrits, tous ces discours sont fort consciencieux, sans nul doute, souvent bien pensés; mais utiles et profitables, c'est ce que nous nous permettrons de contester. Or, que leur manque-t-il pour être empreints du cachet d'utilité pratique? La connaissance des faits, la constatation précise de ce qui existe, le tableau exact des conditions qui régissent l'industrie et dont nul ne possède l'ensemble, pas plus l'État que les savants ou les industriels.

L'industrie, à mesure qu'elle se développe et qu'elle sent sa puissance, est en même temps travaillée du besoin impérieux de se régulariser, de se placer dans un cadre qui circonscrive ses mouvements sans les gêner; elle appelle de toute sa force une organisation, une unité multiforme où la hiérarchie se trouve d'accord avec la liberté. Elle a soif enfin de mesures directrices, d'une gestion supérieure et intelligente. A qui appartient ce rôle? Sans doute, c'est à l'État. Et cependant l'État hésite; il semble reculer devant cette glorieuse initiative. Est-ce parce qu'il ne comprend pas toute la portée future d'une pareille souveraineté, basée non plus sur les fictions politiques, mais sur la réalité des intérêts? Loin de là; mais il entrevoit mieux que personne la gravité d'une décision, et par cela même il recule à la prendre. Il n'a pas de plan arrêté; les faits nécessaires pour juger lui manquent; les éléments réels, les pièces de conviction lui font défaut. Dans l'ignorance presque complète où il se trouve des données de la question, des conditions industrielles dont on n'a même jamais dressé le tableau, et que nous exposerons en partie dans cet article, l'État préfère rentrer dans un *statu quo* volontaire, moins dangereux qu'une fausse mesure, limité d'ailleurs par le mouvement spontané et continuel, malgré sa lenteur, qui pousse le monde vers le progrès.

Toutefois, s'il est encore possible à l'État de différer, pour quelques années, son rôle obligé de grand régulateur de l'activité du pays, s'il réussit, grâce au palliatif des préoccupations politiques, à ajourner les vastes idées organisatrices, il se voit tous les jours assailli par des difficultés d'un ordre déjà fort élevé, et qui doivent suffire pour lui faire regretter soit l'absence d'un système directeur, soit le défaut de lumières positives, de renseignements précis.

Qu'une industrie se dise en souffrance, et qu'elle appelle à son aide, de la part du pouvoir, un tarif tutélaire ou toute autre mesure paternelle; qu'une autre réclame au contraire la suppression de droits qui lui font payer à des prix trop élevés les produits qu'elle élabore; qu'une lutte s'élève entre deux grandes industries placées en hostilité ouverte et dans une divergence complète d'intérêts; qu'une collision s'engage entre les maîtres et les ouvriers sur les salaires, sur la durée du travail ou toute autre relation délicate de ces deux grands agents producteurs; qu'enfin un de ces innombrables événements qu'on ne peut ni prévoir ni dominer se manifeste inopinément, que peut, que doit faire un pouvoir ferme et bienveillant à la fois? Constater avec une rigoureuse exactitude les intérêts en jeu, peser les considérations matérielles et morales qui plaident en faveur de chacun, et se décider pour le côté vers lequel penche la balance. Son rôle se trouve tracé et son arrêt dicté par une comparaison équitable. Il est vrai que cette constatation même est la véritable difficulté. Elle exige la connaissance approfondie des conditions spéciales aux diverses industries dans chaque pays, dans chaque canton, dans chaque établissement, la détermination des valeurs qui s'y trouvent, soit engagées comme capitaux, soit consommées ou produites comme éléments de fabrication, la fixation des prix de revient et de vente, la mise en lumière des habitudes commerciales, des débouchés et des voies de communication, enfin l'étude complète de toutes les usines du pays, prises une à une et réunies entre elles par des groupements raisonnés. Nous verrons dans quelques instants à quel cadre de recherches correspond un pareil programme; mais nous pouvons du moins affirmer à coup sûr que l'État, dans la situation actuelle de ses lumières administratives, ne possède pas cet ensemble satisfaisant de documents, et si nous avions besoin de preuves à ce sujet, il nous suffirait de rappeler l'embarras où il se trouve en face de toutes les questions qui surgissent du genre de celles que nous avons exposées. Sommes-nous déjà si loin de l'affligeante lutte des deux sucres, dont les hostilités sont suspendues, mais non terminées? Les vins ont-ils obtenu de l'État tout ce qu'ils se croient en droit d'obtenir, ou leurs prétentions ont-elles été démontrées, de par les faits, déraisonnables et inadmissibles? Les troubles si récents de Rive-de-Gier ont-ils été, pour le pouvoir, une occasion de prouver que ses décisions sont basées sur une parfaite connaissance des faits industriels et des questions morales qui s'y rattachent? Il ne nous serait pas difficile d'accumuler les exemples pour démontrer que, dans chacun des graves problèmes que l'anarchie industrielle soulève sous ses pas, la conduite du pouvoir est purement politique, atteste uniquement sa sollicitude pour l'ordre des rues, mais fait en même temps foi de la plus grande insouciance pour le désordre de l'atelier, le seul vraiment à craindre.

En face de cette conduite incertaine et malhabile de l'État, nous sommes forcé d'accuser ou son bon vouloir ou ses lumières. Nous préférons croire au peu de clarté de celles-ci.

En descendant de cette hauteur de vues, si nous envisageons non plus les rapports des industries, soit entre elles, soit avec l'État, mais les simples intérêts des individus, là encore nous retrouvons même besoin de renseignements précis et même disette de documents dignes de foi. Tout ce qu'on possède sur la statistique de l'industrie française consiste en quelques faits dont nous apprécierons la valeur, et recueillis à peu près au hasard par l'État, dans ses enquêtes occasionnelles ou par de savants investigateurs armés seulement de leurs moyens personnels et fort limités.

Qu'un capitaliste, disposé à engager ses fonds dans une entreprise, veuille connaître au préalable la concurrence qu'il doit rencontrer sur le marché; qu'il se propose de savoir le nombre des producteurs du même ordre, l'importance de leur courant d'affaires et la place qu'il lui est possible d'occuper dans l'offre des produits; ces renseignements détaillés, soit sur la production, soit sur la consommation, où les trouvera-t-il ?

Que des ouvriers, chassés de leurs ateliers par les machines, le chômage ou toute autre cause, veuillent connaître le côté vers lequel ils doivent porter leur pas, en s'éclairant sur le taux comparé des salaires dans les divers cantons de leur industrie, à qui s'adresseront-ils pour en être informés? Où se trouvent des tableaux dressés sur le prix et la concurrence de la main-d'œuvre pour les diverses parties de la France et les diverses branches de la production ?

Qu'un savant, frappé de l'incohérence des faits et des intérêts industriels, prenne à tâche d'en trouver les liens et les communs rapports; il veut appuyer sa théorie d'exemples et de résultats pris dans la pratique. A quelle source pourra-t-il les puiser?

Mais, dira-t-on peut-être, cette science statistique est-elle aussi complètement dans l'enfance que le supposent les assertions précédentes? Est-il possible que, sinon pour les détails, du moins pour les grandes masses, l'État ou les savants traités publiés sur cette matière ne possèdent pas un ensemble de renseignements déjà fort satisfaisant ?

Si difficile que cela paraisse, cela est cependant, et, pour en convaincre les plus incrédules, il nous suffira de poser quelques questions de véritable statistique industrielle, à propos d'une branche quelconque de l'industrie française. S'il se trouve une personne, un document, même inédit, une source, même cachée, d'où puissent sortir les réponses à ces questions, nous reconnaîtrons notre erreur et nous proclamerons cette science, sinon complète, du moins fort avancée. Voici quelques-unes de ces questions :

Connaît-on, pour une branche manufacturière prise au hasard, le nombre et la position de tous les établissements qui s'y livrent, la consistance et les procédés techniques de ces divers établissements ?

Peut-on se rendre compte de l'importance relative des produits qu'ils créent et des matières qu'ils consomment ? Y a-t-il moyen d'apprécier les éléments constituants du prix de revient des produits, de leur prix de vente, du bénéfice normal ?

A-t-on quelques lumières sur les capitaux engagés dans chacun de ces établissements, sur leurs frais généraux et sur le solde de leur position financière ?

Sait-on tout ce qu'il importe de connaître sur l'origine des matières consommées, les débouchés des produits, les marchés commerciaux, les moyens et les voies de transport ?

Quant à ces questions plus graves qui touchent à la situation des classes ouvrières, possède-t-on les chiffres et les documents relatifs aux taux des salaires, au nombre et à la force des machines, à la durée des chômages, à tant d'autres éléments indispensables pour la fixation du sort des travailleurs ?

Il suffit de cette courte énumération pour que tout le monde confesse qu'il n'y a pas une seule de ces questions auxquelles, dans l'état actuel de nos connaissances, il pût être fait une réponse satisfaisante, pas même sur le nombre des établissements qui s'occupent de chaque industrie. Or, quoi de plus simple et de plus primitif qu'un pareil document ?

Après une démonstration aussi complète d'une ignorance tellement achevée, comprend-on maintenant que les économistes, dont la science doit être la longue-vue de l'État, acceptent en toute tranquillité un pareil état de choses ? Expliquera-t-on comment ils ne se hâtent pas, eux qui tiennent au pouvoir par tant de côtés, dont les idées font autorité, dont les propositions ne tombent pas dans les limbes et les bas-fonds des cartons administratifs, de forcer l'État à entrer sans retard dans cette voie de l'étude positive des faits, et de la collection des documents dont l'absence est la cause première de sa dangereuse apathie?

Du jour où un miroir fidèle représentera la situation vraie des ateliers, de la population ouvrière, de ses misères, de ses intérêts, éclairera tous les mystères de la production que les grands privilégiés de l'industrie tiennent dans l'ombre, montrera dans leur réalité alarmante les rapports actuels des maîtres et des travailleurs, de ce jour, l'État sera mis en mesure de combattre à coup sûr des périls dont le vague l'effraye aujourd'hui, et de préparer, soit par une organisation générale, soit par de sages lois de détail, une régénération industrielle qui garantisse sa propre sécurité et la prospérité du pays.

Nous examinerons dans un prochain article quel est, suivant nous, le cadre de la statistique industrielle, et par quels moyens l'État pourrait arriver à remplir cet utile programme.

E. Lamuloniere.

DES

CONDITIONS D'ADMISSION

A L'EXPOSITION DE L'INDUSTRIE.

LES INVENTEURS.

NE des premières questions qui se présentent naturellement à l'esprit en parcourant les galeries construites pour l'industrie, est celle de l'admission même des produits qu'elles renferment. On se demande, en voyant ceux qui s'y trouvent, quels sont ceux qui ne s'y trouvent pas; et l'on est amené, en cherchant la réponse, à étudier les motifs qui ont décidé l'admission et l'exclusion elle-même.

Il semble, au premier aspect, qu'une seule règle pouvait être suivie : *la qualité relative des produits*, et que les jurys départementaux ne peuvent en avoir adopté d'autre.

Mais cette règle si simple en principe est devenue, lorsqu'il a fallu l'appliquer, singulièrement compliquée. On a vu s'élever alors des questions accessoires dont la solution était indispensable, et elles ont pris une importance d'autant plus grande qu'elles ont décidé bien souvent l'arrêt d'exclusion ; arrêt fatal et presque sans appel possible, malgré la suzeraineté nominale du jury central. Elles sont devenues d'autant plus graves qu'elles ont été controversées. Résolues dans un sens par un jury, elles peuvent l'avoir été différemment par un autre ; en sorte qu'un produit rejeté par celui de la Seine pourrait avoir été admis par celui du Rhône, du Nord, du Gard ou de la Gironde.

Tout cela peut paraître singulier au premier abord, et cependant c'était naturel et presque inévitable. Tous les jurys, agissant dans la plénitude de leur droit et dans l'impartialité de leur conscience, ont dû forcément arriver à l'anomalie que nous indiquons. Pourquoi ? C'est qu'aussitôt après avoir posé cette base éminemment rationnelle, que la qualité comparée des produits devait régler leur admission, on arrivait inévitablement à se poser cette seconde question. Quels seront les produits admis à être comparés ? C'est-à-dire quels sont les produits véritablement industriels ?

Or, avant de répondre à cette question si simple en apparence, que de difficultés à résoudre ! Il faut préciser au juste ce qu'on entend par cette dénomination nécessairement élastique et vague de *produits industriels* ; il faut fixer les limites respectives de la science, de l'industrie et de l'art, ces rivaux entreprenants qui se partagent l'empire du travail humain, qui envahissent et empiètent sans cesse sur leurs domaines réciproques, qui se mêlent et se confondent si souvent dans une même œuvre. Comment rendre à chacun d'eux ce qui lui appartient dans ces productions complexes qui doivent leur perfection même à cette union si féconde des facultés créatrices! Il faudrait renouveler le jugement célèbre du sage hébreu, et partager l'enfant réclamé par deux mères. Et ne voyons-nous pas même aujourd'hui figurer à l'exposition de l'industrie ces statues de bronze que quelques jours auparavant nous contemplions au musée du Louvre? On n'a pu les diviser, mais on les transplante au gré de ce jugement à double face, indécis et complexe comme la nature même de l'objet qu'il doit spécifier. Aussi, qui pouvait diriger les jurys, une fois entrés dans cette carrière ardue, hérissée de discussions sans nombre, d'hésitations sans fin, de décisions sans accord entre elles? Combien de définitions diverses, de catégories variables, de classements plus ou moins judicieux, d'exclusions, de radiations, de réintégrations contradictoires! D'accord nécessairement sur le principe, sur la base de la comparaison relative entre les objets, les jurys ont dû tous délibérer de leur côté sur l'application, et de tant de délibérations distinctes et sans règle commune, il ne pouvait sortir une doctrine uniforme. L'unité de jugement rompue, la confusion commence.

Au milieu de ce dédale où les jurys départementaux devaient se plonger par la fatalité même de leur situation, il existait cependant un guide. L'administration supérieure avait bien prévu toutes les difficultés qui se présenteraient en foule. Avec une louable prévoyance, elle avait cherché à planter quelques jalons, à indiquer les points principaux sur lesquels l'attention devait se porter. Mais forcée dans ces instructions générales qui, s'adressant à la fois à tous les points de la France, devaient s'appliquer à l'immense diversité des industries, d'embrasser en quelques pages toutes les questions administratives, sociales et industrielles qui s'y rattachent, elle a dû rester dans une juste mesure de circonspection et de prudence. Il fallait éclairer les jurys locaux tout en leur laissant l'appréciation de leur situation spéciale et l'indépendance indispensable pour la liberté de la conscience et l'équité des jugements.

Cette indépendance s'est largement manifestée: les uns ont cédé, les autres ont résisté. Pendant que certains départements proscrivaient certaines catégories, les autres les admettaient sans restriction. La circulaire du ministre invitait les jurys à écarter les pièces anatomiques; entrez à l'exposition, à peine avez-vous fait quelques pas à gauche, vous voyez se dresser devant vous des cadavres écorchés. — Les corsets étaient proscrits; ceux de Paris ont forcé la barrière. — Les appareils médicaux étaient exclus; on ne voit que bandages et pièces chirurgicales. — On avait décrété l'ostracisme des perruques; mais les coiffeurs de Paris ont réclamé le libre exercice de leurs droits industriels, et les fabricants de toupets ont conquis leur place au soleil. — Les spécimens d'invention et de perfectionnement qui n'avaient pas encore reçu d'application en grand devaient être repoussés. Eh bien, un jury a admis bien moins encore. Ce n'est pas même un spécimen d'invention; il a reçu le *Mémoire explicatif de l'invention*. — Au milieu de ces contradictions, où est la règle? que doivent penser ceux que l'arrêt a frappés sous le prétexte qu'ils étaient rangés dans les catégories proscrites? Évidemment tout s'est réduit à un hasard de localité. Il y a eu divers poids et diverses mesures.

Nous le répétons, c'était inévitable; et des questions douteuses devaient être différemment résolues selon les lieux. Mais nous pensons aussi qu'il reste aujourd'hui quelque chose à faire. C'est dans les questions controversées qu'une discussion désintéressée est surtout utile. Elle nous paraît le seul moyen possible d'obtenir cette unité si désirable qui peut seule donner aux jugements une force réelle. Serait-il possible de formuler sur toutes les dissidences qui ont divisé les jurys une décision précise qui ne laissât plus de place au doute ou à l'erreur? Cela paraît difficile. Mais plus les questions seront débattues, plus l'attention des hommes éclairés se réunira sur les points en litige, plus on s'approchera de la vérité. C'est dans ce but que nous allons émettre aujourd'hui quelques-unes de nos idées.

N'entreprenons pas dès l'abord la définition de ce qu'on peut entendre par produit industriel. Ce serait soulever sous nos premiers pas trop de débats *complexes*. Éloignons les questions générales pour prendre les questions positives une à une; et puisqu'il s'agit d'objets à recevoir, voyons s'il n'en est pas par leur caractère intrinsèque qu'on doive admettre préférablement à tout autre, quelle que soit leur dénomination et leur catégorie.

Remontons d'abord au principe invariable, universel, inattaquable, qui a servi de base aux décisions de tous les jurys. — L'admission doit être décidée par la qualité relative des produits. — Mais comment distinguera-t-on cette qualité? quel sera le mérite qui décidera la préférence entre deux produits similaires?

Il me semble qu'il faudra inévitablement que la préférence soit motivée par l'un ou l'autre des deux mérites suivants : — Ou bien l'objet offert au concours sera nouveau, présentera une création originale réalisant des effets utiles ; — ou bien il reproduira des types usuels, des objets déjà connus, fabriqués par des moyens déjà usités, mais dont il sera l'application perfectionnée ; il offrira une amélioration évidente soit pour le prix de revient, soit pour la perfection de la fabrication elle-même. — Dans le premier cas, le produit présenté sera une conquête nouvelle de l'intelligence humaine ; ce sera un accroissement de domaine offert à l'industrie, un nouveau besoin satisfait, une nouvelle source de jouissances ouverte à la société ; ou bien une économie de temps, de force, de richesse dans la production, et par conséquent une richesse elle-même, une économie dans les dépenses de la vie sociale.

Dans l'autre, ce sera la réalisation du perfectionnement graduel de l'industrie, l'effet du mouvement ascensionnel de la science et de l'art, l'expression de la marche progressive de la société humaine qui s'enrichit chaque jour.

Maintenant, si ces produits sont admis comme supérieurs chacun en leur genre, l'un par l'invention, l'autre par la fabrication, quel est celui qui sera le plus digne de l'attention et de la faveur publique ? A notre avis, c'est celui où l'invention domine. Qui pourrait nier que cette faculté créatrice ne soit le plus bel apanage de l'industrie ? C'est sa force, sa vie, son avenir. Par l'invention seule, elle progresse, elle s'améliore, et par le progrès seul elle vit et se soutient. Pour vivre, il faut qu'elle marche sans cesse en avant, qu'elle se fraye des voies nouvelles. Lorsqu'elle s'arrête, lorsque le présent se contente des découvertes du passé, l'avenir lui manque. Si donc il faut ouvrir à quelqu'un les portes du palais de l'industrie, c'est sans contredit aux inventeurs.

Cependant, des restrictions ont été apportées à leur admission, des objections leur ont été faites ; nous allons les résumer et tâcher d'y répondre.

Il faut distinguer, a-t-on dit, entre les inventions théoriques et les inventions pratiques. N'oublions pas que l'exposition de l'industrie est exclusivement consacrée aux *produits* ; ce sont donc les produits de l'invention qu'il faut admettre plutôt que l'invention elle-même. On doit repousser ces spécimens d'invention et de perfectionnement dont les résultats n'ont pas encore reçu la sanction de l'expérience ; il convient d'attendre à leur égard que le temps les ait fait passer du domaine de la science dans celui de l'industrie. Ne laissons pas encombrer les galeries par ces essais, sans applications matérielles, sans développement déjà réalisés, et qui spéculent seulement sur l'avenir : l'exposition n'est que l'image du présent. Ce qu'il nous faut, ce sont des produits, des résultats positifs, de l'industrie en un mot, et de l'industrie en grand.

Nous n'avons pas affaibli la force de ces objections ; mais, pour les combattre, nous nous replacerons aussitôt sur un terrain plus solide : sur celui des faits. Il faut distinguer, dit-on, entre les inventions théoriques et les inventions pratiques. Comment établir cette distinction ? Si les jurys départementaux sont appelés à la discuter, sur quelle base pourront-ils s'appuyer ? Donnez-vous, en même temps que l'idée de la distinction, une règle sûre, invariable pour l'appliquer ? une règle tellement uniforme, tellement mathématique que le jury du Nord la suive sans hésiter, comme celui de la Seine, comme celui des Bouches du Rhône ? Si cette règle n'existe pas, si vous n'avez pas le moyen de la formuler à l'instant, ne voyez-vous pas que vous créez immédiatement le désordre des jugements et la partialité des admissions suivant le hasard des localités ?

Prenons immédiatement un exemple. On soumet au jury une machine, entièrement nouvelle, sans précédent connu. Doit-il l'admettre ? est-ce une invention théorique ou une invention pratique ? — Le moyen de le reconnaître est facile, répondra-t-on ; il est indiqué à l'avance. Il faut savoir si cette machine a reçu la sanction de l'expérience, si elle est appliquée, exploitée en grand.

Ainsi, dès ce moment, ce n'est plus l'inventeur que vous admettez, c'est l'exploitant ; ce n'est plus l'homme qui a créé, qui a enrichi l'industrie, qui lui a ouvert une voie nouvelle et féconde, c'est le spéculateur que vous récompensez. Ce n'est plus l'invention, ce premier, ce plus grand mérite des œuvres humaines, qui paraîtrait le caractère principal pour décider l'admission, mais la manufacture, le nombre d'ouvriers et le capital. Le principe est détruit, et l'application devient facultative, sinon dérisoire.

Quelles bornes poserez-vous, en effet, à cette nécessité de l'exploitation ? Qu'entendez-vous par une invention suffisamment appliquée ? Combien de machines faudra-t-il avoir construit pour que l'idée paraisse non plus théorique, mais industrielle? Dès ce moment l'on rentre nécessairement dans l'arbitraire local, dans les appréciations diverses, dans les jugements contradictoires, et la difficulté s'accroît par le moyen même indiqué pour la résoudre.

Ce n'est pas tout encore. Sans doute nos mécaniciens, nos grands constructeurs inventent mieux et plus que personne; leurs œuvres sont là pour en faire foi indépendamment des paroles du jury central. Mais peuvent-ils seuls avoir le monopole des inventions utiles? Non sans doute. Tout le monde ne sait-il pas que Jacquart n'était pas, lui, un grand constructeur de machines; que son admirable métier, lorsqu'il fut exposé, n'était qu'une invention théorique, non consacrée par la sanction de l'expérience? Il n'eût donc pas été admis aujourd'hui, selon la nouvelle doctrine, et eût été privé même de cette médaille de bronze que le jury de 1801 lui accorda pour son nouveau mécanisme, qui pouvait, dit-il, simplifier le tissage des étoffes brochées, en supprimant l'ouvrier tireur de lacs. Ainsi le métier de Jacquart eût été un spécimen d'invention théorique sans développements réalisés, et il aurait fallu attendre, pour qu'il méritât l'exposition, que le temps l'eût fait passer dans le domaine de l'industrie.

Le temps! mais souvent loin de venir en aide à l'inventeur, il épuise ses ressources et le jette dans l'oubli. Le temps est-il venu au secours de l'inventeur du métier à bas, dont l'Angleterre s'est si longtemps enrichie à nos dépens? Pourquoi donc priver, par une exception singulière, l'inventeur même du bienfait de la publicité, et le forcer d'en appeler au temps et à la postérité qui l'ignorera peut-être, tandis que la routine triomphe et obstrue tous les passages?

Eh bien, qu'il fabrique, qu'il ait des produits; si son invention est bonne, si elle améliore en effet la fabrication, il trouvera à la fois la publicité et la fortune. — Ceci n'est qu'une nouvelle erreur que les faits réfutent et détruisent sans retour. Tous les fabricants ne sont pas inventeurs, et le plus grand nombre des inventeurs ne sauraient devenir fabricants. Car, chose singulière, les plus utiles inventions sont sorties du génie d'hommes étrangers à la pratique de l'industrie qu'ils perfectionnaient ou qu'ils créaient. Papin était médecin; Arkwright perruquier; Gutenberg n'était pas copiste de manuscrits, que je sache, et Faust était orfèvre; Galilée n'était pas horloger lorsqu'il découvrit la loi du pendule, et il n'a pas construit un seul chronomètre; Pascal n'était pas charron lorsqu'il inventa le haquet, et l'inventeur de la chaîne sans fin à puiser était facteur de la poste aux lettres.

Dites donc à ces célèbres, à ces utiles inventeurs qu'ils ne seront admis à l'exposition de l'industrie qu'à la condition d'ouvrir des ateliers, de monter des établis, de confectionner des appareils. S'il fallait que l'inventeur, pour qu'il pût prendre place à la fête de l'industrie, fût lui-même fabricant des objets qu'il invente, autant vaudrait parquer chacun dans son métier, refaire à l'usage du génie les castes égyptiennes, et décréter que nul ne pourra désormais inventer que dans le ressort de sa profession et dans la limite de sa patente.

Nous n'avons pas besoin d'en dire beaucoup plus. On voit quels seraient les inconvénients de cette exclusion mal définie pesant sur les inventeurs, c'est-à-dire confusion, incertitude, contradiction dans la décision des jurys locaux, viciées dans leur principe, privées de leur influence réelle et de toute autorité morale : voilà pour le présent. Et pour l'avenir, *perte* peut-être d'inventions utiles, *perdues* pour l'industrie faute de publicité, faute de cette appréciation qui résulte de l'essai au grand jour, que donnent le contact des objets rivaux, l'étude des parties intéressées, l'examen des juges compétents; inventions qui périraient faute de lumière ou qui passeraient à l'étranger.

Mais quels seraient les inconvénients de la marche contraire? Quelle raison porte donc à repousser les inventeurs? Craint-on de voir le palais de l'industrie nationale inondé par des inventions futiles ou absurdes que multiplierait la tolérance des jurys départementaux? Nous répondrons, et c'est par là que nous finirons : Laissez au bon sens du public, laissez à l'expérience éclairée des producteurs, à l'intelligence des consommateurs, à la critique des concurrents, le soin d'étouffer sous le ridicule les productions inutiles ou avortées. C'est la meilleure et la plus sûre justice, et ces inventeurs ainsi jugés, condamnés au grand jour et sur le poteau de l'exposition où ils auront cru trouver le triomphe, ne pourront crier à l'injustice, à la partialité, et attaquer ces arrêts rendus sans jugements qui les autorisent à se draper en victimes.

FABRE D'OLIVET.

PIANOS.

—

MM. ÉRARD, RUE DU MAIL.

Lorsqu'on arrive dans la vaste partie des galeries de l'exposition envahie par les pianos, on trouve, presque au centre de l'angle qu'ils occupent et saillant par sa position autant que par son importance, l'espace consacré aux produits de la maison Érard. A la fois tête de colonne et centre de ralliement, cette disposition locale paraît dominer les groupes voisins, tout en leur donnant de l'unité. Il semblerait qu'on a voulu figurer par cet arrangement matériel la place que MM. Érard occupent parmi leurs confrères. Telle est, en effet, la position de ces grands fabricants, que leur supériorité est incontestée, même par leurs collègues les plus distingués. Recourir aux preuves de ces assertions, ce serait retracer l'histoire presque complète du piano, et cette tâche rentre plutôt dans l'étude générale que nous aurons à faire de cette importante fabrication, qu'elle ne constitue l'examen d'un industriel considéré individuellement. Toutefois, nous prendrons notre parti sur des répétitions qu'on ne saurait éviter qu'au prix d'une injustice réelle et en passant sous silence les plus beaux titres de la maison Érard.

Heureux les hommes qui sont tellement identifiés avec leur art, qu'on ne saurait s'occuper de celui-ci sans se trouver en face de leurs noms, et qui semblent être nés avec lui pour ne finir que quand il s'éteindra !

Ce n'est pas seulement à d'habiles manufacturiers, à d'honorables fabricants, que s'adresse un pareil tribut d'éloges. C'est au génie, à la puissance créatrice, à la savante patience de Sébastien Érard que nous rendons hommage : c'est le culte de sa tradition, c'est l'amour constant du progrès, c'est la largeur des vues et des procédés que nous honorons chez ses successeurs.

Dépositaires d'un nom devenu européen et d'une fortune qu'ont amassée soixante années de travaux, ils se sont regardés comme les continuateurs de l'œuvre du premier des Érard, et ont concentré sur cette mission les immenses ressources dont ils disposent. Aussi ont-ils pu créer pour la facture des instruments de musique un de ces centres de fabrication analogues par leur étendue à ces grands établissements où la haute industrie accumule les ouvriers par centaines et entasse les capitaux par millions. Grâce à cette importance et aux habitudes industrielles qu'ils ont puisées en Angleterre, où ils sont allés combattre l'ancienne facture de pianos sur son propre terrain, ils ont introduit dans leurs vastes ateliers tous les procédés de la science économique la plus avancée. Si leurs instruments se trouvent toujours à la tête de ce genre de produits, on se tromperait en en attribuant exclusivement la supériorité à l'esprit d'invention et aux savantes combinaisons mécaniques dont cette famille semble avoir reçu l'apanage. Il convient d'en reporter en partie le mérite sur l'organisation des travaux et des moyens matériels d'exécution. Le grand principe de la division des fonctions, la méthode des approvisionnements de longue date, les spécialités classées dans les nombreuses industries accessoires dont le concours est nécessaire à la facture, tout cet ensemble de conditions pratiques a été depuis longtemps amené à un haut degré de perfection dans le grand établissement de la rue du Mail et dans celui de Londres.

Mais en opérant sur une aussi vaste échelle, il y avait un écueil à éviter, c'est qu'on ne fût entraîné à produire la quantité plutôt qu'à soigner la qualité et l'exécution : la nécessité d'une fabrication sans intermittences et la charge de capitaux aussi énormes pouvaient jeter ce vaste établissement dans la voie d'une production considérable et fort économique, mais indigne de son nom et de son passé, sous le rapport du fini. Tout lui rendait facile une pareille détermination : chacun de ses ateliers spéciaux, mécanisme, ébénisterie, montage, est aussi considérable que les divers ateliers qui se sont fondés à Paris pour ces diverses branches de la facture. Il était donc aisé d'imiter avec moins de frais le procédé suivi par la plus grande partie des facteurs de la capitale, et qui ne consiste qu'à assembler ces membres épars, ces organes disjoints, pour en composer un instrument de toutes pièces, sans se préoccuper du résultat plus ou moins heureux de cette association. Des bénéfices énormes étaient au bout d'une production ainsi organisée.

Mais l'art devenait un métier; l'instrument un meuble; l'artiste, le savant mécanicien, un fabricant spéculateur. Les héritiers de Sébastien

Érard ne pouvaient accepter un semblable rôle ; ils laissèrent à d'autres les consommateurs à bas prix et trouvèrent dans le développement de leurs relations européennes et dans l'extension du goût musical un ample débouché à leurs beaux modèles, à leur irréprochable fabrication.

Cette lutte, d'ailleurs, entre l'intérêt de l'art et celui du commerce n'était pas nouvelle pour eux. Dès 1785, à l'époque où Sébastien inventait le piano français et s'apprêtait à repousser de notre pays les factures anglaise et allemande, seules admises dans nos salons, les marchands de ces pianos, qui les débitaient à Paris avec les priviléges de leur corporation, cherchèrent à entraver cette industrie nationale à sa naissance, et il fallut l'intervention auguste de Louis XVI, pour que les ateliers d'Érard restassent ouverts. Ce brevet royal est le premier titre de noblesse de la famille ; les autres sont les découvertes successives de son chef et les combats qu'il eut à soutenir pour triompher sans cesse de la routine aveugle et de la concurrence commerciale. Chose remarquable ! c'est contre elle-même en quelque sorte que la maison Érard a eu les plus rudes assauts à livrer. C'est pour substituer à ses propres procédés adoptés peu à peu par les fabricants des procédés plus parfaits et plus récents, qu'elle a été obligée d'employer la plus persévérante énergie.

Ainsi, à peine Sébastien, protégé par une patente, a-t-il installé à Londres même, au centre de la fabrication anglaise, une manufacture de pianos basée sur le principe de l'échappement simple, et construit ses premiers pianos à queue, l'importation des pianos anglais se réorganisa à Paris avec une nouvelle vigueur, de sorte que quand il invente son nouvel échappement et s'efforce de le substituer à l'ancien, au risque de compromettre sa fortune en luttant contre des habitudes prises, il est réduit à se vaincre lui-même et à renier l'ancien système dont il a été le créateur. Y a-t-il beaucoup d'industriels, disons même de théoriciens savants, dont la vie offre un pareil amour du progrès, un pareil culte de la perfection ?

Ce que nous avons dit avec quelque détail pour l'échappement est vrai pour la plupart des perfectionnements introduits dans la construction ou dans le mécanisme du piano.

Ainsi, le mode de fixation des cordes sur le sommier des chevilles à l'aide d'un système d'agrafes, la transformation de la cheville en un écrou mobile le long d'une vis de pression destinée à faciliter l'accordage, l'accroissement du diamètre des cordes pour obtenir un son de plus en plus intense, l'emploi d'un barrage métallique pour consolider la caisse de l'instrument, soumise à un tirage constant qui s'élève parfois jusqu'à 12,000 kilogrammes, enfin l'application de la barre harmonique pour égaliser, dans les grands pianos à queue, les dessus avec les basses et le médium, telle est, rapidement et à vol d'oiseau, la série des améliorations introduites dans la facture, soit par Sébastien Érard, soit par ses continuateurs.

A ceux qui connaissent les luttes de la rivalité industrielle, il sera inutile de décrire la résistance qu'éprouvait à son apparition chacun de ces progrès nouveaux. Mais la persévérance est aisée à ceux qui se sentent forts. MM. Érard étaient les souverains de la facture. Ils ont usé pour son bien de cette autocratie, et comme les grands artistes se comprennent vite et se prêtent un mutuel concours, tous les exécutants prodigieux qui depuis trente ans parcourent l'Europe au bruit des applaudissements ont adopté pour organe de leurs inspirations et pour instruments de leurs succès une des créations de MM. Érard. C'est sur un piano de Sébastien que Steibelt et Dussek charmaient les salons de l'empire ; c'est sur le premier piano de sept octaves à barrages métalliques que Liszt, en 1824, se faisait connaître à Londres et à Windsor ; et, vingt ans plus tard, c'est encore sur des pianos d'Érard qu'il se livre aux élans de ses fougueuses inspirations.

Parlerons-nous des distinctions obtenues à si juste titre par une aussi longue et honorable série de travaux ? Depuis le brevet de Louis XVI, en 1810 la sanction scientifique vint confirmer la protection royale, et l'Institut, toutes ses classes réunies, rangea Sébastien dans le petit nombre des hommes qui ont commencé et fini leur art. A partir de 1819, une médaille d'or, constamment rappelée, devient en quelque sorte le privilége de cet illustre artiste jusqu'au moment où M. Pierre Érard, son neveu, lui succède et débute, en 1839, par obtenir la supériorité sur tous ses concurrents. Déjà la médaille d'or de son oncle lui était acquise autrement que par hérédité.

Le principal objet de l'exposition de MM. Érard en 1844 consiste dans l'application de tous leurs divers perfectionnements à la construction d'un piano carré, le plus difficile à confectionner des trois catégories de ce genre d'instrument. Ils ont eu en vue de doter le piano carré de l'intensité et des nuances de son que le piano à queue a seul possédées jusqu'à présent, tout en lui donnant une solidité qui en assure l'accord et la précision. Attendons l'opinion du jury sur cette dernière création, destinée en quelque sorte à résumer tous les procédés supérieurs introduits depuis vingt ans dans cette fabrication savante.

FOURNEAUX,

CALORIFÈRES, GRILLES DE CHEMINÉE,

APPAREILS DE CHAUFFAGE ÉCONOMIQUE.

MM. ROGEAT FRÈRES, RUE D'ENGHIEN, A LYON.

Un des plus importants problèmes de l'économie domestique est celui du chauffage. Quel est le meilleur mode pour chasser le froid de nos appartements et pour amener nos aliments à un état convenable de cuisson? Amonceler le combustible dans une cheminée ou dans un fourneau, c'est n'avoir résolu que la moindre partie du problème. Il s'agit de procurer une grande chaleur avec un feu médiocre. Mais aussitôt un obstacle se présente : il n'est pas de feu sans fumée, et plus vous restreindrez le courant d'air qui emporte en même temps la fumée et la chaleur, moins le feu répondra à ce que vous en attendez; dans une cheminée, il vous asphyxiera ; dans un fourneau, il laissera languir les aliments que vous soumettrez à son action. Ouvrirez-vous, au contraire, toutes les voies à la fumée, l'énergie de la flamme atteindra à son plus haut période, mais vous n'en aurez que l'éclat; la chaleur ira se perdre dans l'air extérieur. La difficulté à vaincre est donc celle-ci : faire rendre au combustible toute la chaleur qu'il renferme, et séparer le calorique de la fumée qui en est la compagne ordinaire. Il faut bien le reconnaître, les poêles et les fourneaux sont encore les seuls appareils de chauffage qui répondent d'une manière satisfaisante à ces deux conditions ; et ce n'est qu'en adaptant des espèces de poêles aux cheminées qu'on a pu faire lutter celles-ci avec leurs rivaux, moins brillants mais plus utiles.

Parmi les fabricants de fourneaux et de calorifères, MM. Rogeat, de Lyon, se distinguent par la savante confection de leurs produits, par l'élégance des formes qu'ils y donnent, et par la modicité du prix auquel il les cotent. Ces habiles industriels nous paraissent avoir prévu tous les besoins et avoir pris à tâche d'y satisfaire. Il n'est peut-être pas une demande au-devant de laquelle ils ne se soient empressés d'aller : fourneaux pour restaurants, pensionnats et communautés ; fourneaux pouvant chauffer à la fois la cuisine et la salle à manger, et répondre ainsi à deux fins ; poêles à grille pour comptoir, fourneaux munis d'une broche pour les rôtis, et d'une chaudière pour faire de la vapeur, petits poêles à vase pour cabinet, poêles pour cafés, poêles à flamme concentrée ; bref, tous les appareils de chauffage que réclame la diversité de nos besoins se trouvent dans les ateliers de MM. Rogeat frères, qui, par suite de l'exiguïté de l'emplacement, n'ont pu exposer qu'un très-petit nombre de modèles. Nous avons surtout remarqué deux fourneaux que nous croyons devoir décrire à nos lecteurs : l'un a $0^m\,63^c$ de hauteur, $0^m\,49^c$ de largeur et $0^m\,60^c$ de profondeur. On peut y brûler de la houille ou du bois. Il donne une grande chaleur par devant si l'on en ouvre les deux portes, et peut dès lors s'adapter à une cheminée, pourvu qu'on ait le soin de la boucher hermétiquement afin de ne pas gêner le tirage. Ce fourneau a trois trous, plus un four dans lequel se trouvent deux plaques percées à jour et destinées à recevoir les plats. L'une de ces plaques se meut sur un pivot et permet de retourner les plats sans risquer d'en répandre le contenu, ni de se brûler les doigts. Quand on ouvre la porte du four pour voir si la pièce est cuite, le plat se présente en dehors et donne ainsi beaucoup de facilité pour l'arroser ou pour le prendre. Sur le côté gauche du fourneau est un réservoir à eau bouillante, surmonté d'un plateau rond et conique, qui tient chaud les plats que l'on y pose. Le devant du fourneau est en outre muni d'une broche et d'une tablette sur laquelle on peut mettre la lèchefrite ou une cafetière.

Le second fourneau n'est pas moins utile ni d'une construction moins ingénieuse que le premier. L'avantage qui lui est propre, c'est d'avoir un cendrier à tiroir dont la disposition permet de régler l'arrivée de l'air extérieur, et facilite ainsi la cuisson des aliments. La porte du foyer, au lieu de s'ouvrir de côté comme les autres, s'abat horizontalement, et peut recevoir des plats, un gril ou une cafetière.

Ce qui caractérise généralement les appareils de MM. Rogeat, ce n'est pas seulement leur commodité et leur bon marché, c'est encore le peu d'emplacement qu'ils occupent. Les plus petites chambres sont assez grandes pour les recevoir. Il semble que MM. Rogeat se soient proposé de prouver que la puissance d'un fourneau ne consiste ni dans sa capacité, ni dans la quantité de combustible que l'on y entasse, mais dans la disposition des pièces dont il se compose.

A cela ne se bornent pas les produits de la maison Rogeat. Elle offre encore au commerce des grilles en fonte pour garnir l'intérieur des cheminées, et un assortiment complet de banquettes, balcons, pilastres, ornements pour rampes, attributs funéraires, impostes, lances, chasse-roues, vases, etc., etc. Nous ne saurions assez insister sur le bas prix de ces différents objets et sur l'élégance des formes qui les revêtent. Les conditions artistiques y ont été presque aussi rigoureusement observées que les conditions industrielles.

CHIRURGIE INSTRUMENTALE.

M. CHARRIÈRE, RUE DE L'ÉCOLE-DE-MÉDECINE, 6.

Au nombre des fabricants qui ont le plus aidé aux progrès de notre chirurgie instrumentale, figure M. Charrière. Depuis vingt ans qu'il a fondé son établissement, il s'est constamment occupé à étendre la sphère de ses produits et à les améliorer. Aujourd'hui la réunion de sa maison de commerce et de ses ateliers dans un même local le met à même de joindre aux meilleurs procédés de fabrication le puissant auxiliaire de la mécanique, d'employer un plus grand nombre d'ouvriers, de leur assigner à chacun une tâche spéciale, et d'obtenir par là des produits moins dispendieux et plus parfaits.

L'exhibition de M. Charrière embrasse tout ce que peuvent réclamer les opérations chirurgicales, toutes les machines, tous les appareils nécessaires aux maladies de tous les âges. Ce vaste cercle d'accidents et d'infirmités dans lequel roule notre corps a été parcouru par la sollicitude de M. Charrière, et à côté de chaque mal il a placé l'instrument ou l'appareil qui en procure la guérison. Il n'a pas rendu moins de services à la chirurgie vétérinaire, et les instruments qui regardent cette science nous ont présenté les mêmes améliorations que ceux de la chirurgie humaine.

IMPRIMERIE LITHOGRAPHIQUE.

M. ÉMILE SIMON FILS, A STRASBOURG.

Ce n'est pas seulement à Paris qu'il se trouve des ouvriers habiles, des artistes ingénieux. La capitale du monde intellectuel et artistique renferme nécessairement le plus grand nombre des hommes qui se distinguent, soit dans un genre, soit dans un autre. Mais il est des natures bien douées que l'amour du sol natal possède aussi bien que l'amour de l'art. Ceux-là feront des chefs-d'œuvre de patience et de goût, leur génie leur inspirera des moyens nouveaux d'arriver à un résultat donné; leurs procédés seront plus économiques, plus rapides, plus sûrs, plus parfaits que les anciens. Est-ce à dire que, parce qu'ils sont éloignés du centre de la lumière, ces hommes soient nécessairement voués à jamais à l'obscurité? Non; le talent ne doit être méconnu nulle part. Paris envie à la province ses artistes d'élite, et cette envie-là est le plus éclatant des hommages.

Parmi les hommes dont nous parlons, M. Émile Simon, de Strasbourg, peut revendiquer l'une des premières places. Il est difficile de pousser plus loin le degré de perfection qu'il a atteint dans les travaux lithographiques exposés par lui cette année. C'est un fini de dessin, une délicatesse de touche, une richesse de tons, c'est une habileté sans seconde que peu de produits parisiens peuvent surpasser.

Les habitants de la grande ville se figurent généralement qu'eux seuls ont le bonheur de vivre dans un pays qui a le monopole de tout ce qui est beau et grand. Ils seront donc bien étonnés quand nous leur aurons dit que l'établissement de M. Emile Simon est le seul en province qui exécute réellement tous les genres de lithographie, et qui réunisse à la fois dessinateurs, écrivains, graveurs et imprimeurs. A défaut d'un autre, ce mérite-là aurait déjà son prix ; mais M. Simon ne se contente pas d'être un industriel considérable, il veut surtout montrer qu'il est un artiste distingué, et il prodigue les preuves à l'appui de cette légitime prétention.

Voici d'abord une *Vue de la cathédrale de Strasbourg*. Cette planche a été en premier lieu dessinée et rapportée d'après une épreuve daguerréotypée de la cathédrale; puis elle a été gravée sur pierre. Regardez bien cette admirable production, c'est l'ouvrage le plus important que la gravure sur pierre ait produit jusqu'à ce jour. Elle ne se distingue pas seulement par la qualité qu'on est toujours sûr de rencontrer dans les œuvres de M. Simon, la pureté et la netteté du dessin; elle montre encore, pour la première fois, l'application en grand des moyens qu'offre le daguerréotype pour la reproduction exacte des monuments. La cathédrale de Strasbourg n'avait jamais pu être rendue jusqu'ici sous sa forme harmonieuse et imposante ; l'immensité de sa proportion devait tromper l'œil du dessinateur et rendait le dessin disgracieux et faux. Grâce au perfectionnement heureux de M. Simon, les monuments éloignés s'offriront désormais à nos regards sous leur apparence véritable.

De la vue de la cathédrale de Strasbourg notre attention s'est reportée vers un volume de trente planches représentant les *Plantes fossiles des Vosges*, et un autre volume de vingt-cinq planches où se font voir à leur tour les *Plantes fossiles de l'empire d'Autriche*. M. Émile Simon a la spécialité, et en quelque sorte le monopole de ce genre d'ouvrages. Le dessin en est tracé au crayon, et l'impression en est faite en couleur. Les premiers essais de ces planches parurent à l'exposition de 1839; le jury d'alors remarqua particulièrement la vérité singulière avec laquelle la couleur des pierres était rendue, et la consciencieuse exécution qui avait présidé à la reproduction des formes.

Si maintenant l'industriel, le financier, le commerçant se souciant peu de la valeur artistique des travaux de M. Émile Simon, désirent voir comment il s'acquitte des *ouvrages de ville* qu'on lui confie, ils n'ont qu'à jeter les yeux sur le cadre exposé sous le n° 5, et renfermant diverses lithographies destinées au commerce et faites à la plume ou gravées sur pierre. Qu'ils rendent hommage à l'élégance du dessin et à la vivacité des ors et des couleurs de l'impression : ils seront bien plus satisfaits quand ils sauront que non-seulement la maison de M. Simon possède une supériorité incontestable en ce genre sur tous les autres établissements, mais encore, et ceci est l'important, qu'elle livre ses produits à un prix infiniment plus doux, comme on dit, que les prix ordinaires.

Remarquons encore un cadre renfermant l'*Horloge astronomique de Strasbourg* et une *circulaire* imprimées l'une et l'autre en chromolithographie. Ces deux sujets sont traités à la plume et rivalisent pour la beauté, la netteté et la vivacité des couleurs avec les plus beaux produits chromolithographiques des ateliers de Paris.

Nous ne citerons que pour mémoire un volume où se trouve la série complète des différentes parties du *Cortége industriel des fêtes de Gutenberg* : ce volume, quoique très-soigné, n'a qu'un intérêt historique. Mais nous appellerons l'attention sur un volume de planches appartenant à une monographie des Mousses. La gravure de ces pierres est aussi belle et aussi fine que le serait la gravure sur cuivre.

Enfin, un cadre renfermant deux *Panoramas des Vosges* et du *chemin de fer d'Alsace*, dessinés d'après nature, donne un remarquable spécimen des dessins et des impressions au crayon chez M. Émile Simon.

Nous devons l'avouer, les lithographes parisiens ont rarement surpassé, pour l'art exquis du dessin et la magnificence pleine de goût de l'impression, les objets exposés par M. Simon. Dès à présent, cet habile artiste se place au premier rang parmi les successeurs de Senefelder.

CHEMISES.

—

M. DUROUSSEAU, RUE RICHELIEU, 104.

L'histoire de la chemise date d'hier. On comprend que nous voulons parler de la chemise telle qu'on la fait aujourd'hui, de la chemise passée au rang de vêtement élégant et distingué. Qui songerait à s'occuper à présent des sacs disgracieux qui naguère encore juraient si étrangement avec la mise si soignée de nos dandys? Si cependant des curieux voulaient connaître au juste l'époque à laquelle la chemise a été inventée, nous leur dirions que cette époque est difficile à préciser, et que les historiens gardent le silence le plus absolu à cet égard. Mais si l'origine de la chemise est douteuse, son existence n'en remonte pas moins à la plus haute antiquité. Nous avons sous les yeux les œuvres du plus ancien poëte de la Grèce, et le mot chemise y est écrit en toutes lettres. Après Hésiode, Aristophane et Xénophon nous confirment que Périclès, Alcibiade et Aspasie connaissaient l'usage de cet indispensable vêtement. Le cynique Diogène seul, dans la Grèce civilisée, repoussait la chemise; les trous orgueilleux de son manteau s'obstinaient à braver les lois de la décence et de la propreté. Il est plus que probable que la maladie hideuse qui fit, si l'on peut parler ainsi, élection de domicile au milieu du peuple de Dieu, eut pour cause principale la malpropreté des Juifs et l'habitude où ils étaient de mettre en contact avec la peau une robe de laine la plupart du temps souillée. De là la lèpre, cet épouvantable fléau dont nous parlions tout à l'heure, et qui n'a disparu qu'au moment où l'Europe, en polissant ses mœurs, a mis au rang des nécessités sociales un mode de se vêtir dont la convenance témoigne du respect que les hommes se doivent entre eux.

Le peuple-roi n'avait eu garde de méconnaître, comme le peuple juif, ce qu'ont de vital pour la bonne constitution des générations futures les habitudes salutaires qu'exige la délicatesse de notre peau. A Rome, le lin le plus fin, le chanvre le mieux tissé avaient le privilége de couvrir d'un voile doux et frais le corps que la toge ou le *sagum* paraient ensuite. Horace et Plaute nous entretiennent des transparentes chemises des dames romaines. Ce dernier, chose singulière, nous apprend même que dans la cité des Césars le *chemisier* était déjà connu. Il s'appelait alors *indusiarius*. Ainsi donc, rien de nouveau sous le soleil! Ce qui fait la gloire de nos habitudes luxueuses était connu avant Jésus-Christ des *beaux* et des *lionnes* de la *via Sacra*.

Il faut dire cependant que ce vêtement que l'*indusiarius* antique confectionnait, tant bien que mal, derrière ses carreaux de corne, le chemisier de nos jours l'a singulièrement perfectionné. Mais avant de nous arrêter devant les prodiges que l'industrie moderne offre aux regards émerveillés derrière les glaces et les dorures, jetons un regard philosophique sur les causes qui ont amené une révolution si inattendue et si éclatante dans une partie importante du vêtement de nos jours. Qu'on ne rie pas! La plus simple démonstration va prouver que nous ne plaisantons en aucune manière.

Sous l'ancien régime, la noblesse, la bourgeoisie, le peuple étaient divisés en une multitude de catégories qui tenaient à la fois à la naissance, au rang, à la fortune. Chacune de ces catégories était étroitement renfermée dans sa sphère et n'en pouvait sortir que bien rarement. L'usage, cette loi au-dessus de toutes les lois, obligeait donc le fils à embrasser la profession, à partager les préjugés, à adopter le costume de son père. Extérieurement aussi bien qu'intérieurement, le fils représentait le père; il recevait ses idées et ses habits tout faits.

Et, qu'on ne s'y trompe pas, le costume a presque toujours suivi la marche des idées. Au moyen âge, idées féodales et belliqueuses, costume guerrier. Sous François Ier, idées chevaleresques, costume brillant. Sous Louis XIV, idées grandes, costume majestueux. Sous Louis XV, idées galantes, costume débraillé. De notre temps, idées sérieuses, costume sévère. Oui, le costume fait partie intégrante de l'histoire, et il n'en est pas toujours la partie la plus futile. Donc, avant 89, la noblesse de cour, la noblesse de province, le clergé haut et bas, la magistrature, le barreau, la finance, le commerce, l'industrie, l'agriculture, etc., tout cela portait un costume et presque un uniforme particulier. Les distances du rang et de la fortune apparaissaient tout d'abord: chacun avait, pour ainsi dire, son nom et sa profession écrits sur sa physionomie.

Le régime de l'égalité a fait disparaître ces distinctions extérieures. Est-ce un bien? est-ce un mal? C'est une question que nous n'avons pas à résoudre. Le fait reste. Quiconque a un habit noir peut prétendre à dérouter l'observateur; il est l'égal, par le costume, des descendants de vingt ducs et pairs. Qu'y a-t-il d'étonnant maintenant à ce que ce dernier se révolte de cette égalité d'emprunt, et qu'il fasse, autant que l'usage le permet, tous ses efforts pour rétablir une distance qu'il s'indigne de voir trop facilement franchie? Il a ses laquais, il est vrai, il a ses chevaux, il a ses voitures; mais il ne peut toujours les traîner après soi, et alors qui le distingue de celui qui n'a ni terres ni châteaux?

Dans ce costume si ingrat et si mesquin, il a bien fallu trouver quelques parties auxquelles le luxe imprimât le cachet de l'opulence, et, grâce à d'intelligents efforts, la richesse est parvenue à *distancer* la pauvreté. Point de chaînes, point de bagues, point de bijoux pour atteindre ce but. Ce qu'on ne peut dorer, ce sont des gants frais renouvelés *trois fois* par jour, ce sont des chaussures vernies que le bottier apporta hier: c'est surtout, et par-dessus tout, une fine chemise de batiste!

Oh! que les temps sont loin où la chemise, fidèle à son étymologie espagnole, se bornait à affecter la forme modeste d'un vêtement de nuit (*cama, lit*)! Il n'y a plus maintenant que les paysannes bas bretonnes, berrichonnes, tourangeottes ou alsaciennes qui coupent dans une étoffe grossière, dont elles ont filé le chanvre, un sac carré qu'elles décorent du nom de chemise. Nous l'avons dit, une révolution récente a changé tout cela dans nos villes.

Cette révolution, un homme d'intelligence et de talent l'opéra, il y a quelques années. M. Lami-Housset tailla un jour dans la toile de Hollande une chemise dont la forme élégante et les proportions harmonieuses reproduisaient, en les faisant valoir, la forme et les proportions du buste humain. Il exposa son œuvre aux regards de la foule en lui disant: « J'ai vu les chemises de mon temps, et j'ai fait ceci. » Dès ce moment on peut dire que la chemise sortit de ses langes. Chacun trouva qu'en effet la partie la plus importante d'une mise distinguée était celle qui avait l'influence la plus directe sur la santé et sur toute l'économie de la toilette. Sans la fraîcheur de la chemise, en effet, la tenue la plus soignée paraît sale et négligée: on dirait d'un lambeau de pourpre et d'un lambeau de bure cousus ensemble. Si nous prenons cette figure à l'*Art poétique* d'Horace, c'est qu'en effet la chemise a aussi sa poésie. Comme l'hermine, elle ne souffre pas que sa blancheur soit souillée par la plus imperceptible tache. Comme le Sybarite couché sur des roses, un pli malencontreux la rend malade, un attouchement grossier la fait mourir. C'est la sensitive de la toilette. Nous la comparerions encore volontiers à la jeune fille de Virgile qui se cache derrière les saules, mais qui néanmoins désire être aperçue. En réalité, les autres parties de l'habillement ne servent que de cadre et de rempart à la chemise, car elle est parmi toutes la plus belle et la plus délicate.

C'est ce que comprirent tout d'abord les heureux privilégiés de la fortune. Ils virent que, grâce à la chemise de Lami-Housset, ils pourraient désormais se séparer complétement de la foule. Le prix de la matière, les caprices coûteux de la façon devaient effrayer l'économie sévère imposée au faux dandy par un trop modeste revenu, et faire taire à l'avenir son ambition impuissante.

A une chose nouvelle, il fallait un mot nouveau. M. Lami-Housset, pour être compris de tous, ne put débaptiser la chemise, mais il appela *chemisier* l'artiste qui la confectionnait. De temps immémorial, les lingères étaient en possession de coudre un vêtement incommode et disgracieux qu'elles qualifiaient du nom de chemise. M. Lami-Housset, en leur enlevant ce monopole et en les abandonnant aux bonnets et aux guimpes, fit donc bien de créer un titre spécial pour une *spécialité*. C'est encore à M. Lami-Housset que l'on doit la mise en lumière de ce dernier mot. Ce mot occupait sa place dans le dictionnaire de l'Académie, son sens n'était point détourné, il était clair, il disait ce qu'il voulait dire, il n'était pas usé comme tant d'autres, il plut. Chaque négociant l'inscrit maintenant sur son enseigne, ce qui n'est pas un mal, et, pour le justifier, veut avoir sa spécialité de commerce, ce qui est un bien.

M. Lami-Housset, créateur d'une nouvelle industrie, a donc marché longtemps seul en tête des tailleurs pour chemises. Mais depuis qu'une catastrophe récente a fait disparaître ce nom du commerce parisien, un élève de M. Lami-Housset, le meilleur, le plus intelligent et le plus habile, M. Durousseau, a pris sa place. C'est maintenant à M. Durousseau que notre *gentry* s'adresse pour maintenir les limites qui, par des signes extérieurs, font sortir un homme du commun des autres hommes. Et, il faut le dire, il est impossible de mieux répondre à l'attente des dandys que ne le fait M. Durousseau. L'œuvre de Lami-Housset a en effet été perfectionnée par lui à un point que l'inventeur lui-même en serait étonné. S'il fallait établir une règle de proportion entre les produits de l'élève et du maître, nous dirions que maintenant Durousseau est à Lami-Housset ce que Lami-Housset était aux lingères d'autrefois. Il est vraiment impossible d'apporter dans la confection d'un vêtement plus de grâce et de commodité, plus de logique et de fantaisie.

Mais la façon n'est pas tout, l'adresse du tail

leur ne constitue pas à elle seule les éléments d'une chemise parfaite. La matière, l'étoffe compte bien aussi pour quelque chose. On s'est étonné avec raison que les chemises de Lami-Housset et de ses successeurs fussent d'une fragilité égale à leur élégance. Ce qui plaît dans une fleur peut déplaire dans une chemise. Avec Durousseau la chemise acquiert, avec plus de beauté, la solidité des tuyaux de toile que confectionnent les lingères. Il ne s'agit pas toujours d'économie; mais si une chemise, comme les sylphides, ne doit pas vieillir, elle ne doit pas non plus, au milieu de la splendeur de la jeunesse, présenter le spectacle affligeant des précoces déchirures qui sont les rides de la chemise. A une forme ravissante, les produits de Durousseau joignent donc une force d'autant plus précieuse qu'elle est plus cachée. Durousseau est peut-être le seul qui puisse offrir au choix du consommateur une matière première aussi supérieure. Ajoutons qu'en définitive, dans beaucoup de cas, l'économie trouve ici son compte, puisqu'une bonne chemise ne coûte pas plus qu'une mauvaise, et en vaut une demi-douzaine de ces dernières.

Nous ne parlerons que pour mémoire des mille fantaisies que peut se passer chez Durousseau le riche amateur de beau linge. Broderies tracées par la main des fées, dessins délicieux nés d'hier, batiste transparente et impondérable, toile *unicolore*, c'est-à-dire ce qu'il y a de plus nouveau et de plus charmant à l'heure où nous écrivons, il n'aura qu'à choisir, si tant est qu'il ose faire un choix.

La plus belle moitié du genre humain n'a pas été non plus oubliée par Durousseau. Malines et Valenciennes ont envoyé chez lui leurs plus admirables chefs-d'œuvre de patience et de goût, la Frise et la Hollande leurs plus éblouissants tissus; dès à présent les Français et les Françaises sont égaux devant la chemise, en attendant qu'ils le soient aussi devant la société.

Arrêtons-nous. Quand il s'agit de femmes, c'est un sujet trop délicat que celui qui nous occupe. Ce n'est pas nous qui trahirons les *mystères de la chemise*. Doux et charmants mystères que ceux-là, admirables secrets qu'on aime d'autant plus qu'on les ignore davantage, et qu'il faut respecter sous peine de frapper de mort bien des chères illusions, ou de faire naître, ce qui pis est, bien des dégoûts.

On s'étonnera peut-être de l'importance que nous avons accordée à la chemise dans nos colonnes. Mais si, dans le palais de l'industrie, elle n'occupe qu'une place modeste conquise à grand'peine, le rang qu'elle tient dans l'industrie parisienne nous faisait un devoir de l'examiner avec attention. Le filateur et le tisserand, Mulhouse et Rouen, doivent trop en définitive au chemisier pour que leurs importantes industries ne soient pas vivement intéressées aux succès de ce dernier.

GALVANISATION DU FER.

PROCÉDÉ SOREL.

M. SAINT-POL ET Cie, BREVETÉS.

USINE ET ADMINISTRATION, RUE D'ANGOULÊME-DU-TEMPLE, 40.

« Il existait, je ne dirai pas un alliage, mais « un métal revêtu dont on ne tirait pas parti, « dont on ne croyait pas pouvoir tirer parti, un « produit qui était dédaigné par tout le monde. « M. Sorel arrive et dit : Ce produit a des pro- « priétés tout autres que celles que vous lui sup- « posez. Il a une propriété intrinsèque, une pro- « priété électrique qui protégera l'intérieur même « des tuyaux contre l'oxydation; et cette décou- « verte dont personne ne pouvait apprécier l'im- « portance, dont personne ne pouvait connaître « la valeur, je vous en indique le prix, je vous « fais voir qu'elle peut donner lieu à des appli- « cations immenses. »

Telles sont les paroles prononcées, il n'y a qu'un mois, à la chambre des députés, par M. Arago, pour signaler les avantages du fer galvanisé. On appelle ainsi du fer que l'on a enduit d'une légère couche de zinc en le plongeant dans un bain de ce métal. La découverte du zincage est appelée à étendre l'emploi du fer dans une proportion presque indéfinie. Arracher ce métal si utile aux terribles effets de l'oxydation, c'est résoudre un des plus importants problèmes de l'économie publique, c'est introduire la durée dans les œuvres de l'homme, c'est-à-dire quelque chose de l'éternité.

Ce n'est pas à M. Sorel, c'est à Humphry Davy qu'appartient le principe sur lequel repose le zincage. L'illustre savant anglais fut le premier qui parvint à constater qu'en mettant au contact l'un de l'autre, dans des circonstances convenables, deux métaux différents, le plus oxydable défend l'autre contre l'action des corps oxygénants, tels que l'air, l'eau et les dissolutions salines. Mais le zincage en lui-même est une découverte propre à M. Sorel, et elle est encore assez belle pour le consoler de ne point partager avec Davy la gloire d'en avoir trouvé le principe.

On faisait deux objections à M. Sorel :

1° L'opération du zincage rend le fer cassant;

2° La sanction du temps manque à vos produits. Ils ont été soumis à un grand nombre d'épreuves, tant dans les laboratoires que dans les ateliers, par des savants et par des industriels, et toutes les épreuves leur ont été favorables; il ne peut plus rester actuellement le moindre doute sur leur bonne qualité, seulement on ne peut encore savoir jusqu'à quel terme pourra se prolonger leur durée.

Aujourd'hui ces deux questions sont résolues : on revêt le fer de zinc sans altérer les propriétés primordiales du fer, et les produits exposés par la maison Saint-Pol et Cie répondent à la seconde objection. A côté de feuilles de toiture enlevées après un long séjour, et qui, dans des conditions où le cuivre même n'avait pu résister, ont conservé leurs qualités primitives; à côté de feuilles de doublage restées longtemps en mer sans la moindre altération ; à côté de serrures et de ferrements de cave, laissés depuis longtemps sous l'eau et sortis intacts de cette épreuve, la maison Saint-Pol et Cie a reproduit une partie de son exposition de 1839. Des feuilles de tôle, des grillages, des toiles métalliques, des tringles de fer, des tuyaux galvanisés dans une partie, laissés à nu dans l'autre, et soumis à l'air et à la pluie depuis cinq ans, se trouvent de nouveau présentés aux regards du public. La portion zinguée n'offre pas une seule tache d'oxydation, tandis que la rouille qui a profondément rongé la partie dénudée est une preuve palpable de l'efficacité du procédé Sorel.

Mais il est d'autres preuves non moins irrécusables, ce sont les nombreux appels faits à l'administration du fer galvanisé par les différents services publics et par l'industrie particulière. Plus de trois cents bâtiments, dans Paris seulement, parmi lesquels nous citerons le théâtre de l'Opéra-Comique, les écuries du Cirque-Olympique aux Champs-Élysées, les ateliers de la compagnie française d'éclairage par le gaz, les ateliers de la compagnie de Passy et l'hôtel des Princes, sont couverts en tôle galvanisée.

M. le ministre de la marine a pareillement adopté cette couverture pour les grands ateliers des forges de Rochefort, pour Brest, Lorient, Indret, Toulon, etc. Elle a été employée aussi pour les nouvelles écuries du château de Saint-Cloud, et beaucoup d'autres constructions importantes, comme les halles de Troyes, etc., etc.; et jusque dans la perforation du puits de Grenelle, les premiers tuyaux en cuivre ont été remplacés par des tuyaux en fer galvanisé, les seuls qui pussent braver la rouille, tout en résistant à la pression de l'eau qui avait écrasé les premiers.

Au ministère de la guerre, une économie de plusieurs millions sera obtenue en peu d'années sur la seule conservation des projectiles et des outillages de l'armée.

Au ministère de la marine, l'économie sera bien plus grande encore, puisqu'elle s'appliquera en outre au doublage, au chevillage et à tous les agrès et ferrements des vaisseaux.

Pour les ponts et chaussées, l'usage du fer galvanisé dans les barrages, écluses, bâtiments et toitures est une véritable révolution économique.

Enfin, l'industrie particulière ne trouvera pas moins de profit dans l'emploi de cette espèce d'étamage qui rend la durée du fer aussi longue que ses applications sont nombreuses.

Le jury central de 1839 décerna une médaille d'or à M. Sorel.

TISSUS. CHALES.

MM. DUCHÉ ET Cie, RUE DES PETITS-PÈRES, 5.

La fabrication des châles est un des principaux éléments de l'industrie nationale. Si Paris est une ville manufacturière, c'est surtout au châle qu'il en est redevable. Le cachemire français prélève sur l'étranger un tribut important dont aucun pays ne pourra songer de longtemps à s'affranchir; nous méconnaîtrions donc les devoirs que nous impose le cadre que nous nous sommes tracé, si nous ne nous occupions sérieusement d'une branche d'industrie qui figure, cette année, en première ligne dans les galeries de l'exposition.

Croirait-on que le premier châle français date précisément du commencement de ce siècle, et que ce fut à l'exposition de 1801 qu'il fit son apparition? Qu'il était loin alors du degré de splendeur auquel il est parvenu depuis! Imitation timide du châle de Kachmyr, il n'était broché qu'en deux ou trois couleurs. Vienne, que nous laissons depuis si longtemps en arrière, nous devança alors; la capitale de l'Autriche faisait des châles plus brillants que les nôtres et imprimés à six ou sept couleurs sur un tissu de coton à fond croisé. Nous suivîmes cette voie ouverte à notre émulation, et, après les châles soie et laine de 1804, l'exposition du palais Bourbon, en 1806, offrit aux regards surpris un châle de cinq quarts carré, à bordure de 18 lignes, orné d'une rosace au milieu, et un châle long, soie et laine, fond blanc, avec bordure de 9 lignes, et, aux deux extrémités, des palmes hautes de 9 pouces. Depuis ce moment, le perfectionnement marche à pas de géant. Les améliorations de chaque jour apportées dans la filature des laines rendent aujourd'hui les produits de nos manufactures égaux en finesse à ceux de l'Inde, en même temps que ceux-ci sont de beaucoup surpassés par la richesse, l'élégance, le bon goût et la variété des dessins.

Avant d'aller plus loin et d'entrer dans les considérations que nous prétendons faire valoir pour prouver la supériorité du cachemire français sur le cachemire de l'Inde, il ne sera pas sans intérêt de jeter un coup d'œil sur les causes de la grandeur et de la décadence, aujourd'hui évidente, du châle de l'Asie centrale.

Il n'y a pas soixante ans que les châles de Kachmyr n'étaient connus que de réputation. Personne, si ce n'est les voyageurs, n'en avait vu. Ceux qui furent laissés à Paris, en 1787, par les ambassadeurs de Tippoo-Saëb furent considérés comme de simples objets de curiosité. Le dédain qu'ils inspiraient était tel, qu'on les employa à faire des robes de chambre et des tapis de pied.

C'est à l'expédition d'Égypte qu'on est redevable de la mode des châles de l'Inde. Faut-il en garder beaucoup de reconnaissance au général Bonaparte? Oui, si l'on considère les châles qu'il a importés comme les modèles à l'aide desquels la France a été dotée d'une nouvelle industrie; non, si l'engouement dont ces châles ont été trop longtemps l'objet ne devait pas avoir un terme prochain.

Mme Émile Gaudin fut la première, à Paris, qui porta un châle de cachemire. Mme Gaudin, Grecque de naissance, était grande et belle, noble et gracieuse; il n'en fallait pas tant pour assurer chez nous le triomphe du précieux tissu.

A partir de ce moment, la vogue du cachemire de l'Inde fut donc assurée. Ce fut une véritable frénésie. On se les disputait, on se les arrachait. Deux mille écus semblaient une bagatelle en comparaison de la possession d'un si rare objet.

Quel était pourtant ce tissu qui opérait une telle révolution dans nos modes? C'était le turban qui avait paré le front en sueur d'un soldat mogol; c'était le plus souvent la ceinture qui avait enveloppé le corps d'une bayadère; c'était le manteau dont s'était couvert un grossier talapoin; car, on le sait, tous les châles qui viennent du Levant ont été presque toujours portés par une ou plusieurs générations de propriétaires, et quels propriétaires!

Que penser de la prédilection de nos dames pour le cachemire indien, en les voyant non-seulement surmonter la répugnance que devrait leur inspirer l'origine d'une semblable parure, mais encore échanger, dans un moment de caprice, le châle acheté la veille pour celui que la revendeuse à la toilette apporte le lendemain?

Après avoir exposé une raison si puissante d'abandonner les châles de l'Inde, il semble inutile de démontrer les imperfections du travail des ouvriers asiatiques. Jetons cependant un rapide coup d'œil sur la fabrication des châles de l'Inde.

Laissant aux érudits le soin d'apprendre que le mot châle (orthographe française sanctionnée par le *Dictionnaire de l'Académie*) est tiré de l'Indoustani et dérivé du sanscrit *chala*, nous dirons seulement que c'est le nord de l'Inde, le Thibet et les autres parties de la haute Asie qui fournissent les plus belles laines. La *touz*, laine des moutons de Kachmyr, procure, entre toutes, la matière la plus fine; aussi est-ce à Sirinagor et dans le royaume de Lahore que se font les plus beaux châles.

Le procédé de fabrication indienne, c'est le *spoulinage*. Ce procédé atteste une ignorance complète des lois les plus élémentaires de la mécanique; c'est le chef-d'œuvre de la barbarie. Deux bâtons grossiers soutiennent la chaîne; la main de l'homme confectionne le tissu, fait la trame, varie les couleurs à l'aide de plusieurs centaines de petites navettes qu'on appelle *spoulins*, et dont les fils sont fixés sur la chaîne par une espèce de nœud. N'est-on pas effrayé quand on songe à la patience et au temps qu'il faut pour fabriquer ainsi un cachemire! Dans un pays où la main-d'œuvre n'est pas chère et où l'ouvrier est considéré comme un vil bétail, on conçoit un tel procédé; mais à quoi pensent quelques-uns de nos fabricants en imitant le travail indien et en lançant sur la place des produits français spoulinés?

Quel est l'avantage de pareils produits? Un seul, la solidité. Cela dure, il est vrai, un peu plus que le cachemire français; mais cela coûte trois fois autant, et, pendant cette longue durée, le goût change, les dessins vieillissent et tracent en caractères irrécusables l'acte de naissance de votre parure; l'étoffe se fane, les couleurs se ternissent. Bel avantage que la solidité pour un objet de mode!

Les châles français sont faits au *lancé*, sur une machine Jacquart. Pour fixer sur ces châles un seul point, une seule maille, on lance la navette, qui parcourt toute la largeur du châle, et l'on serre le fil par un coup de battant. Il faut ensuite découper à l'envers tous les fils tramés qui deviennent inutiles après avoir produit leurs points brochés. Quoique ce système réduise de sept huitièmes la matière employée à faire un châle, la rapidité du travail procure encore sur la fabrication indienne une économie de 80 pour 100.

Le châle français n'est pas arrivé tout d'un coup au degré de perfection où nous le voyons aujourd'hui. On a fait bien des tentatives inutiles, bien des essais infructueux. M. Amédée Jaubert fit, en 1819, un voyage dans le pays des Khirghiz. Il y acheta, pour le compte de M. Ternaux, un nombreux troupeau de chèvres. Cette spéculation ne réussit point; le troupeau ne put s'acclimater. Ternaux, ce grand citoyen, ce manufacturier célèbre, que Napoléon *trouvait partout* dans les principales villes de l'empire. Ternaux éprouva cette fois le premier de cette série d'échecs qui devait récompenser son activité, sa patience, son économie, sa hardiesse et son intelligence, par la ruine et par la mort!

Depuis lors, le duvet blanc et soyeux des chèvres khirghises nous est expédié directement et à bon marché par la Russie méridionale. C'est à M. Bellangé qu'on doit la première application de ce duvet à la fabrication des châles français. Avec M. Bellangé, ceux qui ont le plus contribué aux perfectionnements apportés à cette branche d'industrie sont MM. Lagorce, Deneirouse, Gaussen aîné et Hébert. A côté de ces vieilles réputations, se font maintenant remarquer les maisons plus récentes de MM. Gaussen aîné, Gaussen jeune et Maubernard, Fortier, et surtout celle de MM. Duché aîné, dont les remarquables produits ont, depuis plusieurs années, donné un essor nouveau et puissant à la fabrication française, et qui ont exposé, en 1844, des essais magnifiques dont les modèles ont occasionné des frais énormes, et qui pourtant doivent être livrés à la consommation à des prix modérés, attendu que la vente ne peut manquer d'en être considérable et d'indemniser par la quantité les hardis fabricants.

Parmi les essais dont nous parlons, tout le monde a remarqué un châle carré d'un vert admirable, qui atteint comme tissu les dernières limites de la finesse, et dont la fabrication laisse de bien loin en arrière le plus beau cachemire des Indes. Le châle long ombré de MM. Duché est d'un goût exquis; c'est un chef-d'œuvre comme habileté dans la dégradation des teintes, comme harmonie de couleurs, comme hardiesse d'exécution; on nous a dit que ce châle était le produit d'une idée nouvelle et toute personnelle à ces ingénieux artistes.

Nous nous rappelons très-bien, du reste, que MM. Duché avaient exposé, il y a cinq ans, deux cachemires carrés que les connaisseurs les plus expérimentés ont confondus avec les châles de Kachmyr; ce prodige s'est renouvelé cette année pour une partie de châle long.

Mais ce qui met la maison Duché à la tête de la fabrication parisienne, ce qui la rend digne du succès qu'elle obtient, c'est le système par elle suivi pendant l'espèce de crise dont son industrie a été dernièrement atteinte. Au moment où la *fureur*, comme on dit, était pour les écharpes, les mantelets, les crispins, les camails, etc., les fabricants de châles essayèrent de lutter contre leurs redoutables concurrents, en confectionnant à vil prix des châles grossiers; seuls MM. Duché résistèrent au torrent; ils ne se laissèrent point aller au découragement, et la qualité de leurs produits continua de s'améliorer. Cette généreuse persévérance a sa récompense, maintenant que le châle reprend une faveur qui n'aurait jamais dû le quitter. On s'est habitué à considérer MM. Duché comme des fabricants soigneux et consciencieux, et c'est à leur maison qu'on s'adresse quand on veut avoir les échantillons les plus remarquables de la fabrication parisienne.

Quelques émules de MM. Duché ont voulu faire mieux qu'eux et vendre cependant au même prix. En y perdant, ce n'était pas impossible. MM. Duché l'ont bien prouvé eux-mêmes, en exposant ce merveilleux châle que la reine a acheté. Autrefois, la beauté et la finesse d'un cachemire de l'Inde étaient constatées quand il passait par l'anneau d'une bague; il est probable que ce cachemire était alors dépourvu de bordures, car jamais les bordures n'auraient pu soutenir cette épreuve, quand même elles eussent été seules. Eh bien, le châle vert dont nous parlons pourrait à la rigueur subir cette fabuleuse épreuve. Mais ceci est un fait exceptionnel qui ne s'était pas encore produit. C'est un miracle, disons mieux, une folie de l'industrie française, car un tel châle ne peut être payé. Il n'en reste pas moins que MM. Duché ont à la fois surpassé en cette circonstance leurs rivaux français et leurs rivaux indiens, et qu'ils obtiennent véritablement en ce moment les honneurs de l'exposition, en ce qui concerne leur industrie.

Ne soyons pas injustes cependant. Après MM. Duché, d'honorables fabricants se sont fait une place belle encore. Si M. Hébert est resté stationnaire depuis douze ans, s'il vit en ce moment sur sa vieille réputation, en revanche, MM. Heuzey et Marcel ont exposé un curieux châle fond blanc, sans envers, et dont le charmant dessin représente une sorte de paysage indien plein de fleurs, de feuilles et de festons; M. Biétry, qui est un habile filateur, a fabriqué du tissu de cachemire uni plein de souplesse et de légèreté. Le châle fond vert à palmes, de M. Bourchonet, offre un très-beau dessin de M. Couder. M. Paul Godefroy, auquel l'impression sur tissus doit des progrès, a fait un châle dont l'étoffe est douce et moelleuse, mais dont le dessin manque de style. A propos de dessin et de style, nous voudrions bien exposer quelques-unes de nos idées sur cette question importante, nous dirons même vitale, de l'industrie des châles, mais la place nous manque pour les développer convenablement; bornons-nous à faire des vœux pour que nos belles dames n'exigent plus les palmes lourdes et crochues, les minarets roides et pointus, les animaux fantastiques que l'imagination indienne sème au hasard sur les tissus de Kachmyr et qui doivent céder la place aux conceptions du bon goût et du bon sens, à présent que le tissu français établit si glorieusement sa prépondérance. Ce qui n'a ni dessin, ni style, ni couleur, c'est l'étrange *vision indigo* exposée par M. Ricaux. Est-ce pour faire ressortir l'éclat et la magnificence des produits de ses voisins que M. Ricaux a déployé ces châles d'un bleu si effroyable? Ce serait une abnégation que n'ont pas imitée MM. Gaussen jeune et Maubernard. Ces fabricants distingués éclipsent beaucoup de leurs confrères avec le superbe châle fond blanc que M. Couder a paré des plus gracieuses fantaisies. Ces tiges fines et délicates, disposées en arabesques et qui s'épanouissent avec tant d'élégance, sont du plus ravissant effet. M. Gaussen aîné soutient encore dignement l'honneur de son antique maison. MM. Gaussen aîné, Gaussen jeune et Maubernard et MM. Duché sont tous alliés entre eux; pour rester à la tête de la fabrication des châles, ils n'ont qu'à suivre les traditions de famille.

Ainsi donc le cachemire français a magnifiquement rempli sa tâche à l'exposition de 1844. Il a prouvé qu'il était d'un dessin plus pur, d'un goût plus délicat, d'une couleur plus vive et plus harmonieuse que le châle indien; il a prouvé qu'il était d'un tissu aussi doux et aussi léger. Vienne l'époque où les superbes moutons exposés par M. Graux fourniront une quantité suffisante de leur longue et soyeuse toison, et toutes les nations de l'univers deviendront tributaires de l'industrie française.

En résumé, ce qui donne, ce qui donnera toujours aux châles français une grande supériorité sur le châle indien, c'est que les plus grands, les plus beaux et les plus longs de ces derniers sont faits par bandes sur plusieurs métiers et en plusieurs morceaux joints ensemble; c'est que les bordures y sont ensuite adaptées tant bien que mal; c'est que les dessins de ces châles faits ainsi de pièces et de morceaux sont disparates et mal assortis; c'est que le tissu en est imparfait, taché, troué et raccommodé de la manière la plus visible pour l'œil le moins exercé.

Si cependant la mode s'attache au châle indien, seulement parce qu'il est plus cher, nous allons nous permettre de donner un conseil à la fabrication française; nous le donnons particulièrement à MM. Duché qui nous fournissent les modèles que nous proposons de suivre. Que MM. Duché fabriquent un châle qui réunisse la finesse, la légèreté, le moelleux, la pureté de leur châle carré, à la richesse du dessin, à la splendeur des couleurs de leur châle ombré, et non-seulement ils rivaliseront avec l'Inde, mais encore ils éclipseront totalement les plus beaux produits de Lahore.

Ces châles coûteront beaucoup, il est vrai, mais il faudra avoir du courage jusqu'au bout et les mettre à un très-haut prix. La vanité aidant, leur succès sera certain. Quand on saurait que les châles français faits d'un certain tissu et ornés d'un certain dessin coûteraient autant que les cachemires indiens les plus coûteux, ceux-ci seraient à jamais perdus. Encore une fois, pour arriver à ce résultat, il ne faut que du talent et du courage. Ce n'est pas la première de ces qualités qui manquera jamais à nos fabricants français.

REVUE DE L'EXPOSITION.

MACHINES.

L'examen des moteurs que nous avons esquissés dans notre dernier article nous amène à l'étude des récepteurs divers; nous grouperons ces appareils récepteurs suivant les destinations principales auxquelles on les affecte.

Les premiers et les plus nombreux sont les pompes; toutefois, malgré la variété des systèmes, il y a lieu de reproduire le même regret qu'exprimait le savant rapporteur du jury de 1839, en signalant l'absence des machines à épuisement pour les fondations et les travaux publics et celle non moins fâcheuse des machines à élever un grand volume d'eau à une petite hauteur, service si utile dans les dessèchements des terrains marécageux, dans l'irrigation des terrains plats et dans l'alimentation de certains grands réservoirs d'eau.

Une seule machine d'épuisement figure à l'exposition, si même on peut donner cette ambitieuse dénomination au plus simple des appareils; nous voulons parler de la pompe de M. Quénard. On a vu cette pompe, composée d'une manche sans fin en drap enroulé sur deux cylindres et allant s'imbiber au niveau inférieur de l'eau qu'elle rapporte et dégorge dans un réservoir supérieur; ce dégorgement est facilité par une pression qui s'exerce sur le drap à l'aide d'une sorte de laminage. Excepté la machine de Véra, simple corde enroulée sur deux tambours, rien n'avait été imaginé de plus élémentaire; mais quel est le produit?

Les pompes n'offrent, cette année, aucune disposition nouvelle, si l'on en excepte le piston de la pompe Letestu auquel nous allons revenir. Du reste, ce sont toujours les trois systèmes en présence, les pompes à mouvement rectiligne alternatif, se composant essentiellement d'un piston et d'une tige, la plus ancienne et la plus simple des combinaisons; les pompes à mouvement circulaire continu ou pompes rotatives avec leur faible rendement et leurs réparations fréquentes; enfin les pompes à mouvement circulaire alternatif ou demi-rotatives. Ces dernières, fort peu compliquées, sont fabriquées avec une grande économie et en quantité considérable par la maison Esltimbaum. On les désigne sous le nom de pompes hydrobalistes. Une de leurs propriétés caractéristiques est, en effet, de lancer l'eau à une grande distance et avec une grande vitesse. Elles se composent, comme on sait, d'un corps de pompe cylindrique et d'un clapet tournant autour de l'axe même du cylindre, de manière à produire à la fois, par chacune de ses oscillations, l'aspiration d'un côté de l'axe en même temps que le refoulement de l'autre. Les détails fort étendus que nous consacrons dans la précédente livraison à cette intéressante fabrication nous dispensent d'insister davantage dans cet article de généralités.

Le système rotatif est représenté d'une manière très-satisfaisante par les pompes de M. Huck et de M. Stollg; il a été appliqué par ce dernier à des distributions d'eau communales assez importantes.

Les appareils de M. Guérin, ancien officier des sapeurs-pompiers, et l'un des premiers fabricants de ce genre, sont principalement destinés à combattre les incendies; ils sont généralement bien construits, d'une grande solidité; ses seaux en toile imperméable excitent un intérêt réel. Ceux de M. Nyon, de Dieppe, méritent aussi de fixer l'attention. On comprend combien il importe de substituer aux lourds et fragiles seaux en bois ou en zinc des vases qui puissent s'entasser sous un petit volume et se transporter promptement au loin et sans dépense de force.

La pompe de MM. Lemaire et Chiffarat, qu'ils

appellent soufflet hydraulique, à cause de son mode d'aspiration, offre l'avantage de supprimer le piston, et par suite d'éviter les engorgements de sable et de terre qui ont lieu si souvent, tant dans les clapets qu'entre le piston et le corps de pompe. Mais nous ne sommes pas édifiés suffisamment sur le rendement de cet appareil.

Une disposition toute nouvelle a permis à M. Letestu de garder le piston avec tous ses avantages, mais en l'affranchissant de ses inconvénients. L'attention publique s'est trop vivement préoccupée de cet ingénieux dispositif, pour qu'il soit nécessaire d'y insister avec détails. On sait que le piston Letestu fonctionne dans un corps de pompe très-imparfaitement alésé, on pourrait même dire à peine cylindrique; qu'il est parfaitement jointif dans la période de l'aspiration, sans cependant exercer un frottement notable : que ce frottement disparaît complétement dans la période du refoulement où il n'est plus nécessaire; que l'on n'a plus à craindre les engorgements de matières étrangères dans les clapets, les surfaces frottantes, etc.; qu'enfin la simplicité de la construction est égale à la puissance de l'effet utile. On connaît ce piston composé d'un simple cône en cuivre percé de trous, ouvert par le haut, ayant son sommet en bas et doublé en quelque sorte d'un autre cône concentrique en cuir; ce dernier a ses bords taillés en biseau et dépassant un peu par leur diamètre celui du cône métallique enveloppant; de la sorte, dans la marche ascensionnelle de la tige, la pression de la colonne supérieure applique d'une manière étanche les rebords du cône en cuir contre la surface du corps de pompe, mais suivant une simple ligne circulaire; l'aspiration se fait sans déperdition de force. Dans la descente, au contraire, l'eau comprimée s'introduit par les trous du cône métallique et par-dessus les bords du piston; la fermeture hermétique serait inutile, elle a disparu. Cet ensemble de conditions rationnellement satisfaites et si simplement résolues, l'économie de ce procédé, la puissance de ses résultats, la facilité de ses réparations, en font une acquisition des plus précieuses pour l'ingénieur hydraulicien. C'est à coup sûr une véritable révolution introduite dans l'art du pompier; mais, grâce aux généreuses dispositions de M. Letestu et de la compagnie qui exploite son invention, c'est une révolution qui peut être bienfaisante pour toutes les communes de France. Non contente de réduire le prix de ces pompes au chiffre le plus bas possible et de leur assurer une durée presque illimitée, en raison de la simplicité des réparations, cette société offre à toutes les communes, même aux plus pauvres, de se pourvoir de ce précieux instrument en en payant la valeur par annuités, suivant l'état de leurs ressources. Pour qui sait tout le parti que les communes pourraient tirer d'une bonne pompe, soit pour les incendies, soit pour les irrigations, il y a là le germe d'un de ces progrès dont notre époque est grosse et qui aboutiront au premier jour. Du reste, la marine et l'administration ont déjà proclamé le mérite supérieur de ces appareils par leur importante clientèle. C'est pour le port de Toulon qu'est établie la belle pompe en cuivre à double effet qu'on a pu voir à l'exposition. Plus de soixante-dix pompes de ce système appliquées, soit à bord des vaisseaux, soit dans les ports, quarante employées aux fortifications de Paris, témoignent de la haute estime qui entoure ces notables perfectionnements.

Nous continuerons l'examen des récepteurs, en abordant les mécanismes consacrés à la préparation, à la filature et au tissage des matières textiles, le lin, le coton, la laine, la soie.

E. Lamulonière.

II. MACHINES ET APPAREILS (fin).

4° INSTRUMENTS ARATOIRES ET APPAREILS AGRICOLES.

a. *Instruments aratoires.*

Aisne	DENIS, à *Crécy-sur-Serre*. — Charrues à quatre fers.
Id.	MIDY, à *Saint-Quentin* —Charrue-semoir à quatre socs, machine à battre le grain.
Id.	MITTELETTE, à *Soissons*. — Machine à battre le grain.
Alpes (Haut.-).	ALLIER (Édouard), à *Gap*.—Charrue Dombasle à soc tournant et à deux versoirs. (B) 1839.
Aube.	PAYN et veuve BENOIT, à *Troyes*. — Pressoir. (A) 1839, sous le nom de Benoît.
Bouches-du-R.	GODEFROY et SOUCHIÈRES, à *Arles*. — Charrue.
Charente.	MAURIN, à *Saint-Médard*. — Charrues

américaines à versoir mobile.

Id. BIVAUD (Gustave), au *Petit-Rochefort*. — Extirpateurs ou cultivateurs à 5 socs.

Côte-d'Or. BRIGAUDEAU et GUÉNIN, à *Lucenay*. — Charrue.

Id. CONVERSET, à *Châtillon-sur-Seine*. — Hache-paille, coupe-racine.

Id. UHLER aîné, à *Dijon*. — Bluterie à chassis et à ailes.

Dordogne. DE LENTILHAC aîné, à *Salegourde*, commune de Marsac. — Herse roulante, charrues.

Eure. COLOMBEL, à *Claville*. — Instruments aratoires, sondeurs (dits Colombel) ou fouilleurs.

Id. LEROY (André), à *Saint-Aubin-sur-Gaillon*. — Charrues-ratissoires.

Id. PAROD, à *Vernon*. — Machines pour la fabrication des treillages. M. H. 1839.

Eure-et-Loir. LÉBERT, à *Pont*, commune de Bailleau-sous-Gallardon. — Charrues-fourches, herse d te extirpateur.

Finistère. BÉLÉGUIC (Jean-Guillaume), à *Douarnénez* près Quimper. — Charrues (nouveau modèle).

Gard. LACAZE, à *Nîmes*. — Charrue-vigneronne. M. H. 1834.

Id. VALLA, à *Nîmes*. — Charrue et granhumateur.

Garonne (H.-). ESTAMPES, à *Toulouse*. — Charrue en fer.

Gironde. ANDRÉ (Jean), au château de *Saint-Selve*. Charrues à avant-train. (A) 1839.

Id. HUGUES, à *Bordeaux*. — Semoirs. (A) 1834, R. (A) 1839.

Id. MOTHES frères et Cie, à *Bordeaux*. — Instruments d'agriculture. (A) 1834, R. (A) 1839.

Ille-et-Vilaine. DESCOTTES et Cie, à *Saint-Malo*. — Instrument pour couper l'ajonc, instrument pour hacher les pommes de terre.

Id. ÉCOLE D'AGRICULTURE DE RENNES. — Herse, charrues.

Id. GODART, à *Rennes*. — Crible-batteur à nettoyer les grains.

Loir-et-Cher. BOUTET, à *Maray*. — Charrue.

Id. CHABROLLE, à *Maray*. — Charrue.

Id. HUBERT, à *Marolles*. — Soc dentelé pour défricher les prairies artificielles.

Loiret. BAILLY, à *Château-Renard*. — Houe.

Id. MARTIN-PERRET et DELACROIX-DUVOISIN, à *Jargeau*. — Pressoir mobile.

Id. PERRAULT, à *Orléans*. — Roues de charrue.

Loire-Infér. CALLAUD, à *Nantes*. — Moulins à graines grasses et oléagineuses.

Id. NAUD, BOURGEOIS et UZARD, à *Nantes*. — Machine à battre les grains.

Manche. DOYNEL DE QUINCEY, à *Avranches*. — Charrue.

Marne. COLLARD, à *Cheniers*. — Un semoir mécanique.

Id. DEFFRY, à *Bourgogne*. — Moulin concasseur.

Meurthe. LARIVIÈRE aîné, à *Nancy*. — Sécateurs, objets de coutellerie.

Id. TURCK, à *Sainte-Geneviève*. — Planteur et arracheur de pommes de terre.

Meuse. JOANNÈS, à *Saulx-en-Barrois*. — Modèle de machine à battre le grain.

Nièvre. DENIZOT, à *Nevers*. — Pompe aspirante et foulante, machine à extraire la graine de trèfle.

Id. THOMAS-MARAIT, à *la Charité*. — Charrue.

Id. DUCROT, à *Gaarchizy-Fourchambault*. — Charrues. (B) 1839.

Nord. SAVOYE père, à *Berlaimont*. — Semoir.

Id. WILLOCQUET, à *Orchies*. — Charrue-Brabant.

Oise. CHARPENTIER, à *Ormoyeillers*. — Herse à quatre roues.

Id. GODIN, à *Grandvilliers*. — Extirpateur.

Id. GRATIEN-DESAVOYE, à *Rieux-Hamel*. — extirpateur tétracycle.

Pas-de-Calais. BOUMET, à *Oisy-le-Verger*. — Machines à battre le blé.

Id. LEMAIRE, à *Fresnes-lès-Montauban*. — Charrues, instruments d'agriculture.

Puy-de-Dôme. BOUFFON, à *Sauxillanges*. — Machine à battre les faux.

Pyrénées-Or. LLANTA-SATURNIN, à *Perpignan*. — Extirpateur et araire-buttoir. (B) 1839.

Id. VILLESÈQUE, à *Perpignan*. — Machine à égrapper et fouler le raisin.

Rhin (Haut-). ROBERT (Laurent), à *Colmar*. — Pressoir en fer, égrappoir pour le raisin.

Rhône. TROCHU, à *Lyon*. — Charrue dite omnibus.

Saône-et-Loire. REY, à *Autun*. — Cueille-trèfle.

Sarthe. PERROCHEL (comte de), à *Saint-Aubin-de-Locquenay*. — Modèles de pressoirs.

Seine. AGARD, à *Paris*. — Jardinières en fonte, arrosoirs, pompes de jardin.

Id. ARNHEITER, à *Paris*. — Instruments d'horticulture.

Id. BAUDY, à *Paris*. — Serpettes, sécateurs. C. F. 1839.

Id. BERNARD, à *Paris*. — Sécateurs, ciseaux à tondre, pince à œilletonner les ananas, serpettes.

Id. BOUGOT, à *Paris*. — Moulin à pulvériser les grains.

Id. CALARD père et fils, à *Paris*. — Cribles et passoirs, tôles et cuivres percés pour le nettoyage des grains.

Id. CAMBRAY père, à *Paris*. — Machines à couper le jonc épineux, à couper les racines de paille, moulins à bras, hache-paille, etc. (A) 1834.

Id. CLERC, à *Paris*. — Barattes rotatives, coupe-légumes, etc., presse-purée, etc., hache-paille, etc. (B) 1827, C. F. 1834.

Id. COSNUAU, à *Paris*. — Tourne-broches, petites mécaniques pour la fabrication des agrafes et autres. C. F. 1839.

Id. LAGRANGE, à *Paris*. — Machine à battre les graines, baratte rotative.

Id. LE BACHELLÉ, à *Paris*. — Charrue.

Id. MANSSON-MICHELSON, à *Paris*. — Charrue

à train, herse à train. M. H. 1839, à son prédécesseur.

Id. NODLER, à *Paris*. — Moulins à blé.

Id PARIS et BOCQUET, à *Paris*. — Charrues, herse, versoir, etc.

Id. QUENTIN-DURAND, à *Paris*. — Instruments d'agriculture et outils de jardinage.

Id. ROSÉ et Cie, à *Paris*. — Machines pour battre les grains, pour hacher les fourrages, pour couper les légumes; appareils pour la production du gaz de houille, voiture pour transporter le gaz non comprimé. B. (A) 1834, à Rafin et Rosé; B. (A) 1839, à Rosé seul.

Id. TALLAY et MARTIN, à *Paris*. — Irrigateurs en cuivre, étain, cristal, etc.

Seine-et-Marn. CALLAND et PASQUIER, à *la Ferté-sous-Jouarre*. — Charrue, herse et poulie propre à remonter les bateaux dans les courants rapides.

Id. DIJARD, à *Thomery*. — Sécateurs et instruments d'horticulture.

Seine-et-Oise. DANNE, à *Essone*. — Pressoir et cassoir à bras pour la fabrication du cidre.

Id. DUMONTHIER frères, à *Houdan*. — Un moulin domestique et un hache-paille. M. H. 1839 pour la coutellerie.

Id. FRANÇOIS, à *Versailles*. — Outils aratoires.

Id. HUDDÉ, à *Villiers-le-Bel*. — Secoueur à adapter à un batteur pour le blé.

Id. PIREL, à *Neauphle-le-Château*. — Deux charrues. M. H. 1839.

Somme. BAILLET, à *Fouilloy*. — Charrue à 3 socs.

Id. CYR-MAUMENÉ, à *Mailly-Ruineval*. — Binoteur-extirpateur.

Vaucluse. NEL, à *Avignon*. — Coupe-feuilles de mûrier pour les vers à soie.

Vosges. LEQUIN (F.) et LAURENT (Benj.), au *Châtelet*. — Machine à battre les grains.

Yonne. BOUARD, à *Joigny*. — Pressoir mécanique.

b. appareils agricoles.

Corrèze. ESCURE, à *Sérandon*. — Machine pour l'irrigation des prés.

Indre-et-Loire. COLLINEAU, à *Tours*. — Appareils pour l'éducation des vers à soie. M. H. 1839, pour canevas.

Seine. BIR, à *Courbevoie*. — Boîtes à incubation.

Id. DARD, fils aîné, à *Paris*. — Machine à rhabiller les meules de moulin, machine à distribuer le blé.

Id. DAVRIL, à *Paris*. — Claies coconnières et échelles ascensionnelles montées aux claies.

Id. DEFIS, à *Paris*. — Meules (nouveau système).

Id. DESORMES, à *Paris*. — Ruches en paille et en bois, modèle de laboratoire pour la manipulation de la cire et du miel. M. H. 1839.

Id. ETARD, à *Paris*. — Piéges pour les animaux nuisibles

Id. MÉRIC frères, à *Paris*. — Machine rotative pour les vendanges.

Id. MORET, à *Paris*. — Pétrisseur en fonte, pétrin pour biscuit de mer, presse à sécher les peaux.

Id. MOUCHOT frères, au *Petit-Montrouge*. — Plans de fours-pétrins, de machines à vapeur, appareil à gaz et autres objets relatifs à la boulangerie.

Id. PEYEN (A.) et Cie, à *Paris*. — Châssis de jardin.

Id. SAINT-ÉTIENNE fils, à *Paris*. — Machine à râper la pomme de terre, appareil pour faire la gomme de fécule, le sagou et tapioka. (B) 1839.

Id. SAINT-ÉTIENNE père, à *Paris*. — Appareil pour extraire la fécule de pomme de terre, extracteur de gluten, machine à bluter la fécule et le noir animal. (B) 1834 et 1839.

Id. THOMAS et VALLERY, à *Paris*. — Grenier mobile destiné à la conservation des grains. (O) 1829, à Vallery seul.

Id. TRAVERS fils, à *Paris*. — Modèles de serres chaudes, d'orangerie et de galerie avec échantillons en barres et échantillons d'assemblage. M. H. 1839.

III. ARTS CHIMIQUES ET PHYSIQUES.

1° MATIÈRES, PRODUITS.

a. Produits divers.

Gironde. CAMUS et TINDEL, à *Gujan*. — Goudron incombustible et peinture-goudron.

Ille-et-Vilaine. BRISOU, à *Saint-Servan*. — Engrais animalisé.

Loire. PIAUD (Edmond) et Cie, à *Rive-de-Gier*. — Cirages pour chaussures et pour harnais.

Loiret. PORCHER, à *Orléans*. — Noir animal.

Nord. PITAT et EVRARD, à *Valenciennes*. — Vernis. M. H. 1839, à Pitat.

Rhône. BAZIN, à *Lyon*. — Cirages pour harnais et pour chaussures.

Id. JACQUAND père et fils, à *Lyon*. — Cirages, vernis, encres et cire à cacheter.

Seine. ALLAIN, à *Belleville*. — Matières végétales et minérales pulvérisées.

Id. ARNOUX, à *Belleville*. — Rouge français pour polir.

Id. BATAILLE, aux *Thernes*. — Dégras obtenu

sur chamois, dégras pur, dégras purgé d'eau.
Id. BEAULÈS frères, à *Paris*. Encres. (B) 1834.
Id. BEC, à *Paris*. — Vernis.
Id. BÉZANGER, à *Paris*. — Encre. M. H. 1839.
Id. BOULANGER, à *Paris*. — Cirage ordinaire et cirage verni.
Id. CHALET, à *Paris*. — Cirages et vernis.
Id. CLOUET, à *Paris*. — Glu marine; bois, toiles, fontes, etc., enduits de glu marine.
Id. COUGNY et BUSSIÈRE, à *Paris*. — Cirage.
Id. COUTURIER et SIMON, à *Grenelle*. — Cirage galvano-chimique de toutes couleurs.
Id. DAMEME, à *Paris*. — Vernis.
Id. DE BOURGES, à *Paris*. — Vernis blanc et de couleur. M. H. 1839.
Id. DERICQUEHEM, à *Paris*. — Cirages et vernis. M. H. 1839.
Id. DORÉ et Cie, à *Paris*. — Encres d'imprimerie noires et de couleurs, épreuves.
Id. DURANT, à *Paris*. — Vernis siccatif pour la mise en couleur.
Id. DUREL, à *Paris*. — Cirages et vernis.
Id. FENESTRE, à *Paris*. — Vernis et cirages pour chaussures et harnais.
Id. FOUSCHARD (Gustave et Joseph), à *Neuilly*. — Gommes diverses.
Id. FROMONT, à *Paris*. — Cirages et vernis. M. H. 1839.
Id. GOYON, à *Paris*. — Pâtes et vernis pour meubles.
Id. HERBIN, à *Paris*. — Cire et pains à cacheter. R. (B) 1834.
Id. LARMOYER, à *Paris*. — Cirages et vernis.
Id. LE BORDAIS, à *Paris*. — Vernis pour bois.
Id. LÉON, à *Paris*. — Vernis divers. (B) 1839.
Id. MASSON, à *Paris*. — Cires diverses à cacheter.
Id. MAUGE, à *Paris*. — Cirage oléagineux en pâte.
Id. MOISSON, à *Auteuil*. — Engrais perazoté concentré.
Id. MONMORY aîné et RAPHANEL, à *Paris*. — Siccatif brillant.
Id. MONTFORT, à *Paris*. — Vernis, cirage pour équipages, cirage en boîtes, en pot et liquide, graisse pour équipages, etc. M. H. 1839.
Id. MULLER fils et Cie, à *Paris*. — Vernis et couleurs.
Id. PESQUET, à *Paris*. — Rouge à polir pour l'horlogerie.
Id. PIGEAULT, à *Paris*. — Cirages. C. F. 1839.
Id. ROULAND, à *Paris*. — Cirage et vernis.
Id. SŒHNÉE frères, à *Paris*. — Flacons de vernis pour les métaux et les tableaux, lithographies, couleurs. (A) 1839.
Id. THIBAULT (Charles), à *Paris*. — Cires à cacheter.
Id. TRIPIER-DEVEAUX, à *la Villette*. — Vernis divers.
Seine-et-Marne. BEALAY et FAVEREAU, à *Melun*. — 16 bouteilles d'encaustique.
Seine-Infér. GALLET, au *Havre*. — Noir animalisé pour engrais.
Id. LABARRAQUE, au *Havre*. — Brai-chauffard.

b. Produits chimiques et pharmaceutiques.

Aisne. ROBERT DE MASSY, à *Saint-Quentin*. — Potasse, alcool, produits chimiques.
Hérault. BALARD, à *Montpellier*. — Produits chimiques.
Id. FIGUIER, à *Montpellier*. — Helicine, produit chimique.
Indre-et-Loire. VIEL, à *Tours*. — Capsules médicamenteuses.
Loire-Infér. CARTIER fils et Cie, à *Nantes*. — Acides sulfurique, muriatique et nitrique, sulfate de soude, carbonate de soude, chlorure de chaux.
Manche. COURNERIE et Cie, à *Cherbourg*. — Chlorure de sodium, sulfate de potasse brut, sulfate de potasse cristallisé, chlorure de potassium, iode.
Marne. ROUZEAU et VELLY, à *Reims*. — Produits chimiques. (A) 1834, à M. Rouzeau-Muiron; R. (A) 1839, à MM. Rouzeau-Muiron et Velly.
Id. DEROUX, à *Vitry*. — Salicine et hydrure de salicine. (A) 1834, R. 1839.
Meurthe. SIMONIN, à *Nancy*. — Sulfate de magnésie, magnésie blanche. M. H. 1839.
Id. YUMURY (le comte de) à *Dieuze*. — Sel raffiné, sulfate de soude, sel et cristal de soude, chlorure de chaux, sel d'étain. (A) 1834.
Puy-de-Dôme. AUBERGIER fils, à *Clermont-Ferrand*. — Lactucarium en pains.
Rhin (Bas-). ADMINISTATION DES MINES DE BOUXWILLER. — Alun, vitriol, bleu de Prusse, muriate d'ammoniaque et autres produits chimiques. (A) 1823, 1827 et 1834, (O) 1839.
Id. MAIRE, à *Strasbourg*. — Acétates. C. F. 1839.
Rhin (Haut-). KESTNER père et fils, à *Thann*. — Flacons contenant divers produits chimiques.
Rhône. MARTIN et BADIN, à *Lyon*. — Orseille, lichen, cudbéard, produits chimiques.
Seine. BERGERAT et LETELLIER, à *Paris*. — Produits chimiques.
Id. BERTHEMOT et PONSAR, à *Paris*. — Acide borique et divers autres produits chimiques. (O) 1839, à Joseph Pelletier.
Id. BOBÉE (veuve) et LEMIRE, à *Choisy-le-Roi*. — Produits chimiques (O) 1839.
Id. BOYVEAU et PELLETIER, à *Paris*. — Produits chimiques réactifs.
Id. CARTIER fils et GRIEU, à *Paris*. — Acides nitrique, sulfurique, muriatique, sels de soude et chlorure de chaux. M. H. 1823, (B) 1827, R. (B) 1834, (B) 1839.
Id. COLLOT, à *la Chapelle-Saint-Denis*. — Sel

marin raffiné.

Id. COUPUT, à ***Paris***. — Divers produits chimiques pour teinture et pharmacie. (A) 1819 et R. (A) 1823, à Payen et Pluvinet; (A) 1827, à Payen; M. H. et (B) 1824, à Payen et Buran; (O) 1839, à Buran et Cie, prédécesseurs.

Id. DELACRETAZ, FOURCADE et Cie, à ***Vaugirard***.— Produits de chrome et produits du suif saponifié. (B) 1834, à Bonnaire et Delacretaz; (A) 1839, à Delacretaz.

Id. DELONDRE (Auguste), à ***Paris***. — Produits chimiques, cyanures jaune et rouge de potassium et de fer. R. (B) 1839, à Pelletier, Delondre et Levaillant.

Id. DESMOUTIS, MORIN et CHAPUIS, à ***Paris***. — Appareil pour la concentration de l'acide sulfurique, se composant d'un alambic, outre ses accessoires. (A) en 1819, à Jeannety; (O) en 1823, R. (O) 1828, à Bréant, prédécesseur.

Id. DUCOUDRÉ, à ***Paris***.—Prussiate de potasse, bleu, engrais. M. H. 1834, (B) 1839.

Id. DUROZIER, à ***Paris***. — Diverses essences, vernis et produits chimiques.

Id. DUVAL, à ***Paris***. — Produits chimiques, tanin, pourpre de Cassius, cantharidine, etc.

Id. FÈVRE, à ***Paris***. — Bicarbonate de soude, muriate de chaux, poudre de Seltz.

Id. FOUCHER, LEPELLETIER et LAMING, à ***Javel***. — Sulfate d'ammoniaque, chlorhydrate d'ammoniaque, sel ammoniac sublimé, ammoniaque liquide brute.

Id. GAULTIER DE CLAUBRY, à ***Paris***. — Minerai de cobalt, oxyde, sels de cobalt, bleu de Thénard, etc. (A) 1827, pour la fabrication de l'acier.

Id. GIRARD, à ***Paris***. — Pharmacies portatives.

Id. GUILLEMETTE, à ***Paris***. — Acétate de morphine, chlorhydrate de morphine, morphine, codéine.

Id. HÉDOUIN, à ***Paris***. — Acides borique, acétique, cyanure de potassium, sulfate de zinc, benzoate de potasse, acide benzoïque, etc.

Id. L. KRAFFT et Cie, à ***Montmartre***. — Sulfate d'ammoniaque, matières désinfectantes, matières solides désinfectées et converties en poudrette en deux jours.

Id. LABARRAQUE et LECANU, à ***Paris***. — Chlorure.

Id. LAMING, à ***Clichy-la-Garenne***. — Alcali volatil, carbonate d'ammoniaque en pains et en fleurs.

Id. LEPERDRIEL, à ***Paris***. — Bas et ceintures, pois, produits pharmaceutiques.

Id. LHOMME ROUGLINVAL, à ***Neuilly***. — Acide oxalique. oxalate de potasse, carmin d'orseille.

Id. LOURADOUR, à ***Paris***. — Préparations ferrugineuses. lactate de fer dans une conserve.

Id. MALLET et Cie, à ***la Villette***. — Sulfate et muriate d'ammoniaque, alcali volatil.

Id. MAUROS, à ***Ivry-sur-Seine***. — Camphre raffiné et divers produits chimiques.

Id. MÉNIER et Cie, à ***Paris***. — Produits pharmaceutiques. (A) 1834 et 1839.

Id. MULOT, à ***Paris***. — Extrait d'essences aromatiques.

Id. POINSAT oncle et Cie, à ***la Folie-Nanterre***. — Acides sulfurique et nitrique, pains d'acide stéarique, acide oléique et oxalique, sulfate d'aluminium, sulfates de soude et de zinc, cristaux de soude.

Id. RINGAUD jeune, à ***Paris***. — Cyanure de potassium, bleu de Prusse, vert de chrome et autres produits chimiques.

Id. ROARD DE CLICHY et Cie, à ***Paris***. — Céruse, minium et autres produits chimiques. (O) 1819, R. (O) 1823 et 1839.

Id. ROUSSEAU, DOBIERRE et Cie, à ***Paris***. — Acétate de plomb, substance blanche proposée pour remplacer la céruse, appareil propre à la distillation et à la concentration de différents liquides et en particulier de l'acide sulfurique.

Id. SCHELLINCK, à ***Paris***. — Encens.

Seine-Infér. DARCEL, à ***Amfreville-la-Mi-Voie*** — Prussiate de potasse et autres produits chimiques.

Id. DELACRÉTAZ, à ***Graville***. — Produits chimiques. (B) R. 1834, à Ador et Bonnaire; (A) 1839, à Delacrétaz.

Id. DUPRÉ, à ***Forges-les-Eaux***. — Sulfate de fer. M. H. 1839.

Id. MALÉTRA et fils, au ***Petit-Quévilly***. — Produits chimiques.

Tarn. GAYRARD, à ***Albi***. — Essences d'anis, de girofle et d'absinthe. C. F. 1839, à Gayrard et Lagrèze.

Id. GISCLARD, à ***Albi***. — Essences d'anis, d'absinthe, de menthe, de coriandre et de girofle. (B) 1839.

Id. SEGUIN, à ***Albi***. — Essences d'anis et de genièvre.

Var. MÉRO, à ***Grasse*** et ***Saint-Laurent***. — Échantillons d'essences indigènes.

c. Couleurs et Matières tinctoriales.

Allier. PEYROULX, à ***Moulins***. — Vase de porcelaine peint en bleu, trois flacons du bleu de cobalt.

Bouches-du-R. MILIUS, à ***Marseille***. — Vert métis, jaune de chrome. M. H. 1834, (B) 1839, à Milius frères et Cie.

Calvados. BENARD et Cie, à ***Honfleur***. — Blanc d'argent, céruse et carbonate de plomb.

M. H. 1839.

Doubs. COURTIAL, à *Besançon*. — Flacon de bleu d'outremer.

Gard. BARRE, à *Moussac*. — Extraits de châtaignier, galles légères, Campêche, Sainte-Marthe, Lima, Fernambouc.

Indre-et-Loire. DELAUNAY et Cie, à *Portillon*, près Tours. — Céruse, minium. (B) 1834, à Pallu jeune et fils; R. (B) 1839, à Delaunay et Cie.

Jura. CHEVALLIER-VUILLIER (Mme), à *Dôle*. — Bleus indigos, couleurs superfines.

Loire. FOND aîné, à *Valbenoite*, près Saint-Étienne. — Rouge végétal ou carmin safranum.

Loire-Infér. GUICHARD, à *Chantenay*, près Nantes. — Céruse. M. H. 1824, (B) 1839.

Nord. FAURE (Louis), à *Wazemmes-les-Lille*. — Céruse en poudre et en pain. M. H. 1834.

Id. LEFEBVRE (Théodore) et Cie, aux *Moulins-les-Lille*. — Céruse, blanc de plomb. (A) 1827, 1834 et 1839.

Id. STEVERLYNCK, à *Lille*. — Bleu d'azur, tournesol, orge perlé.

Saône (Haute-). THÉVENARD, THIÉBAUD et GERMAIN, à *Gray*. — Bleu et carmin d'indigo pour la teinture de la soie et l'azurage du linge.

Seine. AMELINE et Cie, à *Paris*. — Céruse en pains, en poudre et à l'huile.

Id. BAUBE, à *Paris*. — Couleurs alcooliques. C. F. 1839.

Id. BERGERON fils et COUPUT, à *Paris*. — Bleus pour le linge, la teinture, la peinture et la papeterie, prussiate de potasse, cyanure rouge, produits ammoniacaux.

Id. BERVILLE, à *Paris*. — Couleurs pour peinture fine.

Id. BRIARD, à *Paris*. — Couleurs, rouge végétal ou carmin de safranum.

Id. CHAPELLE, à *Belleville*. — Couleurs. M. H. 1834, R. M. H. 1839.

Id. CHONNEAUX, à *Paris*. — Rouge végétal, blanc de bismuth, rose en liqueur.

Id. DELARUELLE LEDANSEUR, à *Paris*. — Crayons, pastels et couleurs. M. H. 1839.

Id. DUTFOY jeune, à *Paris*. — Couleurs en poudre, en écaille, en tablettes, encres de carmin, etc.; articles de peinture. M. H. 1839.

Id. FERRAND, à *Paris*. — Couleurs fines. (B) 1839.

Id. GIROUY, à *Paris*. — Couleurs fines. (B), à son prédécesseur.

Id. GOBERT (Mme), à *Paris*. — Laques extraites de la garance. (A) 1839.

Id. HUILLARD aîné, à *Paris*. — Couleurs, carmin d'indigo, orseille, cudbéard, sulfate d'alumine, etc.

Id. JANNET, à *Paris*. — Vases contenant des orseilles et couleurs.

Id. LANGE-DESMOULIN, à *Paris*. — Couleurs. (B) 1819, (A) 1823, R. (A) 1827, 1834 et 1839.

Id. LEFRANC frères, à *Paris*. — Carmin, laques, couleurs en poudre, à l'huile, en tablettes, en pastilles, en godets, crayons de pastel, huiles et vernis, toiles préparées pour la peinture, etc. (A) 1837.

Id. MACLE, à *Paris*. — Échantillons de couleurs fines.

Id. MARTIN, à *Paris*. — Laque de garance dite de Rome, laque de gaude, bleu fixe de Paris et orange de chrome.

Id. MILORI, à *Paris*. — Couleurs. (A) 1839.

Id. MOND'HER, à *Paris*. — Couleurs en tablettes.

Id. PANAY père, à *Puteaux*. — Extraits des bois de teinture, carmin d'orseille, cyanure de potassium, cochenille ammoniacale. (B) 1839.

Id. PANIER et PAILLARD, à *Paris*. — Couleurs fines, pastels et crayons. (B) 1834, (A) 1839.

Id. PÉRARDEL, à *Paris*. — Couleurs.

Id. RIÇHARD, à *Paris*. — Couleurs en tablettes, couleurs en pastilles. (B) 1839.

Id. SERPINET, à *Paris*. — Carmins d'indigo.

Id. VIARD, à *Paris*. — Couleurs pour préserver les murs de l'humidité.

Id. WUY et BUTET, à *Paris*. — Bleu pour linge et bleu de Prusse et divers autres produits chimiques.

Vaucluse. P^es FAURE et ESCOFFIER, à *Avignon*. — Garance, garancine. (B) 1834, à P^es Faure et Duprat.

d. Substances alimentaires et conserves.

Bouches-du-R. RICHELME, à *Marseille*. — Conserves alimentaires.

Charente. BOUNICEAU-VILLARD et DUREPAIRE, à *Saint-Amant-de-Boixe*. — Amidons.

Côte-d'Or. LEROUX D'ARCET, à *Beaune*. — Glucose concrète. C. F. 1839.

Id. PORCHERON, à *Dijon*. — Fèves décortiquées, haricots, pois décortiqués, etc. M. H. 1834.

Finistère. LE BLÉIS et PAISANT fils, à *Pont-Labbé*. — Conserves de différents fruits.

Ille-et-Vilaine. PALMIÉ, à *Saint-Malo*. — Biscuits de mer.

Indre-et-Loire. DUCHEMIN, à *Tours*. — Conserves de différents fruits.

Loire-Infér. GORNILLIER aîné, à *Nantes*. — Salaisons pour la marine.

Id. THÉBAUD frères, à *Nantes*. — Farines étuvées et biscuits de mer.

Loiret. FOURCHÉ, à *Orléans*. — Chocolat.

Id. ROGER-JAMET, à *Orléans*. — Chocolat en poudre.

Id. SAINTOIN frères, à *Orléans*. — Chocolats.

Lot-et-Garonne. BRANSOULIÉ fils, à *Nérac*. — Farines et minots.

Marne. BELLOIS GOMAND, à *Châlons*. — Pastilles, dragées, sirops, jujubes, chocolats, etc.

Id. BOUCHARLAT aîné, à *Reims*. — Vermicelle.

Id. PICOT, à *Châlons*. — Machine à opérer les vins de Champagne.

Meurthe. LEFÉBURE et Cie, à *Tomblaine*. — Fécule blutée, fécule granulée.

Id. WEHRLIN, à *Nancy*. — Fécule blutée, fécule granulée.

Morbihan. GILLET, à *Kernevel*. — Conserves alimentaires.

Nord. HOUYET aîné et Cie, à *Lille*. — Orge mondé et perlé.

Pas-de-Calais. PALLAS, à *Saint-Omer*. — Produits agricoles et industriels du maïs, sucre, papier et carton.

Puy-de-Dôme. ALBESSARD, à *Issoire*. — Pâtes d'abricots.

Id. ANNAT et CHABASSIER, à *Clermont-Ferrand*. — Pâtes d'abricots et fruits confits.

Id. BOUDET-DRELON, à *Saint-André*. — Pâtes françaises et farines diverses. (B) 1839.

Id. CONSTANT, au *Faulhoux*. — Bouteilles de vin champanisé.

Id. DUPUY-LAGRANDRIVE, à *Lagrandrive*. — Fécule de pommes de terre.

Id. GAILLET et Cie, à *Clermont-Ferrand*. — Chocolats. M. H. 1839.

Id. JONARD et MAGNIN, à *Clermont-Ferrand*. — Pâtes françaises, farines de légumes cuits. (B) 1835, (A) 1839.

Id. SÉJOURNET fils, à *Clermont-Ferrand*. — Pâtes françaises et farines diverses.

Rhône. CHEVALIER (Balthasar), à *Lyon*. — Amidon.

Sarthe. HUET-BERNIER, à *Beaumont-sur-Sarthe*. — Conserves de fruits.

Id. PELLIER frères, au *Mans*. — Conserves alimentaires. (B) 1834, à Coneau.

Seine. AUBERT et NOEL, à *Paris*. — Fruits à l'eau-de-vie, liqueurs.

Id. BILLY, à *Paris*. — Biscuits de Chine.

Id. BOUDIN, à *Paris*. — Moutarde.

Id. BOURBONNE-FILLION (Mme), à *la Villette*. — Savons, grandes conserves. (B) 1834, R. (B) 1839.

Id. BRIET, à *Paris*. — Vases propres à contenir les liquides gazeux et à les fabriquer.

Id. CHATILLON, à *Paris*. — Pâtes et farines.

Id. CHOMEAU, à *Paris*. — Chocolats.

Id. CUILLIER, à *Paris*. — Chocolats.

Id. DELNEF, à *Paris*. — Jus de réglisse parfumé.

Id. DEZOBRY, à *Paris*. — Fruits et légumes conservés. M. H. 1839.

Id. DEVINCK, à *Paris*. — Machines pour la fabrication du chocolat.

Id. DUCRAY, à *Ivry*. — Poudres à clarifier les vins.

Id. DURAND, à *Paris*. — Chocolats.

Id. FEYEUX, à *Paris*. — Farine de marrons d'Inde, semoule, farine et vermicelle de châtaignes.

Id. FLY, à *Paris*. — Conserves alimentaires.

Id. GIROUX, à *Paris*. — Chocolat.

Id. GROULT, à *Paris*. — Pâtes et farines alimentaires. (B) 1839.

Id. GUÉRIN BOUTRON, à *Paris*. — Chocolats.

Id. GUILLAUMERON et TURPIN, à *Paris*. — Chocolats.

Id. HENNECART, à *Paris*. — Gazes pour diviser les farines, gruaux, sons et recoupettes, etc. (B) 1834, (O) 1839.

Id. ISNARD, MAUBERT et PINARD (Alphonse). — Eau de fleurs d'oranger et essences diverses.

Id. JOURDAIN, à *Paris*. — Fruits conservés.

Id. LABICHE et TUGOT, à *Paris*. — Glucose de fécule.

Id. LANGUEREAU, à *Paris*. — Pâtes féculentes, farines de légumes cuits, etc.

Id. LEFEBVRE-CHABERT, à *Paris*. — Amidons diaphanes, mucilage-Lefebvre.

Id. MACQUET et RAMEL, à *Paris*. — Pois, haricots, lentilles, fèves, etc., décortiqués et leurs pellicules.

Id. MARTIN, à *Paris*. — Amidons et macaronis.

Id. MÉNIER et Cie, à *Paris*. — Chocolats.

Id. PRÉVOST jeune, à *Paris*. — Chocolats.

Id. PRIEUR-APPERT, à *Paris*. — Conserves alimentaires, gélatines, etc. R. (O) 1839.

Id. RAMIREZ, à *Paris*. — Sauces et conserves.

Id. ROBINE, à *Paris*. — Pains de gluten et de fécule, appareil pour apprécier les farines.

Id. ROLAND, à *Paris*. — Appareil aleuromètre propre à apprécier les propriétés panifiables de la farine de froment.

Id. ROUSSEAU, à *Paris*. — Conserves de fruits assortis.

Id. SOUDAN, à *Paris*. — Café-chicorée-moka.

Id. TASSARD, à *Paris*. — Chocolat.

Id. VILLENEUVE (de), à *Paris*. — Lait solidifié pur, au thé et au café. M. H. 1839.

Seine-et-Oise. MARCHON, à *Étampes*. — Pétrin mécanique, four pour la cuisson du pain. C. F. 1839.

Sèvres (Deux-). CHARRIER-BARBETTE frères, à *Niort*. — Angélique sous diverses formes. M. H. 1839.

Vienne (H.-). BARDENAT, à *Limoges*. — Fécule.

Id. MAGNOL-DUMAS, à *Limoges*. — Chocolat.

Id. PARANT, à *Limoges*. — Farine de minot.

Id. SOHET-THIBAUT (Jean-Baptiste et Bernard), à *Limoges*. — Fécule de pommes de terre.

Vosges. LEQUIN (Frédérick), à *Boinville*. — Fécule de pommes de terre, amidon.

L'EXPOSITION INDUSTRIELLE

DANS SES RAPPORTS AVEC L'AGRICULTURE

ET LES ARTS QUI S'Y RATTACHENT.

III.

J'AI raconté l'histoire demi-sérieuse, demi-plaisante des vins à l'exposition de 1844; il est à propos de la clore aujourd'hui en indiquant de quelle façon le petit drame s'est dénoué. Rien de plus simple : le jury central a repoussé la demande d'admission faite au nom d'un vinicole du Gard. L'avis officiel de ce refus se motive sur l'exclusion générale qui a frappé les substances alimentaires; quant aux seize flacons de mousseux qui, paraîtrait-il, sont entrés par contrebande dans le pavillon des machines, l'avis officiel déclare qu'ils ne concourront pas pour les récompenses.

Eh, dirons-nous, qui vous demande des récompenses? Gardez-les pour les myriades de futilités et de niaiseries auxquelles vous donnez le nom de produits industriels; faites comme en 1839 : accordez la médaille d'argent à quelque pauvreté comme ce joujou criard qu'on nomme, je crois, un mélophone, ou quelque chose d'approchant, tandis que l'orgue, le plus grand, le plus beau, le prince, le roi des instruments de musique, admirablement perfectionné, obtint une mention honorable. L'agriculture se passera de citations favorables dont elle ne se soucie guère. Elle tient à un principe : elle veut, malgré tous les préjugés, malgré toutes les ignorances, être considérée et traitée comme une *industrie*: elle voulait figurer dans le grand comice industriel quinquennal, voilà tout.

La France vinicole, abaissée par des mépris qu'elle ne mérite point, écrasée par des charges injustes, avilie par les falsifications qui en sont la conséquence logique, la France vinicole aurait prouvé fièrement à toute l'Europe, à ses amis comme à ses ennemis, tout ce qu'il y a en elle de génie utile et charmant. Ses plaintes retentiront plus haut et plus loin quand, à l'avenir, il s'agira de voter des fonds pour des expositions nouvelles. Un chimiste et trois buveurs d'eau ne se permettront plus la plaisanterie de mauvais goût contre laquelle nous protestons aujourd'hui. Vraiment! si Château-Laffitte, Volnay ou l'Hermitage n'existaient pas; si, pour la première fois, ils faisaient leur glorieuse apparition dans le monde, ces gens-là seraient capables de leur préférer une poupée qui escamote, un clyso-pompe, un parapluie qui ferme si bien, qu'on ne sait ensuite comment l'ouvrir, ou quelque étui à besicles qui s'ouvre si miraculeusement, qu'on ne peut plus le fermer.

Nous ne sommes ni des enfants ni des fous; nous demanderons et nous obtiendrons justice; nous proposerons des règles d'admission très-sévères pour nous-mêmes; des règles! et non point de l'arbitraire et du caprice plus ou moins sot et imprudent.

Ce compte arrêté, parcourons le palais de l'industrie pour y trouver encore d'autres produits qui intéressent l'agriculture.

D'abord les charrues. Il y en a beaucoup, il y en a plus de cent. On les avait jetées à la porte, au grand air; mais on n'a pas osé maintenir *cette décision*. Elles logent aujourd'hui sous deux hangars noblement goudronnés; les chiens empaillés, les singes qui jouent du violon n'ont pas les mêmes honneurs! Une charrue n'en sera pas moins éternellement la plus utile et la plus vénérable des machines. Les charrues n'accusent en ce moment aucun progrès bien notable, mais elles sont plus légères et construites sur des principes plus rationnels. Il y en a pour toutes les espèces de sol. Mille petits perfectionnements de détail régularisent leur action, et amoindrissent les fatigues proverbiales du laboureur et du bœuf, son compagnon, son paisible ami. Les charrues à défricher se multiplient et acquièrent, par leur combinaison savante, une irrésistible puissance. C'est un signe heureux; car dans cette France qu'on a l'habitude de comparer à un beau jardin, nous comptons encore un cinquième du sol, c'est-à-dire huit millions d'hectares en friche, et parfaitement improductifs.

Passons sur les herses, qui jouent pourtant un rôle bien utile dans l'industrie des campagnes, et sur les semoirs, qui économisent cependant une grande quantité de semence, richesse perdue, et retrouvée ainsi au profit de nous tous. Arrivons à une question dont, hélas! l'immensité n'est point suffisamment appréciée, celle des engrais. — Du fumier! Ah! fi! cela est grossier, cela sent mauvais. — C'est précisément pour réjouir les Philamintes choquées souverainement par de tels objets, que j'en parle. Il y a ici une double question de salubrité et de fécondité. Nos maisons les plus élégantes recèlent d'horribles foyers d'infection, véritable honte pour ce siècle très-vain de ses lumières, danger continuel pour la santé publique. La nuit, nos grandes villes sont envahies par des voitures affreuses que les équipages les plus élégants ne sauraient éviter au retour des soirées, et qui rappellent aux heureux les tristes infirmités de ce qu'on nomme la civilisation. Toute une classe de pauvres ouvriers contractent des infirmités précoces, des maladies douloureuses, et souvent périssent tout à coup dans un labeur abominable. Pendant les deux tiers de l'année, Paris-nord est infecté, et rien ne peut le défendre contre cet ennemi subtil et invincible. L'administration ne sachant plus que faire de mille à douze cents hectolitres de liquides qui nous gênent fort, toutes les vingt-quatre heures, va, dit-on, les faire couler judicieusement dans les égoûts, sous nos fenêtres, pour les envoyer... dans les eaux de la Seine. Et cependant, tout cela est de la richesse! mais richesse perdue, parce qu'on ne la comprend pas. Ni le grec, ni le latin, ni la danse, ni le piano que nous apprenons étant petits garçons ou petites filles, ne nous enseignent que chaque gerbe enlevée du sol le prive d'une portion de sa fécondité, laquelle doit lui être rendue si l'on veut obtenir de nouvelles récoltes. Nous ne savons cela que très-vaguement, et nous nous occupons de cela, nous autres citadins, tout juste comme s'il s'agissait de ce qui se passe au pôle antarctique. J'aurais beau chercher tous les euphémismes du langage, il faudrait encore vous dire qu'il y a à l'exposition quatre ou cinq bocaux où se trouve la solution complète, à mon avis, du problème de salubrité, puisque leur contenu se désinfecte en quelques minutes, complétement, par une réaction chimique facile et peu coûteuse, pouvant s'opérer sur l'échelle la plus vaste. Faites des vœux maintenant pour que le ciel daigne illuminer nos édiles; pour qu'aucune coalition ténébreuse ne tente point d'éterniser l'état de choses actuel, et qu'enfin la science triomphe de la barbarie sale et repoussante. Mais ce n'est pas tout.

Le principe fertilisant dont j'ai parlé, substance si rare que sa rareté fait naître partout des plaintes et des gémissements, ce principe d'une subtilité extrême se volatilise et se perd sans cesse. Chose admirable! en désinfectant les choses ci-dessus, il se trouve que le principe fécondant est fixé, ou du moins ne s'évapore qu'avec une lenteur suffisante pour qu'on puisse l'emmagasiner et en disposer suivant les besoins du travail agricole. En sorte que, 1° la salubrité peut n'être plus mise en danger perpétuel; 2° les eaux de nos fleuves peuvent n'être plus dangereusement souillées; 3° une somme énorme d'engrais peut ne plus se perdre inutile; 4° enfin, d'incalculables richesses fécondantes peuvent ne plus se disperser dans les airs. Que de choses dans ce petit bocal! Il n'y aurait plus maintenant qu'un troisième problème à résoudre pour donner une impulsion admirable à l'industrie rurale, mais ce problème est le plus épineux. Il faudrait découvrir des moyens faciles, pratiques, d'une exactitude au moins approximative, pour mesurer le titre des engrais, c'est-à-dire la richesse fécondante qu'ils contiennent à un instant donné, au moment même où l'on en fait emploi. Cela ne se fait encore, et difficilement, que sur de petites quantités, dans les laboratoires. Dès lors l'engrais deviendrait un objet de commerce immense et sûr, qui mettrait en mouvement des capitaux énormes, et qui accroîtrait le bien-être général dans des proportions qu'il est impossible de calculer. Mon Dieu, si l'exposition de 1849 nous donnait donc cela aussi dans un petit bocal!

Celle-ci nous apporte plusieurs procédés fort ingénieux pour sécher les céréales, les ventiler, les épurer de poussière et de cailloux, les conserver longtemps dans un état parfaitement sain. Travaux fort humbles, inaperçus, mais d'une grande importance. Il y aura pour eux, j'y compte, de splendides citations favorables.

Moissonner est un travail très-rude, très-dur; une machine à moissonner a été présentée, machine neuve et ingénieuse, mais qu'il faudrait voir fonctionner pour porter un jugement sérieux. Les machines à battre sont plus comprises; elles ont subi toutes les épreuves, et leur triomphe est certain. Le battage des gerbes à la main, au fléau, est toujours une opération très-imparfaite: il reste toujours des grains dans l'épi, ce qui constitue une perte incalculable dans un pays vaste comme le nôtre; puis, le fléau écrase souvent le grain; puis la poussière, chargée de barbelles d'épis très-ténues, fatigue la poitrine des batteurs; puis on bat de grand matin à la lampe, ce qui occasionne quelquefois des incendies. Voilà une partie des inconvénients qu'épargne une bonne machine, sans compter la conservation des pailles et la difficulté d'avoir des ouvriers batteurs qui manquent parfois dans quelques provinces.

Maintenant, il faut moudre le grain. Oh! c'est une grosse affaire que cette mouture. Dans les sociétés antiques, des myriades de malheureux esclaves, pendant une longue suite de siècles, se livrèrent aux travaux forcés et épuisants de la meule. Que de douleurs, de gémissements, de désespoir dans ces mots : Tourner la meule! La mécanique, maudite de nos jours par tant d'esprits prévenus, a réellement affranchi le genre humain. La meunerie n'en est pas moins une opération encore trop barbare sur toute la terre, et dans la moitié de la France. Mue par le vent, elle est si mal organisée, que sur huit jours elle en chôme quatre, quelquefois six; établie sur un cours d'eau, elle en dépense trois fois plus qu'il n'est nécessaire. Elle s'arrête l'été faute d'eau; elle s'arrête l'hiver parce qu'il y a surabondance. La farine est mal produite, mal blutée; le son garde trop de farine; le meunier se paye en nature, et prend la même dîme sur le sac d'une pauvre paysanne, que le grain soit cher ou bon marché. Les meules mal posées, plus mal taillées, s'échauffent et gâtent la boulange; elles sont de mauvaise nature et s'égrènent.

En 1842, je parcourais l'une de nos provinces centrales; une hospitalité cordiale, mais un peu gênante, s'empressait autour d'un vieil ami; mais, hélas! en vingt-quatre heures les dents de cet ami furent complétement hors de service. Le pain craquait affreusement : c'était une farine de gravier que l'habitude seule pouvait rendre supportable. Cependant l'art de moudre le blé a fait des progrès incontestables, mais trop lents à se répandre. L'exposition présente des simplifications ingénieuses dans certaines parties du mécanisme. Les meules aérifères, ainsi nommées parce que l'air pénètre entre la meule courante et la meule fixe pour les rafraîchir constamment, ne sont peut-être pas encore le dernier mot pour ce genre de travail, mais elles conduiront à mieux, car elles posent déjà fort bien le problème que résoudra l'avenir. De curieuses petites machines sont proposées pour tailler l'aire des meules. Cela, dit-on, fonctionne avec sûreté, régularité, économie, trois points importants dans ce genre de travail.

Et comment juger une farine? Par la couleur, la finesse? — Du pain très-blanc est souvent détestable et peu nutritif. — L'expérience? — Fiez-vous-y. Les bonnes femmes déclarent qu'elle passe science. D'accord; mais assurément ce n'est point en matière de farine, car les premiers artistes panificateurs avouent qu'ils y sont trompés tous les jours. Le gluten, substance azotée, est la partie la plus importante dans les farines à pain; le gluten rend seul le pain nutritif, élastique, spongieux, léger, agréable; les blés les plus riches en gluten sont les plus recherchés. Mais il y a encore gluten et gluten; celui qui se dilate le plus sous l'action de la chaleur fait toujours le meilleur pain. Or, M. Boland, un ancien élève de l'école polytechnique, qui n'a pas dédaigné de se faire boulanger très-habile, a inventé, et il expose cette année un appareil très-simple pour apprécier les vertus du gluten. D'abord, on lave les farines pour enlever l'amidon; puis, un volume donné de gluten est enfermé soigneusement dans un cylindre de cuivre dont l'ouverture supérieure donne passage à une tige mobile graduée. On chauffe à l'esprit-de-vin, et le tube, par son maximum de soulèvement, indique le degré de dilatation qu'a pu atteindre la masse. Les résultats d'expériences faites sur des farines de provenances diverses sont là, près de l'appareil, et parlent aux yeux. Rien de facile à pratiquer comme cette simple manipulation. L'appareil est peu compliqué, peu coûteux. Je crois qu'on ne saurait trop encourager et honorer des travaux de ce genre, dont l'utilité est palpable et qui nous intéressent si fort, tous tant que nous sommes.

Il y a deux espèces de pain à l'exposition: l'une en gluten pur, très-dilaté, conséquemment d'une légèreté extrême. Un pain rond, de dix décimètres, pèse à peu près autant qu'un échaudé. Ceci est une affaire toute médicale; il paraît que ce pain est éminemment favorable aux malheureux affectés de la diabète sucrée. L'autre pain, sans être aussi respectable, n'est pas moins intéressant, car il résout d'une façon parfaite le problème de la panification de la pomme de terre, non pas seule, mais unie à moitié de farine de blé. Que d'essais on a tentés pour arriver à cela! Combien une telle panification eût rendu de services dans les campagnes, en 1816! Nos paysans s'étaient ridiculement mépris sur la haute réputation de gourmandise que s'était faite le chef du gouvernement d'alors; ils la prenaient naïvement pour de la voracité, et lui attribuaient la chèrté du pain et des pommes de terre: ce fut un moyen formidable d'opposition. Les pauvres gens auraient bien voulu mettre de la pomme de terre dans leur pain, mais ils s'y prenaient mal: c'était mou, lourd, indigeste, c'était immangeable. Aujourd'hui, grâce aux excellents travaux de M. Porcheron, de la Côte-d'Or, ils se feraient de très-bon pain avec leurs tubercules; un pain frais et léger, savoureux et très-digestif. Deux cents personnes (je suis des coupables, très-coupables même) ont si fort expérimenté ce pain, que l'honorable exposant a dû en apporter un nouveau tous les jours, avec une patience toute philanthropique. M. Porcheron fait cuire et sécher sa pomme de terre, qui, de la sorte, et mise en bon lieu, se conserve presque indéfiniment. Après cinquante-huit jours, ce pain a été trouvé très-mangeable; on ne sera donc pas surpris que la Société d'encouragement ait accordé un prix de 1,000 fr. à cet habile panificateur. Il achève et complète l'œuvre de Parmentier.

Une autre industrie fort précieuse, celle de la décortication des légumes, a fait de grands progrès et figure très-honorablement à l'exposition. Dix exposants au moins ont envoyé des échantillons véritablement superbes. L'enveloppe des grains-légumes est une écorce, un vêtement préservatif du précieux germe, mais cette espèce de parchemin est dure, coriace, et ne digère pas. Les organes de la digestion en souffrent, et beaucoup de personnes s'éloignent forcément de ces aliments savoureux et nutritifs. Il y a donc là un progrès de la meilleure espèce. La mouture des légumes, même des légumes-racines, avance aussi; je n'ose entrer, à cet égard, dans des détails qu'une plume profondément versée dans l'art culinaire pourrait seule faire dignement valoir, mais je n'en fais pas moins appel à la reconnaissance du lecteur pour des services que chacun de nous a occasion d'utiliser tous les jours de la vie.

Les pâtes dites d'Italie, parce que les Italiens les ont inventées et en raffolent, se fabriquent décidément en France tout aussi bien que dans la péninsule. Clermont a singulièrement avancé l'art du macaroni, du vermicelle, des étoiles à potage, des nouilles allemandes et de mille autres choses excellentes dont le nom, je l'avoue, ne m'est pas bien familier. Tout cela est d'une blancheur parfaite, cela se confectionne avec des semoules bien préparées et très-riches en gluten, d'où il suit que la pâte ne se désagrège pas à la cuisson, et fournit un aliment digestif et très-nutritif. Nous n'achetons plus de pâtes en Italie, mais le consommateur, rempli de préjugés, s'opiniâtre encore à en vouloir; les marchands, à leur grand désespoir certainement, se trouvent forcés alors de lui vendre de l'Auvergne deux fois trop cher. Au reste, la consommation s'accroît de jour en jour, et l'agriculture locale y gagne beaucoup. Une sorte de blé qu'on récolte en Auvergne, moins belle en apparence, se vendait 15 pour 100 au-dessous des blés de choix. Depuis que l'industrie des pâtes a su tirer si bon parti de ces froments très-riches en gluten, ils se payent 15 pour 100 plus cher que les autres. Voilà donc une plus-value d'un tiers, c'est quelque chose.

Il est bien convenu que nous ne demanderons plus de pâtes d'Italie à notre fournisseur.

Louis Leclerc.

DE LA STATISTIQUE INDUSTRIELLE.

(2e article.)

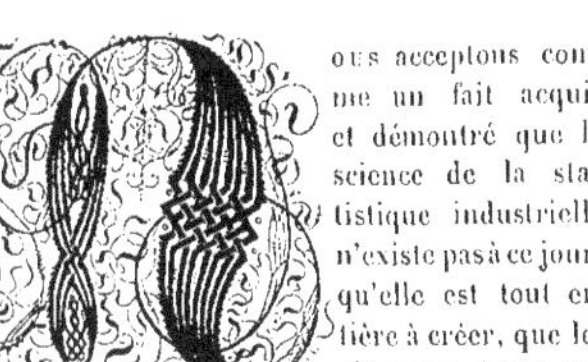

Nous acceptons comme un fait acquis et démontré que la science de la statistique industrielle n'existe pas à ce jour, qu'elle est tout entière à créer, que les éléments épars qui sont connus aujourd'hui sont incohérents et souvent contradictoires, qu'il n'y a enfin aucun corps de documents, disons même aucun plan dressé d'une manière large et rationnelle. Une seconde conclusion que nous avons posée précédemment et qui nous semble non moins incontestable, c'est qu'il est de la dernière urgence de procéder sans retard à la réunion systématique de ces innombrables renseignements; car ce sont les pierres de l'édifice industriel à la construction duquel la société va se livrer au premier jour. Que dira-t-elle de ses gouvernants, si, par suite de leur incurie, les matériaux lui manquent?

La statistique est la science des faits et non des théories; elle ne conclut pas, elle constate; c'est sur ses résultats bruts, impartiaux, véridiques, que la philosophie des conséquences doit se baser et s'enchaîner logiquement. Il semble donc qu'il n'y ait qu'à puiser au hasard dans le vaste ensemble des faits pratiques, et à entasser le plus grand nombre de documents dans le moins de temps possible; néanmoins, il n'en est pas ainsi : la collection des faits a besoin, pour ne pas tomber dans un chaos inextricable, d'être soumise à une pensée essentielle et directrice, de tendre toujours vers un but qui soit la pierre de touche de l'utilité relative des faits qu'il convient de recueillir. Aussi deux écueils sont également à redouter dans les études auxquelles on se livre sur la pratique; d'une part le détail minutieux, le fait insignifiant, la surabondance étroite et oiseuse, l'absence de tendance systématique; d'autre part, l'esprit de système, la théorie préconçue, la conclusion prématurée.

Dans le plan qu'il s'agit de tracer pour la constatation de la puissance industrielle du pays, l'idée directrice est aussi large et élevée qu'il est possible de la concevoir; car elle n'est rien moins que la base de la constitution industrielle de l'avenir. La science économique semble avoir posé, pour sa formule la plus récente et la plus complète, l'organisation de l'industrie au moyen d'une répartition plus équitable, entre le capital et le travail, des fruits de la production développée par l'extension indéfinie du nombre des consommateurs.

En face de ce programme, la tâche des recherches statistiques se précise et s'accuse d'une manière nette. Tout ce qui peut servir à constater les moyens dont la production dispose actuellement, les résultats qu'elle en tire, la consommation qu'elle alimente, les rapports des deux agents, capital et travail, qu'elle emploie à son service, tel sera tout d'abord, et en première ligne, le cadre à remplir. Or, l'ensemble de ces faits ne peut pas être deviné d'en haut, par des aperçus généraux, sommaires; la distance et l'élévation du point de vue sont des choses fort précieuses pour conclure avec largeur, très-nuisibles pour observer avec une minutieuse exactitude; les résultats définitifs de la statistique ne sont pas des raisonnements, ce sont des totaux et des moyennes, ce qu'on n'obtient qu'en recueillant un à un les éléments partiels. Ainsi posons d'abord ce point essentiel : c'est que les chiffres généraux sur la production que réclame la science économique ne peuvent ressortir que de l'étude de chaque établissement industriel, si infime qu'il paraisse. Toutes les questions dont les réponses numériques sont le but des recherches statistiques devront donc être posées et résolues pour chaque atelier du pays, pris en particulier.

Quant à l'ensemble de ces questions, on reconnaît, après les avoir réunies toutes aussi complétement que possible, qu'elles se subdivisent en six grandes catégories ; il y a lieu de former six groupes principaux de renseignements classés sous les têtes de colonnes dont les noms suivent et donnent une première idée.

Statistique descriptive.
— technique.
— commerciale.
— financière.
— manouvrière.
— économique.

Tel est le cadre des recherches qu'il convient d'effectuer dans chaque établissement industriel pris à part, et de consigner sur six tableaux consacrés spécialement à chacun des points de vue précités. C'est le résultat total de ces recherches, la dernière ligne de ces six tableaux, contenant les moyennes et les totaux de toutes les colonnes précédentes, qui renfermera le dernier mot de l'industrie nationale et représentera sous sa forme concise et numérique toutes les conséquences de l'avenir économique du pays.

Entrons dans quelques détails plus précis sur chacun de ces cadres d'études partielles, et donnons une analyse sommaire des colonnes qu'il convient d'ouvrir dans ces six tableaux.

1° *Statistique descriptive.* Il importe avant tout de définir les divers établissements que l'on soumet aux investigations, de tracer leur position, leurs conditions extérieures, d'en faire, en un mot, l'inventaire matériel, avant de procéder à un examen plus intime. Dans ce premier tableau figureront donc d'abord la nature de l'industrie à laquelle l'établissement se rattache, le nom de cet établissement, celui de ses propriétaires ou des locataires qui l'exploitent; sa position sera déterminée de manière à pouvoir être rapportée sur une carte générale des usines de France avec une précision irrécusable ; il suffira pour cela de l'indiquer à la fois hydrographiquement et géographiquement au moyen de sa distance à trois points connus. On réunira les faits généraux et les dates principales de son historique, telles que les époques de sa fondation, des événements importants dont le contre-coup l'a frappé, de ses grandes modifications, de ses périodes de prospérité ou de décadence. Passant à une étude plus actuelle, le statisticien constatera l'état puissantiel de l'établissement en dressant la liste de ses ateliers et des appareils qu'ils renferment, le nombre et la force de ces derniers en les groupant sous deux ordres divers, les appareils calorifiques et les appareils mécaniques. Il déterminera la source de la puissance motrice, son énergie dynamique, le nombre de ses récepteurs. Enfin, il terminera cet inventaire extérieur par le relevé du personnel qui anime cet établissement et qui lui communique l'intelligence et le mouvement; ce relevé distinguera les hommes d'administration, les hommes d'art, les chefs d'ouvriers et les ouvriers proprement dits, ceux-ci se subdivisant suivant l'âge, le sexe et la fonction, en hommes, femmes, aides et enfants.

2° *Statistique technique.* Cet ordre de recherches, non moins précieux que les cinq autres pour le statisticien économiste, sera d'un prix inestimable pour le savant et le manufacturier : du jour où la direction suprême de l'industrie se trouvera en possession des procédés techniques suivis dans tous les établissements du pays et des résultats comparatifs de ces divers procédés, la technologie sera fondée, la science substituera ses conclusions motivées aux essais hasardeux des praticiens empiriques; la production tout entière s'avancera d'un pas sûr et rapide dans la route du progrès. Il importe de consigner dans ce cadre le nombre et la désignation détaillée des diverses opérations auxquelles donne lieu la branche d'industrie pratiquée par l'établissement: on tiendra compte de la durée de chaque opération et du nombre que chaque jour permet d'accomplir. On appréciera toutes les consommations soit en matières soit en main-d'œuvre, tant par opération que par unité de produit fabriqué; les matières consommées seront divisées en deux catégories, les matières premières faisant la base essentielle de la transformation manufacturière, et les matières accessoires, les combustibles et autres intermédiaires d'une utilité de second ordre. Ces matières seront évaluées en unités bien déterminées de poids, de volume ou de prix. Il en sera de même des produits qui seront soit transitoires, c'est-à-dire créés non pour la vente, mais pour une élaboration immédiate, soit définitifs, c'est-à-dire propres à servir aux transactions d'achat et de vente. On tiendra note enfin du nombre total des jours d'activité de l'établissement.

3° *Statistique commerciale.* Ce troisième cadre est de la plus haute importance pour l'administrateur, pour l'homme d'État qui tient en main la direction des traités internationaux, de la puissance maritime du pays, des tracés et des tarifs pour les voies de communication. Il a pour but de constater l'origine, le prix et les moyens d'arrivage des matières consommées dans chaque établissement, la destination, le prix et les moyens de débouchés des divers produits que cet établissement a créés. Ainsi, subdivisant ses recherches entre la consommation et la production, il consigne pour chaque matière arrivée dans l'établissement l'unité relative en poids et volume, la quantité réclamée par l'approvisionnement, la provenance de cette matière, son prix sur les lieux de production, les grands marchés de vente ou d'entrepôt qui l'ont fournie, son prix sur ces marchés; il précise la nature et le nom des voies de transport suivies par ces matières, la distance qu'elles y parcourent; quant au prix de ce transport, la différence entre le prix sur le marché et le prix à l'usine le fait suffisamment connaître. Pour les produits de l'usine, même désignation de l'unité comparée de poids et de volume, même indication de la répartition entre les divers marchés de vente, même rapprochement du prix de livraison à l'usine et du prix de vente soit sur les marchés soit sur les lieux même de consommation, mêmes détails sur les voies de transport ouvertes au débouché des produits. Il nous semble inutile de chercher à tirer les conséquences précieuses d'un cadre aussi complet et aussi nourri.

4° *Statistique financière.* Il se présente tout d'abord, à propos de cette classe de recherches, une objection que nous avons, du reste, devinée depuis longtemps : c'est la difficulté extrême, pour ne pas dire l'impossibilité absolue, de recueillir des renseignements exacts sur un pareil sujet; mais comme nous comptons accueillir cette objection plus tard et la traiter d'une manière complète, nous ne continuerons pas moins de tracer le cadre de nos études sur la position financière des établissements, sans nous préoccuper du plus ou moins de facilité de ces études. Cette position est déterminée par la différence entre le prix de revient et le prix de livraison des produits fabriqués. La partie délicate de l'étude consiste précisément à fixer d'une manière réelle les divers éléments du prix de revient; on peut les grouper en deux classes, par rapport au capital et par rapport au travail. Les premiers renferment l'intérêt et l'amortissement des fonds employés aux constructions et à l'outillage, l'intérêt du fonds de roulement, les frais généraux, ceux de patente, l'achat des matières consommées, etc. L'autre classe renferme les salaires des ouvriers et les traitements divers. La comparaison, avec le prix de vente des produits, de ces éléments totalisés permet de constater le bénéfice obtenu, soit pendant l'année entière, soit pour chaque unité fabriquée. Ce bénéfice peut aussi être réparti, par une simple règle de proportion qui renferme le secret de l'association future, entre les deux chiffres représentant la mise spéciale du capital et celle du travail.

5° *Statistique manouvrière.* L'Académie des sciences morales a donné la première un exemple de ce genre de recherches dans le travail entrepris sous ses auspices par l'un de ses membres, le docteur Villermé, et ayant pour but de constater la condition physique et morale des ouvriers employés dans les manufactures de coton. C'est un travail tout à fait analogue qu'il importe d'effectuer pour tous les ateliers du pays. Dans une pareille étude, il y a deux classes de documents, ceux qui sont spéciaux à l'atelier ou à l'industrie qui s'y exerce, et ceux qui sont généraux à une localité, à un canton, à un centre quelconque de population.

Les premiers comprennent le nombre des ouvriers employés dans chaque établissement et distingués en maîtres et manœuvres, femmes et enfants; l'origine de cette main-d'œuvre, suivant qu'elle appartient au pays ou qu'elle lui est étrangère; la durée du travail, le prix de la journée en moyenne, le même au taux inférieur des temps de baisse et au taux supérieur des temps de hausse; le nombre des jours actifs, la durée des chômages, soit volontaires, soit forcés; l'emploi de ces chômages, et la nature des bénéfices venant en supplément au salaire principal. Ces documents comprennent encore les détails relatifs à l'hygiène de l'établissement, à la disposition des ateliers, à la sollicitude des chefs, et aux autres faits émanant de l'établissement lui-même.

Les faits qui relèvent de la localité, et qui sont communs à la grande majorité des travailleurs d'un canton, sont les conditions physiques de santé et de salubrité, la constitution et le tempérament, l'habitation, la nourriture, le vêtement, les dépenses diverses, le degré d'instruction, la moralité, les vices dominants, les dispositions spéciales de l'intelligence. Ces derniers faits exigent une étude générale, beaucoup plus facile que les recherches industrielles en même temps que d'un intérêt plus haut et plus immédiat. Il n'est pas besoin de la plus légère insistance sur les recherches comprises dans ce cinquième cadre pour démontrer qu'elles forment la base de toutes les études du véritable philanthrope, et que toute mesure tentée dans l'intérêt des classes ouvrières ne peut l'être avec succès sans cette science complète de leurs conditions d'existence.

6° *Statistique économique.* Ce dernier tableau réunit tous les renseignements généraux que des chiffres ne sauraient exprimer, l'appréciation de toutes les données économiques et industrielles, la discussion des procédés, des provenances et des prix des matières consommées, la proposition de voies de transport à créer ou à améliorer; il consigne les tendances des salaires vers la hausse et la baisse, les causes de chômage, les encouragements demandés soit pour le commerce intérieur, soit pour le commerce extérieur, à l'aide de tarifs ou de réductions de droits; là se trouve enfin la critique complète de toutes les conditions qui régissent l'établissement examiné et qui lui constituent des éléments de supériorité ou d'infériorité relativement aux établissements similaires.

Tel est, en six tableaux d'une étendue modérée, le cadre de toutes les recherches statistiques qui peuvent être de quelque intérêt pour tous les problèmes de technologie, d'administration publique, d'économie sociale, d'organisation industrielle; nous disons que c'est là et non ailleurs qu'il faut sans délai porter toute l'attention des investigateurs; hors de la connaissance de tous ces faits, point de salut pour le pays; nulle mesure éclairée, nulle loi motivée, nulle entreprise rationnelle.

Tout cela peut être fort bien, diront, après avoir parcouru d'un coup d'œil ce studieux programme, les hommes qui se piquent d'une pratique consommée et d'une haute expérience soit industrielle, soit administrative; mais les moyens d'exécution? A qui peut-il venir en tête d'entreprendre une pareille tâche? Ne sait-on pas les mille obstacles que rencontre la moindre investigation de la part des intérêts en éveil? N'a-t-on donc jamais frappé à une porte d'usine pour savoir que l'industrie est, par sa nature, craintive de la lumière et de la publicité? A grand'peine obtiendrait-on quelques détails généraux sur la consistance, les procédés techniques, la nature des matières employées ou des produits; mais la moindre confidence sur les éléments du prix de revient, les secrets de fabrication, les mille petits mystères dont s'enveloppe chaque établissement, voilà ce qui serait une illusion complète et dangereuse; car la confidence serait à coup sûr mensongère et erronée avec préméditation.

Nous ne nous dissimulons pas la force et la vérité de cette objection. Il est très-vrai que l'éducation des industriels laisse encore beaucoup à désirer à ce sujet, et qu'ils regardent le mystère comme un de leurs plus grands moyens de succès; il est vrai aussi qu'ils ont parfois raison et que la propriété d'un procédé utile n'est souvent garantie que par la jalouse surveillance du possesseur. Mais le plus souvent ce mystère apparent ne couvre qu'une erreur, soit ancienne, soit récente, à la mise en lumière de laquelle l'industriel serait le premier intéressé. Il est rare qu'un procédé tout à fait secret soit la base d'une importante industrie; le plus souvent la supériorité des grandes fabriques tient plutôt à l'ensemble de leurs conditions productrices, à leurs capitaux, à leur outillage, qu'à tel ou tel brevet mystérieux. Ces éléments de suprématie ne gagnent rien à être tenus secrets, aussi les grands industriels sont-ils ceux qui attachent le moins d'importance à cette réserve craintive et murée. Mais cette objection fût-elle plus vraie encore, et plus sérieuse, elle ne change rien à la question telle que nous l'avons posée. Est-il nécessaire, indispensable pour l'État, pour les industries, pour les particuliers eux-mêmes, que les faits relatifs à la production soient constatés? Si cela est, et le simple bon sens le démontre, il ne peut y avoir que des difficultés et non des impossibilités absolues. Il y a d'ailleurs une réponse pratique à cette objection. On ne saurait espérer, quels que soient les moyens que l'on mette en œuvre, arriver dès le premier essai à des résultats satisfaisants. Un pareil travail est l'œuvre du temps et de la patience. On devra donc procéder au début par approximation, et ouvrir le cadre en laissant de vastes et nombreuses lacunes; mais ces lacunes se combleront peu à peu, et les circonstances favorables se présenteront, à n'en pas douter, pour remplir les vides.

Les difficultés, d'ailleurs, ne prouvent qu'une chose, c'est qu'il importe de commencer immédiatement ce travail puisqu'il est nécessaire, et qu'il faut un long temps pour le mener à terme. Du reste, ces difficultés dépendent beaucoup de la manière dont sera conçue cette vaste entreprise, et ceci nous amène à parler des moyens dont l'État dispose et de ceux qui nous semblent convenir de préférence.

L'État, lorsqu'une circonstance grave et pressée exige qu'il se renseigne sur une question industrielle, a recours à deux moyens, les enquêtes et l'envoi de tableaux et de circulaires administratives. Tout le monde connaît le procédé des enquêtes ; les précieux documents qu'on doit à ces grandes consultations manufacturières sont jusqu'à ce jour le bagage le plus réel de notre statistique. Néanmoins, ce procédé n'est pas sans inconvénients, et le plus grave, c'est de ne convenir qu'au but occasionnel qu'on se propose, mais non à une complète et constante élucidation des conditions spéciales à chaque industrie : c'est un enseignement accidentel, et non un moyen d'informations régulier et suivi. En outre, tout manufacturier, fût-il au courant de ce qui le regarde, l'est assez peu de ce qui se passe chez ses voisins. Enfin les producteurs que l'on convie à ces interrogatoires nationaux sont ordinairement les plus importants de leur industrie, et offrent par conséquent sa représentation la plus avancée, mais non pas l'expression moyenne de son développement. Ne devrons-nous pas faire observer aussi que les enquêtes s'adressent toujours à un intérêt vivement surexcité, soit par la crainte, soit par l'espérance, et que ce n'est pas là le moyen d'obtenir une franchise parfaite et une véracité impartiale? Il est fort naturel que ce soit dans le sens de l'intérêt en jeu que le déposant dispose à l'avance le thème de sa réponse. Rien ne le contrôle, ne rectifie ses erreurs ou ne supplée à ses réticences. Sous tous ces rapports, l'enquête ne peut donc servir de base à un système de recherches régulièrement ordonné.

Il semblerait que l'État, doué sur ses nombreux agents d'une immense action, doit obtenir d'heureux résultats de l'emploi du second moyen dont il dispose, à savoir l'envoi de tableaux dressés avec soin, et confiés, pour le remplissage des colonnes, à la sollicitude administrative et municipale. Ainsi des têtes de tableaux où seraient consignés tous les documents que nous avons signalés pourraient être expédiées dans chaque commune par les soins des préfets et sous-préfets, pour revenir avec les documents complets à l'administration centrale. Ce moyen a été tenté et n'a amené que des résultats insignifiants. On pouvait le prévoir à priori, en réfléchissant aux conflits qui existent si souvent entre l'administration et les autorités municipales, à l'ignorance presque générale de ces derniers fonctionnaires, à la défiance des industriels contre toute information qui émane de l'État et qui leur semble cacher une arrière-vue fiscale, enfin à l'apathie trop fréquente des administrateurs eux-mêmes.

En face de ces moyens insuffisants, devra-t-on renoncer par impuissance à cette utile et importante entreprise? Il le faudrait, si toutes les statistiques publiées par l'État étaient du même genre que certains recueils dont les hommes compétents nous éviteront de citer ici les titres. Mais il y a deux recueils statistiques officiels vraiment dignes de ce nom : nous voulons parler du Tableau des douanes et du Résumé des travaux du corps des mines. Peut-être, en examinant de quelle façon ces recueils sont exécutés, trouverons-nous la solution que nous cherchons.

Or le mode de confection de ces recueils offre précisément trois conditions précieuses : 1° la capacité éprouvée des agents qui en sont chargés; 2° la spécialité de leurs fonctions; 3° la permanence de ces mêmes fonctions.

Quant à la première condition, il n'y a pas besoin de prouver son influence sur la valeur des renseignements recueillis, soit pour la matière des recueils précités, soit pour celle dont nous nous occupons. Tel chiffre ou telle assertion que l'homme incapable acceptera sans contrôle sera immédiatement rejetée ou modifiée par l'industriel habitué à des moyennes de production et de consommation qui, pour les variétés les plus disparates d'une même industrie, ne s'écartent que d'une assez faible amplitude. Cette perspicacité technique annule le plus grand nombre des fausses déclarations ou des documents volontairement erronés qui seront, dans le principe, livrés de gré, ou de guerre lasse, par les producteurs. Elle prépare et rend possible un premier travail, fort grossier encore et fort imparfait sans doute, mais qui permet de procéder à des essais qui seront successivement moins défectueux.

La spécialité des fonctions a pour résultat de transformer en un devoir de premier ordre, et en une tâche obligée, la mission très-secondaire et tout à fait accessoire dont l'envoi de tableaux investit les fonctionnaires déjà surchargés de besogne ou prédisposés à l'apathie. Les agents spéciaux, au contraire, ne peuvent arguer ni du défaut de temps, ni d'occupations plus pressantes; force leur est de présenter annuellement des résultats, et dès lors d'y consacrer des soins réels.

La troisième condition est peut-être la plus importante de toutes, car c'est celle qui permet le progrès indéfini et la perfectibilité. Si l'État, comprenant enfin la portée d'un pareil système de documents, se décidait à en ordonner la concentration, mais une fois pour toutes et d'une manière isolée, nous préférerions de beaucoup le maintien de l'ignorance actuelle aux fausses conséquences qu'on ne manquerait pas de baser sur une demi-science, obscurcie d'inévitables erreurs. L'agent, en restant dans la localité, s'y faisant connaître par les services que son mérite spécial lui permet de rendre, n'ayant de caractère officiel que ce qu'il en faudrait pour être sûr de l'appui des administrateurs, obtiendrait chaque année, de la confiance et des relations qu'il saurait établir, la rectification des erreurs de l'année précédente, en même temps qu'il acquerrait la connaissance intime des conditions industrielles par le seul fait de son existence au milieu de ces conditions. D'ailleurs, avec le temps, les craintes se dissiperaient quant au danger du fisc, à moins de quelque maladresse financière; les préjugés deviendraient moins hostiles, les premiers résultats bienfaisants de cette vaste et perpétuelle enquête viendraient en faciliter les progrès ultérieurs.

A quoi sommes-nous donc en voie de conclure? A la création d'un certain nombre de statisticiens d'essai, mis en demeure de fournir chaque année les premiers fruits de leur laborieuse mission; à l'extension de ce cadre au fur et à mesure des résultats obtenus; au récolement, à la critique et à l'élaboration longtemps secrète de ces renseignements par l'administration centrale, avant d'aborder la publicité. C'est sur place et de sa propre personne que le statisticien doit aller saisir le fait. On ne sait pas, à moins d'avoir été à l'œuvre, combien même alors on a de peine à dégager ce fait du milieu des obstacles qui le dérobent.

Nous aurions bien des choses à dire, soit sur cette conclusion en particulier, soit sur cette création d'ingénieurs officiels de l'industrie manufacturière dans chaque département; les conséquences à en déduire seraient nombreuses et importantes. Mais nous nous bornons : la seule réponse que nous ferons aux objections que soulèvera toujours le projet de statistique industrielle sera, pour terminer, la reproduction constante et impassible d'un raisonnement déjà cité.

Est-il vrai que la connaissance des faits est la base première et indispensable des lois qui régissent ces faits? La réponse n'est pas douteuse. Dès lors on ne saurait contester non plus la nécessité de procéder par quelque moyen que ce soit, et en dépit de toutes les difficultés, à constituer dans le plus court délai cette science des faits de la production qu'on nomme la statistique industrielle.

E. Lamulonière.

PIANOS.

—

MM. BOISSELOT père et fils, a Marseille.

L'industrie dont nous allons parler a déjà été pour nous l'objet d'un examen attentif. Nous avons étudié la facture parisienne, représentée par ses principaux chefs, MM. Érard et Pape, avec un soin tout particulier : c'était notre devoir. A tout seigneur tout honneur.

Maintenant que nous avons tout dit sur Paris, maintenant que nous avons montré, dans la maison Érard, l'alliance d'un grand nom et d'un capital considérable; dans la maison Pape, le spectacle d'un esprit investigateur et éminemment pratique, s'appliquant à des perfectionnements sans fin, il nous reste, pour compléter nos études sur le piano, à parler d'une maison qui, elle aussi, a sa place au premier rang dans cette grande industrie. Nous avons nommé MM. Boisselot, de Marseille.

Lorsque, il y a douze ans, M. Boisselot fonda à Marseille cette fabrique de pianos qui brille aujourd'hui de tant d'éclat, il n'y eut pas assez de sourires, assez de compassion, assez de dédain pour accabler le pauvre petit facteur provençal, des bords de la Seine aux bords de la Garonne, des bords de la Garonne aux Bouches-du-Rhône; tous ceux qui eurent connaissance de cette tentative hardie taxèrent de folie le courageux industriel qui essayait de donner un solennel démenti au fameux proverbe inventé par ses compatriotes : Nul n'est prophète dans son pays.

Mais heureusement que si ce proverbe dit vrai, il ne parle que des faux prophètes; les hommes de talent, les vrais prophètes, ceux qui ont la foi, sont prophètes partout, dans leur pays aussi bien qu'ailleurs. Tous les lazzi de la Gascogne n'y peuvent rien, M. Boisselot l'a bien prouvé.

En effet, loin de se décourager, l'honorable industriel dont nous parlons redoubla d'efforts. Il avait commencé avec deux ouvriers, il en eut bientôt quatre, puis cinq, puis dix; une fois le premier pas fait, les instruments fabriqués par M. Boisselot se chargèrent eux-mêmes de leur propre fortune et de celle de leur patron.

Moins de deux ans après ses débuts, le petit facteur provençal s'en vint sans bruit et sans éclat exposer au grand concours les produits de son travail, et le rapport du jury de 1834 eut à enregistrer ce fait mémorable, que les premiers pianos envoyés de province aux expositions quinquennales étaient ceux que M. Boisselot venait d'y présenter. Jusqu'alors, les facteurs de province s'étaient tenus en dehors du concours. Ce seul fait était significatif; aussi les pianos de M. Boisselot fixèrent-ils vivement l'attention du public, des artistes, et voire même des facteurs parisiens, qui ne pouvaient rester indifférents devant cette courageuse et intéressante manifestation.

Les chefs de la fabrication parisienne, des hommes tels que les Érard, étaient trop au-dessus de toute considération de concurrence et de mercantilisme pour s'en alarmer; loin de là, ils applaudirent aux efforts de ce courageux industriel sans se demander si quelque jour, nouveau Titan, il ne chercherait pas à escalader leur Olympe.

A l'exposition de 1839, l'artiste avait grandi, la fabrique de Marseille s'était accrue; elle ne se contentait pas de fabriquer, elle perfectionnait déjà; elle se lançait timidement encore, à la vérité, dans le champ sans limites des inventions et des découvertes heureuses. Le pianino, le piano *clédi-harmonique*, et le grand piano à queue qu'elle exposa alors, lui valurent une récompense difficile à obtenir et après laquelle bien d'autres, et des meilleurs, courent longtemps sans pouvoir l'atteindre, tant il y a de rivaux et de rivaux redoutables dans la fabrication des pianos. Nous voulons parler de la médaille d'argent que le jury lui décerna.

Il semblait qu'un tel succès dût combler l'ambition du facteur marseillais, ou tout au moins ralentir son ardeur. Il devait être au comble de ses vœux, pensait-on, et se tenir pour satisfait. Avec des industriels ordinaires, il en eût sans doute été ainsi, c'eût été déjà une assez belle gloire qu'un tel résultat. Mais le petit facteur provincial, aux dépens duquel on s'était si fort égayé dans le principe, avait du sang languedocien dans les veines, une ardente ambition dans le cœur, et, qui plus est, disons-le, il avait le génie de l'invention, cette faculté si rare et si précieuse, ce besoin de perfectibilité qui pousse les grands inventeurs en avant, toujours en avant, sans qu'ils puissent même se rendre compte de l'agent qui les domine. La récompense obtenue, c'était bien; il poursuivit sa voie, et nous le voyons arriver aujourd'hui au concours, douze ou quatorze ans après ses débuts, à sa troisième exposition, avec deux inventions qui font, à l'heure où nous écrivons, assez de sensation dans le monde musical et artistique, dans le public et dans la presse, pour qu'il soit inutile de les détailler ici.

A ce sujet, nous croyons même qu'on nous saura gré de substituer à notre propre jugement celui des hommes les plus éclairés et les plus compétents dans la matière. L'opinion de la presse a été tellement unanime, les éloges les plus flatteurs et les plus mérités ont été formulés en si bons termes, que notre tâche doit se borner à résumer et à citer quelques fragments des remarquables articles signés de noms recommandables tels que Anders, Berlioz, Castil-Blaze, etc., et consacrés aux remarquables instruments exposés par M. Boisselot. Nous citerons d'abord quelques lignes de M. Anders, le savant et consciencieux critique de la *Gazette musicale*, l'homme de France qui connaît peut-être le mieux l'histoire si intéressante et si généralement ignorée des instruments de musique.

M. Anders s'exprime ainsi, dans le numéro du 30 juin de la *Gazette musicale* :

« Nous avons eu plus d'une fois l'occasion de signaler les efforts que ces actifs et intelligents facteurs ne cessent de faire pour le perfectionnement de leur art. Encouragés en 1834 par une mention honorable, récompensés en 1839 par la médaille d'argent, ils ont redoublé de zèle, et apportent aujourd'hui deux inventions remarquables, qui nous semblent destinées à un grand succès, car elles augmentent les ressources du piano, en fournissant à l'exécutant des moyens que refusait jusqu'ici le clavier ordinaire. »

Après avoir analysé les deux inventions de M. Boisselot, le *piano octavié* et le *piano à sons soutenus à volonté*, et donné la préférence à cette dernière invention, M. Anders termine ainsi :

« A voir ce mécanisme si simple, on est étonné que l'idée n'en soit venue à personne, et qu'un semblable instrument n'ait pas été fait plus tôt. Cette invention précieuse, dès qu'elle se sera répandue, exercera une grande influence sur la manière d'écrire pour l'instrument favori de nos jours. On conçoit quelle variété d'effets nouveaux les compositeurs, les pianistes improvisateurs pourront obtenir désormais. Le chant, au lieu de se confondre ou de s'embrouiller avec les notes qui l'entourent, se dessinera nettement, distinctement, et l'on croira souvent entendre un morceau joué par deux artistes sur deux pianos différents.

« Parlerons-nous des autres pianos exposés par les mêmes facteurs ? du piano en ébène, incrusté de nacre et de corail, instrument de luxe digne de fixer les regards des passants ? d'un piano droit, plus petit, moins riche, mais d'une sonorité non moins éclatante ? d'un piano à queue avec le mécanisme ordinaire, et des pianos carrés qui ont successivement pris leur place au palais de l'industrie ? Nous les passerons sous silence, car quelles que soient leurs qualités, ils sont éclipsés par les deux pianos nouveaux dons nous avons entretenu nos lecteurs. Ces deux instruments forment, à nos yeux, la véritable exposition de MM. Boisselot. Ils ont réuni les suffrages d'artistes tels que Thalberg, Liszt et Doehler. Que pourrions-nous ajouter à des éloges aussi flatteurs que compétents ? »

« A côté d'instruments dans le format ordinaire et d'une sonorité excellente, dit M. Berlioz, dans son remarquable feuilleton du *Journal des Débats*, MM. Boisselot en ont exposé deux appelés, l'un *piano octavié*, l'autre, *piano à sons soutenus à volonté*. . . . . »

« Ces deux inventions auront de fort beaux résultats ; elles doivent exciter l'attention des pianistes modernes, et leur mérite me paraît d'autant plus grand, qu'elles ne changent rien à la nature du piano actuel. »

Un pareil éloge joint à l'autorité d'un pareil nom nous dispense de tout commentaire.

Nous n'en finirions plus si nous voulions citer tout ce qui a été écrit depuis trois mois sur les instruments, et particulièrement sur les remarquables propriétés des deux pianos *octavié* et *à sons soutenus* exposés par MM. Boisselot. Nous l'avons dit déjà, la presse a été unanime : la *Gazette* et la *France musicale*, la *Revue de Paris*, dans un remarquable travail de M. Castil-Blaze ; la *Presse*, par la plume élégante et pittoresque de M. Théophile Gautier ; les *Débats*, que nous avons cités, le *Messager*, le *Moniteur parisien*, le *Courrier français*, et tant d'autres que nous oublions, ont rendu hommage au mérite de cet habile facteur, de cet intelligent et courageux industriel qui a fait faire, en si peu d'années, de si grands progrès à l'art qu'il cultive, à l'industrie dont il a enrichi toute une partie de la France.

Nous terminerons par un fragment emprunté au feuilleton du *Courrier français*, et qui résume admirablement bien tout ce que nous pourrions avoir à dire sur l'habile facteur marseillais :

« Lorsque, il y a douze ans, MM. Boisselot père et fils fondèrent à Marseille leur fabrique de pianos, ils eurent à créer à la fois et les ouvriers, et les produits, et les débouchés. L'activité, l'habileté, la persévérance, ont vaincu tous les obstacles. Ils ont commencé avec deux ouvriers, ils en ont cent cinquante aujourd'hui, et l'on sait que ce nombre n'est atteint que par les ateliers des maisons les plus considérables de Paris. L'esprit inventif, les ingénieuses tentatives des facteurs marseillais les ont conduits à ce haut point, qu'ils peuvent maintenant rivaliser avec les producteurs les plus fameux, et que partout leurs pianos soutiennent heureusement la comparaison avec les meilleurs produits des ateliers de la capitale.

« La maison de MM. Boisselot père et fils fabrique annuellement de quatre cents à quatre cent cinquante instruments qu'elle expédie sur toutes les places de France et de l'étranger. Cette prospérité méritée ne peut que s'accroître encore, et nous ne doutons pas que les heureuses inventions dont nous avons parlé plus haut ne leur donnent une impulsion nouvelle.

« Comme objet d'art et de luxe, MM. Boisselot ont exposé un piano droit avec des incrustations de corail et de nacre sur ébène, exécutées par M. Garaudy (1). C'est, d'ailleurs, un instrument dont les qualités musicales ne le cèdent à aucun de ceux admis aux honneurs de l'exposition.

« Il y a dans ce fait, d'une maison qui se fonde en province, loin de Paris, à l'extrémité du royaume, et qui parvient à fabriquer des produits rivaux de ceux de la capitale, un enseignement qui nous fait insister sur les pianos de MM. Boisselot. Personne n'ignore les difficultés que les industries rencontrent toujours à leur naissance : il faut, pour les vaincre, une persévérance, une activité et en même temps des connaissances toutes spéciales dont l'union est toujours rare. MM. Boisselot ont commencé avec peu de chose, nous allions dire avec rien, et ils sont arrivés, après quatorze ans de travaux toujours progressifs, à se placer au premier rang parmi les facteurs français, aussi bien pour le nombre que pour la qualité de leurs instruments. Ils ont ouvert avec les nations étrangères des rapports fréquents qui profitent à l'industrie nationale et popularisent leurs produits. Grâce à eux, les pianos français luttent avantageusement en Italie avec les pianos

(1) C'est ce piano dont nous donnons la gravure aujourd'hui.

allemands, qui, jusqu'alors, avaient seuls le privilége de fournir à la consommation du royaume de Naples, des provinces milanaises, des États romains, de la Toscane. Ils en exportent aussi en Espagne, et ce n'est pas là un mince résultat : l'indiquer c'est même signaler toute son importance au point de vue commercial.

« Il nous semble donc que c'est un devoir pour la presse que de signaler cette industrie marseillaise à l'attention publique. Il ne faut pas que les efforts constants de la maison Boisselot restent inconnus. Quand on rencontre les facteurs intelligents, doués de l'amour et du sentiment de leur profession, doués à un haut degré de l'esprit d'invention, c'est bien le moins qu'on applaudisse à leurs efforts et à leurs succès. Paris est trop riche dans tous les genres pour ne pas se montrer généreux : si Marseille se montre son égal dans l'industrie des pianos, c'est à Paris de soutenir Marseille.

GRANDES ORGUES D'ÉGLISE.

MM. CAVAILLÉ-COLL, RUE PIGALE, 22.

Les vastes salles de l'exposition des produits de l'industrie, si riches en instruments de musique de tous genres, se sont montrées d'une pauvreté désespérante en ce qui concerne les grandes orgues d'église. Deux facteurs seulement se sont rendus à l'appel, les autres ont fait défaut. Ces deux facteurs, placés, il est vrai, à la tête de cette grande industrie, sont, d'un côté, MM. Cavaillé-Coll; de l'autre, MM. Daublaine et Callinet. Malgré la bonté des instruments exposés par ces facteurs, nous croyons que ce n'est pas dans les salles de l'exposition qu'il convient de les examiner; c'est surtout dans les grandes basiliques auxquelles les orgues sont destinées qu'il est bon de les entendre, afin de pouvoir se prononcer avec impartialité sur leurs qualités respectives. En effet, qui osera nier que les qualités d'instruments de ce genre soient en quelque sorte associées, ou du moins intimement liées à l'édifice pour lequel ils ont été construits?

L'exposition de MM. Cavaillé-Coll se compose donc à la fois de l'orgue envoyé par eux au palais de l'industrie, des instruments fabriqués et posés dans diverses églises de la capitale depuis 1839, et surtout du magnifique instrument qu'ils ont été appelés à confectionner pour l'église royale de Saint-Denis, et qu'ils ont livré, en 1841, à l'appréciation des gens de l'art et à l'admiration des artistes.

Qui le croirait? il y a quatre ans, l'orgue, ce roi des instruments, manquait encore à l'église de Saint-Denis, cette reine des églises de France! En y réfléchissant, on comprend néanmoins pourquoi on a tardé si longtemps à doter l'une des plus belles entre nos basiliques d'un si magnifique ornement. Il fallait que l'orgue destiné à devenir le puissant auxiliaire des cérémonies du culte catholique dans la paroisse du premier chapitre de l'église gallicane, dans la nécropole de nos rois, fût ce que l'art devait produire de plus parfait et de plus beau.

Quand on crut le moment venu, on s'adressa à tous les facteurs français, et on les appela à un concours extraordinaire à l'issue duquel le vainqueur serait chargé de la confection de l'orgue royal.

Ce furent des facteurs de province qui, d'après le jugement de l'Institut, furent jugés les plus dignes de s'acquitter de cette tâche immense et glorieuse. Il faut dire que ceux qui remportèrent ce triomphe, MM. Cavaillé-Coll, père et fils, de Toulouse, exerçaient depuis longtemps leur art dans tout le midi de la France et jusque dans la péninsule ibérique. Il faut dire que, depuis près d'un siècle et demi, cet art était habilement pratiqué par la famille Cavaillé. Ce fut Joseph Cavaillé, frère dominicain, qui construisit l'orgue que l'on admire encore aujourd'hui dans l'église Saint-Pierre de Toulouse. Jean-Pierre Cavaillé, l'aïeul de MM. Cavaillé-Coll, n'interrompit point ses travaux pendant la tempête révolutionnaire. A cette époque, il passa en Espagne avec ses fils, et, forts du patronage illustre de l'auteur de *l'Art du facteur d'orgue*, don Bedos, ils construisirent les orgues des églises Sainte-Catherine et de la Merci, à Barcelone, de l'église collégiale de Puicerda, de la cathédrale de Lérida, et de beaucoup d'autres.

Avant le concours de 1833, le nom de MM. Cavaillé était encore inscrit sur les orgues de Saint-Michel de Castelnaudary, de Saint-Pierre de Montpellier, de Saint-Michel de Gaillac, de la métropole de Montréal, de celle de Gaillac, etc. L'excellence de ces instruments devait faire pressentir la victoire qui devait couronner les travaux de ces habiles facteurs. MM. Cavaillé-Coll comprirent que l'entreprise de l'orgue de Saint-Denis marquait pour leur maison une ère nouvelle, ère de gloire et de prospérité; ils transportèrent donc leurs ateliers à Paris et se mirent à l'œuvre avec ardeur.

Le 21 septembre 1841, la commission nommée par M. le ministre des travaux publics procédait à la réception de l'œuvre de MM. Cavaillé, et son rapport se terminait par ces considérations si honorables pour les célèbres facteurs :

« Monsieur le ministre, de l'examen de l'orgue de Saint-Denis dans toutes ses parties, de son audition dans tous ses jeux,.... il résulte, en définitive, pour tous les membres de votre commission, l'opinion unanime que MM. Cavaillé-Coll se sont dignement et habilement acquittés de toutes leurs obligations ; que leur travail répond de tous points à la haute opinion que l'Académie des sciences et la commission spéciale avaient conçue de la capacité de ces facteurs.

« Un soin extrême d'exécution poussé jusque dans les plus petits détails, une fidélité rigoureuse à réaliser tous les perfectionnements annoncés, une abnégation complète de tout intérêt d'argent, tels sont, monsieur le ministre, les qualités honorables dont MM. Cavaillé-Coll n'ont cessé de faire preuve pendant toute la durée de l'exécution de leur traité. Vos commissaires vous proposent donc de déclarer le grand orgue de l'église royale de Saint-Denis reçu avec éloges. »

Ce rapport flatteur, mais juste, est signé de noms illustres : Poncelet, Cherubini, Spontini, Berton, Auber, Halévy, Carafa, Debret, Lefébure, Simon et baron Séguier.

Nous n'avons pas besoin de donner une description détaillée du buffet de l'orgue. Le dessin que nous en avons donné suffit pour faire admirer l'élégance de ses proportions, la majesté de son style si bien harmonisé avec l'architecture générale du monument. Notre modeste suffrage ne viendra qu'après beaucoup d'autres bien plus éclatants proclamer le talent avec lequel M. Debret, architecte, chargé de la restauration de la gothique basilique, a secondé les travaux de MM. Cavaillé-Coll.

Quant à l'œuvre immense de ces derniers, nous ne pouvons non plus entreprendre l'examen scrupuleux de toutes ses parties. Cet examen nous mènerait trop loin. Contentons-nous d'en signaler les améliorations nombreuses, les principaux perfectionnements.

Huit grands réservoirs contenant ensemble 17,000 litres d'eau composent la soufflerie. Ce n'est pas trop si l'on songe à l'énorme quantité de vent qu'il faut pour faire parler les 6,000 tuyaux de 80 jeux. Mais la soufflerie brille encore plus par la qualité que par la quantité.

Avant MM. Cavaillé, les plis des soufflets ou réservoirs à air se développaient et retombaient successivement, ce qui occasionnait des différences de pression, et par conséquent des différences essentielles d'intonation. MM. Cavaillé ont trouvé le moyen de régler l'ouverture et l'affaissement *simultané* des plis, de manière à ce que l'air entre ou sorte toujours sans secousse des réservoirs, et que dans les sons rendus par les tuyaux la justesse le dispute à l'égalité. La disposition du mécanisme permet, en outre, de procéder avec facilité au nettoyage ou à la réparation des parties sujettes à se détériorer.

Les claviers que, grâce aux pédales de substitution, MM. Cavaillé ont réduits de cinq à trois, sont d'une extrême douceur. Il était à craindre que dans ces instruments gigantesques les soupapes des grands tuyaux n'opposassent une très-forte résistance aux efforts de l'exécutant. Un appareil pneumatique d'invention nouvelle a paré d'une manière admirable à cet inconvénient capital, et, pour faire parler les gros tuyaux, il n'est pas besoin d'employer plus de force que pour toucher le piano ordinaire. La disposition des touches du clavier de pieds permet d'exécuter facilement les gammes chromatiques. Toute cette partie importante de l'orgue est exécutée, en un mot, avec une science et une habileté qu'on ne peut trop louer.

Les tuyaux, les jeux de fond, les jeux de montre, les pleins jeux, les jeux d'anche, brillent par des qualités diverses et incomparables. Tour à tour ils font entendre les sons pleins et imposants des bourdons, les notes pures et mélancoliques de la flûte ; ils imitent, comme on n'avait jamais réussi à le faire, le mordant et la vibration du violoncelle ou de la contre-basse ; ils font retentir la nef, ils font frémir les vitraux, par la formidable harmonie des flûtes de 32 pieds. A l'aide de la caisse dite *expressive*, MM. Cavaillé peuvent intercepter subitement ou progressivement le son d'un certain nombre de jeux, en sorte que les sons semblent être émis ou retenus par le souffle intelligent d'une poitrine humaine.

Enfin, MM. Cavaillé ont substitué le fer au bois dans tous les mouvements du mécanisme. Cette modification obvie à l'inconvénient que présentent les renflements du bois lors des variations de la température; et en simplifiant la charpente, elle permet de remédier facilement au moindre dérangement.

L'orgue de Saint-Denis a donc été et méritait

d'être proclamé le plus bel instrument de ce genre existant en France et peut-être dans le monde. MM. Cavaillé, qui, pendant son exécution, donnaient des orgues à Notre-Dame de Lorette, aux églises de Lorient, de Pontivy, de Dinan, et procédaient aux réparations fondamentales exigées par les orgues de Saint-Roch, MM. Cavaillé ont exposé, cette année, un instrument qui, malgré sa dimension moindre, possède toutes les admirables qualités de l'orgue de Saint-Denis. Jamais, depuis ce dernier, la douceur, la majesté, la puissance de sons, la facilité et la légèreté du clavier, n'avaient obtenu dans les orgues d'aussi magnifiques résultats. MM. Cavaillé se sont maintenus dans la haute position que l'opinion publique leur a marquée parmi les artistes de leur genre. Les médailles que la Société d'encouragement, que la ville d'Arras, que le jury de 1839 leur avaient décernées leur imposaient des obligations ; ils les ont toutes remplies, et d'effort en effort, de perfectionnement en perfectionnement, ils ont atteint en quelque sorte l'extrême limite, le plus haut point auquel il semble que l'orgue d'église puisse jamais arriver.

POMPES HYDROBALISTES.

ELSTIMBAUM ET CIE, RUE SAINT-PIERRE-POPINCOURT, 18.

Ces pompes ont joué un très-grand rôle à l'exposition des produits de l'industrie de 1844 ; elles régnaient en souveraines à la salle des machines, entourées d'un triple rang de curieux qui s'extasiaient à l'envi l'un de l'autre sur l'originalité de leur forme, la coquetterie de leur monture, la puissance de leur action et l'énorme masse d'eau qu'elles mettaient en mouvement du matin jusqu'au soir. Chacun admirait l'efficacité de ces engins si peu coûteux, d'une mise en œuvre et d'un entretien si faciles. Aussi leur succès a-t-il été promptement populaire. Bientôt, au suffrage des gens du monde est venu se joindre celui des savants, et nous devons à l'obligeance de l'un de nos théoriciens les plus éclairés de ce temps-ci les détails suivants, qui feront mieux ressortir que nous ne pourrions le faire les importants perfectionnements réalisés par le système des pompes hydrobalistes.

Du système des pompes hydrobalistes émanent de nombreux avantages ; nous en citerons quelques-uns ; ils pourront à eux seuls constater d'une manière authentique les importants services qu'on doit attendre de leur emploi.

1° Le mécanisme simple de ces pompes résout la question de solidité que, depuis longtemps, on avait vainement cherché à obtenir dans les appareils analogues ; de là résulte également l'absence totale de fréquentes et onéreuses réparations.

2° La pose de ces pompes est excessivement facile, soit sur le sol, soit même dans les puits d'une très-grande profondeur ; montées sur brouettes, elles sont d'une utilité incontestable pour les arrosages et particulièrement pour les incendies : la facilité avec laquelle un seul homme peut les transporter sur tel ou tel point assure dans tous les cas des secours prompts, et, conséquemment, des effets éminemment utiles.

3° La garniture toute métallique et inoxydable des pompes hydrobalistes leur donne un grand nombre de propriétés, principalement :

Celle d'éviter, dans les pompes qui restent de temps à autre inactives (celles d'incendie et d'arrosage, par exemple), l'entretien qu'on est forcé d'apporter continuellement aux garnitures de cuir et d'étoupe des autres pompes ;

De ne pas augmenter les frottements contre les parois du cylindre, en raison de la hauteur de la colonne ascendante, dont le poids n'opère sur le piston aucune extensibilité ;

Enfin, de donner un rendement ou produit bien plus considérable que les autres pompes et qu'on peut évaluer, au minimum, de 60 à 70 pour 100 de la force employée pour les pompes placées à de grandes profondeurs, et de 78 à 80 pour celles placées dans les conditions de l'aspiration ordinaire, c'est-à-dire à moins de 10 mètres.

Il est une considération à établir ici, c'est qu'ordinairement on calcule la charge du produit pratique d'une pompe en multipliant la surface de son piston par la hauteur de la colonne ; dans la pompe hydrobaliste, on ne doit calculer que sur la moitié de la surface seulement, attendu que l'autre moitié se meut dans un milieu, en ce sens qu'elle est parfaitement équilibrée par le poids de la colonne supérieure, qui est égal à la résistance qu'offre le liquide contenu dans la partie refoulée.

A l'appui de ces assertions, nous citerons quelques expériences qui constateront d'une manière plus positive tout le secours qu'on peut obtenir des pompes hydrobalistes :

1° Une pompe n° 7, posée dans la propriété de M. Hope, à Mesnil-Leroy, à 51 mètres de profondeur, indépendamment d'un parcours horizontal de 40 mètres, donne un produit de 9,000 litres en une heure, fonctionnée par un manége mû par 2 chevaux, à la vitesse de 90 centimètres par seconde sur une piste de 19 mètres de circonférence; la charge à supporter par chaque cheval est de 64 kilog. à 1 mètre de hauteur et par seconde. S'il était nécessaire d'obtenir un produit continu, on serait obligé d'adjoindre 2 chevaux de relais, ce qui, nécessairement, partagerait et réduirait la charge à 32 kilog. par cheval, ou 75 pour 100 de la force employée, puisque, en théorie, on calcule de 40 à 45 kilog. la charge ordinaire d'un cheval de manége.

Ce résultat est obtenu avec l'aide du système de plan incliné elliptique inventé par M. Antoine Vasselle, de la maison Elstimbaum, et appliqué aux appareils mus par un manége à de grandes profondeurs.

2° Une pompe n° 8, posée dans le puits de Bicêtre, à 66 mètres de profondeur, et mise en activité sur le sol par 12 hommes, alimentait les réservoirs du fort, placés à 33 mètres au-dessus de l'orifice du puits et au bout d'un parcours de 654 mètres.

Cette pompe donnait 50 hectolitres à l'heure, à la hauteur totale de 99 mètres, ce qui fait, en répartissant la charge sur 24 hommes dont 12 de relais, 5 kilog. 725 à 1 mètre de hauteur, par seconde et par homme, ou 82 pour 100 de la force employée, en calculant, comme la théorie, la charge ordinaire d'un homme à 7 kilog.

3° En novembre dernier, les pompes hydrobalistes furent mises en expérience à l'arsenal de Toulon, devant une commission nommée par le ministre de la marine et composée de

MM. Bellanger (Lubin), capitaine de vaisseau;
Serval, capitaine de corvette;
De Laboissière, sous-commissaire de la marine;
Brun, ingénieur des constructions navales.

Après les avoir successivement comparées à diverses pompes sur lesquelles elles ont eu, sous le rapport du produit, d'immenses avantages, on fit fonctionner un n° 11, concurremment avec une pompe d'un nouveau système jugé le meilleur et adopté tout récemment par la marine. La pompe hydrobaliste, manœuvrée par 6 hommes, a rempli en 2 minutes une caisse de 2 kilolitres, dont l'ouverture était à 2 mètres au-dessus du niveau de l'eau, ce qui fait une charge de 5 kilog. 555, à 1 mètre de hauteur, par seconde et par homme; tandis que celle qui lui était comparée, placée dans une citerne flottante et manœuvrée par 8 *hommes*, n'a accompli le même travail qu'en 2 *minutes* 37 *secondes*, ce qui fait seulement une charge pour chaque homme de 3 kilog. 185.

La première des deux pompes a donc obtenu un produit de 80 pour 100, comparativement à un produit de 45 50.

4° Vers la fin d'avril 1843, sur les travaux de la rivière d'Ourcq exécutés par M. Ganneron, entrepreneur, les fouilles se trouvèrent inondées par l'affluence extraordinaire des eaux qui filtraient à travers les sables fins, par des pluies continuelles et par la crue subite de la rivière. On opposa à ce débordement les engins suivants :

Une pompe foulante et aspirante, mue par.	8 hommes.
Une autre pompe foulante et aspirante, mue par.	4
Deux pompes ordinaires à balancier, mues par.	4
Un tonneau à bascule d'un grand effet, mû par.	5
Enfin, un relais de hollandaises, mues par.	6
Ensemble. . . .	27 hommes.
Un nombre égal pour les relais d'heure en heure.	27
Total.	54 hommes.

On ne tarda pas à reconnaître l'insuffisance de ces machines et l'énorme dépense qu'elles occasionnaient; dès lors elles furent supprimées et remplacées par une pompe hydrobaliste n° 12, qui, mue par 14 hommes, nombre plus que nécessaire pour une aspiration de 6 à 7 mètres, élevait par chaque heure de 90 à 100 mètres cubes d'eau. Cette pompe assécha la fouille en quelques heures, et les travaux, qui avaient été interrompus, purent reprendre leur cours. Ils durèrent depuis le mois de mai jusqu'au mois de novembre 1843, et la pompe fonctionna sans interruption jusqu'à cette dernière époque.

5° Lors de l'incendie éclaté, l'an dernier, à l'usine de gaz de Grenelle, la pompe de l'usine et celle de la commune étant sur les lieux dans l'impossibilité de fonctionner instantanément, plusieurs propriétaires voisins allèrent, chez M. Isot, réclamer une pompe hydrobaliste, brouette n° 4, et l'amenèrent à l'endroit du sinistre. Installée en un clin d'œil, cette pompe porta les premiers secours et émerveilla tellement les assistants, que tous déclarèrent ne pas vouloir alimenter d'eau les deux autres pompes, attendu, disaient-ils, que leurs efforts n'étaient point récompensés, puisqu'on ne pouvait obtenir d'elles aucun effet utile. Cette petite pompe soutint seule le choc et fonctionna si bien, qu'en peu d'instants on maîtrisa l'incendie, qui menaçait de faire de grands ravages.

Nous pourrions citer beaucoup d'autres expériences qui ont produit de pareils résultats; mais ceux-ci, qui ont été particulièrement constatés par des hommes savants et bons juges en cette matière, établirent suffisamment la supériorité de ces appareils.

Nous nous réservons de faire connaître, dans un prochain article, les nouvelles applications qu'on a fait de la pompe hydrobaliste employée au lavage des mains et aux épuisements d'eaux qui contiennent des corps étrangers en suspension. Cette spécialité est acquise à l'aide de nombreux changements apportés au système primitif par M. Antoine Vasselle, de la maison Esltimbaum, et pour lesquels cette maison a pris un brevet d'addition et de perfectionnement.

ORGUES-MÉLODIUM.

ALEXANDRE PÈRE ET FILS, BOULEVARD BONNE-NOUVELLE, 10.

Voici un instrument bien jeune et qui pourtant a escaladé tout d'abord la pente rapide du succès. Sa fortune date du jour de sa naissance. Quand il parut, sa place était marquée d'avance, aussi ses débuts furent-ils des plus heureux. C'est à MM. Alexandre père et fils que l'art musical est redevable de cette nouvelle et importante conquête.

Les études nombreuses, les essais de toutes sortes, les perfectionnements de tous genres introduits, depuis quinze ans, par M. Alexandre dans la fabrication des instruments à anche libre, devaient tôt ou tard conduire cet habile facteur au point où il est arrivé aujourd'hui.

On se souvient du succès obtenu, il y a quelques années, par l'orgue expressif; si le public a favorablement accueilli cet instrument, malgré les défauts nombreux qu'il renfermait, que doit-on penser de l'avenir immense qui s'ouvre pour un instrument beaucoup plus complet, plus étendu, d'une sonorité plus puissante, et qui s'est affranchi, grâce aux travaux persévérants d'un habile facteur, de tous les défauts qu'on reprochait à juste titre à son devancier?

Qui donc reconnaîtrait aujourd'hui dans ces mélodium, qui unissent à la fois des sons pleins de rondeur, des vibrations puissantes et fortes, aux accents les plus purs et les plus doux; qui reconnaîtrait, disons-nous, la tache du péché originel, le son nasillard de l'anche libre?

C'est qu'en effet, l'instrument n'a pas seulement changé de nom; il a d'abord changé de caractère. Sa fabrication a été complétement renouvelée: il n'est pas un seul détail qui n'ait été soumis à une scrupuleuse analyse, modifié, simplifié, perfectionné. Tantôt c'étaient les jeux, tantôt le clavier, tantôt la soufflerie à laquelle on faisait subir de notables améliorations; si bien qu'un beau jour, MM. Alexandre père et fils ont pu se dire les véritables inventeurs d'un instrument nouveau. Leur persévérance infatigable, leurs ingénieuses recherches, les ont amenés à fabriquer ces mélodium, instruments excellents appelés à jouer prochainement un très-grand rôle dans les salons, aussi bien que dans les chapelles.

Un critique distingué, un musicien éminent, va nous dire de quelle manière, par quels procédés, MM. Alexandre obtiennent les beaux résultats présentés par l'orgue-mélodium. M. Hector Berlioz s'exprime ainsi dans le *Journal des Débats* :

« Quand je disais tout à l'heure que, grâce aux progrès de l'industrie organiste, le sentiment musical et le goût de la musique devaient se répandre dans les villages, j'aurais dû ajouter dans les villages *riches*; car un orgue d'une certaine dimension est toujours d'un prix assez considérable.

« Mais voici les *orgues-mélodium* de M. Alexandre qui pourront donner à ma phrase un sens absolu; il n'est pas de village, en effet, si peu fortuné qu'il soit, qui ne puisse payer le prix modique d'un mélodium. Cet instrument d'ailleurs, dans la petite église, est plus que suffisant pour remplacer les grandes orgues. Il en a le caractère religieux; il est expressif, il possède un nombre assez considérable de jeux divers et ne nécessite qu'un seul individu pour le jouer, les soufflets étant mis en jeu par les pieds de l'organiste. Le mélodium est un instrument à lames de cuivre, mises en vibration par un courant d'air; il n'a donc point de tuyaux comme l'orgue ; un mouvement plus ou moins prononcé des pieds de l'exécutant faisant affluer plus ou moins abondamment l'air sur les lames, produit à merveille le *crescendo* et le *decrescendo*, indépendamment de l'effet des registres qui, de même que dans l'orgue, accroissent ou diminuent l'intensité du son. Le mélodium ne possède pas les jeux de mutation de l'orgue, dont l'effet excite chez beaucoup de gens une admiration traditionnelle, mais qui, en réalité, ont une horrible tendance charivarique ; il a seulement des jeux d'octaves simples et doubles, au moyen desquels chaque touche fait parler avec sa note, son octave et sa double octave, et même la double octave sans la simple, ou toutes les deux ensemble. Donner aux sons divers un caractère à la fois rêveur et religieux, les rendre susceptibles de toutes les inflexions de la voix humaine et de la plupart des instruments à vent, et corriger entièrement la sonorité criarde et nasillarde qu'on reprochait avec raison aux premiers instruments de cette nature, tel est le but que MM. Alexandre père et fils se sont proposé et qu'ils ont atteint. Le mélodium exposé par eux, cette année, a dix-neuf registres ; il n'a rien de la dureté des sons cuivrés et possède, au contraire, les plus belles qualités des instruments de bois à anche simple, entre autres de la clarinette-basse. »

Nous ajouterons que cet orgue est un très-beau meuble d'ébène, tout brillant d'incrustations élégantes ; si cela n'ajoute rien aux qualités de l'instrument, cela du moins ne leur nuit pas.

MM. Alexandre ont exposé un autre orgue-mélodium en chêne. Celui-ci a également un registre de clarinette-basse, et, de plus, deux rangées de registres superposées. L'exécutant obtient de cette manière une plus grande variété de sons en plusieurs organes différents.

Insistons sur ce point : ces instruments, loin de ressembler aux orgues expressives, offrent des modifications tellement fondamentales, des perfectionnements tellement nouveaux, qu'ils ont dû changer tout à fait de dénomination.

Et qu'on ne croie pas que c'est à l'église seulement que la place du mélodium est marquée. S'il possède la puissance, la sonorité, l'ampleur qu'exige la musique religieuse, il possède aussi la pureté, la grâce, la légèreté que demandent les fantaisies brillantes de nos compositeurs. Le clavier doux et facile de l'orgue-mélodium se prête même aux caprices du quadrille ; en un mot, il exécute avec charme toute espèce de musique. Ajoutons qu'il a l'avantage de tenir constamment l'accord.

En terminant, nous rendrons à MM. Alexandre le tribut d'éloges qui leur est dû à tant de titres. M. Alexandre père a produit un instrument nouveau, il a fondé une industrie nouvelle, et, depuis longtemps, cette industrie progresse, cet instrument se perfectionne. Aujourd'hui, à l'expérience éclairée du père est venue s'adjoindre l'activité sagace du fils, et de cette heureuse association nous voyons surgir des résultats on ne peut plus satisfaisants.

MM. Alexandre père et fils sont convaincus que l'orgue-mélodium n'a pas encore atteint les dernières limites de la perfection ; mais cette modestie, qui sied si bien au mérite, ne nous empêchera pas d'affirmer que cet instrument est aujourd'hui parfait, et que c'est à ces habiles fabricants qu'il le doit.

En attendant, les orgues-mélodium qu'ils ont exposés sont ce qui a été produit de plus remarquable en ce genre jusqu'ici : les artistes et le public n'ont pas été les derniers à s'en apercevoir.

Le témoignage de plusieurs critiques distingués est venu se joindre aux suffrages des artistes et des gens du monde, et l'on se souvient encore de l'empressement avec lequel on allait entendre, dans les galeries de l'exposition, les brillantes improvisations de M. Miaulan, dont le beau talent a puissamment contribué au succès d'un instrument qu'il a rendu populaire.

FOURNEAUX.

M. HOYOS, PLACE DU PALAIS-ROYAL.

Si les beaux-arts, si les tissus, si les meubles somptueux attirent et charment nos regards à l'exposition, si nous nous laissons involontairement éblouir par ces magnifiques produits que l'opulence seule peut payer, notre devoir nous rappelle bientôt que ce qu'il faut rechercher surtout, c'est l'objet modeste et utile dont la place est marquée dans l'intérieur du ménage, ce sont les procédés économiques et rapides qui simplitient les fonctions ordinaires du foyer domestique.

Un fabricant renommé, M. Hoyos, a exposé des fourneaux en fer qui opèrent, comme par enchantement, la cuisson du pain et des mets.

Nous n'avons pas besoin de nous excuser auprès du lecteur, s'il croit sentir s'exhaler de notre article quelque odeur culinaire ; on comprend de quelle importance s'entoure, pour le consommateur, un système qui procure une économie de 200 pour 100 sur le combustible seul, et qui, en outre, offre l'avantage inestimable de pouvoir préparer en une heure, sans peine, sans surveillance, sans mauvaise odeur, sans fumée, un repas copieux pour un nombre illimité de convives.

Rien de plus simple que la disposition des fourneaux de M. Hoyos ; quiconque les a vus fonctionner trois fois peut les conduire lui-même avec facilité. Les inconvénients des appareils de ce genre étaient graves et nombreux. Le foyer, chose horrible ! recevait à chaque instant la graisse provenant des viandes rôties et la brûlait de la manière la plus désagréable pour l'odorat de tous les habitants d'une maison. Le jus des rôtis, excellente chose que les gourmands apprécient à sa juste valeur, ce jus était perdu ou à peu près. Les chaudières et les réservoirs à eau enfin se détérioraient promptement et exigeaient des réparations coûteuses qui dépassaient de beaucoup la somme économisée sur le combustible.

Dans le système de M. Hoyos, l'air chaud circule tout autour de l'appareil et s'échappe par la partie inférieure. L'air extérieur, introduit par deux soupapes, frappe incessamment sur le tiroir à la graisse, de telle sorte que celle-ci ne peut brûler. Les pièces que reçoit la capacité dite cage à rôtir, sont aérées comme avec la broche ordinaire et conservent ainsi à la fois leur jus et leur belle couleur.

La question d'économie est certainement la principale, aussi est-ce celle dont nous nous sommes d'abord occupé ; mais il en est une qui nous semble aussi devoir mériter une attention sérieuse, c'est celle de la commodité et de l'élégance.

Les fourneaux Hoyos apporteront, en effet, une révolution complète dans la distribution, et, si l'on peut parler ainsi, l'*ameublement* des grandes cuisines. Est-il rien de plus disgracieux et de plus laid que ces fumeuses officines environnées de sales fourneaux en briqueterie autour desquels se presse un peuple de marmitons ?

Grâce à M. Hoyos, une chambre ordinaire pourra contenir à la fois le fourneau et la batterie de cuisine, et cette chambre offrira à l'œil un aspect des plus satisfaisants, car le nouvel appareil culinaire peut être placé à côté des meubles les plus élégants.

On conçoit, du reste, que son utilité s'applique surtout aux grands établissements où les aliments de beaucoup de monde doivent être préparés à la fois et en peu de temps. Aussi la marine royale et l'administration des postes les ont-elles mis tout de suite à l'usage de leurs navires. Un appareil dit *barre de roulis* est destiné sur ces bâtiments à conserver aux chaudières leurs centres de gravité pendant les plus gros temps.

Nous croyons devoir donner la liste des navires qui se servent à bord du nouveau système Hoyos. Ce sont, parmi les bâtiments de l'administration des postes, *l'Ajaccio, le Bastia, le Napoléon, le Périclès, le Télémaque, le Caire, l'Alexandre, le Nil, le Narval, le Louqsor, l'Égyptien, l'Osiris* ; parmi les paquebots transatlantiques, *le Christophe Colomb, l'Albatros, le Cacique, le Caraïbe, le Carado, le Groenland, l'Eldorado, le Darien, le Labrador, le Magellan, le Montézuma, l'Orénoque, le Panama, l'Ulloa.*

Nous passerons sous silence la liste des navires qui ont adopté l'ancien système de M. Hoyos, attendu que ce qui doit surtout être l'objet de notre attention ce sont les procédés les plus perfectionnés.

Une faveur aussi complète et aussi méritée de la part de nos grandes administrations publiques serait pour M. Hoyos la meilleure recommandation, si ses appareils n'avaient déjà acquis droit de cité dans les ménages particuliers ; aussi ne pouvons-nous que souhaiter à M. Hoyos la continuation de la vogue dont il jouit, c'est le vœu le plus agréable que nous puissions lui adresser.

HORLOGERIE DE VERSAILLES.

M. BENOIT, BOULEVARD DES ITALIENS, 15.

La France sera-t-elle toujours tributaire de l'industrie de Genève ? Les effets à jamais déplorables de la révocation de l'édit de Nantes continueront-ils à peser si lourdement sur la fabrication de l'horlogerie parmi nous? Telle est la question que l'on s'adresse depuis longtemps et que M. Benoît a presque complétement résolue en notre faveur.

L'horlogerie était, avant les troubles religieux du règne de Louis XIV, une industrie toute française et qui pouvait suffire à la fois aux besoins de l'intérieur et aux exigences d'une exportation considérable. Mais lorsque la fatale influence de Mme de Maintenon eut arraché aux mains du grand roi l'édit qui causa dans nos provinces une révolution religieuse dont nous n'avons pas à nous occuper, et une révolution industrielle qui nous a privés, pendant plus d'un siècle, de nos ouvriers les plus habiles et les plus intelligents, et qui nous a constitués ainsi en état d'infériorité flagrante vis-à-vis de l'étranger, les horlogers, presque tous protestants, émigrèrent en masse avec leurs familles et vinrent habiter Genève qu'ils dotèrent ainsi d'une industrie à laquelle cette ville doit sa prospérité.

Il est temps cependant que nous ressaisissions la suprématie que nous avons eue les premiers ; il est temps que nous nous affranchissions du droit de suzeraineté que Genève exerce sur le commerce de notre horlogerie ; c'est à ce résultat, si important pour la gloire et l'intérêt national, que tendent tous les efforts de M. Benoît.

Homme de cœur et de talent, M. Benoît a fondé l'*Horlogerie de Versailles*, et dans ce bel établissement il a réuni tout ce qui pouvait contribuer au succès de l'œuvre patriotique qu'il poursuivait. Ouvriers habiles, contre-maîtres éprouvés, vastes ateliers pourvus d'instruments excellents, le tout placé sous sa haute direction, voilà ce qui a mis M. Benoît à la tête de l'horlogerie française, voilà ce qui, sous peu de temps, le rendra le rival redoutable de l'horlogerie suisse.

Ce n'est pas seulement comme qualité et comme beauté que les produits de M. Benoît se recommandent, c'est encore, c'est surtout par leur bon marché. Les fabricants français vendent plus cher que les horlogers de Genève ; M. Benoît livre ses montres à des prix dix fois inférieurs à ceux de ses concurrents, nationaux et étrangers. Cette considération capitale explique la rapidité des développements pris par l'établissement de M. Benoît. Deux ans après son origine, qui date de 1832, il obtenait la médaille d'argent à l'exposition de 1834 ; la médaille d'or venait après l'exposition de 1839 solennellement compléter l'excellence des produits de l'horlogerie de Versailles et récompenser la courageuse persévérance de son directeur.

Cette année, M. Benoît a exposé une grande quantité de montres, et cette exhibition est certainement ce que nous avons vu de plus admirable en ce genre. Montres ordinaires, montres de luxe, en argent, en platine, en or, toutes elles ont été fabriquées à Versailles, toutes sont des *montres françaises*.

Certains confrères de M. Benoît n'ont pas fait preuve de la même loyauté. Ils ont exposé des montres *mixtes*, c'est-à-dire des montres dont le mouvement sort des ateliers de Genève et qui ont été retouchées en France. Dans le commerce, on appelle vulgairement montres françaises des objets ainsi fabriqués ; c'est à l'aide de ce quiproquo que ces montres ont été admises dans le palais de l'Industrie. Mais bien certainement le public auquel nous signalons ce fait fera bonne justice d'une si pauvre supercherie.

Insistons sur ce fait : toutes les pièces des montres de M. Benoît ont été fabriquées par l'horlogerie de Versailles, tous les mouvements ont été repassés par des ouvriers français. Le plus grand soin, la plus grande économie ont présidé à la confection de ces montres que l'on peut considérer comme ayant atteint le dernier période de la perfection.

Nous ne mentionnerons que pour mémoire la beauté, la richesse, le goût exquis des boîtes de l'horlogerie de Versailles ; on sait que la France l'a toujours emporté et l'emportera toujours sur les autres nations, toutes les fois qu'il s'agira des arts de dessin et de goût. La Suisse elle-même a toujours reconnu notre suprématie sous ce rapport. Mais nous appellerons l'attention sur une spécialité dans laquelle M. Benoît ne reconnaît point de rivaux, c'est celle des montres de platine ; magnifiques bijoux dans lesquels la solidité le dispute à l'élégance. M. Benoît a obtenu un brevet d'invention pour les montres en platine ; on le contrefait parce que tout ce qui est beau et bon ne saurait échapper aux atteintes de la mauvaise foi ; mais il suffit de jeter les yeux sur les produits de M. Benoît pour voir l'immense distance qui le sépare des honteuses contrefaçons qu'on ne craint pas d'en faire.

Qu'aurons-nous de plus à dire enfin, en l'honneur de l'horlogerie de Versailles, quand nous aurons appris qu'une auguste protection couvre cet établissement, et que le roi, lors de sa visite à l'exposition, a fait mander M. Benoît pour le féliciter sur ses importants travaux, donnant ainsi au fournisseur ordinaire de la cour une preuve nouvelle de sa royale bienveillance.

MÉTALLURGIE.

USINES DE SAINT-ANTOINE (ARIÉGE).

MM. GIBERT FRÈRES, RUE D'ENGHIEN, 16.

Il y a un groupe de forges françaises qui jouit d'un ensemble de conditions industrielles fort curieuses et bien dignes d'intérêt. A une époque où tous les établissements métallurgiques renouvellent leurs procédés ou leur outillage environ une fois tous les quinze ans, ces forges pratiquent encore, à peu de chose près, la méthode primitive de fabrication du fer, celle des peuples barbares, celle que suivaient les Romains il y a deux mille ans, celle à laquelle les Indiens sont restés fidèles. Nous voulons parler du traitement direct du minerai par le combustible, et de la préparation immédiate dans un bas foyer d'une petite masse de fer généralement aciéreux. C'est cette méthode qu'on nomme méthode catalane. Tandis que toutes les forges des autres parties de la France développent leur activité, enfouissent des capitaux considérables, réunissent des populations d'ouvriers, sollicitent ou créent des moyens de transport, ces petits établissements restent blottis dans le fond de ces vallées qui semblent les rides des hautes montagnes, le long d'un petit cours d'eau, torrentiel ou glacé l'hiver, à sec l'été, avec un personnel d'environ neuf ouvriers par feu, et il est rare qu'un hangar abrite plus d'un feu.

Cependant cette industrie des anciens temps donne des produits d'une qualité tellement supérieure, qu'ils l'emportent pour le but spécial auquel on les réserve, à savoir la fabrication de l'acier, sur tous les fers français et étrangers, à l'exception du fer de Suède; encore les premières qualités de ce dernier sont-elles accaparées par l'Angleterre, et partant inconnues en France. Hâtons-nous de tout dire pour rendre moins amère cette défaite de la grande forgerie par le petit foyer des montagnes, et restituons à l'excellence des minerais la plus grande part de cette incontestable supériorité.

Tout le monde a compris que le groupe dont nous voulons parler est le groupe des Pyrénées, seul représentant aujourd'hui de la méthode catalane, qui, chassée de proche en proche, s'y est acculée, et semble devoir longtemps défendre sa dernière position. Le département de l'Ariége est de beaucoup le plus important centre de cette fabrication; sur une production annuelle évaluée environ à 100,000 quintaux métriques de fer pour la totalité du groupe des Pyrénées, l'Ariége figure pour 57,000 quintaux métriques.

Mais malgré ces conditions spéciales de prospérité, ce groupe ne pouvait espérer échapper entièrement aux difficultés qui sont venues assaillir les forges françaises depuis vingt ans, et qui ont à la fois bouleversé tant d'intérêts et engendré tant de perfectionnements. La plus grave de ces difficultés était sans contredit le prix croissant du combustible végétal, et bien que les Pyrénées soient moins dénudées que les Alpes, la disette du charbon y est devenue telle, qu'une partie des approvisionnements doit être empruntée au versant espagnol. Le prix du mètre cube de charbon y a plus que triplé depuis 1789.

Dans cette occurrence, les forgerons de l'Ariége, ne pouvant économiser sur leur fabrication, ne virent d'autre moyen que de réduire la production d'après les ressources disponibles. Mais de vrais industriels eurent un sentiment plus exact de la position. Ils comprirent qu'il y avait à faire pour les forges de l'Ariége ce qui se faisait dans les centres métallurgiques les plus avancés, c'est-à-dire à réserver le combustible végétal pour les opérations qui intéressent exclusivement la nature et la qualité du fer, en employant la houille pour toutes les autres opérations. Ainsi, la supériorité du fer catalan tient au traitement du minerai de Rancié par le charbon de bois, mais ne dépend nullement du combustible employé à l'étirage, au parage et aux élaborations ultérieures de ce fer une fois préparé.

Ce principe bien reconnu permettait d'appliquer à ces élaborations tous les procédés si économiques et si supérieurs des grandes usines anglaises, tels que le réchauffage à la houille et l'étirage par le laminoir de tous les fers bruts qu'on pouvait réunir dans le pays. Telle est la pensée qui a présidé à la fondation des usines de Saint-Antoine, et qui a amené l'installation du système anglais au centre même du procédé pyrénéen. Nous y avons insisté avec détail, parce que tout y est intéressant, cause première, déductions logiques, réalisation rationnelles, hardie et heureusement réussie.

Dès son début, Saint-Antoine s'est placé à un haut rang dans l'estime des métallurgistes et du commerce. On a promptement pris l'habitude d'aller demander en bloc à ce grand centre les fers si excellents, mais si mal parés, que livraient les petites forges disséminées dans le département. On les trouve doués des mêmes qualités précieuses et, ce qui ne nuit pas, de ces formes régulières que le commerce affectionne. Aussi l'usine livre-t-elle à peu près 8,000 quintaux métriques de fer laminé par an.

Malgré cette importante fabrication montée dès 1839, les propriétaires de Saint-Antoine sentirent qu'elle ne pouvait suffire à leur activité. Les proportions de leur outillage, en même temps que la force colossale de mille chevaux dont leur cours d'eau les rend maîtres, exigeaient qu'ils étendissent leurs opérations, mais d'une manière analogue à la pensée fondamentale. Ils eurent l'heureuse idée de monter une grande forge à l'anglaise destinée à travailler à la houille et au laminoir les fontes excellentes du Périgord. Grâce à la perfection de leur travail, ils sont arrivés à produire du fer laminé dont les qualités sont peu différentes de celles des fers indigènes de l'Ariége; car le commerce les leur achète presque au même prix, et ils en livrent aujourd'hui environ 10,000 quintaux métriques par an.

Enfin, ils ont pensé que leur établissement ne pouvait être privé de l'une des grandes industries du pays, la fabrication de l'acier, et ils ont monté cette fabrication sur un tel pied, qu'ils produisent annuellement jusqu'à 5,000 quintaux métriques d'acier, et pourraient, au premier besoin, doubler, sans beaucoup de frais, cette vaste production.

Ce grand établissement, dont le début date de 1838, est situé sur la rivière même de l'Ariége, dans la commune de Saint-Paul; il se compose aujourd'hui de deux fours à puddler, de deux fours à réverbère pour le réchauffage des fers, de deux trains de laminoirs, de deux fours de cémentation, de trois feux de corroyage avec martinet et de deux fours à réverbère pour le travail de l'acier.

Il va sans dire que la haute intelligence qui a présidé à la création de l'usine a dû se retrouver dans tous les détails de son installation. C'est ainsi que les roues hydrauliques de Saint-Antoine utilisent, par le mérite de leur construction, une force exactement double de celle que rendent toutes les autres roues de la contrée. C'est ainsi que l'homme d'art étudie avec intérêt les feux voûtés servant au corroyage de l'acier, et dont la chaleur perdue sert à réchauffer les masses d'acier placées au-dessus de la voûte.

Ce bel et vaste établissement, dirigé par un habile industriel, M. Lamarque, n'est point de ceux auxquels on puisse donner des éloges. — Il nous a semblé suffisant d'exposer les faits.

ÉBÉNISTERIE.

MEUBLES.

M. MONBRO, RUE BASSE-DU-REMPART, 18.

On a beau faire et beau dire, le style grec et le genre impérial sont morts; la lourdeur de celui-ci, la froideur de celui-là ne sont plus des titres à la préférence. La renaissance et le dix-huitième siècle triomphent du goût mesquin et bourgeois de ce temps-ci. Vive ce qui est beau et gracieux! Foin de ce qui est laid et grotesque!

Le goût du jour impose cependant quelques formes nouvelles à nos meubles; ne faut-il pas employer l'acajou, le palissandre, l'angica, l'ébène, l'amboine, le calliatour, le coubari, et tous ces bois exotiques dont raffolent les consommateurs? C'est fort bien: mais voyez: ces bois si coûteux servent à vous fabriquer ces mobiliers qui manquent généralement de style et de caractère; la mode préconise l'un aux dépens de l'autre, en même temps que ses caprices tordent et plient un meuble de mille manières nouvelles, en condamnant à une vieillesse précoce et ridicule le favori de la veille.

Que si, au contraire, reconnaissant la justesse de ce proverbe: « Il n'y a de nouveau que ce qui est ancien, » vous accordez un sourire à l'idée de ressusciter dans vos appartements les formes variées et magnifiques de la renaissance, ou les contours coquets et séduisants qu'aimait tant Pompadour, allez chez Monbro, l'habile et intelligent industriel, il mettra à votre disposition ces meubles gracieux, ces riches tentures, ces magnifiques tapis auxquels on reviendra toujours.

Et notez, s'il vous plaît, que ce luxe qui paraîtra presque insensé à vos ignorants voisins, ne vous coûtera pas plus en définitive que le plus beau des vilains meubles modernes.

Ce qui nous a particulièrement frappé à l'exposition de 1844, c'est que nous y avons vu beaucoup de meubles plus ou moins beaux, plus ou moins laids, sans y apercevoir la trace de ce qu'on appelle un ameublement. Un meuble isolé a tout juste autant de signification qu'en aurait un tableau représentant un œil ou un nez solitaire.

Il nous semble que le bon sens, aidé d'un peu de bonne volonté, aurait dû ménager un ou plusieurs espaces suffisants aux principaux fabricants de l'ébénisterie française. Chacun d'eux eût pu alors faire apprécier par le public les innovations ou les rénovations qu'il aurait imaginées. Cela eût peut-être pris beaucoup de place, mais cette place eût été comparativement cent fois moins grande que celle qu'occupent inutilement les objets discordants exposés ainsi côte à côte.

Cette impossibilité de juger du bon effet d'un ameublement n'existe pas, au surplus, qu'à l'exposition; elle se fait sentir aussi chez les marchands eux-mêmes. Aucun d'eux ne possède l'emplacement nécessaire pour tenter une expérience si concluante. Il faut aller chez les particuliers pour voir en place un mobilier complet. Ainsi le salon dont nous avons donné la gravure dans notre quatrième livraison, ce salon, nous l'avons été admirer chez son véritable propriétaire, homme dont le goût n'est égalé que par l'affabilité.

Ce salon magnifique est ce que le genre Louis XV possède de plus remarquable de nos jours. Il y règne une richesse élégante, une coquetterie imposante et majestueuse, si l'on peut parler ainsi, qui décèlent dans son auteur les qualités les plus rares et les plus précieuses de l'artiste.

Il est impossible de voir rien de plus gracieux et de plus commode à la fois que ce canapé, cette causeuse, cette ganache, ces fauteuils, rien de plus splendide que ces tapis et ces tentures dont les couleurs variées s'harmonisent si bien avec les formes et le dessin des meubles. Le sculpteur et le tapissier ne font qu'un chez M. Monbro. L'exécution des détails est d'une exquise perfection; la composition de l'ensemble indique un sentiment profond de l'art, une entente exceptionnelle de l'harmonie. Le lustre en cristal de roche qui orne un plafond si merveilleusement brodé, est un de ces objets qui n'ont pas besoin d'éloge: resplendissant et léger, vigoureux et délicat, ce lustre dépasse tout ce qui a été fait jusqu'ici en ce genre.

Mais il faudrait un volume pour célébrer dignement chacun des mille ravissants détails qu'offre ce salon féerique. Arrêtons-nous, et tout en louant M. Monbro pour son talent si distingué, félicitons-le davantage encore pour la convenance de ses prix, qui mettent ces magnifiques ameublements à la portée de toutes les fortunes.

MARBRERIE.

ÉTABLISSEMENT DE VILLENEUVE-SUR-LOT, DIRIGÉ PAR M. SAINT-AMANT.

Les produits dont nous allons nous occuper sont intéressants à plus d'un titre. Ce n'est point par la rareté de la matière ou la nouveauté des procédés employés à la façonner, c'est sous le rapport de la main-d'œuvre qu'ils méritent de fixer l'attention.

La plupart des objets en marbre qui sont livrés à la consommation sont taillés, polis, sciés, creusés par la mécanique. Si ce mode de fabrication a ses avantages, il a ses inconvénients; le principal est de laisser complétement de côté la question de l'art, qui devrait, pour bien des raisons, n'être jamais négligée, surtout quand il s'agit d'ornementation.

Il est en France, à Villeneuve-sur-Lot, un établissement qui occupe constamment deux cents ouvriers, lesquels taillent, polissent, sculptent le marbre à la main, exécutent les dessins les plus élégants et les plus capricieux que puisse fournir l'imagination des artistes, et qui livrent leurs produits à un prix moins élevé que celui des marbres travaillés à la mécanique. Cet établissement a son siége dans la maison centrale d'Eysses, et, sous l'habile et intelligente direction de M. Saint-Amant, il y prospère depuis cinq années.

Tout le monde comprendra ce qu'il y a d'humain et de moralisateur dans la tâche entreprise par M. Saint-Amant. Voici des hommes qui exerçaient, avant leur condamnation, toutes sortes de professions infimes: l'un était maçon, l'autre valet de ferme, celui-ci était cordier, celui-là tailleur de pierres. A quoi eût été employé leur temps, dans la maison de détention où les ont conduits les mauvais instincts auxquels leur précédent métier les livrait presque inévitablement? On leur aurait fait tresser des chapeaux de paille ou des chaussons de lisière. Cette besogne stupide eût occupé leurs mains en laissant leur esprit à ses mauvaises pensées habituelles, et l'heure de la liberté n'aurait été pour eux que le moment de s'abandonner de nouveau à leurs funestes penchants.

Au lieu d'un si triste résultat, qu'arrive-t-il? M. Saint-Amant vient en aide à ces malheureux: il s'empare de leur intelligence et lui donne tout le développement dont elle est susceptible. A la place d'une occupation qui crétinise l'esprit le mieux doué, il substitue un travail dont le produit est d'abord un encouragement, et qui peu à peu fait un ouvrier distingué, un artiste ingénieux de ce misérable frappé par la loi. Niera-t-on qu'en se perfectionnant, qu'en se civilisant ainsi cet homme fasse un retour salutaire sur lui-même, et qu'en déplorant son passé il se propose désormais d'exercer honorablement l'état honorable qu'il a appris dans sa prison et qui a charmé, qui lui a fait paraître courts les jours de la captivité.

En même temps qu'il poursuit une tâche si essentiellement philanthropique et moralisatrice, M. Saint-Amand rend service aux consommateurs. Il est évident que le travail qui profite de tant de manières à l'ouvrier détenu, on l'obtient à bien meilleur compte que le travail de l'ouvrier libre. Pour creuser les moulures d'une table, pour sculpter les feuilles d'acanthe d'un bénitier, pour ciseler les arabesques d'un balustre, il faut un goût, un sentiment de l'art, une habileté de main qui ne sont le partage que d'ouvriers exceptionnels qui prennent le titre de sculpteurs, d'artistes, et qui se font payer en raison de l'importance qu'ils attachent à leurs travaux. M. Saint-Amant *fait fabriquer* des objets sculptés comme de simples produits industriels et non à titre d'œuvres d'art. En outre, il obtient des carriers, qu'il paye comptant et auxquels il fait des commandes importantes et fréquentes, des réductions de prix dont le consommateur profite avec lui.

Les objets exposés par M. Saint-Amant sont au nombre de neuf. Le principal de ces objets est une table ronde avec balustre de pied en marbre de Carrare; la table ornée d'or et le pied de feuilles d'acanthe et de volutes. Cette table est véritablement belle; elle a été exécutée par un détenu qui était peintre en bâtiments, et qui est entré dans l'atelier depuis cinq ans. Avant ce travail, cet ouvrier n'avait jamais essayé de modeler.

Nous avons remarqué ensuite une cheminée de boudoir à modillons blancs ornée de feuilles d'acanthe. Cette charmante cheminée est en marbre dit Isabelle Fleury de la Valette. L'ouvrier, nous allions dire l'artiste, qui l'a exécutée était menuisier. Un joli bénitier en forme de vasque, orné de feuilles d'eau en marbre blanc veiné de Carrare, se fait encore justement remarquer; il a été fait par un ancien maçon. D'autres tables, d'autres cheminées présentent aussi des qualités estimables, ce sont pour la plupart des échantillons de travail courant qui montrent ce que le détenu peut apprendre en une ou plusieurs années d'apprentissage.

Si l'on considère que tous ces objets ont été exécutés par des hommes d'âge, de profession, d'intelligence et d'un degré d'apprentissage différents, qui étaient auparavant complétement étrangers à ce genre de travail, on conviendra qu'en laissant même de côté le mérite artistique de ces objets, il en est peu qui, à l'exposition, puissent présenter un aussi vif intérêt aux yeux de l'industriel, du philosophe et de l'homme du monde.

Nous devons nous renfermer dans les généralités, sans quoi nous pourrions examiner les avantages que l'arrondissement de Villeneuve-sur-Lot a dû retirer de l'industrie de M. Saint-Amant. Ils sont nombreux, et, sans compter l'aliment donné au roulage, une somme importante doit être représentée par la consommation des matières premières accessoires provenant de la localité, telles que plâtre, charbon, bois à brûler, bois d'emballage, drogue, etc. Mais ce n'est pas ici le lieu de s'occuper d'intérêts qui, pour être respectables, n'en sont pas moins secondaires. Nous l'avons dit, ce qui doit recommander les produits de M. Saint-Amant, c'est d'abord les bienfaits qu'ils apportent dans la maison de détention d'Eysses, bienfaits qui s'étendent sur toute la vie des détenus; c'est ensuite leur bon marché et l'excellence de leur main-d'œuvre, comparés au prix des objets sculptés par les ouvriers libres, ou à la façon des objets façonnés par la mécanique.

REVUE DE L'EXPOSITION.

MACHINES (suite).

ES quatre grandes classes de matières textiles qui se prêtent à l'industrie de l'homme, le lin est celui qui, cette année, a eu les honneurs de l'exposition. L'intérêt spécial que la filature du lin a excité se motive par des raisons nombreuses et des plus importantes. Il eût été à désirer que cette attention et cette faveur publiques eussent été moins tardives ; nous n'aurions pas à réparer aujourd'hui des erreurs peut-être irréparables. Nous ne serions pas coupables de l'une de ces grandes injustices nationales qui pèsent éternellement sur la conscience d'un pays, et que, du reste, nous avons bien promptement et bien chèrement expiée. Puisse la dénaturalisation de cette belle industrie linière, née en France, il y a trente ans, sous la féconde excitation du grand concours ouvert par Napoléon, en 1810, et chassée peu d'années après avec une brutale indifférence, être le dernier de ces dénis de justice plus funestes encore au peuple qui les commet qu'à l'homme de génie qui les subit, et dont la France a malheureusement rempli les premières pages de ses annales industrielles !

Ce qui est advenu de la coupable incurie du gouvernement de 1815, à l'égard de l'inventeur de la filature mécanique du lin, tout le monde le sait aujourd'hui. Dès 1812, deux établissements de filature fonctionnaient à Paris, d'après les mêmes principes qui régissent cette industrie en 1844, et l'on pourrait presque dire avec les mêmes machines qu'elle emploie. Les uns et les autres étaient l'œuvre et la propriété d'un mécanicien français, M. de Girard. Mais en 1815, c'est-à-dire cinq années après ce fameux décret de 1810, qui promettait un million à l'inventeur de la filature mécanique du lin, M. de Girard, à bout de ressources, ne trouvait auprès du gouvernement d'autre secours qu'un prêt de 8,000 fr., à la charge de fournir une garantie hypothécaire. L'inventeur quitta la France. Il transporta son industrie en Autriche et, plus tard, en Pologne : ses associés l'introduisirent en Angleterre. Depuis longtemps, l'Angleterre filait le lin par les procédés mécaniques ; mais ses moyens de préparation étaient tellement défectueux, qu'elle transformait en étoupes le lin le plus beau. C'est de ce côté que portèrent uniquement, pendant une période de dix années, les améliorations introduites dans la fabrication anglaise par les procédés de M. de Girard ; son système de peignage, auquel une pratique de trente années n'a presque rien ajouté, permit aux anciennes machines à filer d'obtenir des résultats tout à fait supérieurs, à l'aide de fils en gros plus régulièrement préparés. Cette première partie de l'invention française, et c'est là que nous en voulions venir, suffit dès lors pour donner à la filature mécanique du lin une supériorité décidée sur la filature à la main, malgré l'économie du travail des campagnes et sa solidité. Dès lors aussi, cette industrie toute française de nos provinces du nord et de l'ouest commença cette longue période de souffrances qui devait finir par son complet anéantissement, et l'Angleterre, reléguée jusque-là derrière la France, la Belgique et la Hollande pour le commerce des lins, s'élança d'un bond au premier rang. Cette supériorité fut bien autrement justifiée quand les filateurs anglais se mirent en mesure d'appliquer la seconde partie capitale de l'industrie éclose tout entière du cerveau de M. de Girard. Ce fut vers 1826 qu'ils comprirent combien la méthode de filer le lin dans toute sa longueur, ainsi qu'ils le faisaient encore dans leurs machines à filer, était contraire à la préparation des numéros fins, et ce fut encore dans les brevets dénaturalisés de l'ingénieur français qu'ils trouvèrent le principe si fécond de la séparation des fibres élémentaires, à l'aide de l'immersion dans l'eau froide ou chaude du fil obtenu par le métier en gros.

Grâce à ces deux idées fondamentales, à l'habileté incontestable des Anglais et à leur haute intelligence commerciale, la filature du lin est devenue une industrie exclusivement anglaise, la source de fortunes colossales, l'un des plus beaux fleurons de la couronne industrielle de la Grande-Bretagne; la France, qui produit des lins sans rivaux pour leur qualité, et dont les toiles couvraient jadis tous les marchés, s'est vue envahie par les produits de sa rivale; les ménagères de ses campagnes sont restées oisives; et maintenant qu'elle se décide à importer à grands frais et à grand'peine une industrie qu'elle a expulsée il y a trente ans, elle se trouve, au début de la lice, avec un arriéré de dix années et une éducation pratique à acquérir. Avions-nous raison de dire, au début, que M. de Girard a moins souffert encore que la France elle-même de cet accueil qui semble avoir été de tout temps l'apanage de nos inventeurs?

Quoi qu'il en soit de ce passé regrettable, nous sommes en train de le réparer, et si cher qu'ait été l'enseignement, nous ne le regretterons pas, pourvu qu'il soit le dernier. Toutefois, la réparation est-elle ce qu'elle aurait pu être, ce que réclamaient la justice et nos intérêts? Nous en doutons encore. L'inventeur de cette belle industrie, qui n'a plus qu'à mourir pour être proclamé illustre, existe encore plein d'ardeur, riche d'expérience, ayant constamment vécu dans cette branche manufacturière qu'il a créée. Il existe, et nous allons demander à l'Angleterre, à grands frais, des machines qu'il avait inventées, exécutées, fait fonctionner depuis trente ans, sans que le génie mécanique d'outre-mer y ait fait de notables améliorations. Il existe, et c'est loin de la France, en Pologne, qu'il passe les derniers temps de son utile existence. Il est vrai que la Pologne reconnaissante a donné son nom à une ville nouvelle née sous les ailes tutélaires de la première fabrique établie par lui pour la filature du lin.

A défaut de M. de Girard, le plus digne importateur de l'industrie linière en France est l'habile mécanicien qui, sous le patronage même de l'inventeur, a fait depuis tant d'années ses débuts dans cette carrière. M. Decoster, qui a aidé à vulgariser en Angleterre les inventions de M. de Girard, pouvait mieux que tout autre les restituer à leur première patrie. Ses divers mécaniques pour le filage du lin sont à la fois les premières dans cette spécialité et au nombre des résultats les plus parfaits de l'exposition comme construction et montage. Sa machine à teiller le lin et le chanvre, exécutée sur les plans de M. Hoffmann, est simple, mais bien conçue; elle présente des avantages réels pour les campagnes où cette opération est fort importante. Son prix la rend abordable à ce genre de clientèle.

La carde, les deux métiers à filer et le banc à broches de cet habile constructeur sont au niveau, sinon au-dessus de tout ce que la fabrication anglaise pourrait donner de plus parfait. Il est vrai de dire que ces beaux mécanismes sont en presque totalité reproduits d'après les modèles en exercice dans les fabriques de Leeds, et particulièrement d'après ceux de M. Fairbairn.

Ce n'est pas à dire néanmoins que cette reproduction soit une copie servile. M. Decoster est trop habile pour ne pas perfectionner tout ce qu'il imite. Sa carde, entre autres mécanismes, est une admirable pièce qui résout un problème inabordable en apparence; nous voulons parler de la séparation des étoupes en trois lots, de finesse et de qualité différentes; cette séparation s'opère par le fait même de la machine, qui exécute spontanément ce triage. Les métiers à filer que ce constructeur a exposés sont aussi remarquables que ses autres produits; l'un est destiné au filage à sec, l'autre au filage à l'eau chaude. Son banc à broches offre l'application d'une des dispositions les plus importantes de la filature du coton. On sait que, dans les bancs à broches, chaque bobine est placée sur une broche, et que l'enroulement du fil lui communique son mouvement de rotation. Mais à mesure que le fil s'enroule, il augmente la circonférence de la bobine, et si la vitesse de celle-ci reste la même, il en résulte que la quantité de fil nécessaire à chaque tour va croissant sans cesse, ce qui augmente la force de traction à laquelle celui-ci est soumis et diminue l'uniformité de sa grosseur et de sa résistance. Il importe donc que la bobine reçoive un mouvement indépendant de celui du fil, et qui lui permette de ralentir sa vitesse au fur et à mesure de l'envidage. Tel est le mouvement différentiel que M. Decoster a su transporter de la filature du coton dans la filature du lin.

Il est un autre habile constructeur qui partage avec M. Decoster la gloire de rendre à la France cette grande industrie. M. Nicolas Schlumberger a exposé une fort belle carde circulaire à travailler les étoupes, qui peut mettre en œuvre 300 kilogrammes par jour, et qui, comme celle de M. Descoster, sépare l'étoupe en trois variétés de finesse. On ne saurait reprocher à cette belle machine que de n'être pas couverte et de laisser ainsi une libre issue aux poussières que l'opération produit inévitablement. Les bancs à broches du constructeur alsacien soutiennent le parallèle avec celui du mécanicien de Paris ; ils sont aussi à mouvement différentiel. Leur prix de vente offre sur ceux d'il y a cinq ans une réduction des deux tiers. Il est aisé de voir, d'après l'ensemble de ces circonstances, que, du jour où nos filateurs voudront s'adresser avec confiance aux ateliers français, ceux-ci pourront les satisfaire, sans qu'il soit nécessaire de recourir à la construction anglaise.

Les machines à filer le coton n'offrent, à l'exposition de 1844, aucun de ces progrès notables qui révolutionnent une industrie. Les perfectionnements ne résident que dans les détails. Le banc à broches de MM. Pihet présente une modification ingénieuse dans le mécanisme chargé d'opérer le mouvement vertical du porte bobines. Le métier continu de MM. André Kœchlin permet d'accélérer la vitesse, grâce à de grandes simplifications. La carde de MM. Stamm, constructeurs à Thann, se fait remarquer par deux innovations ; l'une consiste dans la facilité de suspendre instantanément le mouvement ; l'autre, dans l'emploi du stuc pour la construction des cylindres. On ne saurait passer sous silence un fort beau batteur-éplucheur de M. Lagoguée, près Rouen, ni la Mull-Jenny de M. Grünn, de Guebwiller, auquel nous devons une honorable mention pour ses machines destinées à la filature du lin.

Avant de quitter la filature du lin et du coton, il y a justice à mentionner des établissements accessoires, mais indispensables à ces deux grandes industries et dont les services ne sauraient être trop appréciés. De ce nombre sont les belles fabriques de cardes de MM. Hache Bourgeois, à Louviers, et Scrive, à Lille. Ces deux habiles fabricants fournissent la plus importante partie de la clientèle du nord de la France. M. Malmazet aîné, de Lille, et MM. Miroude et Fumière, de Rouen, méritent d'être cités après ces chefs de file. La fabrique de peignes à tisser et de maillons métalliques établie à Lisieux, par MM. Debergue, Desfrièches et Gillotin, est toujours digne de la haute distinction que les jurys de 1834 et 1839 lui ont successivement accordée. Dans le midi, les peignes en acier de MM. Châtelard et Perrin, de Lyon, sont toujours préférés pour la fabrication de la soie ; on en exporte en Italie : ces industriels sont arrivés à introduire jusqu'à 210 dents au pouce linéaire, ce qui permet, pour la fabrication des gazes de soie destinées à la bluterie, une finesse de 44,000 orifices au pouce carré.

L'établissement de MM. Papavoine et Châtel, de Rouen, est spécialement destiné à la fabrication et au montage des rubans de cardes. Il reste toujours au niveau de sa réputation ; ces industriels ont exposé une machine à égaliser le cuir des cardes et une autre ayant pour objet d'aiguiser les dentures de ces rubans.

Enfin, la fabrication de pièces détachées et accessoires de la filature a pris un développement important entre les mains de MM. Peugeot et Cie, qui avaient eu l'idée de créer à Audincourt (Doubs) un établissement dans ce but spécial. La filature est montée sur un pied si considérable dans l'est de la France, et ses organes sont arrivés, par une longue pratique, à une si complète uniformité, qu'il y avait une utilité réelle à rendre possible la confection courante et économique de toutes les pièces détachées.

On sait que la laine se subdivise, quant à son emploi, en trois grandes catégories : les laines courtes, qui sont exclusivement consacrées à la fabrication des matelas, des tapis, des couvertures ; les laines à cardes, destinées au foulage et à la fabrication des draps ; les laines à peignes, réservées pour la fabrication des étoffes rases. L'opération préalable pour ces trois séries d'emploi est toujours un lavage qui a une immense influence sur l'usage ultérieur ; car cette laine, de moyenne longueur, si elle est lavée sans être emmêlée, peut être réservée pour le peigne, tandis qu'un autre mode de lavage l'eût reléguée parmi les laines à cardes. Le lavoir de M. Desplanques, dont l'action consiste en une pression exercée par des batteurs à claire-voie sur la laine que fait avancer une toile sans fin, présente ce genre d'avantages. M. Malteau, d'Elbeuf, expose une autre machine à laver, dont le principe tout différent réside dans l'agitation incessante de la toison au milieu de l'eau, à l'aide d'un arbre vertical armé de longues tiges et tournant avec ces bras dans un vaste bassin. Quant au peignage, on retrouve sans grands changements, l'ingénieux instrument déjà depuis longtemps connu sous le nom de peigneuse Collier ; il continue d'occuper le premier rang parmi les appareils propres au démêlage des laines. Nous regrettons de ne pouvoir entrer dans les détails que nous ont semblé mériter les appareils de M. Bruneaux aîné, de Réthel. Ces appareils qui forment une série presque complète pour la préparation et pour la filature de la laine, auraient demandé pour être appréciés plus d'étude que nous n'avons pu leur en consacrer. Toutefois, nous avons eu le temps de nous convaincre de leur bonne construction et de leurs dispositions ingénieuses.

On doit rendre le même témoignage flatteur au banc à broches de M. André Kœchlin, destiné aux laines cachemire.

Nous nous hâtons de réparer un oubli auquel nous entraîne notre course rapide au milieu de tant d'appareils divers. Il convenait de citer, après le lavage des laines, un mécanisme appliqué avec le plus grand avantage à leur dessication ; nous voulons parler de l'appareil nommé hydro-extracteur, par MM. Penzoldt et Rohlfs, qui l'ont inventé. Cet appareil, fondé sur l'emploi de la force centrifuge, peut servir à extraire l'eau, non-seulement de la laine, mais encore de toute matière mouillée, avec une rapidité extrême et une facilité sans égale. Le tambour qui contient les objets à sécher est animé d'une vitesse de quinze cents tours par minute ; sept minutes suffisent à sécher une charge de laine ; par ce procédé, l'on économise les onze douzièmes du temps ordinaire, une notable main-d'œuvre, et la laine reste plus douce que lorsqu'elle a été soumise à l'action de l'air chaud ; on comprend avec quelle facilité ce même moyen peut servir à sécher toute autre matière mouillée, tissus, faïences, pâtes ou fécules. Le dessicateur Pendzoldt est assurément l'une des plus précieuses acquisitions de ces dernières années ; il laisse peu de progrès à désirer dans sa spécialité.

En résumant la série des mécanismes employés au travail de la laine, nous aurions à parler de la machine circulaire à fouler les draps, par M. Malteau, et de celle de MM. Hall, Powell et Scott, destinée au même objet. Mais ces machines sont fondées sur le principe de la pression, et, bien que dans la plupart des industries le progrès consiste précisément à substituer la pression à la percussion, il n'en est pas de même dans le cas spécial du foulage des draps. On avait longtemps ignoré cette condition particulière ; aussi, lorsque, vers 1833, le manufacturier anglais John Dyer substitua le laminage au choc des grossiers pilons de bois, on crut être arrivé à la limite perfectible, et MM. Hall et Cie se hâtèrent d'importer en France ce nouveau procédé ; mais on ne tarda pas à s'apercevoir que si le choc seul n'était pas suffisant, la pression ne pouvait non plus se passer d'une certaine percussion. Tel fut donc le problème qu'on dut se proposer et que nous semble avoir résolu le foulon à percussion modérable de MM. Benoît frères de Montpellier.

Le tissage et l'impression des étoffes ne donnent lieu qu'à un fort petit nombre d'observations. Nous mentionnerons comme plein de dispositions ingénieuses le métier circulaire de MM. Legros et Poitevin ; l'agencement des aiguilles placées à l'intérieur et de celles qui tendent vers le centre et ont pour fonction de ramener le tissu du dehors au dedans, offre une heureuse combinaison ; ce métier exige moins d'entretien, travaille plus vite et plus proprement qu'aucun appareil du même genre.

La Perrotine occupe enfin la place qu'elle a dû conquérir avec tant de peine ; l'industrie alsacienne et l'industrie rouennaise l'ont à la longue adoptée toutes deux ; elle rencontre toutefois une véritable concurrence dans la remarquable machine à imprimer les étoffes exposée par MM. Huguenin et Ducommun, de Mulhouse. Il est bon de remarquer la qualité supérieure et le travail du cuivre que ces derniers industriels emploient dans la confection de leurs cylindres creux à plusieurs couleurs ; une partie de la production de leur établissement est destinée à l'exportation.

En suivant l'ordre que nous nous sommes tracé, nous arriverions à parler de la machine à fabriquer le papier continu, exposée par M. Chapelle. Mais que pourrions-nous en dire de nouveau, après cette seconde exhibition où elle a recueilli, comme en 1839, tous les suffrages du public ? Encore une industrie où nous n'avons point à redouter de supériorité ; peu à peu le nombre en augmente, et il serait plus utile qu'on ne pense pour notre fausse modestie nationale de dresser un tableau complet de nos incontestables supériorités industrielles. — Il est juste de citer les diverses machines à parer le papier, exposées par M. Callaud-Bélisle, de la Charente.

Nous avons hâte d'arriver à l'une des plus intéressantes parties de l'exposition de 1844, nous voulons parler des machines-outils, ces vastes engins qui ont frappé de stupeur la plupart des curieux. On nous pardonnera donc de franchir assez rapidement les obstacles qui nous en séparent. Toutefois, nous sommes forcé encore à quelques haltes en traversant les inventions et les améliorations proposées après cinq années de travaux sur des sujets aussi importants que les grandes constructions, les transports, et d'autres moins considérables mais beaucoup plus variés.

Comment laisser de côté, par exemple, cette audacieuse idée de M. l'ingénieur Montet, qui propose de supprimer ce chapelet d'écluses qui se trouvent souvent en pays de montagnes entre le bief supérieur et le bief inférieur? On sait ce que coûtent ces écluses juxtà-posées et le temps qu'il faut pour franchir ces grandes marches. M. Montet, appuyé du reste par l'expérience d'une construction analogue qui fonctionne sur le canal Morris, aux États-Unis, a exposé le modèle d'un plan incliné automoteur sur lequel glisserait un véritable sas mobile, recevant le bateau au bief supérieur et l'amenant avec la masse d'eau qui le supporte au niveau d'en bas. On comprend déjà, d'après cette indication, que ce sas consiste en une vaste cuve en bois armée de fer et portée sur un chariot dont la différence de hauteur entre l'avant et l'arrière-train maintient l'horizontalité permanente. Ce chariot roule sur deux rails, et dans sa descente remonte une cuve pareille qui lui est reliée par une forte chaîne, et qui fonctionne toujours en sens inverse sur un chemin parallèle. De cette manière, la vitesse à la descente est utilisée pour la remonte, et les deux vastes cuves se font un mutuel contrepoids. Nous désirons vivement qu'une expérience en grand vienne sceller cette alliance entre les canaux et les chemins de fer.

Ces derniers sont représentés d'abord par M. Laigniel, dont les travaux déjà connus et appréciés n'offrent aucune innovation bien notable; on sait que le système de cet inventeur a pour but d'affranchir de tout danger le parcours des courbes de petit rayon, et qu'il arrive à ce résultat en donnant à la jante de ses roues un ressaut en dehors, de manière à ce que, dans les courbes, la roue extérieure tournant sur le ressaut imprime à l'ensemble du convoi une sorte de conicité qui le préserve de l'action tangentielle de la force centrifuge.

Le petit modèle de M. Serveille consiste en un chemin de fer analogue à ceux des États-Unis, d'après le système mixte du fer et du bois ; sur ce modèle fonctionnent des waggons articulés de manière à pouvoir tourner sur des courbes de très-petits diamètres. M. Serveille annonce une prochaine expérience en grand de son système. Nous attendrons ce moment pour le juger. Profitons néanmoins de la circonstance pour louer les tuyaux en bois de cet exposant ; ces tuyaux, composés de simples bandes carrées de bois assemblées à tenons, bout à bout, et taillées sur leur face latérale avec une légère pente, de manière à former le cylindre par leur juxtaposition, sont d'une construction aussi facile qu'économique. Solidement réunis par des fils de fer, ils peuvent parfaitement servir à la circulation des eaux, même sans avoir été préalablement goudronnés. C'est une idée simple et utile.

Encore un pas en arrière qu'il nous faut faire pour ne pas rester sous le poids d'une omission grave. Le barrage mobile de M. Thénard mérite l'intérêt autant par ses dispositions spéciales que par l'utilité de ce genre de construction. On sait que les barrages mobiles sont une découverte récente, et que leur principal avantage est de pouvoir disparaître dans le temps des grandes eaux, sans occasionner les inondations auxquelles donnent lieu les barrages fixes : en outre, les premiers peuvent créer, par des différences de niveau obtenues à bas prix, des forces motrices précieuses pour l'industrie; enfin, ils permettent de suivre la baisse croissante des eaux et de conserver toujours un niveau suffisant pour la navigation, tout en économisant l'eau dépensée à chaque ouverture du pertuis.

E. Lamulonière.

III. ARTS CHIMIQUES ET PHYSIQUES (fin).

1° MATIÈRES, PRODUITS.

c. Sucres.

Gironde. BERTIN (E.) et Cie, à *Bordeaux*. — Sucre raffiné et instruments de raffinage.

Isère. CANNICHEL, à *Grenay*. — Sucres.

Nord. NUMA-GRAR et Cie, à *Valenciennes* — Sucre.

Seine. BOUCHER, à *Pantin*. — Nouvel extracteur pour le jus de betteraves par filtration, pains de sucre, sucre brut.

Id. EMERY, à *Paris*. — Appareil tubulaire à évaporation continue pour la fabrication du sucre.

Id. HARLY PERRAUD, à *la Grande-Villette*. — Sucre moulé.

Id. LEMOYNE, à *Paris*. — Pièces en sucre, bonbons divers. C. F. 1839.

Id. LOUVRIER fils, à *Paris*. — Appareil évaporatoire pour la fabrication du sucre.

Seine-Infér. MAGNÉ (Célestin), à *Rouen*. — Sucreries.

f. Savons et huiles.

Bouches-du-R. SAISSE fils et Cie, à *Marseille*. — Savon blanc d'huile de palme.

Doubs. FATTELAY, à *Beurre*. — Vase à épurer et conserver les huiles.

Finistère. BELHOMMET, à *Landerneau*. — Savon d'oléine.

Isère. BAIL et BOFFARD, à *Villeurbanne*. — Savons, cierges, bougies.

Id. BUISSON, à *Tullins*. — Appareils pour passer les huiles.

Id. MESNY et JAVARD, à *Vienne*. — Savons.

Moselle. DOMPIERRE père, à *Metz*. — Huile de pieds de bœuf, cordes à boyaux.

Nord. BOYENVAL-LAVIGNE, à *Wazemmes*. — Huile de pieds de bœuf.

Seine. ANRÈS aîné, à *Paris*. — Huile épurée.

Id. CAMBACÉRÈS, à *Paris*. — Huile de cheval et engrais musculaire.

Id. COTTAN, à *Passy*. — Savons.

Id. DEMARSON et Cie, à *Paris*. — Savons de toilette et de ménage. (B) 1839.

Id. DROUX et Cie, à *Batignolles-Monceaux*. — Savons.

Id. DUVIGNEAU, à *Paris*. — Saponine.

Id. GUILLIER, à *Paris*. — Savons, encre à marquer le linge.

Id. LEGRAND, à *Paris*. — Savons de ménage et savons fins.

Id. MACHARD, à *Paris*. — Tourteau de graisse de baleine.

Id. MAILLY, à *Paris*. — Savons, pommades, bandoline.

Id. MARTIN jeune, à *Paris*. — Savon liquide inaltérable.

Id. MAUGENET et COUDRAY, à *Paris*. — Savons divers.

Id. MAYET, à *Paris*. — Huiles inoxydables, animale et végétale.

Id. MENOTTI, à *Batignolles*. — Savon hydrofuge.

Id. MESSIES et AMAVET-PIVER, à *Paris*. — Savons de toilette.

Id. MILLOCHEAU, à *Paris*. — Huile pour l'horlogerie.

Id. MOISSON, à *Paris*. — Savonnière-Moisson.

Id. MONPELAS, à *Paris*. — Savons divers. C. F. 1834 et 1839.

Id. MUTEL (de), à *Paris*. — Huile désoxygénée, sans acide ni alcali, propre à l'horlogerie, huiles pour horlogerie et mécaniques.

Id. OGER, à *Paris*. — Savons de ménage et de toilette. (A) 1827, R. (A) 1834 et 1839.

Id. PINAUD, à *Paris*. — Savons animal, végétal, de toilette, etc.

Id. RAYBAUD, à *Paris*. — Savons. (B) 1834, (A) 1839.

Id. SALOMON, à *Paris*. — Oléine pour horlogerie.

Id. SICHEL-JAVAL, à *Paris*. — Savons et parfumerie. (A) 1834.

Id. TAVEAU, à *Paris*. — Savons.

Id. TESSON, à *Colombes*. — Huile de pieds de bœuf, colle forte. M. H. 1827, 1834 et 1839.

Id. VIOLET, à *Paris*. — Savons de toilette et de ménage. C. F. 1827, à Violet et Guénot; *id.* 1834, à Violet et Montpelas; M. H. 1839, à Violet.

Seine-Infér. CUVELLIER, à *Blangy*. — Savons divers.

g. Gélatine et colle forte.

Ardennes. ESTIVANT fils aîné, à *Givet*. — Colle forte, colle blonde, colle blanche. (B) 1806, (A) 1819, R. (A) 1824, 1827, 1834 et 1839.

Id. ESTIVANT-DONAU, à *Givet*. — Colle forte. (A) 1827, R. (A) 1839.

Bouches-du-R. SIGNORET, à *Marseille*. — Colle forte, colle de Flandre, colle de Cologne. M. H. 1819.

Gard. PLANCHON, à *Saint-Hippolyte-le-Gard*. — Colle forte.

Isère. LAUDINY, à *Grenoble*. — Colles.

Loiret. FRANC-MAGNAN, à *Orléans*. — Colle forte.

Meurthe. REISS à *Guénestroff*. — Gélatine.

Moselle. FIRMENICH, à *Metz*.-Colle forte. M. H. 1839.

Seine. BAUD et JOVINET, à *Colombes*. — Gélatine.

Id. BUREAU, à *Paris*. — Colle forte et gélatine.

Id. DENISON, à *Grenelle*. — Feuilles de colle forte.

Id. LEFEBURE père et fils, à *Paris*. — Colle forte. (B) 1834.

Id. PITOUX, à *Paris*. — Pains à cacheter, gélatines, carmin, colle à bouche, etc.

Seine-Infér. GRENET fils, à *Rouen*. — Gélatine. (A) 1834. R. (A) 1839.

b. Matières servant à l'éclairage.

Aube. VIN, à *Troyes*. — Bougie stéarique.

Aveyron. BETEILLE-ACQUIER (Mme), à *Rodez*. — Chandelles. C. F. à Acquier père.

Charente. ROBIN (L.), à *Angoulême*. — Bougies stéariques.

Finistère. BELHOMMET, à *Landerneau*. — Bougies stéariques dites bougies bretonnes.

Loire-Infér. DELAUNAY et LEROY, à *Nantes*. — Bougies, huile de palme, huile de cocos.

Id. THIBAULT frères, à *Nantes*. — Bougies, chandelles, suif.

Loiret. LEGRAND frères, à *Orléans*. — Bougies stéariques.

Marne. HERBIN, à *Reims*. — Bougies stéariques de toute sorte.

Id. LAFONTAINE-DENOIST, à *Reims*. — Bougie stéarique.

Pyrénées (B.-) ROUSSILLE frères, à *Jurançon*. — Bougies stéariques.

Rhône. LIÉNARD (Claude) et Cie, à *Lyon*. — Bougies stéariques. M. H. 1839.

Seine. BAILLOT, à *Paris*. — Bougies.

Id. BOISSET et GAILLARD, à *Paris*. — Bougies diaphanes et stéariques. M. H. 1839.

Id. BRUNNARIUS, BOILLOT et Cie, à *Paris*. — Bougies cérophanes.

Id. CABOURET aîné et LEROY frères, à *Paris*. — Appareil pour la fonderie du suif, un pain de suif et chandelles. (B) 1839, à Taulet.

Id. CAHOUET, à *Paris*. — Moules à cierges, cierges en stéarine, mandrins en acier, machine à percer les sièges. M. H. 1839.

Id. DELAFONT, à *Paris*. — Liquide-gaz ou huile essentielle, lampes pour la combustion dudit liquide.

Id. DESPREZ, à *Paris*. — Suifs, chandelles, bougies et cierges.

Id. DUBOIS, à *Paris*. — Bougie stéarine, bougie de cire.

Id. DURIER, à *Paris*. — Bougies. (B) 1839.

Id. GOMBERT fils, à *Paris*. — Mèches nattées pour bougies. M. H. an 10, (A) 1819. (A) 1827, à Gombert père et fils.

Id. LE PARMENTIER et Cie, à *Paris*. — Bougies.

Id. MILLY (de), à *Paris*. — Acide stéarique, bougies, acide oléique, savon, lampes. (A) 1834, à de Milly et Motard, (O) 1839, à de Milly seul.

Id. PETIT et LEMOULT, à *Grenelle*. — Bougies stéariques.

Id. PRUNIER, POINSOT et Cie, à *Paris*. — Bougies, acide stéarique.

Id. RÉGNIER, à *Paris*. — Bougies et cierges. C. F. 1839.

Id. TRESCA, à *Paris*. — Bougies. (A) 1839.

Id. ZIER (veuve) et fils, à *Belleville*. — Chandeliers modèles, colonnes cannelées.

Id. WERNET père et fils, à *Paris*. — Bougies. M. H. 1827 et 1834.

Seine-Infér. HÉRON et Cie, à *Rouen*. — Bougies stéariques.

2e APPAREILS.

a. Appareils de chauffage.

Aisne. GODIN LEMAIRE, à *Esquéhéries*. — Poêles, cuisinières en fonte.

Id. SOULIAC-BOILEAU, à *Nogentel*. — Appareil contre le feu de cheminée, cheminée en bois.

Charente. GALLAND, à *Ruffec*. — Fourneau potager et rôtisseur, froment de différentes espèces.

Eure. ELMEREING, à *Louviers*. — Cheminées en fonte.

Eure-et-Loir. MAUGIN, à *Chartres*. — Baignoire avec appareil pour chauffer l'eau et le linge.

Jura. PRENEY et BALLARD, à *Perrigny*. — Fourneau en fonte, cafetières en cuivre.

Id. VUILLIER, à *Dôle*. — Cheminée aérifère fumivore. (B) 1834.

Nièvre. TAVERNA, à *Nevers*. — Cheminée calorifère.

Pas-de-Calais. LEPLANT, à *Arras*. — Cheminée prussienne calorifère. M. H. 1839.

Puy-de-Dôme. TRÉBOUL, à *Riom*. — Appareil nommé dessiccateur spécialement applicable à la fabrication de la fécule.

Rhin (Bas-). HEY, à *Strasbourg*. — Foyer de cuisine en fonte et en tôle.

Rhône. FOURNET et Cie, à *Lyon*.—Poêles calorifères.

Id. ROGEAT frères, à *Lyon*.— Fourneaux, grilles, etc

Id. VILLARD, à *Lyon*. — Fourneaux et plaques foyères en fonte. C. F. 1839, pour ses plantes en métal.

Saône (Haute-). OGIER (Auguste), à *Luxeuil*. — Fourneau économique en fonte de fer.

Seine. BARBEAU aîné, à *Paris*.— Cheminées calorifères, poêles. C. F. 1839.

Id. BAUDIN, à *Paris*.— Four pour boulanger.

Id. BIRCKEL, à *Paris*.— Cheminée, calorifère, poêle et baignoire.

Id. BORDON, à *Paris*. — Deux fourneaux portatifs de cuisine en tôle forte, sans maçonnerie.

Id. CERBELAUD, à *Paris*. — Calorifères. (B) 1839.

Id. CHAUSSENOT jeune, à *Paris*. — Calorifère, appareil à distiller dans le vide, petits appareils pour la fermentation de la bière. (B) 1834, (A) 1839.

Id. CHEVALIER, à *Paris*. — Calorifères portatifs, poêles, chauffe-assiettes, baignoires, pédiluve, etc., cuisinières économiques, fourneaux de cuisine, appareils à légumes, tabouret à eau bouillante, etc.

Id. CHEVALIER CURT, à *Paris*. — Fourneaux calorifères. (B) 1839.

Id. CHEVALIER CURT, à *Paris*. — Fourneau et ses accessoires. (B) 1839.

Id. CORNU, à *Paris*. — Poêles calorifères.

Id. COULON, à *Paris*.—Grils (nouveau modèle).

Id. DARCHE (Mme veuve), à *Paris*. — Brûloir mécanique, poêles divers et fourneaux. C. F. 1839.

Id. DELAFORGE, à *Paris*. — Forges et soufflets de forges. (B) 1834.

Id. DELAROCHE, à *Paris*. — Cheminées calorifères. C. F. 1827 et 1834.

Id. DELAROCHE aîné, à *Paris*. — Poêle et cheminée.

Id. DELATAILLE, à *Paris*. — Baignoires et appareils pour chauffer les bains.

Id. DESCROIZILLES, à *Paris*. — Appareils de chauffage.

Id. DESPINOY, à *Paris*. — Fourneaux, calorifères et cheminées.

Id. DOBIGNARD, à *Paris*. — Bouches de fours de boulangers et pâtissiers.

Id. DORÉ, à *Paris*. — Fourneaux à reverbère perfectionnés.

Id. DOREMUS et ENFER, à *Paris*. — Appareils de ventilation, soufflets, forges, soufflet hydraulique, soufflet pour faire le vide, instruments pour la chimie, la physique et la mécanique. M. H. 1839, à Enfer.

Id. DUVAL, à *Paris*. — Calorifère lumineux.

Id. DUVOIR, à *Paris*.—Calorifères, appareils de cuisine et de blanchissage. (B) 1839.

Id. DUVOIR (Leblanc), à *Paris*. — Appareil hydro-pyrotechnique. (A) 1839.

Id. FERRAND, à *Paris*. — Fours de diverses formes.

Id. FESSART, à *Paris*.—Appareils de chauffage.

Id. FOREY, à *Paris*.— Calorifères à eau chaude.

Id. FROSSARD et Cie, à *Paris*. — Fourneaux, calorifères.

Id. GÉLIN, à *Paris*.— Tôles, poêles, cheminées et brûloirs à café.

Id. GENESTE, à *Paris*. — Nouvelle cheminée, calorifère.

Id. GERVAIS, à *Paris*.—Appareils de chauffage pour serres. (B) 1839.

Id. GOSSIN, à *la Villette*. — Fourneaux, calorifères et cheminée-calorifère.

Id. GRAUX, à *Paris*.— Appareils de chauffage, garnitures de feu en bronze.

Id. GRENIER, à *Paris*. — Fourneaux mécaniques. (B) 1839.

Id. GROUVELLE, à *Paris*. — Fourneau de cuisine et plans de machines hydrauliques ; plan de la machine hydraulique exécutée pour la commune de Bresles (Oise).

Id. GUGLIELMI dit GUILLAUME, à *Paris*. — Poêles, calorifères, cloche en fonte, tuyaux et coffres de tôle.

Id. HOYOS, à *Paris*. — Fourneaux en fer, tôle, fonte et cuivre.

Id. HUBERT fils, à *Paris*. — Poêles calorifères.

Id. HUREZ, à *Paris*. — Calorifère pour brûler l'anthracite, calorifère pour brûler le bois, le charbon ou le coke, fourneau culinaire. M. H. 1839.

Id. KOPECYNSKI, à *Batignolles*. — Calorifère.

Id. LACOUX (de), à *Paris*.—Appareils de chauffage.

Id. LAURY, à *Paris*. — Cheminées calorifères.

Id. LECERF, à *Paris*. — Fourneaux, cheminées et calorifères.

Id. LECOCQ et Cie, à *Paris*. — Appareils de chauffage et de cuisine.

Id. LENUD, à *Paris*. — Calorifère.

Id. MEYNIAL, à *Paris*. — Appareils culinaires, fourneaux-coquilles, fours à pâtisserie, réchauds, cafetières, etc.

Id. MINICH, à *Paris*. — Cheminées, fourneaux portatifs et calorifères.

Id. PAUCHET, à *Paris*. — Fourneaux de cuisine et de limonadiers.

Id. PERRÈVE (chevalier de), à *Paris*. — Cheminées d'usine en appareil d'air chaud, tuyaux doublant la chaleur des tuyaux ordinaires. (B) 1839.

Id. PETIT, à *Paris*. — Cheminée-poêle et calorifère, calorifères, appareils de chauffage, vasistas. M. H. 1839.

Id. PIERON, à *Paris*. — Calorifère, étuve de pâtissier.

Id. POLIOT, à *Paris*. — Fourneaux pour limonadiers et restaurants, calorifères.

Id. POTTIER-JOUVENEL, à *Paris*.— Fourneaux divers et rôtissoirs.

Id.	ROBERT, à *Grenelle*. — Chauffoirs pour voitures.
Id.	ROUSSEAU, à *Paris*.— Appareils de chauffage.
Id.	ROUSSEROUX, à *Paris*. — Fourneaux et calorifères. C. F. 1839.
Id.	SARON frères, à *Paris*. — Fourneaux et appareils de chauffage.
Id.	SOREL, à *Paris*. — Calorifère, appareils de chauffage, appareils culinaires. M. H. 1834 et 1839.
Id.	SOUDAN, à *Paris*. — Fourneau économique concentrateur pour la torréfaction du café.
Id.	VOGT, à *Paris*. — Poêles et panneaux de cheminées.
Id.	VOITELAIN, à *Paris*. — Cheminées et calorifères. C. F. 1839.
Id.	ZAMMARETTI, à *Paris*. — Calorifères et cheminées.
Seine-et-Oise.	FENOUIL, à *Versailles*. — Poêle chauffeur et éclaireur.
Id.	VALLIER, à *Versailles*.—Chaudière à chauffer les serres et à faire la lessive.

b. Appareils divers et d'économie domestique.

Ardennes.	LERICHE-MEURANT, à *Charleville*. — Soufflets pour forge.
Aube.	LAMOTTE, à *Villy-en-Trodes*. — Soufflerie à double effet et à jet continu.
Dordogne.	CARRÉ, à *Bergerac*. — Moules-filtres.
Gironde.	BOUCHERIE, à *Bordeaux*. — Conservation du bois.
Puy-de-Dôme.	BROSSON, à *Montpensier*. — Machine à dessécher.
Id.	TRÉBOUL, à *Riom*. — Appareil dessiccateur pour la fabrication de la fécule.
Seine.	ANTOINE, à *la Villette*.— Dessiccation des bois. (B) 1839.
Id.	AUDOT, à *Paris*. — Thermosiphon mobile. (B) 1834, R. (B) 1839.
Id.	CHARLES et Cie, à *Paris*. — Buanderies portatives.
Id.	COLLIER, à *Saint-Denis*. — Appareil pour fabriquer le gaz, machines à blanchir le linge.
Id.	CORLIEU, à *Paris*.— Bain-marie à infusion, à filtre; appareil de déplacement, fontaine pour tisane et réservoir en étain pour hôpitaux, vases pour dépôt des saintes huiles dans les évêchés.
Id.	HUGUIN, DOMANGE et Cie, à *Paris*. — Vidanges inodores.
Id.	LAUBEREAU, à *Paris*. — Ventilateur.
Id.	LAUBEREAU et GAULET, à *Paris*.—Machine pour ventiler les étoffes.
Id.	LEMARE (veuve), à *Paris*. — Caléfacteur cylindre de bain, cafetière, couvoir, lampe-bougeoir, chocolatière, réchauds. (A) 1823, R. (A) 1834.
Id.	LIRE, à *Paris*. — Four à pâtisserie, gril, cafetières. C. F. 1834, à Morin, prédécesseur.
Id.	MARATUEH, à *Paris*. — Appareils pour prévenir les feux de cheminées.
Id.	PAILLIETTE, à *Paris*. — Soufflets de forge. M. H. 1839.
Id.	ROUEN, à *Paris*. — Appareils divers d'éclairage. (B) 1839.
Id.	SAGET, à *Paris*. — Appareils d'éclairage de ville, pour locomotives, administrations; fanaux, signaux, appareils divers. (O) 1834, à Bordier-Marcet, prédécesseur.
Id.	SIRET, à *Paris*. — Siége auto-moteur inodore, poudre désinfectante.
Id.	SIRY, LIZARS et Cie, à *Paris*. — Compteurs à gaz, gazomètres.
Id.	VILLENEUVE et PAGNERRE, à *Paris*. — Appareils congélateurs.
Seine-Infér.	BLERZY, à *Elbeuf*.— Dessiccateurs pour les draps et machines à sécher la laine.
Id.	QUIBEL, à *Rouen*. — Appareil pour empêcher les cheminées de fumer.
Yonne.	CLÉMENT-LECHIEN, à *Avallon*.—Chenet faisant fonctions de soufflet et de ventouse.

c. Appareils distillatoires.

Loir.-Infér.	PEYRE et ROCHER, à *Nantes*. — Cuisine distillatoire pour rendre sans frais l'eau de mer potable.
Id.	BROUILLET, à *Paris*. — Alambics pour la pharmacie, serpentins propres à la distillation, en poterie d'étain.
Id.	DELEUIL, à *Paris*. — Appareil distillatoire pour solidifier l'acide carbonique. Instrument pour extraire la gélatine des os de la viande de boucherie. M. H. 1827. (B) 1834, (A) 1839.
Id.	EGROT, à *Paris*. — Apareils distillatoires en cuivre. C. F. 1827. M. H. 1834. R. M. H. 1839.

INFLUENCE

DE LA

LÉGISLATION DES BREVETS

SUR L'INDUSTRIE.

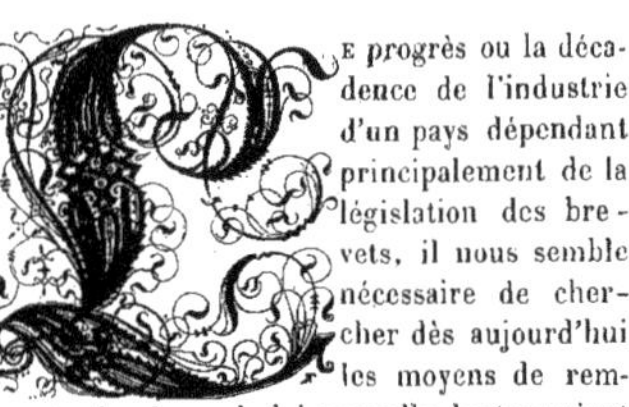

Le progrès ou la décadence de l'industrie d'un pays dépendant principalement de la législation des brevets, il nous semble nécessaire de chercher dès aujourd'hui les moyens de remplacer le simulacre de loi nouvelle dont on vient de doter les inventeurs français.

Pour répondre au besoin si généralement senti d'une meilleure organisation de la propriété industrielle, qu'a-t-on fait? On s'est contenté, comme l'a dit un honorable député, de rincer le chiffon de la constituante, en y faisant plus d'un accroc nouveau.

Mais personne ne s'est demandé quelle était la nature et quel devait être le but de l'institution qu'il s'agissait d'organiser.

En y réfléchissant un peu, on reste convaincu que le brevet d'invention n'est ni un encouragement, ni une faveur, ni une récompense, puisqu'on les accorde, sans examen, à qui paye, et que c'est encore moins un privilége, puisque tous les priviléges sont abolis. Qu'est-ce donc qu'un brevet?

Le brevet n'est et ne doit être qu'un corollaire du droit primordial constitutif de la propriété, le droit du *premier occupant*, autrement dit le *prix de la course*, rien de plus, rien de moins. Cela posé, il est facile de régler cette propriété dans l'intérêt de l'État d'abord, et dans celui des citoyens après. Il ne s'agit que d'assimiler la concession d'un brevet à la concession d'une mine, car l'identité est complète.

L'État n'est-il pas intéressé à voir ouvrir des mines nouvelles et à s'enrichir de toutes les industries passées, présentes ou futures, sans avoir besoin d'en connaître la provenance. Qu'importe, en effet, à l'État que l'industrie, la machine ou le procédé qu'on lui apporte émane du cerveau d'un inventeur, de l'activité d'un importateur ou des soins d'un *résurrectionniste*; qu'importe qu'ils soient exhumés d'un vieux livre ou extraits d'un *magasin* quelconque, pourvu qu'il en jouisse? Le fisc est, d'ailleurs, assez habitué à se conformer à la maxime du poëte latin :

Lucri bonus odor ex re quâlibet.

Celui qui fertilise un rocher aride avec de l'engrais national, de l'engrais étranger ou de l'engrais factice, ne doit-il pas avoir le même mérite aux yeux de l'État? Il a créé un champ de plus; s'il paye l'impôt, l'État doit lui garantir la propriété du fonds et des fruits. Le gouvernement n'a nul intérêt, nous le répétons, à chercher l'origine des inventions; tout va bien, tout est bon, tout sert, pourvu qu'il en profite.

Quant à découvrir et constater la véritable source de l'invention et des perfectionnements successifs, c'est un soin qu'il faut laisser aux académies et non aux tribunaux; les académies peuvent seules essayer de restituer, à peu près, aux inventeurs réels la gloire, ou, si l'on veut, la récompense honorifique due à leur mérite; mais les tribunaux civils sont plus compétents sur le fait du *premier occupant*, c'est aussi le seul que nous voudrions leur laisser à juger. Tous les procès seraient faciles à terminer de la sorte et deviendraient, d'ailleurs, fort rares, en opérant comme il suit :

Aussitôt la demande d'un brevet déposée, elle serait publiée avec les mêmes formalités que les demandes en concession de mines. Les oppositions seraient admises et appréciées par qui de droit. Le brevet ne serait accordé définitivement qu'après un temps donné; mais il serait solide et durable, quand il aurait passé par les épreuves du *commodo et incommodo*.

Ainsi donc, il conviendrait d'abolir les dénominations de brevets d'invention, de perfectionnement et d'importation pour les remplacer par celles de brevet d'introduction, d'exécution ou d'application, c'est-à-dire que le premier qui aurait introduit en France une fabrication inconnue, ignorée ou perdue, aurait par cela seul acquis le droit de fabriquer et vendre, de faire fabriquer et faire vendre exclusivement, dans le royaume, les produits de cette industrie, comme un jardinier a seul le droit de vendre les fruits de l'arbre qu'il a planté.

Voilà qui simplifierait entièrement la question des brevets.

Quelle émulation, quel redoublement d'activité pour arriver le premier! Quelle ardeur à créer, à perfectionner, à importer les meilleures machines, les meilleurs procédés! quel empressement à exécuter ceux qui sont comme enterrés dans les *solo* de nos bibliothèques, et à remettre sur le métier une foule d'excellentes choses mortes faute d'argent, faute de temps, faute de quelque élément de l'alphabet industriel qui manquait à l'époque de leur naissance.

Après la promulgation d'une pareille loi, l'industrie prendrait certainement un essor immense; elle s'élèverait peut-être cent fois plus haut en un lustre qu'autrefois en un siècle. L'État y gagnerait un nombre prodigieux de conservateurs et de contribuables: les bases de la société se consolideraient en s'élargissant, et bien certainement la civilisation accomplirait un progrès tout aussi notable après la reconnaissance de la propriété intellectuelle qu'après l'établissement de la propriété foncière; car on sait aujourd'hui qu'il suffit de changer le domaine public en domaine privé, pour convertir une friche en verger.

Examinons maintenant ce projet dans l'intérêt de l'individu; s'il s'accorde avec celui de l'État, on ne peut hésiter à l'adopter.

En supprimant, disons-nous, les dénominations de brevets d'invention, d'importation et de perfectionnement, on supprime d'un coup toutes les contestations de nouveauté et de priorité, qui sont la cause d'une foule de procès injugeables. La question se réduit à celle fort simple d'envoyer le *premier occupant* en possession de l'industrie qu'il établit dans le pays, et comme l'inventeur peut toujours être le *premier occupant*, c'est-à-dire le premier à déposer ses titres, cela ne le lèse en rien; la lutte de vitesse ne s'engage réellement qu'entre les importateurs et les archivistes de la technologie. Il s'établit alors un nombre infini d'exploitations nouvelles, au grand avantage de l'État et des consommateurs; car tout objet fabriqué par des moyens patentés coûte d'autant moins, qu'il se fabrique plus en grand. L'Angleterre est là pour démontrer les avantages du bon marché.

La production sur une grande échelle, diminuant les frais généraux et produisant beaucoup, a besoin de rencontrer un grand nombre de consommateurs, qui ne peuvent s'obtenir que par le bon marché.

L'axiome des Anglais, nos maîtres en fait de commerce, est celui-ci: *Les petits profits multipliés font les plus grands bénéfices*. Pas un Anglais ne songe à contester et serait honteux de ne pas comprendre cette maxime à laquelle tous les industriels des autres pays ne tarderont pas à se conformer; car c'est un fait certain que tout inventeur breveté qui vend cher vend peu, excite à la contrefaçon et éveille le génie, qui découvre bientôt le moyen de faire mieux, tout en faisant autrement. C'est donc le plus faux et le plus ruineux des calculs, de vendre trop cher un objet patenté, comme le meilleur moyen d'arriver à la production à bon marché serait de faire en sorte que toutes les industries fussent patentées, c'est-à-dire rangées sous le drapeau du *monautopole* industriel, artistique, littéraire et commercial. Dès lors, plus de concurrence illimitée qui mène à la licence et à la fraude, plus de crises industrielles: substitution de la responsabilité personnelle aux crimes de l'anonymité, rétablissement des clientèles et de l'achalandage, lutte de génie, d'activité et de probité, et cessation de la guerre intestine amenée par la désastreuse doctrine du *laissez faire et laissez passer*.

En résumé, nous croyons que, pour amener sans choc tous ces heureux résultats, il ne s'agirait que de faire entrer la concession des brevets dans le cadre de la concession des mines, avec une redevance progressive sous la réserve de l'expropriation pour cause d'utilité ou d'agrément public. C'est un moyen sûr, nous ne cesserons de le répéter, d'augmenter indéfiniment le nombre des propriétaires, par conséquent celui des conservateurs et des contribuables; c'est enfin le plus grand, le plus beau et le plus urgent des problèmes sociaux à résoudre en ce moment, surtout pour la France.

JOBARD,

Commissaire du gouvernement belge, à l'exposition de l'industrie française.

DE L'ART DANS L'INDUSTRIE.

u nombre des résultats obtenus par l'industrie française, et que l'exposition de 1844 vient de constater avec tant d'éclat, un de ceux qui frappent le plus vivement l'attention, c'est une tendance évidente de la plupart de ses produits vers l'ornementation artistique. Sans doute tous les efforts n'ont pas été heureux ; mais quel que soit le goût plus ou moins épuré qui ait présidé à la création de l'œuvre, l'invention est toujours la même. L'élégance de la forme, la richesse des ornements, l'harmonie et la vivacité des couleurs ont été partout recherchées ; la sculpture, la peinture, enfin tous les arts de la forme et du goût ont été appelés à concourir, à présider à la fabrication partout où une place a pu leur être réservée.

C'est une favorable tendance qu'il faut, à notre avis, encourager autant que possible ; et plus encore peut-être dans un intérêt social que dans l'intérêt industriel. Indépendamment de cette heureuse impression que la vue habituelle, que la fréquentation quotidienne, si l'on peut s'exprimer ainsi, des œuvres de l'art produisent sur l'intelligence, sur le sens moral d'une nation, en agrandissant le cercle de ses idées, en lui communiquant une élégance, une sorte de poésie qui l'élève et l'ennoblit, on trouverait peut-être dans cette alliance de l'art et de l'industrie un moyen de faciliter la solution d'une des plus importantes questions qui puissent préoccuper les économistes.

Car si l'on examine attentivement la marche de l'industrie, on voit que sa tendance inévitable est de substituer autant que possible au travail manuel de l'ouvrier, le travail puissant des machines. Plus une industrie est voisine de son berceau, plus ses outils sont restreints ; la main de l'homme fait tout ou presque tout. Mais aussitôt que cette industrie se développe et grandit, les machines se multiplient, la mécanique fait invasion de toutes parts ; des rouages, des engrenages, des moteurs inanimés remplacent l'ouvrier dont la part d'action diminue progressivement à mesure que les produits augmentent. Ainsi, par un singulier contraste, l'enfance de l'industrie présente le travail manuel, le travail intelligent, habile, tandis que son développement offre partout, au contraire, le travail mécanique, la force brutale, inintelligente, agissant presque seule dans les ateliers.

Cependant, ne paraîtrait-il pas dans les règles ordinaires que l'emploi de l'adresse, de l'intelligence, de l'habileté raisonnée de l'ouvrier fût une des conditions nécessaires pour la perfection de l'œuvre. Comment donc arrive-t-on dans la pratique à un résultat tout opposé?

C'est qu'il faut distinguer avec soin ce que, dans le langage ordinaire de l'industrie, on n'est que trop disposé à confondre : il faut distinguer le *développement* du *perfectionnement*. Une industrie se perfectionne lorsque ses produits, pris isolément, atteignent le plus haut degré de beauté relative ; une industrie se développe lorsqu'elle fabrique une masse de produits de plus en plus considérable, quelle que soit d'ailleurs la qualité relative de ces produits.

Or il est avéré que le travail manuel est un travail lent et dispendieux ; de plus, c'est forcément un travail isolé, intermittent, et n'aboutissant qu'à une production restreinte ; tandis que le travail mécanique est prompt, économique, infatigable : c'est la production incessante et sans limites. Aussi le travail manuel est-il en quelque sorte l'enfance de la société en même temps que l'enfance de l'industrie. Il entraîne l'isolement des travailleurs, l'éparpillement de la fabrication, l'accroissement des dépenses; le travail mécanique devient, au contraire, une nécessité de l'accroissement de la population et des besoins sociaux. Il amène l'association, la centralisation des efforts, l'économie des déboursés, et par suite le bon marché des produits; il agglomère la fabrication et ne connaît de bornes à la production que celles qu'on veut lui imposer.

Nous devons donc nous attendre à voir la fabrication mécanique prendre une extension rapide à mesure que l'industrie se développera sur notre sol. Nous en avons à nos portes un frappant exemple, et nous sommes entraînés dans la voie que l'Angleterre a tracée.

Mais cet exemple aussi nous apprend le danger qui nous menacerait dans l'avenir. La puissance des machines, en remplaçant partout le travail manuel, rend inutile chaque jour un plus grand nombre de bras. Le développement industriel, dans sa rapide extension, dissimule d'abord ce dangereux résultat : chaque travailleur trouve encore une place dans ce cadre qui s'élargit chaque jour. Mais le moment arrive où la production atteint et dépasse toute consommation possible. Les produits s'accumulent sans issue, les capitaux s'épuisent, les salaires diminuent, et il faut encore entretenir à force de sacrifices cette fabrication exubérante, lui créer à tout prix des débouchés extérieurs ; sinon cette immense activité aboutirait fatalement à l'inaction complète des travailleurs et à une crise sociale.

Cette situation terrible qui pèse aujourd'hui de tout son poids sur l'Angleterre nous atteindrait dans un avenir rapproché, si nous ne pouvions la conjurer en réunissant dans une juste proportion la puissance mécanique au labeur manuel et l'emploi des ouvriers à l'exploitation des machines.

L'heureuse alliance de l'art et de l'industrie semble présenter cette combinaison désirée. La forme artistique exige nécessairement la main de l'ouvrier, soit pour le dessin primitif, soit pour l'exécution. Quelle que soit l'ingénieuse combinaison d'une machine, cette force inintelligente et brutale ne peut réaliser qu'un nombre limité de types. Machines à sculptures, machines à moulures, machines à estampes, etc., etc., ne remplaceront jamais le ciseau de l'artiste. Cette vulgarité de formes, cette inévitable roideur, qu'un moteur inanimé imprime nécessairement à ses œuvres, fatigue le regard et ne satisfait pas l'imagination. Pour les créations de l'art, il faut la main de l'artiste. Ce sont ces caprices d'exécution, ces fantaisies d'imagination, ces variétés sans nombre qui rompent l'uniformité sans altérer l'harmonie, et qui donnent aux productions un nouveau charme en leur imprimant un caractère d'élégante originalité.

Or, c'est en France surtout, sinon seulement en France, que l'instinct de l'art est généralement répandu. Les arts de la forme et du dessin ont pris droit de bourgeoisie dans nos produits; ils dominent par leur élégance et par leur goût; ils sont sans rivaux, grâce à ce charme que le talent imprime à ses productions. Bronzes, orfèvrerie, cristaux, tentures, etc., tout ce qui peut rentrer dans le domaine de l'art devient du nôtre, et nous appartient.

C'est dans cette voie qu'il faut persévérer. Alors notre ouvrier ne sera plus réduit, comme chez nos voisins, à lutter seulement de force et d'activité avec les moteurs mécaniques, et à succomber fatalement dans ce combat inégal. La carrière du travail intelligent, de l'adresse, de l'étude lui est ouverte, et la France peut assister au développement de son industrie, sans redouter l'invasion de ce paupérisme qui n'en est que trop souvent la déplorable conséquence.

D. Fabre d'Olivet.

BIJOUTERIE

ET JOAILLERIE FINE POUR L'EXPORTATION.

APPLICATION DES PROCÉDÉS DE DORURE ET D'ARGENTURE DE MM. DE RUOLZ ET ELKINGTON.

CH. CHRISTOFLE, RUE DE BONDY, 52.

Nous voici en face d'une industrie intéressante, soit par les valeurs considérables qu'elle met en œuvre, soit par les procédés qui sont venus tout récemment en étendre la sphère, et nous sommes heureux de rencontrer à la tête de ceux qui la représentent un de ces hommes qui, par leur capacité, sont l'une des gloires manufacturières du pays.

Il y a environ quinze ans, l'exportation de la bijouterie de luxe était annulée en France; l'uniformité monotone de modèles et l'ignorance complète du goût particulier à chaque nation justifiaient l'indifférence des étrangers pour ce genre de parure. De leur côté, les fabricants cherchaient peu à lutter contre cette indifférence, et l'exposition de 1834 n'offrait même aucun produit de joaillerie. Cette inertie était d'autant moins explicable, que s'il est une industrie qui convienne au génie français, c'est à coup sûr celle où le goût et l'élégance sont de première nécessité, et dans laquelle la main-d'œuvre joue un rôle si important. C'est là ce qui a arrêté longtemps l'essor de cette industrie. Mais un mal plus grand encore et plus difficile à réparer avait, en outre, contribué à nous fermer complétement les marchés américains. Depuis longtemps, le commerce des bijoux fins était perdu pour la France dans les deux Amériques; cette décadence avait eu pour cause première la déloyauté de quelques-uns de nos exportateurs dans ces contrées, fléau plus redoutable pour l'industrie nationale que la concurrence étrangère. Habiles à profiter de ce discrédit, les Anglais s'étaient emparés de la position, et elle leur était d'autant plus facile à défendre, qu'ils fabriquent leurs bijoux à un titre assez faible et par conséquent à très-bas prix.

Telle était la situation de la bijouterie fine quand M. Christofle conçut le projet de la régénérer. Bien que sorti d'une famille industrielle qui compte des noms honorables, M. Christofle est fils de ses œuvres. Avant de se trouver à la tête de la plus vaste fabrique de bijoux fins que la France ait encore possédée, il avait, au sortir du collége, porté quatre ans le tablier de l'apprenti et de l'ouvrier. Ce fut à vingt-quatre ans qu'il entreprit son œuvre de réhabilitation pour les produits de la joaillerie et de la bijouterie française.

Moins de dix ans après son début, M. Christofle soumettait au jury de l'exposition de 1839 les preuves d'une fabrication occupant plus de trois cents ouvriers, tant dans ses ateliers qu'au dehors, et donnant lieu à une exportation de plus de 2 millions par année. Devant un pareil résultat, le jury n'avait pas hésité à lui décerner une médaille d'or.

Pour arriver à une pareille prospérité en un si court délai, M. Christofle avait dû poursuivre à la fois des améliorations de tout genre. En ce qui concernait les dessins et les formes de sa fabrication, il ne suffisait pas de renouveler par un goût plus pur le choix des modèles et de créer à ses produits une valeur d'art indépendante de la matière. Ce progrès, si apprécié des consommateurs français, avait peu d'influence sur la clientèle étrangère. Le goût de ces contrées peut nous sembler original et même quelque peu bizarre : du moins, à coup sûr, diffère-t-il des exigences françaises. Mais pour l'exportant, c'était une loi sans appel dont il devait pénétrer les secrets et acquérir l'intelligence. M. Christofle le sentit et y réussit avec un rare bonheur.

Ce premier point obtenu, il importait de relever notre industrie par le côté même où elle avait été avilie, la loyauté, la confiance. C'est à cet égard surtout que M. Christofle s'est montré bon négociant ; il a compris que la probité, dans les transactions, est la première des habiletés.

Ainsi, malgré la modicité du prix de la fabrication anglaise, et par suite de la concurrence américaine, il a soutenu contre elles une guerre victorieuse avec des bijoux qu'il devait établir au titre de 750 millièmes, tandis que le titre des bijoux rivaux descend à 500 millièmes et plus bas encore. Cette différence d'un tiers en plus dans la valeur intrinsèque d'un produit livré cependant à un prix égal, ou même inférieur, met en relief mieux que nous ne pourrions le faire toute la perfection qui préside à la fabrication de M. Christofle. Dès 1839, grâce à sa persévérance, M. Christofle avait régénéré dans les deux Amériques le commerce de la bijouterie, et son succès n'était pas seulement l'œuvre d'un industriel habile ; il était l'acte d'un bon citoyen, puisqu'il rendait au commerce français un débouché qui semblait perdu sans retour.

Ce succès avait en outre favorablement réagi sur une industrie fort digne d'intérêt et qui se développait à l'ombre de la puissante initiative de son aînée. Le commerce des bijoux de cuivre doré prenait un essor prospère en empruntant ses formes élégantes aux modèles de bijouterie fine.

Tel était le degré de développement qu'avait atteint la bijouterie fine entre les mains de son principal représentant, dès l'époque de la dernière exposition, lorsqu'une découverte précieuse, un véritable événement scientifique vint donner un nouvel élan à l'activité de cet industriel ; l'art du doreur sur métaux était depuis longtemps l'objet de recherches et de tentatives infructueuses. Un double intérêt légitimait ces recherches, celui de l'industrie et celui de l'humanité ; les procédés de dorure par le mercure étaient si funestes à ceux qui les mettaient en œuvre, que la mort en enlevait un grand nombre chaque année. Cette mortalité éloignait de cette industrie tous les hommes d'intelligence, et ses œuvres portaient le cachet de cette double cause d'infériorité. Deux savants, l'un Français et l'autre Anglais, arrivèrent en même temps à transformer cette industrie d'une manière complète par l'emploi d'un agent tout nouveau, l'électricité. Mais tandis que les recherches de M. Elkington se bornaient plus spécialement à l'art du doreur, M. de Ruolz, parti d'un point de vue plus général et plus philosophique, résolvait le problème de l'application d'un métal quelconque en couche d'une épaisseur facultative sur la surface d'un autre métal.

Nous ne saurions indiquer, même par le plus léger aperçu, le nombre et l'importance des résultats auxquels peut donner lieu cette idée féconde. C'est dans le savant et lumineux rapport de M. Dumas à l'Académie des sciences (29 novembre 1841) qu'il faut aller puiser une juste opinion sur l'avenir de cette découverte. Mais ce qui la distingue des autres conquêtes de la science, c'est qu'elle est un bienfait pour toute une classe d'ouvriers, et qu'elle rachète chaque année la vie d'un grand nombre de travailleurs.

Nous nous bornerons à transcrire quelques lignes du savant rapporteur, tant pour édifier sur l'élégante simplicité de ces procédés nouveaux, que pour montrer combien sont peu fondées les craintes que les soutiens intéressés de l'ancien procédé affectent de répandre sur la solidité des applications métalliques obtenues à l'aide de la pile.

« L'argent, dit M. Dumas, se dore si aisément, si régulièrement et avec des couleurs si pures, qu'il est permis de croire qu'à l'avenir tout le vermeil s'obtiendra de la sorte. On varie à volonté l'épaisseur de la couche d'or, sa couleur même. On peut faire sur la même pièce des mélanges de mat et de poli. Enfin on dore avec une égale facilité les pièces à grande dimension, les pièces plates ou à relief, les pièces creuses ou gravées et les filaments les plus déliés. »

Quelles ressources pour l'art que cette variété d'aspects, de tons, d'épaisseurs pour une même couche étendue sur les diverses parties de l'objet à couvrir? Quelle garantie pour la pureté des formes, là où le vernis métallique ne doit pas en altérer le contour! Quelle certitude de solidité, là où les couches peuvent être superposées sans inconvénient! Laissons continuer le savant rapporteur :

« Tout ce qu'on vient de dire de l'argent, il faut le répéter du cuivre, du laiton, du bronze. Rien de plus aisé, de plus régulier que la dorure des objets de diverse nature que le commerce fabrique avec ces trois métaux. Tantôt l'or, appliqué en pellicules excessivement minces, constitue un simple vernis propre à garantir ces objets de l'oxydation ; tantôt appliqué en couches plus épaisses, il est destiné en outre à résister au frottement et à l'usage. Par un artifice très-simple, on peut varier l'épaisseur de la couche d'or, la laisser mince partout où l'action de l'air est seule à craindre, l'épaissir, au contraire, là où il importe d'empêcher les dégradations dues au frottement. La bijouterie tirera grand parti de ces moyens, mais la science y trouvera sa part d'avantages.... L'acier, le fer se dorent bien et solidement par cette méthode, qui n'a aucun rapport à cet égard avec les procédés si imparfaits de dorure sur fer ou sur acier....

« On peut dire des applications de l'argent tout ce que nous avons dit des applications d'or. L'argent peut s'appliquer sur l'or et sur le platine comme affaire de goût et d'ornement. Il s'applique très-bien aussi sur laiton, bronze et cuivre, de manière à remplacer le plaqué. On argente aussi aisément l'étain, le fer, l'acier. »

Après un ensemble de déclarations aussi expresses et confirmées par le témoignage de l'Académie des sciences, le procédé de M. de Ruolz se trouvait consacré comme l'une des belles découvertes de notre époque. Il ne lui manquait plus qu'une habile mise en œuvre et une réalisation entreprise sous la direction d'un praticien consommé. Cette dernière circonstance heureuse ne faillit pas à l'invention de M. de Ruolz; M. Christofle, frappé de l'avenir de ces idées, n'hésita pas à se charger de la mise en pratique de cette grande œuvre.

Les produits exposés par M. Christofle et ceux que tout Paris a vus depuis plus de deux ans, prouvent avec quelle persévérance cet industriel a résolu toutes les difficultés d'une fabrication en grand, basée sur des procédés purement théoriques. Mais c'est dans ses vastes ateliers, immense annexe de son principal établissement de joaillerie, qu'il faut voir le développement en même temps que l'élégante simplicité de cette industrie née d'hier et qui occupe déjà plus de cent ouvriers. Le temps n'est pas loin où les applications innombrables de cette belle découverte donneront à ces ateliers un essor bien autrement large. Quel que soit cet essor, nous ne craignons pas que M. Christofle soit inférieur à sa tâche.

CH. ROUGET.

FABRIQUE DE TOILES ET DE GAZES DE SOIE.

—

MM. A. COUDERC ET SOUCARET FILS,
A MONTAUBAN.

On sait que la bluterie de la farine est un tamisage qui a pour but d'en séparer le son et de diviser les produits suivant leurs diverses qualités et leur degré de finesse. Les tissus employés pour cette opération dans les grands établissements de minoterie sont des toiles et des gazes de soie qui exigent des conditions particulières. Le choix de la soie mise en œuvre, la finesse progressive des mailles, la résistance du tissu à l'éraillement, sont autant d'exigences toutes spéciales à cette fabrication. Jusqu'à ces dernières années, la ville de Zurich, en Suisse, était restée en possession presque exclusive du marché français, et alimentait toutes nos bluteries de ses tissus connus sous ce nom même de tissus de Zurich. La Hollande prenait aussi quelque part à cette importation ; mais c'était un article négligé par la fabrique française, bien que le développement de la mouture mécanique en eût fait un objet d'une importance véritable. C'était donc une heureuse idée, à la fois industrielle et nationale, que de nous affranchir de cette dépendance et de doter notre fabrication de cette variété si longtemps dédaignée.

MM. A. Couderc et Soucaret, de Montauban, entreprirent, en 1830, cette tâche spéciale, et déjà en 1839 ils occupaient quatre-vingts ouvriers. Le jury de cette exposition appréciait toute l'importance de leur fabrication, rendait une justice éclatante à leur ingénieuse persévérance, et, reconnaissant le service rendu au pays par l'installation de cette industrie nouvelle, il leur décernait une médaille d'argent.

Ces honorables récompenses ne furent reçues par les filateurs de Montauban qu'à titre d'encouragements, et depuis cette époque leur activité a pris un tel accroissement, qu'aujourd'hui cent soixante ouvriers ne leur suffisent plus. Leur clientèle n'est pas seulement locale ou restreinte aux besoins du Midi. C'est dans les grands établissements de mouture qui avoisinent la capitale qu'ils trouvent la presque totalité de leurs débouchés ; ils sont venus lutter sur son propre terrain avec la concurrence des dépôts de la fabrique étrangère.

L'examen attentif des produits de ces industriels et de leurs prix de vente a justifié à nos yeux la préférence désormais incontestable que leur accordent les consommateurs. MM. A. Couderc et Soucaret exposent un grand nombre d'échantillons de tissus offrant la série complète des numéros exigés par les divers genres de bluterie. Ces numéros indiquent le nombre de fils que présente soit la chaîne, soit la trame, dans une étendue linéaire de $0^{m}027$, ou un pouce. Les bas numéros, de 8 jusqu'à 40, c'est-à-dire de 8 à 40 fils au pouce, sont employés spécialement à la séparation et à l'épuration des sons. Ils ont remplacé avec avantage les canevas en fil dont on se servait, et qui n'offraient pas la même solidité que la gaze de soie. Les numéros intermédiaires entre 45 et 100 servent pour le blutage des gruaux. Les farines sont passées dans des tissus compris entre les numéros 105 et 210. Les numéros extrêmes de cette dernière série sont des plus remarquables par la ténuité, et, cependant, la régularité de leurs vides ; on pourra s'en rendre compte en calculant que le pouce carré du numéro 210 ne renferme pas moins de quarante-quatre mille ouvertures ; c'est de la plus fine toile mécanique, et cependant ces orifices imperceptibles blutent la farine avec une netteté parfaite. Les numéros 180 à 210 sont des produits spéciaux à MM. Couderc et Soucaret, qui les ont exécutés les premiers et qui ne croient pas avoir été suivis dans cette voie difficile.

Quant à la nature des tissus exhibés par ces exposants, on en distingue de trois sortes, des gazes, des toiles et des toiles-gazes. La toile de soie diffère de la gaze de soie, en ce que dans la première, qu'elle soit à un ou à deux fils en dent, les fils de la chaîne et de la trame demeurent simplement superposés, tandis que dans la gaze, qui a nécessairement deux fils en dent, il y a tortillement des fils de la chaîne d'un fil de la trame à l'autre, ce qui fixe cette dernière et rend en quelque sorte le tissu *inéraillable*.

Enfin, les toiles-gazes sont des tissus dans lesquels le tissu de la toile se trouve renforcé de distance en distance et à des intervalles égaux par deux fils en dent tortillés à l'instar de la gaze.

L'industrie dont MM. Couderc et Soucaret ont doté le pays nous a semblé mériter ces détails, tant à cause de sa nouveauté même, qu'en raison du mérite tout particulier des honorables fabricants qui l'ont nationalisée. Nous espérons que la bienveillance, déjà éprouvée, du jury sera pour eux une approbation plus utile et plus glorieuse que la nôtre ; mais à coup sûr, elle ne saurait être plus raisonnée et plus consciencieuse.

REVUE DE L'EXPOSITION.

MACHINES (fin). — PRODUITS CHIMIQUES.

C'EST à notre grand regret que nous sommes arrivé jusqu'à ce point de notre revue sans avoir dit un mot encore de cet inépuisable sujet d'étonnement et d'admiration qui, pendant deux mois, a si constamment captivé la foule, et qui lui donnait une si haute idée de la puissance mécanique. Les machines-outils ont eu un succès complet, à la fois d'intérêt et d'estime; c'était la première fois que le public voyait rassemblés sous ses yeux un arsenal aussi puissant et d'aussi gigantesques instruments; et l'ingénieur même, habitué au grand outillage des établissements de constructions, trouvait dans les galeries de l'exposition certains appareils nouveaux par leurs dimensions colossales ou par leurs combinaisons.

On peut dire, en effet, que l'outillage pour la construction des machines est né d'hier en France, et il ne pouvait en être autrement tant que nos constructeurs n'avaient pas une clientèle assurée et assez nombreuse pour leur représenter d'une manière certaine l'intérêt et l'amortissement des capitaux énormes enfouis dans la fabrication de ces vastes engins. Qu'on ne cherche point ailleurs la cause de la longue infériorité de notre mécanique comparée à la mécanique anglaise. L'Angleterre, qui est depuis tant d'années en possession de la fourniture presque exclusive des machines dans le monde entier, et qui d'ailleurs peut, comme consommateur, se suffire à elle-même, l'Angleterre a su diviser les plus petites fonctions et confier chacune d'elles à un outil spécial qui surpasse l'ouvrier sous le triple rapport de la vitesse, de la force et de la régularité. L'art de bien construire une machine consiste donc à pouvoir en construire beaucoup, et à répartir sur un grand nombre les frais énormes qu'il faut faire pour les premières. Si la machinerie française a été longtemps à pouvoir engager la lutte avec sa puissante rivale, c'est le peu de développement de notre industrie qu'il faut en accuser, et plus encore cet inévitable résultat de la force des choses, qui, en raison de notre infériorité évidente, nous faisait doter l'Angleterre de toutes nos commandes, sans réfléchir que ces commandes eussent suffi pour permettre à nos mécaniciens de se pourvoir d'outils et de faire aussi bien que les Anglais. Nous sommes enfin sortis de ce cercle vicieux qui menaçait de ne jamais s'ouvrir. Car à une confection meilleure, à une grande économie de force et de frottement, vient se joindre, pour les machines que produisent des ateliers bien outillés, une énorme différence dans les prix; le travail à la main ne peut soutenir la comparaison sous ce rapport non plus que sous les autres. Deux exemples permettront d'en juger. Qu'il s'agisse de polir et de dresser une plaque de fonte de 1 m. 70 c. sur 0 m. 20 c.: ce dressage, exécuté à la main, coûtait, il y a quelques années, 0 fr. 5 cent. par centimètre carré; mais comme l'intervention des moyens mécaniques a fait baisser ce prix à 0 fr. 1 c., un ouvrier demanderait 54 fr. pour faire ce travail que la machine à raboter exécutera au prix de 15 fr.

Il y a donc, et sous tous les rapports, une immense conquête pour le pays dans le fait désormais acquis de cet outillage qui nous promet pour tous les besoins de notre industrie de bonnes machines, bien construites, peu dispendieuses, en attendant qu'à notre tour nos constructions mécaniques soient appréciées au dehors et recherchées pour l'exportation. Ce moment est peut-être moins éloigné que nous ne le pensons, et il est déjà venu pour quelques spécialités, telles que les machines à filer le lin.

Il ne sera pas sans intérêt, à ce propos, de consigner dans cet inventaire de notre richesse industrielle le nombre et la puissance des machines dont nous disposons; nous entendons parler des machines à vapeur; la comparaison de cet élément vital de notre industrie à notre époque et à quelques époques antérieures offrira des rapprochements curieux et servira en même temps de jalons pour des déductions ultérieures. La forme synoptique des tableaux nous paraît devoir aider à l'intelligence des renseignements.

	1834	1839	1842
Nombre des machines d'origine française.	730	1,809	2,810
Id. des machines d'origine étrangère.	138	196	243
Id. total des machines sans distinction d'origine.	868	2,005	3,053
Force en chevaux de ces machines.	10,283	23,110	33,859
Id. *Id.*	2,816	4,094	5,150
Id. *Id.*	13,099	27,204	39,009

Le fait saillant qui ressort de l'examen de ce tableau, c'est que la fabrique étrangère fournissait à la France, en 1834, les dix-neuf centièmes de notre force motrice; que cette importation s'était déjà réduite à onze centièmes en 1839, et qu'elle est descendue à 0,08 en 1842.

Si l'on cherche à se rendre compte de la manière dont ces moteurs sont répartis entre nos divers départements, on trouve que cette répartition a lieu de la manière suivante sous le triple rapport :

	Du nombre des établissements.	Du nombre des machines.	De la force des machines.
Nord.	506	536	7,350
Loire.	145	290	6,317
Seine.	541	446	3,728
Seine-Inf.	341	305	3,199
Haut-Rhin.	86	101	2,068
Saône-et-L.	37	98	1,914
Rhône.	237	137	1,160
Gard.	314	93	965
72 autres départements	1,426	1,047	12,308
Totaux.	3,633	3,053	39,009

Le tableau précédent offre un nombre de machines inférieur au nombre d'établissements où il existe des moteurs ; cette anomalie apparente sera expliquée du moment où l'on saura que le total 3,633 renferme non-seulement les établissements où l'on fait usage de la force motrice de la vapeur, mais aussi de ses propriétés calorifiques ; ainsi, ces 3,633 usines possèdent, outre 3,053 machines, 5,911 chaudières dont 1,619 pour les emplois divers, et 4,292 à titre spécial de générateurs pour les machines.

A ce développement de puissance qui représente une population artificielle de plus de 800,000 hommes, il faut joindre 204 locomotives, dont 102 d'origine française et 102 d'origine étrangère, ainsi que 366 machines, d'une force totale de 12,168 chevaux, employées sur les bateaux à vapeur de navigation intérieure ou de grande navigation.

Un dernier point de vue, non moins intéressant que les précédents, consiste à connaître les industries qui font l'appel le plus énergique à la force motrice de la vapeur. C'est par un extrait de ce tableau que nous terminerons cet aperçu sommaire.

	Nombre des établissements.	Nombre des machines.	Force des machines.
Exploitations minérales.	149	438	9,760
Filatures.	1,034	695	8,675
Forges.	50	85	2,445
Fonderies.	88	125	2,275
Sucreries.	288	195	1,918
Minoteries.	95	99	1,335
Huileries.	87	82	1,099
Ateliers de machines.	112	127	1,045
Impressions sur étoffes.	171	95	917
Manufactures de drap.	96	82	838
Hauts fourneaux.	40	45	807
Scieries.	75	77	690
Élévation d'eau.	29	36	596
Teintureries.	142	59	539
Tissage.	63	56	506
Arsenaux de marine.	5	25	315
132 autres industries.	1,111	726	5,251
Transports sur terre, chemins de fer.	15	204	?
Transports sur eau, bateaux à vapeur.	257	366	12,168

On nous pardonnera ces détails numériques

peut-être un peu longs. Mais où eussent-ils été mieux placés que dans un monument élevé à l'industrie française de 1844? Et quel ample sujet de comparaison nous préparons à ceux qui viendront dresser un inventaire analogue en 1849! C'est alors qu'il sera facile et doux de constater l'influence de nos grands ateliers de construction sur la diffusion de ces précieux moteurs. Applaudissons donc aux efforts des grands mécaniciens qui nous ont soumis leurs puissants outils ; accordons, comme justice et comme encouragement, un souvenir aux absents. Que MM. Cavé, Hallette, l'habile constructeur d'Arras ; que le bel établissement d'Indret et quelques autres grands centres d'activité mécanique, ne se croient pas oubliés parce qu'ils se sont abstenus. Mais ensuite, hommage aux présents, à ceux qui sont venus sur la brèche conquérir, pièces en main, l'admiration publique. Les suffrages se sont partagés entre trois concurrents, et nous nous félicitons de n'avoir point à prononcer sur de pareils rivaux. MM. Decorter, Calla et Pihet peuvent marcher au premier rang de nos constructeurs. Les outils de M. Calla sont arrivés à des dimensions inconnues avant lui; l'une de ses machines à planer peut raboter des pièces de fonte ayant jusqu'à 15 m. de long sur 4 à 5 m. de largeur; une autre, plus petite, offre des dispositions analogues, à savoir un double outil que met en mouvement, sur chaque côté du bâtis, une double chaîne sans fin. Son tour à plateau, de 5 m. de diamètre, permet de tourner les plus grandes roues de locomotives; les combinaisons de mouvements du chariot qui porte l'outil sont aussi ingénieuses que l'exécution des pièces est accomplie. Nous ne pouvons citer qu'en passant sa machine à percer des trous de 0 m. 035 de diamètre dans des tôles épaisses de 0 m. 010, et sa machine à faire les mortaises. Son tour à fileter mériterait, à lui seul, une longue description par l'heureux agencement des combinaisons de mouvement et la facilité de changer à volonté les directions et les vitesses.

M. Auguste Pihet offre, de son côté, un immense tour parallèle sur lequel on peut tourner des arbres de 8 m., et d'un diamètre correspondant aux plus fortes machines; il expose aussi une machine à diviser les roues droites ou les roues d'angle des plus grandes dimensions, et une machine à tailler les têtes de boulons et les écrous.

Les machines-outils de M. Decortes ne méritent pas moins d'éloges que les machines à filer de cet habile constructeur. Il semble dans cette spécialité avoir eu pour objet de réunir pour chaque outil le plus grand nombre possible de fonctions; ainsi, son tour parallèle est disposé de manière à aléser l'intérieur des pièces creuses de révolution; il peut les tourner à l'extérieur; il peut les fileter avec la même facilité. Dans ces sortes de machines, il est difficile de rien trouver de nouveau; le progrès consiste dans d'heureuses combinaisons. La machine à raboter de cet exposant est à pièce fixe et à outil mobile; elle travaille donc à l'aller et au retour, sans perte de temps; l'intérieur de la machine est libre de manière à permettre d'introduire des pièces élevées entre les deux plateaux latéraux qui forment le bâtis de la machine; elle peut servir à planer les surfaces inclinées ou les surfaces circulaires; elle peut aussi rainer des arbres ou autres pièces cylindriques. La machine à tarauder les écrous sans refoulement de la matière, et la machine à mortaiser complètent le riche tribut de ce constructeur, en fait de machines-outils.

A un rang inférieur, mais avec un juste tribut d'éloges, il convient de citer MM. Bainée pour ses belles cisailles, Rouffet pour ses tours et machines à percer, la société anonyme des constructions mécaniques de Strasbourg, digne héritière de l'ancienne maison Rollé et Schwilgué.

Nous parlions tout à l'heure de la difficulté d'inventer quelque chose de nouveau en fait de machines-outils. Cette difficulté n'a pas arrêté MM. Schneider, du Creusot, qui ont exposé deux mécanismes fort neufs, et l'un d'eux surtout fort intéressant. Nous avons, dans notre rapide examen préliminaire, indiqué toute la portée de l'innovation introduite par ces industriels, et qui consiste à supprimer les roues, engrenages et autres transmissions de mouvement, pour appliquer directement la vapeur à l'outil, toutes les fois que la nature de celui-ci ou du travail le permet. Il n'est pas besoin d'insister sur cette idée pour faire comprendre quelle simplification on peut obtenir par ce seul moyen, combien de frottements, de pertes de forces disparaissent, et surtout quelle facilité l'ouvrier acquiert pour arrêter progressivement ou subitement la marche de l'outil.

Le marteau-pilon de MM. Schneider et leur machine à river, qui sont fondés tous deux sur le même principe, ont donc eu beaucoup de succès, excité beaucoup de curiosité. Ajoutons aussi beaucoup de prétentions rivales et de réclamations quant à la priorité. C'est le propre de toute idée originale. Il suffit donc de constater simplement le fait à titre d'éloges. Que ce soit, du reste, MM. Laurens et Thomas qui, les premiers, aient eu l'idée d'appliquer directement la vapeur aux marteaux de forge dans les usines de Clerval; que l'Anglais Nasmith se soit rencontré avec l'habile ingénieur du Creuzot, M. Bourdon, il n'en est pas moins certain que MM. Schneider n'ont été devancés par personne dans cet appel à la publicité, et qu'on ne saurait admettre des prétentions qui sont restées dans l'ombre.

Le marteau-pilon, qu'à cette heure tant de descriptions ont fait connaître, est une machine aussi curieuse par sa manœuvre que par la nouveauté de son principe. Un cylindre à simple effet donne entrée à la vapeur en dessous d'un piston, à la tige verticale duquel est inférieurement attaché un mouton du poids de 2,500 kilogrammes; on comprend que l'introduction de la vapeur soulève le piston, fait monter la tige et entraîne verticalement l'énorme masse, qui glisse entre deux coulisses formant les montants du bâtis sur lequel est fixé le cylindre; la réglementation de cette introduction de vapeur, à l'aide d'un jeu de tiroir que l'ouvrier manœuvre à la main, permet d'arriver à une précision inouïe de mouvement. La presse entière a cité avec admiration ces verres de montres placés sous le marteau et touchés par lui sans être pulvérisés; n'a-t-on pas fait aussi, par dérision, un casse-noisette de cet engin cyclopéen?

La machine à river les tôles consiste en un genou à l'articulation duquel s'attache la tige du piston; quand celui-ci monte, il force l'articulation à s'élever, et comme un des bras est fixe, l'autre s'étend de toute cette pression qu'il transmet à la tôle, qui est placée entre l'outil dont il est armé et un obstacle immobile; cette pression sert, soit à percer les têtes, soit à fixer les rivets.

L'espace nous manque pour pousser plus loin cette revue des machines et mécanismes sur lesquels il y aurait encore tant à dire, si long que nous en ayons déjà dit.

Terminerons-nous toutefois sans parler des outils et des appareils de sondage de ces deux grands émules dans l'art de forer les puits, MM. Degousée et Mulot? Les innombrables travaux du premier, qu'il expose en un énorme volume dont le dépouillement offrirait tant de faits curieux sur la géologie de l'Europe entière et de la France en particulier; les entreprises hardies du second, prêt à renouveler au jardin des Plantes, pour le service des serres, cette lutte dont il est sorti victorieux à l'abattoir de Grenelle, n'obtiendront-ils, ni les uns ni les autres, une simple mention? La belle tonnellerie mécanique de M. de Mannerville, qui, par ses procédés, économise 40 pour 100 sur la fabrication des tonneaux, affranchit les pays vignobles de la dépendance de cette classe d'ouvriers au moment difficile de la vendange, et introduit partout où elle pénètre la régularité des mesures variables au gré des tonneliers d'un canton à l'autre, devrons-nous la passer sous silence?

Disons du moins un mot de ce dessin, qui, à défaut de modèle, nous représente avec exactitude une machine excavateur, ou gigantesque fourchette en fer à plusieurs dents, destinée à attaquer le sol pour opérer les déblais sous l'impulsion d'une machine à vapeur qui la chasse en avant comme un bélier; les débris s'entassent au-dessous dans une caisse que la machine enlève et vide sur le côté, lorsqu'elle est pleine. Cette machine est puissante, et l'on comprend qu'elle fonctionne avec avantage dans les grands travaux publics aux États-Unis.

Les machines à travailler les argiles et à fabriquer les briques pèchent presque toutes par une complication, une cherté qui les rend difficilement applicables. Une de celles qui nous ont semblé le mieux échapper à ce reproche, malgré les détails d'une structure encore fort complexe, est la machine de M. Leteumier, de Paris. Cette machine broie la terre, la moule sous forme de brique, la jette sur une chaîne sans fin où elle est saupoudrée de sable, et la transporte au tas; une pareille machine à double effet, c'est-à-dire à chaîne double, produit 5,000 briques à l'heure. La machine de M. de Manoury nous semble, malgré l'assertion de l'inventeur, d'un débit moins prompt; mais peut-être la fabrication est-elle supérieure.

Une très-simple machine pour le moulage des tuiles, exposée par M. Apparuti, de la Côte-d'Or, nous a semblé très-convenable pour le but qu'il s'agit d'atteindre.

Notre dernier coup d'œil jeté sur les machines sera consacré à la grue-balance George, qui a pour but de lever sur les ports, sur les docks, sur les chantiers, les grands fardeaux et d'en indiquer en même temps le poids exact par une seule opération. Le principe de cet ingénieux appareil consiste dans la transmission du poids de la grue ainsi chargée au plateau d'une romaine où sont placés les contre-poids nécessaires à l'équilibre.

Hâtons-nous de nous dérober à la tentation d'un plus long séjour au milieu de tant d'objets décrits à peine ou laissés dans un regrettable oubli, et abordons l'examen des produits chimiques.

La France est, on le sait, le pays classique de la fabrication des produits chimiques. Elle a dans ce genre d'industrie une incontestable supériorité. C'est une des conquêtes dont elle est redevable à ces temps d'enthousiasme et de nécessités pressantes où le pouvoir, la mort d'une main, la gloire de l'autre, faisait au génie un redoutable appel. A cette sommation suprême, la science se faisait révolutionnaire, et des hauteurs de la théorie elle descendait pour devenir utile et pratique. Berthollet, Chaptal, Leblanc, d'Arcet, Guyton-Morveau et tant d'autres créaient les arts chimiques, analysaient les produits et les matières premières, perfectionnaient ou découvraient les procédés. La république perdait-elle, à chaque guerre avec un nouvel ennemi, la source commerciale d'un produit indispensable, elle le déclarait à ses chimistes, et ceux-ci, creusant plus à fond dans les richesses indigènes, ne tardaient pas à y trouver ou le produit lui-même ou le moyen de s'en passer. C'est de cette époque que date cette heureuse et rare union de la science avec l'atelier; de ce moment, aucune création ne resta mystérieuse, aucun fait ne put se soustraire à l'analyse, à la critique, au progrès; les mille secrets dont chaque fabrique était jalouse s'évanouirent au grand jour de la raison, et l'unité de la science fut constituée en même temps que l'unité nationale.

Ce caractère précieux est resté le signe distinctif de nos chimistes industriels. A la fois savants et praticiens, ils ont introduit dans la manutention ouvrière la même précision de coup d'œil et la même déduction rationnelle qui les guident dans le laboratoire. Ils donnent ainsi à leurs produits la garantie d'une fabrication savante, tout en leur conservant leur mérite commercial.

Au premier rang de ces théoriciens industriels marche M. Ballard, le savant professeur de la Sorbonne, que Paris a su enlever à Montpellier. On se souvient que c'est à M. Ballard qu'est due la découverte du brôme, ainsi que l'histoire de ce corps et de ses composés; en continuant ses curieuses investigations sur les eaux-mères des salines, M. Ballard en a extrait du sulfate de magnésie applicable aux usages médicaux et des sels de potasse fort utiles à la verrerie.

MM. Houzeau et Velly, de Reims, ont porté leur activité sur une autre classe de produits; les matières animales et particulièrement la fabrication des sels ammoniacaux constituent leur spécialité; on n'a point oublié l'éminent service rendu par ces industriels à la ville de Reims, à l'aide d'un de ces tours de force que l'on appellerait volontiers, sans le ridicule de l'expression, un vrai prodige de la chimie; les nombreux lavoirs de laine et les autres fabriques de la ville lançaient chaque jour une quantité considérable de liquides gras et savonneux, dont le séjour permanent engendrait des miasmes infects, et nuisait à la salubrité de la ville. MM. Houzeau-Muiron surent utiliser ces eaux, soit en extrayant un gaz d'éclairage des matières grasses qu'elles charriaient, soit en les saponifiant à l'aide de la potasse. Ils continuent avec succès la distillation des matières animales.

M. Leroux, de Vitry, expose un alcali végétal qu'il a, le premier, extrait de l'écorce du saule; ce principe, qu'il désigne sous le nom de *salicine*, offre la propriété précieuse de pouvoir, comme produit indigène, remplacer le sulfate de quinine dans le traitement des affections fiévreuses. Cette utilisation des ressources propres à la France se retrouve aussi dans la fabrication de M. Simonin, à Nancy. Grâce à cet industriel et à M. Janvier, du Mans, nous nous trouvons affranchis de la dépendance de l'Angleterre pour les produits magnésiens; l'exploitation de la dolomie nous livre celle qui est réclamée par les besoins de la médecine.

Outre cette exploitation, le département de la Meurthe donne lieu à la création d'une richesse immense qui peut à peine figurer ici à titre de produit chimique, en raison de son importance; à savoir, le sel marin livré par la grande saline de Dieuze. Ce rameau principal de l'ancienne compagnie des salines de l'Est produit à lui seul environ les trois cinquièmes de la quantité totale de sel livré à la consommation par les mines salifères et les sources salées du pays; cette production de Dieuze s'est élevée, en 1842, à 292,000 quintaux métriques de sel. A cette fabrication principale sont jointes, comme annexes, la fabrication des sels de soude et du chlorure de chaux.

Les mêmes produits sont fabriqués avec un grand développement industriel par MM. Cartier, de Nantes, qui les obtiennent à titre de résultats de la préparation en grand des acides sulfurique, chlorhydrique et azotique. Le jury de 1839 avait déjà reconnu l'importance de cette maison, qui possède une succursale à Paris, et avait en particulier signalé ses efforts pour obtenir le nitrate de potasse de toutes pièces.

Le lactucarium est un produit extrait de la grande laitue, et qui semble pouvoir être employé avec succès comme succédané de l'opium. M. Auberger a donc rendu un vrai service par cette préparation ; mais pour remplir son but, il faudrait qu'elle pût être livrée à un prix moins élevé.

L'Alsace joue un rôle important dans l'exposition des produits chimiques ; il n'en pouvait être autrement d'après la connexion de cette industrie avec celles qui caractérisent plus particulièrement l'activité alsacienne, les teintureries et les impressions d'étoffes. Le Bas-Rhin renferme la plus vaste de toutes les fabriques françaises, celle de Bouxwiller ; c'est là qu'il se produit annuellement 8.000 quintaux métriques d'alun, une pareille masse de sulfate de fer, sans compter d'autres matières des plus importantes, telles que le prussiate de potasse. Près de Strasbourg, une usine créée il y a peu d'années par M. Maire livre au commerce d'excellents acétates et des produits tinctoriaux. Enfin, dans le Haut-Rhin, la fabrique de M. Kestner, véritable ville annexe de celle de Thann, alimente l'importante consommation de ce département industrieux.

La fabrication des produits chimiques a peut-être à Paris un caractère plus scientifique. Quelques maisons, du moins, offrent d'une manière complète ce mélange de science et de commerce dont nous parlions en commençant cet article. La première place dans cette honorable spécialité appartient sans conteste à l'ancienne maison Robiquet, actuellement connue sous la raison Boyveau et Pelletier ; cette importante fabrique, habilement dirigée par M. Veyron, semble avoir pris pour objet de lancer dans la circulation et de rendre abordables, soit aux travaux journaliers des chimistes, soit aux recherches pratiques de l'industrie, tous les produits nouveaux que la haute science découvre ou dont la préparation est encore difficile et peu connue. C'est ainsi qu'ils ont exposé des cristaux d'alizarine, matière pure de la garance ; de l'acide phosphorique neigeux, ce produit si avide d'eau et qui, livré aux prix modérés que ces fabricants ont atteints, pourrait être employé dans plusieurs opérations industrielles, comme réactif déshydratant ; nous signalerons encore leur chlorure de chrome et leurs beaux cristaux d'acide chromique.

Au même rang marche la fabrique de MM. Berthemot et Ponsar, héritiers de l'un des inventeurs du sulfate de quinine, M. Joseph Pelletier, qu'une médaille d'or récompensa, en 1839, de cette belle découverte.

La maison Payen et Buran, si anciennement connue, n'a rien perdu de son activité et de son importance en passant aux mains de M. Couput. Réunissant deux établissements, elle fabrique dans l'un, à Vaugirard, les matières colorantes qu'elle livre à la teinture ; dans l'établissement de Grenelle se continuent la fabrication du borax et la production des matières ammoniacales ; on y poursuit en ce moment la solution d'un intéressant problème, qui consiste à préparer le prussiate de potasse en puisant l'azote du cyanogène dans l'air atmosphérique.

Les travaux si connus de l'ancienne maison Buran pour la désinfection des matières fécales et la transformation de la barbare industrie des vidanges nous amènent tout naturellement à parler de MM. Krafft et de leurs intéressantes recherches sur la fabrication d'un charbon désinfectant extrait par la distillation des matières infectes elles-mêmes. Mais qu'en pourrions-nous dire que n'ait mieux et plus complétement développé la plume élégante du savant qui a envisagé dans ce même recueil cette découverte au point de vue de l'intérêt agricole? Bornons-nous donc à faire avec lui des vœux sincères pour que les engagements de la municipalité de Paris lui permettent bientôt d'aborder de front cette heureuse solution d'un des problèmes qui importent le plus à la salubrité publique.

MM. Delacretaz se sont livrés à une double fabrication ; dans leur maison de Grâville (Seine-Inférieure), ils obtiennent les produits du chrome, les verts de chromes, les chromates rouge et jaune de potasse, en traitant directement les matières que l'importation leur livre sur place ; ils sont arrivés à un haut degré de perfection dans ce genre de produits ; leur fabrique de Vaugirard, anciennement connue sous la raison Ador et Bonnaire, est consacrée en outre à la préparation de l'acide stéarique et des divers produits du suif saponifié.

On remarquait à l'exposition de magnifiques cristallisations de prussiate rouge de potasse obtenues par M. Delondre ; cet industriel distingué s'est voué avec un grand succès à la préparation des cyanures.

Les successeurs de M. Bréant, MM. Dumoutis et Cie, sont restés en possession de leur ancienne supériorité pour le travail du platine. Il est difficile de voir une plus belle pièce que l'appareil distillatoire d'un seul morceau et de la capacité de 200 litres, qui figurait sous leur nom.

Les peintres connaissent le mérite spécial de M. Durozier dans la préparation des huiles essentielles; nous n'insisterons donc pas sur l'habileté reconnue de ce chimiste, qui a su obtenir par la distillation de la cire la meilleure de toutes les huiles siccatives, le vernis le plus consistant.

La grande fabrique de Javel, près Paris, est certainement l'une des plus importantes de France pour la fabrication des acides sulfurique et chlorhydrique. Vingt chambres de plomb y sont établies pour la préparation du premier de ces acides, dont la distillation se fait dans de vastes appareils de platine. Cette fabrique a joui d'un renom populaire par la préparation du chlorure encore désigné aujourd'hui sous le nom d'eau de javel; elle a, d'ailleurs, d'autres faits intéressants à inscrire dans ses fastes historiques; fondée en 1776, c'est elle qui fit les frais des essais tentés par Montgolfier pour l'ascension des ballons, et le ballon qui s'éleva de l'enceinte de Javel, aux applaudissements de toute la cour de Louis XVI, fut le même qui, plus tard, rendit de si éminents services à la bataille républicaine de Fleurus. Cette fabrique est aujourd'hui habilement dirigée par M. Fouché-Lepelletier.

A Choisy-le-Roi, une autre fabrique moins ancienne et moins riche en souvenirs, est digne toutefois d'un haut intérêt. Nous voulons parler de l'établissement fondé par M. Bobée et actuellement dirigé par M. Lemire. C'est là qu'a pris naissance l'industrie de la distillation du bois et de tous les produits qui s'y rattachent. Outre l'acide acétique, l'esprit de bois et les pyrolignites, on y prépare les acétates employés en peinture et ceux qui servent à la fabrication des sels de cuivre et de plomb.

L'exploitation exclusive d'un gisement de cobalt situé en France assure au savant chimiste, M. Gaultier de Claubry, le monopole des composés de ce métal que l'industrie emploie.

M. Guillemette, voué plus particulièrement aux alcalis organiques, a exposé de magnifiques cristaux de codéine, ce produit qui, dit-on, jouit des facultés calmantes de l'opium, sans partager ses dangereuses propriétés. C'est aussi dans l'exposition de ce chimiste que nous croyons avoir remarqué la narcéine, la morphine avec plusieurs de ses sels, et un flacon d'acide opianique.

La fabrique de M. Roard, de Clichy, livre toujours au commerce une quantité considérable de céruse que nous étions obligés d'aller demander naguère à la Hollande; mais on doit regretter que le mode de préparation suivi à l'usine de Clichy ne puisse donner un produit égal en beauté à la céruse obtenue par le procédé hollandais. Il est impossible de parler de ce produit et de sa préparation sans que l'esprit soit aussitôt tristement frappé du sort des ouvriers qui s'y livrent et des cruelles maladies qui les déciment. Quelle que soit l'utilité d'un produit de ce genre, on se demande au fond de la conscience si le devoir de la société ne serait pas d'interdire une industrie qui ne peut s'exercer qu'au prix de la vie des hommes, et qui n'accorde pas dix années d'existence moyenne aux malheureux que la nécessité y condamne. C'est sous l'empire de ces préoccupations qu'on avait accueilli avec bonheur les essais d'un homme déjà illustré par sa lutte victorieuse contre une autre industrie meurtrière. Après avoir triomphé par ses beaux procédés électriques de la barbare et antique dorure au mercure, M. de Ruolz s'était attaqué au plomb et avait annoncé la découverte d'une matière propre à remplacer la céruse. C'était l'oxyde d'antimoine obtenu par l'action de la vapeur d'eau sur le sulfure d'antimoine, substance fort commune en France. MM. Rousseau et Bobierre s'étaient associés à ces intéressants essais. Malheureusement il paraît que, soit pour la préparation en grand, soit pour l'usage quotidien de cette matière, il se présente des difficultés énormes, pour ne pas dire des impossibilités. La lice reste donc ouverte, et le prix attend le vainqueur; mais qu'il se hâte; car chaque année la céruse et les préparations de plomb font de nouvelles victimes.

M. Mulot a exposé des gelées odorantes qui conservent parfaitement l'arome des essences qui les ont fournies. Si leur goût a la même finesse, ce sera une précieuse acquisition pour les préparations culinaires, et surtout pour les provisions des voyageurs.

Terminons cette revue par l'éloge mérité de la fabrique de M. Ménier. Outre les produits qu'il y prépare, M. Ménier a une incontestable supériorité dans une branche qu'il a montée avec une sagacité extrême, nous voulons parler de la pulvérisation des matières chimiques et pharmaceutiques. Pour peu qu'on y réfléchisse, on comprendra toute l'importance de cette division poussée à un haut degré de perfection, tant pour les réactions de la chimie que pour les préparations de la médecine ou les usages des arts.

E. Lamulonière.

IV. POTERIES ET VERRERIES.

1° TERRES CUITES.

Aisne. LEGER, à *Laval*.—Formes à sucre, briques, pierres, poteries.

Charente. DUSSOUCHET, à *Pranzac*. — Briques réfractaires.

Indre-et-Loire. DE BOISSIMON et Cie, à *Langeais*. — Vases de jardin en terre cuite, ornements divers, briques réfractaires.

Loiret. GASPARD-GILBERT, à *Orléans*. — Creusets et formes à sucre.

Morbihan. GILLET, à *Kernevel*. — Brique réfractaire.

Rhin (Haut-). REICHENECKER, à *Ollwiller*. — Tuyaux divers.

Seine. BERTEAU, à *Paris*. — Poteries communes pour ménage.

Id. BEX (veuve), à *Paris*. — Stuc, ciment anglais, terre cuite et mosaïque.

Id. DEMONT, au *Petit-Montrouge*. — Terre cuite imitant la pierre et fontaine fabriquée avec cette matière.

Id. FOLLET, à *Paris*.— Lustres, vases et objets de diverses formes en terre cuite.

Id. FONROUGE, à *Paris*.—Tuyaux de différents systèmes et autres objets en terre cuite pour le bâtiment. M. H. 1839.

Id. GOSSIN, à *Paris*. — Sculptures en terre cuite.

Id. GUENAUT, à *Paris*. — Poterie pour bâtiments et jardins.

Id. HACHETTE, à *Paris*. — Panneaux en lave émaillée.

Id. PATINOT et Cie, à *Paris*.—Tuyaux en terre cuite.

Id. ROUDIER, à *Vaugirard*. — Briques et boisseaux, caniveaux, chaperons. (B) 1823. 1827, 1834 et 1839, à Gourlier, prédécesseur.

Id. TESSON, à *Paris*. — Creusets réfractaires, fourneaux de chimie, cornues, capsules, moules de grande dimension pour les cuissons de fonds durs. M. H. 1839.

Vosges. POIRSON, à *Mirecourt* — Tuiles.

Id. MAUDRU, à *Adompt*. — Tuiles.

2° FAÏENCES ET PORCELAINES.

Aisne. DE SINCENY et GUYON, à *Sinceny*, près Chauny. — Assiettes, soupières, vases divers en faïence.

Aube. PAVÉE DE VENDEUVRE (baron de), à *Vendeuvre* — Corbeilles en faïence, tissu à jour imitant la dentelle.

Calvados. LECAVELIER LANGLOIS (veuve), à *Bayeux*. — Cuvettes, cornues, creusets, mortiers, capsules, pots, vases, cafetières, objets divers en porcelaine dure.

Id. LANGLOIS (Frédéric) et Cie, à *Isigny*. — Articles en porcelaine dure dite grès.

Cher. PÉTRY et RONSSE, à *Vierzon*.— Service de table et de dessert, vases et cabarets en porcelaine, échantillons divers en décors et peinture.

Finistère. DUVAL (Augustin), à *Morlaix*. — Pipes de formes différentes.

Garonne (H.-). FOUQUE-ARNOUX et Cie, à *Saint-Gaudens*. —Porcelaines, poterie, asphalte des Pyrénées. (B) 1823, (A) 1834, R. (A) 1839.

Gironde. JOHNSTON (David) et Cie, à *Bordeaux*. —, Poteries fines, grès, mi-porcelaine et porcelaine tendre.

Jura. BARRÉ-RUSSIN, à *Orchamps*. — Porcelaine hygiocérame. (B) 1839.

Loiret. GUYON DE BOULEN et Cie, à *Gien*. — Porcelaine opaque, faïence blanche fine.

Morbihan. BRUYÈRE, au *Roha*. — Plats, cruches, casseroles en poterie et faïence.

Moselle. UTZSCHNEIDER et Cie, à *Sarreguemines*. — Poterie fine. (O) 1801, (O) 1802, (O) 1806, (O) 1819, R. (O) 1823, 1827, 1834 et 1839.

Nièvre. NEPPEL fils et BONNOT, à *Nevers*. — Services de table, pièces d'ornements en porcelaine, briques et creusets réfractaires. M. H. 1806, à Neppel père.

Id. PITTIÉ jeune, à *Nevers*. — Soupière, pots, assiettes, objets divers en faïence et en terre brune.

Id. SENLY père, à *Nevers*. — Vases, assiettes, objets divers en faïence.

Oise. LEBEUF et MILLIET, à *Creil*.— Porcelaines opaques. (O) 1834, à Lebeuf et Thibaut; R. (O) 1839, à Lebeuf.

Rhône. DECAEN frères, à *Arboras*. — Porcelaines et faïences. (A) 1839.

Seine. ANDRÉ (Louis) et Cie, à *Paris*.—Porcelaines blanches et décorées.

Id. BINET, à *Paris*. — Poteries. (B) 1839.

Id. BOUGON et CHALOT, à *Paris*. — Porcelaines, service de table, vases guillochés, coupe, diverses autres pièces. (A) 1834, à Chalot.

Id. CHATAIGNET, à *Paris*. — Fleurs, panier en porcelaine.

Id. CLAUSS, à *Paris*.—Porcelaine. M. H. 1839.

Id. CORBIN, à *Paris*. — Assiettes, porcelaine à fleurs et à filets en or double et porcelaine ornée de filets en or pur et en couleur.

Id. DESFOSSÉ frères, à *Paris*. — Porcelaine et poterie décorées. M. H. 1839.

Id. DISCRY, à *Paris*. — Porcelaines coloriées au grand feu par immersion. (O) 1839.

Id. GALLIER, à *Paris*. — Porcelaines, assiettes montées, flacons, tasses, etc.

Id. GILLE, à *Paris*. — Chambranle de cheminée, groupe, bas-relief, statues, panneaux, vases en porcelaine décorée. M. H. 1834.

Id. HALOT père et fils, à *Paris*. — Porcelaine en relief, peintures chinoises, vases, tasses, cabarets en porcelaine blanche. (B) 1839.

Id JANNIN, à *Fontenay-aux-Roses*. — Porcelaines.

Id. LAROCHE, à *Paris*. — Porcelaines et cristaux.

Id. LANGLOIS et Cie, à *Paris*. — Porcelaine en hygrocérame, casseroles, plats, grès cérames, capsules, cucurbites, creusets, tubes, etc.

Id. LAUNAY-HAUTAIN et Cie, à *Paris*. — Surtouts de dessert, vases, étagères, verres d'eau, flacons, etc., lustres, lanternes, candélabres.

Id. MICHEL et VALIN, à *Paris*. — Vases, pendules, service de thé, statuettes, objets divers en porcelaine. (B) 1837.

Id. PERRENOT-GONORD, à *Paris*. — Plaques, assiettes, tasses, cabaret, porte-cigares en porcelaine. (B) 1806, (O) 1819, à Gonord; R. (O) 1823, à veuve Gonord.

Id. PICHENOT, à *Paris*. — Faïence appliquée aux poêles, cheminées, etc.

Id. ROUSSEAU, à *Paris*. — Assiettes, vases, cabarets en porcelaine décorée. (A) 1839.

Id. DE TALMOURS et HURET, à *Paris*. — Services de table, vases, cabarets et objets de fantaisie en porcelaine. (O) 1839. Discry et de Talmours.

Id. TINET, à *Paris*.—Vases, cabarets et service de table en porcelaine.

Id. VION, à *Paris*. —Vases, thés et déjeuners, tête-à-tête, décors sur assiettes et autres objets. M. H. 1839.

Seine-et-Marne. DU TREMBLAY, à *Rubelles*. — Carrelage, cheminées, poêles et cadres de glaces en porcelaine et en faïence.

Id. GARRY, aux *Fourneaux*. — Soupières, casseroles, etc., en faïence.

Id. LEBEUF-MILLIET et Cie, à *Montereau*. — Services de table, toilettes, cabarets, etc., etc., en porcelaine et faïence. (O) 1834, R. (O) 1839.

Seine-Infér. COURTOIS, à *Forges-les-Eaux*. — Pipes. C. F. 1839.

Id. LAMBERT, à *Rouen*. — Poterie d'ornement et un vase en poterie peinte.

Vienne (H.-) ALLUAUD aîné, à *Limoges*.—Corbeilles, assiettes, plats, services en porcelaine.

Id. MICHEL et VALIN, à *Limoges*. — Pendules, vases, statuettes, flacons en porcelaine.

Id. RUAUD, à *Limoges*. — Carafes, objets en porcelaine.

3° POTERIES DE GRÈS.

Finistère. J. et A. DELAHUBAUDIÈRE, à *Quimper*. — Grès et poteries.

Garonne (H.-) DECOMPS, GALLI et PETIT, à *Bouloc*. — Consoles, chapiteaux, rosaces et autres ornements en grès.

Id. VIREBENT frères, à *Toulouse*. — Vases, ornements d'architecture et objets divers en grès et argile. (B) 1834 et 1839.

Oise. MANSARD, à *Voisinlieu*.—Coupes, bénitier, vases divers, poterie en grès émaillé

Seine. LELEU, à *Paris*. — Grès émaillé.

Id. SALMON, à *Paris*. — Pièces de poterie de grès fin.

Seine-et-Marne. BADON et Cie, aux *Basses-Loges*. — Pavés de grès friable et briques.

Id. MARMET, à *Courbeton*. — Poterie de grès, cruches, cafetières, bouteilles, etc.

4° ÉMAUX ET DÉCORS SUR PORCELAINE.

Seine. CHAPELLE-MAILLARD, à *Paris* — Décors sur cristaux et porcelaines, une pendule, deux candélabres.

Id. GINESTON, à *Paris*. — Émaux.

Id. JULLIENNE, à *Paris*. — Décors sur porcelaine façon vieux.

Id. LEBOURG, à *Paris*. — Fleurs et peintures sur porcelaines.

Id. LIÉVAUX, à *Paris*. — Application d'émail sur albâtre, sur marbre blanc et sur velours.

Id. MAYER et Cie, à *Paris*. — Pots chinois, étrusques, en porcelaine émaillée.

Id. PARIS, à *Bercy*. — Émaux sur or, argent, platine, maillechort, cuivre, fer.

5° GLACES.

Aisne. MANUFACTURE ROYALE DES GLACES DE SAINT-GOBAIN.— Glaces, produits chimiques. (O) 1806, 1819, 1823, 1827, 1834 et 1839.

Loire. HUTTER et Cie, à *Rive-de-Gier*. — Glaces minces, étamées et non étamées, bouteilles, tuyaux en verre. (B) 1834, (A) 1839.

Meurthe. COMPAGNIE DES MANUFACTURES DE GLACES ET DE VERRES DE SAINT-QUIRIN, CIREY et MONTHERMÉ. — Glaces. (A) 1819, 1823 et 1827, (O) 1834 et 1839.

Seine. BOURBOUZE, à *Paris*. — Miroirs paraboliques.

Id. FAUH, à *Paris*. — Glaces gothiques, cheminée en glaces.

Id. GARNEREY, à *Paris*. — Miroir sculpté, chambranle de porte, lampe en carton pierre. M. H. 1823.

Id. MARINET, à *Paris*. — Glaces.

Id. RADIGUET, à *Paris*. — Glaces et verres de couleur.

Id. SAINT-QUIRIN, CIREY et MONTHERMÉ (compagnie des manufactures de glaces et verres de), à *Paris*. — Glaces. (A) 1819, 1823, 1827, (O) 1834, 1839.

6° VERRES ET CRISTAUX.

Aisne. DE POILLY, à *Folembray*. — Bouteilles, cloches à jardin. (B) 1839.

Id. DE VIOLAINE frères, à *Vauxrot*, près Soissons. — Bouteilles, cloches à jardin. (B) 1817, R. (B) 1834, (A) 1839.

Id. VAN LEEMPOEL, DE COLNET et Cie, à *Quiquengrogne*, près La Capelle. — Bouteilles. M. H. 1834 et 1839.

Id. WILLIOT-LHEUREUX, à *Landouzy-la-Ville*. — Flacons de verre garnis en osier.

Aveyron. ROULLIER, à *Rive-de-Lot*. — Verre à vitres.

Bouches-du-R. ROZAN père et fils, à *Marseille*. — Carafes, bouteilles, verres. (B) 1839.

Isère. JOHANNOT, à *Vienne*. — Bonbonnes, bouteilles et carafes. — Verrerie.

Jura. LAMY et LACROIX, à *Morez*. — Montures, verres de lunettes, mesures métriques en cuivre et maillechort, pendules portatives, tournebroches à ressort.

Loire-Infér. BERTRAND et FEYDEAU, à *Nantes*. — Vases de verre et de grès pour conserves. (B) 1834, à Leydit. (A) 1839.

Maine-et-Loire. PINEAU et Cie, à *Saumur*. — Bouteilles de vin champanisé.

Id. LESOURD-DELISLE, à *Angers*. — Bouteilles de vin champanisé.

Meurthe. COMPAGNIE DES CRISTALLERIES DE BACCARAT. — Cristaux unis et taillés, cristaux ouvragés, cristaux moulés, cristaux coloriés, cristaux doubles. (O) 1823, R. (O) 1827, 1834 et 1839.

Id. KLINGLIN (le baron de), à *Wallerysthal*. — Verre ordinaire, cristaux blancs et coloriés. (O) 1839.

Moselle. BURGUN, VALTER, BERGERET et Cie, à *Goetzenbruck*. — Verres de montres et de pendules.

Id. COMPAGNIE DES VERRERIES DE SAINT-LOUIS. — Cristaux divers. (O) 1834, R. (O) 1839.

Nièvre. ROCHE, à *Nevers*. — Vitrerie pour châssis et pour serres.

Nord. VARANGUIN DE VILLEPIN, à *Masnières*. — Bouteilles. M. H. 1839.

Rhône. BILLAS-MAUMENÉ et Cie, à *la Guillotière*. Cristaux.

Seine. BERGER-WALTER, à *Paris*. — Boutons de portes, de commodes, etc., en cristal.

Id. BEYERLÉ, à *Paris*. — Verres d'optique à surface de cylindre.

Id. BONTEMPS, LEMOYNE et Cie, à *Choisy-le-Roi*. — Verre, cristaux, vitraux, flint-glass. (O) 1839.

Id. CASADAVENT, à *Sèvres*. — Bouteilles de diverses natures et formes.

Id. CHAMBLANT, à *Épinay*. — Articles en verre pour les laboratoires de chimie, les pharmaciens, parfumeurs; services de table, verroterie, tubes, etc.; nouveaux appareils pour la fabrication des produits chimiques, cristaux de couleur, objets de fantaisie.

Id. CHRITEN, à *Belleville*. — Blocs de verre de couleur et d'émail, creusets émaillés ou non émaillés, fourneaux.

Id. CORDEBANT, à *Paris*. — Objets d'ornementation en cristal.

Id. ENAUX frères, à *Paris*. — Presse et moules à cristaux.

Id. GOSSE, à *Paris*. — Etiquettes vitrifiées sur verre, porcelaine pour pharmacie.

Id. GRÉER, à *Paris*. — Perles fausses. M. H. 1839.

Id. GUINAND, à *Paris*. — Disques en flint et crown-glass. (A) 1834, (O) 1839.

Id. GUIRAUD, à *Paris*. — Flacons, bouteilles à champagne et autres liquides gazeux, fers à faire les goulots et siphons, modèles divers.

Id. HALBERG, à *Paris*. — Perles et articles confectionnés. C. F. 1839.

Id. JACQUEL, à *Paris*. — Objets de fantaisie en cristal.

Id. MAES, à *Clichy-la-Garenne*. — Cristaux variés. B. F. 1839, à Rouyer et Maës.

Id. NOCUS, à *Saint-Mandé*. — Cristaux, émaux, flint-glass.

Id. ROUX, à *Paris*. — Loupes-bocal-lentilles.

Id. TRUCHY, à *Paris*. — Perles fausses. (B) 1839.

Vendée. SOCIÉTÉ ANONYME DES HOUILLÈRES ET VERRERIES DE LA VENDÉE. — Bouteilles, litres.

V. INSTRUMENTS DE MUSIQUE ET DE PRÉCISION.

1° HORLOGERIE.

a. Horlogerie proprement dite.

Charente-Inf. RODANET, à *Rochefort*. — Mouvements de montres.

Doubs. BARON, aux *Gras*. — Roues d'échappement. C. F. 1839.

Id. J.-J. BEUCLER fils, à *Besançon*. — Différentes montres.

Id. DUBOIS, à *Besançon*. — Mouvement de montre.

Id. FONGY, à *Besançon*. — Échappement et montre.

Id. MARTI et Cie, à *Montbéliard*. — Mouvements de pendule.

Id. TOULLIER, à *Besançon*. — Échappement de montre, montre.

Id. VINCENTI et Cie, à *Montbéliard*. — Mouvements d'horlogerie, roues et pignons. (A) 1834, R. (A) 1839.

Isère. SAULAY (de), à *Saint-Veran*. — Appareil de cadran solaire régulateur pour le temps moyen.

Jura. BAILLY-COMTE père et fils aîné, à *Morez*. — Horloge, roue d'horlogerie.

Id. CHAVIN frères, à *Morez*. — Horloges ordinaires, tournebroches, régulateur balançant.

Id. JACQUEMIN père et fils, à *Morez*. — Cadrans divers, mètres en cuivre et en maillechort, autres mesures métriques.

Loire-Infér. CARL-HIRT, à *Nantes*. — Horloge astronomique.

Loiret. CALLIER-DERVAUX, à *Gien*. — Clef de montre.

Lot-et-Garonne. LOUBATIÈRES frères et LAFONT, à *Agen*. — Horloges.

Manche. FLAUST-CORNET, à *Saint-Lô*. — Montres.

Meuse. MAXE, à *Bar-le-Duc*. — Mouvement de montre.

Nièvre. THIER, à *Saint-Saulge*. — Montre à secondes, têterelles, étau.

Oise. LEDUC, à *Breteuil*. — Échappement pour montre.

Id. VÉRITÉ, à *Beauvais*. — Contrôleur-pendule, horloge. (B) 1839.

Saône-et-Loire. SAUNIER, à *Mâcon*. — Machine à arrondir les roues d'engrenage d'horlogerie, mouvements de montre.

Seine. ALLEVY frères, à *Paris*. — Cadran perpétuel, conjugateur Allevy, appareil de daguerréotype, système Allevy; épreuves daguerréennes.

Id. ALLIER, à *Paris*. — Pendules, montres.

Id. BERROLLA frères, à *Paris*. — Pendules de voyage, chronomètres pour la marine, montres. (B) 1839.

Id. BOCQUET, à *Paris*. — Réveil perpétuel, avance-retard à pas comptés, régulateur de précision.

Id. BOURDIN, à *Paris*. — Montres, chronomètres de poche, de précision, ordinaires; pendules de voyage et de salon, régulateur balancier circulaire. M. H. 1839.

Id. BREGUET neveu et Cie, à *Paris*. — Horlogerie et mécanique. (O) 1827, R. (O) 1834.

Id. BROCOT, à *Paris*. — Pendules, compteurs. (B) 1827 et 1834, (A) 1839.

Id. CACHEUX, à *Paris*. — Mouvement de pendule.

Id. CALLAUD, à *Paris*. — Chronomètre, pendule météorologique, compteur astronomique, pendule de voyage, montre de poche, etc. M. H. 1834, (B) 1839.

Id. CAPT, à *Paris*. — Montres et autres pièces.

Id. CÉSAR, à *Paris*. — Mouvement de pendule, mouvement pour tableau à tirage.

Id. CHAVINEAU, à *Paris*. — Pendule à échappement avec une ancre de Graham, boîte de pendule, articles divers en pierres fines.

Id. DE COLOMBIER, à *Paris*. — Horloge et moufle.

Id. CONSTANTIN, à *Paris*. — Presse à faire les pâtes d'Italie, horloge.

Id. DÉJARDIN, à *Paris*. — Tableaux à horloge.

Id. DELEPINE, à *Paris*. — Chronomètre, compteur astronomique (nouveau système).

Id. DORLÉANS, à *Paris*. — Horloges de clocher, une machine à piquer les dessins, un nouveau régulateur pour machine à vapeur. C. F. 1839.

Id. DUSSAULT, à *Paris*. — Pendules à réveil, compas d'engrenage.

Id. FRAIGNEAU, à *Paris*. — Chronomètres de poche.

Id. GARNIER, à *Paris*. — Horlogerie de précision, pendules, compteurs à chronomètres, etc. (A) 1827, R. (A) 1834 et 1839.

Id. GRENIER (veuve), à *Paris*. — Horloges de clocher, tournebroches, mécaniques pour les coiffeurs.

Id. HOUDIN, à *Paris*. — Régulateur, montres et pendules, outils d'horloger. M. H. 1827 et 1839.

Id. LEFEBVRE, à *Paris*. — Pièces d'horlogerie

Id. LEPAUTE (Henri), à *Paris*. — Horloges, régulateurs.

Id. LEROY, à *Paris*. — Pendules portatives et montres. (A) 1839.

Id. LÉZÉ, à *Paris*. — Régulateurs, pendules de

	voyage, montres et chronomètres.
Id.	LORY, à *Paris*. — Régulateurs. (B) 1819, (A) 1823.
Id.	MONTANDON frères, à *Paris*. — Ressorts d'horlogerie. M. H. 1834.
Id.	NEUMANN, à *Paris*. — Pendules, régulateurs, montres de poche, outils d'horlogerie.
Id.	NIOT, à *Paris*. — Horloges, mécaniques, tournebroches à ressorts, cadrans, cadran de la rose des vents. R. (B) 1839.
Id.	NOBLET, à *Paris*. — Montres, ébauches de montres, pendules.
Id.	PEUPIN, à *Paris*. — Pendules régulateurs, roues, petit tour universel.
Id.	PONS (de Paul), à *Paris*. — Horloges astronomiques portatives. (A) 1806, 1819, (O) 1823, 1827, R. (O) 1834 et 1839.
Id.	PHILIPPE, à *Paris*. — Montres diverses, pièces détachées.
Id.	REDIER, à *Paris*. — Horloges marines, montres, compteur et instrument de précision.
Id.	REYNAUD-CHAPELAIN, à *Paris*.— Montres d'enfants, médaillons, cadres en cuivre estampé, épingles.
Id.	RIEUSSEC, à *Saint-Mandé*. — Montre plate chronographe, petite montre. (B) 1839.
Id.	ROBERT, à *Paris*. — Régulateurs, montres, pièces astronomiques et petites pièces de voyage.
Id.	ROBERT (Henri), à *Paris*. — Montres marines et autres, pendules astronomiques, appareils de physique et cadrans solaires. (A) 1834 et 1839.
Id.	THOURET, à *Paris*. — Montre à secondes.
Id.	VALLET, à *Paris*.— Instruments pour perfectionner les échappements de montres, mouvement de montre à cylindre.
Id.	WAGNER, à *Paris*. — Grosses horloges, lampes de phares, machines de rotation pour phares, métronomes, tournebroches. (A) 1839.
Id.	WAGNER (Bernard-Henri), à *Paris*.— Horloge de précision, horloges diverses, cadrans de jour et de nuit. (A) 1819, 1823 et 1827, R. (A) 1839.
Id.	WINNERL, à *Paris*. — Montres marines, chronomètres de poche. (O) 1839.
Seine-et-Marne.	SALLERON et WAGNER, à *Melun*.— Compteur photographe ; deux compteurs, forme de montre.
Seine-et-Oise.	BENOIT (A.) et Cie, à *Versailles*. — Montres marines, chronomètres, montres, mouvements, diverses espèces de montres. (A) 1834, (O) 1839.
Id.	BERTHOUD, à *Argenteuil*. — Chronomètres. M. H. 1819, (A) 1823, (O) 1827.
Seine-Infér.	BRUNEL et BIENAYMÉ, à *Dieppe*. — Pendules et mouvements d'horlogerie.
Id.	JACOB, à *Saint-Nicolas-d'Aliermont*. — Chronomètres.
Id.	PONS DE PAUL, à *Saint-Nicolas-d'Aliermont*. — Mouvements de pendules et de montres.
Id.	THOMAS, à *Rouen*. — Réveil.
Vosges.	DUCRET, à *Épinay*. — Mouvements de pendules.
Yonne.	MUZEY, à *l'Isle-sur-le-Serein*. — Système d'échappement pour les montres.

b. Pendules.

Gironde.	BROSSE, à *Bordeaux*. — Pendules.
Morbihan.	JEHANNO, à *Lorient*. — Pendule.
Seine.	BALLY, à *Paris*. — Pendules à boîtes en cuivre et en marbre.
Id.	BASCHET, RAULLIER et frère, à *Paris*. — Pendules pilastre, cadres incrustés et pièce de voyage à quantième.
Id.	BELLENOT et Cie, à *Paris*. — Pendules en métal composé.
Id.	BENOIT-LANGLASSÉ, à *Paris*. — Pendules, candélabres, écritoires, flambeaux, etc.
Id.	CALMELS, à *Paris*. — Pendules à balancier circulaire.
Id.	FATOUX, à *Paris*. — Pendules.
Id.	GIRGOIS, à *Paris*. — Boîtes de pendules et de régulateurs.
Id.	BOURSIER, à *Paris*. — Pendules et horloges de cabinet et de voyage.
Id.	BOYER, à *Paris*. — Pendules, sujets divers avec leurs candélabres.
Id.	JACQUIN, à *Paris*. — Pendules.
Id.	JASSONAIX, à *Paris*. — Pendules, candélabres et coupes.
Id.	MORA, à *Paris*. — Pendules en bronze estampé et doré, candélabres, vases, objets divers en bijouterie dorée.
Id.	MOREAU, à *Paris*.— Pendule, cadre, objets de fantaisie en ivoire sculpté. C. F. 1839.
Id.	MUDESSE, à *Paris*. — Pendules, cadres en marbre plaqué sur métaux.
Id.	NÉDELLEC, à *Paris*. — Tableau à horloge à musique.
Id.	ROBERT-HOUDIN, à *Paris*. — Pendules et automates mécaniques. (B) 1839.
Id.	ROSSE, à *Paris*. — Pendule à sphère.
Id.	ROZÉ, à *Paris*. — Pendules avec globes terrestres mobiles, sphères de Copernic, leviers chronométriques, géocycliques.

2° INSTRUMENTS DE PRÉCISION.

Aisne.	POQUET, à *Laon*. — Pantomètre.
Ardennes.	DONNAY-BAICRY, à *Fond-de-Givonne*. — Fléaux de balances.
Aube.	JOFFRIN, à *Morvilliers*. — Dendomètre,

instrument pour mesurer les arbres sur pied.

Calvados. GARAT aîné, à *Caen*. — Balance-bascule portative, dite à tablier carré.

Cher. PASCAL, à *Bourges*. — Échelle-équerre (instrument de mathématiques).

Doubs. GAUTHIER père et fils, aux *Cerneux des Gras*, près Morteau. — Dame aux engrenages, outil au tiers pour les barillets, outils d'horlogerie et autres. C. F. 1834.

Id. GRANDVOINNET, au *Grandmont*, commune des Gras. — Chalumeau en cuivre à deux boules, etc.

Id. VOINNET, au *Grandmont*, commune des Gras. — Outil à graduer en horlogerie.

Jura. CRETIN, à *Morez*. — Balance à équilibre sans poids.

Id. JACQUEMIN frères et BAUD, à *Morez*. — Montures de lunettes.

Loire-Infér. LANIER, à *Nantes*. — Instruments hydrométriques.

Nord. MEURS (Benoît), à *Valenciennes*. — Balances-bascules.

Pas-de-Calais. MARTEL, à *Fressin*. — Balance micrométrique ou romaine de précision.

Rhône. BÉRANGER et Cie, à *Lyon*. — Balances et romaines.

Id. TARPIN-BRÉMAL, à *Lyon*. — Balances d'essai.

Seine. ANDRÉ-MICHAUX, à *Paris*. — Hydromètre.

Id. BARDIN, à *Paris*. — Formes topographiques en terre, modèles géographiques, modèles de géométrie descriptive et d'arts de constructions, fronts de fortifications en relief, modèle de batterie de seconde parallèle, etc., globe céleste.

Id. BERNARD, à *Paris*. — Microscopes achromatiques et microscope solaire horizontal et vertical, chambres claires.

Id. BERTRAND fils, à *Paris*. — Une *équerre-tarif* pour mesurer les grumes ou bois ronds.

Id. BIET, à *Paris*. — Instruments de physique, serrures et cadenas.

Id. BLERY, à *Passy*. — Chaîne décamètre, nouveau système.

Id. BLONDEAU, à *Paris*. — Pantographes et diagraphe.

Id. BODEUR, à *Paris*. — Baromètres, thermomètres, aréomètres, instruments de précision. M. H. 1839.

Id. BOURGOGNE, à *Paris*. — Instruments d'optique, micrographe universel et de cabinet. C. F. 1839.

Id. BRETON, à *Paris*. — Machine pneumatique, balance, appareils électro-magnétique et dynamique, microscope solaire. M. H. 1839.

Id. BUNTEN, à *Paris*. — Instruments de physique, baromètres, thermomètres, hygromètres, sympiezomètres. R. (A) 1839.

Id. BURON, à *Paris*. — Longues-vues terrestres, maritimes et astronomiques, grande lunette astronomique, pied de lunette. (A) 1834 et 1839.

Id. CARON, à *Paris*. — Contrôleurs de ronde.

Id. CHATAIN, à *Paris*. — Machines pour l'horlogerie, huile pour l'horlogerie.

Id. CHEVALIER, à *Paris*. — Baromètres, manomètre et daguerréotype.

Id. CHEVALIER (Charles), à *Paris*. — Instruments d'optique. R. (O) 1839.

Id. CIECHANSKI, à *Paris*. — Goniomètre, sphéromètres, niveaux à bascules, niveaux simples.

Id. COLLARDEAU, à *Paris*. — Balance. (A) 1834 R. (A) 1839.

Id. DELAMARCHE, à *Paris*. — Globes terrestres, systèmes planétaires. (B) 1839.

Id. DELEUIL, à *Paris*. — Modèles de balances de précision et de machines pneumatiques, microscope simple et double, divers instruments de physique. M. H. 1827, (B) 1834, (A) 1839.

Id. DERICQUEHEM, à *Paris*. — Géodésimètre et chronoscope.

Id. DESBASSAYNS (comte de Richemont), à *Paris*. — Chalumeaux aérhydriques, chalumeaux à vapeur, fers à souder, soudure autogène du plomb. (O) 1839.

Id. DIEN, à *Paris*. — Instruments de géographie, sphère, système planétaire, cartes célestes, lunette. (A) 1834, (B) 1839.

Id. FOUCAULT, à *Paris*. — Machine à écrire à l'usage des aveugles.

Id. FRANÇOIS jeune, à *Paris*. — Phare lenticulaire dioptrique de 1er ordre, feux fixes, feu de port, lentilles. (A) 1834.

Id. FROMENT, à *Paris*. — Moteur électrique.

Id. GALLET (veuve), à *Paris*. — Pièces de physique amusante et pièce d'art.

Id. GAMBEY, à *Paris*. — Cercle mural pour mesurer la déclinaison des astres. (O) 1819, 1823, 1827.

Id. GARCIN, à *Paris*. — Balances d'essai.

Id. GAUDIN, à *Paris*. — Appareils de daguerréotype.

Id. GAVARD (Adrien) fils, à *Paris*. — Diagraphe, pantographe et instruments de précision. R. (A) 1839.

Id. GEORGE père et fils, à *Paris*. — Balances à bascule, bascules à réduction et instruments divers de pesage.

Id. GIRARD, à *Paris*. — Compas, boîtes de mathématiques.

Id. GIRARD (le chevalier Philippe de), à *Paris*. — Chrono-thermomètre et météorographe.

Id. GOUTMAKER, à *Paris*. — Régulateurs et échelle à incendie (modèle en cuivre).

Id. GRAVET, à *Paris*. — Boussole nivellatrice, niveau à réflection, règles à calcul.

Id. GROSSE, à *Paris*. — Instruments de physique, aréomètres.

Id. GUENET, à *Paris*. — Instruments pour les

dessinateurs de machines, destinés à graduer les grandes échelles et faire des hachures.

Id. HAMANN et HEMPEL, à *Paris*. — Compas à ellipse, cadran solaire portatif, tour pour les objets de précision.

Id. HULOT, à *Paris*. — Médailles reproduites par l'électrochimie.

Id. JUNOT, à *Paris*. — Balances-bascules, crics en fer. C. F. 1839.

Id. LEBRUN, à *Paris*. — Instruments d'optique et de mathématiques.

Id. LECOENTRE, à *Batignolles-Monceaux*. — Instrument nautique, dit *sondeur Lecoëntre*, destiné à mesurer la distance qu'il parcourt verticalement de la surface de la mer jusqu'à une profondeur de 300 brasses, sans arrêter la marche du bâtiment.

Id. LECOMTE et BIANCHI, à *Paris*. — Balances de précision, machine pneumatique, instruments de géodésie, kaléthomètre, célérigraphe, instruments divers. (B) 1839.

Id. LENSEIGNE, à *Paris*. — Moule à balles, taraudoirs, limes, cadenas, règles, mandrins, équerres, etc. C. F. 1827, M. H. 1834, (A) 1839.

Id. LEPAUTE (Henri), à *Paris*. — Phares lenticulaires, fanaux. R. (A) 1834.

Id. LEREBOURS, à *Paris*. — Lunettes et instruments de physique. R. (O) 1839.

Id. LEYDECKER, à *Paris*. — Baromètres de divers modèles, thermomètres, aréomètres, etc.

Id. LOISEAU, à *Paris*. — Machine pneumapes, hygro-microscope solaire, mycroscotique, mètres, appareils divers. C. F. 1839.

Id. MARLOYE, à *Paris*. — Appareils d'acoustique et solides de géométrie. M. H. 1839.

Id. MARS, à *Paris*. — Balance bascule.

Id. MOLTENI et Cie, à *Paris*. — Niveaux, boussoles, équerres et compas.

Id. NACHET, à *Paris*. — Instruments d'optique, microscope, lunette astronomique.

Id. NEUMANN, à *Paris*. — Anémomètres, hydromètres, pédomètre, odomètre.

Id. PARENT, à *Paris*. — Balances, poids en laiton, poids divisés, un nécessaire de vérificateur des poids et mesures.

Id. PÉTREMENT, à *Paris*. — Calibres décimaux.

Id. PLAGNIOL, à *Paris*. — Photographe.

Id. POITRAT, à *Paris*. — Appareils mécaniques pour l'exécution des calculs.

Id. POUGEOIS, à *Paris*. — Cadrans indicateurs pour voitures publiques, compteur pour presse mécanique. C. F. 1839.

Id. REINE, à *Paris*. — Appareils de daguerréotype.

Id. REYDOR frères, à *Paris*. — Tournebroche à ressort, horloge.

Id. REYMONDON-MARTIN, à *Paris*. — Instruments de précision.

Id. RICHARD, à *Paris*. — Machines à calculer.

Id. RICHEBOURG, à *Paris*. — Télescope réfracteur, mycroscopes achromatique, vertical et horizontal, camera lucida, baromètres, appareils optiques, lunettes, fantasmagorie, cercle répétiteur, équerres, graphomètres, boussoles, éclymètres, machine pneumatique, thermomètres.

Id. RICOLLOT, à *Paris*. — Appareils gazoscopiques.

Id. ROTH, à *Paris*. — Machines à addition et soustraction, machine pour les règles, machine à coulisse pour multiplication, compteur pour machines à vapeur, marqueur mécanique.

Id. ROUILLARD, à *Belleville*. — Mesures de tonnellerie, entonnoirs, brocs, etc.

Id. ROUVET, à *Paris*. — Instruments de mathématiques en bois.

Id. RUHMKORFF, à *Paris*. — Appareils pour physique.

Id. SANDOZ, à *Paris*. — Scarificateurs.

Id. SCHERTZ, à *Paris*. — Appareils de daguerréotype.

Id. SCHWARTZ, à *Paris*. — Sextants, octants, horizons, longue-vue.

Id. SCHWEIG, à *Paris*. — Instruments de physique, balance de précision, électromètre, pince thermoscopique, etc., etc.

Id. SEDILLE, à *Paris*. — Microscope achromatique, thermomètre gravé sur poirier, thermomètre perfectionné.

Id. SIMON, à *Paris*. — Télégraphe.

Id. SIMON et GIROUX, à *Paris*. — Lorgnettes - jumelles, cannes à lorgnons. C. F. 1839.

Id. SOLEIL, à *Paris*. — Instruments d'optique et de physique. M. H. 1839.

Id. TAVERNIER, à *Paris*. — Baromètres en fer, thermomètres, appareil pour déterminer le point de 100°.

Id. THOMAS, à *Paris*. — Machines à calculer.

Id. VAILLAT, à *Paris*. — Appareils de daguerréotype, modèles divers.

Id. VANDE et JEANRAY, à *Paris*. — Règles et équerres en acier et cuivre étirés, outils de précision pour la chapellerie, cordonnerie, etc. (B) 1839.

Id. VILA-KOENIG, à *Paris*. — Jumelles.

Id. WINCKELMANN, à *Paris*. — Baromètres, balances, mesures, machine pneumatique.

Seine-Infér. DESTIGNY et LANGLOIS, à *Rouen*. — Régulateur à horloge appliqué aux moteurs à vapeur.

Id. VIARD, à *Rouen*. — Balances.

Vienne (H.-). BARDONNAUD, à *Limoges*. — Mesures diverses.

Id. DUTREIX, à *Limoges*. — Balances romaines.

Id. OUSTY et DURAND, à *Limoges*. — Balances romaines.

3° ÉCLAIRAGE.

Hérault. APOLIS, à *Montpellier*. — Lampes à alcool.

Id. BERNARDET, à *Paris*.— Gazéificateurs pour lampes.

Id. BREUZIN, à *Paris*. — Lampes et lustres.

Id. CABEU, à *Paris*. — Lampes à niveau constant par un régulateur plongeant à courant d'air et bouchon fixe.

Id. CHABRIÉ et NEUBURGER, à *Paris*. — Lampes solaires, pendules, objets en bronze. M. H. 1838.

Id. CHATEL jeune, à *Paris*. — Lampes.

Id. DECOURT, à *Paris*. — Lampes, lustres et candélabres. M. H. 1839.

Id. DEHENNAULT, à *Paris*. — Lampes de divers modèles.

Id. DESBEAUX, à *Paris*. — Lampes.

Id. DOMBROWSKI, à *Paris*. — Lampes de différents modèles. C. F. 1834, à Dombrowski et Gaiewski; M. H. 1839, à Dombrowski.

Id. GILLET, à *Paris*. — Appareils pour glaces alimentaires, lampes.

Id. GOTTEN, à *Paris*. — Lampes diverses.

Id. HÉLYOTTE et CHWEBACK, à *Paris*. — Lampes.

Id. JOANNE, à *Paris*. – Lampes de suspension.

Id. LÉCUYER, à *Paris*.— Lampes oléostatiques. M. H. 1839, à Thilorier.

Id. LEVENT et LAMY, à *Paris*. — Lanterne carrée, lampes.

Id. MABIE, à *Paris*. — Lampes.

Id. MATHIEU, à *Chaillot*. — Lampes diverses (B) 1839.

Id. NICOLLE, à *Paris*. — Lustres, lampes, lanternes, robinets.

Id. PLÉ, à *Paris*. — Lampes et candélabres.

Id. ROBERT, à *Paris*. — Lampe, veilleuse, bidons, flacons. (O) 1834, pour armes à feu; (A) 1839.

Id. ROUCHE, à *Paris*. — Lampes pour le gaz hydrogène.

Id. SILVANT, à *Paris*. — Lampes, trépieds sous les lampes, appareils de suspension. M. H. 1834 et 1839.

Id. TRUC et BRISMONTIER, à *Paris*. — Lampes lanternes.

Id. VALSON, à *Paris*. — Lampes nouvelles à gaz.

Id. WALLET, à *Paris*. — Lampe de Berzélius à l'usage de la minéralogie et de la chimie, instruments scientifiques, miroirs à barbe grossissant.

4° ARMES DIVERSES.

Ardennes. HILAIRÉ, à *Sédan*. — Pistolets, armes à feu.

Calvados. GUÉRIN, à *Honfleur*. — Fusil de sûreté à percussion.

Ille-et-Vilaine. JOURJON, à *Rennes*. — Fusil avec ses accessoires. M. H. 1823.

Loire. DELERMOY fils et LAMOUROUX, à *Saint-Étienne*. — Fusils de chasse.

Id. FLACHAT, à *Saint-Étienne*. — Fusils de chasse.

Id. JALABERT-LAMOTTE aîné, à *Saint-Étienne*. — Fusils de chasse, canons de fusil.

Id. MURGUE, à *Saint-Étienne*. — Fusils.

Marne. SCHMITT, à *Châlons*. — Fusil de chasse à deux coups.

Oise. BERTONNET, à *Senlis*. — Pistolets, fusils, nécessaire.

Pyrénées-Or. TIGNÈRES-GÉRAUD, à *Perpignan*. — Fusil.

Seine. ALIX, à *Paris*.— Fusils, nouvelle invention.

Id. BAUCHERON, à *Paris*. — Fusils et pistolets. M. H. 1839.

Id. BÉRINGER, à *Paris*. — Fusils et pistolets. (B) 1839.

Id. BERNARD, à *Paris*. — Canons de fusil de chasse. M. H. 1827, (B) 1834, (A) 1839.

Id. BERNARD, à *Paris*. — Canons de fusils doubles. (B) 1839.

Id. CAMILLE JUBÉ, à *Paris*. — Fusils et pistolets. (B) 1839, à Lefaucheux.

Id. CARON, à *Paris*. — Fusils et carabines. M. H. 1839.

Id. CHAROY, à *la Chapelle-Saint-Denis*. — Appareil de pyrotechnie, bombe de guerre à parachute.

Id. CHAUDUN, à *Paris*. — Fusils, pistolets, capsules, cartouches.

Id. CLAUDIN, à *Paris*. — Fusils et pistolets. (B) 1839.

Id. CORDOUAN fils, à *Paris*. — Mousquetons de guerre, fusils, carabine.

Id. DELACOUR, à *Paris*. — Épées, sabres, uniforme d'officier supérieur, couteau de chasse et glaive.

Id. DELAIRE, à *Paris*. — Fusils.

Id. DELVIGNE, à *Paris*. — Carabines, mousquetons, pistolets.

Id. DESNYAU, à *Paris*. — Fusils. (B) 1839

Id. DEVISME, à *Paris*. — Fusils et pistolets, fusil à six coups, tonnerres tournants, pistolet à six coups tournant, carabine de précision. M. H. 1839.

Id. GASTINE-RENETTE, à *Paris*. — Fusils et pistolets. (A) 1839.

Id. GAUVAIN, à *Paris*. — Fusils et pistolets.

Id. GEVELOT (veuve), à *Paris*.— Amorces dites capsules. (B) 1839.

Id. GIRARD (le chevalier de). — Bois et canons de fusil.

Id. GODDET, à *Paris*. — Canons de fusil. C. F. 1839, à Goddet et Alkan.

Id. GOSSE, à *Paris*. — Fusils de chasse, nécessaires d'armes.

Id.	HOULLIER-BLANCHARD, à *Paris*. — Fusils de chasse et pistolets.
Id.	JAVAL (J.) et Cie, à *Paris*. — Fusils et pistolets.
Id.	LEFAURE, à *Paris*. — Fusils et pistolets. (B) 1839.
Id.	LE PAGE MOUTIER, à *Paris*. — Fusils de chasse, carabines, pistolets, lames de Damas, sabres, pistolets à quatre et douze coups. M. H. 1819, (A) 1823, 1827, R. (A) 1834 et 1839.
Id.	MARTIN, à *Paris*.—Fusils s'amorçant seuls, sabres et épées de luxe.
Id.	PÉRIN-LEPAGE, à *Paris*. — Fusils. pistolets. (B) 1834, R. (B) 1839.
Id.	PIDAULT, à *Batignolles*. — Fusils.
Id.	PRÉLAT, à *Paris*. — Fusils et pistolets.
Id.	VIETTE, à *Paris*. — Fusils et pistolets.
Seine-et-Oise.	LORON, à *Versailles*. — Fusils doubles.
Id.	PORQUET, à *Pontoise*. — Carabines de tir. fusils de chasse.
Seine-Infér.	DUMOULIN, à *Rouen*. — Carabine à levier et un pistolet-arbalète.
Vaucluse.	CHAPOUEN, à *Avignon*. — Fusil de chasse.
Vienne (H.-).	NOUVELLE, à *Limoges*. — Fusil.

5° INSTRUMENTS DE MUSIQUE.

Bouches-du-R.	BOISSELOT et fils, à *Marseille*. — Pianos. M. H. 1834, (A) 1839.
Id.	SCHULTZ, à *Marseille*. — Pianos.
Doubs.	LÉPÉE, à *Sainte-Suzanne*. — Boîtes à musique, règle calligraphique, diapason mécanique, poinçon, modèle d'écriture. M. H. 1839, à Paur.
Eure.	HÉROUARD frères. à *La Couture*. — Clarinettes, flûtes, hautbois, etc. M. H. 1839.
Id.	THIBOUVILLE, à *La Couture*. — Flûtes, clarinettes, etc., etc.
Loire-Infér.	TESTÉ, à *Nantes*. — Expositeur mobile et impression pour la musique.
Meurthe.	BARABAN frères, à *Nancy*. — Cloche.
Morbihan.	AMELOT, à *Lorient*. — Violons.
Moselle.	LEROY, à *Metz*. — Clarinettes en buis et en ébène.
Nièvre.	SAVARESSE (Martin), à *Nevers*. — Chanterelles pour instruments de musique. (B) 1827, R. (B) 1834 et 1839.
Oise.	COEFFET, à *Chaumont*. — Instrument à vent avec des clefs pistons.
Puy-de-Dôme.	VÉRANY, à *Clermont-Ferrand*. — Piano droit à cordes verticales.
Id.	FINCK, à *Strasbourg*. — Ophicléide basse, trompette basse, cornet à cylindres.
Id.	KRETZSCHMANN, à *Strasbourg*. — Bombardon, bugle-basse, bugles à cylindres.
Id.	ROTH, à *Strasbourg*. — Bombardon à cylindres garni en maillechort, cor russe à cylindres.
Rhône.	SYLVESTRE frères, à *Lyon*. — Violons, alto, basses.
Sarthe.	BOLLÉE, à *Sainte-Croix*. — Cloches.
Seine.	ADLER, à *Paris*. — Basson à clefs en maillechort, un contre-basson. (B) 1839.
Id.	ALEXANDRE père et fils, à *Paris*.— Orgues mélodium.
Id.	AUCHER, à *Paris*. — Pianos.
Id.	BARTHÉLEMY, à *Paris*. — Pianos droits.
Id.	BAUTZ, à *Paris*. — Pianos droits.
Id.	BELL père et fils, à *Paris*. — Pianos.
Id.	BERNARDEL, à *Paris*.— Violons, alto, basses et archets. (B) 1834 et 1839.
Id.	BERNHARDT, à *Paris*. — Pianos. (B) 1827, R. (B) 1834, (B) 1839.
Id.	BESSON, à *Paris*. — Instruments de musique militaire.
Id.	BITTNER, à *Paris*. — Pianos.
Id.	BLONDEL, à *Paris*.— Piano à queue. piano carré, pianos droits.
Id.	BORD, à *Paris*. — Pianos à queue.
Id.	BRÉTON, à *Paris*. — Grandes et petites flûtes.
Id.	BROWN, à *Paris*. — Mélophones et piano.
Id.	BRUNE, à *Paris*. — Pianos.
Id.	BUFFET-CRAMPON, à *Paris*. — Bassons. clarinettes, flûtes, hautbois. cor anglais. flageolets. M. H. 1839.
Id.	BUFFET jeune, à *Paris*. — Hautbois. cors. flûtes, clarinettes, flageolets. (B) 1839.
Id.	BUSSON, à *Paris*.—Pianos carrés et droits. (B) 1839.
Id.	CABILLET, à *Saint-Denis*. — Tableau pour le facteur d'orgues.
Id.	CASPERS, à *Paris*. — Piano.
Id.	CAVAILLÉ-COLL père et fils, à *Paris*. — Orgues. (B) 1839.
Id.	CHALLIOT, à *Paris*. — Harpes, modèles divers. (B) 1827 et 1839.
Id.	CHANOT, à *Paris*. — Contre-basse, basses, altos, guitares, violons. (A) 1839.
Id.	CLÉMENT père et fils, à *Belleville*. — Carillons à musique.
Id.	COLIN, à *Paris*. — Pianos carrés et droits.
Id.	COTE fils, à *Paris*. — Piano carré, piano droit. (B) 1839.
Id.	COUDER, à *Paris* — Pianos droits et carrés. M. H. 1827.
Id.	COURTIER, à *Paris*. — Instrument de musique, dit *Mélo-Courtier*. — C. F. 1839.
Id.	COURTOIS frères, à *Paris*. — Cornets à pistons.
Id.	COWARD, à *Paris*. — Piano.
Id.	DANIEL, à *Paris*. — Pianos.
Id.	DARCHE, à *Paris*. — Orgues, trompettes marine, grosse caisse, timbales chromatiques, tam-tam.
Id.	DEBAIN, à *Paris*. — Orgues harmonium
Id.	DOMÉNY, à *Paris*. — Harpes et pianos. (A) 1827, R. (A) 1834 et 1839.
Id.	DUBUS, à *Paris*. — Orgues expressives.

Id. DUCHÈNE, à *Paris*. — Guitares.
Id. DUSLAUX, à *Paris*.—Pianos droits et carrés.
Id. DUVERNOY, à *Paris*. — Orgues.
Id. ÉRARD, à *Paris*.— Pianos, harpes et orgues. (O) 1819, à Sébastien Érard : (O) 1823. (O) 18.7, R. (O) 1834, au même ; (O) 1839, à Pierre Érard.
Id. ESLANGER, à *Paris*.—Pianos à queue, carré, oblique et pianino. M. H. 1839.
Id. FAURE et ROGER, à *Paris*. — Piano. (B) 1839, à Hatzenbuhler et Faure.
Id. FLAMMANT, père et fils, à *Paris*. — Piano.
Id. FOURNEAUX, à *Paris*. — Orgues et flûte mécanique.
Id. FRANK, à *Paris*. — Pianos.
Id. GAIDON jeune, à *Paris*.— Pianos. (B) 1824. R. (B) 1839.
Id. GALLOIS, à *Paris*. — Cloches de toute dimension. C. F. 1839.
Id. GIBAUT, à *Paris*. — Pianos.
Id. GIRARD (le chevalier de), à *Paris*. — Trémolophones, pianos.
Id. GIRARD et Cie, à *Paris*. — Orgue d'église. M. H. 1839.
Id. GIROUD, à *Paris*. — Pianos.
Id. GODFROY aîné, à *Paris*. — Flûtes, système Boëhm et ordinaires.
Id. GOUDOT jeune, à *Paris*.— Basses, guitares, violons, archets, etc.
Id. GRUS, à *Paris*. —Violons, etc. M. H. 1839.
Id. GUERBER, à *Paris*. — Piano.
Id. GUÉRIN, à *Paris*. — Appareils pour pianos, pianographes, sthénochyres et clefs.
Id. GUICHARD aîné, à *Paris*. — Ophicléides, cors, trompettes, cornets à pistons, trombones. M. H. 1839.
Id. GUION, à *Paris*. — Pianos verticaux.
Id. HALARY, à *Paris*. — Instruments de musique.
Id. HATZENBUHLER, à *Paris*. — Pianos de différentes formes. (B) 1839.
Id. HENRY, à *Paris*. — Quatuor composé de deux violons, un alto et une basse.
Id. HERCE père et fils, à *Paris*. — Piano.
Id. HERMAN et SYSTERMANS, à *Paris*.—Piano.
Id. HERZ (Henri), à *Paris*. — Pianos à queue, carré, vertical, pianino à cordes droites, nouvel instrument à sons prolongés.
Id. HERZ (Jacques), à *Paris*. — Pianos droits.
Id. HESSELBEIN, à *Paris*. — Pianos divers.
Id. HILDEBRAND, à *Paris*. — Cloches, sonnettes, grelots et timbres. (B) 1823, 1827, 1834 et 1839. M. H. 1839, pour la catégorie musicale.
Id. HINTERMAYER, à *Paris*. — Piano.
Id. ISSAURAT, LEROUX et Cie, à *Paris*. — Pianos et orgues.
Id. JACQUEMIN père et fils, à *Paris*. — Piano.
Id. JELMINI, à *Paris*. — Piano.
Id. KLINJASPER, à *Paris*. — Pianos droits.
Id. KNÉRINGER, à *Paris*. — Pianinos.
Id. KOSKA, à *Paris*. — Pianos. M. H. 1834, (B) 1839.

Id. KRIEGELSTIN et CH. PLANTADE, à *Paris*. — Piano à queue grand format, piano carré de nouvelle forme, piano droit à cordes obliques, pianino à cordes verticales. (A) 1834. R. (A) 1839.
Id. LABBAYE, à *Paris*. — Cors d'harmonie, ophicléides, cornets à pistons, trombone, etc. M. H. 1839.
Id. LACOTE, à *Paris*. — Instruments de musique. (B) 1839.
Id. LACOUX (de), à *Paris*. — Harpes.
Id. LAIGRE, à *Paris*. — Orgues.
Id. LAPRÉVOTTE, à *Paris*. — Violons, altos, basses et guitares. M. H. 1823, (B) 1827.
Id. LAURENCIN (Mme), à *Paris*.— Accordéons.
Id. LAURENT, à *Paris*. — Flûtes en bois et en cristal, becs de clarinettes et embouchures de cornet en cristal.
Id. LEBLANC, à *Paris*. — Piano.
Id. LEROUX aîné, à *Paris*. — Clarinettes, flûtes, hautbois. M. H. 1839.
Id. LIÉGAUT, à *Paris*. — Piano.
Id. LIMONAIRE, à *Paris*. — Piano droit.
Id. LIMONAIRE (Antoine), à *Paris*. — Pianos.
Id. MAGNIÉ (Isidore), à *Paris*. — Pianos droits.
Id. MARIX, à *Paris*. — Orgues et harmoniums.
Id. MARTIN, à *Paris*.— Pianos, chyrogymnaste.
Id. MARTIN frères, à *Paris*. — Clarinettes, flûtes, hautbois et flageolets. (B) 1834. R. (B) 1839.
Id. MAUCOTEL, à *Paris*. — Contre-basse, violoncelles, alto, violons.
Id. MAYER-MARIX, à *Paris*. — Orgues séraphiques.
Id. MERCIER, à *Paris*. — Pianos droits à cordes obliques. (B) 1839.
Id. MERMET, à *Paris*. — Piano. (B) 1839.
Id. MONNIOT, à *Paris*. — Pianos.
Id. MONTAL, à *Paris*. — Pianos.
Id. MOULLÉ, à *Paris*. — Pianos divers.
Id. MULLER, à *Paris*. — Orgues expressives, orgues de voyage. (B) 1834, R. (B) 1839.
Id. MULLIER, à *Paris*. — Piano.
Id. MUSSARD et fils, à *Paris*. — Piano.
Id. NIDERREITHER, à *Paris*. — Pianos à queue, carré et droit.
Id. PAPE, à *Paris*. — Pianos à queue, carrés, ovale, vertical, piano sans cordes. (A) 1823, R. (A) 1827, (O) 1834, R. (O) 1839.
Id. PATUREL-BAILLY, à *Paris*. — Pianos, pianino.
Id. PECCATE, à *Paris*. — Archets. M. H. 1839.
Id. PELLERIN, à *Paris*. — Mélophones.
Id. PÉRICHON aîné, à *Paris*. — Pianos.
Id. PÉRICHON, à *Paris*. — Pianos.
Id. PERINET, à *Paris*. — Basse à pistons remplaçant l'ophicléide, cornets à pistons, trombone à pistons, cors de chasse.
Id. PLEYEL et Cie, à *Paris*. — Pianos à queue, grand et petit modèle, carrés à 3 et à 2 cordes, droits à cordes obliques et verticales. (O) 1827, R. (O) 1834. R. (O) 1839.

Id. POIROT, à ***Paris***. — Orgues pour églises, violons et guitares.

Id. RAMBAUX, à ***Paris***. — Deux violons, alto, basse, guitare.

Id. RAOUX, à ***Paris***. — Instruments de musique en cuivre. (A) 1839.

Id. RÉMY, à ***Paris***. — Flûtes, hautbois, cors anglais, clarinettes, baryton.

Id. RICHER, à ***Paris***. — Piano.

Id. RICHETTI, à ***Paris***. — Pianos de différents modèles.

Id. RICHTER, à ***Paris***. — Pianos. M. H. 1827.

Id. RINALDI, à ***Paris***. — Pianos à queue et droits.

Id. ROGEZ, à ***Paris***. — Pianos. M. H. 1839.

Id. ROLLER et BLANCHET, à ***Paris***. — Piano à queue, pianos droits. (A) 1823, à Roller; R. (A) 1827, à Roller et Blanchet; (O) 1834, aux mêmes; R. (O) 1839, aux mêmes.

Id. ROSELLEN, à ***Paris***. — Pianos droits. M. H. 1839.

Id. ROZ, à ***Saint-Mandé***. — Piano.

Id. SANGUINÈDE, à ***Paris***. — Cordes de pianos en acier trempé.

Id. SAVARESSE fils, à ***Paris***. — Cordes harmoniques, cordes graves filées, cordes en boyaux. — (B) 1827, 1834 et 1839.

Id. SAX et Cie, à ***Paris***. — Clarinettes, flûtes, cors, ophicléides, trompettes, etc.

Id. SCHMIDT, à ***Paris***. — Pianos divers.

Id. SCHOEN, à ***Paris***. — Pianos à queue, droits et carrés. (B) 1839.

Id. SIMON, à ***Paris***. — Archets.

Id. SOUFLÉTO, à ***Paris***. — Pianos divers. (A) 1834, R. (A) 1839.

Id. SURET, à ***Paris***. — Orgues d'églises, flûtes, violoncelles, trompettes, etc.

Id. TAYSCHITZ et WENDER, à ***Paris***. — Orgues de formes diverses.

Id. THIBOUT, à ***Paris***. — Violons et basses. (A) 1827.

Id. THIBOUT et Cie, à ***Paris***. — Pianos.

Id. THOMAS et AVISSEAU aîné, à ***Paris***. — Pianos.

Id. TRIÉBERT, à ***Paris***. — Hautbois, cors anglais, mécaniques pour la facture des anches. (B) 1827, R (B) 1834 et 1839.

Id. TULOU, à ***Paris***. — Flûtes, hautbois. (B) 1834, R. (B) 1839.

Id. VANDEVENTER, à ***Paris***. — Pianos à queue, oblique et droit dit pianino.

Id. VUILLAUME, à ***Paris***. — Meuble faisant bibliothèque musicale, contre-basses et archets. (A) 1827 et 1834, (O) 1839.

Id. VOYER, à ***Paris***. — Pianos droits.

Id. VYGEN, à ***Paris***. — Pianos.

Id. WEBER, à ***Paris***. — Pianos.

Id. WETZELS, à ***Paris***. — Pianos.

Id. WINNEN, à ***Paris***. — Flûtes, hautbois, clarinettes, basson et bassonore. (B) 1834, R. (B) 1839.

Id. WOLFEL et LAURENT, à ***Paris***. — Pianos divers. (A) 1839.

Seine-et-Marne. MARTIN, à ***Provins***. — Orgues à percussion.

Seine-Infér. BRASIL, à ***Rouen***. — Piano harmonomètre.

Vosges. DERAZEY, à ***Mirecourt***. — Violons. M. H. 1839.

Id. JEAN-PIERRE, à ***Nompatelize***. — Un *Métroton*.

LES CLASSES OUVRIÈRES

ET

L'EXPOSITION DE 1844.

L'exposition de 1844 est terminée : les produits qu'elle avait réunis de tous les coins de la France retournent aux lieux où ils furent créés. Les industriels aussi se sont en grande partie dispersés, et sauf le petit nombre d'élus que retient à Paris l'espoir d'une honorable distinction, ils sont rentrés presque tous dans le sein de cette vie laborieuse et isolée d'où la plupart ne sortiront que dans cinq années, à l'époque d'une exposition nouvelle. Quelques réunions générales, quelques imposantes cérémonies ont eu lieu ou auront lieu encore à propos de cette grande solennité quinquennale, soit qu'au sein de banquets d'apparat il se fasse un échange de nobles paroles et de sentiments généreux, soit qu'en face d'une auguste présence le tribunal suprême du jury décerne les honneurs de la lice aux concurrents vainqueurs. Puis après, tout ce grand bruit fera silence; tout ce mouvement s'éteindra dans le repos; et ce concours momentané de tant d'intelligences, d'activités, de ressources productrices, se dissoudra en myriades de facultés incomplètes par impuissance, faibles par isolement, pour ne se plus reconstituer en corps qu'après un lustre entier.

Est-ce erreur? est-ce au contraire instinct des besoins de l'avenir? Mais nous aimions cette vaste ruche, si pleine d'activité, d'ardeur, si riche de produits et plus encore de promesses; et quand elle s'est fermée, il s'est fait un vide autour de nous. Il nous avait semblé, aux premiers jours si vivaces de cette grande réunion nationale, que l'industrie avait enfin pris un corps, qu'enfin tous ses éléments de vitalité s'étaient réunis avec l'énergie d'une organisation qui mord à la vie; nous pensions que ce jeune corps ne pouvait mourir sitôt. Mais il paraît que le moment n'était pas venu: le corps s'est dissous, les éléments sont rentrés dans le courant de la circulation; ses membres se sont dispersés, et de cette existence éphémère, il ne nous restera plus dans quelques jours que le souvenir.

Il y a pour les penseurs un grave et continuel sujet de méditations: c'est lorsqu'ils contemplent la lenteur avec laquelle les faits viennent concorder avec les idées et leur donner une forme palpable et matérielle. Depuis longtemps l'idée est acquise à la science: elle est claire et lumineuse: elle vit sous sa formule: et cependant le fait continue à lui donner un éclatant démenti: il fait douter de la logique par sa brutale force d'inertie, et son irrécusable matérialité lutte avec succès contre une vérité sans corps. Parmi les hommes qui s'occupent de l'industrie et de ses tendances, quoi de plus accepté, de plus évident que la nécessité d'une constitution, d'une réunion des producteurs, d'une discussion approfondie des intérêts engagés dans la production? Ainsi que nous le disions dans un précédent article, le principe de l'association est posé, sinon traduit en faits. Or, le préalable de l'association, c'est la réunion, la juxtaposition des éléments sociables. Une circonstance solennelle, depuis longtemps prévue, venait précisément effectuer ce rapprochement, si difficile sans cette occurrence. Y avait-il, dès lors, témérité de la part des théoriciens à penser que cette grande réunion, une fois formée, chercherait et trouverait son mot d'ordre, sa raison d'être, son credo industriel? Il n'en a rien été. Deux fortes initiatives pouvaient donner l'élan. Le gouvernement, comprenant toute l'utilité, tout l'enseignement que portait en soi ce vaste congrès, pouvait lui faire un appel et provoquer son opinion sur les questions qui intéressent la production française. A défaut de cette initiative gouvernementale, les plus éclairés, les plus importants de ces représentants de notre industrie pouvaient rendre au pays un grand et profitable service en s'érigeant en promoteurs d'une enquête consultative sur les conditions actuelles et les besoins de toutes les branches de la production.

N'était-ce pas là le premier pas dans cette voie de l'union, de la solidarité, de l'association où nous sommes entrés, en aveugles il est vrai pour la plupart, et où chaque jour, chaque pas nouveau nous poussent, il faut bien le dire, à notre insu? Il y avait tant de choses utiles à faire, tant de questions capitales à aborder, disons mieux, à éclairer par quelques réunions, à l'aide d'un petit nombre de discussions nourries de faits et sobres de mots, comme celles qui ont lieu entre gens pratiques? Nous accusera-t-on d'irrévérence en soutenant qu'il y eût eu là une abondante source d'instruction pour nos débats parlementaires, et peut-être plus d'un modèle dans l'art de faire ses affaires en même temps que celles du pays? Que de regrets ne doit-on pas concevoir maintenant en songeant à tout ce que savent, chacun pour sa spécialité productrice et pour sa localité, tous ces industriels venus des quatre points cardinaux! Et ce qu'ils savent, ils avaient tant d'intérêt à le dire, si on le leur avait demandé; n'ont-ils pas tous un progrès à réclamer, une requête à présenter, un plan d'amélioration à faire valoir? Si c'est la confiance en notre instruction profonde et vaste sur les questions industrielles qui nous a décidés à laisser partir cette science qui ne demandait qu'à se produire, et à traiter si dédaigneusement ces lumières de province, il faut convenir qu'au premier jour où il nous plaira de peser notre bagage de documents réels, nous devrons faire vis-à-vis de nous-mêmes une bien triste figure. Ce bagage, nous avons déjà essayé, dans une autre occasion, d'en soulever le faible poids, et nous croyons avoir prouvé que nous ne sommes pas en droit de mépriser les occasions d'apprendre.

Enfin, il faut un terme à des récriminations superflues. D'ailleurs, si les années coulent lentement pour les hommes, elles courent pour les nations. Cessons donc de regretter tout ce que le congrès industriel de 1844 aurait pu nous révéler sur les données manufacturières et particulièrement sur les quatre grandes questions suivantes, douanes et tarifs, débouchés intérieurs et extérieurs, voies de transport, condition des travailleurs. Il nous a du moins appris que si la grande, l'immense majorité des industriels crée ses produits sans voir au delà et sans se préoccuper ou du lendemain de l'industrie ou de la position des prolétaires qu'elle met en œuvre, une certaine école se forme et se développe, faible encore eu égard à son chiffre, à son isolement, à sa dissémination sur la surface du pays entier, mais forte de ses principes, de sa foi dans l'avenir, de l'adhésion de tout ce qui a quelque portée dans les vues, quelque générosité dans le cœur. Encore le mot d'école est-il bien impropre et bien peu logique pour désigner des hommes qu'un même sentiment, que des pensées identiques sur un même sujet ont amenés, chacun séparément, à des conclusions à peu près pareilles, mais qui n'ont jamais eu de communications entre eux, et qui ne sont arrivés à une même manière de voir qu'à l'aide d'une âme honnête et d'un sens droit. Grâce à l'échange de quelques conversations particulières et au développement de quelques projets prêts à éclore, nous avons pu voir une certaine face de l'exposition qui ne nous a pas semblé la moins intéressante, ou plutôt, pour dire toute notre pensée, dont l'intérêt surpassait de beaucoup à nos yeux l'étude des produits et l'exhibition des résultats manufacturiers. Cette face de l'exposition, dont il ne nous semble pas qu'on se soit préoccupé dans la presse ou ailleurs, c'est la situation et l'avenir du travail.

Il faut le reconnaître, l'exposition de l'industrie, malgré ses prétentions à l'égalité et à la glorification du travail, n'est rien moins qu'une solennité démocratique. C'est encore uniquement la fête du capital. Qui s'inquiète, en voyant ces admirables produits, des bras qui les ont créés ? qui pense à soustraire au chef, au maître, à l'inventeur nominal, une partie de sa gloire, pour en doter les agents laborieux et intelligents qui ont concouru à réaliser ses idées ? Encore ne parlons-nous pas des cas si nombreux où l'idée nouvelle, où le trait de lumière est parti du cerveau de l'un de ces travailleurs oubliés, et où le maître croit avec le salaire avoir payé le germe de fortune ou de gloire que lui a livré son ouvrier. N'y aurait-il pas cependant quelque chose à faire, de juste, de bon et d'utile, en faveur de cette innombrable foule de travailleurs, accessibles comme les maîtres aux sentiments d'honneur, de réputation, de gloire légitime ? En attendant que l'avenir se charge de réaliser une organisation complète de l'industrie, où le travail se trouve représenté dans tous ses droits, n'y aurait-il donc pas lieu à faire suivre le jour solennel où le pouvoir distribue ses distinctions aux élus de l'industrie, d'une autre journée non moins solennelle et plus populaire, où, sur attestations des maîtres et sur preuves vérifiées par un jury spécial, les travailleurs les plus anciens, les plus probes, les plus intelligents, les plus habiles, obtiendraient à leur tour leur juste tribut d'attention et d'estime?

Mais ici encore arrêtons-nous, soit que nous touchions à ces propositions qu'on est convenu d'accueillir tout d'abord par le mot d'utopie, soit que nous anticipions sur quelques-unes des idées que nous avons pour but de développer ici.

Ainsi, c'est une chose que du moins on ne contestera pas. Le travail, pour les industriels comme pour les curieux, est resté à l'arrière-plan de l'exposition, perdu dans l'ombre, oublié dans le silence. Il y est habitué, et ce n'est pas lui qui réclame. Mais il s'est trouvé quelques producteurs, chefs de manufactures, grands entrepreneurs d'industrie, possesseurs de vastes capitaux, qui ont pensé que cette exclusion constante des travailleurs dans la représentation des droits, des intérêts, des honneurs, était une chose à la fois injuste et funeste. Funeste d'abord à la classe qu'elle frappe, puis à l'industrie non moins qu'à la prospérité générale, enfin même à l'intérêt du capital qui profite momentanément de ses priviléges. Ces industriels ont tremblé devant l'énormité de la part qui leur est faite, et, tout en en acceptant aujourd'hui le bénéfice, ils ont pensé, par prudence autant que par générosité, à augmenter le faible lot des travailleurs. Là est le but commun, là est la tendance générale; mais quant aux moyens d'arriver, quant à l'exécution pratique, on est loin de rencontrer la même unité de vues. Préoccupés du courant quotidien de leurs affaires, ces chefs d'industrie n'ont pas arrêté, pour la plupart, leurs idées d'une manière bien précise; quelques-uns se sont bornés à ces généreuses aspirations et attendent, quelque conception praticable pour y adhérer; d'autres envisagent la question sous des points de vue fort différents, partant les uns de l'amélioration morale du travailleur comme base préalable, les autres regardant cette amélioration comme le résultat nécessaire du bien-être matériel. Quelques-uns renoncent à toute tentative où l'État ne figurera pas comme grand régulateur, tandis que, pour certains, l'intervention de l'État semblerait, du moins quant à présent, prématurée et même nuisible. Peu d'entre eux se contentent des caisses d'épargne ou de retraite, comme des seules institutions capables de régénérer l'industrie, et se bercent de l'espoir de trouver un superflu là où manque souvent le nécessaire; ils pensent plus généralement qu'avant de favoriser le penchant à l'économie, il importe, pour éviter une amère dérision, de créer les ressources sur lesquelles l'économie puisse s'exercer. Ces ressources nouvelles se présenteront-elles sous forme d'une élévation des salaires, ou d'un intérêt accordé au travailleur dans les bénéfices de la production, ou sous celle d'une réduction rationnelle dans le prix de ses consommations? Ici recommencent les incertitudes et les divergences d'opinion. Enfin, on comprend qu'à part le désir d'intervenir activement et efficacement dans la position du travail, il n'y a pas une solution générale, pas un système de ralliement, pas un plan complet et régulier.

C'est cependant ce plan que nous allons essayer de tracer, en le formant des diverses esquisses qu'il nous a été donné de réunir. Notre intention n'est pas de reproduire au complet les idées d'aucun des interlocuteurs qui ont bien voulu échanger avec nous leurs reflexions sur ce sujet; nous désirons bien plutôt donner une idée de l'ensemble de ces entretiens par une sorte de canevas qui en résume les traits généraux.

En principe, on reconnaît que l'État peut seul prendre en main les rênes d'une organisation complète et durable. Mais, dans la situation actuelle des esprits et des choses, on ne doit ni l'espérer, ni même le désirer. D'une part, les idées politiques règnent encore d'une manière beaucoup trop absolue pour qu'elles puissent, comme cela serait juste et nécessaire, se subordonner aux questions de production et de répartition. Il se passera bien du temps encore avant qu'on soit bien convaincu que la force extérieure d'une nation est irrésistible quand elle est basée sur sa prospérité intérieure, et qu'elle n'est que factice tant que l'hygiène du corps social est en souffrance. D'autre part, l'action de l'État, comme directeur d'une grande réforme industrielle, suppose la création de vastes institutions de crédit, incompatibles soit avec le degré peu avancé de l'éducation publique sur cette matière, soit avec notre position et nos charges financières. Une dernière raison, et malheureusement la plus forte, c'est que le pouvoir actuel ne se doute nullement qu'il y ait quelque chose à faire en fait d'organisation, de patronage général, de constitution des droits du travail; tous ces mots sont pour lui vides d'idées; puisque tout marche, il y a organisation; celle-là en vaut une autre; quant au travail, l'État n'a-t-il pas créé des caisses d'épargne, et une commission philanthropique ne vient-elle pas de publier un rapport sur les caisses de retraite?

C'est donc aux grands chefs de l'industrie que revient cette noble et glorieuse tâche; c'est à eux de préparer, par des essais partiels et par une pratique qui s'améliorera de jour en jour, l'émancipation matérielle et morale du travail, c'est-à-dire la solution du grand problème du dix-neuvième siècle.

L'espace est court et le sujet immense. Qu'il nous soit donc permis de serrer les idées et de négliger les détails. C'est ainsi que nous admettrons comme prouvée la nécessité de commencer cette émancipation par le bien-être matériel, préalablement à toute tentative de moralisation; on peut regarder comme un point acquis que la misère traîne après elle toutes les dégradations morales, et que l'aisance, au contraire, purifie et moralise.

Quant à ce bien-être matériel, comment y parvenir? La concurrence intérieure et extérieure, celle des ouvriers entre eux, les exigences de la consommation, tout tend à réduire de plus en plus les prix de vente. Lutter contre cette tendance est impossible; tout au plus pourra-t-on la régulariser quand le système organique sera carrément établi et en possession de sa souveraineté bienfaisante. A la baisse progressive des prix de vente correspond une réduction graduelle des salaires. Ce n'est donc pas sur une augmentation du prix de la main-d'œuvre que la classe ouvrière doit compter pour améliorer sa position.

Le point de départ dans cette intervention toute bénévole du capital en faveur du travail, c'est que le premier doit porter aide au second par son influence acquise, ses lumières, son crédit, toutes choses enfin qui ne constituent pas une perte, une dépense, un sacrifice; mais il ne devra rien céder de ses droits sans compensation, ni rien sacrifier de ses intérêts. Ces sacrifices, qui pourraient être fort méritoires comme actes de désintéressement personnel, ne sauraient servir de base à un système rationnel et général. Il n'y aura donc nulle abnégation, nulle concession philanthropique dans les essais des industriels novateurs; il y aura seulement une mise en œuvre plus raisonnée et une exploitation plus féconde des ressources que le travail possède.

Ces mesures rénovatrices reposeront sur une double base, la participation du travail aux résultats de la production et le patronage du capital dans les consommations des ouvriers.

La participation du travail aux résultats de la production, ou, en d'autres termes, l'association du capital et du travail, est une mesure sur laquelle on a déjà tant écrit et parlé, qu'il y a peu de choses à ajouter. On sait que ses adversaires la regardent comme nullement fondée en droit; le travail, disent-ils, a reçu le salaire qui représente sa part dans le produit, et le capital doit seul garder le bénéfice, puisque seul il a fait l'avance du salaire et couru toutes les chances de la production. On ne peut nier une grande justesse dans ce raisonnement, qui s'écroulerait si le capital n'était plus obligé de faire l'avance du salaire, et si, grâce à son crédit ou à tout autre moyen, le travail pouvait se suffire jusqu'à la vente du produit. C'est ce que comptent réaliser, par leur second *mode d'intervention*, ces industriels socialistes. Ils comptent supprimer, sinon en totalité, du moins en grande partie, la nécessité du salaire, et dès lors ils regardent la participation des ouvriers aux bénéfices de l'établissement comme une chose juste et profitable; juste, puisque le capital n'aura rien déboursé pour désintéresser les travailleurs; profitable, parce que cette concession sur les bénéfices, tout en étant considérable pour le travail, l'est peu pour le capital; elle est proportionnelle aux salaires qui lui servent de base dans la répartition des bénéfices annuels; or, les salaires, dans la grande industrie manufacturière, n'entrent guère, en moyenne, que pour un cinquième à un huitième des charges annuelles de la production; mais, en échange de l'abandon de cette fraction de ses bénéfices, le capital trouve, d'une part, une classe toute nouvelle de consommateurs qui jusqu'alors ne pouvaient atteindre à la satisfaction de leurs divers besoins, d'autre part, un concours de leurs nouveaux associés tellement stimulés par l'intérêt personnel, que la production, à égalité de temps et de frais, peut doubler sans peine et augmenter ainsi de moitié le chiffre des anciens bénéfices. Indépendamment des gages de sécurité et d'alliance intime que l'association des deux agents producteurs promet à coup sûr aux industriels qui la réalisent, il y a donc pour eux des chances de gain supérieur aux concessions qu'ils accordent, et ils feront les affaires des ouvriers, tout en améliorant les leurs. Ainsi, pour laisser ce point de côté, la mesure consisterait à prendre le salaire actuel pour base de la part du travail dans l'établissement. Si la somme de ces salaires s'est élevée à 50,000 fr. pour une année et que les autres charges de l'entreprise (intérêts de location et du fonds de roulement, achat de matières, frais généraux) aient atteint 250,000 fr., les ouvriers prélèveront un sixième des bénéfices de l'opération. Quant à la répartition de cette somme entre eux, elle se fera suivant la même loi, c'est-à-dire en proportion de leurs salaires respectifs. Nous ne pouvons, dans cet aperçu, nous arrêter ni aux objections, ni aux détails.

Passons au deuxième mode d'action des chefs d'industrie, à leur intervention dans les consommations de la classe ouvrière. Il est aujourd'hui reconnu que la classe ouvrière est celle qui paye au prix le plus élevé les objets qu'elle consomme: tandis qu'elle devrait être favorisée par les conditions sociales, elle y trouve la plus hostile, la plus injuste partialité. Le crédit n'existe pas pour elle, il lui faut tout acheter au comptant. Comme elle n'a jamais d'avances, il lui est interdit de profiter des avantages que présente l'achat en gros : elle ne peut acheter que par fractions minimes, et l'on sait combien coûte le détail. Enfin, le petit commerce ne fournit aucune des garanties qu'offre la vente en gros. Le détail se prête avec une déplorable complaisance à toutes les fraudes sur la qualité, la quantité ou la nature même des produits. La réunion de ces conditions forme assurément le plus fâcheux ensemble possible, soit pour la santé, soit pour la bourse des travailleurs. Ainsi, le procédé actuellement suivi, c'est-à-dire le solde hebdomadaire du salaire, est indispensable au travailleur pour payer ce qu'il achète chaque jour. En outre, ce salaire passe presque en totalité dans la valeur exorbitante de ces consommations. En serait-il de même si les chefs d'industrie se chargeaient de fournir aux besoins de leurs ouvriers d'une manière à peu près analogue à ce qui suit et qui, d'ailleurs, n'est pas sans précédents? Puisque les ouvriers emploient à leurs nécessités quotidiennes la presque totalité de leur salaire, ne serait-il pas avantageux pour eux que l'on se chargeât de fournir à ces nécessités à un prix plus économique, mais en prenant des sûretés à l'aide du salaire? En d'autres termes, les chefs d'industrie auraient-ils encore besoin de payer le salaire ou du moins la totalité du prix de main-d'œuvre, s'ils fournissaient en nature les objets que le salaire a pour but d'acquérir?

C'est cette combinaison qui permettrait aux industriels de remplacer les capitaux employés au solde quotidien de la main-d'œuvre à l'aide de leur crédit consacré à l'acquisition des matières consommées par leurs ouvriers. Cette acquisition.

faite en grand et détaillée sous la garantie du maître, offrirait toutes les conditions d'économie et de bonne qualité, et, par conséquent, elle assurerait aux consommateurs un bénéfice réel sur la méthode actuelle. Ce mode de consommations organisées peut se borner aux simples besoins de nourriture ou s'étendre à toutes les nécessités, vêtements, logement, soins de santé, mutualité pour les chômages. Il présente toujours, pour l'ouvrier, l'avantage d'une incontestable économie; pour le maître, une application nouvelle de son crédit, qui lui permet de supprimer l'avance onéreuse du salaire. Si nous n'entrons pas dans les détails d'une combinaison de ce genre, on en comprend les motifs; d'une part, elle doit varier de mille manières, suivant les cas, les lieux, l'importance des industries et celle des établissements, ensuite elle n'offre aucune objection capitale; elle est facultative; elle ne commande pas la confiance et laisse en dehors de son action ceux qui ne croient pas à son utilité; d'autre part, on ne peut douter de la facilité que les chefs d'industrie auraient à se procurer en gros et avec une grande réduction de prix les objets que leurs ouvriers consomment. Il y a donc d'autant moins de difficultés à soulever que déjà, dans plusieurs localités, l'expérience est venue couronner des essais de ce genre; mais nulle part, cette avance des consommations n'a été considérée comme un remplacement du salaire, et, par conséquent, comme un droit des travailleurs à entrer en participation des bénéfices de l'entreprise industrielle. Là se trouve l'innovation, le principe fondamental, le signal d'une nouvelle phase dans la constitution du travail.

Toutefois, pour être historien fidèle des divers plans qui ont passé sous nos yeux, nous ne saurions omettre une variante capitale au projet résumé plus haut; c'est une dissidence trop importante pour que nous puissions nous permettre de les confondre dans un seul et même cadre. Plusieurs praticiens ont pensé que l'initiative des chefs d'industrie était un procédé trop lent, trop individuel, trop peu éprouvé encore, pour entraîner une adhésion générale. Pour quelques industriels de cœur et d'intelligence qui se livreraient à des améliorations de ce genre, on rencontrerait une majorité opposante trop compacte, trop routinière, trop forte d'inertie, d'ignorance ou de mauvais vouloir. Une autre résistance encore serait à craindre, plus redoutable en ce sens qu'elle annulerait les meilleures intentions: la classe ouvrière, habituée à être pressurée au profit du capital et assez éclairée depuis quelque temps pour s'en apercevoir, tient les chefs d'industrie en état de suspicion permanente, et sa méfiance s'étend jusqu'au bien qu'on se propose de lui faire. Pour elle, les maîtres sont des ennemis dont elle redoute même les bienfaits. Or, s'il faut le courage de la philanthropie pour réaliser de pareilles entreprises malgré les obstacles, il faut la bienveillance et la gratitude du cœur pour y prêter, même passivement, un utile concours.

En face de ces deux oppositions presque insurmontables des rivaux qu'il s'agirait d'accorder, les praticiens, dont nous sommes en ce moment l'écho, ont renoncé à l'espoir de toute transaction amiable; ils pensent que le travail doit se suffire à lui-même et compter sur lui seul pour organiser le germe d'association qui doit se propager par la force des choses et par la bienfaisante contagion de l'exemple. Mais comment le travail peut-il, sans troubles dans la cité, sans user de la puissance tyrannique du nombre, sans se servir de l'arme à deux tranchants des coalitions, en acceptant enfin dans leur franchise et leur plénitude les conditions qui le régissent maintenant, comment, dira-t-on, le travail pourra-t-il imposer pacifiquement au capital la loi de la participation aux bénéfices et toutes les heureuses conséquences qui en découlent? Un principe fort nouveau, et qui est encore en quelque sorte la dernière expression des idées économiques qui commencent à courir le monde, c'est que, dans l'ordre de la priorité, l'organisation de la production doit céder le pas à celle de la consommation. La vérité de cette formule est si frappante, qu'il suffit de l'énoncer. La consommation est le but, la production est le moyen: qui se proposera de préparer le moyen sans connaître exactement la fin qu'il doit remplir? Jusqu'à ce jour, l'offre des produits s'est empressée de porter la parole et de harceler la demande; il eût été beaucoup plus rationnel de laisser la demande préciser ses besoins; qu'on y réfléchisse, et c'est dans cette voie qu'on trouvera une issue certaine aux redoutables problèmes de concurrence anarchique et de liberté illimitée de l'industrie.

Cela posé, il s'agit de savoir comment procéder à cette organisation de la consommation. Où est-elle? partout; malgré les innombrables variétés de la production, il y a encore certains membres du corps social qui sont improductifs; il n'y en a aucun qui s'abstienne d'être consommateur. Toutefois, il y a certaines consommations plus générales les unes que les autres; celles de première nécessité, de nourriture, vêtement, logement, besoins intellectuels, sont universelles; les consommations de luxe sont, au contraire, réduites aux classes supérieures, c'est-à-dire à une minorité presque imperceptible. Les classes inférieures sont donc, eu égard à leur nombre, les véritables consommateurs; le chiffre et l'importance de leurs besoins forment la base réelle de la production d'un pays; à part les raffinements d'élaboration et les transformations délicates et dispendieuses d'une partie des produits primitifs, on peut dire que la grande industrie ne travaille que pour la grande consommation et n'existe que par elle. Si cela est, et nous doutons qu'on le puisse contester, les classes ouvrières pourraient donc commander à la production qu'elles alimentent, c'est-à-dire au capital qui est à la fois leur souverain et le maître de cette production. Ainsi ces classes, subordonnées au capital comme travailleurs salariés, le dominent comme consommateurs payants. Disons plus vrai, elles ne le dominent pas, mais elles pourraient le dominer.

Et que leur faudrait-il pour reprendre une supériorité que tout légitime, la logique, la dignité humaine, les intérêts moraux aussi bien que les les intérêts matériels? Il leur faudrait l'unité, la centralisation, l'organisation en groupes reliés entre eux et se soutenant les uns les autres par une toute-puissante solidarité. De degré en degré, nous atteignons le but que ces praticiens assignent aux efforts que le travail devrait faire pour se constituer lui-même. Que les ouvriers, disent-ils, sans distinction d'état, du moins pour les premiers temps, se groupent et se réunissent dans le but de mettre leurs dépenses en commun; qu'ils se gardent bien de croire toutefois à la nécessité d'une communauté où la vie individuelle, la vie de famille, s'efface pour faire place au réfectoire ou au dortoir; l'idée est beaucoup plus simple et plus conforme aux éternels besoins du cœur de l'homme; s'ils se groupent, c'est pour substituer aux mille petits consommateurs, sans crédit, soumis à la fraude, à la ruineuse pratique du détail, un puissant, un énorme consommateur, qui obtienne tout le bénéfice, toute la véracité des produits en gros; que leur clientèle, devenue imposante par son nombre et précieuse par la solidarité de ses membres, fasse ses conditions à son tour et sème partout où elle se fixera le germe de l'association comme première exigence; ce germe fructifiera, en permettant à de nouveaux travailleurs de se former aussi en groupes consommateurs, qui soumettront à leur tour une nouvelle partie de la production aux lois organisatrices. De proche en proche, cette prépondérance de la consommation s'étendra et s'établira sans conteste. Le travail aura repris son empire, mais il n'en usera que pour faire régner la justice.

E. Lamulonière.

ORFÉVRERIE

LE VASE D'ONDINE, PAR M. GEOFFROY DE CHAULNES.

Il n'y a pas dix ans que tous les échos retentissaient encore de plaintes trop justement fondées contre les tendances matérielles de l'industrie. C'était à qui se récrierait sur la banalité de ses conceptions, sur la mesquinerie bourgeoise qui présidait à la confection de nos meubles, de nos étoffes, de nos décorations d'intérieur. On se raillait de nos préoccupations d'économie, de notre insouciance de l'art et de la beauté des formes. On regrettait les fortunes d'artistes et la générosité des Mécènes du temps passé, en défiant notre siècle d'égaler les prodigalités fastueuses qui alimentaient la gloire des Germain, des Riesner, des Petitot et des Cellini.

Cependant un rapide progrès, dont la littérature et la poésie avaient donné le signal, s'opérait dès lors dans toutes les branches de l'industrie dépendantes de l'art du dessin. On s'habituait de plus en plus à regarder comme un élément essentiel de la perfection de leurs produits le pittoresque du galbe et de la couleur. On remontait aux sources, et, nonobstant un amalgame un peu confus des styles et des genres, on vit bientôt apparaître dans les tissus, dans l'ameublement, dans la céramique et dans la mise en œuvre de tous les métaux, des œuvres assez remarquables pour le disputer en élégance, en richesse, en originalité aux productions les plus vantées des âges précédents.

D'où vient donc que tant de récriminations

s'élèvent contre ceux dont les louables efforts ont le plus contribué à cette régénération. On reproche aux uns le temps et la patience qu'ils ont mis à parfaire un minutieux chef-d'œuvre, aux autres l'élévation du prix résultant de l'emploi exclusif des matières les plus précieuses et des mille difficultés dont la main d'œuvre est parvenue à triompher. On demande à quoi bon des pistolets de trois cents louis, des cafetières émaillées et enrichies de topazes, des tapis et des parquets à cent écus le mètre. Mais à quoi bon, dites-moi, l'or et les pierres précieuses, le génie de l'homme et les fleurs de l'imagination ? Qui a jamais songé, en admirant un portrait de Miéris, une assiette de Palissy, une mosaïque antique ou un riche yatagan persan, à s'enquérir du nombre de jours et de la somme d'argent qu'ils ont coûté ? Toute la question est de savoir si un sculpteur en bois, un ciseleur, un émailleur ou tout autre artisan peut attribuer à ses produits ce cachet d'exception, cette tournure inimitable, cette séduction irrésistible qui constituent l'idéal de l'art : mais, l'œuvre une fois créée, sachez-en jouir et y applaudir doublement s'il se trouve encore des hommes d'élite assez épris du beau, assez éclairés, assez enthousiastes et assez riches pour acquérir ces délicates merveilles et en rémunérer dignement les auteurs.

Honneur donc à M. le duc de Luynes, tant pour le noble emploi qu'il sait faire d'une brillante fortune que pour le goût et l'élévation d'idées qui président à ses commandes : car il ne se contente pas d'appeler à lui des artistes plus ou moins en renom pour leur dire, à l'instar de tel Crésus que je m'abstiendrai de citer : « Vous avez du talent, j'ai de l'or: mettez-vous à l'œuvre, ornez ma demeure à profusion de vos peintures, de vos arabesques, de vos bronzes, de vos cristaux, et n'oubliez pas que je veux surpasser tous et chacun en luxe et en magnificence. » Prétention hautaine que trop souvent déjà nous avons vue dégénérer en contestations triviales et mesquines sur le juste salaire réclamé par des travailleurs trop désintéressés ou des fournisseurs trop confiants. C'est en artiste que M. de Luynes encourage les arts. Il sait rendre hommage au mérite consacré aussi bien que discerner et mettre en lumière le talent modeste; et s'il fallait une preuve de plus de la rare intelligence et de l'esprit ingénieux qui distinguent ses propres inspirations, le vase d'*Ondine* qu'on a pu admirer à l'exposition de l'industrie convaincrait, en les charmant, les esprits les plus sceptiques et les plus prévenus en faveur des théories purement utilitaires.

Ce vase est un pendant ou, pour mieux dire, la contre-partie d'un autre exécuté depuis trois ou quatre ans. Tous deux sont en argent en partie repoussé, en partie ciselé; et, contrairement à ce qui advient d'ordinaire, le dernier venu pourra bien l'emporter sur son rival par l'heureuse conception du sujet, sinon par le fini de l'exécution.

Le premier est consacré au vin; celui-ci est dévoué à l'eau. Or, quoi de mieux imaginé, pour remplir cette partie du programme tracé en dehors, notez-le bien, des allégories surannées de la mythologie païenne, quoi de plus charmant que cette histoire d'Ondine où Lamothe-Fouqué sut si bien allier au caractère fantastique de la rêverie allemande la sobriété et la naïveté touchante du génie français. Délicieuse féerie dont il semble, au premier abord, que la reproduction n'a pu être confiée que par défi aux bouillonnements de la fonte et à la rigidité du métal. Mais M. Geoffroy de Chaulnes, l'habile modeleur du vase d'Ondine, est maître passé dans l'art d'assouplir, au gré de sa fantaisie, les matières les plus rebelles, et cette fois il a triomphé des difficultés de son sujet avec tant de bonheur et d'aisance, une touche si délicate et si flexible, qu'elle rivalise pour ainsi dire avec les procédés de la science musicale qui fut la première à s'emparer, en Allemagne, des inspirations vaporeuses du conte d'Ondine, sous les auspices d'Hoffmann, juge si compétent en pareille matière.

Le dessin général du vase est d'une élégante simplicité. Sa panse en forme d'œuf s'étrangle par le bas au-dessus d'une base peu développée, mais à laquelle donnent du poids et de la richesse quatre groupes d'animaux en ronde bosse choisis dans la classe des amphibies. Ce sont un crocodile, un castor, un ours blanc, un phoque et un pélican. L'anse, qui sert aussi d'abri à un lynx et à un jabiru, oiseau du genre échassier, est formé d'une double tige de bambou recourbée à son sommet, et sur la convexité de laquelle est couchée, dans l'engourdissement du sommeil, une ravissante figure de femme nue. C'est la fée Mélusine qui préside aux lacs et aux eaux dormantes. Écartez les tresses ondoyantes de la longue chevelure qui lui sert de natte, et vous pourrez voir briller à sa main nonchalante l'attribut magique, sa baguette d'or plus droite et plus frêle que les sveltes roseaux qui forment la ceinture de ses domaines aquatiques. Vis-à-vis d'elle, sous l'auvent du bec arrondi, une naïade en plein relief sort de l'eau à mi-corps élevant dans ses bras un enfantelet pétri de gentillesse, Ondine, dont les yeux viennent de s'ouvrir à la lumière en attendant l'âme qu'il est réservé à l'amour de lui infuser plus tard. Ce joli groupe se détache sur un fond de joncs et de roseaux qui tapisse tout le col du vase.

L'action du poëme est figurée sur le pourtour en cinq tableaux. Voici la lisière de la forêt enchantée bordée par le torrent écumeux. C'est là que le chevalier voyageur, en voulant rebrousser chemin, est arrêté par les invisibles esprits des eaux. En vain son cheval de guerre s'apprête à affronter résolûment l'obstacle liquide. L'eau bouillonne, se révolte, se cabre et oppose un rempart infranchissable à Huldbrand et à son coursier. Il restera donc, et comment songer à le plaindre à l'aspect du doux tête-à-tête qui l'occupe auprès de cette jeune fille gracieuse et confiante; car Ondine n'a pas appris à feindre ni à dissimuler avec ses sympathies. La jeunesse et la beauté d'Huldbrand l'ont charmée; elle l'aime, elle est heureuse et fière de son amour, elle ne laisse échapper aucune occasion de le manifester, jusqu'à mordre au vif la main du chevalier quand celui-ci raconte trop complaisamment la conquête qu'il a faite, au dernier tournoi, du cœur de la riche et noble Berthalda.

Est-ce pour se venger de ce jaloux transport qu'Huldbrand s'éloigne de la cabane du pêcheur portant en croupe la gentille Ondine qui s'appuie d'un air tendre sur son ravisseur. Non. J'aperçois derrière l'heureux couple le bon prêtre que les génies élémentaires, protecteurs d'Ondine, ont dirigé exprès jusqu'à sa retraite solitaire pour consacrer son union avec le chevalier, et l'oncle d'Ondine lui-même, le vénérable Fraisondin, tour à tour homme et torrent, dont le poëte nous donne une image si pittoresque en le dépeignant enveloppé dans les larges plis d'un manteau blanc si ample et si étoffé, qu'il était obligé à chaque instant de les relever, de les enrouler autour de son corps, pour que le mouvement et la confusion de ses pans ondoyants ne gênassent pas son allure. Cette scène est traitée avec un goût exquis et une entente parfaite du paysage et de la perspective.

Mais déjà nous touchons à la péripétie du drame. Le chevalier, qui, sur les généreuses instances d'Ondine, a recueilli Berthalda, proscrite et délaissée, dans sa propre demeure, cède aux tentations de l'inconstance et devient parjure à la foi conjugale. Ondine, à qui les roseaux ont révélé, dans leurs mystérieux murmures, son irréparable malheur, Ondine surprend l'ingrat Huldbrand aux genoux de sa rivale, et lui prédit tristement quelle sera la punition prochaine de sa félonie. Vaine menace, hélas! la trahison est consommée. L'irrévocable arrêt s'exécute. Ici la légende raconte comment Ondine apparaît un soir au chevalier, lui rappelle ses serments et son bonheur passé, et dans un embrassement suprême, le tue à regret en répandant sur lui des larmes qu'il sent pénétrer avec le froid de la mort dans ses yeux et dans sa poitrine. Cette fois la difficulté de rendre d'une manière compréhensible ce dénoûment féerique touchait à l'impossible. Mais l'artiste a évité l'écueil et accompli sa tâche avec un esprit et une adresse merveilleuse.

Ondine se présente recouverte d'un long voile blanc et annonce au chevalier que la destinée ordonne qu'il meure. — Le ciel est juste, répond celui-ci; j'ai mérité mon sort. Mais je t'en conjure, chère Ondine, ne m'effraye pas à ma dernière heure. Si ce voile couvre une figure empreinte des horreurs du trépas, oh! ne le soulève pas devant moi.

— Ne crains rien, dit Ondine, je suis toujours la même, et mes traits n'ont pas changé plus que mon cœur. Ami, ne veux-tu pas me voir une fois encore, telle que j'étais aux jours de notre bonheur passé?

— Oui, je veux te voir, s'écria-t-il; et pour me faire mourir de regret, ton regard et ton sourire suffiront.

Alors Ondine se découvre, elle montre son charmant visage, ses épaules, sa taille séduisante, et d'une main ralentie par le désespoir, elle laisse retomber sur Huldbrand son voile transparent qui l'enveloppe, l'inonde, se fond en eau et le noie.

La parfaite exécution de cette ingénieuse idée suffirait à fonder la réputation de l'auteur du vase d'Ondine. Les yeux seuls peuvent apprendre quel degré d'ondulation et de fluidité son habile burin a su imprimer à ces détails scabreux de son œuvre plastique, sans rien sacrifier de la précision du dessin. La grâce et le moelleux des contours vivifient toute la surface du métal. J'émettrai pourtant une observation critique sur le cachet trop uniforme de mélancolie donné à la physionomie d'Ondine. J'aurais voulu qu'avant l'hymen fatal elle exprimât davantage cette mutinerie charmante, cette riante et malicieuse franchise, doux apanage de son essence fantastique.

N'oublions pas de mentionner le nom de

M. Poux, l'habile ciseleur qui a aidé M. de Chaulnes à parfaire son œuvre, qui a si minutieusement, si coquettement et si grassement modelé les figures, les animaux, les médaillons, et la frise pleine de jolis détails qui sert de couronnement au grand bas-relief.

Disons aussi, pour compléter l'éloge de M. de Chaulnes, que c'est lui qui a exécuté le modèle de la coupe en agathe moulée sur un cep de vigne en argent avec des grappes en perle, l'une des pièces les plus précieuses de la belle exposition de M. Froment-Meurice, ainsi que celui d'un très-riche coffret exposé par M. Rudolphi.

Il faut rendre à César ce qui appartient à César, et à M. de Luynes des actions de grâces infinies pour le patronage qu'il accorde aux artistes qui savent réaliser de pareilles conceptions.

HENRY EGMONT.

CHALES.

LE RÉGENT,

CHALE OMBRÉ DE MM. DUCHÉ AINÉ ET Cie.

En publiant, dans l'une de nos précédentes livraisons, une longue et consciencieuse appréciation des plus remarquables produits de l'industrie des châles, nous nous étions promis de consacrer un second article à cette importante catégorie de l'exposition nationale. L'espace nous manque pour le faire aujourd'hui : cependant nous ne terminerons pas notre livre sans appeler une fois encore l'attention du public, celle des femmes surtout, si bons juges en semblable matière, sur le magnifique châle ombré exposé par MM. Duché aîné et Cie. C'est là un de ces produits hors ligne, une de ces œuvres tellement capitales, particulièrement pour le rapport du dessin, de la composition, de la couleur, de l'ensemble enfin, que nous n'avons pu résister au désir de le reproduire. Malgré l'excessive difficulté de la tâche que nous nous sommes imposée, nous croyons avoir atteint le but. La planche que nous livrons aujourd'hui a été exécutée par l'un de nos graveurs les plus habiles avec une légèreté qui ne laisse rien à désirer. La partie centrale, ombrée, qui représente une double coupole dans le goût oriental, offre dans l'original ces belles dégradations de nuances qui passent du ponceau au rose pâle, et du vert foncé au vert tendre, en parcourant toute l'échelle des nuances rouges et vertes. L'artiste chargé de l'exécution de cette gravure avait beaucoup à faire pour rendre avec bonheur les magiques couleurs dont le pinceau de M. Brière a doté le *Régent*. Il n'est pas resté au-dessous de sa tâche, et la planche que nous donnons aujourd'hui est aussi supérieure à tout ce qui s'est fait jusqu'à ce jour en gravures de châles que le *Régent* est lui-même supérieur, en tant que dessin, couleur et composition, à tout ce que l'exposition de 1844 nous a offert de plus remarquable. Du reste, le talent particulier de M. François Brière, dessinateur que nous avons nommé plus haut, nous surprend d'autant moins, qu'il est l'élève de M. Duché, à la maison duquel il est attaché depuis longtemps.

GRANDES ORGUES D'ÉGLISE.

MM. CAVAILLÉ-COLL, PÈRE ET FILS.

(2e article.)

Nous avons consacré la première partie de notre travail à l'examen de l'orgue de Saint-Denis qui faisait partie de l'exposition de MM. Cavaillé-Coll, nous le complétons aujourd'hui par l'étude des différentes inventions qui appartiennent à ces habiles facteurs.

La soufflerie est la partie essentielle de l'orgue. L'air qu'elle comprime est le premier moteur du son. Elle donne la vie aux divers instruments que l'orgue doit imiter.

Une des premières conditions de la soufflerie, est de fournir un vent égal et continu. Le son des tuyaux variant d'intonation d'après le degré de pression de l'air qui les anime, il en résulte qu'un orgue ne tient point l'accord s'il n'est pourvu d'un vent parfaitement égal. Les anciennes souffleries sont loin d'atteindre ce résultat ; le vent en est inégal et variable, suivant que les soufflets sont plus ou moins ouverts. On a imaginé, dans ces derniers temps, une soufflerie à réservoir, beaucoup plus simple que celles qui étaient en usage autrefois, et qui, par une disposition ingénieuse des plis qui forment les contours de ce genre de soufflets, donne à l'orgue un vent parfaitement égal ; condition indispensable pour obtenir la stabilité de l'intonation, et par conséquent le maintien de l'accord.

La première application de ce nouveau système,

généralement adopté par les facteurs, a été faite, à notre connaissance, par le célèbre Sébastien Érard, dans un orgue qu'il avait mis à l'exposition des produits de l'industrie, en 1827.

Cet instrument remarquable fut admiré par les connaisseurs; il présentait encore deux autres perfectionnements précieux : la boîte d'expression dont nous avons parlé plus haut, et un jeu à anches libres expressif. Chaque note avait l'immense avantage d'avoir une expression particulière, et pouvait être enflée ou diminuée au gré de l'artiste par le plus ou moins de pression sur les touches du clavier. Cette dernière invention, due au génie de Sébastien Érard, ne lui fait pas moins d'honneur que celle du mécanisme de la harpe à double mouvement, et de son double échappement qui a donné à ses pianos à queue une supériorité incontestable sur tous les instruments de ce genre.

La mort de ce grand artiste, enlevé à ses travaux en 1831, ne lui a pas permis de donner à l'industrie des orgues tout le développement qu'elle pouvait acquérir entre des mains si habiles. Un second instrument qu'il venait de terminer pour la chapelle royale, et qui, on le pense bien, avait eu sa part des perfectionnements dus aux investigations de cet homme de génie, a été brisé dans le sac des Tuileries, à la révolution de 1830. Cette perte pour l'art a été d'autant plus cruelle, que notre grand artiste n'a pas eu le temps de la réparer.

La principale fonction d'une bonne soufflerie est de fournir un vent égal et continu; cette condition est remplie par les souffleries à réservoir dont on fait aujourd'hui un usage général en France. Mais ce perfectionnement, indispensable pour assurer à l'orgue un accord stable, n'était pas le seul réclamé par cet instrument. La puissance et la qualité des sons du plus grand nombre des jeux devait recevoir de grandes améliorations. Si l'on considère la puissance et la belle harmonie d'un orchestre composé seulement d'une trentaine d'instrumentistes, comparativement à la maigreur des sons d'un orgue qui contient plusieurs milliers de tuyaux, on est étonné de voir que l'instrument qui réunit le plus de ressources ne déploie pas une plus grande puissance relativement aux proportions de sa taille gigantesque.

Jusqu'à présent, les orgues avaient été alimentés par une même pression de vent, variable de 5 à 10 centimètres de colonne d'eau, suivant l'importance des instruments ou le goût des facteurs; mais cette même pression s'appliquait indifféremment à tous les jeux; d'où il résultait que les jeux de flûte étaient exposés à être alimentés par un vent très-fort, tandis que les jeux d'anches, principalement dans les tons élevés, ne recevaient qu'un vent beaucoup trop faible. Les basses de ces divers jeux couvraient toujours la partie du chant, de telle sorte que les dessus ne pouvaient être entendus qu'au moyen de l'addition de certains jeux hétérogènes, tels que les jeux de cornets, et qui, par leur peu de fusion avec les jeux d'anches, les rendait souvent maigres et criards.

On comprend déjà, d'après ce que nous venons de dire, que l'effet d'un orgue gagnerait d'une manière remarquable si l'on faisait sonner les jeux de flûte avec la pression de vent qui leur convient, les jeux d'anches avec un vent plus fort, tel qu'ils le réclament, et mieux encore, que pour chaque période de sons, d'octave en octave, du grave à l'aigu, il y eût un vent de l'intensité relative à la puissance qu'ils devraient avoir.

Cet important problème a été complétement résolu par M. Aristide Cavaillé au moyen de l'invention d'un nouveau système de soufflerie qui permet d'alimenter les orgues avec autant de pression de vent qu'on peut le désirer, et qu'il nomme pour cette raison *soufflerie à diverses pressions*.

Les avantages de ce nouveau système s'étendent non-seulement à la partie acoustique de l'orgue en améliorant les qualités sonores, mais ses dispositions ont en outre le résultat de faire disparaître les secousses et les altérations de vent qu'on remarque en général dans les orgues ordinaires.

Le mécanisme de l'orgue servant à mettre en jeu les diverses parties de cet instrument immense par l'action d'un seul homme, a besoin d'être établi avec toute la solidité et toute la précision désirables pour que les résistances qu'il doit vaincre n'empêchent pas les touches d'obéir sous les doigts de l'organiste avec prestesse et sans effort.

L'effet d'un orgue peut être considérablement augmenté par les dispositions de son mécanisme : la facilité plus ou moins grande avec laquelle il fonctionne, les ressources qu'il présente à l'artiste qui le met en jeu doivent nécessairement ajouter à la variété des effets sonores.

La puissance d'un orgue, indépendamment de la sonorité des tuyaux, dépend moins de la quantité des jeux dont il se compose que du nombre de ces mêmes jeux qu'on peut faire résonner à la fois par les combinaisons du mécanisme.

Dans les grands orgues anciens, on peut à peine faire entendre à la fois les deux tiers des jeux correspondants sur chaque clavier, à cause de la dimension trop exiguë des soupapes qui donnent le vent aux tuyaux, ce qui ne peut permettre, sans altérer l'accord et la sonorité, de joindre les jeux de fonds aux jeux d'anches.

Les divers degrés de force ou les différentes nuances qu'on peut faire entendre dans l'exécution d'un morceau ou d'une improvisation, se trouvent limitées par le nombre des claviers, c'est-à-dire à 2, 3, 4 ou 5, qui est le plus grand nombre de claviers qu'on ait appliqué à l'orgue. Nous avons déjà fait remarquer que le mécanisme de ces orgues laisse en lui-même beaucoup à désirer à l'égard de l'exécution et de la précision.

Dans la nouvelle facture, on a perfectionné la partie matérielle de l'ancien mécanisme. L'orgue de Sébastien Érard, dont nous avons déjà parlé, présentait sous ce rapport une grande supériorité. Erard avait introduit dans son instrument quelques nouvelles dispositions mécaniques, elles permettaient, au moyen de plusieurs pédales, d'appeler ou de supprimer certaines combinaisons de jeux par lesquelles l'organiste pouvait varier la force et donner ainsi à son exécution un plus grand nombre de nuances que sur les orgues ordinaires. Toutefois, nous devons dire que l'effet de ces combinaisons, obtenues par un mécanisme qui tirait ou repoussait à la fois certains jeux déterminés, restait toujours le même, et que si l'artiste désirait combiner les jeux différemment, il se trouvait dans la nécessité d'agir avec les mains sur les registres, comme dans les orgues ordinaires.

Nous devons à M. Aristide Cavaillé un autre système de pédales qui laissent à l'organiste la faculté de combiner les jeux comme bon lui semble, et de les faire entrer ou de les supprimer instantanément au moyen d'une pédale correspondant à chacune des combinaisons préalablement preparées.

Ces nouvelles pédales, dont nous trouvons une heureuse application dans le grand orgue de Saint-Denis, créent des ressources immenses à l'exécutant, entre autres le *crescendo*, qui s'obtient d'une manière aussi parfaite qu'à l'orchestre, en arrivant du *piano* au *fortissimo* et *vice versâ*: de plus, on peut rendre toutes les nuances d'expression.

Nous avons entendu, dans les ateliers de ces habiles facteurs, des petits orgues à deux claviers auxquels ce nouveau système était appliqué et qui réunissait à la puissance d'un grand orgue une variété dans les effets qu'il est impossible de trouver dans les orgues à 4 et 5 claviers de l'ancien système.

Jusqu'à présent, on n'avait employé dans l'orgue que le premier son ou le son fondamental des tuyaux, tant ouverts que bouchés. Les tuyaux d'orgues peuvent néanmoins, comme plusieurs instruments d'orchestre tels que le cor, la trompette, faire résonner sous la même dimension plusieurs sons qu'on appelle harmoniques.

On sait que le premier son ou le son fondamental s'obtient naturellement en soufflant dans le tuyau; mais il n'en est pas de même pour les sons *harmoniques* qu'on emploie depuis longtemps dans les instruments d'orchestre, déjà cités; mais ici le sentiment de l'artiste donne à l'instrument la pression de vent nécessaire pour obtenir tel ou tel autre son, tout en modifiant la tension des lèvres pour accélérer ou ralentir les vibrations sonores qui déterminent l'intonation.

Il y avait de grandes difficultés à surmonter pour appliquer à l'orgue les sons harmoniques, surtout pour déterminer d'une manière en quelque sorte mécanique les divers sons qu'un même tuyau peut faire entendre.

Nous devons encore aux recherches de M. Aristide Cavaillé la solution de cet important problème, qui permet désormais d'enrichir la facture des orgues d'une nouvelle famille de jeux auxquels il donne la dénomination d'harmoniques, et qui, par leur nature, ont pris une parfaite analogie avec les instruments d'orchestre tels que la flûte harmonique, la flûte octaviante, l'octavin, la trompette harmonique, le cor et le cor anglais harmoniques; ils donnent en même temps à l'ensemble de l'orgue une puissance et une homogénéité inconnues jusqu'à présent dans les orgues ordinaires.

Le premier essai de ces nouveaux jeux date de 1839; on l'admira dans un orgue mis à l'exposition de cette année par MM. Cavaillé, et sur lequel le savant acousticien, M. Savart, s'exprime ainsi dans son rapport : « Un orgue de chœur ou d'accompagnement à deux claviers, renfermant 16 jeux; parmi ces 16 jeux, il y en a deux *tout à fait nouveaux* dans l'un que MM. Cavaillé-Coll appellent la flûte octaviante, les tuyaux qui sont ouverts aux deux bouts sont embouchés de manière à donner non le son fondamental, mais le premier harmonique : dans l'autre, ils sont embouchés de manière à faire entendre, les uns le 1er, les autres le 2e, 3e, 4e, 5e, 6e et 7e harmonique. Ces deux jeux sont d'un très-bel effet: ils imitent, le premier, la petite flûte, le second, la flûte traversière.

Nous n'ajouterons rien à ces quelques lignes du savant rapporteur ; pour qui connaissait le jugement impartial, le caractère calme et froid de M. Savart, une semblable appréciation est un très-bel éloge.

TISSUS.

TOILES A VOILES DE LIN DE MM. MALO, DICKSON ET Cie, A COUDEKERQUE, BRANCHE-LÈS-DUNKERQUE (NORD).

Il est à regretter que la marine royale n'ait pas encore adopté l'usage des toiles à voiles de lin. Leurs avantages sont tellement supérieurs à ceux des toiles à voiles de chanvre, qu'ils compensent et au delà le seul inconvénient qu'on a cru pouvoir leur reprocher. Cet inconvénient, c'est que ces toiles ne supportent pas d'une manière complétement satisfaisante l'épreuve de la force dynamométrique à laquelle se soumettent les toiles de chanvre. A cela, il y a plusieurs choses à répondre. Mais voyons d'abord ce qui constitue la supériorité réelle des toiles de lin sur leur rivale.

Ces toiles ont été tissées pour la première fois *sans apprêt*, en 1837, à Coudekerque-Branche, dans la manufacture de MM. Malo, Dickson et Cie. Leur nouveauté consistait d'abord en ce qu'on remplaçait le chanvre par le lin, et qu'on ne faisait pas subir aux fils, en les tissant, un encollage de suif, d'amidon ou de gomme.

La substitution du lin au chanvre, dans le tissage des toiles à voiles, rend celles-ci plus faciles à plier, à serrer ou à manier dans les mauvais temps. Le lin étant une matière plus flexible que le chanvre, la toile de lin est moins susceptible de se couper le long de ses plis et exige nécessairement moins de réparation que la toile de chanvre; il arrive souvent qu'elle est tout à fait usée avant d'avoir eu besoin d'être réparée.

Les avantages du tissage sans apprêt ne sont pas moindres pour la toile de lin. L'apprêt ou l'encollage d'amidon, de suif ou de gomme multiplie pour les voiles les chances de destruction, dans les climats chauds. Sous l'équateur, les toiles apprêtées ne tardent pas à s'altérer, à se moisir, à se piquer, à se pourrir. Qu'un navire soit expédié pour les mers lointaines, peut-il être assuré de pouvoir renouveler sa voilure détruite une première fois par l'apprêt et, plus tard peut-être, anéantie par la tempête ?

Avec les toiles de lin sans apprêt, ces craintes n'existent plus, et si elles ne résistent pas toujours à la force dynamométrique, elles ne cèdent pas si facilement aux efforts du vent et à l'influence d'une température torride.

Cette épreuve de la force dynamométrique est-elle d'ailleurs bien concluante, et l'encollage n'aide-t-il pas puissamment les toiles neuves à la soutenir? Les inspecteurs des arsenaux de la marine eux-mêmes reconnaissent la justesse de ces deux objections. Si l'on songe maintenant au peu de résistance que doivent offrir les toiles apprêtées après un court usage, on conviendra que les toiles de lin, conservant leur solidité pendant presque tout le temps de leur durée, sont supérieures de fait aux toiles de la marine royale.

Le commerce, lui, n'a pas tardé à rendre justice aux toiles sans apprêt. La fabrication de ces toiles, qui n'était, en 1837, que de 30,000 mètres par an, dépasse aujourd'hui 400.000 mètres de production annuelle. Ce succès prouve suffisamment les préférences de la marine commerciale; il ne doit pas laisser de doute sur la solidité des toiles de lin.

En veut-on un éclatant exemple? Voici en substance ce que porte un certificat tout récent : « Le navire *le Félix*, arrivé à Bordeaux de la Véra-Cruz, le 15 janvier 1844, essuya dans sa traversée une tempête des plus terribles, où il eût occasion d'observer un bâtiment américain flottant entre deux eaux, dont il sauva l'équipage réfugié depuis huit jours dans le gréement. Le capitaine du *Félix* se plaît à témoigner que, sans la bonne qualité de ses huniers, il n'aurait jamais pu tenir, en vue de ce naufrage, pendant une nuit entière d'horrible tempête, comme il l'a fait: sans ses voiles de lin, il n'aurait jamais pu accomplir un acte d'humanité aussi périlleux que le fut le sauvetage du navire américain. »

Les toiles exposées par la manufacture de MM. Malo, Dickson et Cie sont cotées à des prix de 20 et 25 pour 100 au-dessous de ceux des toiles de la marine royale. Il faut louer sans restriction ces messieurs d'avoir ainsi mis le public à même de juger à la fois de tous les avantages de leur fabrication. Trop de perfectionnements, en effet, ne sont obtenus qu'aux dépens du bon marché.

Faisons observer, en terminant, que les toiles de lin sont préparées sans avoir été blanchies à l'aide du chlore, attendu que la blancheur ne s'obtient qu'aux dépens de la force du tissu. Leur apparence y perd comme elle perd déjà par le manque d'apprêt; mais leur solidité et leur durée y gagnent, et c'est là le point principal.

Disons encore que la manufacture de Coudekerque-Branche est une des principales de France, et que c'est à elle qu'on doit en partie le procédé par lequel on file *à sec*, c'est-à-dire sans faire usage de l'eau, les étoupes de lin et de chanvre.

LITHOPHANIE.

MANUFACTURE DE M. LE BARON DU TREMBLAY, A RUBELLES. — DÉPÔT A PARIS, GALERIE DELORME, 14.

M. le baron du Tremblay, nous a-t-on dit, est depuis quatre ans à la tête d'une manufacture pour la prospérité de laquelle il ne recule devant aucune espèce de sacrifice. Ses capitaux, son intelligence, ses soins de tous les instants, il les prodigue sans relâche et sans se laisser décourager.

Nous nous étonnons qu'après des efforts aussi dignes d'éloges, les produits de la manufacture de M. le baron du Tremblay ne jouissent pas d'une popularité plus étendue. Avez-vous remarqué à l'exposition, dans la partie réservée aux arts céramiques, des services de dessert en simple faïence, et qui rivalisent réellement de beauté avec ce que l'orgueilleuse porcelaine offre de plus magnifique? N'avez-vous pas admiré cette richesse de tons, cette dégradation de couleurs, cette délicatesse de nuances, cette finesse de teintes, que fait ressortir le vernis d'un émail brillant? C'étaient les produits de la manufacture de Rubelles que vous aviez sous les yeux.

La lithophanie était une charmante invention; mais on semblait vouloir se borner jusqu'ici à l'appliquer presque exclusivement aux objets d'art et de fantaisie. Certes, des vitraux de salon, des abat-jour, des lampes, des veilleuses, des écrans fabriqués en porcelaine transparente et doués de toute la douceur de dégradations de teintes possédée par la gravure en taille douce, c'était là un résultat curieux et agréable. Mais, en industrie, c'est surtout à l'utile qu'il faut songer; l'intérêt particulier du fabricant, comme l'intérêt général du consommateur, poussent l'industrie vers l'utile comme vers un but irrésistible et fatal. Après les jolis objets enfantés par la lithophanie artistique, sont venus les produits, plus modestes dans leurs prétentions et néanmoins plus importants, de M. le baron du Tremblay.

Ces produits portent le nom d'*émaux colorants* ou d'*émaux ombrants*. La faïence, empreinte d'après les nouveaux procédés de dessins variés de forme et de tons, est recouverte d'un émail transparent, coloré, qui, nous le répétons, flatte le regard presque à l'égal de la porcelaine. Nous répéterons aussi que, selon nous, le nombre d'objets usuels auxquels les émaux ombrants peuvent être appliqués n'est pas suffisamment étendu. L'intérieur de nos demeures acquerrait des conditions inappréciables de beauté et de propreté en multipliant autant que possible les plaques brillantes, les carrelages omnicolores de M. du Tremblay. Le foyer domestique devrait les adopter pour les plafonds, les planchers, les dessous de portes, les cheminées, les poêles. Le commerce parisien utilise cette invention en l'employant aux lettres d'enseigne. Mais, encore une fois, l'usage devrait en devenir général. L'air, l'eau, les variations de la température, la poussière, le frottement même, ne peuvent rien sur l'éclat et la durée de ces produits excellents. Leur prix ne s'éloigne pas énormément de celui de la brique et de la faïence ordinaire, qu'ils remplacent avec tant d'avantage pour les carreaux d'appartement et les services de table, et il est bien moindre que le prix du cuivre et du marbre, qui doivent tôt ou tard leur céder la place pour les lettres d'enseigne, les poêles et les cheminées.

L'invention des émaux ombrants a déjà obtenu, du reste, une récompense flatteuse. La Société d'encouragement lui a accordé, en 1843, une médaille d'argent. Il est utile d'insister sur ce que cette industrie n'existait pas à l'époque de l'exposition de 1839.

PAPETERIE D'ESSONE

(SEINE-ET-OISE).

La papeterie est une industrie qui offre en ce moment un curieux exemple de la lutte qui a eu lieu entre les procédés anciens, dispendieux mais accomplis, et les procédés nouveaux, bien plus favorables à l'économie qu'à la qualité des produits créés. On sait combien l'œuvre sortie de la main de l'homme est inférieure en régularité et en rapidité à celle qu'accomplissent les machines; mais on connaît aussi l'incomparable supériorité de la fabrication manuelle, quand celle-ci exige ou la direction de l'intelligence, ou l'énergie de la volonté. C'est ce qui a eu lieu longtemps pour le tissage; c'est ce qui se continue encore pour la fabrication du papier. Bien que le papier fabriqué à la machine ait une apparence beaucoup plus agréable que le papier fait à la main, bien qu'il coûte moins cher, qu'il suffise à la plus grande partie des usages du commerce, il y a cependant place encore pour l'ancien mode de production, et, dans quelques cas spéciaux, c'est encore à lui seul qu'on s'adresse. Il appartenait à l'établissement où furent faits les premiers essais de fabrication mécanique de tenter de nouveaux efforts pour trouver des procédés réunissant les avantages des deux méthodes; c'était à la papeterie d'Essone de savoir au besoin faire un pas en arrière pour retrouver dans les errements du passé les qualités de force et de durée qui manquent à la méthode nouvelle. C'est à ce résultat qu'elle est parvenue en produisant ses papiers vergés, faits à la mécanique et destinés à la confection des registres. Cette classe de produits est un véritable progrès, car elle réunit à l'apparence flatteuse et à la régularité du papier continu la solidité des anciens papiers à forme.

On sait quels sont les écueils que présente cette belle industrie du papier continu; on sait combien, sous l'apparence la plus flatteuse, il peut présenter de causes d'infériorité et de rapide destruction; l'un des plus redoutables est assurément le blanchiment des pâtes, quand il est effectué avec trop d'énergie; l'action du chlore ne se borne pas alors à détruire la matière colorante de la pâte; elle attaque le tissu même de celle-ci et lui enlève toute consistance; si un lavage abondant ne vient pas dissoudre ce puissant réactif, la pâte conserve toujours les traces destructives. La fabrication, à Essone, est parfaitement à l'abri de ce danger; l'énorme masse d'eau que l'usine possède et dont elle peut disposer en prodigue pour toutes ses opérations, lui permet d'obtenir des pâtes complétement purgées de chlore et, par suite, d'une grande solidité. C'est cette supériorité de fabrication qui assure à ce grand établissement la clientèle de la plupart des éditeurs de luxe. Il y a eu peu d'ouvrages illustrés, parmi ceux qui ont vu le jour à Paris dans ces dernières années, dont le papier ne soit sorti des cuves et des machines d'Essone.

Il lui est, du reste, facile de suffire à cette énorme production. Ayant une force hydraulique fort considérable, elle peut développer ses moyens en proportion de ses besoins. Elle n'avait, en 1839, que deux machines et ne fabriquait que 500,000 kilog. de papier. Aujourd'hui, elle possède trois machines, elle occupe 250 ouvriers et livre annuellement à la consommation une masse de 700,000 kilog. C'est assurément l'une des plus importantes papeteries de France. Son extrême proximité de Paris, grâce au chemin de fer de Corbeil, lui donne en outre les plus grandes facilités, soit pour le transport, soit pour la rapidité des commandes.

Outre les beaux papiers vergés et les papiers d'impression que cette usine a exhibés à l'exposition, nous avons remarqué dans sa case une collection complète de papiers de couleur. C'est une spécialité qu'elle a prise depuis longtemps et dans laquelle elle possède une incontestable supériorité. Parmi ces échantillons, les connaisseurs auront distingué des papiers d'une extrême finesse et revêtus des nuances les plus vives. On n'avait pas réussi jusqu'à présent, en France, à produire ces qualités qu'on désigne sous le nom de double-couronne pelure et qu'exige la fabrication des fleurs artificielles; ces papiers, qui ne pèsent que 3 k. 50 par rame de 500 feuilles, offraient d'énormes difficultés, soit en raison de leur faible épaisseur, soit eu égard à la vivacité de nuances qu'ils doivent présenter. Aussi, jusqu'à présent, l'Angleterre était-elle restée seule en possession du commerce de cet article et fournissait-elle exclusivement à tous les fleuristes de Paris les doubles-couronnes pour fleurs. Désormais, grâce à la papeterie d'Essone et aux efforts qu'elle a faits pour triompher de ces difficultés, nous sommes en mesure de nous passer des Anglais, et le papier pelure sans colle, soit blanc, soit de couleur, peut être fabriqué en France et livré à des prix inférieurs à ceux de la fabrication anglaise.

Par l'ensemble de ses travaux, la papeterie d'Essone est certainement en voie de progrès: industriellement et commercialement, ce vaste établissement se développe et prospère : il a répondu complétement aux espérances et aux encouragements du jury de 1839.

REVUE DE L'EXPOSITION.

ARTS CHIMIQUES ET PHYSIQUES.

ALGRÉ la perte énorme de calorique que la théorie signale dans l'usage que nous faisons du calorique, l'exposition de 1844 n'offre aucun perfectionnement notable, aucune idée capitale pour un emploi plus rationnel de ces précieuses ressources. Il y a longtemps que le chauffage à l'eau chaude a pris rang parmi les procédés industriels tout à fait réguliers, et le point de perfection où M. Duvoir l'a amené a permis de l'appliquer avec avantage aux établissements les plus importants. Le chauffage à l'air chaud semble de son côté arrivé, dans les grands appareils calorifères, à un très-haut point de perfection : il serait intéressant de faire avec les appareils construits par MM. Chaussenot jeune, Selligue, Auguste Guérin et autres ingénieurs de ce mérite, des expériences directes sur l'effet utile qu'on retire d'une quantité donnée de calorique. Dans ces constructions habiles, tous les principes de la théorie sont suivis avec rigueur; les dimensions relatives des grilles et des tuyaux, le mode d'introduction de l'air frais, sa circulation en sens inverse de la fumée, la ventilation calculée pour l'appel dans les salles qu'il s'agit d'échauffer. Nous devons, à ce dernier propos, signaler un grand progrès que le contact de ces praticiens a introduit par degrés dans la classe généralement peu instruite des fumistes; bien que l'exposition ne nous ait pas fourni l'occasion spéciale d'en parler, nous n'hésiterons pas à reconnaître que le chauffage des appartements commence à se faire d'une manière à la fois moins empirique et plus salubre. On a reconnu que pour se chauffer à bon marché et d'une manière réelle avec une cheminée, il fallait que cette cheminée reçût du dehors, autrement que par les fissures des portes et des fenêtres, tout l'air qu'elle dépense, mais que cet air ne devait pénétrer dans la pièce qu'après s'être échauffé aux dépens de la chaleur perdue dans les massifs de l'appareil. Telle est la construction généralement adoptée aujourd'hui par les meilleurs constructeurs. De ce nombre, nous citerons M. Laury, dont les appareils, objet d'un important commerce, joignent le luxe de la forme au mérite de la confection. M. Cerbelaud est également digne d'être mentionné pour le développement de ses opérations. Quant à M. Sorel, on sait quels perfectionnements cet esprit ingénieux et pratique à la fois apporte à toutes les industries qu'il entreprend.

Une autre branche des arts physiques nous offre aussi une grande et heureuse découverte. MM. Peyre et Rocher, de Nantes, ont résolu d'une manière courante le problème si longtemps poursuivi de la distillation de l'eau de mer. Leur intéressant appareil consiste en une caisse pleine d'eau de mer et chauffée à la houille ; une partie des vases culinaires est chauffée au bain-marie ou à la vapeur; le reste l'est directement par la fumée de la houille ; la vapeur se condense à l'aide d'un courant d'eau froide circulant en sens inverse, et qui vient, après s'être échauffée, alimenter la caisse de distillation. L'utilité de ces appareils a été longtemps éprouvée par le commerce de long cours avant qu'elle fût reconnue par la marine royale. Aujourd'hui la cuisine distillatoire de MM. Rocher et Peyre a obtenu cette dernière et suprême sanction. Depuis quelques années, un nombre assez considérable de bâtiments de l'État, de toute force et de tout tonnage, ont été munis de ces appareils et s'en trouvent complétement satisfaits. On comprend qu'indépendamment de l'utilité que présente un appareil dont on peut obtenir de l'eau toujours pure et potable, il y a une économie considérable sur le chargement, chaque kilogramme de houille représentant 5 à 6 kilogrammes d'eau qu'il fallait précédemment embarquer.

Nous avons, dans un article spécial, fait ressortir tout le mérite des appareils culinaires de MM. Hoyos et Rogeat frères: les fourneaux du premier sont aussi d'un usage très-fréquent dans les bâtiments qui n'ont pas encore adopté la cuisine distillatoire; en effet, à part ce mérite spécial, ils réunissent de précieuses qualités. M. Grouvelle, déjà si connu par ses travaux sur les applications de la chaleur, n'a pas dédaigné l'amélioration des fourneaux destinés à la cuisine auxquels son bon et savant oncle, M. Darcet, a consacré tant d'utiles travaux. L'espace nous manque pour signaler tous les constructeurs de poêles, de cheminées en fonte ou d'appareils divers, auxquels la justice nous imposerait le devoir d'accorder une mention. N'oublions pas, du moins, M. Hey, de Strasbourg, et la maison Chevalier, si connue par ses ingénieuses applications de la chaleur à tous les besoins de la vie et à toutes les exigences, soit du luxe, soit de l'économie.

La fabrication de la fécule est représentée de longue date par deux hommes qui l'ont portée à un point de perfection auquel il reste peu à ajouter. MM. Dubrunfaut et Saint-Étienne sont restés encore cette année à la tête, l'un de la distillation des fécules et des industries qui reposent sur cette distillation; l'autre de la manutention mécanique de la pomme de terre et de la préparation directe de la fécule.

Nous terminerons cette revue rapide des arts chimiques par une excursion hors du Palais de l'Industrie, dans lequel nous regrettons de ne pas trouver trace des progrès tout récents et si remarquables que M. Dumas a signalés dans l'industrie de la sucrerie indigène. Ces progrès, dus à M. Schutzenbach, et éprouvés dans plusieurs grandes fabriques du Nord, rendront peut-être plus facile cette industrie nationale, la lutte courageuse qu'elle soutient dans l'espoir d'échapper à une mort imminente.

—

POTERIES ET VERRERIES.

Il y a peu d'années, alors que l'Angleterre était déjà depuis longtemps habituée à ses excellentes porcelaines opaques et aux produits céramiques dont l'avait dotée le génie de Wedgewood, nous étions encore réduits, en France, à trois genres de poteries pour nos usages domestiques ou pour le service de nos tables: la classe inférieure ne possédait que la poterie commune, la grossière faïence, si disgracieuse de formes, si choquante d'aspect, si peu durable avec sa couverte toujours fendillée; pour la classe moyenne, mais peu aisée, la terre de pipe, produite en si grande abondance par Creil et Montereau, mais si peu résistante et si facile à écailler; enfin, pour les grandes fortunes, la porcelaine blanche, translucide, ce produit si beau, si résistant, mais dont la nature n'a livré les éléments qu'avec une extrême parcimonie, comme pour nous fournir un type que l'art doit parvenir à égaler. C'est ce qu'avait tenté Wedgewood dans les limites que lui traçaient les ressources minérales de son pays; c'est ce qu'ont fait depuis longtemps, depuis près d'un demi-siècle, les célèbres potiers de Sarreguemines, MM. Utschneider, dont les produits sont trop rares dans la capitale. Les terres coloriées qu'ils tirent de l'étranger fournissent une excellente poterie, et leur exposition prouve qu'ils ne négligent pas la question de bon goût. Ils présentent quelques candélabres et urnes en pâte polie qui imite admirablement le porphyre et offre, avec une économie de neuf dixièmes, une résistance presque égale. — L'exposition de MM. Lebœuf et Milliet, de Montereau et de Creil, offre des variétés de poteries nouvelles ou perfectionnées, et intermédiaires entre les terres de pipe et la porcelaine blanche. C'est d'abord la porcelaine opaque, depuis longtemps connue, mais amenée à un très-haut point de perfection et d'économie: ensuite la porcelaine tendre, qui est aussi blanche que la porcelaine dure, qui se cuit avec bien plus de facilité et qui espère présenter bientôt la même résistance à la chaleur: enfin la pétrocérame, dont une dose de silice et de kaolin, plus forte que dans la porcelaine opaque, augmente la dureté, la sonorité, la blancheur.

La porcelaine dure reste, malgré toutes ces concurrences économiques, la reine des compositions céramiques; ce que celles-ci promettent, depuis longtemps elle le tient; toute leur ambition ne va que jusqu'à l'égaler. Quoi de plus beau que cette exposition de Sèvres qui se faisait au Louvre en même temps que l'exhibition des Champs-Élysées? Et à un rang fort distingué encore, quoique inférieur, quand la fabrication à bon marché osera-t-elle lutter avec les délicieux produits de

Lahoche-Bonin, les fleurs sur porcelaine de Lebours, les vases chinois de M. Talmours, et les couleurs au grand feu de M. Disery? La mention spéciale que nous avons faite des poteries de M. du Tremblay, colorées en creux à l'aide d'une converte d'épaisseur variable, nous dispense de revenir sur cette ingénieuse idée. Mais il y aurait injustice à oublier les charmantes poteries de jardinage, aux formes élégantes, qu'a exposées M. Follet; on y reconnaît à la fois le dessin de l'artiste et la pratique du potier. Répétons cet éloge, à plus juste titre encore, pour les grès de Voisinlieu, composition à la fois simple et de bon goût, dont un peintre célèbre, M. Ziégler, fournit les modèles.

L'exposition des cristaux offrait un spectacle vraiment magnifique. Baccarat, si remarquable par la pureté et la taille de ses cristaux, Saint-Louis, Vallerysthal, la plaine de Walsch que distingue sa fabrication de verres de Bohême, étalaient côte à côte et à l'envi leurs brillantes et gracieuses productions. Au même rang, pour les créations de luxe, la verrerie de Choisy excite l'intérêt en même temps que l'admiration: on s'arrête devant ses immenses cylindres soufflés à la machine, et surtout devant ces grands disques de flint-glass et de crown-glass, que traverseront bientôt, pour se révéler à nous, des rayons émanés de mondes inconnus jusqu'à ce jour. On sait que les découvertes de l'astronomie sont bornées par ses moyens matériels d'observation; le grand nom d'Herschell est dû à son puissant télescope non moins qu'à son génie; grâce à MM. Guinand fils et Bontemps, de Choisy, la France possédera bientôt des instruments d'une portée incalculable: avant cette époque, le diamètre des plus grandes lentilles ne dépassait pas 0 m. 38 cent.; celles exposées par la verrerie de Choisy atteignent 0 m. 55 cent. On ne désespère pas d'arriver à en obtenir d'un mètre de diamètre ou de plus de 5 m. de circonférence.

INSTRUMENTS DE MUSIQUE ET DE PRÉCISION.

A chaque nouveau concours industriel, l'importance des instruments de musique s'accroît, soit par le nombre des concurrents, soit par la valeur des perfectionnements, soit enfin par l'intérêt presque universel qui s'y attache. Si le goût de la musique ne paraît pas encore infusé dans le sang des classes populaires, en France, et n'y a pas créé ces races éminemment musicales de l'Italie ou de l'Allemagne, il est incontestable du moins que l'éducation et l'habitude d'entendre ont acquis à cet art une sympathie générale dans les classes moyennes. Parmi les instruments, le premier rang appartient au piano, peut-être moins en raison de ce qu'il est aujourd'hui, malgré ses récents et immenses progrès, qu'à cause de l'avenir qu'on lui pressent. Le piano, en effet, offre l'unité jointe à la variété; il peut être un instrument isolé; il peut être un orchestre, et c'est à ce dernier rôle qu'on peut prédire son prochain avénement. Aux améliorations de ce qui constitue le caractère spécial du piano, sont venus se joindre à l'exposition de 1844 des perfectionnements qui en étendent les ressources et la portée. Nos précédents articles nous dispensent de revenir sur ce sujet. Mais si nous résumons les progrès accomplis en 1844, nous voyons le piano doué de la faculté de prolonger les sons ou de les suspendre isolément, grâce au beau travail de M. Boisselot, de Marseille. — M. Henri Herz, inspiré sans doute par cette idée première, arrive presque en même temps au même but, mais par un moyen tout différent. — Un autre trait d'inspiration du facteur marseillais augmente les effets de l'instrument et en simplifie le mécanisme en permettant de reproduire l'octave grave de chaque note par le secours d'une pédale agissant sur le clavier. — L'échappement se perfectionne encore; M. Blondel s'efforce de le rendre indépendant pour chaque touche. Le problème de la transposition est devenu d'une facilité mécanique par le procédé de M. Mercier: à l'aide du mouvement qu'un simple bouton communique au clavier, on transpose un morceau quelconque de cinq demi-tons au-dessous ou au-dessus du ton primitif, c'est-à-dire on obtient une distance de dix demi-tons sur l'échelle harmonique; M. Mercier espère même arriver jusqu'à transposer l'octave. Par l'application de l'harmonium au piano, ainsi que du clavi-pieds ou instrument à pédales qui se touche avec les pieds, M. Debain a essayé de reculer les limites d'effet du piano, en faisant suivre et soutenir le son sec et fini du marteau sur la corde par le son de ces instruments annexes. Mais l'expérience seule décidera si un pareil changement améliore ou dénature l'instrument. A côté de ces idées nouvelles, figurent les progrès dans la partie matérielle de la facture; ces progrès sont réels, et, soit pour la durée de l'instrument, soit pour la quantité du son, l'exposition offre des noms dignes des plus grands éloges. Mais avant tout, rendons justice à l'un des premiers éléments de succès de la facture, aux excellentes cordes en acier trempé de MM. Sanguinède. Peu sujettes à la dilatation, ces cordes gardent l'accord et n'exigent pas les remontages fréquents qui les usent et les rompent; elles ont, en outre, une grande supériorité pour la qualité des sons. Après la maison Érard, après MM. Pleyel, Pape, Boisselot, dont nous nous sommes spécialement occupés, nous éprouvons un tel embarras pour citer dans la foule des bons facteurs, que nous préférons nous abstenir. MM. H. Herz, Hatzenbuhler, Roller et Blanchet, Souffleto, Faure et Roger, Kriegelstein et d'autres encore possèdent chacun un mérite spécial dont l'ensemble assure à la fabrique française son incontestable supériorité.

Nous devons une mention favorable aux gracieux instruments de M. Alexandre. Son mélodium repose sur l'idée fondamentale des harpes éoliennes, et la douceur des sons que produit l'air en agissant sur ses lames de métal donne lieu à des effets pleins de charme et de nouveauté.

En fait d'instruments à cordes, M. Vuillaume possède toujours cette supériorité qui rapproche sa facture de la grande facture italienne des Stradivarius et des Amati; quant aux progrès de la partie matérielle de cette classe d'instruments, il importe d'insister sur la fabrication de cordes harmoniques de MM. Savaresse.

Les instruments à vent de MM. Martin frères présentent de nombreux perfectionnements de détail que l'espace ne nous permet pas d'analyser, mais qui ont été vivement goûtés des connaisseurs; ils ont presque tous pour but de simplifier le doigter des clefs et de faciliter, par une exécution moins tourmentée, la justesse du son et l'usage complet des ressources de l'instrument.

La vogue est dans ce moment acquise aux instruments en cuivre; leur rôle grandit chaque jour dans la musique d'ensemble, au grand regret des uns, à la grande joie des autres; mais le fait est incontestable : aussi cette famille, favorisée par les circonstances, prospère et s'accroît. Le plus fécond et le plus ingénieux inventeur, dans ce genre de créations, est sans contredit M. Sax; cet artiste original a plus d'une lutte à subir, et si le public hésite quelque temps à accepter ses idées, dont la bizarrerie n'est qu'apparente, la concurrence, mieux éclairée, sent toute la portée de ses travaux et lui suscite les plus grands obstacles. Toutefois, il est trop tard désormais, et la grande famille des instruments de cuivre créés par ce facteur et baptisés de son nom est, pour la musique symphonique, la plus précieuse de ses récentes conquêtes.

Si nous passons sous silence les orgues qui ont fait tant de bruit pendant l'exposition, c'est que ce bel et noble instrument a obtenu, dans nos pages précédentes, une étude que nous ne ferions que résumer ici.

Les instruments de précision, en ce qui concerne l'horlogerie et les instruments de chirurgie, ont été étudiés avec détails dans des articles spéciaux. Il ne nous resterait à parler que des armes. Mais à part la carabine Delvigne, dont le mérite déjà ancien se justifie chaque jour davantage, la galerie de l'arquebuserie n'offre pas de modifications capitales. Cette industrie se soutient dans une bonne voie de prospérité, ainsi que le prouvent, d'une part, le luxe et la précision de la fabrication chez nos armuriers de Paris, d'autre part, la production abondante et économique des grands centres comme Saint-Étienne. A côté de M. Le Page, dont nous nous sommes déjà occupés, citons MM. Jubé, Devismes et particulièrement M. Caron, dont le fusil de luxe était un chef-d'œuvre d'armurerie et de ciselure.

—

BEAUX-ARTS.

Les bronzes sont le principal exemple du mouvement artistique qui s'est fait ressentir d'une manière si heureuse dans l'étude des formes et de la composition, et, sous ce rapport, cette industrie ne saurait être plus exactement représentée que par l'exhibition de M. Denière, à la fois fidèle observateur du style pur de l'ancienne école, et cependant habile à sacrifier aux exigences de la nouvelle; regrettons seulement que sa haute intelligence ait si obstinément repoussé les nouveaux procédés de dorure, qui révolutionnent aujourd'hui les bronzes et l'orfèvrerie. MM. Thomire et Villemsens, mieux inspirés que lui, appellent ce grand progrès à l'aide de leur beau talent. Ils le font concourir, le premier, à l'exécution des œuvres de luxe qu'il répand à profusion dans nos salons; l'autre, à la décoration des ornements d'église, qui lui ont fait une si juste réputation comme artiste et comme fabricant.

Hommage, en passant, aux grandes fonderies de bronze et aux beaux produits de MM. Quesnel, Soyer, Eck et Durand, dont les monuments de nos places publiques ont vulgarisé les noms.

Peu de choses à dire sur la bijouterie ; à part quelques noms, nous n'aurions à citer que la bijouterie d'exportation, si dignement représentée par M. Christofle; mais nous lui avons déjà rendu pleine justice. Au premier rang des exposants en faveur desquels nous faisons nos réserves, plaçons M. Dafrique, créateur d'articles d'un goût exquis et dont les noms expriment parfaitement le mérite; sa *dentelle toute or* et sa *passementerie émaillée*, inventions qui lui appartiennent en propre, sont ce que la bijouterie parisienne peut offrir de plus élégant et de plus nouveau. La riche exhibition de M. Dafrique contenait, entre autres, plusieurs bracelets en *passementerie émaillés*, enrichis de fermoirs ornés de pierreries, d'une combinaison toute nouvelle qui leur assure l'avantage de ne pouvoir être égarés.

Qu'est-il besoin de parler de MM. Morel, Rudolphi, Mayer et Froment-Meurice? Aux uns, nous avons déjà décerné de justes éloges; aux autres, nous ne ferions que répéter les louanges qu'ils ont universellement recueillies.

L'imprimerie peut revendiquer, à l'exposition de 1844, l'une des plus remarquables découvertes qu'ait signalées notre époque. Nous avons mis en relief, dès notre introduction, les tendances de cet art si éminemment civilisateur à simplifier ses procédés et à les ramener, ainsi que toutes les autres industries, à la rigoureuse exactitude et à la promptitude d'exécution des moyens mécaniques.

La composition, cette fonction qui, jusqu'à ce jour, semblait ne pouvoir échapper à la main-d'œuvre humaine, vient d'être tentée. Sans préjuger de l'avenir, espérons que cette tentative sera couronnée d'un succès pratique. L'une de ces deux machines, celle qui a le plus fixé l'attention générale, est le *clavier-compositeur* de MM. Young et Delcambre. On sait que ce clavier, qui affecte la forme d'un piano droit, se compose de deux rangs de touches échelonnées, et que le manuscrit, placé sur un pupitre, est lu et reproduit lettre par lettre comme le sont les notes d'un morceau de musique, en frappant les touches qui représentent les différents caractères.

L'autre machine, le *compositeur-distributeur* de M. Chaix, remplit, ainsi que l'indique son nom, une fonction de plus que le précédent. Outre la composition, il distribue dans les cases les caractères qui sortent des formes. La solution de ce dernier problème, qu'il serait trop long de détailler ici, a exigé à elle seule des prodiges d'habileté. Cette machine lave et nettoie en outre les caractères empreints de l'encre de d'imprimerie. Mentionnons, à titre exceptionnel, une invention qui n'a point figuré au Palais de l'Industrie, mais qui semble réunir tous les efforts tentés depuis cinquante ans, soit pour la composition mécanique, soit pour la stéréotypie économique; le procédé de M. Pierre Leroux, illustre philosophe aujourd'hui, jadis simple ouvrier typographe, est d'ailleurs une transition naturelle à l'industrie du clichage et du polytypage, qui a figuré pour la première fois à cette dernière exposition. On sait que le clichage a pour objet de conserver, pour des éditions subséquentes, les formes qui ont servi à une première édition. Dans ce but, ces formes sont moulées en creux avec du plâtre, et reproduites en relief à l'aide d'un alliage de plomb et de régule. Toutefois ce procédé a l'inconvénient de salir, par le terrage, l'œil du caractère et de nécessiter un nettoyage dispendieux et nuisible à la durée de la lettre. En vain, depuis M. le marquis de Paroy, véritable fondateur de ce procédé, le clichage avait lutté contre ces difficultés; ce n'est que tout récemment qu'il est parvenu à en triompher. C'est à M. Alexandre Curmer que l'on doit ce succès. La matière qu'il a substituée au plâtre joint à une économie notable l'avantage de laisser au caractère toute sa pureté; elle permet en outre un moulage en relief beaucoup plus parfait que celui obtenu par l'ancien procédé. Sans entrer dans de grands détails, nous nous bornerons à indiquer l'importance de ce progrès pour l'avenir de l'impression sur étoffes. Les ménagements que ce procédé permet pour la gravure des cylindres rendront possible l'application du clichage à ces délicates productions. Nous ne serons pas injuste toutefois en omettant un autre procédé déjà ancien et ressuscité récemment par M. Michel, nous voulons parler du clichage à l'aide du bitume. Le procédé de M. A. Curmer est suivi maintenant par les principales imprimeries de Paris, et les grandes presses de l'étranger commencent aussi à y recourir.

La fonderie, de son côté, n'a pas été stationnaire. Les caractères de la maison Didot ont conservé, en s'améliorant encore, leur ancienne supériorité. MM. Biesta et Cie, chargés de ce lourd héritage, se sont montrés parfaitement dignes de répondre aux devoirs qu'il leur impose. Un autre fondeur, dont nous regrettons d'avoir oublié le nom, a substitué aux lettres isolées des caractères monosyllabiques, et principalement les syllabes qui se représentent le plus souvent dans la composition.

L'article spécial que nous avons consacré à la lithographie nous dispense d'y revenir maintenant autrement que pour mémoire. M. Dupont seul aurait droit de se plaindre de cette réserve, si nous ne le félicitions, tant de la belle exploitation de pierres lithographiques qu'il a su tirer du sol français, que de l'habileté avec laquelle il les met en œuvre. Son procédé, déjà connu pour le transport et la reproduction des anciens ouvrages, s'est encore amélioré et peut rendre d'éminents services.

A l'aide de tant d'éléments de succès, comment les presses françaises ne produiraient-elles pas des ouvrages supérieurs à tout ce que l'Europe peut mettre en lumière? Nos imprimeurs marchent à la tête de la typographie, et parmi eux nous devons citer au premier rang les maisons Lacrampe et Schneider et Langrand. Le beau tableau typographique exposé par ces derniers offre le plus complet spécimen de tous les caractères usités dans l'imprimerie moderne. Les accessoires de ce tableau, tels que son encadrement et ses figures allégoriques, témoignent aussi du goût artistique que nos éditeurs exigent des héritiers des Elzevirs et des Estiennes. C'est, en effet, à MM. Schneider et Langrand que nos plus habiles éditeurs confient l'exécution de ces chefs-d'œuvre typographiques qui sont la gloire de la librairie à notre époque.

Terminons enfin cet aperçu par l'examen de quelques-unes de ces grandes maisons qui entreprennent courageusement l'édification de nos grands monuments typographiques. Il y a quelque courage, en effet, dans l'état précaire que la législation actuelle fait à la librairie française, à commencer et à mener à fin d'aussi lourds travaux.

Ce n'est pas en vain qu'un grand poëte a dit que l'imprimerie, dans la société, avait remplacé l'architecture. Semblable aux architectes d'autrefois, l'éditeur de nos jours appelle à lui, protége et fait vivre les penseurs et les artistes; nous parlons du moins de celui qui comprend bien sa tâche et qui se tient à la hauteur de sa mission.

L'éditeur doit choisir et souvent provoquer l'œuvre à la fois utile et piquante, créer ou épurer le goût du public, hasarder des capitaux énormes dans une exécution luxueuse, et conserver par-dessus tout à la librairie française son caractère de haute moralité. Si c'est la difficulté de trouver beaucoup d'hommes qui satisfassent à ces conditions qui a rendu si rares et partant si précieuses les distinctions accordées par le jury de 1839 aux représentants de notre librairie, nous faisons des vœux bien sincères pour que cette année ces récompenses puissent être plus nombreuses. Mais si cette réserve ne tenait qu'à une appréciation peu éclairée du rôle social et industriel de l'éditeur, nous plaindrions une époque qui ne sait point encore estimer les services de la plus noble de ses industries.

On comprendra qu'en pareille matière notre opinion est impartiale, puisque l'une des deux uniques récompenses décernées jusqu'à ce jour a couronné les efforts de la maison Curmer.

—

TISSUS.

Parmi les tissus, qui sont sans contredit la branche la plus importante de l'industrie française, les lainages, traités, soit au peigne, soit à la carde, occupent le premier rang. La France produit pour 180 millions de laine, auxquels viennent se joindre 40 millions importés. La laine de carde entre à elle seule pour les deux tiers dans cette consommation. C'est donc à la draperie que nous consacrerons d'abord un rapide examen.

On peut diviser la draperie en quatre grands centres de fabrication. Sedan et Louviers, voués plus exclusivement jusqu'à ce jour à la production des draps fins; Elbeuf, dont les produits offrent moins de luxe, mais plus de variété, et les fabriques du Midi, qui semblent s'attacher spécialement au bon marché.

Les grandes maisons de Sedan, les Bacot, Cunin-Gridaine et Bertèche-Bonjean, restent toujours à la tête des draps noirs et des étoffes de haute fantaisie; les prix ont baissé, les qualités s'améliorent, et une activité annuelle de 20 millions d'affaires permet à la classe ouvrière de ce grand atelier de jouir d'un bien-être et d'une moralité dont le mérite doit remonter en grande partie aux honorables industriels que nous venons de citer. Louviers présente une partie de ces avantages. Fabrication de luxe, de trop de luxe peut-être, si nous nous reportons aux draps de 40 fr. de M. Dannet, excellentes conditions industrielles, classe ouvrière honorable et laborieuse, tels sont les éléments de succès que réunissent les grandes usines de MM. Ribouleau, Jourdain et autres. Quant à M. Chennevière, il représente la tendance de Louviers à transformer ses produits superfins en une fabrication plus économique et plus étendue, analogue à celle qui fait la prospérité d'Elbeuf. Elbeuf est, en effet, le centre le plus actif de la draperie française; aux draps unis et fins qu'il s'efforce de créer en concurrence avec Sedan et Louviers, Elbeuf joint la nouveauté et les articles de fantaisie. Assigner des rangs aux plus dignes parmi les deux cents chefs d'industrie que compte cette ville, serait une tâche difficile, et que nous n'entreprendrons pas, dans la crainte de commettre quelque injustice involontaire. Toutefois, quelques noms ont droit à une citation hors ligne : c'est d'abord M. Th. Chennevière, le créateur de la nouveauté à Elbeuf; son rival, M. Durécu; et presque au même rang MM. Flavigny frères, Chefdrue, Charvet, etc.

Les fabriques du Midi se sont, plus que toutes les autres, conformées à l'esprit de la circulaire ministérielle, en mettant les prix de vente en regard de leurs produits. Là est, en effet, leur mérite spécial, mais non pas l'unique, car leur qualité s'améliore de jour en jour. Les draps noirs de MM. Roger, de Carcassonne, peuvent se livrer à 7 fr. 10 cent. le mètre, prix le moins élevé de tous les draps de cette qualité. Les produits de Bedarieux, dont la fabrique prospère, varient entre 5 et 11 fr. La fabrique de M. Gabarron, de Limoux, fournit des draps amazone à 6 fr. et des tartans à 4 fr. L'espace nous manque pour rendre hommage à la fabrication, non moins importante qu'économique, de Castres, de Mazamet, de Vienne, et des centres de second ordre disséminés dans le midi de la France. Quant aux lainages, ces tissus de laine variés à l'infini, Reims, Roubaix et Turcoing ont été représentés dignement par les maisons Camus et Croutelle, Henriot frère et sœur, Frasez, Patriot, Grimonprez, Clair et tant d'autres dont les noms se pressent sous notre plume. — Les tapis ne sont point encore devenus, cette année, une industrie française. En vain MM. Sallandrouze et Castel, Vayzac, d'Abbeville, Flaissier, de Nimes, ont-ils pavoisé de leurs éclatants tissus les parois du Palais de l'Industrie, le public leur donne à peine un regard qu'attirent leurs vives couleurs; mais il passe outre indifférent, car il sait que ces produits ne sont pas faits pour lui. En effet, le tapis de luxe abonde à l'exposition, mais le tapis bourgeois confortable, économique, le seul qui puisse alimenter une industrie courante à la place d'établissements exceptionnels, ce tapis-là fait complétement défaut. Le tapis ras, tissu froid et peu durable, est le seul que les fortunes, même considérables, puissent se permettre: la chaude et opulente moquette, qui se rencontre partout en Orient et même dans la plus grande partie de l'Europe, est encore pour nous ce qu'étaient les cachemires de l'Inde il y a quarante ans. Signalons toutefois les beaux produits de M. Castel dans la voie de la somptueuse fabrication d'Aubusson, et les honorables efforts de la fabrique de Nimes pour créer en France des qualités plus en rapport avec les besoins de la consommation.

Les articles spéciaux que nous avons consacrés, dans le cours de notre publication, aux principaux exposants, ont été traités avec un soin qui fait presque de chacun d'eux un article général sur chaque branche d'industrie. C'est grâce à ces développements que nous pouvons, à la fin de notre tâche, éviter des répétitions oiseuses, sans manquer à nos devoirs de consciencieux rapporteurs. Nous renverrons le lecteur, pour les châles, dentelles et autres variétés des tissus, aux articles de nos livraisons précédentes. Nous ne terminerons pas, toutefois, sans consacrer quelques lignes à l'un des plus merveilleux produits d'un art tout nouveau, nous voulons parler du tissage du verre filé. M. Dubus a tellement perfectionné les produits de cette fabrication, qu'on peut dire aujourd'hui que ses tissus de verre rivalisent victorieusement, par l'éclat et la magnificence, avec les plus beaux brochés de Lyon. Quant aux prix, ils sont tellement inférieurs à ceux-ci, qu'avant peu, tous les ornements d'église se feront en tissus de verre; car c'est pour cet objet que ce genre d'étoffes semble avoir été exclusivement créé.

—

ARTS DIVERS.

Non moins que les bronzes et l'orfévrerie, les meubles ont profité du mouvement qui s'est opéré dans le goût et l'entente de la forme; il y a progrès, sinon succès complet. Cette tendance est, du reste, générale à toutes les industries exclusivement parisiennes. Un autre caractère de l'ameublement de 1844 consiste en ses laborieux efforts pour satisfaire à plusieurs nécessités à l'aide d'un seul et même objet. Forcés par les dispositions économiques de nos modernes architectes de sauver les apparences du luxe, tout en étant soumis au prosaïsme des exigences quotidiennes, nos fabricants mettent trop souvent à la torture leur esprit ingénieux et les matériaux de leur industrie. Mais laissons de côté les fauteuils-bibliothèques voués encore à d'autres besoins, ainsi que les divans dont les tiroirs abritent le repos d'une famille entière. Parlons plutôt des vrais meubles, remarquables, soit par une exécution d'ébénisterie irréprochable, tels que ceux de MM. Boutung, Fierobe, Roger et fils, soit par un mérite de sculpture et d'ornementation qui n'a jamais été poussé plus loin. Les vrais artistes en ce genre sont toujours MM. Jacob Desmalter, Grohé, Leblanc et Lemarchand. Le Pompadour a dominé encore cette année, et MM. Wassmuss et Masson, de Versailles, s'y sont particulièrement distingués. Les éléments de progrès abondent d'ailleurs pour l'industrie des meubles; la sculpture à la mécanique et l'incrustation se perfectionnent; la marqueterie, celle de M. Sund surtout, est digne des plus grands éloges; les étoffes de meubles, sortant des magasins de MM. Mourceau, Fortier et autres, répondent à tous les caprices du luxe ou de l'élégance; le bois indigène lutte avec les beaux bois des îles, et le procédé du docteur Boucherie, bien que donnant des produits aussi laids que curieux, est loin d'avoir dit son dernier mot.

Les papiers peints ont depuis longtemps remplacé les tentures en étoffes, mais c'est à la condition de coûter beaucoup moins cher, tout en produisant les mêmes effets. L'un des fabricants qui remplit le mieux ce programme est sans contredit M. Marguerie, qui a poussé à un haut degré l'art des veloutés. M. Lapeyre, qui rivalise avec lui dans ce genre, a, de plus, trouvé de fort gracieuses combinaisons par l'application de l'or et de l'argent sur les riches couleurs de ses papiers. Toutefois, en ne se préoccupant pas assez du bon marché, ces fabricants préparent à leur insu le retour de la tenture en étoffe; car le papier peint ne saurait se maintenir qu'en rentrant dans une voie plus modeste et plus économique.

Une autre industrie de luxe se développe de jour en jour, sans craindre des retours aussi fâcheux. Les fleurs artificielles sont devenues, depuis quelques années, une branche importante de l'industrie parisienne, et elles méritent d'autant plus d'intérêt, que c'est l'une des rares fabrications réservées au travail des femmes. Le vaste atelier dirigé par M. Constantin a exposé des produits auxquels les admirateurs féminins, seuls juges compétents, ont depuis longtemps décerné la palme; qu'il nous soit permis, malgré notre indignité masculine, de reconnaître dans ces belles imitations un sentiment exquis de la nature.

Sur les broderies, quelques lignes qui devraient, elles aussi, sortir d'une plume de femme: admirerons-nous avec un enthousiasme satisfaisant pour ces dames les délicieux produits de Mlles Beauvais, ces tissus aériens sur lesquels les scarabées ont semé leurs ailes; les délicates fantaisies de la maison Armonville et les malines françaises de Violard?

De l'agréable passant à l'utile, nous aborderons sans fausse honte ce meuble si précieux et tant calomnié qu'on appelle un parapluie. Il faut avouer que l'ancien parapluie était fort laid; mais ce nom convient-il encore aux élégantes cannes d'ivoire sculpté, habillées de soies chatoyantes, qu'expose M. Cazal? C'est ce dont M. Cazal vous dissuadera lui-même, si vous avez le bon goût de lire sa spirituelle histoire du parapluie.

Des hauteurs de la chimie, M. Dausse est modestement descendu jusqu'à la cafetière. Mais ce n'était que l'un des jeux de ses études ordinaires, qui ont pour but d'extraire l'arome de toutes les substances; aussi a-t-il tout simplement créé la plus parfaite des cafetières, par une heureuse combinaison d'un double filtre en laine pressé entre deux disques de porcelaine perforés.

Ici s'arrête notre revue, bien longue si nous considérons les pages qu'elle occupe, bien courte et insuffisante, si nous tenons compte du nombre de nos erreurs et de nos omissions. Mais que ceux sur lesquels porteront ces imperfections inévitables soient bien convaincus du moins qu'ils ne sauraient nous les reprocher autant que nous nous en accusons nous-même. Espérons dans le progrès, et proposons-nous, comme eux, de faire mieux en 1849.

E. Lamulonière.

VI. TISSUS.

1° LAINES.

a. Amélioration des laines.

Aisne. GRAUX, à *Jurincourt* et *Damary*. — Laines. M. H. 1834, (A) 1839.

Id. MONNOT-LEROY, à *Pontru*. — Laines. (A) 1834 et 1839.

Aude. PORTAL DE MOUX, à *Conques*. — Toisons mérinos et laines.

Charente. TERRASSON DE MONTLEAU, à *Saint-Estèphe*. — Toisons de laines mérinos.

Gard. ARNAUD cadet, à *Nîmes*. — Échantillons de laine blanche indigène.

Gers. DUFFOUR-BAZIN, à *Bazin*, commune de Lectoure. — Laine brute, laine mérinos.

Marne (Haute-). BOUCHU, à *Longuay*. — Laines.

Nièvre. LADREY, à *La Fermeté*. — Toisons de laine en suint.

Seine-et-Oise. PLUCHET, à *Trappes*. — Laines en suint.

Vosges. LEQUIN (Frédéric), à *Boinville*. — Laine.

b. Laines filées.

Ain. DOBLER et fils, à *Tenay*. — Echantillons de filés laine et thibet. (A) 1827, R. (A) 1834, R. (A) 1839.

Id. FRANC père et fils et MARTELIN, à *Saint-Rambert*. — Echantillons de filés laine et thibet.

Id. SOURD frères, à *Tenay*. — Échantillons de filés laine et thibet. (A) 1839.

Alpes (Hautes-). CALLANDRE (Jean-Jacques), à *Gap*. — Laines peignées.

Ardennes. PARPAITE aîné, à *Carignan*. — Laine blanche filée.

Id. TRANCHART-FROMENT, à *la Neuville-lès-Wasigny*. — Laine peignée.

Eure. DUBOIS, à *Louviers*. — Laines filées. (A) 1834. (A) 1839.

Id. PLET-LARGEAIS, à *Verneuil*. — Laines filées.

Id. VULLIAMY, à *Nonancourt*. — Laines peignées et filées. (B) 1834. (A) 1839.

Gard. AUBANEL-DELPON, à *Sommières*. — Laines peignées. C. F. 1839.

Gironde. BURGADE père et fils, à *Bordeaux*. — Laine peignée.

Id. LABORDE, DESEYMERIS et LAFOND, à *Floirac*. — Laines peignées.

Id. LAROQUE frères et JACQUEMET, à *Bordeaux*. — Laine peignée, cardée, tapis et couvertures.

Lozère. VINCENT (Pierre), à *Meyrueis*. — Laines peignées.

Marne. BERTHERAND SUTAINE et Cie, à *Reims*. — Fils de laine doubles.

Id. CAMU fils et T. CROUTELLE neveu, à *Pont-Givart*. — Laines filées. (A) 1834, (O) 1839.

Id. GAILLET-BARONNET, à *Somme-Py*. — Fils de laine filés à la main.

Id. HENRIOT frères, sœur et Cie, à *Reims*. — Laine cardée et peignée et tissus divers. (B) 1819, (A) 1823, (O) 1827, R. (O) 1834 et 1839.

Id. LACHAPELLE et LEVARLET, à *Reims* et à *Saint-Brice*. — Fils peignés et cardés. (A) 1839.

Id. LUCAS frères, à *Bazancourt*. — Laine peignée et laine cardée. (O) 1839.

Nord. CARLOS FLORIN, à *Roubaix*. — Laine filée. (A) 1839.

Id. ERNOULT-BAYARD, à *Roubaix*. — Laine filée.

Id. LEBLAN, à *Tourcoing*. — Laine filée.

Oise. DESCOINS, à *Mouy*. — Laines filées.

Id. ROGER frères, à *Trie-Château*. — Laines filées et peignées.

Id. VENDRAN, à *Crépy*. — Laines peignées, peigne.

Pas-de-Calais. MARESCAUX, à *Salperwick*. — Laines.

Rhin (Bas-). EHRMANN et Cie, à *Bitschwiller*. — Laines peignées.

Rhin (Haut-). RISLER-SCHWARTZ et Cie, à *Mulhausen*. — Laine peignée et filée.

Seine. CERCUEIL, à *Paris*. — Laines teintes et moulues.

Id. GIMBERT, à *Paris*. — Fils cachemire, fils de laine pour la fabrication des châles, tissus de cachemire, tissus de laine, articles de nouveautés, etc.

Id. LÉON VALLÈS et BOUCHARD, à *Paris*. — Laine peignée en bobines, chaînes et trame pour tissus, en écheveaux pour bonneterie, pour broderies ; diverses laines pour nouveautés. M. H. 1839.

Vendée. PÉQUIN, à *Cugand*. — Laine filée. C. F. 1834, M. H. 1839.

c. Tissus de laine.

Alpes (Haut.-). FERRARY, FLORIMOND et ALBERT, à *Saint-Sauveur*. — Castorine bleu de roi.

Ardennes. BACOT (Frédéric) et fils, à *Sédan*. — Draps, casimirs satins. (O) 1819, R. (O) 1823, 1827, 1834.

Id. BACOT (Paul) et fils, à *Sédan*. — Draps

casimirs, satins, cuir-laine (O) 1819, R. (O) 1823, 1827, 1834.

Id. BERTÈCHE-BOUJEAU et CHESNON, à *Sédan.*—Draps, satins casimirs. (A) 1827, (O) 1834, à Bertèche, Lambquin et fils.

Id. BLANPAIN frères, à *Sédan.* — Draps, casimirs, satins.

Id. CUNIN-GRIDAINE et fils, à *Sédan.*— Draps, casimirs, satins. (O) 1823, 1827, 1834 et 1839. Cette maison a été mise hors de concours aux deux dernières expositions, son chef étant membre du jury ou ministre de l'agriculture et du commerce.

Id. DE MONTAGNAC, à *Sédan.* — Draperie.

Id. LAGNY-PASTOR, à *Sédan.* — Draps.

Id. LEROY-PICARD, à *Sédan.* — Draps, satins, casimirs. (B) 1834, (A) 1839.

Id. MARIUS-PARET, à *Sédan.* — Draps, casimir, cuir-laine.

Id. RENARD (Adolphe), à *Sédan.* — Draps, casimir, satin.

Id. ROUSSELET (Antoine), à *Sédan.* — Draps et nouveautés. (B) 1834, (A) 1839.

Aude. BARRE père, à *Carcassonne.* — Draps.

Id. DAYDÉ-GARY, à *Cenne-Monestiés.*—Draps. M. H. 1839.

Id. DOUX jeune, à *Villalier,* près Carcassonne. — Draps.

Id. GABARRON et ses fils, à *Limoux.* — Draps divers.

Id. LIGNIÈRES (Pascal), à *Carcassonne.*—Draps.

Id. MOUISSE et Cie, à *Limoux.* — Draps. (B) 1834, (A) 1839.

Id. ROGER (Bernard) aîné, à *Carcassonne.* — Draps.

Id. SOMPAIRAC aîné, à *Cenne Monestiés.* — Draps. (B) 1827 et 1834, (A) 1839.

Id. URBAIN ROCH, à *Carcassonne.* — Draps.

Aveyron. CARCENAC frères, à *Rodez.*— Draps divers.

Calvados. BOUVRY, à *Orbec.* — Frocs.

Id. JUHEL DESMARES, à *Pont-ès-Retour.* — Draps de différentes couleurs. (B) 1834, R. (B) 1839.

Id. LE NORMAND, à *Vire.* — Drap bleu lisse et drap bleu clair.

Dordogne. BOURDON jeune, à *Bergerac.* — Bas, guêtres, vêtements divers, tuyaux de pompes, en drap feutre.

Id. COURTEY frères et BARET, à *Périgueux.*— Étoffes de laine, cadis de diverses sortes.

Eure. CHENNEVIÈRE (Delphis), à *Louviers.* — Draps lisses et nouveautés. (A) 1827, R. (A) 1834 et 1839.

Id. DANNET frères et Cie, à *Louviers.* — Draps et nouveautés. (A) 1819, (O) 1823, R. (O) 1834 et 1839.

Id. JOURDAIN et fils, à *Louviers.* — Draps et nouveautés. (O) 1819, à Riboulcau et Jourdain. R. (O) 1823, 1827, 1834 et 1839.

Id. MARCEL (Louis), à *Louviers.* — Draps. (A) 1839.

Id. POITEVIN (Henri et Charles) frères, à *Louviers.*— Draps. (A) 1834, (O) 1839.

Id. RIBOULEAU, à *Louviers.* — Draps et nouveautés. (A) 1839.

Gard. LAFONT et ABAUZIT, à *Nîmes.*— Fantaisies cardées. M. H. 1834, (B) 1839, à Fabrègue-Nourry et Nourry frères.

Hérault. BARTHÈS (Sylvestre), à *Saint-Pons.* — Draps divers. (B) 1834, R. (B) 1839.

Id. FOURCADE frères, à *Saint-Chinian.* — Draps divers.

Id. VERNAZOBRES jeune et Cie, à *Bédarieux.*— Draps divers.

Id. VITALIS frères, à *Lodève.* — Draps divers. molleton. (B) 1823, à Vitalis père et fils.

Ille-et-Vilaine. DUBOIS, à *Fougères.* — Tissus de flanelle. M. H. 1839.

Indre. MURET DE BORD et Cie, à *Châteauroux.* — Draps divers.

Indre-et-Loire. TALBOT fils, à *Saint-Denis-hors-Amboise.* Draps, castorines. (B) 1819, à Bigot et Cie.

Isère. BADIN et LAMBERT, à *Vienne.*— Draps. (A) 1819, R 1823, 1827, 1834, (O) 1839.

Id. BERTHAUD et PERTUS frères, à *Vienne.*— Draps. M. H. 1834, à Berthaud fils et Manichet. (B) 1839, à Berthaud.

Id. BOUSSU, à *Vienne.* — Draps teints.

Id. GABERT frères, à *Vienne.* — Draps divers. (B) 1834, (A) 1839.

Id. MANIGUET, à *Vienne.* — Draps.

Id. PATOULIAD, à *Vienne.* — Draps

Id. POUCHON fils aîné, à *Vienne.* — Draps.

Id. RIGAT, à *Vienne.* — Draps.

Id. THIOLIER, à *Vienne.* — Draps.

Loiret. HAZARD père, à *Orléans.* — Draps noirs, bleus, etc. C. F. 1839, à Hazard et Bienvenu.

Lozère. CHARPAL (Jules), à *Mende.* — Tissus de laine, flanelle, escots façonnés.

Id. SECOND FORTOUL et Cie, à *Mende.*—Tissus de laine, escots noirs, blancs, façonnés.

Maine-et-Loire. ORIOLLE fils, à *Angers.* — Laines peignées et cardées, tricots, flanelles.

Marne. BUFFET-PÉRIN oncle et neveu, à *Reims.* — Étoffes pour pantalons et manteaux. (B) 1834, (A) 1839.

Id. CAILLET-FRANQUEVILLE, à *Bazancourt.* — Mérinos.

Id. CROUTELLE neveu, à *Reims.* — Tissus de laine.

Id. DANIEL, à *Pontfaverger.* — Laine peignée et filée, tissus.

Id. DAUPHINOT-PÉRARD, à *Isles-sur-Suippes.* — Mérinos. (B) 1834, (A) 1839.

Id. DAUTRÉVILLE, à *Châlons.* — Bas de laine.

Id. HENRIOT fils et DRIEN, à *Reims.* — Flanelles. (A) 1834, (O) 1839, à Henriot fils.

Id. LECLERC-ALLART et fils, à *Reims.* — Flanelles, mérinos et laines. (A) 1839.

Id. PIERQUIN-GRANDIN et fils, à *Reims.*—Flanelles en tous genres.

Meurthe. GAUDCHAUX-PICARD fils, à *Nancy.* —

Draps, tartan. (B) 1834 et 1839, à Gaudchaux frères.

Moselle. CHAMPIGNEULLES jeune, à *Warize*. — Flanelles.

Id. FERRY et ZÉDER, à *Metz*. — Castorine, flanelles, cuirs-laine.

Nord. BAYART (Julien), à *Roubaix*. — Tissus et châles.

Id. CASTEL frères et sœur, à *Roubaix*.—Tissus pour pantalons.

Id. DEFRENNE (Louis) fils, à *Roubaix*. — Tissus de laine.

Id. DEFRENNE (Paul), à *Roubaix*. — Camelots, stoffs, tissus divers.

Id. DELATTRE, à *Roubaix*.— Laine filée, tissus de laine.

Id. DELEPOULLE frères, à *Roubaix*. — Tissus de laine.

Id. DELFOSSE et MOTTE, à *Roubaix*. — Tissus de laine.

Id. DUTILLEUL-LORTHIOIS, à *Roubaix*.— Tissus de laine.

Id. GLORIEUX-LORTHIOIS, à *Tucoing*. — Molletons.

Id. GRIMONPREZ (Eugène) et Cie, à *Roubaix*.— Laine filée, tissus de laine.

Id. GRIMONPREZ fils, à *Roubaix*. — Tissus et châles.

Id. HÉMET et Cie, à *Rouen*. — Tissus de laine et de coton.

Id. ODOUX-BOURGEOIS, à *Tourcoing*. — Flanelles.

Id. PIN-BAYART et Cie, à *Roubaix*.— Tissus de laine.

Id. POLLET, à *Roubaix*. — Tissus de laine.

Id. PRUS-GRIMONPREZ, à *Roubaix*.—Tissus de laine et de coton. (B) 1834, R. (B) 1839.

Id. SCREPEL (César), à *Roubaix*. — Tissus de laine, laine filée.

Id. TETTELIN-MONTAGNE, à *Roubaix*.—Tissus de laine.

Oise. CAVREL-BOURGEOIS, à *Beauvais*.—Draps, couvertures en laine.

Id. MONBORGNE fils et LEROY, à *Mouy*. — Draps et diverses étoffes de laine.

Orne. BISSON fils, à *la Ferté-Macé*.— Satin cuir, croisé, uni.

Id. CLÉRAMBAULT, à *Alençon*. — Mousseline laine, batiste, laine écrue, cachemire Écosse. (O) 1827, R. (O) 1839.

Pas-de-Calais. BRICHE-VANBAVINCHOVE, à *Saint-Omer*. — Draps communs.

Puy-de-Dôme. VIMAL-VIMAL fils, à *Ambert*. — Étamines pour pavillons.

Pyrénées (B.-). FOUARD et BLANCQ, à *Nay*. — Draps de diverses couleurs, tricots, bérets.

Id. PRAT aîné, à *Oloron*. — Jupons de flanelle, tricots, écharpes, ceintures.

Rhin (Bas-). BOURGUIGNON, SCHMIDT, SCHWEBEL, à *Bitschwiller*. — Drap écarlate, drap noir. M. H. 1834, R. 1839, à Bourguignon et Schmidt.

Id. GOULDEN et Cie, à *Bitschwiller*. — Draps divers.

Id. KUNZER, à *Bitschwiller*. — Draps divers. M. H. 1839, à Greiner et Kunzer.

Id. RUEF et RICARD, à *Bitschwiller*. — Draps divers. M. H. 1839.

Rhin (Haut-). BEUCK et Cie, à *Bühl*. — Draps divers.

Id. BLECH, STEINBACH et MANTZ, à *Mulhausen*.— Mousseline-laine, balzorine, châles en cachemire d'Écosse, calicots.

Id. DORGEBRAY, à *Kingersheim*.—Mousseline-laine, balzorines, indiennes.

Id. SCHMALZER-WEISS, à *Mulhausen*.—Draps pour rouleaux à impression et pour cylindres.

Id. STÉHELIN (Charles et Édouard), à *Bitschwiller*. — Feutre pour tapis, gros feutre pour couvertures de chaudières à vapeur.

Rhône. ANCEL-ROY, à *Lyon*.— Nouveautés, draps, tricots anglais.

Seine. DEPOULLY-GONIN, à *Paris*. — Draps feutrés pour vêtements, tapis, tentures et portières.

Id. LAMBERT-BLANCHARD et Cie, à *Paris*. — Mérinos, cachemire d'Écosse, mousseline-laine, etc. (B) 1839.

Id. MALARTIC, PONCET et Cie, à *Paris*. — Pièces de draps, étoffes légères, laine en toison et filée. M. H. 1834, à Merle et Malartic; (O) 1839, à Merle, Malartic et Poncet.

Id. NOEL père et Cie, à *Paris*. — Couvertures oropholites, écriteaux, tapis, dallage.

Id. OGER, à *Clignancourt-Montmartre*.—Bourres en feutre pour armes à feu.

Id. PRÉVOST (A.), à *Paris*. — Laine filée et tissus en laine peignée. (O) 1839.

Id. POSSOT, à *Paris*. — Fils et tissus cachemires. (A) 1834, R. (A) 1839.

Id. VALLIER, à *Paris*. — Draps et feutres sans coutures. (B) 1827.

Seine-Infér. AROUX (Félix), à *Elbeuf*.—Draps. (A) 1834, R. (A) 1839.

Id. AUBER (Louis) et Cie, à *Rouen*. — Étoffes pour meubles, robes et manteaux. (O) 1834, R. (O) 1839.

Id. BARBIER (V.), à *Elbeuf*. — Draps lisses et nouveautés. (B) 1834, (A) 1839.

Id. BEER MOREL, à *Rouen*. — Draps et nouveautés.

Id. BOIS-GUILLAUME et fils, à *Elbeuf*. — Draps et nouveautés.

Id. BRISSON, à *Elbeuf*. — Draps.

Id. CHARVET, à *Elbeuf*.—Draps et nouveautés.

Id. CHEFDRUE et CHAUVREULX, à *Elbeuf*. — Draps et nouveautés. (A) 1834, R. 1839.

Id. CHENNEVIÈRE, à *Elbeuf*. — Étoffes et satin. (O) 1839.

Id. COUPRÉE, MARCEL et Cie, à *Elbeuf*. — Draps lisses. (B) 1839.

Id. DECAUX, à *Elbeuf*. — Draps lisses.

Id. DELARUE (Augustin), à *Elbeuf*. — Draps et nouveautés. (A) 1834, R. 1839.

Id.	DUMOR aîné, à *Elbeuf.* — Draps lisses. (A) 1839.
Id.	DURÉCU (A) et Cie, à *Elbeuf.*—Draps lisses.
Id.	FLAMANT, à *Elbeuf.* — Draps lisses et croisés.
Id.	FLAVIGNY (Charles), à *Elbeuf.* — Draps lisses et nouveautés. (O) 1834, R. 1839.
Id.	FLAVIGNY (Louis), à *Elbeuf.* — Draps lisses et nouveautés. (O) 1834, R. 1839.
Id.	FOURÉ (Charles), à *Elbeuf.* — Draps lisses et nouveautés. (A) 1839.
Id.	GRANDIN et ROLLIN, à *Elbeuf.* — Draps lisses et nouveautés. (O) 1834, R. 1839.
Id.	JAVAL et MAY, à *Elbeuf.* — Draps lisses. (B) 1834, R. (B) 1839.
Id.	OSMOND et BOISMARD, à *Elbeuf.* — Draps lisses.
Id.	RASTIER fils, à *Elbeuf.* — Draps.
Id.	REGNAULT et PELLIER, à *Elbeuf.* — Draps lisses.
Id.	SEVAISTRE aîné et LEGRIS, à *Elbeuf.* — Draperies et nouveautés.
Id.	THILLARD, à *Elbeuf.* — Draps lisses.
Id.	TOUTEZ, à *Elbeuf.* — Draps lisses.
Id.	VIMONT frères, à *Elbeuf.* — Draps et nouveautés.
Somme.	CAUSSIN frères, à *Amiens.* — Draps caoutchouc pour pantalons.
Id.	RANDOING, à *Abbeville.* — Draps divers.
Tarn.	CORMOULS, à *Mazamet.* — Draps, tartans, alpaga, flanelles, étoffes de laine. (B) 1834, à Vanne, Houlès, Cormouls et Cie. R. (B) 1839.
Id.	HOULÈS père et fils, à *Mazamet.* — Draps, tartans, toile de laine. (A) 1839.
Id.	RIVES (Ulysse) et Cie, à *Mazamet.* — Flanelles, mérinos.
Tarn-et-Garon.	GARRISSON oncle et neveu, à *Montauban.* — Ratines, molletons, draperies. (B) 1819, R. (B) 1834, (A) 1839.
Id.	PORTAL père et fils, à *Montauban.* — Ratines, étoffes de laine. C. F. 1834.
Vendée.	BONIN, à *Cugand.* — Serge croisée.
Id.	CHÉGUILLAUME et Cie, à *Cugand.* — Castorine, flanelle, laine filée. (B) 1839.
Id.	MOUILLÉ, à *Cugand.* — Serge croisée. M. H. 1839.
Id.	THUYAU et TURPAULT, à *Mortagne.* — Laine filée, flanelle.
Vienne.	FROMENTAULT, à *Poitiers.* — Draps.
Vienne (H.-).	BOYER aîné, à *Limoges.* — Droguet et flanelles.
Id.	BOYER frères, à *Limoges.* — Flanelles et finettes.

d. Couvertures.

Ain.	ACCARY (veuve) et fils, à *Montluel.* — Couvertures, tapis. M. H. 1839.
Id.	DOUILLIER (F.) et Cie, à *Condamine-la-Doye.*—Couvertures en laine. (B) 1839.
Calvados.	BORDEAUX-FOURNEL (veuve) et fils, à *Lisieux.* — Molletons bronze et à poil mélangé.
Gard.	GRIOLET père et fils, à *Sommières.*—Laines filées, couvertures et limousine.
Isère.	GIROUD, à *Serezin-du-Rhône.* — Couvertures en mérinos et en laine.
Loiret.	LÉGER-FRANCOLIN, à *Patay.*—Couvertures en laine. (B) 1839.
Id.	LÉGER jeune et PARÉ, à *Patay.* — Couvertures en laine.
Id.	MARCHAND-LECOMTE, à *Patay.* — Couvertures en laine.
Moselle.	BARTHÉLEMY (Émile), à *Metz.*—Flanelles, couvertures, courroies en laine hydrofuges.
Nord.	DEFRENNES-DUPLOUY, à *Lannoy.*— Courtes-pointes, couvre-berceau, jupons.
Id.	GLORIEUX-LORTHIOIT, à *Tourcoing.* — Molletons.
Id.	MARTHE-BOUSMARD, à *Tourcoing.* — Molletons.
Id.	VASSEUR et Cie, à *Tourcoing.*—Molletons.
Pyrénées (B.-).	FORT et Cie, à *Saint-Jean-Pied-de-Port.* — Couvertures.
Rhône.	CHASPOT, FERRAND et Cie, à *Lyon.*—Couvertures et couvre-pieds.
Id.	PARENT aîné, à *Lyon.* — Couvertures mérinos.
Sarthe.	FOURCHÉ et SALMON, au *Mans.* — Couvertures de laine. M. H. 1839.
Seine.	BEUDON, à *Paris.* — Couvertures en laine et en coton.
Id.	RUFFAULT, TRUCHON et DEVY, à *Paris.*— Couvertures de laine et de coton, feutres circulaires. (A) 1823, 1827, 1834 et 1839, à Bacot prédécesseur.
Id.	DORMOY, à *Paris.* — Couvertures en laine et en coton.
Id.	FASOLA, à *Paris.* — Couvre-pieds. M. H. 1839.
Id.	LEVASSEUR frères, à *Paris.*—Couvertures, mérinos, laine fine et coton.
Id.	POUPINET jeune, à *Paris.* — Couvertures en laine et en coton. M. H. 1827, (A) 1834 et 1839.

e. Châles et Cachemires.

Calvados.	SCOT et DELACOUR, à *Caen.* — Châles angora et mitons angora.
Gard.	AUDEMARD et BRÈS fils, à *Nîmes.*—Châles.
Id.	BERTRAND et PRADAL, à *Nîmes.* — Châles divers.
Id.	BESSON et Cie, à *Nîmes.*— Châles.
Id.	BOUET, à *Nîmes.* — Châles. (B) 1834, R. (B) 1839, à Bouet et Ribes fils.

Id. BOUSQUET, à *Nîmes* — Châles.

Id. COLONDRE et GEVAUDAN, à *Nîmes*. — Châles. M. H. 1834 et 1839, à Colondre et Prades.

Id. CONSTANT et fils, à *Nîmes*. — Châles indous, écharpes (B) 1839.

Id. CURNIER et Cie, à *Nîmes*. — Châles divers. (O) 1834, R. (O) 1839.

Id. DEVÈZE fils et Cie, à *Nîmes*.—Châles divers. (B) 1834.

Id. FABRE et BIGOT, à *Nîmes*. — Châles divers.

Id. GAVANON fils, à *Nîmes*. — Châles divers.

Id. LEVAT frères, à *Nîmes*. — Châles divers.

Id. LOMBARD jeune, à *Nîmes*.— Châles, écharpes, bas, gants.

Id. MALRIAN aîné, à *Nîmes*. — Châles.

Id. MIRABAUD et Cie, à *Nîmes*. — Châles. (B) 1839.

Id. PONGE (Claude) et fils, à *Nîmes*.— Châles.

Id. PRADE-FOULC, à *Nîmes*. — Châles. M. H. 1834, (A) 1839, à Colondre et Prade.

Id. QUIBLIER, à *Nîmes*. — Châles divers.

Id. REYNAUD père et fils, à *Nîmes*. — Châles divers.

Id. SERRES, à *Nîmes*. — Châles divers.

Id. VEYRUN (veuve), à *Nîmes*. — Châles.

Nord. BAYART (Julien), à *Roubaix*. — Tissus et châles.

Id. FERLIÉ, à *Roubaix*. — Tissus et châles.

Id. FRASEZ, à *Roubaix*. — Tissus et châles. (A) 1839.

Rhin (Haut-). STEINER (Charles), à *Ribeauvillé*. — Étoffes pour meubles, châles divers.

Rhône. DAMIRON (P.) et frères, à *Lyon*. — Châles et écharpes, soies. (A) 1834, R. 1839.

Id. GODEMARD et MEYNIER, à *Lyon*.—Articles soieries façonnés et châles cachemires. (O) 1839, pour un métier à tisser.

Id. GOUJON (J.-M.), à *Lyon*. — Châles cachemires.

Id. GRILLET aîné, à *Lyon*. — Châles brochés. (A) 1834, à Grillet et Trotton ; (O) 1839.

Id. JAILLET jeune, à *Lyon*.—Châles cachemires.

Id. JARRIN et TROTTON, à *Lyon*. — Châles brochés, cachemires et indous, etc. (A) 1834, à Grillet et Trotton.

Id. PAGÈS, BLEIN et Cie, à *Lyon*. — Châles. M. H. 1834, (B) 1839, à Charles Pagès et Cie.

Seine. ALBERT JOURDAN et Cie, à *Paris*.—Châles cachemires indous longs et carrés. R. (O) 1839.

Id. ARNOULD, à *Paris*. — Châle cachemire rayé à galerie, châle cachemire long fond bleu. (A) 1834, (O) 1839.

Id. BARBÉ-PROYART et BOSQUET, à *Paris*. — Châles à la Jacquart.

Id. BAROUILLE, à *Paris*. — Châles divers.

Id. BARRIER, à *Paris*.— Châles longs et carrés.

Id. BOAS frères et Cie, à *Paris*. — Châles de diverses dimensions.

Id. BONFILS, MICHEL et Cie, à *Paris*.—Châles.

Id. BOSQUILLON (Armand-Samson), à *Paris*.— Châles cachemires. R. (O) 1834.

Id. BOSQUILLON (Fabre), à *Paris*.— Châles

Id. BOURNHONET, à *Paris*. — Châles. M. H. 1834, (B) 1839.

Id. BOUTARD, VIGNON et Cie, à *Paris*.—Châles de diverses grandeurs.

Id. BRUNET, à *Paris*. — Châles et écharpes. (B) 1839.

Id. CHAMBELLAN, à *Paris*. — Châles cachemires. (A) 1834, R. (A) 1839, à Chambellan et Duché.

Id. L. CHAMPION et Ch. GÉRARD, à *Paris*. — Châles indous et cachemires. (B) 183?, à Bachelot.

Id. CHINARD fils et Cie, à *Paris*.— Châles indous, soie trame et broché pure laine.

Id. COLOMBE et LALAN, à *Suresnes*. — Mousseline-laine et châles imprimés.

Id. DEBRAS et Cie, à *Paris*. — Châles longs et carrés, écharpes. (A) 1839.

Id. DUCHÉ aîné et Cie, à *Paris*. — Châles longs et carrés. R. (A) 1839, à Chambellan et Duché.

Id. DACHÈS et DUVERGER, à *Paris*. — Châles.

Id. DUMONT, ORIOL et RIVOLIER, à *Paris*. — Écharpes cachemires, tissus pour les bandes, gazes.

Id. FAUCILLON, à *Paris*. — Châles.

Id. FORTIER, à *Paris*. — Châles, écharpes et tapis. (O) 1839.

Id. FOUQUET aîné, à *Paris*. — Châles longs et carrés, indous et cachemires, écharpes. (A) 1839.

Id. FRESSARD, à *Paris*. — Châles.

Id. FRÉTILLE, à *Paris*. — Châles cachemires et indous.

Id. GAGNON et CULHAT, à *Paris*. — Châles. (B) 1834. (A) 1839.

Id. GAUSSEN aîné et Cie, à *Paris*. — Châles cachemires. (O) 1834. R. (O) 1839.

Id. GAUSSEN jeune et MAUBERNARD, à *Paris*. — Châles cachemires. (O) 1834. R. (O) 1839.

Id. GERMAIN-THIBAUT et CHABERT, à *Paris*. — Châles, tissus et fichus. (A) 1834 et 1839.

Id. GODEFROY, à *Paris*. — Châles et étoffes imprimées pour robes, écharpes et meubles. (A) 1839.

Id. GODEMARD et MEYNIER, à *Paris*. — Châles cachemires, écharpes cachemires, châles longs et carrés.

Id. GOURÉ jeune et GRANDJEAN, à *Paris*. — Châles longs brochés façon cachemire châles carrés. (B) 1839.

Id. HÉBERT, à *Paris*. — Châles. R. (O) 1839.

Id. HEUZEY et MARCEL, à *Paris*. — Châles cachemires.

Id. JUNOT (Hippolyte) et Cie, à *Paris*. — Châles longs et carrés. (B) 1834 et 1839.

Id. LAVRIL et LARSONNIER, à *Paris*.—Mousseline-laine, châles et écharpes. C. F. 1839.

Id. LIGNIÈRE, à *Paris*. — Châles.
Id. LINARD, à *Paris*. — Châles, crêpe brodé, tissus français.
Id. LION frères, à *Paris*. — Châles cachemires et indous.
Id. PERSON, à *Paris*. — Châles et écharpes.
Id. RICAUX fils et Cie, à *Paris*. — Châles, tissus et écharpes.
Id. ROSSET, à *Paris*. — Châles indous et cachemires, écharpes.
Id. SABRAN, à *Paris*. — Tissus et châles.
Id. SANGOUARD père et fils, à *Paris*. — Linge damassé et châles en étoffes diverses.
Id. SIMON et NOURTIER, à *Paris*. — Châles cachemires, tissus et nouveautés. (B) 1834, (A) 1839.
Id. SIVEL, CARON et Cie, à *Paris*. — Châles, machine à diviser les châles doubles. M. H. 1839, à Sivel et Herbin.
Id. WISNICK, DOMAIRE et ARMONVILLE, à *Paris*. — Châles, écharpes et broderies.
Seine-et-Oise. GIRARD, à *Versailles*. — Châles en duvet de cachemire, métier en état de fabrication de ces châles. (O) 1834, R. (O) 1839.

2° SOIES.

a. Soies grèges et filées.

Alpes (Basses-). BUISSON, JUGLARD et EUGÈNE ROBERT, à *Manosque*. — Soies filées.
Ardèche. BLANCHON (Louis), à *Saint-Julien-en-Saint-Alban*. — Soie grège jaune, mateaux organsin pour satin, peluche et rubans satinés, soie teinte en bleu à la bassine, cocons.
Id. DUMAINE (Xavier), à *Tournon*. — Soie grège, soie organsin. (B) 1839.
Drôme. D'AUDEMARD, à *Anduze* (Gard), pour la maison Gaudin et Cie de Loriol. — Soies grèges.
Id. DELACOUR et fils, à *Tain*. — Soies grèges. (B) 1823, R. (B) 1834.
Id. FAURE, à *Saillans*. — Soies grèges et ouvrées. (A) 1839.
Id. LÉGAT, à *Montélimart*. — Soies grèges.
Eure. HAMELIN, aux *Andelys*. — Soies écrues, etc. (B) 1834, (A) 1839.
Gard. BRUGUIÈRE et BOUCOIRAN, à *Nîmes*. — Soies à coudre. (B) 1834, (A) 1839.
Id. CARRIÈRE, à *Saint-André-de-Valborgne*. — Soie grège. (A) 1839, à Carrière et Reidon.
Id. GIBELIN et fils, à *Lasalle*. — Soies grèges.
Id. DE LAPEYROUSE DE TESSAN, au *Vigan*. — Mémoire explicatif d'un procédé pour la filature de la soie.
Id. LAPIERRE père et fils, à *Valleraugue*. — Soies grèges.
Id. MICHEL, à *Saint-Hippolyte*. — Moulin à filer la soie.
Id. REIDON, à *Saint-Jean-de-Valerisque*. — Soies grèges, organsins.
Id. ROUVIÈRE frères, à *Nîmes*. — Soies à coudre, cordonnets. (B) 1839.
Id. RUAS et Cie, à *Saint-André-de-Valborgne*. — Soies grèges et jaunes.
Id. SAGNIER-TEULON, à *Nîmes*. — Soieries destinées à la consommation de l'Algérie.
Id. SOUBEYRAND, à *Saint-Jean-du-Gard*. — Soies grèges.
Id. TEISSIER-DUCROS, à *Valleraugue*. — Soies grèges filées. (A) 1823, R. (A) 1827, (O) 1834, R. (O) 1839.
Garonne (H.-). DISCOMTE, à *Toulouse*. — Soie grège.
Gironde. ANDRÉ (Jean) et le major BRONSKI, au château de *Saint-Selve*. — Flottes de soie.
Id. BRESSON, au *Bouscat* et *Bruges*. — Soies.
Hérault. AIGOIN-DELARBRE, à *Ganges*. — Soies grèges et ouvrées. (A) 1839.
Id. LAURET frères, à *Ganges*. — Soies, bas de soie à jour et brodés. M. H. 1819. (A) 1839.
Id. ROUSSY (Casimir), à *Ganges*. — Soies blanches et jaunes.
Isère. ALLIBE-BOURON, à *Chatte*. — Purgeoirs en verre pour le moulinage et le dévidage, organsin de soie. (B) 1839.
Jura. VUAILLAT, à *Dôle*. — Coupe-feuille, instrument à l'usage des éleveurs de vers à soie.
Landes. PERRIS (Édouard), à *Mont-de-Marsan* (au nom de la société pour la filature centrale de la soie). — Soie blanche et jaune, filoselle.
Loire. BAVID et MILLIANT, à *Valbenoite*. — Soies teintes.
Id. DUVAL (Achille), à *Bourg-Argental*. — Soie grège jaune et blanche.
Morbihan. FRANCHEVILLE (comte de), à *Sarzeau*. — Flottes de soie grège, cocons. C. F. 1839.
Moselle. ADAM (Théodore), à *Moulins-lès-Metz*. — Cocons, écheveaux de soie grège.
Id. HENRY (veuve), à *Briey*. — Cocons et écheveaux de soie.
Oise. TORNE, à *Puiseux-le-Haut-Berger*. — Soies moulinées, retordues et teintes.
Pyrénées (H.-). SIDNEY de MEYNARD, à *Orleix*, près Tarbes. — Soies grèges.
Pyrénées-Or. AUGÉ, à *Perpignan*. — Soie. C. F. 1839.
Rhône. BOURCIER (Jules), à *Lyon*. — Soies filées. (B) 1839, pour un métier mécanique, à Bourcier et Morel.
Id. HECKEL et MONTET, à *Lyon*. — Soieries diverses.
Saône-et-Loire. PERRIN-DUGRIVEL, à *Tournus*. — Flottes de soie.

Seine. CHASSIRON (de), à *Paris*. — Soie grége.

Id. COMBIER, à *Charenton-Saint-Maurice*. — Soies dévidées et retordues.

Id. ENARD, à *Paris*. — Chenilles de soie

Id. BEYMONDON, à *Paris*. — Mécanique à bobiner la soie et le coton.

Id. DE TILLANCOURT et Cie, à *Paris*. — Soie grége filée.

Seine-et-Marne. BENOIT et FOURNIER père et fils, à *May*.— Soies blanche et jaune.

Id. RATIER, à *Fay*, près Nemours. — Soies blanche et jaune.

Seine-et-Oise. LANGEVIN et Cie, à *Itteville*. — Bourre de soie brute, peignée et décrusée (A) 1834, (O) 1839.

Tarn-et-Garon. BONNAL et Cie, à *Montauban*.—Soie grége, toiles de soie, gazes à bluter.

Id. COUDERC (Antoine) et SOUCARET fils, à *Montauban*. — Soie grége, toiles et gaze de soie pour bluter. (A) 1839, pour toiles à bluter.

Vaucluse. BRUNEL, à *Avignon*. — Soies teintes. M. H. 1819, 1823 et 1834.

Id. MEYNARD fils, à *Valréas*. — Soie grége et ouvrée, bruyère de cocons, soie ouvrée en organsin. (A) 1834, à Meynard père.

Vienne. MILLET et ROBINET, à *Poitiers* et à *la Cattodière*. — Cocons de vers à soie et soie filée.

Colonies. GOUVERNEMENT DE L'ALGÉRIE. — Échantillons de coton de la pépinière d'Alger, échantillons de soie provenant de la pépinière centrale.

Id. PÉRICHON, à *l'île Bourbon*. — Flottes de soie.

Id. BARROT, à *la Guadeloupe*.— Flottes de soie grége.

Id. PERROTET, à *Pondichéry*. — Échantillons de soie grége provenant de dix générations successives du *Bombyx-Mori* de l'Inde.

b. Soies ouvrées.

Allier. BELON, à *Moulins*. — Échantillon de soie.

Drôme. BONFILS, au *Pègue*. — Soies ouvrées.

Id. GÉRIN fils et ROSSET, à *Chabeuil*. — Soies gréges et ouvrées.

Id. GUIGON, à *Nyons*. — Soies ouvrées.

Id. NOYER frères, à *Dieulefit*. — Soies gréges et ouvrées. (B) 1834. R. (B) 1839.

Id. PLANEL aîné, à *Saillans*. — Soieries. M. H. 1839.

Gard. ARNAUD-GAIDAN (veuve), à *Nîmes*. — Buratins, tissus de soie.

Id. CHABAUD (Auguste), à *Nîmes*. — Foulards et cravates. (A) 1839, à Daudet jeune et Chabaud.

Id. CHAMBON, à *Alais*. — Soies gréges et ouvrées. (A) 1823, (O) 1839.

Id. CHARDON, à *Nîmes*. — Foulards, robes de soie, tissus de soie. M. H. 1834, à Daudet aîné et Cie.

Id. COUMERT, CARRETON et CHARDONNAUD, à *Nîmes*. — Châles brochés et imprimés, damas de soie, tapis brochés. (B) 1834. (A) 1839.

Id. DAUDET-QUEIRETY, à *Nîmes*. — Foulards divers.

Id. DHOMBRES et Cie, à *Nîmes*. — Foulards et châles. (A) 1834, R. (A) 1839.

Id. GAIDAN frères, à *Nîmes*. — Foulards et cravates de soie. M. H. 1834, (A) 1839.

Id. JOURDAN fils et Cie, à *Nîmes*. — Articles pour l'Algérie. (A) 1839.

Id. MAYSTRE, au *Vigan*.— Bas de soie, mitons, bonnets, gants, mitaines.

Id. MAZAURIN fils, à *Saint-Hippolyte*. — Bas de soie.

Id. PUGET, à *Nîmes*. — Foulards, étoffes de soie. (B) 1823, à Puget et Bousquet; R. (B) 1827 et 1834. (A) 1839, à Puget.

Id. VALENTIN, à *Nîmes*. — Bas de soie.

Indre-et-Loire. BELLANGER père et Cie, à *Tours*. — Tissus de soie, tapis. (B) 1827, à Bellanger-Page; R. (B) 1834 et 1839, à Bellanger père et Nourrisson.

Id. CHAMPOISEAU, à *Tours*. — Soies, tissus de soie, cordonnets. M. H. 1819. (B) 1827.

Id. FEY-MARTIN et Cie, à *Saint-Symphorien*, près Tours. — Étoffes de soie.

Id. MEAUZE-CARTIER et Cie, à *Tours*. — Étoffes de soie, divers articles de passementerie. (B) 1819, (O) 1823. R. (O) 1827, à Pillet aîné, prédécesseur.

Loire. BALAY, à *Saint-Étienne*. — Rubans façonnés. (A) 1839.

Id. BARALLON, à *Saint-Étienne*. — Rubans tissés.

Id. CANEL-CHAPELON et Cie, à *Saint-Étienne* — Rubans façonnés.

Id. CARRIÈRE-VIGNAT, à *Saint-Étienne*. — Rubans façonnés.

Id. FAURE (Étienne), à *Saint-Étienne*. — Rubans façonnés. (B) 1834. (O) 1839, à Faure frères.

Id. GRANGIER frères, à *Saint-Chamond*.— Rubans façonnés, gaze brodée et velours, écharpes frangées. (B) 1839.

Id. JAMET et CHARRAT aîné, à *Saint-Étienne*. — Rubans façonnés. M. H. 1839.

Id. MARTIN et Cie, à *Saint-Étienne*. — Rubans façonnés. (A) 1839.

Id. MESNAGER frères, à *Saint-Étienne*.— Rubans de soie et soie à coudre.

Id. PASSERAT, à *Saint-Étienne*. — Rubans façonnés.

Id. RENODIER, à *Saint-Étienne*.—Rubans unis et velours. M. H. 1839.

Id. RENODIER père et fils, à *Saint-Étienne*.—

Rubans unis et velours.

Id. RICHOND et Cie, à *Saint-Etienne*.— Rubans de soie variés.

Id. ROBICHON et Cie, à *Saint-Etienne*.—Rubans de soie façonnés. (B) 1834, (A) 1834.

Id. ROCHE, à *Saint-Etienne*.— Rubans de soie.

Id. TEYTER aîné et Cie, à *Saint-Etienne*. — Rubans de soie.

Id. VIGNAT-CHOVET, à *Saint-Etienne*. — Rubans façonnés. (A) 1834, (O) 1839.

Moselle. BARTHE et PLICHON, à *Sarreguemines*. — Peluches pour la chapellerie.

Id. MASSING frères, HUBERT et Cie, à *Puttelange*. — Peluche pour la chapellerie. (O) 1839.

Id. NANOT et Cie, à *Sarreguemines*.— Peluche pour la chapellerie.

Id. RAVIER, à *Sarreguemines*.— Peluche pour la chapellerie.

Id. SCHMALTZ et THIBERT, à *Metz*.— Peluche et velours. (B) 1839, à Schmaltz.

Id. WALTER aîné (veuve), à *Metz*. — Peluche pour la chapellerie.

Puy-de-Dôme. DONAT ACHARD et Cie, à *Riom*. — Peluches pour chapeaux de soie.

Rhin (Haut-). ADOLPHE et BENNER, à *Mulhausen*.— Tissus de soie et laine.

Id. BARY-MERIAN (de), à *Guebwiller*.—Rubans en taffetas noir, taffetas de diverses couleurs.

Rhône. BALLEYDIER, REPIQUET et SYLVENT, à *Lyon*. —Velours unis et façonnés, nouveautés.

Id BEUQUE et sœur, à *Lyon*. — Broderies et tentures pour ameublements.

Id. BONNET, à *Lyon*. — Satin noir, soies.

Id. BRISSON frères et Cie, à *Lyon*. — Peluches pour chapeaux.

Id. CARQUILLAT (M.-M.), à *la Croix-Rousse*. — Tableaux en soie tissée.

Id. CHASTEL et RIVOIRE, à *Lyon*. — Soieries. (B) 1839.

Id. CHAVENT (André) et Cie, à *Lyon*.—Soieries façonnées.

Id. CINIER (Claude), à *Lyon*. — Étoffes de soie façonnées. (A) 1834, R. (A) 1839, à Cinier et Fatin.

Id. DOUILLET, à *Lyon*. — Étoffes soie imprimées, bannières et stores.

Id. DUBET et Cie, à *Lyon*.—Foulards imprimés.

Id. EYMARD (Paul) et Cie, à *Lyon*.— Étoffes de soie, nouveautés. (A) 1839, à Eymard, Drevet et Cie.

Id. FARGE, à *Lyon*. — Soies teintes.

Id. FORNIER, JANIN et FALSAN, à *Lyon*. — Velours.

Id. FOURNEL (Victor), à *Lyon*. — Étoffes de soie unies et façonnées. (A) 1839.

Id. GAILLARD, à *Lyon*. — Peluches pour chapellerie.

Id. GIRARD neveu, à *Lyon*. — Velours unis et façonnés. (A) 1839.

Id. GUSTELLE et MONNET, à *Lyon*. — Châles soie (dits indiens) et gilets.

Id. GRAND frères, à *Lyon*. — Étoffes pour tentures et ornements d'églises. (O) 1819, R. (O) 1823 et 1839.

Id. HECKEL aîné, à *Lyon*. — Satins unis.

Id. LAFABRÈGUE fils et VINCENT, à *Lyon*. — Écharpes et velours.

Id. LANÇON et Cie, à *Lyon*. — Soieries pour ameublements.

Id. MARTIN (J.-B.), à *Tarare*. — Peluches.

Id. MATHEVON et BOUVARD, à *Lyon*. — Nouveautés soie et dorure pour ameublements. (O) 1834, R. (O) 1839.

Id. LE MIRE père et fils, à *Lyon*. — Soieries pour ameublements. (O) 1827, R. (O) 1834 et 1839, à Le Mire, Danguin et Cie.

Id. NALÈS, PROTON, THIERRIAT, à *Lyon*. — Nouveautés, soieries façonnées, gilets et colliers.

Id. POTTON (F.), CROZIER et Cie, à *Lyon*. — Étoffes de soie façonnées, robes de satin, etc. (A) 1834, (O) 1839.

Id. SAUVAGE (René) et Cie, à *Lyon* —Soieries.

Id. SAVOYE (Firmin), à *Lyon*. — Nouveautés, soieries façonnées. (A) 1839.

Id. TREILLARD (C.-M.), à *Lyon*. — Soieries et velours.

Id. VUCHER, REYNIER et PERRIER, à *Lyon*.— Étoffes en velours et satin. (B) 1839.

Id. YÉMENIZ, à *Lyon*. — Étoffes pour ameublements.

Seine. DUTROU fils, à *Paris*. — Rubans de soie. (B) 1834, R. (B) 1839.

Id. FANFERNOT et DULAC, à *Belleville*. — Tapis, châles, manteaux et articles en velours gaufré.

Id. GAILLARD et Cie, à *Paris*. — Peluches de soie pour chapellerie.

Id. GARNIER et Cie, à *Paris*. — Étoffes pour robes, gilets, meubles.

Id. LANGLOIS, à *Stains*. — Taffetas gommé et toile cirée.

Id. PÉTARD, à *Paris*. — Soieries teintes, velours cerise et rose pour fleurs artificielles, arbustes artificiels.

Id. POREAUX et Cie, à *Paris*. — Velours, peluches et soieries.

Id. SERPOLET, à *Paris*. — Peluche de Paris.

Id. TOUREL, à *Paris*. — Velours cachemire.

Seine-et-Oise. BOCQUET frères, MARTIN et DESPRÉAUX, à *Versailles*. — Étoffes de soie, velours sculptés.

Somme. BERLY et Cie, à *Amiens*.—Velours d'Utrecht, velours divers.

Id. DUFAU et DUPONTROUÉ, à *Belloy-sur-Somme*. — Velours d'Utrecht pour meubles.

Id. LAURENT (Henri) et fils, à *Amiens*. — Velours pour meubles, tapis et tapisseries. (B) 1823, R. (B) 1827, (A) 1839.

Vaucluse. THOMAS frères, à *Avignon*. — Gros de Naples, florences, fondrosiennes. (O) 1834.

3. LIN ET CHANVRE.

a. Fils de lin et de chanvre.

Aisne. FIEVET-MARIEUX, à *Roué*. — Fils de lin, fil à dentelle. M. H. 1839.

Allier. MILLIET-CHOQUET, à *Moulins*. — Câble.

Calvados. GUESNON, à *la Chapelle-Yvon*. — Lin teillé.

Côtes-du-Nord. ROUXEL (Frédéric), à *Saint-Brieuc*. — Lin peigné et teillé, filasse, chanvre de Bretagne teillé.

Ille-et-Vilaine. MOTAI, GAPAIS et COCHET, à *Paimpon*. — Fils blanchis à différents degrés.

Indre-et-Loire. BÉRARD et Cie, à *Mettray*. — Fils d'étoupes.

Maine-et-Loire. LAINÉ-LAROCHE, à *Angers*. — Fils de chanvre et de lin, toiles.

Nièvre. BOUCHARD, à *Nevers*. — Cordages. M. H. 1839.

Nord. LEBLANC et Cie, à *Pérenchies*. — Fil de lin et d'étoupes.

Id. SCRIVE-LABBE et SCRIVE (Édouard), à *Lille*. — Fils de lin et d'étoupes.

Oise. MALIVOIRE et Cie, à *Liancourt*. — Fils de lin pour cordonniers.

Orne. SOCIÉTÉ ANONYME DORÉ, à *Alençon*. — Chanvre, étoupes, brins blancs.

Rhin (Haut-). SCHLUMBERGER (Nicolas) et Cie, à *Guebwiller*. — Coton filé, laine, chanvre et lin.

Seine. LEFÈVRE, à *Paris*. — Cordes de chanvre, étendelles de crin pour la fabrication stéarique et pour celle de l'huile.

Id. LHOMNY, à *Paris*. — Cordages de marine.

Id. MONTELS, à *Paris*. — Filets pour la pêche.

Id. SAVREU (veuve), à *Paris*. — Lin, fil écru non retors, fil retors en deux et blanchi.

Seine-et-Oise. BISSON, à *Guisseray*. — Fils de lin teints ou blanchis.

Seine-Infér. DAVID, au *Havre*. — Chaînes et cordes pour la marine.

Id. DUPASSEUR, à *Rouen*. — Fils de lin et fils d'étoupe.

Id. DUTUIT, à *Barentin*. — Fils de lin et d'étoupe.

Somme. SOCIÉTÉ ANONYME POUR LA FABRICATION DES TISSUS DE LIN ET DE CHANVRE, à *Amiens*. — Fils de lin et de chanvre.

Vendée. CAILLÉ, CATERNAULT, MAREAU et MATIGNON frères, à *Mortagne*. — Fils de lin, échantillons de fil.

b. Tissus de lin et toiles.

Ain. COLLOT-BRUNO, à *Saint-Rambert*. — Linge de table. M. H. 1834, R. 1839.

Calvados. LEFOURNIER, LAMOTTE père et fils et DUFAY, à *Condé-sur-Noireau*. — Linge de table. (B) 1839.

Côtes-du-Nord. DUCHEMIN aîné, à *Dinan*. — Toiles à voiles.

Id. LIMON DUPAREMEUR, à *Quintin*. — Toiles et fils, nappes, serviettes, etc.

Id. DU TAYA (baron), à *l'Hermitage*. — Toiles de lin, tissus de fil à la main. (B) 1834.

Eure. TAILLANDIER, à *Évreux*. — Coutils divers.

Id. TELHIARD et Cie, à *Évreux*. — Coutils divers. (B) 1834, R. (B) 1839, à Bellême.

Finistère. CH. HOMON et DESLOGE, à *Morlaix*. — Toiles à voiles, toiles blanches pour chemises et pantalons.

Id. LE ROUX (Guillaume), à *Landivisiau*. — Toile à voile, toile blanche.

Ille-et-Vilaine. BEAULIEUX, à *Fougères*. — Toiles de ménage en chanvre et en lin.

Id. MACHARD, à *Fougères*. — Coutils, mouchoirs en fil.

Id. PORTEU fils aîné, à *Rennes*. — Toiles diverses.

Id. SAINT-MARC (veuve), PORTEU et TETIOT aîné, à *Rennes*. — Toiles à voiles. M. H. 1801, (B) 1825, R. (B) 1827, (A) 1834, R. (A) 1839.

Indre-et-Loire. COLLINEAU (Réné), à *Tours*. — Canevas, toiles à bluter, sacs à raisin. M. H. 1839.

Loire-Infér. CHEROT (A.) aîné et Cie, à *Nantes*. — Toiles de chanvre et de lin.

Maine-et-Loire. BOULARD, à *Cholet*. — Toiles, batistes, mouchoirs.

Id. JOUBERT-BONNAIRE et Cie, à *Angers*. — Toiles. M. H. 1806 et 1819, (A) 1823, R. (A) 1827 et 1839.

Id. PELLERIN, à *Andrezé*. — Toiles et mouchoirs.

Id. TRUDELLE frères et LECLERC frères, à *Angers*. — Toiles.

Manche. SINEY père et fils, à *Saint-Lô*. — Nappe et serviette.

Meuse. ROBERT-WERLY et Cie, à *Bar-le-Duc*. — Tissus pour les corsets sans coutures. M. H. 1839.

Nord. BAYART (Charles), à *Armentières*. — Linge de table.

Id. BRUNEEL, à *Lille*. — Coutils, nouveautés de laine, linge de table. (B) 1827, à Bruneel et Callemieu.

Id. CRESPIN, à *Cambrai*. — Mouchoirs, coutils, toiles, batistes, tissus de fil.

Id. DECOSTER, à *Lille*. — Linge de table.

Id. DEMEESTERE-DELANNOY, à *Halluin*. — Toiles de lin.

Id. LELIÈVRE et Cie, à *Cambrai*. — Tissus de lin.

Id.	LEMAITRE-DEMEESTERE, à *Halluin*. — Toiles de lin.
Id.	LUSSIGNY frères, à *Valenciennes*. — Batiste de fil.
Id.	SCRIVE frères, à *Lille*. — Tissus de lin.
Id.	MALO-DICKSON et Cie, à *Coudekerque-Branche-lès-Dunkerque*. — Toiles à voiles en lin.
Id.	MISTIVIERS et HAMOIR, à *Valenciennes*. — Batistes.
Id.	WATTIER-CASTEL, à *Lille*. — Linge de table.
Oise.	CARON (Charles-Louis), à *Beauvais*. — Toiles blanches. (A) 1819, 1823, 1827.
Id.	MARY, à *Saint-Rimault*. — Toiles demi-hollande. (B) 1839.
Orne.	BANCE, à *Mortagne*. — Toile.
Pas-de-Calais.	GODARD, à *Bapaume*. — Batiste écrue.
Puy-de-Dôme.	BACHEMALLET, BARNICAUD et DIETZ, à *Saint-Vincent-des-Vergnes*. — Toile de chanvre et de lin fabriquée à la mécanique.
Id.	JURY fils et TARDIF, à *Ambert*. — Liens et tresses en fil et en laine.
Pyrénées (B.-).	BÉGUÉ, à *Pau*. — Toiles, linge de table. M. H. 1834, (A) 1839.
Id.	LOMBRÉ et fils aîné, à *Nay*. — Toile de fil, satin rayé, croisé rayé, calicot.
Id.	SARVY et MOLÉON, à *Saint-Esprit*, près Bayonne. — Lin, étoupe.
Id.	SCHLUMBERGER-SCHWARTZ, à *Mulhausen*. — Nappes et serviettes damassées.
Saône (Haute-).	MYET (Jean-Toussaint), à *Fahy-les-Autrey*. — Linge de table damassé en fil de lin, service soleil, nappe des anges, service genre chinois, médaillons.
Sarthe.	BILLON père et fils, à *Fresnay*. — Toiles. (B) 1839, à Billon (Jacques).
Id.	COHIN frères, à *Cherré*. — Toiles.
Id.	CORNILLEAU-LEFEBVRE et CHABRUN, au *Mans*. — Chanvre peigné, toiles à emballage.
Id.	GESLIN (François), à *Fresnay*. — Toiles. C. F. 1839.
Id.	GESLIN (Nicolas), à *Fresnay*. — Toiles.
Id.	GOUPILLE et VERDIER, à *Fresnay*. — Toiles, fils de lin et de chanvre. (B) 1834, (A) 1839, à Goupille seul.
Id.	HAROUARD et LAYA, au *Mans*. — Fils, toiles à sac et à voiles.
Id.	LIVACHE, à *Fresnay*. — Toiles. C. F. 1839.
Id.	PERROCHEL (comte de), à *Saint-Aubin-de-Locquenay*. — Fils de lin et de chanvre.
Id.	RENARD, à *Fresnay*. — Toiles.
Id.	RENOUT fils, à *Fresnay*. — Toiles.
Id.	ROUSSEAU père et fils, à *Fresnay*. — Toiles.
Id.	VÉTILLART, à *Pontlieue*. — Toiles et fils blanchis. (A) 1823, à Bérard frères et Vétillart ; (A) 1839, à Vétillart père et fils.
Seine.	BEINE (de), à *Paris*. — Sacs, tuyaux en fil sans coutures et coutils pour pantalons de chasse. M H. 1827 et 1834, (B) 1839.
Id.	CHEDEAUX et Cie, à *Paris*. — Batistes blanches et imprimées.
Id.	CORRIOL, à *Paris*. — Sacs d'ambulance. M. H. 1839.
Id.	DEMOISEAU, à *Paris*. — Toile écrue teinte en noir, toile à seaux et à tuyaux.
Id.	DENOUELLE frères, à *Paris*. — Batiste, foulards de fil imprimés.
Id.	DUHAMEL frères, à *Paris*. — Nappes et serviettes ouvrées, linge de table damassé.
Id.	FREMENDITY, GABALDE-BARATON et Cie, à *Paris*. — Préparation des filaments du bananier. M. H. 1839, à May, prédécesseur.
Id.	GODARD, à *Paris*. — Batistes imprimées pour mouchoirs, cravates, chemises, robes. M. H. 1834, (B) 1839, à Jolly et Godard.
Id.	GODILLOT père et fils, à *Paris*. — Articles de campement et de voyage, tentes, hamacs, bateaux de toile, malles, étuis à chapeaux, boites à robes. M. H. 1839.
Id.	LEFORT frères, à *Paris*. — Étoffes pour feuillages et fleurs artificiels, apprêts divers, arbustes.
Id.	SORIN fils, à *Paris*. — Cordes, tapis, étoffes, casquettes, licous, hamacs, etc., en aloès.
Id.	VILLION, à *Paris*. — Tuyaux en fil sans couture.
Seine-et-Oise.	TOUZE, à *Essone*. — Tuyaux de toile sans couture.
Somme.	DENEUX-MICHAUT, à *Hallencourt*. — Linge de table.
Colonies.	BLIN, à *Pondichéry*. — Échantillon de toile à voiles de coton.

4° COTON.

a. Cotons filés.

Calvados.	GERVAIS, à *Caen*. — Cotons filés. (B) 1834, R. (B) 1839.
Dordogne.	BONNET, à *Cubzac*. — Cotons filés.
Eure.	POUYER-QUERTIER et PALIER, à *Fleury-sur-Andelle*. — Fils de coton et calicots.
Loire.	MASSON aîné, à *Roanne*. — Fils de coton.
Loire-Infér.	BUREAU jeune, à *Nantes*. — Cotons filés et tissus.
Manche.	SELLIER, à *Gonneville*. — Cotons filés. M. H. 1806, à la filature de Gonneville ; C. F. 1827, (B) 1839.
Nord.	COURMONT, à *Wazemmes-lès-Lille*. — Coton filé. (B) 1839.
Id.	COX (Edmond) et Cie, à *Fives-lès-Lille*. — Coton filé. (O) 1839.
Id.	TESSE-PETIT, à *Lille*. — Coton filé. (A)

1834. R. (A) 1839.

Oise. BOURDEAU, à *Gouvieux*. — Cotons filés.

Id. LAUMAILLER et FROIDOT, à *Coye*. — Cotons retors. (B) 1839.

Pyrénées (B.-). LUSSAGNET et Cie, à *Nay*. — Cotons filés.

Pyrénées-Or. VIMOR-MAUX, à *Perpignan*.—Ouates, couvertures en fil et coton, cotons retors pour bas, fils retors, rubans de coton, toile à voiles.

Rhin (Haut-). HERZOG, au *Logelbach*, près Colmar. — Fils de coton.

Id. HOFER et Cie, à *Kaysersberg*. — Coton filé.

Id. KŒCHLIN-DOLLFUS et frères, à *Mulhausen*. — Cotons filés.

Id. SCHLUMBERGER et HOFER, à *Ribeauvillé*. — Coton filé.

Id. WITZ, à *Cernay*. — Coton filé.

Seine. BOURDEAU, à *Paris*. — Coton filé, mèches nattées.

Id. BRESSON, à *Paris*. — Fils d'Irlande et d'Écosse et de coton à coudre, à broder, à marquer, etc., ganses de coton et chaînes pour fabrique. C. F. 1834. (B) 1839.

Id. GOMBERT père et fils, à *Paris*. — Coton à coudre, coton à broder, coton à festonner, fil d'Écosse, fil de Paris, coton à tricoter. M. H. 1801, (A) 1819 et 1827.

Id. MICHELEZ fils aîné, à *Paris*. — Cotons à coudre, à broder et à marquer, fil d'Écosse, lacets de soie, de coton, laine et fil, cordons, ganses rondes et carrées. (A) 1827, à Vincent et Michelez; R. (A) 1834 et 1839, à Michelez.

Seine-Infér. DELAMARRE-DEBOUTTEVILLE, à *Fontaine-le-Bourg*. — Coton filé.

Id. FAUQUET-LEMAITRE, à *Rouen*.—Coton filé, fils de lin et d'étoupes. (O) 1834. R. (O) 1839.

Id. FESSARD, à *Maromme*. — Cotons filés.

Id. LALIZEL, à *Malaunay*.— Cotons filés. C. F. 1839.

Id. LÉVEILLÉ, à *Rouen*.—Cotons filés et teints. (A) 1839.

Id. NEVEU et MARION, à *Rouen*. — Coton filé, tête de Mull-Jenny.

Id. PICQUOT-DESCHAMPS, à *Rouen*. — Cotons filés. (A) 1839.

Vienne (H.-). DUPRÉ et CHAISEMARTIN, à *Limoges*. — Coton pour tricots.

Vosges. SEILLIÈRE (Ernest) et Cie, à *Senones*. — Coton filé, toile de coton. (B) 1823, à Seillière; (A) 1834.

b. *Tissus de coton.*

Aisne. CARLIER, à *Montreuil-sous-Laon*. — Tissus de coton.

Id. DAUDRÉ, à *Saint-Quentin*. — Tissus de fil et de coton, linge de table. (A) 1823.

Id. DAUDVILLE, à *Saint-Quentin*. — Tissus.

Id. JACQUEMIN et HUET jeune, à *Saint-Quentin*. — Tissus et broderies.

Id. LEHOULT et Cie, à *Saint-Quentin*. — Tissus de coton, de tulle, de gaze, etc. (A) 1819 et 1823.

Id. LESUR frères, à *Saint-Quentin*. — Tissus brodés.

Id. MARLIÈRE, à *Saint-Quentin*.—Tissus divers.

Aube. FEUGE-FESSARD, à *Troyes*. — Couvertures de piqué en coton. M. H. 1834, (B) 1839.

Id. JACQUIN, à *Troyes*. — Tricots, jupons, camisoles en coton.

Id. LASNIER-PARIS, à *Saint-Martin-ès-Vignes*. — Tricot coton sans couture, jupon guilloché.

Creuse. WATOUSKI et MAUPUS (Mmes), à *Aubusson*. — Mouchoirs, cols et manchettes brodées.

Doubs. LEPELLETIER-DAMAS, à *Bonnal*.—Rideaux.

Eure. HAUPHARD et DERSAINT, à *Radepont*. — Indiennes, couleurs et dessins divers.

Gard. BLACHIER et MASSERAN, à *Nîmes*. — Cravates et mouchoirs, articles destinés à l'Algérie.

Indre. DUPUIS, à *Châteauroux*. — Couverture en coton.

Isère. MEUNIER-BOURDAT, à *Voiron*. — Toiles damassées pour nappes et serviettes.

Loire. DECHELETTE frères et LAPOIRE, à *Roanne*. — Tissus de coton.

Id. MASSÉ (Édouard) et fils, à *Saint-Symphorien-de-Lay*. — Mousselines unies et brodées.

Id. RAFFIN père et fils, à *Roanne*. — Tissus de coton.

Id. RICHARD (Benoît) et Cie, à *Saint-Étienne*.— Bretelles et tissus de bretelles.

Loire-Infér. BERTIN, à *Nantes*.—Fils et tissus de coton, blancs et teints.

Id. CHAPRON, à *Nantes*. — Étoffes de coton.

Manche. ANGOT-LEVARD, à *Saint-Lô*. — Pièce d'étoffe dite droguet. M. H. 1839.

Id. MOREL, à *Saint-Pierre-Église*.—Mouchoirs de poche, quadrilles violets, paillaca.

Mayenne. CHAUVIN-GEORGET, à *Laval*. — Tissus à côtes façonnés, tissus damiers façonnés, écossais imprimés.

Meurthe. HANSET-JANDEL, à *Tomblaine*. — Cols brodés, chemisette brodée.

Id. HORRER (Mme), à *Nancy*. — Mouchoirs et cols brodés.

Nord. BULTEAU frères, à *Roubaix*. — Tissus pour robes.

Id. CLIQUET (Florimond), à *Roubaix*. — Tissus de coton.

Id. DEBUCHY (François, à *Lille*. — Tissus de coton, de fil et de laine. (B) 1834, (O) 1839.

Id. DOUCHERY, à *Roubaix*. — Tissus de laine et coton.

Id. FOLLIOT (Auguste) et KNIGHT, à *Roubaix*. — Tissus de coton.

Id. HENRI-SIX, à *Roubaix*. — Tissus de fil, de

coton et de laine.

Id. LEBLON-DANSETTE, à *Armentières*.—Toile fil et coton, cretonne, calicot.

Id. WATTINE, à *Roubaix*. — Tissus divers.

Oise. LECOMTE, à *Ourscamp*. — Cotons filés, calicots.

Orne. LECOQ-GUIBÉ, à *Alençon*. — Mousseline de coton, mouchoirs de fil. (O) 1834, à Clérambault et Lecoq-Guibé. R. 1839.

Rhin (Haut-). DOLLFUS-MIEG et Cie, à *Mulhausen*.— Cotons filés, calicots, jaconas, châles, indiennes.

Id. FRIES et CALLIAS, à *Guebwiller*. — Calicot blanc, indiennes de diverses couleurs.

Id. GROS-ODIER, ROMAN et Cie, à *Wesserling*. — Jaconas, organdis, balzorines, indiennes, mousselines, tissus divers.

Id. HARTMANN et fils, à *Munster*. — Fils de coton écru, tissus de coton et de laine et coton.

Id. HOFER (Josué), à *Mulhausen*. — Toiles peintes, mousselines imprimées.

Id. JOURDAIN (Xavier), à *Altkirch*.— Mousselines et calicots.

Id. KOECHLIN frères, à *Mulhausen*. — Indiennes, tissus de laine et de coton.

Id. KOENIG (Napoléon), à *Sainte-Marie-aux-Mines*. — Tissus de coton, mouchoirs, cravates.

Id. SCHLUMBERGER (François-Médard), à *Mulhausen*. — Tissus de laine, de soie et de coton.

Id SCHLUMBERGER jeune et Cie, à *Thann*. — Mousseline-laine, calicot.

Id. SCHLUMBERGER, KOECHLIN et Cie, à *Mulhausen*. — Tissus pour ameublements et stores.

Id. BOUSSUT (Benoît), à *Lyon*.— Cotons teints.

Id. BRUN père et fils et DÉNOYEL, à *Tarare*.— Mousselines unies et brochées.

Id. ESTRAGNAT fils aîné, à *Tarare*.— Mousselines unies, brodées et façonnées. (B) 1839.

Id. FION, à *Tarare*. — Mousselines brodées. M. H. 1839.

Id. LUCY-SÉDILLOT, à *Tarare*. — Mousselines brodées pour ameublements. M. H. 1839.

Id. MARTIN, MATAGRIN et Cie, à *Tarare*. — Mousselines et nouveautés.

Id. PRAMONDON, à *Tarare*. — Mousselines et nouveautés. (B) 1839.

Id. SALMON (Alexandre) et DUVAL, à *Tarare*. — Mousselines. (B) 1834, (A) 1839.

Id. URNER jeune, à *Sainte-Marie-aux-Mines*. — Mousseline, organdis, foulards, cravates, mouchoirs.

Saône (Haute-). FERGUSON (Pierre), à *Ronchamp*. — Tissus de coton, madapolam, croisé calicot, cretonne. (A) 1839, à Ferguson et Bornèque.

Seine. LUCY SÉDILLOT, à *Paris*. — Rideaux et pièces de mousseline. M. H. 1839.

Id. RENAUDIÈRE, à *Paris*. — Mousselines et rideaux. (B) 1839.

Seine-et-Marne. CHENVIÈRE aîné, à *Melun*. — Pièces de calicot.

Id. JAPUIS frères, à *Claye*. — Tissus de coton et de laine imprimés.

Seine-et-Oise. DESORTS, à *Gonesse*. — Camisoles, pantalons et gilet en maillot, un échantillon de tricot en pièce.

Id. FERAY et Cie, à *Essone*. — Cotons filés, calicots, lins et étoupes filées, services damassés en fil. (B) 1839, pour le lin.

Seine-Infér. BARBET (Henri) et Cie, à *Rouen*.— Indiennes.

Id. BATAILLE, à *Rouen*. — Foulards coton. (B) 1839.

Id. BLUET, à *Rouen*. — Rouenneries.

Id. BOISMARD, à *Rouen*. — Indiennes.

Id. CAIGNARD, à *Rouen*. — Rouenneries. (A) 1839.

Id. CAPRON fils aîné, à *Darnetal*.—Tissus pour bretelles, tissus divers.

Id. CHATAIN fils, à *Rouen*. — Rouenneries.

Id. CRÉPET aîné, à *Rouen*. — Fils provenant des côtes de l'Algérie. (A) 1839.

Id. DEBU père et fils, à *Blosseville-Bon-Secours*. — Calicot blanc.

Id. DECHANCÉ, à *Rouen*. — Indiennes.

Id. DUFORESTEL-LEFEBVRE, à *Rouen*. — Calicots. (A) 1839.

Id. FAUQUET, à *Rouen*. — Indiennes.

Id. FERNAND, DELOYSE, PELLETIER et Cie, à *Rouen*. — Toile coton, calicots.

Id. GAUDRAY-LOISIEL, à *Rouen*. —Tissus pour meubles.

Id. GIRARD et Cie, à *Rouen*. — Indiennes.

Id. GLATIGNY (veuve), à *Rouen*. — Rouenneries.

Id. GOUET, à *Rouen*. — Rouenneries.

Id. HAZARD frères, à *Rouen*. — Indiennes. (A) 1839.

Id. KOECHLIN, à *Darnetal*. — Indiennes. (B) 1839.

Id. KOETTINGER et fils, à *Rouen*. — Indiennes. (A) 1834, (O) 1839.

Id. LEGRAND, à *Rouen*. — Calicots.

Id. LEMONNIER, à *Yvetot*. — Rouenneries, mouchoirs. (B) 1839.

Id. MONTIER-HUET, à *Bolbec*. — Mouchoirs de coton. (B) 1839.

Id. PELLOUIN et BOBÉ, à *Rouen*.—Toile-coton.

Id. PIMONT aîné, à *Rouen*. — Indiennes. (A) 1834, R. (A) 1839.

Id. QUESNEL-MASSIF, à *Rouen*.—Rouenneries.

Id. ROUSÉE, à *Darnetal*. — Calicots.

Id. SPEISER, à *Rouen*. — Indiennes.

Id. STACKLER, à *Rouen*. — Indiennes. M. H. 1834 et 1839.

Id. TRICOT jeune, à *Rouen*. — Tissus.

Id. VAUSSARD, à *Notre-Dame-de-Boudeville*. — Calicots et cotons filés.

Id. VAUTIER, à *Rouen*.— Étoffes de coton pour parapluies. (B) 1839.

Id VISQUENEL, à *Rouen*. — Rouenneries. (B) 1839.

Somme. ADÉODAT-LEFÈVRE et Cie, à *Amiens* — Velours de coton de diverses couleurs.

Id. DEBUIGNY, à *Amiens*. — Velours de coton pour meubles.

Id. GITTARD-SAINNEVILLE, à *Amiens*. — Velours de coton.

Id. HENRIOT fils et Cie, à *Amiens*. — Étoffes de laine, de soie et de coton.

Vaucluse. BONAVION, à *Avignon*. — Toiles et mousselines peintes.

Vosges. ARTOINE COLLIN et Cie, à *Saulx*. — Toile de coton.

Id. FOREL frères, à *Rupt*. — Coton filé, calicot et toile peinte.

Id. LECOMTE, à *Rupt*. — Calicot.

Id. PROVENSAL, à *Moussey*. — Calicots et tissus de coton dits *brillantés*.

5° TISSUS DIVERS.

a. Tissus mélangés.

Alpes (Hautes-). TROUPEL, FAVRE et GIDE, à *Embrun*. — Draperie commune, ratine, cadis, serge velours divers, tissus de soie, fantaisies en rame, tissus bourrette, toiles de ménage en fil. (B) 1839, à Troupel-Tur et Favre.

Eure. DUPONT (Louis), aux *Andelys*. — Nouveautés. (B) 1839.

Indre-et-Loire. COLLINEAU, à *Tours*. — Couvertures, écharpes, ceintures, tissus de laine, canevas pour tapisseries, toiles pour bluterie. M. H. 1839, pour canevas.

Isère. BEVILLOD et Cie, à *Vizille*. — Robes, châles et rideaux.

Loire-Infér. BONTAISIN (J.), FILLAULT et Cie, à *Nantes*. — Flanelle et coutils. M. H. 1839.

Manche. LE PARQUOIS, à *Saint-Lô*.—Pièce d'étoffe. M. H. 1834 et 1839.

Marne. BENOIST-MALOT et Cie, à *Reims*. — Étoffes pour gilets. (A) 1834, R. (A) 1839.

Id. CHAFFNER-GUYOTIN, à *Reims*. — Étoffes pour gilets et pantalons.

Id. FORTEL et LARBRE, à *Reims*. — Tissus en laine et coton, en laine et soie, tissus divers pour gilets et manteaux.

Id. LECLERC-BOISSEAU et Cie, à *Reims*. — Étoffes pour gilets.

Id. NAZET-BURETTE, à *Reims*. — Étoffes pour gilets, pantalons, manteaux, châles.

Id. PATRIAU, à *Reims*. — Étoffes pour gilets et pantalons.

Nord. BAYART-LEFEBVRE fils et Cie, à *Roubaix*. — Tissus de laine et de coton.

Id. CASTEL frères et sœur, à *Roubaix*.—Tissus pour pantalons.

Id. CORDONNIER (veuve), à *Roubaix*. — Tissus de laine et coton.

Id. DEFONTAINE, à *Lille*. — Tissus de laine et de coton pour habillements. (B) 1839, à Defontaine et Cuvelier.

Id. DERREVAUX-DELEFORTIE, à *Roubaix*. — Tissus.

Id. DERVAUX, à *Roubaix*. — Tissus divers. (A) 1839.

Id. DOUCHERY, à *Roubaix*. — Tissus de laine et coton.

Id. DUHAMEL-HOUSEZ, à *Roubaix*. — Tissus.

Id. DUPISRE, à *Roubaix*. — Tissus pour robes.

Id. FLORIN (Joseph), à *Roubaix*. — Tissus.

Id. HERBO et BOUNIER, à *Templeuve*.—Tissus.

Id. JOURDAIN-DEFONTAINE, à *Turcoing*. — Tissus.

Id. LAGACHE, à *Roubaix*.—Tissus de laine, de fil et de coton.

Id. LEPOUTRE-PARENT, à *Roubaix*. — Tissus.

Id. LEURENT frères et sœurs, à *Turcoing*. — Tissus pour pantalons.

Id. PLAYETTE, à *Roubaix*. — Tissus de laine et coton.

Id. PRUS-GRIMONPREZ, à *Roubaix*. — Tissus de laine et de coton. (B) 1834, R. (B) 1839.

Id. RÉQUILLART-SCREPEL, à *Roubaix*.—Tissus de laine et de coton.

Id. RIBAUCOURT-NOTTE, à *Roubaix*.—Tissus. M. H. 1839.

Id. ROUSSEL-DARIN, à *Roubaix*. — Tissus.

Id. SCREPEL-LEFEBVRE, à *Roubaix*. — Tissus de laine et de coton.

Id. TERNYNCK frères, à *Roubaix*. — Tissus divers.

Id. WATTEL et Cie, à *Roubaix*. — Tissus pour pantalons.

Id. WIBAUX-FLORIN, à *Roubaix*.—Tissus pour robes et pantalons.

Rhin (Haut-). BLECH frères, à *Sainte-Marie-aux-Mines*. — Tissus de soie et de coton, cravates, écharpes.

Id. ROBERT (Édouard), à *Thann*. — Tissus de laine, balzorines, indiennes imprimées.

Id. SCHEURER, GROS et Cie, à *Thann*.— Tissus de laine imprimés, balzorines, jaconas, mousselines, indiennes.

Id. WEBER (veuve Laurent) et Cie, à *Mulhausen*. — Tissus de laine, toiles, batistes, mousselines.

Rhône. VERZIER BONNART et Cie, à *Lyon*. — Gravures tissées, châles, fichus, robes, etc.

Seine. BAUMIER et Cie, à *Paris*. — Tissus pour gilets.

Id. BOULANGER (Ch.), à *Paris*.—Draps, mousselines, soie et velours imperméables.

Id. CLERX et TENET, à *Paris*.— Tissus vernis.

Seine. COCHETEUX (Florentin), à *Paris*.— Toiles, laines, baréges, satins alpaga, laine et alpaga, damas laine et coton, lampas.

virginie soie et fil de chèvre. (A) 1839.

Id. CROCQ, à *Paris*. — Tissus en laine et cachemires pour gilets, étoffes brochées pour ameublement. (A) 1834, R. (A) 1839.

Id. DAUPHINOT-BALIGOT, à *Paris*. — Tissus divers pour gilets.

Id. ECK, à *Paris*. — Étoffes pour chaises fabriquées par un nouveau système. (A) 1839.

Id. EGGLY-ROUX et Cie, à *Paris*. — Tissus divers. — (A) 1827, (A) 1834 et 1839.

Id. FAVRE et BÉCHET, à *Paris*. — Coupons d'étoffes pour gilets.

Id. GROLLEAU et DEVILLE, à *Paris*. — Mousseline-laine, barèges, balzorines, foulards pour robes, impressions pour meubles, châles imprimés.

Id. GROS, ODIER, ROMAN et Cie, à *Paris*. — Mousseline-laine et satin imprimés, indiennes. (O) 1819, R. (O) 1834 et 1839.

Id. HENRY aîné, à *Paris*. — Étoffes et tissus pour ameublements. (A) 1827, R. (A) 1834 et 1839.

Id. KAZNER et DUBOIS, à *Paris*. — Tissus divers.

Id. MILLOT fils, à *Paris*. — Étoffes pour meubles.

Id. MOURCEAU et Cie, à *Paris*. — Étoffes de laine et soie, tapisserie pour ameublements.

Id. PAGÈS-BALIGOT, à *Paris*. — Tissus brochés pour gilets, robes et meubles. (B) 1839.

Id. SIMONDANT, à *Paris*. — Tissus pour gilets et ameublements.

Seine-Infér. LERAT, à *Rouen*. — Étoffes pour meubles en laine et en soie.

Somme. FEVEZ-DESTRÉ et Cie, à *Amiens*. — Laines, châles, nouveautés en laine et en soie. (A) 1839.

Id. MOLLET-WARMÉ frères, à *Amiens*. — Nouveautés en laine et en soie.

b. Tapisserie et canevas.

Meurthe. LETOURNEUR-DUBREUIL fils, à *Nancy*. — Tapis de salon et descentes de lit en broderies.

Seine. BUCHER, à *Paris*. — Laines teintes, canevas et tapisseries à l'aiguille pour meubles et décorations.

Id. DEMY-DOINEAU et Cie, à *Paris*. — Tapisseries pour fauteuils, chaises et tapis de table.

Id. GÉRARD (Mlle), à *Paris*. — Objets divers de tapisserie, lambrequin, etc.

Id. HELBRONNER, à *Paris*. — Tapisseries, broderies.

Id. HELBRONNER, à *Paris*. — Un couvre-pied au crochet, nouveau point grec; tenture à lambrequin brodé en jais et laine, assortiment de tapisserie pour meubles.

Id. JOLY, à *Paris*. — Broderies et tapisseries, canevas.

Id. LEVRIEN, à *Paris*. — Tricots, canevas, tapis.

Id. PÉRILLIEUX-MICHELEZ, à *Paris*. — Tapisserie à l'aiguille, canevas.

Id. SALLANDROUZE, à *Paris*. — Tapisserie, tapis velouté. (B) 1839.

Id. TACHY, à *Paris*. — Mercerie, tapisserie, broderie, etc.

Id. VAYSON, PORET et Cie, à *Paris*. — Tapisserie.

Seine-et-Oise. BÉRAUD, à *Versailles*. — Tableaux en tapisserie à l'aiguille.

c. Tapis.

Creuse. BELLAT aîné, à *Aubusson*. — Tapis. (A) 1839.

Id. BELLAT aîné, à *Aubusson*. — Tapis variés et portières ornées. (A) 1839.

Id. CASTEL, à *Aubusson*. — Tapis divers.

Id. DEMY-DOINAUD et Cie, à *Aubusson*. — Tapis.

Id. DEMI, DOINEAU et Cie, à *Aubusson*. — Tapis ras de table, en laine et soie, etc.

Id. SALLANDROUZE (Alexis), à *Aubusson*. — Tapis.

Id. SALLANDROUZE (Jean-Jacques), à *Aubusson*. — Tapis.

Id. TABARD aîné, à *Aubusson*. — Tapis divers.

Gard. COULET, à *Nîmes*. — Tapis divers, descentes de lit.

Id. FLAISSIER frères, à *Nîmes*. — Tapis divers. (A) 1839.

Id. LECUN et Cie, à *Nîmes*. — Tapis, échantillons de teinture. (B) 1839.

Hérault. CAUSSINEL, à *Clermont-l'Hérault*. — Tapis divers, descentes de lit.

Indre-et-Loire. BELLANGER père et Cie, à *Tours*. — Tapis. (B) 1827, à Bellanger-Pagé; (B) 1834 et R. (B) 1839, à Bellanger père et Nourrisson.

Nord. ROUSSEL, REQUILLART et CHOCQUEREL, à *Turcoing*. — Tapis. (A) 1839.

Oise. CARON-LANGLOIS, à *Beauvais*. — Tapis, châles et diverses étoffes imprimées. (A) 1827, 1834, (O) 1839.

Rhin (Bas-). MOHLER, à *Obernai*. — Tapis, couvertures en coton, madras, cravates, châles tartans.

Id. SEIB, à *Strasbourg*. — Tapis et toiles cirées. (B) 1834, (A) 1839.

Seine. BESLAY, à *Paris*. — Tapis et cuirs vernis.

Id. CARRÉ, à *Paris*. — Tapis. (B) 1839.

Id. DENNEBECQ, à *Paris*. — Restauration de vieux tapis.

Id. INSTITUTION ROYALE DES JEUNES-AVEUGLES, à *Paris*. — Filage et tissage, tapis, tricots, ébénisterie, etc. M. H. 1819, (B) 1827, R. (B) 1839.

Id.	LARROUMETS, à *Paris*. — Tapis, toile et papier cirés.
Id.	LHOTEL, à *Paris*. — Tapis divers et châles imprimés. (B) 1834 et 1839.
Id.	PARIS frères, à *Paris*. — Tapis. (A) 1839.
Id.	RHEINS, à *Paris*. — Tapis en drap imprimé, cabas, moquettes de laine, de coton, de tissus, de drap imprimé.
Id.	SALLANDROUZE-LAMORNAIX, à *Paris*. — Tapis, portières, rideaux, tentures d'appartement, etc. (O) 1834.
Somme.	BARBAZA et Cie, à *Belloy-sur-Somme*. — Tapis, moquettes.
Id.	VAYSON et Cie, à *Abbeville*. — Tapis et tapisseries. (A) 1834, (O) 1839.

d. Blondes, dentelles et tulles.

Calvados.	LE BOULANGER, à *Bayeux*. — Blondes et dentelles.
Id.	LEFEBURE et sœur et PETIT, à *Bayeux*. — Dentelles de fil et blondes de soie. (B) 1819, (A) 1823, (O) 1827, à Mme veuve Carpentier.
Id.	MULOT, à *Caen*. — Blondes et dentelles.
Id.	TORCAPEL, à *Caen*. — Tulles brodés.
Id.	VARDON (Mlle), à *Caen*. — Voilette et volant en dentelle.
Id.	VILLAIN (Mlles), à *Caen*. — Tulles brodés, blondes et dentelles. M. H. 1839.
Id.	VIOLARD, à *Courceulles*. — Voiles, mantelets, écharpes, châles en dentelle et blondes. (B) 1834, R. (B) 1839.
Ille-et-Vilaine.	LE FROTTER DANGECOURT (Mme), à *Rennes*. — Broderies en paille, bonnets, écrans, pantoufles, dossiers et fonds de chaises.
Loire (Haute-).	FALCON (Jean-Baptiste-Théodore), au *Puy*. — Dentelles de lin. M. H. 1834, (A) 1839.
Id.	RICHARD (Alphonse), au *Puy*. — Blondes, dentelles de velours, de laine et de coton.
Id.	SEGUIN (Georges), au *Puy*. — Dentelles et blondes.
Meurthe.	LESEURE, à *Nancy*. — Col, descente de lit en broderies.
Id.	LOEUILLET (Mlle), à *Nancy*. — Dentelles, manchettes en dentelle, imitation.
Nord.	LEBOULANGER, à *Valenciennes*. — Dentelles.
Id.	TOFFLIN, MARTHO et fils, à *Caudry*. — Tulles de coton.
Orne.	DUDOUET, à *Alençon*. — Barbe, réseau, point d'Alençon.
Id.	D'OCAGNE, à *Alençon*. — Réseau de bride, point d'Alençon.
Id.	MERCIER (le baron), à *Alençon*. — Brides, réseau, point d'Alençon.
Id.	VIDECOQ et SIMON, à *Alençon*. — Dentelles d'Alençon.
Pas-de-Calais.	CHAMPAILLER fils aîné, à *Saint-Pierre-lès-Calais*. — Tulles, dentelles, voilette, écharpe.
Id.	DUBOUT et Cie, à *Calais*. — Voilettes, écharpes, volants en dentelle.
Id.	HERBELOT fils et GENET-DUFAY, à *Calais*. — Tulle ouvragé.
Id.	PEARSON, à *Saint-Pierre-lès-Calais*. — Tulles, imitation de dentelles.
Puy-de-Dôme.	CHAUVE (Mlle), à *Viverols*. — Dentelles. C. F. 1823.
Id.	JOUVET-PARDINEL, à *Viverols*. — Dentelles.
Rhône.	DETHEL et DEGABRIEL, à *Lyon*. — Tulles et dentelles.
Id.	DOGUIN fils, à *Lyon*. — Dentelles et tulles.
Id.	ROQUE père et fils, à *Lyon*. — Tulles façonnés, dentelles.
Seine.	BEAUVAIS (Mlle) et Cie, à *Paris*. — Broderies. M. H. 1839.
Id.	DABLAING et SOMBRET, à *Paris*. — Dentelles brodées, tulles brodés, imitation de dentelles. (A) 1827, à Dablaing, Estabel père et Cie; R. (A) 1834, à Dablaing, Estabel et Thomassin.
Id.	DRAPS et COUDENOVE, à *Paris*. — Broderies et lingeries, nouveautés. M. H. 1839, à Draps.
Id.	GEFFROTIN, à *Paris*. — Robe, écharpes, châles, voiles et pièces de dentelle.
Id.	HULOT, à *Paris*. — Dentelles et imitation sur tulle. B. 1823, R. (B) 1827, à Hulot, Larminat et Prat.
Id.	MARIE-HOTTOT (Mme) et Cie, à *Paris*. — Dentelles et blondes. (B) 1834, R. 1839.
Id.	WARÉE, à *Paris*. — Point nouveau pour bourses.
Seine-Infér.	FLEURY (Mme), directrice de l'école manufacturière de dentelles de *Dieppe*. — Dentelles.
Vienne.	RENAUDET-COGNAC, à *Châtellerault*. — Aube, écharpes, voilettes, volants et autres objets en tulle brodé.
Vosges.	AUBRY-FEBVREL, à *Mirecourt*. — Dentelles.
Id.	AUBRY frères, à *Mirecourt*. — Dentelles.
Id.	DUPAS-KOEL, à *Mirecourt*. — Dentelles.

e. Bonneterie.

Aube.	DOUINE, à *Troyes*. — Bonnets et tricots en coton sans couture.
Calvados.	BELLAMY, à *Caen*. — Articles de bonneterie.
Id.	MANNOURY, à *Caen*. — Articles de bonneterie. M. H. 1839.
Id.	VAUTIER fils, à *Caen*. — Articles de bonneterie. (A) 1806, à Vautier père. M. H.

1839, à Vautier fils.

Gard. ANNAT aîné et COULOMB, au *Vigan* et à *Sauve*. — Bonneterie.

Id. BOUNIOLS aîné, au *Vigan*.—Bas et bonnets.

Id. CADENAT et JOURNET, au *Vigan*. — Bas et chaussettes.

Id. CAMBON cadet, à *Sumène*. — Tricots, articles de bonneterie. M. H. 1839.

Id. FLORY (veuve) et AUDIBERT, au *Vigan*. — Bas et chaussettes.

Id. GAMALIER fils et Cie, à *Nîmes*. — Gants, mitons, articles de bonneterie. C. F. 1839.

Id. GILLY-PAGÈS, à *Nîmes*. — Mitaines, gants, articles de bonneterie.

Id. GREFFULHE (F. et E.) et Cie, au *Vigan*. — Bas et bonneterie.

Id. JOYEUX, à *Nîmes*. — Gants, tricots et articles de bonneterie. M. H. 1834, R. M. H. 1839.

Id. JOYEUX fils aîné, à *Nîmes*. — Bas, gants et mitaines. M. H. 1839.

Id. D. JOURNET, au *Vigan*. — Calottes pour militaires et bas.

Id. MEYNARD cadet, à *Nîmes*.—Mitaines, gants, divers articles de bonneterie. (A) 1834, R. (A) 1839.

Id. PETITJEAN frères, à *Nîmes*. — Gants, mitaines, articles de bonneterie.

Id. ROUVIÈRE, CABANE et Cie, à *Nîmes*.—Bonneterie. (O) 1834, pour châles. M. 1839.

Id. TROUPEL et Cie, à *Nîmes*.— Fantaisies, bas, gants, bonnets, articles de bonneterie.

Loiret. VALENTIN-FÉAU-BÉCHARD, à *Orléans*. — Bonnets turcs. (A) 1827, à Benoît, Mérat et Desfrancs, prédécesseurs.

Meuse. DILLON aîné, à *Xivray*, près Saint-Mihiel. — Bas à jour en fil d'Écosse.

Nord. MALLET, à *Lille*. — Bonneterie.

Pas-de-Calais. DELÉTOILLE-COCQUEL, à *Arras*. — Bonneterie. (B) 1834.

Seine. BELORGÉ, à *Paris*.— Tissus pour bretelles.

Id. BOZONET, à *Paris*.—Articles de bonneterie.

Id. BRACONNIER, à *Paris*. — Bas, guêtres, robes, etc., écharpes, mitaines, pantoufles pour dames. C. F 1834.

Id. COLLARD et BELZACQ, à *Paris*. — Chaussons, lacets.

Id. DELANNOY (veuve), à *Paris*. — Jupes en tissus à côtes.

Id. DREUILLE, à *Paris*. — Mouchoirs, cols et manchettes brodés. (B) 1839.

Id. FOLMER, à *Paris*. — Tricot, bonneterie à jour brodée, coton, fil, soie.

Id. GRISON, à *Paris*. — Mèches à quinquets plates et rondes.

Id. PLATARET, à *Paris*. — Tissus, tricots feutrés, fil, coton, laine et coton, coton et cachemire, etc. (A) 1834, à Plataret et Payen.

Id. POITEVIN, à *Paris*. — Tricots.

Id. SEIGNEURGENS, à *Paris*. — Bonneterie de toute espèce.

Id. TRORY-LATOUCHE, à *Paris*. — Bonnets à l'orientale et tapis de pied.

Somme. DELACOUR (Théodore) et fils, à *Villers-Bretonneux*. — Bas, gilets de flanelle, articles de bonneterie.

Id. DEMOREUIL, à *Hangest*. — Bas, cravates, gilets, divers articles de bonneterie.

Id. OBRY-BOULANGER, à *Villers-Bretonneux*. — Bas, bonneterie.

f. Passementerie.

Charente. BOURGOIN, à *la Tulette*. — Lacets.

Gard. GUÉRIN (Samuel), à *Nîmes*. — Lacets. (B) 1839, à Guérin et Pailler.

Loire. GAILLARD et SIMON, à *Saint-Chamond*. — Lacets.

Id. MERCIER (Joseph) et Cie, à *Saint-Étienne*. — Galons de passementerie pour voitures et livrées.

Loire (Haute-). DESPRAT (Jean), au *Puy*. — Pattes de bretelles.

Seine. BERCE, à *Paris*. — Boutons de livrée et d'uniforme. C. F. 1839.

Id. BLÉRYE, à *Paris*. — Passementerie, mantelet.

Id. BORREL, à *Paris*. — Épaulettes et pompons.

Id. GUILLEMOT frère, à *Paris*. — Échantillons de passementerie. C. F. 1827 et 1834. R. 1839.

Id. LAURENT, à *Paris*. — Boutons de soie et lasting, boutons à griffes, agréments de passementerie. M. H. 1834.

Id. MORNIEUX, à *Paris*. — Boutons de passementerie.

Id. TRUCHY, à *Paris*. — Boutons de soie en tissus-galon. C. F. 1839.

Id. VASSEROT, à *Paris*. — Boutons en métal et en étoffes.

Id. VAUGEOIS, à *Paris*. — Épaulettes en or et en argent, ceintures, cordons, habits et ornements d'église.

g. Tissus de caoutchouc.

Loiret. LEDOUX, à *Bonny-sur-Loire*.—Caoutchouc. M. H. 1839.

Seine. BLANCHART et CABIROL, à *Paris*.—Bateau, baignoire, bouée de sauvetage, vêtements, tuyaux et autres objets en caoutchouc.

Id. BRIOUDE-SANREFUS et Cie, à *Paris*. — Balles, ballons, gomme pour papeterie, objets en caoutchouc.

Id. GAGIN, à *Clignancourt*, commune de Montmartre. — Application du caoutchouc sur cuirs, toiles et tissus. (B) 1839.

Id. GALIBERT, à *Paris*. — Instruments en caoutchouc, tubes, porte-voix et acoustiques, un niveau de grande longueur, urinaux, pessaires, biberons, hochets. M. H. 1839.

Id. GUÉRIN jeune et Cie, à *Paris*. — Tissus, courroies et cordes en caoutchouc, banquettes à air.

Id. MEYNADIER, à *Paris*. — Étoffes imperméables. M. H. 1834, (B) 1839.

Id. RATTIER et GUIBAL, à *Paris*. — Caoutchouc, tissus élastiques et imperméables. R. (O) 1839.

Id. VACHERON, à *Paris*. — Tissus caoutchouc pour bretelles.

h. Tissus de verre.

Seine. ANDRÉ, à *Paris*. — Verre filé et maillons en verre.

Id. GÉRARD, à *Paris*. — Coffrets en verre filé.

Id. THÉODORE DUBUS et Cie, à *Paris*. — Tissus de verre pour meubles et ornements d'église. M. H. 1839.

i. Toiles cirées.

Finistère. CERF-MAYER, à *Brest*. — Toiles cirées. (B) 1839.

Seine. LABEY et LEMAIRE, à *Paris*. — Toiles cirées.

k. Tissus de crin.

Seine. DELACOUR, à *Paris*. — Étoffes de soie végétale et crin pour meubles. (B) 1834.

Id. GENEVOIS (veuve), à *Paris*. — Galons en crin pour meubles, étoffes en crin damassées. (B) 1839.

Id. JOURDAN, à *Paris*. — Étoffes de crin, soie végétale et laine.

Id. OUDINOT-LUTEL, à *Paris*. — Étoffes de crin. (B) 1839.

Id. ZERR, à *Paris*. — Étoffes de crin.

VII. BEAUX-ARTS.

1° VITRAUX PEINTS ET BRONZES.

Gironde. AUDOYNAUD, à *Bordeaux*. — Peintures sur verre.

Rhône. BOZIER, à *Lyon*. — Bronzes d'église, ornements, etc.

Sarthe. CHATEL et FIALEX, au *Mans*. — Vitraux peints.

Id. DROUET, au *Mans*. — Rosace en vitraux peints.

Id. LUSSON, à *Sainte-Croix*. — Vitraux peints.

Seine. BASNIER, à *Belleville*. — Bronzes estampés pour décoration d'églises, un autel, chandeliers, encensoirs, crosse, croix.

Id. BAYOZET, à *Paris*. — Bronzes, pendules et candélabres.

Id. BOURBON-LEBLANC, à *Belleville*. — Cage de pendule, statuettes, chaînes, cuillers, médailles, etc., en cuivre; médailles, instruments tranchants et contondants en fonte de fer française.

Id. BREUL, à *Paris*. — Corbeille, vases, candélabres en bronze.

Id. CAHIER, à *Paris*. — Châsse en bronze doré. (O) 1819, 1823, 1827.

Id. COLLAS et BARBEDIENNE, à *Paris*. — Statues et bustes en plâtre, statues, groupes, vases et bas-reliefs en bronze, fonte d'art, panneaux en bois, pierres de Tonnerre, le tout sculpté d'après les procédés de M. Collas. (A) 1839.

Id. COTTAERT jeune, à *Paris*. — Bronzes et cristaux. M. H. 1839.

Id. COURCELLE, à *Paris*. — Lustres en bronze et en cristal, candélabres. (B) 1839.

Id. DE BRAU D'ANGLURE, à *Paris*. — Statuettes, figurines, bustes et statuettes équestres en bronze. (B) 1839.

Id. DENIÈRE, à *Paris*. — Lustres, candélabres, pendules, surtouts, services de desserts et objets divers. (O) 1827, R. (O) 1834 et 1839.

Id. DURENNE, à *Paris*. — Bronzes pour meubles, tapisseries et bâtiments.

Id. ECK-DURAND, à *Paris*. — Bronzes d'art, statues et statuettes, médaillons, articles divers.

Id. GAGNEAU frères, à *Paris*. — Lampes et bronzes. (B) 1839.

Id. GEORGI, à *Paris*. — Appareils en bronze pour le gaz.

Id. HAVÉ, à *Paris*. — Pendule et chevaux de bronze.

Id. KARL-HAUDER et ANDRÉ, à *Paris*. — Peinture sur verre.

Id. KONNER, à *Paris*. — Statuettes en bronze.

Id. LACARRIÈRE, à *Paris.* — Bronzes pour l'éclairage au gaz et pour bâtiment.

Id. LAPIED et MARTINET, à *Paris.* — Tableaux en verre peint.

Id. LAURENT et Cie, à *Paris.* — Vitraux peints.

Id. LEMAIRE, à *Paris.* — Verrières coloriées.

Id. MARQUIS, à *Paris.* — Lustres en bronze et cristal de roche, lanterne d'appartement, cheminée en marbre et bronze, pendules et candélabres en bronze. (B) 1834, à Chaumont et Marquis.

Id. PAILLARD, à *Paris.* — Candélabre en bronze, pendules, lustres, etc. (A) 1839.

Id. PÉRÈS père, à *Paris.* — Dorure et peinture sur verre.

Id. PIEREN, à *Paris.* — Théières et fontaines en métal anglais, fontaine en bronze verni. (B) 1839.

Id. PIERON, à *Paris.* — Ornements en bronze.

Id. POMPON, à *Paris.* — Lustres et candélabres en bronze. (B) 1839.

Id. QUESNEL et Cie, à *Paris.* — Bronzes, Mercure inventant la lyre, l'Éducation de l'Amour, fonts baptismaux, groupe d'Amphitrite, Gil Blas et le capitaine Rolando, l'Ange Michel et Gabriel, coupe de Benvenuto Cellini, sarcophage de Napoléon, chandeliers gothiques, etc. (A) 1839.

Id. RAINGO frères, à *Paris.* — Bronzes d'art, pendules, candélabres et vase, lustre, corbeille et jardinière, char de Neptune.

Id. RAYNAUD, à *Paris.* — Flambeaux, pendules, toilettes, vases, coupes et articles divers en bronze. C. F. 1839.

Id. ROSSELET, à *Paris.* — Candélabres, pendules, cadres dorés, reliures de livres dorées, etc., chaînes, broches, dessus de paniers, etc.

Id. SERRUROT, à *Paris.* — Pendules, candélabres, lustres, surtouts et bronzes divers. (B) 1827, 1834, 1839.

Id. SOYER, à *Paris.* — Bronzes d'art obtenus par le courant galvanique. (O) 1839.

Id. SUSSE frères, à *Paris.* — Pendules, objets en ébénisterie et tabletterie, bronzes d'art, etc. (B) 1839.

Id. TARD, à *Paris.* — Objets en imitation de bronze. C. F. 1839.

Id. THOMIRE et Cie, à *Paris.* — Pendules, candélabres, lustres, statuettes, surtout, pièces de table, etc. (O) 1806, R. (O) 1819, 1823, 1827, 1834 et 1839.

Id. VILLEMSENS, à *Paris.* — Vases, plateaux en bronze doré, autels, lampes d'églises, groupes en bronze. (B) 1834, (A) 1839.

Id. VINKEN, à *Paris.* — Fontaines, bouilloires, cafetières en cuivre et en bronze, réchauds. M. H. 1834 et 1839.

Seine-et-Marne. PAUWELS et Cie, à *Melun.* — Fontaines à thé bronzées, bouilloires, cocotes, marabouts, bougeoirs, flambeaux, etc.

Yonne. VEISSIÈRE, à *Seignelay.* — Vitrail peint représentant la Cène.

2° BIJOUTERIE.

Bouches-du-R. BARBAROUX DE MÉGY, à *Marseille.* — Colliers, camées en corail. (A) 1839.

Id. BOEUF et GARANDY, à *Marseille.* — Bracelets, écrins, colliers en corail. (B) 1839.

Seine. BARBAROUX DE MÉGY, à *Paris.* — Coraux taillés et gravés. (A) 1839.

Id. BLANCHET, à *Paris.* — Camées.

Id. BOCQUET, à *Paris.* — Bracelets divers, parures, guirlandes.

Id. BON, à *Paris.* — Fausses pierres précieuses.

Id. BON et PIRLOT, à *Paris.* — Fausses pierres précieuses, émaux.

Id. BOURGUIGNON fils, à *Paris.* — Joaillerie et imitation de pierres fines.

Id. BUREAU, à *Paris.* — Bijouterie perfectionnée, émaux transparents, bracelets mécaniques, imitation d'or.

Id. CHARLES, à *Paris.* — Bijouterie dorée.

Id. CONSTANT-VALÈS et LELONG, à *Paris.* — Perles fausses. (A) 1839.

Id. DAFRIQUE, à *Paris.* — Objets de bijouterie. (B) 1839.

Id. GAUSSANT, à *Paris.* — Bijoux dorés, principalement des chaînes. C. F. 1839.

Id. GRANGER, à *Paris.* — Bijouterie dorée, bronzes dorés, émaux, perles, etc., châsses, canons d'autel, cadres et armures d'enfant en acier damasquiné or.

Id. LELONG, à *Paris.* — Bracelets, chaînes, bijouterie dorée. (B) 1823, R. (B) 1827, 1834 et 1839.

Id. LOIRE, à *Paris.* — Bijoux en argent, émaillés par un vernis imitant l'émail.

Id. MARÉCHAL, à *Paris.* — Bouquets, broches, épingles et autres bijoux en diverses pierres et en strass.

Id. MARION-BOURGUIGNON, à *Paris.* — Pierres blanches et pierres de couleur montées et non montées. (B) 1827, R. (B) 1834, (A) 1839.

Id. MASSON, à *Paris.* — Imitations de diamants et de pierres fines.

Id. MEHL-DUBUISSON, à *Paris.* — Bracelets et bagues, argenture mate pour bronze.

Id. MOJON, à *Paris.* — Bracelets, boucles d'oreilles, châtelaines, boucles diverses. (B) 1823, à Orbelin, prédécesseur. R. (B) 1827 et 1834, à Majon.

Id. MOUREY, à *Paris.* — Lustre, grande toilette, grande coupe, vases, objets divers, bijouterie dorée. (B) 1839.

Id. PARIS, à *Paris.* — Bracelet, genre gothique.

Id. PAUL et frères, à *Paris.* — Corsage en brillants, coffre en or ciselé.

Id. PAYEN jeune et Cie, à *Paris.* — Parures, broches, boucles d'oreilles, colliers, garnitures, etc.

Id. PEGHAIRE, à *Paris.* — Bijouterie d'or, d'argent, de vermeil, etc.

Id. PEROT, à *Paris.* — Incrustations sur pierres fines et métaux.

Id. RICHARD, à *Paris.* — Peignes, bracelets, croix pastorales, collier, chaînette, boucles, broches, etc. (B) 1827, R. (B) 1834 et 1839.

Id. TACHY, à *Paris.* — Porte-crochets en corail, pierres fines, argent, vermeil, or, garnitures de bourses en or et en argent.

Id. VAUTIER, à *Paris.* — Bijouterie en acier poli. M. H. 1834. (B) 1839.

Id. VIENNOT, à *Paris.* — Bijouterie de deuil. M. H. 1839.

Id. VOIZOT, à *Paris.* — Perles d'acier.

Seine-et-Marne. COUDRON, à *la Ferté-Gaucher.* — Boutons de chemise.

Id. HUSSON, à *Melun.* — Perles dorées. C. F. 1839.

3° CISELURE, ESTAMPAGE, GRAVURE SUR MÉTAUX.

Oise. DEKEMEL, à *Cires-les-Mello.* — Étuis à lunettes, encrier, porte-plume, étuis divers en cuivre repoussé et verni.

Seine. AGNELLET frère, à *Paris.* — Galeries en cuivre estampé, patères, palmettes, couronnes de lits.

Id. BEDIER-DOTIN, à *Paris.* — Émail peint, gravé et ciselé.

Id. BLÈVE, à *Paris.* — Ornements estampés pour tentures. M. H. 1834.

Id. BORDEAUX, à *Paris.* — Ornements en cuivre estampé et bois doré. (B) 1839.

Id. FUGÈRE, à *Paris.* — Modèles d'estampage, un salon en cuivre estampé.

Id. LESGENT frères, à *Paris.* — Couverts en métal aciéré et tabatières estampées.

Id. MARIA, à *Paris.* — Moulures couvertes en cuivre. (B) 1839, à Lequart.

Id. NICLAUS et GARNIER, à *Paris.* — Moulures guillochées et unies.

Id. PETITPAS, à *Paris.* — Patères pour meubles, rosaces et objets d'ornement.

Id. PILLIAUD, à *Paris.* — Cuivre estampé.

Id. THIBAUDET, à *Paris.* — Timbres, cachets gravés, etc. C. F. 1834 et 1839.

Id. THOMAS, à *Paris.* — Objets d'étalage en cuivre ciselé.

Id. THOUMIN et CORBIÈRE, à *Paris.* — Patères, palmettes, galeries, châssis ou baldaquins de lits, cadres, rosaces, etc., en cuivre estampé.

Id. TRÉLON et LANGLOIS-SAUER, à *Paris.* — Boutons dorés et ciselés, boutons ordinaires et d'uniforme, médailles de religion. C. F. 1839.

Id. VIALON, à *Paris.* — Gravures sur étain. C. F. 1839.

Id. VOISIN, à *Paris.* — Gravures sur métaux, marbres, pierres.

4° ORFÉVRERIE.

Orne. GAUBERT-BOUCHER, à *Laigle.* — Vases d'airain.

Seine. AUCOC, à *Paris.* — Nécessaires, quelques pièces d'orfévrerie. (A) an X, 1806, 1819, à Lemaire, prédécesseur; R. (A) 1823, à Aucoc et Gavet; R. (A) 1827, à Aucoc; (A) 1839.

Id. BALAINE, à *Paris.* — Service de table complet pour 25 personnes, et service de thé également complet en orfèvrerie plaquée or et argent. (B) 1827, (A) 1834, R. (A) 1839.

Id. BERNAUDA, à *Paris.* — Tabatières en or et en platine, demi-parure en brillants, cassolettes, chaînes, bagues, creusets et capsules de platine pour la chimie. (B) 1823. R. (B) 1827 et 1834. (B) 1839.

Id. CHARLOT, à *Paris.* — Couteaux, flambeaux, encriers émaillés.

Id. CHRISTOFLE et Cie, à *Paris.* — Parures, bracelets, épingles, bagues, divers objets dorés et argentés. (O) 1839.

Id. DURAND, à *Paris.* — Service complet d'argenterie. (A) 1834 et 1839.

Id. FROMENT-MEURICE, à *Paris.* — Vases, services de table en argent, bijouterie et joaillerie. (A) 1839.

Id. GUIBOUT, à *Paris.* — Épaulettes mécaniques, échantillons de franges, articles de mode en or et argent mi-fin.

Id. LEBRUN, à *Paris.* — Vases à vin de Champagne, plateau, cafetière, théière, pot à crème, fontaine à thé, couteau, candélabre. (A) 1823, R. (A) 1827 et 1834, (A) 1839.

Id. LENGLET et TUROUET, à *Paris.* — Candélabres, plats, théière en argent repoussé. (A) 1839, à Lenglet seul.

Id. MAYER, à *Paris.* — Surtout, pièces de table et de toilette en orfèvrerie.

Id. MOREL et Cie, à *Paris.* — Bijouterie-orfévrerie.

Id. MOUSSIER-FIÈVRE, à *Paris.* — Objets pour le service de table.

Id. ODIOT, à *Paris.* — Service de thé, ornements en orfèvrerie. (O) 1819, R. (O)

1823, 1827 et 1834.

Id. PARISOT, à *Paris*. — Assortiment de coutellerie et petite orfévrerie de table. (B) 1827, R. (B) 1834, à Touron, prédécesseur.

Id. PELLERIN, à *Paris*. — Tabatières et divers objets d'orfévrerie.

Id. ROZE, à *Paris*. — Assortiment de vases sacrés, couverts de table, etc., etc.

Id. RUDOLPHI, à *Paris*. — Orfévrerie ciselée.

Id. TOURNIER, à *Paris*. — Ornements en cuivre estampé. M. H. 1839.

Id. TRIOUILLIER, à *Paris*. — Calice ciselé, cachet en or, argent, acier orné de pierreries, bas-relief en argent repoussé, chapelle en vermeil, ciboire.

Id. THOURET, à *Paris*. — Orfévrerie de table.

Id. VEYRAT et fils, à *Paris*. — Service de table tant en argent massif qu'en plaqué. (B) 1827, R. (B) 1834, (A) 1839.

5° PLAQUÉS.

Isère. PANCERA-DUCHAMP et Cie, à *Pontchéry*. — Gavettes, bobines et canetille en argent faux, etc.

Pas-de-Calais. KENT-PÉCRON, à *Boulogne*. — Cafetières, théières, couverts et autres objets en alliage dit *Britannia*.

Seine. BOISSEAUX, DETOT et Cie, à *Paris* — Service de table doré et argenté.

Id. BOQUILLON, à *Paris*. — Produits électrotypiques, pièces dorées et argentées.

Id. COTTIN, à *Paris*. — Ronds de serviette, hochets, etc., en argent ou argent doré.

Id. GANDAIS, à *Paris*. — Service de table et échantillons divers en plaqué. R. (A) 1839.

Id. GRISET, à *Paris*. — Lames plaquées, cuivre et argent, plaques pour daguerréotypes.

Id. MARSAUX, à *Paris*. — Ornements en cuivre estampés. R. (A) 1839.

Id. MICHEL, à *Paris*. — Plaques pour le daguerréotype.

Id. PARQUIN, à *Paris*. — Articles en cuivre, cafetières, casseroles, articles de table en plaqué. (A) 1827, R. (A) 1834 et 1839.

Id. SANDERS, à *Paris*. — Bouillottes, fontaines en cuivre bronzé.

Id. SAVARD, à *Paris*. — Hausse-col en doublé or.

Id. VILLEROI, à *Paris*. — Bas-reliefs, incrustations, etc., en galvanoplastique.

6° SCULPTURE ET ORNEMENTATION.

Rhin (Bas-). HEILIGENTHAL et Cie, à *Strasbourg*. — Objets en mastic et carton-pierre.

Seine. BOUILLARD, à *Paris*. — Cartonnage.

Id. BURETTE, à *Paris*. — Vases en carton-pâte imperméable, modèle en carton-pâte.

Id. CAMBRY, à *Paris*. — Décors en cartonnage. C. F. 1839.

Id. COTELLE, à *Paris*. — Cadres, pendules, galeries pour croisées en plastique, bois et pâte métallique.

Id. DALIOT, à *Paris*. — Statues en carton-pierre.

Id. GUILLAUME, à *Paris*. — Statues et statuettes d'église. C. F. 1839.

Id. HARDOUIN, à *Paris*. — Autel, style gothique, partie en bois, partie en carton-pierre, exécuté pour la ville de Digne, église Saint-Jacques; un porte-reliquaire, une table, un candélabre.

Id. LAINÉ, à *Paris*. — Boîtes en carton, cartes et papeterie. C. F. 1834 et 1839.

Id. LAMY fils, à *Paris*. — Cadres, rosaces, statues, ornements sculptés.

Id. ROMAGNESI aîné, à *Paris*. — Sculptures en carton-pierre. (B) 1823, (A) 1827, R. (A) 1834 et 1839.

Id. SAUVAGE, à *Paris*. — Statue en marbre réduite.

Id. SOLON, à *Paris*. — Sculptures d'église en ciment romain et carton-pierre.

Id. TIRRART, à *Paris*. — Sculpture en carton-pierre, candélabre, anges, etc. R. (B) 1839.

Id. TROUVÉ, à *Paris*. — Cadres avec ornements en pâte.

7° IMPRIMERIE, LITHOGRAPHIE, GRAVURE, ETC.

a. Machines.

Loir-et-Cher. DEZAIRS et MIRAULT, le 1er à *Blois*, le 2e à *Saint-Aignan*. — Une machine dite *toucheur mécanique* pour encrer les formes d'imprimerie.

Seine. BOUYONNET-DUPUY, à *Paris*. — Presse lithographique avec rouleau, nouveau système.

Id. BRISSET père, à *Paris*. — Presses autographiques, machine à faire les fonds sur les pierres lithographiques, cisaille, presse à rogner.

Id. CHAIX, à *Paris*. — Clavier compositeur, distributeur mécanique et laveur typographique.

Id. DELCAMBRE, à *Paris*. — Machine compositeur typographique.

Id. DEUPÈS, à *Paris*. — Mécanique pour remplacer la lithographie et papier tracé pour apprendre à écrire.

Id. DIOUDONNAT et HAUTIN, à *Paris*. — Machine à lire et à percer les cartons.

Id. DUTARTRE, à *Paris*. — Presses typographiques et lithographiques, mécaniques. (A) 1839.

Id. GAUD-ROVY, à *Paris*. — Appareils autographiques simplifiés, presses à copier.

Id. GAVEAUX, à *Paris*. — Presses pour l'impression en relief, à l'usage des aveugles; machine dite presse mécanique pour l'imprimerie, etc. (A) 1834, R. (A) 1839.

Id. GIRONDOT fils, à *Paris*. — Presse typographique dite Guttembergeoise, avec toucheur mécanique.

Id. GUILLAUME, à *Paris*. — Presse à copier les lettres, timbre sec, presses à cacheter.

Id. KOCHER, à *Paris*. — Presse lithographique.

Id. LE SAULNIER, à *Paris*. — Presse à timbre humide.

Id. MOYEN, à *Paris*. — Rouleau pour l'imprimerie lithographique.

Id. NUMA LOUVET, à *Paris*. — Poinçons pour la gravure héraldique.

Id. PIERRON, à *Paris*. — Presses autographiques et lithographiques. (B) 1834.

Id. POIRIET, à *Paris*. — Presses autozincographiques, presses à copier, presse à timbre sec, neopresses, registres. (B) 1839.

Id. ROUSSIN, à *Paris*. — Presse lithographique.

Id. ROYOL et DEPIERRIS, à *Paris*. — Rouleaux typographiques.

Id. TRUVIEN, à *Paris*. — Presses lithographiques. C. F. 1839.

b. Caractères et Clichés.

Gard. BALIVET et FABRE, à *Nîmes*. — Spécimens de typographie.

Gironde. LAPLACE et Cie, à *Bordeaux*. — Tableau de typographie et caractères d'imprimerie.

Meurthe. CONSTANTIN aîné, à *Nancy*. — Épreuves de caractères d'imprimerie. M. H. 1823 et 1834.

Puy-de-Dôme. COLSON, à *Clermont-Ferrand*. — Caractères d'imprimerie. M. H. 1839.

Seine. ALKAN aîné, à *Paris*. — Modèle de nouvelle casse typographique.

Id. BESOMB, à *Paris*. — Casse d'imprimerie.

Id. BIESTA, LABOULAYE et Cie, à *Paris*. — Tableaux d'épreuves de caractères d'imprimerie. (O) 1839, à Firmin Didot.

Id. BUIGNIER, à *Paris*. — Modèles de diverses natures enfoncés dans des coins ou matrices en acier forgé, coins et matrices gravés et prêts à estamper, épreuves en plomb. (B) 1839.

Id. CURMER (Alphonse-Alexandre), à *Paris*. — Impression, gravures sur bois, sur cuivre, etc.

Id. DUHAULT et RENAULT, à *Paris*. — Caractères et formes typographiques, polytipages, blocs mixtes combinés.

Id. DUPREY, DUVORSENT et Cie, à *Paris*. — Caractères typographiques. (B) 1819, (A) 1823, R. (A) 1827 et 1834, à Thompson.

Id. DUVERGER, à *Paris*. — Typographie, spécimens d'impression. (A) 1834.

Id. FRIRY, à *Paris*. — Spécimens de caractères de typographie.

Id. LACOSTE aîné, à *Paris*. — Épreuves de vignettes typographiques, clichés en plomb et régule. (B) 1834, R. (B) 1839.

Id. LAMBERT, à *Paris*. — Imprimerie en caractères.

Id. LAURENT et DE BERNY, à *Paris*. — Spécimen de caractères et vignettes. (A) 1839.

Id. LEGRAND (Marcellin), à *Paris*. — Cadres de spécimens de caractères fondus et châssis mobiles. (O) 1819, 1823 et 1827, à son prédécesseur; à lui (A) 1839.

Id. LOEUILLET, à *Paris*. — Épreuves de caractères typographiques, vignettes, caractères javanais, poinçons, matrices. M. H. 1834, (B) 1839.

Id. LOMBARDAT et Cie, à *Paris*. — Caractères de cuivre en page, épreuve en or et en imprimerie nouvelle, boîte en fonte de fer pour composer des fleurons mobiles et lettres mobiles. M. H. 1834 et 1839.

Id. MICHEL, à *Paris*. — Clichés pour imprimerie.

Id. PETITBON, à *Paris*. — Caractères d'imprimerie, vignettes, polytypages. C. F. 1834.

Id. RIGNOUX, à *Paris*. — Spécimens de caractères d'imprimerie. (B) 1834.

Id. ROBINET, à *Vaugirard*. — Quatre tableaux de caractères d'imprimerie.

Id. TANTENSTEIN et CORDEL, à *Paris*. — Nouveaux caractères de musique, musique imprimée.

Id. THOREY et VIREY, à *Paris*. — Épreuves typographiques.

Vaucluse. AUBANEL (Laurent), à *Avignon*. — Caractères et produits typographiques, épreuves de vignettes thaumastotypes. (A) 1839.

c. Livres imprimés.

Allier. DESROSIERS, à *Moulins*. — Volume in-folio et feuilles d'impression diverses.

Finistère. ANNER, à *Brest.* — Imprimerie, tables de Mendoza.

Marne. BARBAT-THOMAS, à *Châlons.* — Livre d'Évangiles illustré. M. H. 1839.

Meurthe. TRÉNEL et CAYON-LIÉBAUT, à *Saint-Nicolas.* — Imprimerie et librairie.

Moselle. VERRONNAIS, à *Metz.* — Imprimerie et lithographie.

Rhin (Bas-). SILBERMANN, à *Strasbourg.* — Impressions diverses, albums typographiques, planche de vitraux en couleur.

Seine. D'AIGUEBELLE, à *Paris.*—Gravures et textes typographiques. (A) 1834.

Id. BÉTHUNE et PLON, à *Paris.* — Volumes et tableaux typographiques.

Id. BOUCHARD-HUZARD (veuve), à *Paris.*— Livres imprimés, exemplaire du *Panorama d'Égypte*, etc.

Id. BOURDIN, à *Paris.* — Livres.

Id. CURMER, à *Paris.* — Livres brochés et reliés. (A) 1839.

Id. DERRIEY, à *Paris.*— Cadres renfermant des impressions de caractères et vignettes, et des gravures sur acier. (B) 1839.

Id. DUBOCHET, à *Paris.*— Librairie. (A) 1839.

Id. GUILBERT, à *Paris.*— Livres, fac-simile de manuscrits.

Id. LACRAMPE et Cie, à *Paris.* — Impressions de gravures sur bois, ouvrages imprimés. (A) 1839.

Id. LAVIGNE, à *Paris.* — Ouvrages de librairie illustrés.

Id. LUNDY, à *Paris.* — Titre pour un ouvrage de la collection orientale, copie d'un manuscrit, copie d'un papyrus.

Id. SCHNEIDER et LANGRAND, à *Paris.* — Tableau de typographie, plusieurs volumes illustrés.

Seine-et-Oise. CRÉTÉ, à *Corbeil.* — Livres d'église illustrés, impressions de diverses couleurs rehaussées d'or.

Vienne (H.-). ARDANT frères, à *Limoges.* — Paroissiens, livres de piété, fables de la Fontaine et divers autres ouvrages.

Id. BARBOU frères, à *Limoges.* — Paroissiens, livres de piété.

d. Lithographies.

Indre. MIGNE, à *Châteauroux.* — Impressions lithographiques.

Loire-Infér. CHARPENTIER père et fils, à *Nantes.* — Impressions lithographiques, gravures, estampilles, etc.

Rhin (Haut-). ENGELMANN père et fils, à *Mulhausen.* — Épreuves de lithographie et de chromolithographie.

Rhin (Bas-). SIMON fils, à *Strasbourg.*— Lithographies, chromolithographies. (A) 1839.

Seine. BERTAUTS, à *Paris.*—Cadres d'impressions lithographiques.

Id. BRY, à *Paris.*—Lithographie, paysages, portraits et figures au lavis et à l'estompe.

Id. CATTIER, à *Paris.* — Épreuves de dessins lithographiques. (A) 1823, R. (A) 1827 et 1834, à Motte, prédécesseur.

Id. DELARUE, à *Paris.*— Impressions lithographiques, lithochromie, impression en couleur, impression infalsifiable, facsimile de toutes les cartes connues, écrans et abat-jour.

Id. DUPONT (Auguste), à *Paris.* — Modèles imprimés et lithographiés, livres, tableaux. (A) 1839 à Auguste et Paul Dupont.

Id. ENGELMANN et GRAF, à *Paris.* — Impressions lithographiques en couleur. (A) 1839.

Id. KŒPPELIN, à *Paris.* — Estampes imprimées par les différents procédés de l'imprimerie lithographique et zincographique. (B) 1839.

Id. LEMERCIER, à *Paris.* — Epreuves de lithographies, au crayon, aux deux crayons, en couleur, à l'estompe et au lavis sur pierre. (A) 1839, à Lemercier et Benard.

Id. MARTENOT, à *Paris.* — Épreuves lithographiques. M. H. 1834, (B) 1839.

Id. MEYER, à *Paris.* — Épreuves d'impression en couleur.

Vienne (H.-) BLONDEL (veuve) et TRIPON, à *Limoges.*— Chromolithographie appliquée à la typographie.

e. Gravures.

Seine. BARA et GÉRARD, à *Paris.* — Gravures sur bois et en typographie.

Id. BARRE, à *Paris.* — Épreuves de gravure des billets de la banque de France et de la banque de Rouen. (B) 1839.

Id. BEST, LELOIR et Cie, à *Paris.* — Gravure typographique. (B) 1834, à Andrew, Best et Leloir ; (A) 1839.

Id. BRUGNOT, à *Paris.* —Vignettes sur bois.

Id. CHARDON, à *Paris.* — Gravures, impressions de diverses grandeurs.

Id. CHERRIER, à *Paris.* — Vignettes gravées sur bois et sur métaux. (B) 1839.

Id. DUNAND-NARAT, à *Paris.* — Gravure en relief, épreuves gravées, épreuves de musique typographique.

Id. GAVARD, à *Paris.*— Gravures diverses. (A) 1834 et 1839.

Id. GIRAULT, à *Paris.* — Épreuves de gravure.

Id. JACOTIER, à *Paris.* — Gravures au burin, lithographie et vignettes. (B) 1834, M. H. 1839.

Id. LEBLANC (veuve), à *Paris*. — Gravures.

Id. D'ORBIGNY, à *Paris*. — Planches du *Dictionnaire universel d'histoire naturelle*.

Id. PETIT-COLIN, à *Paris*. — Cadres de dessins gravés.

Id. RÉMON, à *Paris*. — Gravure en relief sur cuivre.

Id. TROUILLON, à *Paris*. — Gravures nettoyées et restaurées, dessins fixés par un nouveau procédé.

f. Photographie.

Doubs. D'ARTOIS, à *Besançon*. — Gravures daguerréotypées.

Seine. BELFIELD-LEFÈVRE, à *Paris*. — Plaques.

Id. BOURQUIN, à *Paris*. — Polissage des plaques de daguerréotype, épreuves, etc., photographiques.

Id. BISSON fils, à *Paris*. — Épreuves de daguerréotype.

Id. CLAUDET, à *Choisy-le-Roi*. — Épreuves de daguerréotype.

Id. DEBUSSY, à *Paris*. — Instruments pour le daguerréotype, portraits au daguerréotype.

Id. PLUMIE, à *Paris*. — Épreuves daguerréennes.

Id. SABATIER-BLOT, à *Paris*. — Portraits au daguerréotype.

g. Reliure.

Doubs. ABICH, à *Besançon*. — Volumes reliés.

Seine. ANDRIEUX, à *Paris*. — Volumes reliés.

Id. BAILLY, à *Paris*. — Volumes dorés sur tranche.

Id. BLAISE, à *Paris*. — Volumes reliés.

Id GRUEL, à *Paris*. — Reliures en velours, maroquin et autres.

Id. HOUDAILLE, à *Paris*. — Garnitures de livres religieux (imitation d'or). (B) 1839.

Id. KŒHLER, à *Paris*. — Reliures. (A) 1834 et 1839.

Id. LARDIÈRE, à *Paris*. — Livres et albums reliés. (B) 1839.

Id. LEBRUN, à *Paris*. — Reliures diverses. C. F. 1839.

Id. NIEDRÉE, à *Paris*. — Reliure.

Id. OTTMAN-DUPLANIL, à *Paris*. — Reliures.

Id. SIMIER, à *Paris*. — Reliures. M. H. 1819. (A) 1823. R. (A) 1827, (A) 1834, R. (A) 1839.

h. Musique et Cartes.

Aisne. PAPILLON frères, à *Vervins*. — Typolithographie, impression de musique.

Gironde. SUWERINCK, à *Bordeaux*. — Carte historique.

Seine. ANDRIVEAU-GOUJON, à *Paris*. — Cartes de géographie. (A) 1834 et 1839.

Id. BONNET, à *Clamart*. — Plans de Paris.

Id. DESESSERTS, à *Paris*. — Loto géographique, couvertures illustrées.

Id. FICHET, à *Paris*. — Solides géométriques pour l'enseignement, cartes géographiques pour l'enseignement. M. H. 1839.

Id. OBER MULLER (Guillaume), à *Paris*. — Cartes géographiques en relief.

Id. PICQUET, à *Paris*. — Cartes géographiques. (A) 1834 et 1839.

Id. SCHONENBERGER, à *Paris*. — Musique gravée, traité d'instrumentation de Berlioz, méthode de piano de Bertini, partition du *Chalet*. C. F. 1839.

i. Dessins industriels.

Creuse. LANGLADE, à *Aubusson*. — Dessins pour tapis.

Id. SALLANDROUZE (J.), à *Aubusson*. — Dessins de tapis.

Seine. AMOUROUX, à *Paris*. — Dessin d'un moulin à blé et d'une machine.

Id. ARMENGAUD aîné, à *Paris*. — Dessins de moulins à blé et de machines.

Id. AUBRY, à *Paris*. — Dessins pour meubles et étoffes.

Id BERRUS fils et Cie, à *Paris*. — Dessins de châles longs et carrés, dessins d'écharpes.

Id. BRASSEUR, à *Paris*. — Spécimen de calligraphie.

Id. BOUCHER, à *Paris*. — Dessin pour ameublement, dessins pour étoffes.

Id. BOURDELOY DE BOURDAN, à *Paris*. — Dessins industriels produits au moyen de la cartatomie.

Id. CAGNIARD, à *Paris*. — Dessin pour velours mosaïque.

Id. CHEBEAUX, à *Paris*. — Dessins pour tapis, châles, robes et étoffes.

Id. COCU, à *Paris*. — Dessins de tissus pour bretelles. M. H. 1839.

Id. COUDER, à *Paris*. — Dessins industriels, modèles de vases sacrés et de tapis-châles. (A) 1834 et 1839.

Id. DE LAERE, à *Paris*. — Plantes dessinées.

Id DE ROY, à *Paris*. — Dessins de broderies.

Id. DESHAYES, à *Paris*. — Modèles de gravure

Id. DOBROWOLSKI, à *Paris*.— Dessins pour le papier peint. M. H. 1839, à Rypinski et Cie.

Id. GODON, à *Paris*. — Dessins pour ameublement.

Id. GRILLET, à *Paris*. — Machine à décalquer les dessins.

Id. HENRY, à *Paris*. — Dessins d'étoffes, tapis et papiers peints.

Id. HUBNER, à *Paris*. — Dessins pour étoffes.

Id. JAEGLIN et FUCHS, à *Paris*. — Dessins industriels.

Id. LAROCHE, à *Paris*. — Dessins de châles, de robe, de rubans, dessins pour meubles.

Id. LEBERT et MULLER, à *Paris*.—Dessins pour étoffes et pour papiers peints.

Id. LE BLANC, à *Paris*. — Dessins industriels ou de machines. (B) 1839.

Id. LUBIENSKI, à *Paris*. — Dessins pour foulards, mouchoirs et fichus, genre de Paris, dessins pour meubles sur étoffes diverses.

Id. MONGINOT, à *Paris*. — Dessins de machines. C. F. 1839.

Id. MANTOIS (Mme), à *Paris*. — Dessins anatomiques coloriés, autres dessins coloriés. M. H. 1839.

Id. MARTIN, à *Paris*. — Dessins pour impression d'étoffes.

Id. MASSUE, à *Paris*. — Papier perpétuel, calendrier mobile en français et langues étrangères.

Id. MORA, à *Paris*. — Dessins pour dorure sur bois.

Id. NAZE, à *Paris*. — Dessins pour étoffes.

Id. PARGUEZ, à *Paris*. — Dessins pour les manufactures.

Id. PERRET, à *Paris*. — Voiture, dessins.

Id. RAYNAUD et Cie, à *Paris*. — Dessins sur mousseline-laine et sur barége, écharpes, châles. (O) 1834, R. (O) 1839, à Depoully.

Id. ROBERT, à *Paris*. — Dessins pour tapisseries et broderies.

Id. ROBINET, à *Paris*. — Dessins de machines et d'architecture.

Id. RYPINSKI, à *Paris*. — Dessins de fichus, foulards, châles, papiers peints, tapis et moquettes. M. H. 1839.

Id. SAJOU, à *Paris*. — Dessins pour tapisserie.

Id. SALAVILLE, à *Paris*. — Dessins industriels.

Id. SALOMON, à *Paris*. — Dessins de machines polygraphes et mécanographes, produits des machines.

Id. THIERRY frères, à *Paris*. — Dessins au crayon et à la plume, en noir et en couleur, cartes, objets d'écritures commerciales, etc. (A) 1839.

Id. TRONQUOY, à *Paris*.—Dessins de machines. B. 1839.

Seine-et-Oise. JULIENNE, à *Sèvres*, manufacture royale.— Dessins pour l'industrie.

8° STORES ET PEINTURE.

a. Stores.

Seine. AUDRY, à *Paris*. — Stores.

Id. BACH-PÉRÈS, à *Paris*. — Stores peints. C. F. 1834, M. H. 1839, à Pérès, prédécesseur.

Id. FRANCE, à *Paris*. — Stores avec arabesques, fleurs et oiseaux, etc.

Id. GIRARD, à *Paris*. — Stores.

Id. HANKIN, à *Paris*. — Stores et écrans.

Id. HATTAT, à *Paris*. — Stores transparents.

Id. LEROY, à *Paris*. — Stores divers. M. H. 1839.

Id. MESSAGER, à *Paris*.— Stores, cartonnages fins.

Id. SAVARY, à *Paris*. — Stores. C. F. 1839.

b. Peinture.

Moselle. BUSSENOT, à *Metz*. — Peinture en feuilles appliquée sur pierre.

Rhône. DUMAS (Joseph), à *Lyon*. — Peinture, nouveau procédé imitant le bois et les marbres.

Seine. BIGNON, à *Paris*. — Peintures pour décors, mosaïque, marbres pour décors.

Id. DUSSAUCE, à *Paris*. — Peinture à la cire.

Id. GAVREL, à *Paris*.— Peinture et décors sur bâtiments.

Id. HUGHES, à *Paris*. — Panneaux peints.

Id. MAUDUIT (Mme), à *Paris*. — Mannequins à l'usage des artistes.

Id. PRÉVOST, à *Paris*. — Tableau représentant un bouquet de fleurs en bronze.

Id. TRICOTEL et CHAPUIS, à *Paris*.— Peinture à l'hydroléine, un grand tableau, six petits panneaux. M. H. 1839.

9° AMEUBLEMENTS.

Eure. LEROUX (Pierre), à *Verneuil*. — Tables de billards.

Indre-et-Loire. BÉNARD frères, à *Tours*. — Billards.

Isère. PERROTIN, à *Grenoble*. — Façades de bois de lits sculptés.

Loiret. LACAN, à *Orléans*. — Billard-table.

Pyrénées (H.-). SAINT-ULBERY, à *Tarbes*. — Meubles.

Seine. ALLARD, à *Paris*.—Fauteuils, écrans, prie-Dieu, guéridon.

Id. BAINÉE, à *Paris*. —Lits en fer et cisailles.

pour métaux. C. F. 1827. M. H. 1834. (B) 1839.

Id. BALLAND, à *Paris*.— Lits en fer et en fonte.

Id. BALNY jeune, à *Paris*. — Fauteuils, chaises et canapés.

Id. BARTHÉLEMY, à *Paris*.— Billard.

Id. BATAILLE, à *Paris*. — Lit en fer, tables, sommiers élastiques, chaises, meuble de salon Pompadour.

Id. BAUDRY, à *Paris*. — Lits doubles et divans. (B) 1827, R. (B) 1839.

Id. BEFORT, à *Paris*. — Une table en bois de rose, garnie de porcelaine et de bronze doré, surmontée d'un coffre, une table formant pendant.

Id. BELLANGÉ, à *Paris*.— Guéridon, meubles-bahuts, siéges et psychés sculptés. (A) 1839.

Id. BLONDIN, à *Paris*. — Lits élastiques, fauteuils-lits et sommiers élastiques.

Id. BONNEMAIN, à *Paris*.—Fauteuil de voyage et fauteuil à mécanique.

Id. BOURARDET, à *Paris*. — Billards. M. H. 1834, (B) 1839.

Id. BOUTUNG, à *Paris*. — Armoires.

Id. CHABERT, à *Paris*. — Toilette, commode.

Id. CHATELAIN, à *Paris*. — Tableaux-baromètres avec mouvement de pendule, tableaux-reliquaires dorés, or mat et or vermeil, fonds velours cramoisi, etc. : pendules, ornements, cuivre doré mat; baromètre, bois doré, découpé, extra-riche, tableau-reliquaire avec glace devant.

Id. CLAVEL, à *Paris*.—Commode, lit, armoire, bureau, buffet, etc.

Id. CONTAMIN et Cie, à *Paris*. — Tabourets, chaises rétrogrades, fauteuil rotatif, pupitre avec tourne-feuilles. (B) 1839.

Id. COSSON, à *Paris*.— Billard en ébène, petit billard en chêne. C. F. 1827, M. H. 1834 et 1839.

Id. COULON, à *Paris*.— Table, étagère en bois sculpté. C. F. 1839.

Id. COUTANT, à *Paris*.—Fauteuils mécaniques.

Id. CREMER, à *Paris*. — Meubles en mosaïque et objets de fantaisie.

Id. DUPONT, à *Paris*. — Lits en fer et fonte, lits pliants, meubles d'appartement et de jardin.

Id. DUQUESNE frères, à *Paris*. — Objets en miroiterie d'ornement.

Id. DURAND fils, à *Paris*. — Ameublement de chambre à coucher, bibliothèque, buffet. C. F. 1827, (B) 1834, (A) 1839.

Id. DUTZSCHHOLD, à *Paris*. — Bureau, prie-Dieu, toilette et bureau.

Id. FAURE, à *Paris*.—Canapé, méridienne gondole, fauteuils renaissance et Louis XV avec ornements en porcelaine, chaise de forme nouvelle.

Id. FEUILLATRE, à *Paris*.— Garde-robes, toilette.

Id. FISCHER père et fils, à *Paris*. — Table à ornements dorés, armoire, lit, commode, etc. (A) 1839.

Id. FAUDINOIS et FOSSEY, à *Paris*.—Meubles divers sculptés.

Id. FOURNERET, à *Paris*.— Billards.

Id. FRANTZ et ANDRÉ, à *Paris*. — Chaire à prêcher, prie-Dieu et objets divers sculptés sur bois.

Id. GAU, à *Paris*. — Fauteuils et canapé.

Id. GESLIN, à *Paris*.—Lits en fer pour voyage, lits en tôle, fer et cuivre, lits brisés, fauteuil, lit à coulisse. M. H. 1834, (B) 1839.

Id. GOCHT, à *Paris*. — Lit, commode, bureau, toilette à jet d'eau.

Id. GROHÉ frères, à *Paris*. — Prie-Dieu, meubles, consoles, tables, lits. M. H. 1834 (A) 1839.

Id. GUÉRY, à *Paris*. — Tables.

Id. GUILLELOUVETTE et THOMERET, à *Paris*. — Billard et table de billard en fonte de fer. M. H. 1839.

Id. HENKEL, à *Paris*. — Bureau en ébène, bibliothèque en noyer.

Id. HENRY aîné, à *Paris*. — Lits en fer étagés, stores et persiennes en tôle.

Id. HOEFER, à *Paris*. — Assortiment de meubles en bois indigène, de rose et d'ébène, et autres objets de fantaisie.

Id. HOUSSAYE, à *Paris*. — Meubles, pendule, objets d'art.

Id. HUBEL, à *Paris*. — Armoire à glace, commode, lit, table.

Id. JACOB-DESMALTER, à *Paris*. — Meubles divers, armoires, lits, tables, commodes. (O) 1819, à Jacob-Desmalter père : R. (O) 1827, à Jacob (Alphonse).

Id. JEANNIN, à *Paris*. — Table en marqueterie, queues de billard.

Id. JOLLY, à *Paris*. — Lit, armoire et meubles de fantaisie. (A) 1839.

Id. KLEIN, à *Paris*. — Table, lit, bureau en acajou.

Id. KREISSER, à *Paris*. — Meubles en bois de rose, garnis de bronze et de porcelaine, pendule en bronze, vases, service en bronze et porcelaine, épée en vermeil et pierres fines.

Id. LABURTHE, à *Paris*. — Billard.

Id. LAMBERT, à *Paris*.— Lit, divan, banquette.

Id. LARIVIÈRE, LEGRAND et Cie, à *Paris*. — Ressorts en acier pour meubles.

Id. LEBLANC, à *Paris*. — Lits et petits meubles en ébène.

Id. LE GOST fils, à *Paris*.—Lit en bois de rose garni de bronze et de porcelaine.

Id. LEMARCHAND, à *Paris*. — Ameublement de chambre à coucher, commodes, lits, armoires, etc.

Id. LEMOITRE, à *Paris*. — Lits en fer.

Id. LÉONARD, à *Paris*. — Meubles en fer.

Id. LIZÉ, à *Paris*. — Descente de lit, garniture

de cheminée, fauteuils, chaises, pupitre, boîtes à jeu, etc.

Id. LOMBARD, à *Paris*. — Sculptures, décors, cadres, meubles, candélabres, etc. C. F. 1839.

Id. LONGUET, à *Paris*. — Canapé, chaise, fauteuil.

Id. LUET, à *Paris*. — Fauteuils, canapé et console.

Id. LUND, à *Paris*. — Meubles.

Id. MAIGNE, à *Paris*. — Lits, tables de nuit, lavabo, chaises, tabourets, meubles divers en fer.

Id. MAINFROY, à *Paris*. — Application de la gomme laque sur meubles. M. H. 1839.

Id. MALLET, à *Paris*. — Table, psyché, nécessaire en ivoire et en cuivre.

Id. MARCHAL, à *Paris*. — Billards.

Id. MARSOUDET, à *Paris*. — Lit, commode et armoire à glace.

Id. MARTIN, à *Paris*. — Meubles avec ornements en cuir, cuir et carton-toile en relief.

Id. MARTINET, à *Paris*. — Queues de billards, marques.

Id. MENCHEZ, à *Paris*. — Buffet, étagère.

Id. MERCIER, à *Paris*.— Armoire à glace, commode genre Louis XV.

Id. MEYNARD et fils aîné, à *Paris*. — Bibliothèque, meuble de femme, style Louis XV, en bois de rose avec application de cuivre doré; fauteuil et chaise en palissandre avec ornements divers. (A) 1834, R. (A) 1839.

Id. MICHNIEWITZ, à *Paris*. — Tables.

Id. MOISSON et POLONCEAU, à *Auteuil*.—Guéridon, tables en lave artificielle.

Id. MOREL, à *Paris*.— Ameublement de chambre à coucher.

Id. MORRNAS, à *Paris*. — Billard.

Id. NÈGRE, à *Paris*. — Fauteuil et chaise.

Id. OBERT et RAY frères, à *Paris*. — Feutre moulé, bustes, décors pour appartements. (B) 1834, R. (B) 1839, à Ray frères.

Id. OSMONT, à *Paris*. — Lit, commode, chaise, jardinière, guéridon, porte d'appartement. (B) 1839.

Id. PENNEQUIN, à *Paris*. — Commode et lit en palissandre.

Id. PICAULT, à *Paris*. — Fauteuil et chaise en bois de cerf.

Id. PICOT, à *Paris*. — Table de nuit, bois de lit, armoires à glaces, prie-Dieu, etc.

Id. PINARD, à *Paris*.—Plateaux en tôle vernie, objets de fantaisie en carton et bois laqués, porte-mouchettes, porte-carafes.

Id. PLÉNEL, à *Paris*. — Billard. C. F. 1839.

Id. PROESCHEL, à *Paris*. — Fauteuils mécaniques.

Id. RENAULT, à *Paris*.— Pied de table à moulures torses.

Id. RIMLIN frères, à *Paris*. — Armoire, lit, commode, buffet, écran.

Id. RINGUET-LEPRINCE, à *Paris*. — Fauteuils, prie-Dieu en bois de rose, table de salon en écaille, console, guéridon, buffet. (B) 1839.

Id. ROLL, à *Paris*. — Lit, armoire à glace et commode.

Id. ROYER et fils, à *Paris*. — Bibliothèque en bois d'Amboine, toilette en acajou.

Id. ROYER fils et CHARMOIS, à *Paris*. — Armoire à glace, commode, lit, bureau, table, fauteuil, chaise.

Id. SAMPSON, à *Paris*. — Siéges et fauteuil pour cabinet et appartement.

Id. SAURAUX, à *Paris*. —Billards en fer fondu.

Id. SELLIER, à *Paris*. — Bibliothèque, table de salon, jardinière, chaises et fauteuils.

Id. SIMÉON, à *Paris*. — Canapé-divan à simple et à double lit.

Id. SINTZ, à *Paris*. — Chaises et tabourets.

Id. THÉRET, à *Paris*. — Meubles en ébène, à marqueterie et incrustations, mosaïques, bureaux, coffres, pendules, tableaux.

Id. VEDDER, à *Paris*. — Meubles, objets d'art, marqueterie et bronze.

Id. VÉRAN, à *Paris*.—Guéridon en palissandre.

Id. VERREAUX, à *Paris*. — Garde-robe, flèche et points cardinaux. M. H. 1839.

Id. VINCENT, à *Paris*. — Console renaissance, médaillon et Christ, objets moulés.

Id. WASSMUS jeune, à *Paris*.— Meubles, secrétaire.

Id. WEILER, à *Paris*. — Psychés, toilettes à tiroirs, miroirs de voyage et autres.

Id. WINTERNITZ, à *Paris*. — Tables.

Seine-et-Oise. GERBIER, à *Arpajon*. — Guéridon servant de rouet.

Id. MASSON, à *Versailles*. — Jardinières, buffet, bureau, consoles, table et cadre de glace.

Seine-Infér. GODIN, à *Rouen*. — Billard.

10° CONSTRUCTIONS ET ARCHITECTURE.

Charente. COVILLION, à *Cognac*.— Parquets-dalles.

Côte-d'Or. FÉNÉON et CHEVOLOT, à *Dijon*. — Rosaces, chambranles, corniches, colonnettes en pierres taillées à la mécanique.

Id. MONNOT et VITU, à *Dijon*. — Rosaces mosaïques.

Eure. LEROY (Louis), aux *Andelys*. — Croisées dites andelysiennes, volets.

Finistère. JARDIN (Charles-Samson), à *Quimper*. — Une croisée faite pour empêcher l'infiltration de l'air et de la pluie.

Maine-et-Loire. DELALANDE, à *Angers*. — Escaliers suspendus.

Rhin (Haut-). GILARDONI frères, à *Altkirch*.—Couverture

de bâtiment en tuiles imperméables.

Sarthe. HUBERT, au *Mans*. — Rosace en mosaïque pour parquet.

Seine. AMAND, à *Paris*. — Modèle de coupe de pierres et d'arrangement d'architecture.

Id. AMOROS, à *Paris*. — Modèle de la classe ou fabrique à couvert de la rue Jean-Goujon. (B) 1834, R. (B) 1839.

Id. ANIEL, à *Paris*. — Parquets, rampes.

Id. BEAUMONT, à *Paris*. — Colonnes et petit monument en pierre guillochée et miniatures, candélabres en ivoire.

Id. BEISSIÈRE, à *Paris*. — Modèle de couverture vitrée recouverte en zinc.

Id. BERTAUD et LUCQUIN, à *Paris*.—Parquets.

Id. BOUTINOT, à *Paris*. — Tuiles pour couvertures de bâtiment.

Id. CHIRON fils, à *Paris*. — Couverture de bâtiment, plomberie, zinc.

Id. CONTAMINE, à *Paris*.— Fermeture de croisées. M. H. 1819 (B) 1823.

Id. COURTOIS (A.) et COURTOIS (J.-J.), à *Paris*. — Tuiles, faîtières, briques, boisseaux, caniveaux. M. H. 1839.

Id. CUDRUE, à *Paris*. — Espagnolettes, crémones.

Id. DECHANY, à *Paris*. — Fermetures de portes et fenêtres, crémones.

Id. DEVICQUE et Cie, à *Paris*. — Échantillons de pavage en bois.

Id. DOUARD, à *Paris*. — Moulures pour bâtiments.

Id. DUVAL, à *Paris*. — Dalles hydrofuges contre l'humidité.

Id. FERAGUS, à *Paris*. — Modèle de comble en fer, crémones françaises. M. H. 1834.

Id. FERON, à *Paris*. — Rampes suivant divers profils en bois indigène et exotique.

Id. FLEURET (veuve) et fils, à *Paris*. — Modèle du comble en fer de la salle des fêtes à l'hôtel de ville de Paris, modèles de lits en fer, modèles de serrurerie. M. H. 1834, à Fleuret; M. H. 1839, à veuve Fleuret et fils.

Id. GIRAULT, à *Paris*. — Modèle d'un système de charpente rigide.

Id. HANIER et Cie, à *Paris*. — Feuilles de placage et jalousies à cylindres.

Id. HAUMONT, à *Paris*. — Parquets.

Id. JACQUEMART, à *Paris*. — Toiture avec châssis, crémones.

Id. JACQUOT, à *Paris*. — Persiennes.

Id. JUNOD, à *Paris*. — Moulures diverses.

Id. KURTZ, à *Paris*. — Parquets en mosaïque et échantillons divers.

Id. LAHAYE, à *Paris*. — Stucs, piédestaux, colonnes cannelées, échantillons.

Id. LALANDE, à *Paris*. — Jalousies et stores plaques émail pour cheminées, panneau dit anglais sur canevas imperméable.

Id. LAURENT (François) et Cie, à *Paris*. — Parquets en marqueterie, cadres dorés et en bois divers sculptés et marquetés.

Id. LEBLOND, à *Saint-Denis*.— Modèle de couverture en zinc.

Id. LECOCQ et Cie, à *Paris*. — Ornements en cuivre estampé, modèles de corniches volantes et rosaces de plafond.

Id. LINSLER, à *Paris*. — Parquets.

Id. MARCELIN, à *Paris*. — Parquets et meubles en marqueterie dite mosaïque. (B) 1839, à Jean Petyt et Cie.

Id. MARSUZI DE AGUIRRE, à *Paris*. — Échantillons des divers emplois du chanvre imperméable, tels que bordures pour glaces, couvertures de maisons, objets divers, etc.

Id. MARTEL, à *Paris*. — Une jalousie.

Id. MAURIN, à *Paris*. — Colonnes en bois de sapin et fausse cheminée. (B) 1839.

Id. MAZEROLLE, à *Paris*. — Parquets.

Id. MELZESSARD, à *Paris*. — Fermetures de boutiques, persiennes, stores. (B) 1839.

Id. MORISOT, à *Paris*. — Moulures pour bâtiments et ornements pour tentures d'appartement.

Id. MOTHEREAU, à *Paris*.—Carreaux de plâtre creux, four pour la cuisson du plâtre. M. H. 1839.

Id. NOYON, à *Paris*.—Parquets, portes, volets, table de billard.

Id. REGNARD, à *Paris*. — Plans en relief en bois, galerie du Palais-Royal, château de Chambord, etc.

Id. ROUSSEAU et POISSON, à *Paris*.—Feuilles métalliques contre l'humidité. C. F. 1839, à Clanceau, prédécesseur.

Id. THIERRY, à *Paris*. — Carreaux en plâtre.

Id. VINCENT, à *Paris*.— Chaînettes et jalousies.

Id. WALLET-HUBER, à *Paris*. — Ornements de plafonds, dessus de portes, panneaux, groupes divers en carton-pierre. (B) 1823. (A) 1827, R. (A) 1834. (A) 1839.

Id. WOLFF, à *Paris*. — Jalousies.

Seine-et-Marne. MARRIER DE BOIS-D'HYVER, à *Fontainebleau*. — Feuille de parquet d'appartement en pin maritime, secrétaire, table de nuit, table à ouvrage, guéridon, table à jeu et une bibliothèque étagère.

Seine-et-Oise. CHAMPION, à *Chennevière*. — Tuiles et machine à tuiles.

Yonne. MONTANGERAND, à *Joigny*. — Appareils pour les persiennes à lames mobiles.

VIII. ARTS DIVERS.

1° COUTELLERIE.

Dordogne. PETIT, à *Nontron*. — Couteaux dits *de Nontron*.

Eure. HACHETTE, à *Rugles*. — Flammes et articles divers de coutellerie

Doubs. JEANNINGROS, à *Ornans*. — Rasoirs perfectionnés.

Loire. CHAVANNE, DESCOS et Cie, à *Saint-Étienne*. — Coutellerie commune.

Id. RENODIER, à *Saint-Étienne*. — Coutellerie commune, quincaillerie.

Loire-Infér. DUMONTHIER et CHARTRON, à *Houdan*, près Nantes. — Couteaux de chasse.

Manche. FRESTEL, à *Saint-Lô*. — Jardinière, couteaux, ciseaux, rasoirs, canifs et serpette. M. H. 1819 et 1823, (B) 1837, R. (B) 1834.

Marne (Haute-). GUERRE, à *Langres*. — Coutellerie. (B) 1823.

Puy-de-Dôme. BEAUJEU, à *Château-Gaillard*. — Rasoirs.

Id. BOST MAMBRUN oncle et neveu, à *Thiers*. — Coutellerie. (A) 1823, R. (A) 1827, 1834 et 1839.

Id. CHATELET jeune et fils, à *Thiers*. — Coutellerie.

Id. GUILLEMOT-LAGROLIÈRE, à *Thiers*. — Coutellerie.

Id. NAVARON DUMAS, à *Thiers*. — Rasoirs. C. F. 1839.

Id. PRODON-POUZET, à *Thiers*. — Coutellerie. M. H. 1839.

Id. TIXIER-GOYON, à *Thiers*. — Coutellerie. M. H. 1827, R. M. H. 1834 et 1839.

Id. VERCHÈRE et ARTHAUD, à *Thiers*. — Coutellerie.

Seine. ALLARD, à *Paris*. — Couteaux, tranchets.

Id. BRESQUIGNAN, à *Paris*. — Coutellerie pour selliers. M. H. 1839.

Id. CHEMELAT, à *Paris*. — Rasoirs. C. F. 1839.

Id. CLERC, à *Paris*. — Coutellerie, instruments de chirurgie, lames de Damas. (A) 1823, 1827 et 1834 à Sir Henry, prédécesseur.

Id. DELACROIX, à *Paris*. — Coutellerie de table en argent, nacre, etc., rasoirs, ciseaux, couteaux et couteaux de chasse, etc. C. F. 1834, M. H. 1839, à Foubert.

Id. GERMINET et Cie, à *Paris*. — Échantillons de coutellerie fine.

Id. GILLET, à *Paris*. — Rasoirs. C. F. 1806, M. H. 1819, (B) 1823, (A) 1834, à Gillet père, R. (A) 1839, à l'exposant.

Id. LANGUEDOCQ, à *Paris*. — Coutellerie de table et de fantaisie, etc. C. F. 1806, M. H. 1819, (A) 18.3, 1827, R. (A) 1833, à Gavet.

Id. LANNE, à *Paris*. — Rasoirs, cuirs à rasoirs, couteau. C. F. 1834, M. H. 1839.

Id. LAPORTE, à *Paris*. — Objets de coutellerie. (B) 1827 et 1839.

Id. MARMUSE, à *Paris*. — Couteaux, ciseaux, greffoir et sécateur, taille-plumes.

Id. MAYET, à *Paris*. — Rasoirs à dos mobile et de différents modèles.

Id. MORIZE, à *Paris*. — Rasoirs, couteaux et ciseaux.

Id. PRADIER, à *Belleville*. — Couteaux et rasoirs, nécessaires de coutellerie. (A) 1823, R. (A) 1827, 1834 et 1839.

Id. VAUTHIER, à *Paris*. — Couteaux de chasse, de table, de dessert, ciseaux, sécateurs. M. H. 1827 et 1834, (B) 1839.

Vienne (H.-). MANOEUVRIER père et fils, à *Limoges*. — Couteaux, sécateurs, scies.

Id. MANOEUVRIER jeune, à *Limoges*. — Rasoirs, sécateur.

Vosges. COMMUNE DE SAINT-JEAN-DU-MARCHE. — Couteaux.

2° SERRURERIE.

Aisne. LAPORTE-LEQUEUX, à *Laon*. — Serrures, espagnolette.

Id. PRÉVOST fils, à *Vervins*. — Serrure.

Ardennes. CAMION-PIERRON, à *Vrignes-aux-Bois*. — Fiches et charnières.

Id. MEURANT frères, à *Charleville*. — Crics, étaux et objets de serrurerie.

Charente-Infér. MARTIN, à *Rochefort*. — Serrures à double pêne.

Gironde. TOMBER, à *Bordeaux*. — Essieux.

Jura. LAMY-JOZ, à *Morez*. — Tournebroches, ressorts.

Loir-et-Cher. TOURNEUX, à *Vendôme*. — Serrure à double pêne.

Meurthe. SERRE, à *Pont-à-Mousson*. — Vis et objets de serrurerie.

Meuse. SERRE, à *Saint-Mihiel*. — Crics et serrures. C. F. 1839.

Oise. PAILLARD, à *Breteuil*. — Serrure de sûreté.

Orne. BOHIN père et fils, à *Laigle*. — Copeaux, boîtes, etc. C. F. 1839.

Id. MALLE, à *Alençon*. — Serrure.

Pas-de-Calais. MARTEL, à *Fressin*. — Serrures incrochetables.

Seine. ANDRIOT, à *Paris*. — Espagnolettes et cheminées.

Id. BARBOU, à *Paris*. — Mécanismes indicateurs pour remplacer les sonnettes. C. F. 1834, pour un télégraphe domestique.

Id. BARRÉ, à ***Paris***. — Serrures, cadenas, crémones, mors divers et objets d'art. M. H. 1839.

Id. BAUDRIT, à ***Paris***. — Armatures en fer.

Id. BERTHIER, à ***Paris***. — Serrures à pompe et à gorges mobiles.

Id. BOULANGER fils, à ***Paris***. — Pentures en fer forgé.

Id. BOUTTÉ, à ***Paris***.— Serrurerie et quincaillerie. C. F. 1834, M. H. 1839.

Id. BRICARD et GAUTHIER aîné, à ***Paris***. — Serrures d'armoires, de voitures, de sûreté, becs de canne, targettes, espagnolettes, etc. M. H. 1834, à Sterlin ; (B) 1839, à Bricard et Gauthier.

Id. CHOMEAU et CHAMPION, à ***Paris***.—Essieux.

Id. CHAPON, à ***Paris***. — Serrures. M. H. 1839.

Id. CHARBONNIER, à ***Paris***. — Modèles de crémones, une croisée montée.

Id. DELAGRANGE, à ***Paris***. — Serrures, verrous, cadenas, espagnolettes, etc.

Id. DORÉ, à ***Paris***.— Coffres-forts. C. F. 1839.

Id. DORVAL, à ***Paris***. — Coffres de sûreté.

Id. DOYEN, à ***Paris***. — Serrure de sûreté, verrous.

Id. FADIÉ, à ***Paris***. — Modèles de serrurerie.

Id. FICHET, à ***Paris***. — Coffres-forts, serrures et grilles de sûreté, divers échappements, nouvelle voiture.

Id. GASCOIN, à ***Paris***. — Moulures en tôle pour vitraux, vitraux, châssis. C. F. 1839.

Id. GRANGOIR, à ***Paris***. — Serrurerie de précision et nouveau système de nomenclature propre à faire les gardes mobiles Bramah. (B) 1839.

Id. HUE, à ***Paris***. — Serrure à secret.

Id. JANIN, à ***Paris***. — Un indicateur, pièce mécanique pour le service des hôtels garnis, etc.

Id. JUGIER, à ***Paris***.— Serrures pour meubles, pivots et loquetaux.

Id. LACARRIÈRE, à ***Paris***. — Plusieurs modèles de châssis, montre en fer, devanture de boutique en fer, divers articles de serrurerie pour l'éclairage au gaz. (B) 1839.

Id. LAFOND, à ***Paris***. — Essieux et machines diverses, roues, presse pour emboiter les roues, essieu de locomotive.

Id. LEBLANC, à ***Paris***. — Crémones, etc.

Id. LELOUTRE, à ***Paris***. — Coffres-forts. (B) 1827, à Bécasse.

Id. HEMOITRE, à ***Paris***. — Coffres-forts, serrures à combinaison.

Id. LE PAUL, à ***Paris***. — Caisses en fer, serrures, cries, balanciers, découpoirs, etc. (B) 1827, R. (B) 1834. (B) 1839.

Id. LEVASSEUR, à ***Paris***. — Établi, tour allemand, outils d'affûtage. M. H. 1839.

Id. MÉRIET, à ***Paris***. — Coffres-forts.

Id. MONESTÈS (François), à ***Paris***. — Serrures et verrous en cuivre et en fer.

Id. NEUMANN (Ferdinand), à ***Paris***. — Un essieu à l'huile à double rotation.

Id. PAUBLAN, à ***Paris***. — Coffres-forts. M. H. 1839.

Id. PELLETIER, à ***Paris***. — Assortiment de timbres pour sonnettes.

Id. RAYMOND, au ***Grand Montrouge***. — Roues et essieux.

Id. REDARCE, à ***Paris***. — Indicateurs mobiles pour sonnettes.

Id. RENARD, à ***Paris***. — Échantillons de serrurerie.

Id. SCHMITT, à ***Paris***. — Enclumes, étaux. (B) 1839.

Id. SOISSON, à ***Paris***. — Serrures à soupapes. M. H. 1839.

Id. TRINTZIUS, à ***Batignolles***. — Serrures et verrous.

Id. VALLET, à ***Paris***. — Cadenas de différentes formes.

Id. VANDELLE, à ***Choisy-le-Roi***. — Tournebroches à ressort et à poids, miroir à allouettes, ressorts de portes en fer et en cuivre, moulinet pour la pêche.

Id. VERSTAEN, à ***Paris***. — Caisses de sûreté, nouveau modèle. C. F. 1839.

Seine-et-Marne. BRIEST, à ***Fussy***. — Serrure.

Id. BOURNET, à ***Fontainebleau***. — Serrures, bec de canne.

Id. MORIZE, à ***Melun***. — Cadenas, serrures, cuivreries de bâtiment.

Seine-Infér. GRANDSIRE, à ***Ponts-et-Marais***.—Serrure dite à la Sabatier.

Somme. BOUTTÉ fils, à ***Escarbotin***. — Serrure.

Id. MAQUENNEHEN frères et neveu, à ***Escarbotin***.—Serrures, cadenas. (A) 1825.

Vienne (H.-). DUBOUCHÉ, à ***Limoges***. — Forge à battre les faux.

5° PLOMBERIE.

Seine. BÉLICARD et CHESNEAU, à ***Montmartre*** — Appareils de garde-robes.

Id. BOURG, à ***Paris***. — Garde-robes hydrauliques. M. H. 1839.

Id. CHARBONNIER et LETELLIER, à ***Paris***. — Modèles de seringues.

Id. CHAVENTRÉ, à ***Paris***.— Converts en métal, clyso, seringues, lampes mécaniques.

Id. CHERET jeune, à ***Paris***.— Ardoises de zinc, pompes, robinets fixés sur des conduites de plomb sans soudures.

Id. DIEUDONNÉ, à ***Paris***.—Siéges mobiles inodores.

Id. DURAND, à ***Paris***. — Robinets, jet d'eau.

Id. GUINIER, à ***Paris***. —Garde-robes, siéges, cuvettes. M. H. 1839.

Id. HAVARD et neveu, à ***Paris***.— Garde-robes. M. H. 1839.

Id. LEHODEY, à *Paris*. — Clysoléide.
Id. LEROY et Cie, à *Paris*.—Garde-robes, siéges inodores hydrauliques et lavabo.
Id. MARBACH, à *Paris*. — Robinets à pression.
Id. MASSUE, à *Paris*.—Pompes et garde-robes.
Id. MOULIN, à *Paris*. — Robinets pour rendre le gaz d'éclairage portatif, robinets pour prévenir les explosions du gaz, appareils fumivores.
Id. PARIZOT et Cie, à *Paris*. — Robinets de sûreté pour le gaz.
Id. PARRIZOT, à *Paris*.—Garde-robes et cuvettes pour la descente des eaux ménagères.
Id. PETIT, à *Paris*.— Clyso-pompes d'un nouveau mécanisme.
Id. PLACE et LETALEC, à *Paris*. — Appareils pour cabinets d'aisance, châssis à tabatière en zinc, modèle de couverture en ardoises de zinc.
Id. RAGUET, à *Paris*.— Garde-robes anglaises.
Id. RAMACHARD, à *Paris*. — Garde-robes de différents genres.
Id. TIRMARCHE, à *Paris*.—Garde-robes. M. H. 1827 et 1834, à Tirmarche et Morand.

4° TEINTURE.

Calvados. MÉROUZE, à *Lisieux*.— Templon, perfectionné pour tendre.
Rhône. VIDALIN, à *Lyon*. — Échantillons de teintures sur différentes étoffes. (O) 1839.
Seine. BECKER, à *Paris*.— Drap préparé avec l'apprêt hydrofuge. M. H. 1839.
Id. BOUTAREL frères, CHALAMEL et MONIER, à *Paris*.— Étoffes teintes.
Id. BROQUETTE et LE COMTE, à *Paris*.—Teinture sur tissus, laine, etc., objets pour châles, robes, fichus, etc.
Id. FRICK, à *Paris*.— Teinture de cachemires de l'Inde, châle français, morceaux de tapisserie et de soie. M. H. 1839.
Id. MICHEL, à *Puteaux*. — Matière colorante extraite des bois de teinture. M. H. 1839.
Id. PICOT, à *Paris*. — Cachemires teints, teintures sur soie et laine, broderie et mousselines de l'Inde, étoffe de Perse. C. F. 1839.
Seine-Infér. BEAUDOUIN, à *Rouen*.—Poudre de bois pour teinture. C. F. 1839.

5° BLANCHIMENT.

Gard. GREFFULHE (Alphonse), au *Vigan*. — Échantillons de blanchiment au chlorure de chaux.
Id. REYNAUD, à *Nîmes*. — Blanchiment des étoffes de fil et de coton.
Seine. DEWARET, à *Paris*. — Machine pour blanchir les étoffes avec ses accessoires, machine à dérouler et battre les tissus.
Id. DEWARET, à *Paris*. — Tissus blanchis.
Id. MEISSONNIER, à *Paris*. — Produits tinctoriaux, étoffes imprimées.
Id. VICTOR (Mme Constance), à *Paris*. — Blanchissage de dentelles et blondes.
Seine-Infér. GAUDRY, à *Rouen*. — Appareils pour blanchir les toiles.

6° IMPRESSIONS SUR ÉTOFFES.

Seine. AUGAN et Cie, à *Paris*. — Gommeline ou gomme factice servant pour l'impression sur étoffes, étoffes imprimées.
Id. BONAFOUX et GAILLARD SAINT-ANGE, à *Paris*. — Rouleaux gravés.
Id. DEPOULLY et Cie, à *Puteaux*. — Impressions sur mousselines de laine, cachemires, etc. R. (1839) pour impressions sur étoffes de laine et de soie, de la médaille d'or obtenue en 1819 et 1823, pour étoffes de soie à Lyon.
Id. DE LA MORINIÈRE, GONIN et MICHELET, à *Paris*.—Impressions sur tissus de laine, soie et coton, robes, châles et écharpes.
Id. DELISLE et Cie, à *Paris*. — Couleurs, impressions, dessins et tapisseries.
Id. GOBERT, à *Paris*. — Étoffes imprimées. C. F. 1823, 1827, M. H. 1834.
Id. GODEFROY, à *Puteaux*. — Impressions sur étoffes diverses. (A) 1839.
Id. GRAS, à *Paris*. — Impressions sur étoffes.
Id. GUIGUES et Cie, à *Paris*. — Impression en couleur sur peaux, rouleau de tenture en peau, fauteuil garni de maroquins illustrés, pantoufles, etc.
Id. HOVELACQUE frères, à *Paris*. — Pièces de toiles vernies d'un côté, pièces de toiles vernies des deux côtés et veau verni. (B) 1839, à Joseph Javal et Cie.
Id. KRAFFT, à *Paris*. — Gravure sur cylindres pour servir à l'impression des tissus, échantillons de dessins. M. H. 1839.

7° PAPIERS.

a. Papiers peints.

Finistère. LE MARIE (Nicolas), à *Ergué-Gabéric*. — Papiers de tenture.
Rhône. PIGNET jeune fils et PALIARD, à *Saint-Genis-Laval*. — Papiers peints.

Seine. ANGRAND, à *Paris*. — Papiers peints. (B) 1823 et 1827, R. (B) 1834 et 1839.

Id. BAUERKELLER et Cie, à *Paris*.— Gaufrages en couleur sur papier et étoffes, cartes géographiques en relief. (B) 1839.

Id. BONAFOUX et GAILLARD SAINT-ANGE, à *Paris*. — Papiers de fantaisie.

Id. BOUQUET, à *Paris*.— Papiers peints, satins dorés et veloutés, gravures lithochromographiques, etc.

Id. BRIÈRE, à *Paris*. — Panneaux de papiers peints.

Id. CAPITAIN, à *Paris*. — Papiers peints.

Id. DELICOURT, à *Paris*. — Décorations en papiers peints.

Id. DUMAS et Cie, à *Paris*. — Papiers peints.

Id. DURAND, à *Paris*. — Panneaux de papier imitant le bois et le marbre pour décors.

Id. DURAND, à *Paris*. — Papiers et étoffes gaufrés pour meubles et tentures. M. H. 1839.

Id. EBERT et BUFFARD, à *Paris*. — Papiers peints.

Id. FICHTENBERG, à *Paris*. — Papiers gaufrés et imprimés en couleur. M. H. 1827. 1834 et 1839.

Id. GENOUX, à *Paris*. — Papiers peints.

Id. GUICHARD, à *Paris*.— Dessins pour papiers peints, pour broderies d'ameublement, pour étoffes, etc.

Id. KNAB, à *Paris*. — Papiers peints.

Id. LABOURIAU, à *Paris*.— Papiers de tenture, bordure, porte et plafond décorés en carton élastique.

Id. LASNE, à *Paris*. — Papiers peints et panneaux.

Id. LAPEYRE (S.) et Cie, à *Paris*. — Papiers peints, décoration du style Louis XV imitation de tapisserie. (B) 1819, à Dufour; (B) 1839, à Lapeyre et Cie.

Id. MADER frères, à *Paris*. — Papiers peints. (A) 1839.

Id. MARGUERIE, à *Paris*. — Papiers peints.

Id. MATHIAS, à *Paris*. — Tableaux peints pour l'enseignement de la mécanique, portefeuille de l'ingénieur des chemins de fer, carnet à l'usage des ingénieurs, librairie scientifique industrielle.

Id. PROT, à *Paris*. — Devants de cheminées en papiers peints.

Id. RUPP, RUBIE et Cie, à *Paris*. — Papiers peints.

Id. SEVESTRE fils et Cie, à *Paris*. — Papiers peints.

Id. VALANT, à *Paris*. — Papiers de décors.

b. Papiers blancs et divers.

Ardèche. CANSON frères, à *Annonay*.—Papiers grand aigle à calquer, papiers sans colle pour lithographie et taille-douce, collé pour dessin et lavis, papiers pour registres, pour lettres, papiers divers, (O) 1801. 1806, 1819, R. 1834.

Id. F. M. MONTGOLFIER et Cie, à *Davezieux*.— Papiers à lettres, papier sans colle pour gravures, papier mécanique pour dessin, cartons blancs et de couleur, papier mince, papier parchemin, papiers marbrés, parchemin. (A) 1823, 1834.

Charente. BOLLE, à *Barillon*. — Papiers divers.

Id. CALLAUD-BÉLISLE frères, NOUEL et Cie, à *Maumont* et *Veuze*. — Papiers. (A) 1834, C. F. 1834.

Id. CHRÉTIEN fils, à *Mersac*. — Flôtres pour fabriquer les papiers.

Id. DESBOUCHAUD et PHILIPPIER, à *Mersac*.— Flôtres pour fabriquer les papiers.

Id. DURANDEAU aîné, LACOMBE et Cie, à *Lacourade*. — Papiers divers. (O) 1839.

Id. LACROIX frères et GAURY, à *Angoulême*.— Papiers. (B) 1834, (O) 1839.

Id. LAROCHE et FOUGERET, à *Larochandry*, commune de Moutiers.—Papiers divers.

Id. LAROCHE frères DU MARTINET, au *Martinet*. — Papiers. (A) 1839.

Id. LAROCHE-JOUBERT et DUMERGUE, à *Mersac*. — Papiers.

Id. TRARIEUX, à *Aubeterre*. — Flôtres pour papeteries.

Doubs. BECOULET (veuve) et VAISSIER, à *Arcier* près Besançon. — Papiers grand raisin, coquille, couronne, carré collé. B. 1839.

Finistère. ANDRIEUX, VALLÉE père et fils, à *Morlaix*. — Papiers jésus fin sans colle, écu fin vergé, couronne fine vergée, florette fine vergée.

Indre. BERTHAUT fils, à *Issoudun*. — Parchemin.

Isère. BLANCHET et KLÉBER, à *Rives*. — Papiers divers.

Id. BRETON, à *Grenoble*. — Papiers divers.

Id. COURT et Cie, à *Renage*. — Papiers divers. M. H. 1839.

Meuse. DELAPLACE, à *Jeand'heurs*. — Papiers à écrire. (O) 1827, à Saint-Léger-Didot; R. (O) 1834, à Delaplace.

Puy-de-Dôme. DUPUY-LAGRANDRIVE, à *Lagrandrive*. — Papier Joseph.

Id. VIMAL (André) et fils, à *Ambert*. — Papier Joseph.

Rhin (Haut-). KUENEMANN frères, à *Aspach-le-Pont*. — Papier végétal.

Sarthe. BÉNARD, à *Bessé*. — Courroies pour les papeteries.

Seine. BRUYER, à *Paris*. — Papiers filets pour l'éducation des vers à soie. C. F. 1834 et 1839.

Id. CHALET, à *Paris*. — Registres, papier dit toile cirée, cire à cacheter et encre

Id.	DAUDRIEU, à *Paris.* — Papier-marbre, peint à la main.
Id.	DELORME, à *Paris.* — Papiers de fantaisie.
Id.	DURIEUX, à *Belleville.* — Feuilles de papier opaque ombrées, avec filigranes clairs et filigranes factices. (B) 1823, (A) 1839.
Id.	FOURNIER, à *Paris.* — Papiers-marbre et papiers chinés pour la dorure.
Id.	GASNIER, à *Paris.* — Papier de toute nature. (O) 1834, à la société anonyme d'Echarcon ; R. (O) 1839.
Id.	LACOMB, à *Paris.* — Papiers illustrés.
Id.	PAVY et Cie, à *Paris.*— Pâtes de papiers et papiers.
Id.	PORLIER, à *Paris.* — Formes à papiers, filigrane d'argent. (B) 1823, R. (B) 1827.
Id.	ROBERT, à *Paris.* — Papiers et toiles cirées pour emballage.
Id.	SALLERON, à *Paris.*— Papiers découpés et de fantaisie pour bonbons.
Id.	SANFORD-LARRALL et LEGRAND, à *Paris.* — Papiers de divers formats.
Id.	SAYET (veuve), à *Paris.* — Papier de fantaisie. M. H. à Sayet.
Id.	TRONEL et Cie, à *Paris.* — Gaufrages en couleur sur carton.
Seine-et-Marne.	SOCIÉTÉ ANONYME DE SAINTE-MARIE, directeur Ch. DELATOUCHE, à *Jouy-Saint-Morin.*— Papiers et cartons. (A) 1819, à Delagarde ; (O) 1834, à Delatouche ; R. (O) 1839.
Seine-et-Oise.	GRATIOT, à *Essone.* — Papiers. (A) 1839.
Somme.	MELLIER, OBRY fils et Cie, à *Prousel.* — Papiers divers. (B) 1839, à Tavernier. Obry et Cie.
Vosges.	SOCIÉTÉ ANONYME DU SOUCHE, commune d'*Anould.* — Papiers divers.

8° PAPETERIE.

Ardennes.	GILBERT et Cie. — Crayons, cire à cacheter.
Doubs.	VALLUET, à *Besançon.*— Feuilles de carton porcelaine.
Finistère.	DE MAUDUIT aîné et Cie, à *Quimperlé.* — Papeterie, papiers divers.
Isère.	GAMEL, à *Saint-Martin-d'Hère.*— Cartons, bonbonnerie.
Jura.	POIRIER, CHAPUIS et Cie, à *Saint-Claude.* — Papeterie.
Moselle.	DELBOSQUE-MÉLO, à *Metz.*— Brosses, plumeaux et pinceaux.
Nord.	BAUCHET-VERLINDE, à *Lille.* — Registres et presses à copier.
Rhin (Haut-).	ZUBER (Jean) et Cie, à *Rixheim.* — Panneau de décors, papiers de tenture, papeterie, cartes à jouer.
Seine.	BARD et CHARRETIER, à *Paris.*—Registres.
Id.	BÉMY (de), à *Paris.* — Écrans, boîtes, corbeilles en cartonnage.
Id.	BERTOU, à *Paris.*—Papiers à lettres, boîtes à cacheter, enveloppes, carmins et encres de couleurs, etc.
Id.	BOCQUET, à *Paris.* — Encriers-pompes à mouvement sphérique.
Id.	BOQUET, à *Paris.* — Encriers-pompes. C. F. 1839.
Id.	BOUCHER-LEMAISTRE, à *Paris.*—Machines à régler le papier
Id.	BOUCHER-LEMAISTRE, à *Paris.* — Registres et cartes géographiques.
Id.	BULLIER (Mme), à *Paris.* — Brosses et pinceaux pour peintres.
Id	CARLIER, à *Paris.* — Portefeuilles, étuis à cigares, encriers à ressort, étuis à lunettes.
Id.	CHAULIN, à *Paris.* — Encriers siphoïdes. M. H. 1839.
Id	CHEROT, à *Paris.*— Couleurs, toiles à peindre, cartons, panneaux à calquer, liquides gras, huile clarifiée.
Id.	COCHERY (veuve), à *Paris.* — Brosses et pinceaux. M. H. 1834 et 1839.
Id.	COLSON (A.), à *Paris.* — Toiles préparées pour la peinture au pastel.
Id.	DAGNEAU, à *Paris.* — Brosses et pinceaux pour peintres. C. F. 1839.
Id.	DEJARDIN, à *Paris.*— Cadre, album, papier satinés et gaufrés.
Id.	DESPREZ-GUYOT, à *Paris.* — Crayons de mine de plomb.
Id.	DORVILLE, à *Paris.* — Articles de papeterie. C. F. 1834 et 1839, à Weynen, prédécesseur.
Id.	DRAINS, à *Paris.* — Pinceaux pour la miniature, l'aquarelle, l'architecture, etc.
Id.	DUBOS, à *Paris.* — Registres, portefeuilles et reliures.
Id.	FENOUX, à *Paris.* — Portefeuilles, pupitres, trousses de voyage, nécessaires, albums, buvards, etc. M. H. 1827, (B) 1834, R. (B) 1839, à Huzard.
Id.	FORMENTIN (Mlle), à *Paris.* — Lavis et estompes, crayons sur pierres.
Id.	FREMY, à *Paris.* — Papiers et toiles verrés et émerisés.
Id.	GARDE, à *Paris.* —Brosses et pinceaux.
Id.	GIROUX (Alphonse) et Cie, à *Paris.* — Corbeilles de mariage, pupitres, jardinières, papeterie, albums, buvards, paroissiens. (A) 1834, R. (A) 1839.
Id.	JOLLY, à *Paris.* — Porte-plumes sans soudures. M. H. 1839.
Id.	LEBLAIS, à *Paris.* — Taille-plumes.
Id.	LEGRAND, à *Paris.* — Registres d'un nouveau système.
Id.	MALLAT, à *Paris.* — Plumes à pointes de rubis et d'iridium, tire-lignes, compas.
Id.	MARION, à *Paris.* — Papiers divers et enveloppes pour lettres. C. F. 1834, M. H. 1839.
Id.	NÉRAUDEAU, à *Paris.* — Registres.
Id.	PITET aîné, à *Paris.* — Pinceaux et brosses

pour peintres.

Id. PRESBOURG, à *Paris*. — Pinceaux de toute nature.

Id. RENAULT, à *Paris*. — Cartes à jouer.

Id. ROBERT, à *Paris*.— Registres divers. M. H. 1834 et 1839.

Id. ROBIN, à *Paris*. — Encriers.

Id. ROUMESTANT, à *Paris*.—Registres, presses à copier, presses de voyage, cire à cacheter. M. H. 1834, pour cire à cacheter; C. F. 1834, pour registres; (B) 1839, pour cire à cacheter; (B) 1839, pour registres.

Id. SAGLIER, à *Paris*. — Encriers filtres et à gravitation.

Id. SAINT-MAURICE CABANY (veuve), à *Paris*. — Registres et articles de papeterie.

Id. SAUNIER (Mme), à *Paris*. — Brosses et pinceaux pour peintres. (B) 1834. R. (B) 1839.

Id. SUPOT, à *Paris*. — Registres.

Id. TACHET, à *Paris*. — Pupitre, nouveau système. C. F. 1839.

Id. VALLÉ, à *Paris*. — Toiles et panneaux pour la peinture et le dessin au pastel, couleurs, huiles pour la peinture.

Id. VILLEREY, à *Paris*. — Mandats, billets, lettres de change.

Id. WELLAEYS (Mme), à *Paris*. — Papiers de fantaisie. M. H. 1839.

Seine-et-Oise. BERTHIER, à *Poissy*. — Crayons, plumes métalliques, etc.

Id. GOBERT et Cie, à *Boissy-Saint-Léger*. — Encriers.

Vienne. DAUVIN, à *Poitiers*.— Grand-livre, registre d'échantillons de réglure.

9° CUIRS, PEAUX, MAROQUINS.

Aisne. DEZAUX-LACOUR, à *Guise*. — Cuirs.

Allier. SORREL, BERTHELET et Cie, à *Moulins*. — Bandes de vache lissées, veaux cirés et paires de tiges de bottes en veau.

Ardèche. TRACOT (Henri), à *Annonay*. — Peaux de chevreaux mégissées pour gants.

Ardennes. ESTIVANT et BIDOU fils, à *Givet*. — Cuirs tannés.

Id. THIRY frères, à *Givet*. — Cuir tanné.

Calvados. DURAND, à *Rully*. — Peaux de veaux tannées. (A) 1839.

Id. LE BAILLY, à *Vire*. — Peaux de veau et de vache tannées.

Côtes-du-Nord. PÉAN et LECOMTE, à *Dinan* — Cuirs forts.

Id. THÉRY, à *Lamballe*.— Peaux de mouton en croûte, tannées au sumac.

Id. TROPEL (Ange), à *Guingamp*. — Cuirs tannés en croûte.

Eure. PLUMMER, à *Pont-Audemer*. — Cuirs et peaux vernis. (A) 1806 et 1834. (O) 1839.

Finistère. CHICOINEAU aîné, à *Quimperlé*. — Cuirs de natures et de qualités différentes.

Id. CHICOINEAU jeune, à *Quimperlé*. — Cuir baudrier lissé.

Id. MICHEL, à *Quimper*. — Cuir fort. M. H. 1839.

Garonne (H^te^). FIEUX fils aîné, à *Toulouse*. — Cuirs.

Hérault. LARGUÈZE aîné, à *Montpellier*. — Cuirs et peaux. M. H. 1834 et 1839.

Id. ROQUES, à *Montpellier*. — Cuirs et peaux.

Ille-et-Vilaine. BRISOU fils aîné, à *Rennes*.—Cuirs et peaux. (A) 1834, R. (A) 1839.

Id. DELYS, à *Rennes*. — Peaux de veau et de mouton.

Id. LECORGNE, à *Saint-Méen*.—Cuirs et peaux.

Id. LEROUX, à *Rennes*. — Cuirs et peaux.

Indre-et-Loire. PELTEREAU frères, à *Château-Renault*.— Cuirs et peaux. M. H. 1819, (A) 1825 et 1827.

Isère. BOURJAT, à *la Tronche*. — Peaux de veau bronzées et peaux de mouton.

Loir-et-Cher. CHEVALLIER - ASSELINEAU, à *Saint-Aignan*. — Cuir tanné.

Id. ROUET et Cie, à *Saint-Aignan*. — Cuirs. M. H. 1834, R. M. H. 1839.

Loire-Infér. DOUAUD, à *Nantes*. — Peaux de veau chamoisées, peaux de mouton.

Id. MERLANT jeune, à *Nantes* —Cuirs et peaux.

Id. MERLANT jeune et TAGOT, à *Nantes*. — Cuirs vernis.

Id. PRIN et Cie, à *Nantes*. — Cuirs et peaux. (B) 1839.

Id. SUSER, à *Nantes*. — Cuirs et peaux. M. H., pour chaussures.

Loiret. LANDRON frères, à *Meung*. — Cuirs et peaux.

Morbihan. CORNIQUEL, à *Vannes*.—Cuir tanné. M. H. 1834.

Id. LE LEURCH, à *Auray*. — Cuirs tannés.

Id. MARSILLE frères, à *Lorient*.— Cuirs tannés.

Id. MICHAU aîné, à *Pontscorff*.—Cuir tanné.

Orne. CAMUS-LAFLÈCHE, à *Laigle*. — Cuir tanné.

Id. TAVERNIER, à *Argentan*.—Cuir de Hongrie.

Puy-de-Dôme. BOUYON, à *Clermont-Ferrand*. — Cuirs.

Pyrénées-Or. ADUY, à *Perpignan*. — Cuir tanné.

Id. IZARN frères, à *Perpignan*. — Cuir tanné.

Id. ROBERT aîné, à *Perpignan*. — Cuir tanné.

Id. SALES, à *Perpignan*. — Cuir tanné.

Id. VIDAL, à *Perpignan*. — Cuir tanné.

Rhin (Bas-). EMMERICH et GEORGER fils, à *Strasbourg*. —Maroquins. (A) 1823 et 1827, à Georger; R. (A) 1834 et 1839, à Emmerich et Georger fils.

Id. LANZENBERG et Cie, à *Strasbourg*. — Maroquins, peaux de veaux, peaux de moutons, de chevreaux et d'agneaux. (A) 1839.

Seine. BAUDOIN frères et Cie, à *Paris*. — Cuirs vernis, toiles cirées, havre-sacs, manteaux, étoffes diverses enduites d'un seul côté. (A) 1839.

Id.	BÉRENGER, ROUSSEL et Cie, à ***Paris***. — Cuirs pour semelles. (O) 1839.
Id.	BUDIN, à ***Paris***. — Cuirs et tiges de bottes.
Id.	CARRÉ et BARRANDE, à ***Paris***. — Peaux de diverses couleurs.
Id.	DALICAN, à ***Paris***. — Maroquins, peaux de moutons et de veaux. (A) 1806, (O) 1819, R. (O) 1823, 1834 et 1839, à Matter.
Id.	DARSY fils, à ***Paris***. — Veaux couleur bois avec odeur de Russie pour reliure, portefeuilles, etc., veau ciré pour chaussure.
Id.	DEADDÉ, à ***Paris***. — Vaches, veaux pour sellerie, moutons, veaux noirs pour chaussures, peaux de chèvres, etc.
Id.	DIETZ jeune, à ***Paris***. — Peaux forte et moyenne, basane.
Id.	DUNET, à ***Paris***. — Vache de voiture et étuis à chapeaux couverts en cuivre verni.
Id.	DUPORT, à ***Paris***. — Peaux de vaches refendues, drap-feutre refendu, etc.
Id.	DURAND (Guillaume), à ***Paris***. — Cuirs tannés à la jusée, buffles pour l'équipement militaire, veau tanné et corroyé, cuirs forts pour machines. (A) 1834 et 1839.
Id.	DURAND-CHANCEREL, à ***Paris***. — Cuirs forts tannés à la jusée, veaux tannés et corroyés, paires de tiges blanches et noires. (O) 1839.
Id.	FAULER frères, à ***Paris***. — Peaux de chèvres, veaux et moutons, apprêtées de diverses manières. (O) an IX, an X. 1806, 1819, 1823, 1827, 1834 et 1839.
Id.	GAUTHIER, à ***Paris***. — Cuirs vernis. M. H. 1839.
Id.	HERPIN, à ***Grenelle***. — Peaux de vaches et de veaux vernies.
Id.	HEULTE, à ***Paris***. — Cuirs, peaux et feutres vernis. (B) 1839.
Id.	HOUETTE aîné, à ***Paris***. — Cuirs et peaux vernis.
Id.	JOUANNEAU, à ***Paris***. — Peaux de moutons.
Id.	LECHEVALIER-HAMON, à ***Paris***. — Basanes, veau, vache, etc.
Id.	LEROY, à ***Paris***. — Cuirs de bœufs, de veaux et de moutons.
Id.	LEULLIET, à ***Paris***. — Cuirs et pâtes à rasoirs.
Id.	LEVEN, à ***Paris***. — Cuirs tannés en croûte et cuirs corroyés.
Id.	MASSEMIN, à ***Paris***. — Peaux de veaux.
Id.	MELLIER, à ***Paris***. — Cuirs et peaux corroyés, châssis pour la lithographie.
Id.	MICOUD, à ***Paris***. — Cuirs et toiles vernis pour décorations mobiles. C. F. 1834 et 1839.
Id.	NEVEUE, à ***Paris***. — Cuirs.
Id.	NYS et Cie, à ***Paris***. — Cuirs vernis. (O) 1839.
Id.	OGEREAU, à ***Paris***. — Maroquins de couleur, maroquins noirs, moutons maroquinés, chamois, cuirs forts. (O) 1839.
Id.	OZOUF, à ***Grenelle***. — Peaux de vache et de veaux vernies, capote de cabriolet.
Id.	PAUL, à ***Paris***. — Peaux tannées.
Id.	PLATTET frères, à ***Paris***. — Cuirs vernis, ustensiles de voyage vernis.
Id.	PONCY-DEMESSE et Cie, à ***Paris***. — Veaux cirés, peaux de cochon blanches, veau verni, etc.
Id.	QUÉVRAIN, à ***Paris***. — Cuirs vernis.
Id.	REULOS, à ***Paris***. — Peaux de cheval corroyées et tannées.
Id.	ROUSSEL (L.) et DESPREZ, à ***Paris***. — Vaches vernies pour capotes de cabriolets, veaux vernis pour chaussures, etc.
Id.	ROUSSEL (veuve A.) et COURTÉPÉE, à ***Paris***. — Peaux de bœufs tannées, peaux de vaches tannées et corroyées, peaux de veaux, de cheval, tiges de bottes corroyées et cambrées.
Id.	SOYER, à ***Paris***. — Cuirs vernis et corroierie. C. F. 1839.
Id.	TREMPÉ jeune, oncle et neveu, à ***Paris***. — Peaux de chevreau pour chaussures. M. H. 1827, (B) 1834.
Id.	VAUQUELIN, à ***Paris***. — Veau ciré, culée de cheval, basane pour pantalons, vache et tiges d'Afrique.
Id.	VILLENEUVE, à ***Paris***. — Cuirs et peaux pour chaussures.
Id.	VINCENT, à ***Paris***. — Peaux de moutons pour la chapellerie.
Seine-et-Oise.	BOCQUET frères, MARTIN et DESPRÉAUX, à ***Versailles***. — Cuirs naturels sculptés, cuirs vénitiens sculptés.
Id.	DELBUT et Cie, à ***Saint-Germain-en-Laye***. — Cuirs. (A) 1839.
Id.	LE ROY, à ***Saint-Germain-en-Laye***. — Cuir de bœuf et peau de veau.
Seine-Infér.	GERVAIS, à ***Auffay***. — Feuilles de cuir tanné.
Id.	LOGNON, à ***Rouen***. — Cuirs pour rota-frotteurs.
Vienne.	BERNARD-LALLIER, à ***Loudun***. — Peaux d'oies préparées.
Id.	CAMUS, à ***Poitiers***. — Peaux d'agneaux pour la ganterie.
Vienne (H.-).	CIBOT et COUDER, à ***Limoges***. — Cuirs.
Id.	RIGAUD jeune, à ***Saint-Junien***. — Peaux d'agneaux mégissées, gants de peau d'agneau.
Yonne.	MIMARD, à ***Villeneuve-le-Roi***. — Cuirs.
Id.	SAUVEGRAIN, à ***Villeneuve-le-Roi***. — Cuirs.

10° SELLERIE.

Charente.	TOUZET, à ***Rouillac***. — Colliers mécaniques.
Indre-et-Loire.	BOZON, à ***Mosnes***. — Colliers avec des attelles en fer, à l'usage des chevaux de diligence ou du roulage.

Isère. MILLIOZ, à *Grenoble*. — Avant-trains.

Nièvre. LEPRON, à *Nevers*. — Collier de cheval avec tous ses accessoires.

Pyrénées-Or. FERRER, à *Perpignan*. — Manches de fouets, cravaches.

Seine. ALLIER, à *Paris*. — Mors de différents modèles.

Id. AMIARD, à *Paris*. — Harnais et colliers. M. H. 1839.

Id. CAMUS, à *Paris*. — Boucles, chainettes pour chevaux. M. H. 1827.

Id. DAMERON, à *Paris*. — Voitures, coupés de ville, berline de ville.

Id. DE L'AUBÉPIN, à *Paris*. — Char à bancs à six roues.

Id. D'HENNIN, à *Paris*. — Selles, harnais, brides de nouveaux modèles.

Id. DUFAURE DE MONTMIRAIL, à *Paris*. — Brides.

Id. ERNOUL, à *Paris*. — Traits, sellerie.

Id. FUSZ, à *Paris*. — Voitures. C. F. 1839.

Id. GALLOIS, à *Paris*. — Cannes, fouets, cravaches.

Id. GUÉRIN, à *Paris*. — Voitures d'enfants, voitures pour malades et cheval mécanique.

Id. HERMET, à *Paris*. — Colliers pour chevaux.

Id. LIÉGARD frères, à *Paris*. — Brides, selles, harnais. (A) 1839.

Id. LONGUEVILLE, à *Paris*. — Voiture nacelle.

Id. MALDANT, à *la Chapelle-Saint-Denis*. — Guide-longe et colliers de chiens.

Id. MARMIN, à *Paris*. — Cravaches en nerf filé et en vernis caoutchouc.

Id. NIEPCE et ETOFFE, à *Paris*. — Objets de sellerie.

Id. PATUREL, à *Paris*. — Cravaches, fouets, sticks, cannes pour monter à cheval.

Id. PELLIER, à *Paris*. — Mors-Pellier pour arrêter les chevaux, système de *sauterelle* pour barrage des chevaux.

Id. ROUX-DUREMÈRE, à *Paris*. — Collier de cabriolet en cuir verni rempli d'air.

Id. SPINAU, à *Paris*. — Une voiture de fantaisie.

Id. STHORMAYÈRES, à *Paris*. — Voitures d'enfants et cheval mécanique.

Id. WAIDÈLE, à *Paris*. — Cabriolet à quatre roues et à train mobile, pouvant avec facilité servir de char à bancs : une calèche.

Id. HERMET, à *Brie*. — Colliers de chevaux.

Yonne. CAMUZAT-GUYON, à *Auxerre*. — Mors.

11° LITERIE.

Seine. BILLORET, à *Paris*. — Sommiers élastiques, lit mécanique.

Id. DE BOURGES, à *Paris*. — Fonds de lits élastiques.

Id. LAUDE frères, à *Paris*. — Sommiers élastiques, matelas et coussins.

Id. THIERRY-SAFFROY, à *Paris*. — Sommiers élastiques.

12° CHAPELLERIE.

Charente-Inf. BOUCHET et MARCHAND, à *Montendre*. — Vannerie indienne, chapeaux de latanier. M. H. 1834, à Bouchet.

Gard. FEUILLET, à *Nimes*. — Chapeaux de soie et mérinos.

Moselle. BRETTNAKER, à *Boulay*. — Chapeaux vernis et veloutés.

Rhône. BLACHE et RODET, à *Lyon*. — Chapeaux castor.

Id. LABOUREZ, à *Lyon*. — Chapeaux castor.

Id. PILLARD (Julien), à *Lyon*. — Chapeaux castor.

Seine. ARTS, à *Paris*. — Chapeaux de paille.

Id. ALAN-MIGOUT et RAY, à *Paris*. — Chapeaux imperméables. C. F. 1834, M. H. 1839.

Id. ALLIÉ, à *Paris*. — Chapeaux, conformateur et ses accessoires.

Id. BAILLY aîné et BELNOT, à *Paris*. — Casquettes.

Id. BENINI, à *Paris*. — Chapeaux de paille de France. (O) 1839.

Id. BOURRET, à *Paris*. — Chapeaux de paille.

Id. DUCHÊNE aîné, à *Paris*. — Chapeaux.

Id. FLÉCHEL, à *Paris*. — Chapeaux imperméables.

Id. FLESCHELLE, à *Paris*. — Chapeaux de paille.

Id. FRAPPA et BOIZARD, à *Paris*. — Chapeaux de paille.

Id. GIBUS aîné, à *Paris*. — Chapeaux mécaniques. M. H. 1834 et 1839.

Id. HERVÉ, à *Paris*. — Chapeaux divers, galettes tissées.

Id. LAVILLE et POUMAROUX, à *Paris*. — Chapeaux.

Id. LEGRAS, à *Paris*. — Chapeaux de paille, feuilles de sparterie, tresses de paille.

Id. LEJEUNE, à *Paris*. — Chapeau mecanique, chapeau de soie.

Id. MALARD fils, à *Paris*. — Chapeaux de feutre.

Id. PAISANT, à *Paris*. — Chapeaux de soie et castor. C. F. 1839.

Id. SEGUIN (Mme), à *Paris*. — Mécanisme pour chapeau de femme.

Seine-et-Marne. MONNIER, à *Nemours*. — Chapeaux militaires et bourgeois.

Vaucluse. ASTIC, à *Avignon*. — Chapeaux de soie.

Vendée. GANDRIAU aîné, à *Fontenay-le-Comte*. — Chapeaux en cuir verni, en feutre, etc.

Vienne (H.-) JOUHAUD fils et Cie, à *Limoges*. — Chapeaux vernis, chapeaux de latanier.

13° CHAUSSURE.

Aube. RONDEAU, à *Estissac.* — Bottines, bas en mérinos.

Loire-Infér. SUSER, à *Nantes.* — Bottes, souliers, brodequins, chaussures de toute espèce. M. H. 1839.

Nord. SIROT père, à *Trith-Saint-Léger.* — Chevilles en fer et en cuivre pour cordonniers.

Id. BERNARD, CHAPUIS et MOLIÈRE, à *Paris.* — Chaussures diverses.

Id. BOUDIER (Mme) et Cie, à *Paris.* — Cirages, cuirs et chaussures vernis.

Id. DEBEYNE, à *Paris.* — Revers de bottes. (B) 1839.

Id. LEFÉBURE, à *Paris.* — Bottes, souliers et bottines vernis.

Id. PENOT, à *Paris.* — Bottes, souliers et bottines, chaussures sans coutures.

Id. SIGUY, à *Paris.* — Brodequins. C. F. 1839.

Seine-et-Marne. LEBRETON, à *Meaux.* — Bottes et souliers.

Id. NANCEY fils, à *Melun.* — Socques en cuir et en bois.

Seine-et-Oise. BOULARD, à *Villepreux.* — Chaussures économiques, bottes et souliers.

Id. CHOLLET, à *Versailles.* — Souliers-guêtres, souliers de chasse et guêtre militaire.

Vienne (H.-). BOYER (Martial), à *Limoges.* — Tiges de bottes.

Id. LEFÈVRE et BOST, à *Limoges.* — Bottines, chaussons, pantoufles, escarpins.

Id. MALLET (Louis), à *Limoges.* — Chaussons, pantoufles, brodequins, escarpins.

Id. TEYTUT aîné, à *Limoges.* — Chaussons, pantoufles, escarpins, bottines.

14° GANTERIE.

Isère. AIMÉ (Abraham), à *Grenoble.* — Gants.

Id. BROCHIER, à *Grenoble.* — Gants.

Id. JOUVIN et Cie, à *Grenoble.* — Gants. (B) 1839.

Id. MATTON, à *Grenoble.* — Gants.

Id. PERRUCAT, à *Grenoble.* — Gants.

Id. REYNIER, à *Grenoble.* — Gants.

Seine. ALLEMAND, à *Paris.* — Gants.

Id. BRIE aîné, à *Paris.* — Modèles d'emporte-pièces pour la ganterie et échantillons.

Id. DESCHAMPS, à *Paris.* — Fermoirs de gants, gants. (B) 1834, R. (B.) 1839.

Id. HERR, à *Paris.* — Gants.

Id. JOULIN, à *Paris.* — Gants.

Id. LECOQ-PRÉVILLE, à *Paris.* — Gants de chevreau.

Id. MORIZE aîné, à *Paris.* — Gants divers.

Id. PHILIPPE, à *Paris.* — Gants de peau.

Id. TARIN, à *Paris.* — Gants et fermoirs pour gants.

15° INSTRUMENTS DE CHIRURGIE.

Hérault. BOURDEAUX aîné, à *Montpellier.* — Instruments de chirurgie, couteaux, ciseaux, rasoirs, etc.

Id. ARRAULT, à *Paris.* — Sacs chirurgicaux, coffres de mer, etc.

Id. CHARRIÈRE, à *Paris.* — Outils de coutellerie et de chirurgie, orthopédie, bandages, bras artificiels. (A) 1834, (O) 1839.

Id. DARAN, à *Paris.* — Forceps, brise-pierre, couteau à amputation, scarificateur, lancetier.

Id. LUER, à *Paris.* — Instruments de chirurgie.

Id. PETIT-COLIN, à *Paris.* — Bougies pour sondes.

Id. SAMSON, à *Paris.* — Instruments de chirurgie et membres artificiels. (A) 1839.

16° APPAREILS ORTHOPÉDIQUES

Rhône. GOBERT (Auguste), à *Lyon.* — Corsets et mécanisme d'un corset.

Seine. BÉCHARD, à *Paris.* — Appareils pour les déviations de la taille, des jambes et des pieds, appareils pour bandages.

Id. BELMAS, à *Paris.* — Bandages.

Id. BERGERON, à *Paris.* — Appareils pour les déviations de la taille, pour le redressement des pieds bots, bandages herniaires.

Id. BIENVENU, à *Paris.* — Bustes mécaniques pour peintres.

Id. COLLET (Mme), à *Paris.* — Corsets.

Id. DARBO, à *Paris.* — Bouts de sein, biberons, pompes à sein, etc. M. H. 1834 et 1839.

Id. DÉON, à *Paris.* — Conques acoustiques.

Id. DUMOULIN (Mme), à *Paris.* — Corsets sans goussets.

Id. FLAMET, à *Paris.* — Bretelles, jarretières et bas élastiques. (B) 1834 et 1839.

Id. FOUSSERET (Mme), à *Paris.* — Corsets.

Id. GATEAU, à *Paris.* — Conques acoustiques. M. H. 1839.

Id. GROSMANN et WAGNER, à *Paris.* — Bretelles et instruments de chirurgie en caoutchouc.

Id. HURET, à *Paris*. — Corsets.

Id. LAFOND, à *Paris*. — Bandages et appareils herniaires. (B) 1834. R. (B) 1839.

Id. LEBRUN, à *Paris*. — Ceinture de sauvetage et tuteurs hygiéniques.

Id. MILLOT, à *Paris*. — Corsets.

Id. NIVEL (Mme), à *Paris*. — Corsets.

Id. NOLET, à *Paris*. — Dos élastiques et buses mécaniques pour corsets.

Id. PASSERIEUX, à *Paris*. — Sonnettes et cordons acoustiques. M. H. 1839.

Id. PERNET, à *Paris*. — Bandages.

Id. PINETTE, à *Paris*.— Gymnase industriel et gymnase hygiénique, instruments divers.

Id. POISSON (Mme), à *Paris*. — Corsets.

Id. POULET, à *Paris*. — Bandages herniaires.

Id. RIGOLET, à *Paris*. — Un dessinateur pour prendre la mesure du pied. C. F. 1839.

Id. SENN (veuve), à *Paris*. — Corsets en gros de Naples et à élastiques.

Id. TRANCHAND, à *Paris*. — Corsets.

Id. VALÉRIUS, à *Paris*. — Orthopédie mécanique et bandages herniaires. (B) 1839.

Id. VERDIER, à *Paris*. — Bandages. (B) 1834. M. H. 1839.

Id. WICKHAM, à *Paris*. — Bandages herniaires et appareils mécaniques. M. H. 1839, à Wickham et Hart.

Vienne. LAVERGNE, à *Poitiers*. — Somatomètre brisé et somatomètre fixe à coulisse longue, destinés à mesurer la taille des hommes.

Vienne (H.-). LAMORLIÈRE, à *Magnac-Laval*. — Botte hygiénique en feutre imperméable.

16° FLEURS ARTIFICIELLES.

Ille-et-Vilaine. STOT (Mme), à *Saint-Malo*. — Fleurs en coquillages.

Id. DENISOT (Mme), à *Saint-Malo*. — Fleurs en coquillages.

Seine. ADAM (Mlle), à *Paris*.— Fleurs artificielles.

Id. BOBOEUF-CASAUBON, à *Paris*. — Fleurs artificielles.

Id. CHAGOT frères, à *Paris*. — Fleurs artificielles et plumes. M. H. 1834, (B) 1839.

Id. CLAVEL (Mme), à *Paris*. — Vases de fleurs artificielles et électriques. M. H. 1839.

Id. CONSTANTIN, à *Paris*.—Fleurs artificielles.

Id. CROUSSE, à *Paris*. — Fleurs artificielles.

Id. JULIEN, à *Paris*.— Fleurs artificielles, corbeille et vases.

Id. LAROCQUE, à *Paris*. — Corbeille de fleurs artificielles.

Id. LECHARPENTIER, à *Paris*. — Fleurs artificielles et ornements en perles.

Id. MAIRE, à *Paris*. — Vase de fleurs artificielles.

Id. PERROT, à *Paris*. — Fleurs artificielles, bouquets en plumes.

Id. PREVOST-WENZEL, à *Paris*.— Fleurs artificielles et matières premières pour fleurs naturelles ou de fantaisie. (B) 1839.

Id. RAYMOND-BOCQUET (Mme), à *Paris*. — Fleurs artificielles.

Id. SEGRETIN, à *Paris*. — Fleurs artificielles.

17° IMITATIONS DE LA NATURE.

Seine. ALLIX, à *Paris*.—Ouvrages en cire coloriée.

Id. AUZOUX, à *Paris*. — Modèles complets anatomiques de l'homme, du cheval, du hanneton, du colimaçon, pièces détachées. R. (O) 1839.

Id. BAUDIN, à *Paris*. — Perruques, toupets et tours.

Id. BOISSONNEAU, à *Paris*. — Yeux.

Id. CARTEAUX et CHAILLOU, à *Paris*.—Études anatomiques en relief.

Id. CHAMPEAUX, à *Paris*. — Perruques.

Id. CHAPPÉE, à *Paris*.—Yeux en émail. M. H. 1839.

Id. CLERC, à *Paris*. — Dents minérales.

Id. CROISAT, à *Paris*. — Tours, perruques et faux toupets. C. F. 1839.

Id. DELAROQUE, à *Paris*. — Oiseaux sur des arbustes, animaux empaillés.

Id. DIDIER, à *Paris*. — Dents minérales.

Id. DUFOSSÉ et REVIL, à *Paris*. — Oiseaux, animaux empaillés, imitations de la nature.

Id. EMERY, à *Paris*. — Perruques.

Id. EVANS, à *Paris*. — Mammifères, oiseaux, poissons, reptiles et insectes empaillés.

Id. FESSARD, à *Paris*. — Modèles en cire, pièces d'anatomie, arbres à fruits avec oiseaux.

Id. GACHIN, à *Paris*. — Cache-folies, côtés et finitions (perruques).

Id. GANNAL, à *Paris*. — Animaux conservés. (B) 1827, (A) 1839.

Id. HATTUTE, à *Paris*. — Dents minérales. M. H. 1839.

Id. HETTIER dit DORIGNY, à *Paris*. — Dents minérales.

Id. LETHO, à *Paris*. — Yeux en émail.

Id. MARTIN, à *Paris*.—Perruques et toupets.

Id. MÉQUIGNON-MARVIS, à *Paris*.— Statuettes d'écorchés.

Id. NOEL, à *Paris*. — Yeux artificiels. (B) 1834 et 1839.

Id. NORMANDIN frères, à *Paris*. — Perruques, toupets, tours postiches en cheveux

M. H. 1834.

Id. PARIS, à *Paris*. — Perruques, tours et toupets. C. F. 1839.

Id. PARZUDAKI, à *Paris*. — Objets d'histoire naturelle. M. H. 1839.

Id. POORTMAN, à *Paris*. — Modèles à articulations naturelles pour peintres.

Id. REGNIER, à *Paris*. — Perruques et toupets.

Id. STHAL, à *Paris*. — Gazelle moulée en plâtre.

Id. THIBERT, à *Paris*.— Pièces artificielles d'anatomie pathologique en relief.

Id. VERREAUX, à *Paris*.— Animaux empaillés, un daim attaqué par des chiens, singes, oiseaux. (B) 1839.

18° TRAVAUX DIVERS EN BOIS.

Cantal. BRUNHES, à *Aurillac* — Sabots.

Id. LAUSSER (François), à *Aurillac*. — Sabots.

Id. LAUSSER jeune, à *Aurillac*.— Sabots.

Gironde. BOUCHERIE, à *Bordeaux*. — Bois préparés.

Hérault. PEQUET (Louis), à *Lodève*. — Sabots-guêtres, sabots-brodequins.

Isère. DESROCHES, à *Grenoble*. — Sabots et socques.

Moselle. ANDRÉ, à *Rombas*. — Bois pour brosses et pour placage.

Nièvre. GOUNOT, à *Cosne*. — Sabots.

Seine. AUBERT et Cie, à *Paris*. — Sabots. C. F. 1839.

Id. BAUDRIMONT, à *Paris*. — Tonneau.

Id. CORMIER, à *Paris*. — Feuilles de bois de noyer, de prunier, d'acajou, de citronnier, de palissandre, de tilleul, etc., pour placage.

Id. DAVID, à *Grenelle*. — Tonneaux, seaux, baquets, brocs, caisses, coffrets, persiennes, feuilles de parquet, objets divers. (A) 1839.

Id. DESVIGNES, à *Paris*. — Panier à bois pour appartement.

Id. FLEURET, à *Paris*. — Nécessaire-embauchoir, embauchoirs simples.

Id. LEFÈVRE, à *Paris*. — Panier de fantaisie orné.

Id. LEGROS, à *Paris*. — Morceaux de bois d'acajou découpés.

Id. LESGUILLER, à *Paris*. — Buiscuits, formes différentes.

Id. LEVÊQUE, à *Paris*. — Corbeilles, chaises, bancs, lampes, portique en treillage.

Vienne (H.-). GUILLAT, à *Limoges*. — Sabots.

19° ÉBÉNISTERIE, OUVRAGES DE TOUR.

Ardennes. BELLOMET-VARIN, à *Rémilly*. — Broches et étuis.

Finistère. TOUSSEUX, à *Brest*. — Cadres dorés.

Jura. REGAD, à *Saint-Claude*.—Planchettes pour miroirs, etc.

Seine. ANNÉE, à *Paris*. — Nécessaires, objets de marqueterie et boîtes diverses.

Id. BARBIER, à *Paris*. — Marqueterie, boîtes à châles, caves à odeurs, boîtes à jeux.

Id. BATAULT, à *Paris*. — Boîte de toilette en velours, boîtes à bijoux, pupitre de bureau, écrins.

Id. BENGEL, à *Paris*. — Nécessaires.

Id. BERNEUIL, à *Paris*. — Rampes, mains coulantes, incrustations sur différents bois.

Id. BERTHET et PERET, à *Paris*. — Toilette en argent, nécessaires, trousses, maroquinerie, objets d'ébénisterie.

Id. BODSON, à *Paris*. — Panneaux de marqueterie.

Id. BONHOMME, à *Paris*. — Chevalets, échelle pour les peintres.

Id. BOUCHÉ, à *Paris*. — Porte-liqueurs.

Id. CAMARET, à *Paris*. — Cadres, panneaux, dessus de portes, ciels de lits, culs-de-lampe, vases, corbeilles.

Id. CARPENTIER, à *Paris*. — Modèles de chevaux articulés.

Id. DELABROIZE, à *Paris*. — Lutrin en bois sculpté.

Id. DIEU aîné, à *Paris*. — Cadres en bois.

Id. FAURE, à *Paris*.— Mannequins, armatures, pièces détachées. M. H. 1839.

Id. FAZON, à *Paris*. — Métiers, rouets, boîtes de fantaisie, étagère et divers autres objets tournés.

Id. GAGNERY, à *Paris*. — Mannequins pour peintres.

Id. GOEBEL, à *Paris*.—Caves à liqueurs, boîtes à châles, nécessaires. C. F. 1839.

Id. HARDY, à *Paris*. — Modèle de vaisseau, modèle de cutter.

Id. HENNEQUIN, à *Paris*. — Boîtes à bijoux, à argenterie, à couteaux, etc.

Id. JEANNE, à *Paris*. — Grand cadre doré. C. F. 1839.

Id. LAHER et LEFÉBURE, à *Paris*. — Cannelures pour ébénisterie.

Id. LAURENT et FERRY, à *Paris*. — Caves à liqueurs, boîtes à ouvrage, etc.

Id. LEMAITRE, à *Paris*. — Cadres de gravures de machines.

Id. MINTEN, à *Paris*. — Moulures guillochées, unies et droites.

Id. MIROUFLE, à *Paris*. — Découpures d'ébénisterie.

Id. PROFILET, à *Paris*. — Découpures de marqueterie.

Id. SAVARY, à *Paris*. — Cadres en bois verni.

Id. SEIDEL, à *Paris*. — Panneaux pour meubles antiques, dessus de toilette en marqueterie.

Id. SOHN, à *Paris*. — Statuettes, bénitier, imitations et applications industrielles.

Id. SOUTY, à *Paris*. — Cadres dorés.

Id. THIRION-GUIDON, à *Paris*. — Étagères, coffres, flambeaux, porte-montres, buvard en ébénisterie.

Id. VERVELLE, à *Paris*. — Corbeilles de mariage, caves à liqueurs, nécessaires et Christ en chapelle, etc.

Id. VINCENT aîné, à *Paris*. — Tabatières, albums, boites à cigares, pièces de cadres, chêne et bronze dorés. C. F. 1834.

Id. VOLKERT (Michel), à *Paris*. — Découpures en bois teint et en nacre de perle et métaux.

Seine-Infér. POLLIARD, à *Rouen*. — Objets divers tournés, mécanisme de sauvetage pour les incendiés, guéridons et tables de travail, etc.

20° TABLETTERIE.

Jura. COMMOY, à *Saint-Claude*. — Tabatières en corne.

Manche. BOUDIN, à *Saint-Hilaire-du-Harcourt*. — Tasses, tabatières, jetons, boutons et autres objets en nacre.

Pyrénées (B.-). CUYAUBÈRE, à *Igon*. — Objets en buis, boutons, chapelets.

Seine. ALESSANDRI, à *Paris*. — Feuilles d'ivoire, divers objets de tabletterie en ivoire.

Id. BICHERON, à *Paris*. — Baleines pour cannes, fouets et buses d'acier.

Id. CABANES et MARINE-HEIT, à *Paris*. — Éventails.

Id. CAUVARD, à *Paris*. — Peignes.

Id. CHERRIER, à *Paris*. — Brosses à dents, à ongles, à tête.

Id. CHIQUET, à *Paris*. — Objets de tabletterie.

Id. COLETTA-LEFEBVRE, à *Paris*.—Tabatières. M. H. 1823, 1827 et 1834. (B) 1839.

Id. CLAUDE, à *Paris*. — Peigne en corne et en buffle imitant l'écaille.

Id. DODERET (veuve), à *Paris*. — Écrans à main et de cheminée, sachets, ornements d'église. M. H. 1834.

Id. DUPRÉ (veuve), à *Paris*. — Éventails.

Id. DUVELLEROY, à *Paris*. — Éventails, filoir, coquetier.

Id. GARNOT, à *Paris*. — Échantillons de tabletterie.

Id. GOZOLA, à *Paris*. — Écran.

Id. GUILBERT fils, à *Paris*.—Peignes et tabletterie. (B) 1834.

Id. HARDY, à *Paris*. — Cheminée en velours, pendule, vase, semainier, soufflet et autres objets divers en cartonnage.

Id. JOLIET, à *Paris*. — Tabatières diverses en bois, en écaille et en métal. M. H. 1839.

Id. KOCH, à *Paris*. — Peignes.

Id. MASSUE, à *Paris*. — Peignes en ivoire et en buis.

Id. MIGNON-FROMENTIN, à *Paris*. — Peignes divers.

Id. NOEL fils aîné, à *Paris*.— Peignes d'ivoire, bille de billard, morceau d'ivoire. M. H. 1839.

Id. PINSON, à *Paris*.— Nécessaires, objets d'ébénisterie, coffrets, etc., en écaille, ivoire, nacre, etc. (B) 1839.

Id. POISSON, à *Paris*. — Manches de porte-plumes, peigne à retaper, couvert, souvenir, feuille à peindre, bille de billard.

Id. POTEL, à *Paris*. — Peignes, broches, boucles d'oreilles et autres objets en jais.

Id. QUENNESSEN, à *Paris*.—Tabatières, porte-cartes, bonbonnières, encriers en écaille et objets de fantaisie. M. H. 1839.

Id. SELLIER, à *Paris*. — Tableaux en incrustation de nacre sur de l'érable.

Id. SIMON, à *Paris*.— Objets en écaille, nécessaires, tabatières, pendules, etc.

Id. TORCY et GÉRARD, à *Paris*. — Encriers, boîtes à jeux, dévidoirs.

Id. TRUFFAUT, à *Paris*. — Objets de tabletterie fine, sculpture, pendule, écrans, statuettes, nécessaires, étuis, etc.

Id. VIDRON, à *Paris*. — Pièces de tabletterie.

Id. WOLF, à *Paris*. — Articles de bureau, statuettes, divers objets en tabletterie.

21° BIMBELOTERIE.

Seine. BASTIEN, à *Paris*. — Globes, sphères, jeux d'enfants.

Id. BELTON et JUMEAU, à *Paris*.— Poupées.

Id. COLIN, à *Paris*. — Jeux.

Id. FRANÇOIS, à *Paris*. — Poupées et jouets d'enfants pour théâtres.

Id. KOPP, à *Paris*.— Boîtes de ménage et jouets d'enfants.

Id. SANREY, à *Paris*. — Théâtre mécanique pour enfants.

22° LAYETTERIE.

Seine. ETARD, à *Paris*.—Divers articles de voyage. C. F. 1839.

Id. FONON, à *Paris*. — Malles, sacs de nuit, étuis à chapeau, etc. C. F. 1834 et 1839.

Id.	GALLOTI, à *Paris*. — Supports mécaniques et métalliques pour chapeaux et bonnets de dames.
Id.	GEORGÉ, à *Montmartre*. — Tentes et guérites, divers genres d'habitations mobiles.
Id.	MACHETEAU, à *Paris*. — Malles, sacs de nuit, etc.
Id.	MORAND, à *Paris*. — Sacs de nuit, cabas, tapis de table, chancelières, tabourets, bottes de voyage, etc.

23° CANNES ET PARAPLUIES.

Seine.	BLANC, à *Paris*. — Cannes à parapluies, à ombrelles, parapluies à coulisses sans ressort, etc.
Id.	CAYOL (Mme), à *Paris*. — Canne-pupitre.
Id.	CAZAL, à *Paris*. — Cannes, parapluies, fouets et cravaches. (B) 1839.
Id.	CONNERAT, à *Paris*. —Parapluies, ombrelles à brisures.
Id.	DECOU, à *Paris*. — Cannes-parapluies mécaniques.
Id.	DESPIERRES et Cie, à *Paris*. — Parapluies.
Id.	FARGE, à *Paris*. — Cannes-parapluies, fouets et cravaches.
Id.	GIBUS jeune, à *Paris*.— Cannes-parapluies.
Id.	LEMAIRE-DAIMÉ, à *Paris*. — Cannes et pommes de cannes.
Id.	MANGIN, à *Paris*.— Cannes, ombrelles, parapluies.
Id.	MERCIER, à *Paris*.— Parapluies, ombrelles, parapluie-canne, parapluie-cravache.
Id.	TAYSSE, à *Paris*.— Parapluies, ombrelles.

24° PÊCHERIE, CORDERIE, SPARTERIE, ETC.

Ille-et-Villaine.	JOLY aîné, à *Saint-Malo*. — Cordes et ustensiles pour la pêche. M. H. 1834, (B) 1839.
Loire-Infér.	COIGNARD (J.-F.) et Cie, à *Nantes*.—Brosses, balais, pinceaux.
Seine.	BOCHE, à *Paris*.—Divers articles de chasse. C. F. 1827, à Boche et Aubiné; (B) 1839, à Boche.
Id.	DELAGE-MONTIGNAC, à *Paris*. — Articles de pêche, filets, cannes à pêche, etc.
Id.	EXPERT, à *Paris*. — Plumeaux.
Id.	FONTANA (Mme), à *Paris*.—Brosses et pinceaux. M. H. 1839.
Id.	GUANTELIAT, à *Paris*. — Brosses pour le pansage des chevaux, brosses baigneuses, décrottoir.
Id.	LAURENÇOT, à *Paris*. — Brosses à dents.
Id.	LEBATARD, à *Paris*.—Chasse-mouches pour les chevaux, carniers pour la chasse, filet à déliter les vers à soie.
Id.	LEBOEUF, à *Paris*.—Cordages divers, échelle en corde, cordes en fil de fer pour paratonnerre, fil de laiton, etc.
Id.	LODDÉ, à *Paris*. — Plumeaux pour dames. C. F. 1839.
Id.	MAIGNE fils, à *Paris*. — Soufflets de cheminée et balais.
Id.	PAILLETTE, à *Paris*. — Brosses et balais.
Id.	PIVERT jeune, à *Paris*. — Câbles plats et ronds en fil de fer et en chanvre.
Id.	RACINE, à *Paris*. — Brosses à peau pour frictions, en feutre, drap, etc.
Id.	REGNAULT, à *Paris*. — Corbins en corne et poires à poudre en corne, cuivre, zinc, etc.
Id.	RENNES, à *Paris*. — Brosses et balais.
Id.	SAUNIER, à *Paris*. — Brosses et pinceaux.
Id.	SAVOURÉ (Mme), à *Paris*. — Articles de pêche et de chasse, lignes, cannes, etc. C. F. 1839.
Id.	TAMMASSIA, à *Paris*. — Feuilles de sparterie et petits paquets de tresse de fil et de bois.
Id.	VERD, à *Paris*. — Brosses fines diverses.
Id.	GUYARD, à *Noisy-le-Roi*. — Piéges divers pour les animaux nuisibles.
Id.	LUCAS, à *Versailles*. — Objets de corderie. M. H. 1839.

25° BIBERONS.

Loiret.	PAQUE, à *Orléans*. — Biberons, bouts de sein.
Seine.	BERTIN, à *la Villette*. — Biberons.
Id.	BRETON (Mme), à *Paris*.— Biberons et tetines. (B) 1827, R. (B) 1834, (B) 1839.
Id.	LECOUVEY, à *Paris*. — Biberon-pompe, pompe-seringue, olyso-pompe, etc. C. F. 1839.

26° USTENSILES.

Seine.	BODIN (Charles) et Cie, à *Paris*.—Cafetières.
Id.	CORDIER, à *Paris*. — Vases pour liquides gazeux et cafetières diverses.
Id.	DAUSSE, à *Paris*. — Cafetières variées.
Id.	LAMY, à *Paris*.— Baignoires pour malades. M. H. 1839.

Id. PENANT, à *Paris*. — Cafetières en cristal, en porcelaine et en fer-blanc.
Id. THUVIEN, à *Paris*. — Cafetières.
Id. VARLET, à *Paris*. — Ustensiles de ménage en tôle, fer-blanc et zinc estampés, réchauds, brûloirs, etc. (B) 1834.
Id. VEYRON, à *Paris*.—Cafetières en fer-blanc.

27e ARTICLES DIVERS.

Calvados. BERJOT, à *Caen*.— Machines pour fabriquer les eaux gazeuses et emplir et boucher les bouteilles.
Charente-Inf. DEVIE père et fils, à *la Rochelle*.—Plateaux, tasses, thé complet en coquillages.
Jura. FUMEY, à *Morez*. — Tournebroches, miroir pour la chasse aux alouettes.
Loir-et-Cher. MAUBLANC, à *Blois*. — Sous-pieds *agrafiques*.
Manche. PORET, à *Saint-Sauveur-le-Vicomte*. — Scaphandre de sauvetage individuel.
Marne. VINCENT, à *Givry-en-Argonne*. — Enveloppes de bouteilles.
Marne (H.-). MÉNETREL, à *Joinville*.—Brides de sabots.
Id. RIVOT DE BAZEUIL, à *Laferté-sur-Amance*. — Ronds de table en toile cirée.
Nièvre. CAVY jeune et Cie, à *Nevers*. — Paletots et redingotes en fourrures.
Rhône. BEAUME et BOURGUIGNON, à *Lyon*. — Ornements en tôle sur métaux.
Seine. BAPTEROSSES et DELTRAPPE, à *Paris*. — Coupe-mèches circulaires.
Id. BITTERLIN, à *Paris*. — Diamant coupeur de verres et glaces.
Id. BUXMANN, à *Paris*. — Enseignes.
Id. CHAGOT, à *Paris*.—Caractères métalliques, étiquettes de noms de rues, numéros pour mettre dans les lanternes.
Id. CIULI, à *Paris*. — Mosaïque représentant une chienne composée avec des cailloux de la Seine.
Id. CREDA, à *Paris*. — Articles divers en toiles métalliques.
Id. DELATOUR, à *Paris*. — Patins-nageoires.
Id. DERRAYS, à *Paris*. — Échantillons de produits de toutes ses machines.
Id. DIER, à *Paris*. — Habits remis à neuf.
Id. DONNINGER, à *Paris*. — Pipes et objets de physique amusante.
Id. DUJARRIER, à *Paris*. — Tableau d'enseigne en zinc, écussons en zinc et en cuivre, divers modèles de gravures.
Id. DUMONT et Cie, à *Paris*. — Lettres métalliques estampées.
Id. DUPUIS (Mme), à *Paris*. — Paraplongeons, appareils de sauvetage.
Id. FERRY, à *Paris*. — Tableaux diaphanes en relief, garde-vue, veilleuses, lampes, porte montée sur chambranle avec vitrail.
Id. FITTON (Mme), à *Paris*. — Vases et modèles en cire.
Id. GILBERT, à *Paris*. — Gibernes.
Id. GON, à *Paris*. — Manchons, écharpe en martre, zibeline, tigre, ours blanc, fourrures diverses.
Id. GUENIN, à *la Chapelle-Saint-Denis*. — Porte-bourrelets mobile, mécanique à pastilles à l'usage des confiseurs.
Id. GUILLARD, à *Paris*. — Escamoteur automate.
Id. HERBOMMEZ, à *Batignolles*. — Garde-feu à cylindre.
Id. LARRIVÉ, à *Paris*. — Boutons en métal.
Id. LECOEUR, à *Paris*. — Lettres et médailles en relief.
Id. LEMAIRE-DAIMÉ, à *Paris*.— Appareils propres à la confection des cigarettes, nommés cigaritotypes.
Id. LEMONNIER, à *Paris*. — Ouvrages en cheveux.
Id. MICHEL, à *Paris*. — Taffetas, rouge végétal et sachets.
Id. ORRÉ, à *Paris*. — Fourreaux de sabres.
Id. OUVRIER, à *Paris*. — Comptoir, cuvette, fontaine en étain pour marchand de vin.
Id. POINSOT, à *Paris*. — Chapeaux de dames. (A) 1839.
Id. SIMON, à *Paris*. — Porte-empreinte métallique.
Id. TISSIER, à *Paris*. — Collection de pierres gravées, épreuves sous verre. (B) 1839, à Tissier Beugé, pour la serrurerie.
Id. TRONCHON, à *Paris*.— Grillages pour parcs et jardins.
Id. TROUSSEAU, à *Paris*.—Cloches à soupapes.
Id. VAULOT, à *Paris*. — Nappe en étain pur pour comptoir de marchand de vins, montée sur bois et marbre.
Id. ZACHARIE, à *Paris*. — Descente de lit en plume d'autruche, écrans de cheminées, parures en plumes.
Id. WICKHAM, à *Paris*. — Pierres d'évier avec appareils.
Seine-et-Oise. GAUPILLAT et Cie, à *Sèvres*. — Capsules et œillets métalliques.

PEINTURE SUR VERRE.

PARMI les innombrables produits de notre industrie nationale, un art, tombé dans l'oubli depuis près de deux siècles, a depuis quelques années réveillé de nombreuses sympathies; la peinture sur verre a su prendre à l'exposition de 1844 un rang distingué, et qu'elle méritait.

Avant de passer en revue les produits exposés cette année, nous allons rappeler sommairement les noms des personnes qui se sont distinguées dans cette restauration, et citer, en suivant autant que possible l'ordre de leur apparition, quelques-uns de leurs travaux les plus remarquables.

La peinture sur verre n'a jamais cessé d'être pratiquée en Allemagne; sa renaissance en Angleterre date des premières années du dix-septième siècle. C'est à cette époque que furent peints les vitraux des différents colléges d'Oxford; et parmi les peintres qui concoururent à ces premiers essais, nous citerons William Price, Isaac Olivier, Henri Giles et William Pecket.

Vers 1800, un autre peintre anglais, M. Dihl, exécuta deux tableaux sur glace, de cinq pieds sur quatre. C'est à peu près à cette époque que la manufacture de Sèvres entreprit ses premiers essais sous la direction de M. Brongniart.

Cet exemple fut bientôt suivi par un habile chimiste, M. Mortelèque, qui, de 1811 à 1823, exposa plusieurs tableaux peints sur verre et cuits à la moufle.

En 1826, M. de Chabrol, préfet de la Seine, fit exécuter à Londres, par M. Collins, trois fenêtres destinées à l'église de Sainte-Élisabeth. Ce fut sir Josuah Reynolds qui en fournit les cartons. Ces trois verrières représentent la Foi, l'Espérance et la Charité. Pendant que ces vitraux s'exécutaient à Londres, M. le comte de Noé fondait à Paris un atelier de peinture sur verre dont il confiait la direction à M. E. Jones, apprenti de M. Muss, et amené par lui d'Angleterre. Les premiers essais de cet artiste furent trois fenêtres qui sont à Sainte-Élisabeth, en face de celles de M. Collins. Ces vitraux, dont M. Abel de Pujol dessina les cartons, offrent saint Jean-Baptiste, saint Joseph et saint Jean l'évangéliste. Une autre fenêtre, exécutée d'après les mêmes procédés, fut placée à l'église de Saint-Étienne du Mont. Jusqu'alors, tous les efforts des peintres verriers tendaient à imiter la peinture à l'huile. Le manque de verres teints dans la masse perpétua pendant longtemps l'emploi des émaux coloriés appliqués sur du verre blanc; ce n'est qu'après que M. Bontemps, directeur de la verrerie de Choisy, eut livré au commerce les verres rouges qui lui manquaient, que l'art put entrer dans une nouvelle voie. Mais il se passa encore plusieurs années avant que la peinture en apprêts fût entièrement remplacée par l'emploi des verres teints dans la masse, et aujourd'hui la manufacture de Sèvres suit encore partiellement cette méthode funeste aux progrès de l'art.

Le premier travail exécuté d'après les préceptes de l'art ancien fut un vitrail commandé en 1839 par M. de Nerson, curé de Saint-Germain l'Auxerrois, et dessiné par M. Lassus sur les indications archéologiques de M. Didron. Ce premier essai réussit parfaitement et ouvrit une nouvelle voie aux artistes verriers. Une fois l'élan donné, de nombreux fourneaux s'allumèrent à Paris et en province. Parmi les artistes qui prirent l'initiative, nous devons citer M. Thibaud, de Clermont; il fut bientôt imité par MM. Thévenot, de Clermont, Lusson, de Sainte-Croix, près du Mans, Fialex, de la même ville, Vigné, Laurent, Karl Hauder, de Paris, et Maréchal, de Metz.

Le goût pour les vitraux s'accroît au lieu de se ralentir, et nous avons vu, en 1844, une exposition bien plus riche sous ce rapport que les expositions des années antérieures. Des artistes et des fabricants ont apporté à l'envi leurs produits, dont quelques-uns étaient remarquables.

Nous signalerons d'abord trois grandes verreries destinées à la chapelle mortuaire de M. le comte d'Osmoy. Ces trois fenêtres ont été exécutées par MM. Karl Hauder et André, d'après les cartons de M. Henry Gerente. Elles sont composées dans le style du treizième siècle, et représentent, dans une série de médaillons, les différents épisodes de la Passion. Ces verrières sont du plus bel effet, et l'artiste, tout en restant fidèle aux anciennes traditions, a su éviter les nombreuses incorrections que présentent souvent les œuvres d'art de cette époque. L'exécution matérielle en est assez satisfaisante ; mais nous engageons M. Hauder à conserver à ses verres moins de transparence, l'effet général y gagnera beaucoup.

La même maison a exposé une fenêtre héraldique, composée par M. H. Gerente dans le style du quinzième siècle, et destinée à l'ornement du château. Il n'y a pas, en effet, que les églises qui aient besoin de vitraux. Ce genre de décoration, qui est en honneur en Allemagne et surtout en Angleterre, est tout nouveau parmi nous, et il est à désirer que cet essai contribue à faire revivre le goût de l'art héraldique dont le peintre verrier peut tirer un aussi heureux parti. M. Karl Hauder a aussi exposé plusieurs peintures en grisaille reproduisant des gravures anglaises. Ces échantillons, d'une exécution soignée, dénotent chez M. Hauder une complète connaissance des ressources de son art ; mais c'est une mauvaise application à laquelle nous l'engageons à ne pas donner trop d'extension.

M. Lusson, de Sainte-Croix, près du Mans, a exécuté, d'après les cartons de M. Gerente, une verrière qui a pris le premier rang à l'exposition. Les sujets qui remplissent les trois médaillons dont elle se compose représentent la naissance, la mort et l'assomption de la sainte Vierge. Ces quatre feuilles, vigoureusement dessinées par l'armature en fer et des filets blancs richement fleuronnés, se détachent sur un fond rouge divisé à l'infini par une ornementation diaprée des plus riches couleurs. Cette verrière prouve victorieusement que la pureté du style et les exigences rigoureuses de la science archéologique, loin d'entraver l'inspiration de l'artiste, viennent lui prêter un puissant concours. Que M. Gerente persévère dans la voie qu'il s'est ouverte, et nous lui prédisons de légitimes succès.

M. Fialex a exposé plusieurs verrières qui témoignent encore plus que son affiche qu'il est élève de la manufacture de Sèvres. Son saint Symphorien et les deux vitraux, dans un faux style du treizième siècle, présentent tous les défauts que l'on reproche à juste titre à la manufacture de Sèvres, sans les racheter par le fini précieux dont se montrent si fiers les peintres sur porcelaine de cet établissement. M. Fialex a aussi exposé une copie d'un arbre de Jessé qui est à la cathédrale du Mans, dans le but, nous a-t-on assuré, de montrer de combien l'art ancien surpasse l'art moderne. Nous avons, en effet, remarqué une grande différence, mais toute à l'avantage de l'art ancien.

La manufacture de Choisy-le-Roi, sans suivre les errements de celle de Sèvres, se laisse entraîner, par la manie de perfectionnement, dans une voie fâcheuse. Les deux verrières qu'elle a exposées font, quant à l'exécution matérielle, beaucoup d'honneur à MM. Bontemps et Jones. Mais tout en rendant justice au verrier et au praticien habile, nous regrettons l'absence totale d'une direction artistique. C'est là, il faut le dire, le côté faible des divers établissements qui s'occupent de peinture sur verre. Nous citerons une seule et belle exception en faveur de M. Maréchal, qui est aussi bon praticien qu'il est habile dessinateur. Tous les autres établissements sont obligés d'avoir recours, pour l'exécution de leurs cartons, à des artistes le plus souvent étrangers à la partie technique de l'art. Une autre étude essentielle, et que nous ne saurions trop recommander aux artistes qui consacrent leur talent à l'ornementation de nos temples, c'est l'étude sérieuse, approfondie de la science archéologique, de la liturgie et des anciennes légendes. Tant que nos artistes ne se seront pas astreints à ces études préparatoires, nous n'aurons que des peintures plus ou moins païennes, qui, malgré tout leur mérite, seront souverainement déplacées dans nos églises.

Le vitrail exposé par la manufacture de Choisy, et destiné à la nouvelle église de Bon-Secours, construite à Rouen par M. Barthélemy dans le goût du treizième siècle, est loin de présenter les qualités de style qui caractérisent les compositions de M. Gerente. On reconnaît dans l'ornementation, qui est riche et belle, la main exercée d'un habile antiquaire. C'est bien cette magnifique ornementation du treizième siècle, si simple dans ses éléments et d'un si puissant effet. La coloration n'est pas cependant exempte de reproche. Il nous a semblé que la Jeanne, qui appartient surtout au quatorzième siècle, y dominait. Les médaillons ne se détachent pas assez sur le fond de mosaïque, ce qui ne serait pas arrivé s'ils avaient été vigoureusement dessinés par l'armature de fer. Les médaillons qui retracent les principaux épisodes de la vie de la Vierge manquent totalement de style. Nous engageons M. Gzell, artiste de talent, mais peu versé dans l'étude de l'archéologie, à aller étudier les belles verrières de Sens et de Bourges. Il fera bien de copier pendant quelque temps ces beaux modèles avant de vouloir les surpasser. Il faut assurément se garder d'imiter dans leurs imperfections certaines productions du treizième siècle; les fautes qu'on peut leur reprocher ne sont pas imputables à l'art de cette belle époque, mais à l'incapacité de l'ouvrier chargé de peindre sur le verre, et souvent à la grande hâte qui a présidé à l'exécution. Rarement, à cette époque, faisait-on des cartons comme aujourd'hui. Le chef d'atelier, après avoir tracé son armature sur une planche disposée et blanchie à cet effet, se contentait d'indiquer les lignes de contour qui devaient guider le vitrier dans la coupe du verre. Les détails, tels que les découpures des feuilles, les plis des vêtements et les traits des figures, étaient improvisés par l'ouvrier qui peignait sur verre. Ce qui le prouve c'est que la plupart de nos cathédrales présentent des figures découpées sur le même patron, et dont les détails ne coïncident pas entre eux. Mais quels beaux modèles ne trouve-t-on pas aux portiques de nos temples et sous la poussière de nos riches bibliothèques! En prenant ces beaux types pour modèles, l'artiste ne doit pas oublier que chaque art a ses nécessités, que l'art de la peinture sur verre se trouve surtout dans des conditions toutes spéciales, et que le réseau de plomb qui dessine les contours, les flots de lumière qui traversent ses brillantes couleurs, nécessitent dans le dessin une fermeté et l'emploi de moyens de convention, qui doivent être tout différents des procédés employés par les dessinateurs au pastel ou les lithographes. Le modelé, qui devient nécessaire au quinzième siècle, est hors de saison au treizième. Les draperies doivent être indiquées par de hardis coups de pinceaux soutenus par de légères demi-teintes. Les gris perle, les verts tendres, et les roses clairs ne conviennent pas plus au treizième siècle, que les ombres portées et les clair-obscurs. C'est se donner beaucoup de mal pour obtenir un moindre résultat.

Choisy a aussi exécuté, d'après le carton de M. Gzell, un vitrail destiné à l'église de Saint-Vincent de Paul, et qui représente l'apôtre saint Jacques. Ce vitrail est habilement exécuté, mais le dessin en est lourd. Dans ce bourgeois si richement vêtu, j'ai peine à reconnaître le bon patron des voyageurs. La bordure, qui est d'un dessin assez bizarre, est un chef-d'œuvre de patience.

M. Laurent, successeur de M. Billart a exposé deux petites fenêtres représentant deux saintes dont le dessin rappelle le style allemand du quinzième siècle. Le même fabricant a aussi présenté un échantillon du treizième siècle dans lequel nous avons cru reconnaître la main de M. Gerente. L'effet général est trop bleu, et la coloration de la bordure est trop violette; quant à l'exécution, le vitrail était si haut perché, que nous n'avons pas pu en juger.

Deux ou trois autres fabricants ont exposé des essais vraiment barbares et de beaucoup inférieurs aux stores les plus médiocres. Nous ne les nommerons pas dans leur intérêt.

Nous terminerons cet article en formant des vœux pour que l'émulation qui anime nos peintres verriers tourne au profit de l'art, sans dégénérer en une concurrence aveugle et envieuse, qui, en causant la ruine de ceux qui se livrent à cette intéressante industrie, aurait pour résultat infaillible de la replonger dans l'état de barbarie dont elle sort à peine.

PORCELAINES. CRISTAUX.

M. LAHOCHE-BOIN, PALAIS-ROYAL, GALERIE DE VALOIS.

On aura beau faire, il sera toujours impossible, selon nous, de mettre le prix de la porcelaine à la portée des classes inférieures. La porcelaine, cette magnifique matière, est un produit essentiellement destiné aux exigences du luxe. Sa fabrication n'est pas seulement une industrie, c'est aussi, c'est surtout un art. Certes, une pâte fine et consistante, un émail solide et transparent sont les conditions nécessaires d'une bonne fabrication; mais quelle valeur auraient de tels produits si l'art ne venait assouplir leurs formes, courber leurs arêtes d'une manière élégante, livrer leurs flancs aux caprices d'un pinceau habile et délicat? L'art, c'est le feu ravi au ciel qui anime la statue de Galatée!

Oui, dans notre conviction, il faut que la porcelaine reste renfermée dans les limites aristocratiques d'où elle n'aurait jamais dû sortir. La vanité fâcheuse du pauvre le pousse à mépriser une faïence durable et peu chère pour donner la préférence à une porcelaine dont la pâte est molle et poreuse, dont l'émail est terne, dont la façon est grossière, et qui, en définitive, malgré un rabais monstrueux, coûte beaucoup plus que la faïence.

La France est le pays qui produit la plus belle porcelaine; elle possède les plus riches et les plus beaux gisements de kaolin; ses fabricants sont les plus habiles, ses artistes les plus ingénieux: elle doit triompher de la concurrence que lui font les produits de la Chine sur les marchés de l'univers. Mais pour cela, nous le répétons, il faut qu'elle maintienne l'excellence de sa fabrication, il faut qu'elle mette à profit l'imagination et le goût de ses artistes; il faut qu'elle encourage ceux qui, comme M. Lahoche-Boin, font de louables efforts pour lui conserver la suprématie qu'elle possède.

L'exposition de M. Lahoche réalise en quelque sorte les rêves les plus brillants des conteurs arabes; il semble que des portiques d'or massif et des palais de diamants seraient seuls dignes de recevoir les miraculeux objets sortis des magasins de l'*Escalier de cristal*. Si un rayon de soleil vient à frapper cette éblouissante exhibition, l'œil émerveillé n'en peut soutenir l'éclat. Cette masse étincelante de produits féeriques enchante et surprend. Mais si l'on s'approche, si l'on examine les détails innombrables de l'ornementation, l'étonnement et l'admiration redoublent. Sous ces lustres en cristal d'où la lumière doit jaillir par quatorze branches, et dont le dessin est d'une exquise délicatesse, se groupent mille merveilles qui se disputent l'attention.

Là, c'est une pendule flanquée sur deux candélabres, et que l'on croirait exhumée, pleine de jeunesse et de fraîcheur, de quelque boudoir du siècle dernier; ici, ce sont deux lampes Carcel autour desquelles le bronze doré brode d'élégants festons à côté de deux vases joufflus rivaux vainqueurs de plus beaux vases chinois. D'autres vases font remarquer la noblesse de leurs formes, la couleur de leur pâte, la magnificence de leurs dessins, tandis qu'une jardinière, où le pinceau coquet de Watteau semble s'être amoureusement livré à ses plus aimables fantaisies, appelle l'attention de l'artiste en même temps que celle de l'opulent étranger.

Mais ce qui surpasse tous ces prodiges, ce sont deux services de table pour l'éloge desquels l'admiration n'a point de terme. Le premier est en porcelaine: de petites guirlandes de fleurs bleues l'enlacent de mille et mille manières charmantes; le second, le chef-d'œuvre des chefs-d'œuvre, est en *cristal-mousseline*, et il mérite mieux que ce nom, car il semble fait de nuages sur lesquels un génie patient aurait gravé des armoiries et des scènes champêtres avec un burin magique. Ce service, hélas! a été acheté, pour la reine d'Angleterre, par un mandataire venu tout exprès en France, et qui veut l'exposer à l'admiration du peuple de Londres avant que de le faire servir à l'usage de Sa Gracieuse Majesté.

Tous les dessins de ces objets ont été commandés par M. Lahoche et lui appartiennent en propre; il en a la propriété exclusive; c'est donc à lui que l'étranger devra s'adresser s'il veut posséder l'un des plus beaux spécimens de l'industrie française.

Les magasins de l'*Escalier de cristal* étaient fameux depuis longues années. Mais à l'exposition de 1844, M. Lahoche a prouvé qu'il était à la fois marchand, fabricant et artiste; c'est plus qu'il n'en faut pour justifier l'opinion qui l'a placé à la tête de son industrie.

EXPOSITION DE 1844.

RÉSUMÉ. — FÊTE DE VERSAILLES. — RAPPORT DE M. LE BARON THÉNARD. — DISCOURS DU ROI. — DISTRIBUTION DES RÉCOMPENSES (EXTRAIT DU MONITEUR OFFICIEL). — GRAND FESTIVAL DE L'INDUSTRIE. — CONCLUSION.

DANS l'esquisse historique que nous entreprenons de tracer sur l'exposition de 1844, nous n'essayerons pas de reproduire une à une les scènes d'animation qui ont accompagné l'ouverture de cette solennité, c'est en vain que nous nous efforcerions de rendre par le froid souvenir des impressions qu'il faut recueillir à l'instant qui les voit naître. Nous n'avons d'ailleurs, pour être de fidèles historiens, qu'à nous reporter aux premières pages de ce livre où ces impressions ont été prises sur le fait et rendues avec toute leur vivacité, toute leur énergie.

Ce n'est pas que cette ardeur qui poussait Paris, et à sa suite une partie de la France et de l'étranger, vers le palais de l'industrie, se soit ralentie après les premiers jours, et que la foule se soit éclaircie après avoir satisfait ses plus vifs instincts de curiosité ; mais peu à peu cette curiosité est devenue raisonnée, et l'attention studieuse a remplacé l'étonnement irréfléchi et l'admiration hâtive. C'était un curieux spectacle de voir, au milieu de cette foule qui se renouvelait sans cesse, des savants, des penseurs, des économistes et des praticiens de tous les États, de toutes les écoles, de tous les pays. Consignons ici, comme fait spécial à cette exposition, l'adoption toute particulière qui avait été faite du lundi et du mardi par cette population d'élite pour porter ses savantes investigations sur toutes les branches de la production nationale. Le lundi, c'était sur les pas de la famille royale que se pressaient ces studieux visiteurs, aussi heureux que les exposants eux-mêmes d'entendre sortir des bouches augustes ces paroles de sympathie et d'encouragement qui, pendant deux mois, ont servi de récompense anticipée à ceux que la nation devait couronner plus tard par la voix du jury.

Le mardi on s'efforçait de recueillir à l'avance quelques-uns de ces jugements des commissions scientifiques qui étaient appelées à faire loi plus tard. Plût à Dieu que ce désir d'apprendre eût été plus largement satisfait, et que ce besoin d'entendre sortir des appréciations raisonnées d'une bouche compétente eût été prévu et rempli par l'administration supérieure.

Pendant deux mois ces utiles et intéressantes pérégrinations, dont le charme nous a fait parcourir tant de kilomètres sans lasser nos forces et notre curiosité, n'ont été interrompues que par un triste et déplorable épisode. Il nous est doublement pénible d'en consigner ici le souvenir. Nous nous sommes trouvé atteint aussi par le désastreux orage qui a éclaté au commencement de juin sur les galeries de l'exposition. Confiant dans le talent des architectes de ce palais provisoire, nous avions presque porté défi au genre de sinistre qui est venu frapper les richesses que ce palais devait protéger. En vain nous avions vanté les dispositions prévoyantes prises en cas d'une inondation pluviale. L'orage nous a donné un cruel démenti. Et ce qui est beaucoup plus grave, quelques-uns des plus intéressants produits exposés ont eu à supporter des avaries considérables.

Nous nous bornerons à notre rôle de narrateur, et nous n'entrerons pas dans la sérieuse discussion des intérêts divers qui ont été froissés par cet épisode imprévu. Nous serons d'ailleurs en cela conforme aux faits, puisque cette discussion, fort menaçante d'abord, s'est apaisée d'elle-même aussitôt que l'importance du dégât a pu être exactement appréciée. Une autre circonstance, d'ailleurs, est venue éteindre ces ressentiments passagers et calmer l'irritation produite par des événements de force majeure. C'est encore à la royale initiative que remonte le mérite de cette heureuse pensée.

Dès le commencement de juin, les journaux annonçaient à la France que le roi conviait l'industrie à une fête donnée pour elle dans ce palais de Versailles ouvert à toutes les gloires de la France.

Le 8 juin 1844, le roi appela l'industrie à cette solennité qui comptera parmi les plus beaux jours de ce règne.

Oui, ce fut un beau jour que celui où un prince intelligent voulut placer face à face avec la royauté l'industrie, cette autre royauté puissante.

Louis XIV aussi donnait des fêtes à Versailles, mais la main qui écrivait les invitations aux courtisans et aux dames de la cour signait en même temps l'édit de Nantes, c'est-à-dire le coup le plus funeste qui ait été porté à l'industrie française, sans en excepter les maîtrises et les jurandes, sans en excepter l'agiotage.

Combien le roi Louis-Philippe entend mieux la gloire de son règne et les intérêts de l'avenir! *Tu m'enrichis, je t'honore!* Voilà ce qu'il fait dire par la France à l'industrie française.

Tu m'enrichis, je t'honore! Grandes et belles paroles, bien faites pour exciter dans le pays les plus nobles sentiments d'ardeur et d'émulation. Sachez-le tous : le soldat qui défend la France, l'homme politique qui la gouverne, le savant, le littérateur, l'artiste qui la font grande, n'ont pas des droits plus sérieux à sa reconnaissance que l'industriel, que le travailleur, que l'ouvrier qui la rendent prospère.

Cette nouvelle espèce de *déclaration de droits*, due au progrès incessant des lumières, au sentiment d'égalité plus développé de jour en jour, aux conquêtes pacifiques faites dans le domaine de l'intelligence, aura des résultats féconds qui n'apparaissent peut-être pas encore nettement aux yeux de tous.

Ainsi, nous voyons aujourd'hui beaucoup de bons esprits s'effrayer à la vue d'une jeunesse qui se presse dans les colléges, dans les écoles de droit et de médecine, dans les ministères, afin d'obtenir l'entrée d'une carrière que si peu doivent parcourir tout entière. Ces craintes, hier encore, avaient leur fondement.

Mais qu'on se rassure! La route si large, si belle, si prompte, qui conduit à la fortune et à la considération par l'industrie, cette route si longtemps délaissée, commence, depuis plusieurs années, à être parcourue glorieusement par la jeunesse française, heureuse de pouvoir enfin déployer avec liberté ses forces et son intelligence.

Désormais l'agriculture et les travaux manuels entourés d'une dignité commune avec le barreau, la médecine et l'administration, sont sûrs de trouver toujours le bras qui exécute, la science qui dirige, la tête qui conçoit, le génie qui invente!

C'est ce que le roi a parfaitement compris quand il a pris l'industrie par la main et l'a fait asseoir, comme une reine, à côté de lui sur son trône.

Le palais de Versailles, ouvert à toutes les gloires de la France, blasonnées ou non, a donc reçu une gloire nouvelle, la véritable gloire de ce temps-ci, et les échos de la magnifique demeure de Louis XIV ont redit pour la première fois des noms plébéiens!

C'était un spectacle plein d'émotions et d'enseignements que celui de ce monarque entouré des hommes utiles et modestes qui servent la patrie loin du bruit, et que la patrie sait trouver pour leur donner une couronne. Ils étaient là huit cents de ceux qui, depuis dix ans, ont vu leurs travaux justement récompensés par le gouvernement; confondus avec les pairs de France et les membres de la représentation nationale, avec les ambassadeurs des puissances étrangères et les descendants des plus illustres familles, ils assistaient à cette fête dont ils étaient les héros, eux, les artistes inconnus qui n'avaient d'autres titres de noblesse que les produits de leur travail et de leur intelligence. Ils lisaient sur les lambris dorés les noms des morts célèbres dont les actions éclatantes sont reproduites par un pinceau savant, et une bouche royale leur disait que la guerre n'illustrait pas seule, et que les enfants de Papin, d'Oberkampft, de Chaptal et de Ternaux pouvaient être aussi de grands hommes et de grands citoyens.

Raconterons-nous quelques détails de cette soirée mémorable? Oui; car elle est à elle seule une partie importante de l'histoire de l'exposition quinquennale de 1844, et notre livre ne doit rien omettre de cette histoire.

Donc, les exposants auxquels des médailles avaient été décernées en 1834 et en 1839 remplissaient, le 8 juin, à 6 heures du soir, le salon du *Sacre de Napoléon* et le salon d'*Hercule*. Dans leurs rangs pressés se confondaient les ministres, les pairs, les députés, les autorités civiles et militaires de Paris et de Versailles, les dames invitées, etc., etc. Bientôt le roi parut accompagné de la reine et de la famille royale. Mille cris de *Vive le roi! Vive la reine!* éclatèrent à la fois; l'enthousiasme était unanime et sincère. La salle de spectacle est ouverte, et la foule s'empare en quelques instants de toutes les places laissées libres. Ainsi qu'on l'a dit, ainsi que le roi l'avait voulu, tous les rangs étaient confondus; le travailleur, le fabricant était en ce moment l'égal des hommes revêtus des plus hautes dignités. Touchante fusion dont les occasions sont trop rares et qui permettrait aux diverses classes de s'apprécier et de sympathiser.

Le corps diplomatique, seul, avait eu une entrée et une loge réservée. Dans la loge du roi, qui forme l'amphithéâtre de la salle, se trouvaient le roi, la reine, Mme la princesse Adélaïde, M. le comte de Syracuse, M. le prince Paul de Wurtemberg, M. le duc Alexandre de Wurtemberg, Mme la princesse de Montléar, mère du roi de Sardaigne, M. le duc de Nemours, M. le prince de Joinville, M. le duc de Montpensier, M. le maréchal duc de Dalmatie, président du conseil; M. Guizot, ministre des affaires étrangères; M. le contre-amiral Mackau, ministre de la marine; M. Villemain, ministre de l'instruction publique; M. Lacave-Laplagne, ministre des finances; M. Cunin-Gridaine, ministre de l'agriculture et du commerce; M. Dumont, ministre des travaux publics; M. le comte Montalivet, intendant général de la liste civile; M. Sauzet, président de la chambre des députés; les dames d'honneur de la reine et des princesses; le comte de Rambuteau, préfet de la Seine; le préfet de Seine-et-Oise; le lieutenant général Jacqueminot, commandant général des gardes nationales de la Seine; M. le lieutenant général Tiburce Sébastiani, commandant de la première division militaire; les lieutenants généraux baron Athalin, comte de Rumigny, baron de Berthois, comte Durosnel, baron Gourgaud, baron Aymard, le duc d'Estissac, le comte Dumas, le comte de Chabannes, le comte Friant, aide de camp du roi; les officiers d'ordonnance et les écuyers de S. M., les aides de camp et officiers d'ordonnance des princes. Plusieurs pairs, et MM. Thiers, de Salvandy, Dupin aîné, Gustave de Beaumont, Alexis de Tocqueville, Chégaray, Clément, Vigier, membres de la chambre des députés, se trouvaient dans la loge royale, où avaient été également admis des membres du jury d'exposition et un certain nombre d'exposants.

Les deux chambres se trouvaient représentées en majorité dans la salle. On remarquait, parmi les pairs, le vicomte de Bondy, le vicomte Cavaignac, M. Chevandier, le duc de Crillon, le baron Charles Dupin, M. Frank-Carré, M. Gautier, le duc d'Harcourt, le comte Lanjuinais, M. Laplagne-Barris, le comte de Lariboissière, M. Lebrun, le marquis de Pange, M. Persil, le comte Alexis de Saint-Priest, le marquis de Saint-Simon, le comte Schramm, le comte Philippe de Ségur, etc., etc.; parmi les députés presque tous les amis du ministère conservateur, et, dans l'opposition, MM. Abbatucci, Abraham Dubois, Allard, Boissel, Boulay (de la Meurthe), de Cambacérès, le vicomte de Chasseloup-Laubat, Clappier, Combarel de Leyval, Crémieux, Ducos, Dutier, le comte Ernest de Girardin, Guyet-Desfontaine, Havin, le comte Jaubert, Lacrosse, le vicomte Lanjuinais, Luneau, Léon de Malleville, Manuel, Marion, Monier de la Sizeranne, le marquis Oudinot, Pérignon, Hortensius Saint-Albin, etc.

Le spectacle se composait du deuxième et du troisième acte d'*Œdipe à Colone*, de Sacchini, du quatrième acte de *la Favorite*, de M. Donizetti, du deuxième et du troisième acte de *la Muette*, de M. Auber, et d'un divertissement. Commencé à sept heures et quelques minutes, il a fini à minuit. Duprez, Levasseur, Massol, Serda, Mmes Stoltz et Dobrée, pour le chant; Mlles Maria et les deux sœurs Dumilâtre, pour la danse, tous artistes de l'Opéra, ont fait les frais de ce spectacle, pendant lequel S. M. a fréquemment donné le signal des applaudissements. M. Habeneck conduisait l'orchestre.

En sortant de sa loge à minuit, et tandis que la salle retentissait encore des cris de *Vive le roi!* S. M. a trouvé sur son chemin M. Léon Pillet, directeur de l'Opéra, M. Scribe, un des auteurs de *la Muette*, MM. Germain Delavigne et d'Henneville, qui avaient présidé aux soins donnés à cette représentation, et elle les a remerciés avec affabilité du plaisir qu'elle avait eu pendant cette magnifique soirée.

Peu de temps après, S. M. est partie avec la famille royale et a repris la route de Neuilly, tandis que les invités du roi revenaient à Paris par le chemin de fer, emportant le souvenir d'une fête qui sera toujours pour eux, comme pour l'industrie qu'ils représentaient, une glorieuse manifestation de la reconnaissance de la nation et de la bienveillance du roi.

Jadis, après une guerre où le suzerain avait

été vaillamment secondé par ses vassaux, ceux-ci recevaient en récompense un titre ou un fief; naguère encore, l'empereur Napoléon prenait dans les derniers rangs de l'armée le soldat qui s'était distingué entre tous ses braves compagnons d'armes, et il le faisait riche et puissant. Maintenant c'est le tour du travailleur qui rend sa patrie plus grande par la paix que le soldat ne la fait redoutable par la guerre; c'est le tour de l'industriel à voir couronner son œuvre patiente et féconde. Le 8 juin, à Versailles, au milieu des hommes les plus considérables du pays, devant ces femmes, dont les aïeules n'embellissaient autrefois de leur présence que les galants carrousels, dans cette salle magnifique que faisaient resplendir mille lumières éblouissantes, reflétées par les glaces et les dorures des galeries, l'industrie a été présentée à la cour, l'ouvrier a reçu ses lettres de noblesse.

C'est là, nous le répétons, un fait d'une immense portée. Un avenir prochain le prouvera. La nécessité politique n'a été pour rien dans cette circonstance; elle est le résultat de la révolution pacifique qui s'opère dans nos mœurs et dans nos idées, et qui met peu à peu chacun à sa place. L'industrie, en contractant une alliance de jour en jour plus intime avec l'art, avait, la première, ennobli ses travaux. Elle a reçu maintenant la solennelle consécration de la dignité dont elle a droit d'être entourée.

C'est au roi, c'est à la sagesse de nos institutions, c'est au sacrifice presque entièrement consommé des vieux préjugés que l'industrie doit ces nouveaux bienfaits. Elle le reconnaîtra noblement, et, redoublant d'efforts, elle n'aura besoin, pour répondre aux sympathies de la France, que de retourner la belle apostrophe que la France lui adresse : *Tu m'honores, je t'enrichis!*

Tels étaient les sentiments qui, depuis cette mémorable fête, avaient animé les exposants jusqu'au jour trop tôt venu où les exigences administratives ont dû les séparer. L'ordonnance ministérielle avait annoncé la clôture de l'exposition pour le 30 juin, et, bien que le vœu général demandât une prorogation de ce terme fatal, les portes de l'exposition se sont fermées avec une rigoureuse exactitude.

Qu'on nous permette d'exprimer avec le public notre regret de n'avoir pu obtenir de l'administration un plus long temps pour une étude si complète et dont notre tâche spéciale augmentait encore pour nous les difficultés. Nous aussi nous avions espéré dans un délai que tout légitimait, soit dans l'intérêt des curieux, soit même dans celui des industriels, et dont l'impossibilité n'est justifiée que par les clauses d'un marché administratif.

Une fois le public exclu des galeries de l'exposition, le jury, plus heureux que nous, a pu continuer dans le calme et le silence ses studieuses et justes appréciations. Saisissons cette occasion pour rendre hommage à ces jugements équitables qui, tous les cinq ans, viennent démontrer non-seulement la haute capacité de ce tribunal suprême de l'industrie, mais encore le sens moral qui l'anime et la rigoureuse impartialité de chacun de ses membres.

Que cet hommage soit plus éclatant encore en rappelant que ces membres sont, pour la plupart, des industriels rivaux de ceux qu'ils sont appelés à juger, et qu'ils retrouvent grandis par leurs succès mêmes dans le champ clos de la production.

S'il nous est permis de rapprocher ces hautes décisions des arrêts rendus par notre modeste tribunal, qu'on nous excuse de nous féliciter de nous être presque toujours trouvés d'accord dans nos préférences avec les jugements portés par ce tribunal sans appel. Il suffira de parcourir nos colonnes pour se convaincre qu'aucun des noms que nous avons cités n'a été laissé par le jury dans une obscurité qui condamne nos appréciations.

Le dernier acte de cette grande manifestation industrielle devait être la distribution solennelle de ces récompenses décernées à huis clos par le jury. Déjà, quelques jours avant le 29 juillet, la liste des élus de l'industrie avait, par d'heureuses indiscrétions, laissé tomber dans le public certains noms privilégiés. Il était temps de consacrer par la publicité ces révélations prématurées.

Le jour anniversaire du grand triomphe national de 1830 fut le jour choisi pour cette autre ovation pacifique et qui ne devait coûter aucune larme.

Nous laissons ici parler le *Moniteur*, qui, dans la gravité de son récit officiel, reproduit mieux que nous ne le pourrions faire l'aspect de cette belle journée.

« Le 29 juillet, le Roi et la Reine, entourés de LL. AA. RR. Mme la princesse Adélaïde, Mgr le duc de Nemours et Mgr le duc de Montpensier, et accompagnés de M. le ministre de l'agriculture et du commerce, se sont rendus à une heure dans la salle des maréchaux, où MM. les membres du jury étaient rassemblés. MM. les exposants ayant ensuite été introduits, M. le baron Thénard, président du jury, s'est placé au centre et a adressé au roi le discours suivant :

« SIRE,

« Les expositions de 1834 et de 1839 ont laissé de profonds souvenirs dans les esprits ; celle de 1844 en laissera de plus profonds encore : elle surpasse les hautes espérances que les deux premières avaient fait concevoir.

« L'industrie poursuit donc sa marche progressive : ne pas avancer pour elle, serait rétrograder ; elle le sait, et redouble sans cesse d'efforts pour faire de nouvelles conquêtes toujours pacifiques et fécondes.

« Presque aucun art n'est resté stationnaire ; un grand nombre ont fait de remarquables progrès ; quelques-uns même en ont fait de considérables ; d'autres tout nouveaux ont été créés ; la plupart des produits ont baissé de prix.

« Les savants rapporteurs du jury feront, avec l'autorité qui s'attache à leurs noms, le tableau des nombreux perfectionnements, de toutes les découvertes qui signalent l'exposition nouvelle ; qu'il me soit permis seulement d'en tracer l'esquisse.

« Les marins ne manqueront plus d'eau dans les voyages de long cours. Le foyer, qui, sur nos vaisseaux, sert à la cuisson des aliments, opère en même temps la distillation de l'eau de mer, et la transforme en une eau douce qui ne laisse rien à désirer. Ainsi, les sciences ou les arts auront rendu en peu de temps quatre grands services à la marine ; ils lui auront donné des aliments toujours frais, de l'eau toujours en abondance, d'excellents chronomètres à bas prix, la vapeur pour remonter les courants les plus rapides, et naviguer au milieu des écueils et des tempêtes.

« La production de la fonte a presque quadruplé depuis vingt-cinq ans ; son affinage s'opère avec plus d'économie ; la chaleur perdue a été utilisée ; de nouveaux procédés de chauffage ont été créés ; tout ce qui tient, en un mot, à la fabrication du fer, a éprouvé de grandes améliorations, et cependant la théorie en prévoit beaucoup d'autres encore qui devraient être un sujet de continuelles recherches.

« La pile voltaïque, qui a tant agrandi le domaine des sciences, vient d'être appliquée de la manière la plus heureuse à l'art de dorer et d'argenter les métaux. Un jour peut-être elle servira de base à l'exploitation des minerais d'or, d'argent et de cuivre.

« Des disques de flint-glass de plus de 60 centimètres de diamètre, et d'une parfaite pureté, se font aujourd'hui sans aucune difficulté : déjà même la dimension d'un mètre a été atteinte. Tout porte à croire que l'astronomie aura bientôt des objectifs d'une grandeur inespérée, qui lui permettront de pénétrer plus profondément dans l'immensité de l'espace, et d'y faire des découvertes imprévues.

« Tout est mis à profit par les manufacturiers qui joignent la théorie à la pratique.

« Les uns condensent jusqu'à la fumée si incommode du bois ; ils savent en extraire du vinaigre pour les arts et même pour les tables les plus somptueuses un fluide qui ressemble à l'esprit-de-vin, une huile qui rendra de grands services à l'éclairage. D'autres puisent une nouvelle source de richesses dans les eaux-mères des salins, restées toutes jusqu'ici sans emploi ; ils les conservent, et le froid de l'hiver, par une réaction que la chaleur de l'été ne saurait opérer, en précipite une quantité de sulfate de soude, de sulfate et de muriate de potasse, assez grande pour suffire bientôt aux besoins de la France, et la délivrer d'un lourd tribut qu'elle paye à l'étranger.

« D'autres encore s'emparent des débris, *des détritus*, des immondices végétales et animales, et les convertissent en riches engrais qui s'exportent au loin pour fertiliser le sol.

« De nouveaux marbres d'une grande beauté ont été découverts et viennent ajouter à l'exportation considérable de nos riches carrières.

« Les bonnes méthodes de chauffage commencent à se répandre ; elles ne s'appliquent pas seulement au foyer domestique ; elles s'étendent, en se modifiant, aux grands édifices, aux hospices, aux églises, aux palais. Un seul appareil suffit le plus souvent pour y maintenir une douce température par le froid le plus rigoureux. C'est l'eau qui produit cet effet si salutaire ; c'est elle qui, circulant sans cesse à travers mille canaux, comme le sang dans les artères, va partout déposer la chaleur dont elle est imprégnée et revient ensuite à son point de départ pour s'échauffer et circuler de nouveau.

« La construction de nos phares a été portée à un haut degré de perfection. La manœuvre en est si facile, les verres en sont si bien taillés, la lumière en est si vive, si brillante, projetée si loin dans toutes les directions utiles, que partout ils sont préférés.

« L'un des agents chimiques les plus actifs, l'acide sulfurique, dont la consommation s'élève annuellement à plus de 20 millions de kilogrammes, pourra désormais se fabriquer au sein des habitations et se livrer à plus bas prix. Les vapeurs corrosives qui se dégagent au moment de sa formation seront absorbées complétement, et diminueront par leur emploi les frais de l'opération qui les aura produites : de nuisibles qu'elles étaient, elles vont donc devenir très-utiles.

« Ce n'est plus de Hollande que nous tirons la céruse nécessaire à notre consommation. Nos fabriques pourraient en exporter ; et, ce qui est plus précieux encore, l'opération peut être pratiquée presque sans danger.

« Quelques centièmes d'alun suffisent pour donner au plâtre la dureté de la pierre, et le rendre propre à recevoir le poli du marbre.

« Le tir à la carabine a acquis tout à la fois plus de justesse et plus de portée à moindre charge.

« Il était à désirer que la pâte, sans perdre de sa qualité, pût être pétrie autrement qu'à bras d'homme, et que la cuisson du pain, pour être égale, pût être faite toujours à une température déterminée. Les pétrins mécaniques perfectionnés et les fours aérothermes résolvent ce double problème.

« De grandes améliorations ont été apportées à l'extraction et au raffinage du sucre.

« La production de la soie est toujours l'objet des efforts les plus soutenus. Des mûriers sont plantés de toutes parts. Les magnaneries continuent à se perfectionner. Le dévidage des cocons, si important et beaucoup trop négligé jusqu'ici, s'exécute avec le plus grand succès dans quelques ateliers. Aussi la récolte de la soie ne s'élèvera-t-elle pas à moins de 160 millions de francs en 1844. Bientôt la France n'en tirera plus de l'étranger.

« La filature du lin prend un développement qui promet les plus heureux résultats ; elle n'a besoin que d'une sage protection pour atteindre un haut degré de prospérité. Dès à présent elle produits des fils de la plus belle et de la meilleure qualité.

« Un grand pas a été fait dans l'art de la teinture : plus de vingt fabriques enlèvent à la garance les matières qui l'altèrent, et la livrent au commerce cinq fois plus riche en couleur qu'elle n'était d'abord. Sa puissance tinctoriale, révélée par l'analyse chimique, pourra devenir quarante fois plus grande encore.

« La palette du peintre s'est enrichie de belles couleurs qui joignent l'éclat à la pureté ; elles donnent les teintes qu'on admire dans les tableaux des grands maîtres de la renaissance. Plus de cinq ans d'épreuve semblent en constater la solidité.

« L'agriculture a fait une véritable conquête dans le troupeau de Mauchamp. Les laines qui en proviennent possèdent des qualités précieuses qui les rapprochent de la laine de Cachemire, et leur permettent souvent de rivaliser avec elle.

« Mais, Sire, de tous les arts, c'est celui de la construction des machines, qui s'est élevé le plus haut par ses progrès, et qui, par son importance, mérite le plus de fixer tous les regards. Cette opinion sans doute ne saurait prévaloir tout d'abord. La magnificence de nos soieries, la finesse de nos tissus, la légèreté de nos châles, avec leurs vives couleurs et leur mille dessins, la limpidité et la taille de nos cristaux, la beauté de nos vitraux, l'élégance de nos meubles, la richesse de nos tapis, la perfection de nos dentelles, les belles formes de nos bronzes, nos vases d'or et d'argent dont la ciselure rehausse encore le prix, nos bijoux qui brillent de tout l'éclat des pierres précieuses, doivent émouvoir, séduire l'imagination et l'entraîner au delà du vrai. A la vue de tant de choses merveilleuses, on se croirait dans un palais enchanté ; l'œil ne cesse de regarder l'objet qu'il admire que pour se porter sur un autre qui lui semble plus admirable encore.

« Mais lorsqu'on quitte ces lieux éblouissants de magnificence et de richesse pour pénétrer dans la vaste enceinte qui renferme les machines, et qui n'offre presque partout que du fer, encore du fer, toujours du fer, l'illusion s'évanouit, la vérité se fait jour, et l'esprit éclairé est tout à coup saisi de la grandeur des effets que ces instruments muets, silencieux, pourraient produire, s'ils venaient à s'animer ou se mouvoir. C'est que le fer est l'agent de la force : c'est que la puissance des nations pourrait se mesurer jusqu'à un certain point par la quantité de fer qu'elles consomment.

« Dans cette enceinte si sévère et si bien ordonnée, se trouvent :

« Des outils qui permettent de forer le sol jusqu'à plus de 500 mètres de profondeur, et d'en faire sortir des eaux en jets puissants qui s'élancent dans les airs à une grande hauteur ;

« Des instruments de précision qui attestent l'habileté et la sagacité de nos artistes ;

« Des instruments aratoires qui proviennent de toutes les parties de la France, et qui prouvent que partout on fait des recherches agricoles dignes d'éloges ;

« Un marteau, du poids de 9,000 kilog., qui

fonctionne avec la régularité d'une machine de précision, et dont les effets excitent l'étonnement;

« Un métier propre à tisser deux châles à la fois qu'une ingénieuse machine sépare ensuite en coupant le fil qui les réunit;

« Un barrage mobile dont les faciles manœuvres assurent en tout temps la navigation des rivières, même dans les eaux les plus basses ;

« Un sifflet flotteur qui signale le trop peu d'eau que contiendrait une chaudière à vapeur et les dangers qui en seraient la suite ;

« Une presse monétaire qui, mue par la vapeur, frappe et cordonne tout à la fois les monnaies d'une manière constante et précise ;

« Une machine qui taille les engrenages dans le bois et les métaux avec une perfection qu'on ne saurait trop louer ;

« Une autre machine destinée à la construction des chaudières, et dont le travail est si parfait que la main de l'homme ne pourrait l'égaler.

« Vient ensuite un système complet d'outillage, sans lequel rien de parfait, rien de grand, ne saurait être fait dans les usines.

« Ici, ce sont des tours de dimension variable; là, des machines à diviser ; ailleurs, des machines à raboter ; plus loin, des machines à buriner; plus loin encore, des machines à aléser, à percer, à faire des écrous, toutes d'une rare perfection, toutes utiles, toutes nécessaires, surtout pour la construction des grands mécanismes.

« Enfin apparaissent ces moteurs de force diverse, d'une puissance quelquefois gigantesque, qui sont la merveille des temps modernes, moteurs que la France produit maintenant à l'égal de l'Angleterre, et dont la destinée sera peut-être un jour de changer la face du monde en opérant dans les mœurs publiques la révolution la plus grande et la plus heureuse.

« N'est-il pas probable, en effet, que la rapidité avec laquelle les distances sont franchies établira entre les peuples des relations fréquentes, des liens de confraternité qui resserreront encore les intérêts mieux compris ; et n'est-il pas permis d'espérer que la guerre, qui n'est honorable qu'autant qu'elle a pour objet la défense de la patrie ou de l'honneur national, fera place à la paix qui devrait toujours régner, du moins entre les nations civilisées ?

« Telle est, Sire, l'esquisse rapide des principaux progrès qui font de l'exposition nouvelle la plus belle, la plus mémorable dont la France ait à se glorifier.

« Aussi quel empressement, quelle foule pour la voir et l'admirer ! C'était un spectacle extraordinaire, inouï, qui avait quelque chose de prophétique, que d'observer tant de citoyens français, étrangers, mêlés et confondus, dont les figures diverses, dont les traits mobiles, dont les attitudes variées peignaient tour à tour la surprise, l'étonnement, le plaisir, l'admiration, et que de les entendre ensuite, unis en un concert de louanges, exprimer à l'envi, dans leurs langues natales, tous les sentiments qui les animaient.

« Nous sommes heureux, Sire, nous sommes fiers d'avoir cet éclatant hommage à rendre à l'industrie.

« Placée si haut dans l'opinion publique, guidée par les sciences, avec lesquelles elle a fait une intime alliance, secondée plus que jamais par les sociétés savantes, surtout par la Société d'Encouragement, qui, depuis plus de quarante ans, rend de si éminents services aux arts (1), l'industrie, loin de descendre du rang élevé qu'elle a conquis, voudra grandir encore : déjà elle égale ou surpasse souvent les industries rivales ; elle voudra désormais leur servir de modèle.

« Mais, pour accomplir cette noble tâche, il ne faut pas seulement qu'elle continue son essor rapide ; elle doit s'efforcer encore de reconquérir cette antique renommée de loyauté qu'elle avait jadis méritée, renommée si grande et si pure, que ses colis expédiés de France étaient toujours acceptés sans être ouverts.

« Cette confiance si honorable n'est plus aujourd'hui ce qu'elle était autrefois. Les événements qui se sont succédé, trop souvent même des falsifications réelles, l'ont altérée profondément dans l'esprit des peuples. Nos relations commerciales en ont été troublées ; elles en souf-

(1) La Société d'Encouragement a toujours pour 150 à 160,000 fr. de prix au concours. Maintenant elle en a même pour 234,000 fr. qui doivent être décernés dans les années 1844, 1845, 1846 et 1847.

Lorsqu'un prix est remporté, il est ordinairement remplacé par un autre.

La Société décerne en outre, tous les ans, au mois de juin, des médailles d'encouragement aux inventeurs et à ceux qui perfectionnent les procédés. De 1839 à 1844, elle a décerné 21 médailles d'or, 24 médailles de platine, 48 médailles d'argent, 37 médailles de bronze.

Tous les quatre ans, elle décerne aussi à chaque contremaître, à chaque ouvrier qui s'est distingué par sa moralité et par des services rendus à l'établissement où il travaille, une médaille de bronze à laquelle elle joint des livres pour une somme de 50 fr.

Enfin elle a créé des bourses qu'elle donne au concours à l'école d'agriculture de Grignon, aux écoles vétérinaires et à l'école centrale des arts et manufactures.

friront longtemps. Le soupçon s'éveille facilement et ne se détruit qu'avec peine. Mais rien ne doit être impossible quand il s'agit de l'honneur du nom français. Que les hommes honnêtes se liguent, et le triomphe de ceux qui manquent à la foi promise ne sera pas de longue durée ; leurs coupables manœuvres seront bientôt déjouées.

« Notre industrie, Sire, doit donc avoir foi dans le brillant avenir qu'elle s'est préparé. Depuis longtemps, elle est l'un des plus fermes appuis de la France ; elle en deviendra bientôt l'une des principales gloires.

« Vous même, Sire, dans ces visites multipliées où votre présence et celle de votre auguste famille causaient des émotions si douces et provoquaient des acclamations si spontanées, vous-même, et, à votre exemple, S. A. R. le duc de Nemours, vous avez encouragé tous ses efforts, applaudi à tous ses succès ; et pour lui prouver en quelle haute estime vous la teniez, vous avez convié ses plus dignes représentants à une fête toute royale, dans ce palais si riche en souvenirs et tout plein encore de la grandeur de Louis XIV ; c'est là, c'est dans ces lieux consacrés aujourd'hui par vos soins à toutes les gloires nationales, que vous avez voulu recevoir tant d'honorables citoyens, qui, dévoués tout entiers à l'avancement des arts utiles, ont acquis des droits sacrés à la reconnaissance publique ; leur montrant, au milieu de ce musée, votre ouvrage, de ce monument unique dans les annales du monde, les noms, les effigies de leurs plus illustres devanciers, et proclamant ainsi qu'eux-mêmes un jour par leurs services pourraient aspirer à cet insigne honneur.

« C'est à vous, Sire, que l'industrie reconnaissante doit rendre hommage de tout ce qu'elle a fait d'utile, de durable, de grand. C'est vous qui l'avez sauvée des mauvais jours dont elle était menacée. La guerre lui eût été mortelle : vous avez su lui conserver la paix au milieu de tant d'orages qui devaient la troubler. Par vous, les factions ont été vaincues au dedans, nos institutions respectées au dehors. Depuis quatorze ans, vous régnez par les lois et par la sagesse. La divine Providence, qui a veillé sur vos jours tant de fois attaqués, nous les conservera longtemps encore. Vous vivrez avec une reine, modèle de toutes les vertus, que, dans sa bonté, le ciel vous a donnée pour adoucir et partager vos peines.

« Vous formerez votre petit-fils pour le trône, comme vous aviez formé le prince que nous avons tant pleuré ; nous lui porterons le même amour ; il grandira sous l'égide tutélaire de sa mère bien-aimée, à l'ombre de la mémoire de son père à jamais révéré, et deux fois ainsi vous aurez sauvé la France, qui, dans sa reconnaissance profonde, gardera l'éternel souvenir de votre règne et de vos bienfaits. »

Le Roi a répondu :

« Nul n'a joui plus que moi du magnifique « spectacle que l'Industrie française vient de donner à la France et à l'Europe, par la brillante « exposition de ses produits.

« Vous savez avec quel soin, quel zèle, quel « plaisir je me suis empressé d'en étudier tous « les détails, et combien j'ai regretté que le temps « m'ait manqué pour rendre mon examen encore « plus complet. J'attendais avec impatience cette « occasion de vous remercier des sentiments dont « vous m'avez entouré dans mes nombreuses vi- « sites, et dont vous avez accueilli la Reine, mes « fils, mon petit-fils et tous les miens. Mon « cœur en était pénétré, et c'est une nouvelle sa- « tisfaction pour ma famille et pour moi de vous « témoigner à tous personnellement combien « nous y sommes sensibles.

« J'ai suivi avec beaucoup d'intérêt le brillant « tableau que le président du jury vient de re- « tracer des produits de notre industrie natio- « nale. Je reconnais avec lui que l'exposition de « 1844 a dépassé les autres et qu'elle a été la plus « glorieuse de toutes. Cependant, elle ne conser- « vera ce titre que pour cinq ans ; j'ai la ferme « confiance que l'exposition de 1849 l'éclipsera « comme celle-ci a éclipsé les expositions qui « l'ont précédée. C'est, en effet, un besoin pour « la France que son industrie suive une marche « progressive : il faut que la rapidité de ses pro- « grès égale la rapidité du temps, afin d'ajouter « encore à cette prospérité dont l'essor a procuré « tant d'avantages à la France.

« C'est par la paix, par la tranquillité intérieure « que les arts peuvent fleurir, que l'industrie « peut prospérer et que la France peut croître « en richesse, en bonheur et en gloire, en cette « gloire pacifique qui ne coûte de sacrifices ni de « larmes à personne ; aussi mes efforts ont-ils eu « constamment pour but de préserver mon pays « du fléau de la guerre : car j'ai toujours eu pour « principe qu'on ne doit se résoudre à la guerre « que lorsqu'il y a nécessité de la faire pour dé- « fendre l'honneur, l'indépendance de la Pa- « trie et ses véritables intérêts ; mais lorsque « cette nécessité impérieuse n'existe pas, il faut

« savoir résister à ces vaines illusions, qui, sous « de spécieuses apparences, entraînent trop sou- « vent les États et les peuples dans l'incertaine « et dangereuse carrière de la guerre, et les por- « tent à sacrifier à des craintes ou à des espéran- « ces également chimériques les bienfaits réels « de la paix ; bienfaits qui sont pour le pays la « meilleure garantie de la prospérité publique, « comme ils sont pour les familles celle de leur « repos et de leur bonheur intérieur.

« Heureux de me trouver au milieu de vous, « j'aime à vous redire combien je jouis de la con- « fiance que vous n'avez cessé de me témoigner. « Cette confiance n'est pas seulement un soutien « pour moi dans la grande tâche que j'ai à rem- « plir, elle est aussi, comme vous l'avez si bien « dit tout à l'heure, un adoucissement à toutes « les amertumes que j'ai dû supporter. S'il pou- « vait y avoir une véritable consolation pour les « malheurs de famille qui m'ont accablé, je la « trouverais dans le sentiment général dont vous « venez de me renouveler l'expression d'une ma- « nière qui m'a vivement ému. Mais croyez que « rien n'ébranlera mon dévouement à la France. « Elle me trouvera toujours prêt, moi et tous « les miens, à répondre à son appel et à consacrer « nos jours et nos vies à la préserver des maux « dont elle pourrait être menacée. Grâce à Dieu, « nous avons traversé les temps de crises et d'a- « larmes, et nous n'avons qu'à remercier la Pro- « vidence du repos et de la prospérité dont j'ai le « bonheur de voir jouir la France. »

Ces paroles du Roi ont été accueillies avec enthousiasme aux cris répétés de *Vive le roi! Vive la reine! Vive la famille royale!*

Lorsque le silence a été rétabli, M. le ministre du commerce a procédé à l'appel des personnes désignées pour recevoir des récompenses; S. M. les leur remettait de sa main et se plaisait à adresser à chacun des paroles de bienveillance et d'encouragement.

A six heures, un banquet de 250 couverts a réuni dans la grande galerie du Louvre le Roi et la famille royale, MM. les ministres du commerce, de l'intérieur et des finances, plusieurs notabilités civiles et militaires, MM. les membres du jury et MM. les exposants qui avaient reçu des mains du Roi la croix de la Légion d'honneur ou des médailles d'or.

Au dessert, le Roi s'est levé et a porté un toast en ces termes :

Honneur à l'exposition de 1844!
Prospérité à l'industrie française!

Ces paroles ont été saluées des plus vives acclamations.

Les ministres du commerce et des finances ont à leur tour porté la santé du Roi, et celle de la Reine et de la famille royale, au milieu des applaudissements de toute l'assemblée.

Après le dîner, le Roi, la Reine et la famille royale sont rentrés aux Tuileries, suivis de tous les convives qui avaient été invités par LL. MM. à assister avec elles, des fenêtres du palais, au concert et au feu d'artifice.

S. M. s'est avancée sur le grand balcon qui fait face au jardin et d'où la vue s'étendait sur la foule immense qui se pressait dans l'espace réservé entre les parterres et dans les jardins contigus au château.

Une longue et retentissante acclamation a salué l'arrivée du Roi.

Le concert a commencé. Les exécutants, au nombre de deux cents, étaient dirigés par MM. Landelle et Barizel, artistes de la musique du Roi. L'orchestre a joué successivement *la Marseillaise*; l'ouverture de *la Gazza*, de Rossini; le chœur de *Moïse*, de Rossini; l'air du *Déserteur*, de Monsigny; le pas redoublé de *la Dona del Lago*, de Rossini; une valse de Berr; l'ouverture du *Jeune Henri*, par Méhul; l'air de *Guido*, par Halévy, exécuté par Forestier; le chœur de *Robin des Bois*, par Weber; un galop militaire, de Mondeux.

Le Roi a plusieurs fois donné le signal des applaudissements, qui retentissaient ensuite dans la foule.

Les exposants qui avaient dîné chez S. M. occupaient les balcons de la salle des maréchaux et la terrasse qui règne à gauche du pavillon de l'Horloge.

A neuf heures, une fusée, partie du pavillon de Flore, a annoncé le feu d'artifice à la foule nombreuse qui encombrait le jardin, les terrasses, les quais et les ponts autour du palais de la chambre des députés, devant lequel avaient été dressé les échafaudages pour le spectacle populaire.

Le Roi avait donné ordre que MM. les exposants fussent placés aux fenêtres du pavillon de Flore. Quelques-uns avaient suivi S. M. au premier étage; les autres étaient montés dans l'appartement préparé à l'étage supérieur pour M. le duc de Montpensier.

A neuf heures et demie, après le feu d'artifice, le Roi s'est retiré dans ses appartements, d'où S. M. et la famille royale ont bientôt après repris la route de Neuilly, en passant par la rue Richelieu et les boulevards.

MM. les exposants ont quitté le palais des Tuileries après le départ du Roi, qu'ils ont accompagné de leurs acclamations jusqu'à sa voiture.

Ainsi s'est terminée cette belle journée qui marquera dans l'histoire de l'industrie et dans les souvenirs du pays; car elle a montré la royauté plus étroitement unie que jamais à ces classes laborieuses sur lesquelles reposent en partie la force et la puissance du pays. Elle a ainsi donné de nouveaux gages à cette patriotique coalition de l'intelligence, de la probité et du travail dont une auguste main a voulu récompenser aujourd'hui les efforts utiles et consacrer la mission pacifique.

RECOMPENSES ACCORDÉES A L'INDUSTRIE.

LISTE

DES EXPOSANTS QUI ONT ÉTÉ NOMMÉS CHEVALIERS DE L'ORDRE ROYAL DE LA LÉGION D'HONNEUR.

CAMU fils, filateur de laine, à Reims (Marne).
BACOT (Frédéric), fabricant de drap, à Sedan (Ardennes).
CHENNEVIERE (Théodore), fabricant de drap à Elbeuf (Seine-Inférieure).
CRILLET aîné, fabricant de châles, à Lyon (Rhône).
BONNET (Claude-Joseph), fabricant de soieries, à Lyon (Rhône).
FAURE (Étienne), fabricant de rubans, à Saint-Étienne (Loire).
DEBUCHY (François), fabricant de tissus de lin, de laine et de coton, à Lille (Nord).
GROS (Jacques), fabricant de tissus de coton, à Wesserling (Haut-Rhin).
GIRARD, imprimeur sur tissus, à Rouen (Seine-Inférieure).
FRÈREJEAN, maître de forges, à Vienne (Isère).
MASSENET, fabricant d'aciers et de faux, à Saint-Étienne (Loire).
ANDRÉ, fondeur, au Val-d'Osne (Haute-Marne).
ROSWAG (Augustin), fabricant de toiles métalliques, à Schelestadt (Bas-Rhin).
CHARRIÈRE, fabricant d'instruments de chirurgie, à Paris.
PECQUEUR, constructeur de machines, à Paris.
BOURDON, directeur des forges et fonderies du Creuzot (Saône-et-Loire).
BOURKARDT (J.-J.), constructeur de machines, à Guebwiller (H.-Rhin).
THÉNARD, ingénieur en chef des ponts et chaussées, à Abzac (Gironde).
BURON, fabricant d'instruments d'optique, à Paris.
ROLLER, fabricant de pianos, à Paris.
WINNERL, fabricant d'horlogerie, à Paris.
LEMIRE, fabricant de produits chimiques, à Choisy-le-Roi (Seine).
LEFEBVRE (Théodore), fabricant de céruse, aux Moulins-lès-Lille (Nord).
SCHATTENMANN, directeur de la compagnie des mines de Bouxviller (Bas-Rhin).
BONTEMPS, fabricant de verrerie, à Choisy-le-Roi (Seine).
GODARD fils, fabricant de cristallerie, à Baccarat (Meurthe).
MILLIET, fabricant de porcelaine, à Montereau (Seine-et-Marne).
FAULER aîné, fabricant de maroquins, à Choisy-le-Roi (Seine).
OGEREAU, tanneur, à Paris.
CAIL (J.-F.), constructeur de machines, à Paris.
LACROIX (Jean-Justin), fabricant de papiers, à Angoulême (Charente).

MÉDAILLES D'OR.

TISSUS.

BLANCHON, à Saint-Julien (Ardèche).
MEYNARD fils, à Valréas (Vaucluse).
MEAUZÉ-CARTIER et Cie, à Tours.
EYMARD (Paul) et Cie, à Lyon.
GIRARD neveu, à Lyon.
HECKEL aîné, à Lyon.
TEILLARD, à Lyon.
BONNET, à Lyon.
CINIER (Claude), à Lyon.
COCHEPEUX (Florentin), à Paris.
DAUPHINOT-PÉRAR, à Isles-sur-Suippes (Marne).
LAURENT (Henri) et fils, à Amiens.
GERMAIN-THIBAUT et CHABERT, à Paris.
SCHMALTZ et THIBERT, à Metz.
LEFEBVRE-DUCATTEAU (Mme veuve) et SOYER-VASSEUR, à Lille.
ROBICHON et Cie, à Saint-Étienne.
BALAY (Jules), à Saint-Étienne.
TERNYNCK frères, à Roubaix.
HOULÈS père et fils, à Mazamet (Tarn).
LAURET frères, à Ganges (Hérault).
GODEFROY (Léon), à Puteaux (Seine).
FLAISSIER frères, à Nîmes.
DURÉCU (Armand) et Cie, à Elbeuf.
DUMOR-MASSON, à Elbeuf.
CHENNEVIÈRE (Delphis), à Louviers.
CHARVET (J.-P.), à Elbeuf.
CASTEL (Émile), à Aubusson.
BEUCK et Cie, Bülh (Haut-Rhin).
BERTHERAND-SUTAINE et Cie, à Reims.
AROUX (Félix), à Elbeuf.
ARNAUD, à Lyon.
ROUSSY, à Lyon.
SCHLUMBERGER jeune et Cie, à Thann.
TRANCHART-FROMENT, à la Neuville-lès Wasigny (Ardennes).
ROUSSELET (Antoine), à Sedan.
RENARD (Adolphe), à Sedan.
PIMONT aîné, à Rouen.
MORIN et Cie, à Dieu-le-Fit (Drôme).
LEROELT et Cie, à St-Quentin (Aisne).
SCRIVE-LABBE et SCRIVE (Édouard), à Lille.
PICQUOT-DESCHAMPS, à Rouen.
MALO, DICKSON et Cie, à Coudekerque-Branche-lès-Dunkerque (Nord).
LELIÈVRE et Cie à Cambrai.
HOFER et Cie, à Keysersberg (H.-Rhin).
GRAUX, à Juvincourt et Damary (Aisne).
GODIN aîné, à Châtillon-sur-Seine (Côte-d'Or).
SOCIÉTÉ pour la fabrication des fils et tissus de lin et de chanvre, à Amiens (Somme).
DUCHÉ aîné et Cie, à Paris.
DEVÈZE fils et Cie, à Nîmes.
AIGOIN-DELABBRE, à Ganges (Hérault).

MÉTAUX.

CHRISTOFLE et Cie, à Paris.

MASSENET-GUÉRIN et JACKSON frères, à Saint-Étienne (Loire).
PALLU et Cie, à Pontgibaud (Puy-de-Dôme).
SOCIÉTÉ des ardoisières d'Angers, à Angers.
SERRET, LELIÈVRE et Cie, à Denain (Nord).
SAMSON, à Paris.
THOMAS et LAURENT, à Paris.
DANDELARRE et DE LISA, à Treveray (Meuse).
ANDRÉ, au Val-d'Osne (Haute-Marne).
BOIGUES et Cie, à Garchizy-Fourchambault (Nièvre).
BOUGUERET, COUVREUX, LANDEL et Cie, à Châtillon-sur-Seine (Côte-d'Or).
DIETRICH (veuve de) et fils, à Niederbronn (Bas-Rhin).
DUVERGER, à Paris.
FORGES DE DECAZEVILLE, à Decazeville (Aveyron).
FROMENT-MEURICE, à Paris.
MOREL et Cie, à Paris.
GÉRUSET, à Bagnerres-de-Bigorres (Hautes-Pyrénées).
JAPY frères, à Beaucourt (Haut-Rhin).

MACHINES.

GACHE, à Nantes.
FARCOT, à Paris.
DURENNE, à Paris.
DECOSTER, à Paris.
CAVÉ, à Paris.
CALLA, à Paris.
THONNELIER, père, à Paris.
THÉNARD, à Abrac (Gironde).
SCHWILGUÉ, à Strasbourg.
MEYER et Cie, à Mulhouse.
LEMAITRE, à la Chapelle-Saint-Denis.
SCHNEIDER frères, au Creuzot.
PIHET, à Paris.
MULOT père et fils, à Épinay (Seine).
MIROUDE, à Rouen.
MAZELINE frères, à Graville (Seine-Inférieure).

INSTRUMENTS DE PRÉCISION.

ROBERT (Henri), à Paris.
RAOUX, à Paris.
FRANÇOIS, à Paris.
BURON, à Paris.
CAVAILLÉ-COLL, père et fils, à Paris.
BRUNNER, à Paris.
BOISSELOT et fils, à Marseille.
VUILLAUME, à Paris.
LEPAUTE (Henri), à Paris.
KRIEGELSTEIN et PLANTADE (Charles), à Paris.
HERZ (Henri), à Paris.
GIRARD (le chevalier Philippe de), à Paris.
GARNIER, à Paris.
WOLFEL et LAURENT, à Paris.
WAGNER, à Paris.
DELAVIGNE, à Paris

ARTS CHIMIQUES.

LEFEBVRE (Th.) et Cie, aux Moulins-lès-Lille (Nord).
LAGIER, à Avignon.
KUHLMANN frères, à Loos-lès-Lille.
DUVOIR-LEBLANC, à Paris.
DUMONT, à Paris.
BOUTAREL frères, CHALAMEL et MONIER, à Paris.
BALARD, à Montpellier.
ALCAN, à Paris.
MOUCHOT frères, au Petit-Montrouge.
LÉVEILLÉ, à Rouen.
DEROSNE et CAIL, à Paris.

BEAUX-ARTS.

LEMERCIER, lithographie, à Paris
LEGRAND (Marcelin), typographie, à Paris.
LEBRUN, orfévrerie, à Paris
ECK-DURAND, bronzes, à Paris.
GROÉ frères, ébénisterie, à Paris.
BEST, LELOIR et Cie, à Paris.
COUDER, dessins de fabrique, à Paris.
DÉLICOURT, papiers peints, à Paris.

POTERIE.

HUTTER et Cie, à Rive-de-Gier (Loire).
ROUSSEAU, à Paris.
BOUGON et CHALOT, à Paris.

ARTS DIVERS.

PELTEREAU frères, cuirs et peaux, à Château-Renault (Indre-et-Loire).
BAUDOUIN frères, toiles cirées, à Paris.
G. CALAUD-BELISLE, papiers, à Maumont (Charente).
DELBUT et Cie, cuirs, à Saint-Germain en Laye (Seine-et-Oise).

RAPPELS DE MÉDAILLES D'OR.

TISSUS.

SCHLUMBERGER (Nicolas) et Cie, coton filé, à Guebwiller (Haut-Rhin).
VANTROYEN et MALLET, coton filé, à Lille (Nord).
FAUQUET-LEMAITRE, coton filé, à Pont-Audemer (Eure).
HERZOG, coton filé, au Logelbach (Haut-Rhin).
COX (Edmond) et Cie, coton filé, à Fives-lès-Lille (Nord).
FÉRAY et Cie, coton filé, à Essone.
HÉBERT, châles, à Paris.
GAUSSEN aîné, châles, à Paris.
GAUSSEN jeune et MAUBERNARD, châles, à Paris.
HEUZEY et MARCEL, châles, à Paris.
FORTIER, châles, à Paris.
ARNOULD, châles, à Paris.
GRILLET aîné, châles, à Lyon.
CURNIER et Cie, châles, à Nîmes.
CHAMBON (Louis), soies, à Alais (Gard).
LANGEVIN et Cie, soies, à Itteville (Seine-et-Oise).
TESSIER-DUCROS, soies, à Valleraugue (Gard).
EGGLY, ROUX et Cie, tissus, à Paris.
AUBER et Cie, tissus, à Rouen.
CLÉRAMBAULT (Ch.), tissus, à Alençon.
HENRIOT frères, sœurs et Cie, tissus, à Reims.
HENRIOT fils et DRIEN, tissus, à Reims.
DEBUCHY (François), tissus, à Lille.
DELATRE, tissus, à Roubaix.
OLLAT et DESVERNAY, tissus, à Lyon.
YÉMÉNIZ, tissus, à Lyon.
GRAND frères, tissus, à Lyon.
MATHEVON et BOUVARD, tissus à Lyon.
LE MIRE père et fils, tissus, à Lyon.
POTTON (F.), CROZIER et Cie, tissus, à Lyon.
GODEMARD et MEYNIER, tissus, à Lyon.
THOMAS frères, tissus, à Avignon.
FAURE (Étienne), tissus à St-Étienne.
VIGNAT-CHOVET, tissus à St-Étienne.
MASSING frères, HUBERT et Cie, tissus, à Puttelange (Moselle).
BACOT (Paul) et fils, draps, à Sedan.
BACOT (Frédéric) et fils, draps, à Sedan.
BERTÈCHE, BONJEAN et CHESNON, draps, à Sedan.
JOURDAIN et fils, draps, à Louviers.
DANNET frères, draps, à Louviers.
POITEVIN frères (Charles et Henri), draps, à Louviers.
RANDOING, draps, à Abbeville.
CHEFDRUE et CHAUVREULX, draps, à Elbeuf.
FLAVIGNY (Louis), draps, à Elbeuf.
FLAVIGNY (Charles), draps, à Elbeuf.
CHENNEVIÈRE (Th.) draps, à Elbeuf.
MURET DE BORT et Cie, draps-feutre, à Châteauroux.
STEBELIN (Charles-Édouard), draps-feutre, à Bitschwiller (Haut-Rhin).
BADIN-LAMBERT, draps-feutre, à Vienne.
LECOQ-GUIBÉ, tissus pour meubles, à Alençon.
PRÉVOST (A.), laine peignée, à Paris
CAMU fils et T. CROUTELLE neveu, laine cardée, à Pont-Givard (Marne).
LUCAS frères, laine cardée, à Bazancourt.
BIÉTRY, filature du cachemire, à Villepreux (Seine-et-Oise).
VAYSON et Cie, tapis, à Abbeville.

LEFEBURE et sœur et PETIT, dentelles, à Bayeux.
HENNECART, gazes pour blutoirs, à Paris.
GROS, ODIER, ROMAN et Cie, tissus à Wesserling (Haut-Rhin).
GODEFROY, châles, à Paris.
D'OCAGNE, dentelles, à Alençon.
FALCON, dentelles, au Puy.
DOLFUS-MIEG et Cie, tissus imprimés, à Mulhouse.
KOECHLIN frères, tissus imprimés, à Mulhouse.
SCHLUMBERGER, KOECHLIN et Cie, tissus imprimés, à Mulhouse.
JAPUIS frères, tissus imprimés, à Claye (Seine-et-Marne).
PERROT, impressions sur étoffes, à Vaugirard.
GIRARD et Cie, cotons filés, à Rouen.
DEPOUILLY et Cie, cotons filés, à Puteaux.
GODEFROY, cotons filés, à Saint-Denis (Seine).
CARON-LANGLOIS, cotons filés, à Beauvais (Oise).
VIDALIN, impressions sur étoffes, à Lyon.
MALARTIC, PONCET et Cie, impressions sur étoffes, à Courbevoie.

MÉTAUX.

FALATIEU et Cie, fers, à Bains (Vosges).
DE BUYER (Ad.), fers, à la Chaudeau.
COMPAGNIE DES FONDERIES DE ROMILLY, chaudronnerie, à Romilly.
FRÈREJEAN, cuivre, chaudronnerie, à Vienne (Isère).
THIÉBAUT, chaudronnerie, à Paris.
FESTUGIÈRES (Jean) frères, cordes de musique, à Eyzies (Dordogne).
ROSWAG et fils, toiles métalliques, Schelestadt (Haut-Rhin).
SCRIVE frères, cardes, peignes, à Lille.
HACHE-BOURGEOIS, cardes, peignes, à Louviers.
MARTIN (Émile), et Cie, fonderies, à Garchizy-Fourchambault (Nièvre).
JACKSON frères, aciers, à Assailly (Loire).
BAUDRY, aciers, à Athis-Mons (Seine-et-Oise).
DEQUENNE fils, aciers, à Sainte-Hélène (Nièvre).
RUFFIER, aciers, à Foix (Ariége).
MONMOUCEAU, limes, à Orléans.
COULAUX aîné et Cie, quincaillerie, à Molzheim (Bas-Rhin).
CHARRIÈRE, coutellerie, à Paris.

MACHINES.

CASALIS, machines à vapeur, à Saint-Quentin.
PHILIPPE, machines à vapeur, à Paris.
PECQUEUR, machines à vapeur, à Paris.
SAINT-POL et SOREL, galvanisation, à Paris.
THOMAS et VALLERY, grenier mobile, à Paris.
DESBASSYNS (comte de Richemont), ustensiles-outils, à Paris.

INSTRUMENTS DE PRÉCISION.

BERTHOUD, horlogerie, à Argenteuil.
BREGUET neveu et Cie, horlogerie, à Paris.
MOTEL, horlogerie, à Paris.
WINNERL, horlogerie, à Paris.
BENOIT (A.) et Cie, horlogerie, à Versailles.
PONS DE PAUL, horlogerie, à Saint-Nicolas-d'Aliermont (Seine-Infér.).
JAPY frères, horlogerie, à Beaucourt (Haut-Rhin).
LEREBOURS, optique, à Paris.
CHEVALIER (Charles), optique, à Paris.
ÉRARD, pianos, à Paris.
PAPE, pianos, à Paris.
PLEYEL et Cie, pianos, à Paris.

ARTS CHIMIQUES.

MINES DE BOUXWILLIER (administration des), produits chimiques, à Bouxwillier.
BOBÉE (veuve) et LEMIRE, produits chimiques, à Choisy-le-Roi.
ROARD DE CLICHY, produits chimiques, à Choisy-le-Roi.
GUIMET (Jean-Baptiste), couleurs, à Lyon.
DE MILLY, bougies stéariques, à Paris.
PRIEUR-APPERT, conserves alimentaires, à Paris.
DISCRY, couleurs vitrifiables, à Paris.

BEAUX-ARTS.

AUZOUX, écorchés, à Paris.
BIESTA, LABOULAYE et Cie, typographie à Paris.
ZUBER (Jean) et Cie, papiers peints, à Rixheim (Haut-Rhin).
RUDOLPHI, bijouterie, à Paris.
JACOB-DESMALTER, ébénisterie, à Paris.
ODIOT, orfévrerie, à Paris.
THOMIRE et Cie, bronzes d'art, à Paris.

POTERIE.

UTZ SCHNEIDER et Cie, grès, à Sarreguemines.
LEBOEUF, MILLIET et Cie, grès, à Montereau (Seine-et-Marne).
DE TALMOUSE et HUREL, grès, à Paris.
BONTEMPS-LEMOYNE et Cie, vitraux, à Choisy-le-Roi.
SAINT-GOBIN (Manufacture royale de), glaces, à Saint-Gobin.
SAINT-QUIRIN, CIREY et MONTHERMÉ (Compagnie des manufactures de), glaces, à Paris.
BACCARAT (Compagnie des cristalleries de), cristaux, à Baccarat.
SAINT-LOUIS (Compagnie des cristalleries de), cristaux, à Saint-Louis.
KLINGLIN (baron de), cristaux, à Wallérysthal (Meurthe).
GUINAND, cristaux, à Paris.

ARTS DIVERS.

BLANCHET et KLÉBER, papeterie, à Rives (Isère).
CANSON frères, papeterie, à Vidalon.
DELAPLACE, papeterie, à Jean-d'Heures.
DURANDEAU, LACOMBE et Cie, papeterie, à Lacourade.
LACROIX frères, papeterie, à Angoulême.
SOCIÉTÉ ANONYME DU MARAIS, papeterie, au Marais (Seine-et-Marne).
AMOROS (le colonel), gymnastique, à Paris.
VALÉRIUS, bandages, biberons, à Paris.
LAFOND, bandages, biberons, à Paris.
FLAMET jeune, bandages, biberons, à Paris.
BRETON (Mme), bandages, biberons, à Paris.

MÉDAILLES D'ARGENT.

TISSUS.

DERVAUX (Alexandre), à Roubaix.
DE MONTAGNAC, à Sedan.
TOUZÉ, à Elbeuf.
FLAMANT, à Elbeuf.
MIEG (Matthieu) et fils, à Mulhouse.
KUNZER, à Bischwiller (Bas-Rhin).
MONBORGNE fils et LEROY, à Mouy.
LENORMAND, à Vire (Calvados).
HAZARD père, à Orléans.
GARRISSON oncle et neveu, à Montauban (Tarn-et-Garonne).
CORMOULS, à Mazamet (Tarn).
VITALIS frères, à Lodève (Hérault).
VERNAZOBRES jeune et Cie, à Bedarieux (Hérault).
FOURCADE frères, à Chiniant (Hérault).
ROGER (Bernard) aîné, à Lastours près Carcassonne (Aude).
FOUARD et BLANCQ, à Nay (Basses-Pyrénées).
SCHLUMBERGER et Hofer, à Ribauvillé (Haut-Rhin).
COURMONT, à Wazemmes-lès-Lille.
DELAMARRE-DEBOUTTEVILLE, à Fontaine-Lebourg (Seine-Inférieure).
MASSON aîné, à Roanne (Loire).
LAMBERT, BLANCHARD et Cie, à Paris.
SABRAN et G. JESSÉ, à Paris.
ADOLPHE et BENNER, à Mulhouse.
GAUDRAY-LOISIEL, à Rouen.
CROUTELLE neveu, à Reims.
PATRIAU, à Reims.
FORTEL et LARBRE, à Reims.
CAILLET-FRANQUEVILLE, à Bazancourt (Marne).
LAGACHE (Julien), à Roubaix.
DEFRENNE (Paux), à Roubaix.
BERLY et Cie, à Amiens.

DEBUCHY (Daniel), à Turcoing.
GRIMONPREZ (E.) et Cie, à Roubaix.
CLARO, à Lille.
SCREPEL-LEFEBVRE, à Roubaix.
SCREPEL-ROUSSEL, à Roubaix.
ROUSSEL-DAZIN, à Roubaix.
REQUILLART-SCREPEL, à Roubaix.
DELFOSSE et MOTTE, à Roubaix.
PRUS-GRIMONPREZ, à Roubaix.
DEFONTAINE (E.), à Lille.
FEY-MARTIN et Cie, à Tours.
CHARDON, à Nîmes.
JOURDAN (Xavier), à Altkirch (Haut-Rhin).
LEGRAND, à Rouen.
POUYER-QUERTIER et PALIER, à Fleury-sur-Andelle (Eure).
PELLOUIN et BOBÉE, à Rouen.
MOHLER, à Obernay (Bas-Rhin).
CHATAIN fils, à Rouen.
TRICOT jeune, à Rouen.
RAFFIN père et fils, à Roanne (Loire).
BUREAU jeune, à Nantes.
FION, à Tarare (Rhône).
DAUDVILLE, à Saint-Quentin.
JACQUEMIN et HUET jeune, à Saint-Quentin.
GIMBERT, à Paris.
ESTRAGNAT fils aîné, à Tarare.
BUFFAULT, TRUCHON et DEVY, à Paris.
BLECH, STEINBACH et MANTZ, à Mulhouse.
HOFFER (Josué), à Mulhouse.
BATAILLE (Pierre), à Rouen.
STACKLER, à Saint-Aubin, près Nantes.
DALIPHARD et DESSAINT, à Radepont (Eure).
GUÉRIN jeune et Cie, à Paris.
WIBEAUX-FLORIN, à Roubaix.
COMPAGNIE pour la filature du chanvre, à Alençon.
CHEROT aîné et Cie, à Nantes.
DUPASSEUR, à Rouen.
BRESSON, à Paris.
CAILLÉ CATERNAUT, MAREAU et MATIGNON, à Mortagne (Orne).
LAINÉ-LAROCHE, à Angers.
MALIVOIRE et Cie, à Liancourt (Oise).
BEGUÉ, à Pau (Basses-Pyrénées).
LEFOURNIER-LAMOTTE père et fils et DUFAY, à Condé-sur-Noireau (Calvados).
VÉTILLARD et fils, à Pontlieu (Sarthe).
LEMAITRE - DEMEESTÈRE, à Halluin (Nord).
MATHIEU-DELANGRE, à Armentières.
ROUSSEAU père et fils, à Fresnay (Sarthe).
BANCE, à Mortagne.
TRUDELLE frères et LECLERC, à Angers.
TAILLANDIER, à Évreux.
BOUCHU, à Longuay (Haute-Marne).
TERRASSON DE MONTLEAU, à Sainte-Estèphe (Charente).
PORTAL DE MOUX, à Conques.
BEAUVAIS, à Gastins (Seine-et-Marne).
GUENEBAUT DELAPERRIÈRE (François), à Puiseuil-la-Ville (Côte-d'Or).
DURAND-MORBERT (Constant), à Maison-Rouge (Seine-et-Marne).
PORTAL père et fils, à Montauban (Tarn-et Garonne).
GRIOLET père et fils, à Sommières (Gard).
CHÉGUILLAUME et Cie, à Cugand (Vendée).
LÉGER-FRANCOLIN, à Patay (Loiret).
PRAT aîné, à Oloron (Basses-Pyrénées).
DOBLER et fils, à Tenay (Ain).
CARLOS-FLORIN, à Roubaix.
RISLER SCHWARTZ et Cie, à Mulhouse.
LAROQUE frères et fils et JACQUEMET, à Bordeaux.
ORIOLLE fils à Angers.
CONSTANT et fils, à Nîmes.
BRUNET, à Paris.
BARBÉ, PROYART et BOSQUET, à Paris.
BOAS frères, à Paris.
GOURÉ jeune et GRANDJEAN, à Paris.
CHAMPION (Charles) et GÉRARD, à Paris.
PAGÈS, BLIN et Cie, à Lyon.
JARRIN et TROTTON, à Lyon.
PRADE-FOULC, à Nîmes.
FABRE et BIGOT, à Nîmes.
JOURDAN et Cie, à Paris.
BOURCIER (Jules), à Lyon.
DELACOUR et fils, à Lyon.
HAMELIN, aux Andelys (Eure).
LAPIERRE père et fils, à Vallevaugue (Gard).
ROUSSY (Casimir), à Ganges (Hérault).
MILLET et ROBINET, à Poitiers et à la Cataudière.
SOUBAYRAND, à Saint-Jean-du-Gard.
VERZIER, BONNART et Cie, à Lyon.
BALLEYDIER, REPIQUET et SILVENT, à Lyon.
CHASTEL et RIVOIRE, à Lyon.
CHAVENT (André) et Cie, à Lyon.
DAUDET-QUEIRETY, à Nîmes.
BON, à Lyon.
MARTINON, à Lyon.
VIDECOQ et SIMON, à Alençon.
MERCIER (baron), à Alençon.
LEBOULANGER, à Bayeux.
VIOLARD, à Courcelles (Calvados).
DOGUIN fils, à Lyon.
HERBELOT fils et GENET-DUFAY, à Calais.
LINARD, à Paris.
WISNICK, DOMAIRE et ARMONVILLE, à Paris.
BARALLON, à Saint-Étienne.
PASSERAT fils et Cie, à Saint-Étienne.
TEYTER aîné et Cie, à Saint-Étienne.
VUCHER, REYNIER et PERRIER, à Lyon.
FORNIER, JANIN et FALSANT, à Lyon.
BELLAT, à Aubusson,
ROUSSEL, RÉQUILLART, et CHOQUEEL, à Turcoing.
LECUN et Cie, à Nîmes.
SALLANDRGUZE (J.-J.), à Aubusson.
BARTHE et PLICHON, à Sarreguemines.
NANOT et Cie, à Sarreguemines.
BRISSON frères et Cie, à Lyon.
RUEL (veuve) et fils et DUMAS, à Quissac (Gard).
ANNAT aîné et COLOMB, au Vigan.
GUIBOUT, à Paris.
CAPRON fils, à Darnetal (Seine-Infér.)

MÉTAUX.

CHAMEROY et Cie, à Paris.
FAVREL, à Paris.
LUYNES (duc de), à Paris.
LAPORTE, à Paris.
VIGUIÉ et Cie, à Paris.
JAPY (Louis), à Berne, commune de Seloncourt (Doubs).
MIGEON et fils, à Morvillars (H.-Rhin).
MONGIN, à Paris.
MERCIER-BLANCHARD, à Paris.
GAUTIER, à Paris.
MAILLARD-SALIN (Jacques), à Valentigny (Doubs).
PEUGEOT aîné et JACKSON frères, à Hérimoncourt (Doubs).
MALESPINE, à Saint-Étienne (Loire).
DESSERRES et Cie, à Saverdun (Ariége).
GRANJON et Cie, à Lyon.
GOURJU (Alph.), à Beaupertuis (Isère).
LEMOINE, à Corbelin (Nièvre).
FALATIEU jeune (Joseph-Louis), au Pont-du-Bois (Haute-Saône).
VANTILLARD, à Laigle (Orne).
BOUCHER, à Paris.
CAPITAIN et Cie, à Abainville (Meuse).
MATHER, et Cie, à Toulouse.
ESTIVANT frères, à Givet (Ardennes).
TANTENSTEIN et CORDEL, à Paris.
DAVID, au Havre.
HILDEBRAND, à Semouse (Vosges).
VORUZ, à Nantes.
MOREL frères, à Charleville (Ardennes).
PINART frères, à Marquise (Pas-de-Calais).
VIVAUX frères, à Dammarie (Meuse).
RAFFIN (De), et Cie, à Lapique (Nièvre).
GIGNOUX et Cie, à Cuzorn (Lot-et-Gar.).
GRENOUILLET, LUZARCHES et DESVOYES, à Vierzon-Village (Cher).
FRAMONT (Compagnie des forges de), à Framont (Vosges).
CHARRIÈRE, à Allevard (Isère).
PERROT et MALBEC, à Paris.
NAYLIES et Cie, à la Ferté-sous-Jouarre.
GUEUVIN-BOUCHON et Cie, à la Ferté-sous-Jouarre.
ARDOISIÈRES DE RIMOGNE (Société anonyme des), à Rimogne (Arden.).
LEROY DE LAFERTÉ et Cie, à Paris.
LAYERLE-CAPEL, à Toulouse.
LANDEAU-NOYER et Cie, à Sablé (Sarthe).
TARRIDE fils et Cie, à Toulouse.
THERET, à Paris.
CONTZEN (Alexandre), à Paris.
COLLAS et BARBEDIENNE, à Paris.
SÉGUIN, à Paris.

BERTHIER (au nom de la maison de détention de Poissy), à Poissy.
GILBERT et Cie, à Givet (Ardennes).
DESPREZ-GUYOT, à Paris.
GANDILLOT et Cie, fers creux, à Paris.

MACHINES.

DUTARTRE, presses, à Paris.
NORMAND, presses, à Paris.
BÉRONDORE, machines, à Paris.
FELDTRAPPE frères, cylindres pour impression de tissus, à Paris.
HUGUENIN et DUCOMMUN, machines à Mulhouse.
PAPAVOINE et CHATEL, machines à filer, à Rouen.
PEUGEOT (Constant) et Cie, machines à filer, à la Roche
GRUNN, machines à filer, à Guebwiller.
MERCIER (Achille), machines à filer, à à Louviers.
BRUNEAU, machines à filer, à Rhetel
NEVILLE et Cie, constructions civiles, à Paris.
BORREL, constructions civiles, à Toulouse.
LACARNOY, machines-outils, à Paris.
LAIGNEL, machines à vapeur. à Paris.
CHAUSSENOT aîné, machines à vapeur, à Paris.
HUCK, féculerie, à Paris.
TAMIZIER, machines à vapeur, à Paris.
CARILLION, machines à vapeur, à Paris.
TRÉSEL, machines à vapeur, à Saint-Quentin.
GALLAFENT, machines à vapeur, à Paris.
BOURDON, machines à vapeur, à Paris.
VARRALL, MIDDLETON et ELWELL, machines à vapeur, à Paris.
ANTIQ, machines à vapeur, à Paris.
RENARD, machines-outils, à Paris.
SOCIÉTÉ anonyme de construction mécanique, machines à Strasbourg.
MARIOTTE, machines, à Paris.
BENOIT frères, machines, à Montpellier.
LACROIX fils, machines, à Rouen.
TURCK (Amédée), instruments aratoires, à Sainte-Geneviève (Manche).
TROCHU, instruments aratoires, à Lyon.
LE BACHELLÉ, instruments aratoires, à Paris.
LENTILHAC aîné, instruments aratoires, à Sallegourdes (Dordogne).
ÉCOLE D'AGRICULTURE de Rennes, instruments agricoles, à Rennes.
ROSÉ et Cie, instruments agricoles, à Paris.
CAMBRAY père, instruments agricoles, à Paris.
MOTHES frères et Cie, instruments agricoles, à Bordeaux.
FUMIÈRE (Victor), cardes, peignes, etc., à Rouen.
DIOUDONNAT et HAUTIN, métiers à tisser, à Paris.
JACQUIN, métiers à tisser, à Troyes.
DESHAYS, métiers à tisser, à Paris.
FONTAINE, moteur hydraulique, à Chartres.
DEGOUSÉE, outils de sondage, à Paris.
NILLUS, machines à vapeur, au Havre.
HUBER, machines hydrauliques, à Paris.

INSTRUMENTS DE PRÉCISION.

BROSSE, à Bordeaux.
CALLAUD, à Paris.
RIEUSSEC, à Saint-Mandé.
DELÉPINE, à Paris.
GOURDIN, à Mayet (Sarthe).
WAGNER (Henri-Bernard), à Paris.
VÉRITÉ, à Beauvais.
BEUCLER (J.-J.) fils, à Besançon.
RODANET, à Rochefort.
VINCENTI et Cie, à Montbéliard.
BERROLLA frères, à Paris.
BAROMÉ-DELEPINE, à Dieppe.
HOUDIN, à Paris.
ROBERT-HOUDIN, à Paris.
VALLET, à Paris.
BASELY, à Paris.
MONTANDON frères, à Paris.
ALCARD et BUDICOM, au Petit-Quevilly (Seine-Inférieure).
BUNTEN, à Paris.
DELEUIL, à Paris.
SOLEIL, à Paris.
SCHWARTZ, instruments de marine, à Paris.
LECOMTE et BIANKI, instruments de précision, à Paris.
RUHMKORFF, instruments de précision, à Paris.
NEUBER, instruments de précision, à Paris.
SOUFLETO, pianos, à Paris.
GAIDON jeune, pianos, à Paris.
HATZENBUHLER, pianos, à Paris.
MERCIER, pianos, à Paris.
SCHOEN, pianos, à Paris.
BERNARDEL, violons, à Paris.
RAMBAUX, violons, à Paris.
DOMÉNY, harpes, à Paris.
GUICHARD aîné, instruments à vent, à Paris.
TULOU, instruments à vent, à Paris.
SAXE et Cie instruments à vent, à Paris.
GIRARD et Cie, orgues, à Paris.
GEISLER, instruments de musique, à Paris.
RODHEN, instruments de musique, à Paris.
BERNARD (Albert), arquebuserie, à Paris.
BERNARD (Léopold), arquebuserie, à Paris.
GASTINE-RENETTE, arquebuserie, à Paris.
PEUPIN, à Paris.
BÉRINGER, arquebuserie, à Paris.
GAUVAIN, arquebuserie, à Paris.
ROCHE, arquebuserie, à Paris.
CHARPENTIER fils, grosses balances, à Paris.
PARENT, grosses balances, à Paris.
LASSERON et LEGRAND, grosses balances, à Niort (Deux-Sèvres).
GEORGES père et fils, grosses balances, à Paris.
BÉRANGER et Cie, grosses balances, à Lyon.
SAGNIER (Louis) et Cie, instruments de pesage, à Montpellier.

PRODUITS CHIMIQUES.

HOUZEAU et VELLY, à Reims.
DELONDRE (Auguste), à Nogent-sur-Marne.
CARTIER, à Nantes et à Pontoise.
POISAT oncle et Cie, à la Folie-Nanterre.
FOUCHÉ-LEPELLETIER et LAMING, à Javel.
MAIRE (Ch.), à Strasbourg.
DUCOUDRÉ, à Saint-Maur.
BERGERON fils et COUPUT, à Grenelle et à Vaugirard.
ROBERT DE MASSY, à Saint-Quentin.
MARSAIS, à Saint-Étienne.
KESTNER père et fils, à Thann (Haut-Rhin).
MALETRA et fils, au Petit-Quevilly (Seine-Inférieure.)
DELACRETAZ, FOURCADE et Cie, à Vaugirard.
BOQUILLON, galvanoplastique, à Paris.
BREUZIN, lampes, à Paris.
ROUEN, lampes, à Paris.
ROBERT, lampes, à Paris.
CHAUSSENOT jeune, calorifères, à Paris.
DUVOIR (René), calorifères, à Paris.
LAURY, calorifères, à Paris.
SELLIGUE, calorifères, à Batignolles.
GRENET, fils, gélatine, à Rouen.
MAGNIN, pâtes et farines, à Clermont-Ferrand.
MARTIN, pâtes et farines, à Paris.
HARLY-PERRAUD, raffinerie de sucre, à la Grande-Villette.
SAINT-ÉTIENNE père et fils, fécules, à Paris.
FOUSCHARD (Gustave et Joseph), fécules, à Neuilly.
ROUSSEAU, vin mousseux, à Épernay.
CAMBACÉRÈS, engrais, à Paris.
MÉRO, huiles essentielles, à Grasse (Var).
PEYRE et ROCHER, appareils culinaires, à Nantes.
GROUVELLE, appareils culinaires, à Paris.
GUYON frères, appareils culinaires, à Dôle.
ROGEAT frères, appareils culinaires, à Lyon.
DUBRUNFAUT, distillerie, à Bercy, près Paris.
HUILLARD aîné couleurs, à Paris.
MEISSONNIER, matières tinctoriales, à Paris.

PÉTARD (Charles), matières tinctoriales, à Paris.
GUINON, matières tinctoriales, à la Guillotière, à Lyon.
DESCAT, matières tinctoriales, à Lille.
DUPRÉ, capsules à bouteilles, à la Brèche-d'Arcueil (Seine).
MORET, pétrins, à Paris.
SAVARESSE-SARA, capsules pour bouteilles, à Paris.

BEAUX-ARTS.

DAFRIQUE, bijouterie, à Paris.
PAUL et frères, bijouterie, à Paris.
BÉTHUNE et PLON, à Paris.
DELCAMBRE, à Paris.
SILBERMANN, à Strasbourg.
PAYEN jeune et Cie, bijouterie, à Paris.
PARIS, bijouterie, à Paris.
MOUREY bijouterie, à Paris.
CHARLES, bijouterie, à Paris.
LELONG, bijouterie, à Paris.
GRANGER, bijouterie, à Paris.
HOUDAILLE, bijouterie, à Paris.
BON et PIRUOT, bijouterie, à Paris.
CONSTANT-VALÈS et LELONG, bijouterie, à Paris.
TRUCHY, bijouterie, à Paris.
BARBAROUX DE MÉGY, bijouterie, à Paris.
BOEUF et GARANDY, bijouterie, à Marseille.
MAYER, orfévrerie, à Paris.
BALAINE, orfévrerie, à Paris.
GANDAIS, orfévrerie, à Paris.
VEYRAT et fils, orfévrerie, à Paris.
TRIOULLIER, orfévrerie, à Paris.
QUESNEL et Cie, bronzes, à Paris.
PAILLARD, bronzes, à Paris.
LACARRIÈRE, bronze, à Paris.
GAGNEAU frères, bronzes, à Paris.
FUGERE, cuivre estampé, à Paris.
LE PAUL, serrurerie, à Paris.
BRICARD ET GAUTHIER, serrurerie, à Paris.
MEYNARD et fils aîné, ébénisterie, à Paris.
DURAND fils, ébénisterie, à Paris.
LEMARCHAND, ébénisterie, à Paris.
FOURDINOIS et FOSSEY, ébénisterie, à Paris.
CLAVEL, ébénisterie, à Paris.
ROYER fils et CHARMOIS, ébénisterie, à Paris.
WASSMUS jeune, ébénisterie, à Paris.
LUND, ébénisterie, à Paris.
OSMONT, ébénisterie, à Paris.
MARCELIN, ébénisterie, à Paris.
NIÉDREE, reliure, à Paris.
BARRE, gravure, à Paris.
BUIGNIER, gravure, à Paris.
KŒPPELIN, lithographie, à Paris.
BARBAT (Thomas), lithographie, à Châlons-sur-Marne.
FORMENTIN (Mlle), lithographie, à Paris.
ENGELMANN et GRAF, lithographie, à Paris.
VINCENT, moulage à la gélatine, à Paris.
WALLET-HUBER, sculpture en carton-pierre, à Paris.
ROMAGNESI aîné, sculpture en carton-pierre, à Paris.
LAURENT et Cie, cadres, moulure, etc., à Paris.
CHABRIÈ et NEUBURGER, cadres, moulures, etc., à Paris.
CHEBEAUX, dessins de fabrique, à Paris.

POTERIES.

PÉTRY et RONSSE, porcelaines, à Paris.
PICHENOT, faïence, à Paris.
VIREBENT frères, terre cuite, à Paris.
FOUQUES-ARNOUX et Cie, porcelaines, à Saint-Gaudens (Haute-Garonne).
FIOLET, pipes, à Saint-Omer.
MANSARD, faïence, à Voisin-Lieu (Oise).
HONORÉ, porcelaines, à Paris.
ALLUAUD aîné, porcelaines, à Limoges (Haute-Vienne).
COLVILLE, couleurs vitrifiables, à Paris.
BINET, couleurs vitrifiables, à Paris.
POCHET-DEROCHE, verrerie, au Plessis-Dorin (Loir-et-Cher).
MAES, verrerie, à Clichy-la-Garenne.
POILLY (de), verrerie, à Folenbray (Aisne).
LAUNAY-HAUTIN et Cie, poterie, à Paris.

ARTS DIVERS.

MADER frères, papiers peints, à Paris.
LAPEYRE (S.) et Cie, papiers peints, à Paris.
MERLIÉ-LEFEBVRE, cordages, au Havre.
JOUVIN, gants, à Grenoble.
HENNIN (d'), sellerie, à Paris.
SOCIÉTÉ anonyme du SOUCHE, papeterie au Souche, commune d'Arnould (Vosges).
MELLIER, OBRY fils et Cie, papeterie, à Prousel (Somme).
COURT et Cie, papeterie, à Renage (Isère).
LATUNE et Cie, papeterie, à Mirabel-et-Blacons (Drôme).
GRATIOT, papeterie, à Essone.
MONTGOLFIER (F.-M.) et Cie, papeterie, à Davezieux (Ardèche).
CHASSAGNE, cuirs et peaux, à Aubusson (Creuse).
DUPORT, cuirs et peaux, à Paris.
HOUETTE aîné, cuirs et peaux, à Paris.
RUPP, RUBIE et Cie, papiers peints, à Paris.
THIBERT, histoire naturelle, à Paris.
DURAND (Guillaume), cuirs et peaux, à Paris.
CAMUS-LAFLÈCHE, cuirs et peaux, à Laigle (Orne).
PRIN et Cie, cuirs et peaux, à Nantes.
HUTIN DE LATOUCHE, cuirs et peaux, à Try-le-Château (Eure).
PAUL, cuirs et peaux, à Paris.
LEVEN, cuirs et peaux, à Paris.
DOUAUD, cuirs et peaux, à Nantes.
GAUTHIER, cuirs vernis, à Paris.
PLATTET frères, cuirs vernis, à Paris.
JACQUEL, taille de cristaux, à Paris.

RAPPEL DE MÉDAILLES D'ARGENT.

TISSUS.

MONNOT-LEROY, laines, à Pontru (Aisne).
MAITRE-JOLEPH, laines, à la Villotte (Côte-d'Or).
AUBERGÉ, laines, à Malassise (Seine-et-Marne).
SEILLIÈRE (Ernest) et Cie, coton filé, à Senonne (Vosges).
TRESSE-PETIT, coton filé, à Lille.
KOECHLIN-DOLFUS et frères, coton filé, à Mulhouse.
POUYER-BELLOUIN, coton filé, à Rouen.
PLATARET, coton filé, à Paris.
MICHELEZ fils aîné, coton filé, à Paris.
GOUPILLE et VERDIER, toiles, à Fresnay (Sarthe).
JOUBERT, BONNAIRE et Cie, toiles, à Angers.
SAINT-MARC, PORTEU et TETIOT, toiles, à Rennes.
FOUQUET aîné, châles, à Paris.
DEBRAS, châles, à Paris.
GAGNON et CULHAT, châles, à Paris.
SIMON et NOURTIER, châles, à Paris.
CHAMBELLAN, châles, à Paris.
DAMIRON frères et Cie, châles, à Lyon.
COLONDRE et GÉVAUDAN, châles, à Nîmes.
FAURE (Ernest), soies, à Saillans (Drôme).
CARRIÈRE (Ferdinand), soies, à Saint-André-de-Valborgne (Gard).
REIDON, soies, à Saint-Jean-de-Valaisque (Gard).
BRUGUIÈRE et BOUCOIRAN, soies, à Nîmes.
CROCO (François), tissus, à Paris.
BENOIST-MALOT et Cie, tissus, à Reims.
BUFFET-PERIN, oncle et neveu, tissus, à Reims.
LECLERC-ALLARD et fils, tissus, à Reims.
FEVEZ-DESTRÉ et Cie, tissus, à Amiens.
FRASEZ, tissus, à Roubaix.
CHARVET (Henri), tissus, à Lille.
SAVOYE (Firmin), tissus, à Lyon.
FOURNEL (Victor), tissus, à Lyon.
DHOMBRES et Cie, tissus, à Nîmes.
PUGET (Antoine), tissus, à Nîmes.
GAIDAN frères, tissus, à Nîmes.
JOURDAN (Claude) et fils, tissus, à Nîmes.
DAUDET jeune et ARDOUIN-DAUDET, tissus, à Nîmes.
CHABAUD (Auguste), tissus, à Nîmes.
COUMERT, CARRETON et CHARDONNEAU, tissus, à Nîmes.
MARTIN et Cie, tissus, à Saint-Étienne.

GRANGIER frères, tissus, à Saint-Chaumont.
DEBARY-MÉRIAN, tissus, à Guebwiller (Haut-Rhin).
DELACOUR, tissus, à Paris.
LEROY-PICARD, draperie, à Sedan.
MARIUS-PARET, draperie, à Sedan.
RIBOULEAU, draperie, à Louviers.
MARCEL (Louis), draperie, à Louviers.
BARBIER (Victor), draperie, à Elbeuf.
FOURÉ (Charles), draperie, à Elbeuf.
DELARUE (Augustin), draperie, à Elbeuf.
SEVAISTRE aîné et LEGRIS, draperie, à Elbeuf.
FERGUSON (Pierre), draperie, à Bonchamp.
BUFORESTEL-LEFEBVRE, draperie, à Rouen.
VAUSSARD fils, draperie, à Notre-Dame-de-Bondeville.
KAYSER et Cie, tissus de coton, à Sainte-Marie-aux-Mines.
WEBER (veuve Laurent) et Cie, tissus de coton, à Mulhouse.
BLOCH frères, tissus de coton, à Sainte-Marie-aux-Mines.
CAIGNARD, tissus de coton, à Rouen.
SOURD, frères, laine peignée, à Tenay.
VULLIAMY, laine peignée, à Nonancourt (Eure).
GAIGNEAU frères, laine peignée, à Essone (Seine-et-Oise).
LACHAPELLE et LEVARLET, laine cardée, à Reims.
DUBOIS, laine cardée, à Louviers.
POSSOT, filature de cachemire, à Paris.
MOUISSE et Cie, draps-feutre, à Limoux (Aude).
SOUPAIRAC aîné, draps-feutre, à Cennes-Monestiès (Aude).
TABERT frères, draps-feutre, à Vienne.
TOUPINEL jeune, couvertures en laine, à Paris.
MEYNARD cadet, bonneterie, à Nîmes.
VALENTIN, FEAU-BECHARD, bonneterie, à Orléans.
TROTRY-LATOUCHE, bonneterie, à Paris.
LOMBARD jeune, bonneterie, à Nîmes.
PARIS frères, tapis, à Paris.
DOCAGNE, dentelles, à Alençon.
FALCON (Théodore), dentelles, au Puy (Haute-Loire).
COUDERC et SOUCARET fils, gazes pour blutoirs, à Montauban.

MÉTAUX.

HACHETTE, émail, à Paris.
MARSAT fils, fer, à Angoulême.
BUDY, fer, à Paris.
LARRABURE, zinc, à Paris.
DEBERGUE, DESFRIÈCHES et GILLOTIN, peignes à tisser, à Lisieux (Calvados).
MIGNARD, BELLINGE et fils, cordes de musique, à Belleville.
DELAGE et LAROCHE puîné, toiles métalliques, à Angoulême.
SAINT-PAUL (veuve et fils), tamis métalliques, à Paris.
PEROT et POITEVIN, cardes, peignes, etc., à Liancourt (Oise).
MALMAZET aîné, cardes, peignes, etc., à Lille.
MARSAT fils, fonderies, à Angoulême.
BUDI, fonderies, à Paris.
PAIGNON (Charles), fonderies, à Bezy (Nièvre).
LAMARQUE et Cie, fonderies, à Saint-Paul-en-Jarret (Nièvre).
MIÉLOT aîné, limes, à Brevannes (Haute-Marne).
GÉRARD, limes, à Belleville.
SCHMIDT, acier, à Belleville.
CHAMOUTON, enclumes et soufflets, à Paris.
POT-DE-FER, enclumes et soufflets, à Paris.
SABATTIER, coutellerie, à Paris.
POSTMAMBRUN, oncle et neveu, coutellerie, à Saint-Remy, près Thiers (Puy-de-Dôme).
GILLET, coutellerie, à Paris.
CLERC (Sir Henri), coutellerie, à Paris.
LANGUEDOCQ, coutellerie, à Paris.

MACHINES.

HUGUES, instruments aratoires, à Bordeaux.
NILLUS, machines, au Havre.
GUÉRIN et Cie, pompes à incendie, à Paris.
BABONEAU, machines à vapeur, à Nantes.
DE RAFFIN et Cie, instruments aratoires, à la Pique (Nièvre).
ANDRÉ (Jean), instruments aratoires (Gironde).
PAYN et BENOIT (veuve), pressoirs, à Troyes.
HERMANN, machines, à Paris.
GAVEAUX, presses d'imprimerie, à Paris.

INSTRUMENTS DE PRÉCISION.

LEPAGE-MOUTIER, armes à feu, à Paris.
JACOB, horlogerie, à Saint-Nicolas-d'Aliermont (Seine-Inférieure).
LEROY (Louis-Charles), horlogerie, à Paris.
BROCOT, horlogerie, à Paris.
CHANOT, instruments de musique, à Paris.
LEGEY, instruments de mathématique à Paris.
PICQUET, cartes géographiques, à Paris.
REYMONDON, mesures diverses, à Paris.
ANDRIVEAU-GOUJON, cartes géographiques, à Paris.

ARTS CHIMIQUES.

TRESCA, bougies stéariques, à Paris.
RAYBAUD, savons de résine, à Paris.
BERTRAND et FEYDEAU, conserves alimentaires, à Nantes.
ESTIVANT fils aîné, colle forte, à Givet (Ardennes).
ESTIVANT-DONAU, colle forte, à Givet (Ardennes).
OGER, savons, à Paris.
SICHEL-JAVAL, savons, à Paris.
JULLIEN (veuve André), clarification des vins, à Paris.
YUMERY (comte de), sel raffiné, à Dieuze.
DELACRETAZ, produits chimiques, à Graville (Seine-Inférieure).
COURNERIE et Cie, produits chimiques, à Cherbourg.
LEROUX, produits chimiques, à Vitry-le-Français.
GOBERT, couleurs, à Paris.
LEFRANC frères, couleurs, à Paris.
MILORI, couleurs, à Paris.
PANIER et PAILLARD, couleurs, à Paris.
COLCOMB-BOURGEOIS, couleurs, à Paris.
CARON (Charles-Louis), blanchiment d'étoffes, à Beauvais (Oise).
VÉTILLARD père et fils, blanchiment d'étoffes, à Ponthieu.
MENIER et Cie, chocolats, etc., à Paris.
SOEHNÉE frères, vernis, à Paris.
LAMARE (veuve), appareils culinaires, à Paris.

BEAUX-ARTS.

FRAISSE aîné, marbres, à Perpignan.
DUPONT, pierres lithographiques, à Paris.
LAURENT et DE BERNY, typographie, à Paris.
AUBANEL (Laurent), typographie, à Avignon.
GAVARD, librairie, à Paris.
DUBOCHET, librairie, à Paris.
CURMER, librairie, à Paris.
LACRAMPE et Cie, imprimerie, à Paris.
PAUL DUPONT, imprimerie, à Paris.
DESROSIERS, imprimerie, à Moulins (Allier).
FISCHER père et fils, ébénisterie, à Paris.
JOLLY, ébénisterie, à Paris.
BELLANGE, ébénisterie, à Paris.
BON (Adolphe), bijouterie fausse, à Paris.
MARION-BOURGUIGNON, bijouterie fausse, à Paris.

DURAND, orfèvrerie, à Paris.
AUCOC, orfèvrerie, à Paris.
LENGLET et TURQUET, orfèvrerie, à Paris.
PARQUIN, orfèvrerie, à Paris.
PECHINEY aîné, orfèvrerie, à Paris.
VILLEMSENS, bronzes d'art, à Paris.
HURET, bronzes d'art, à Paris.
LENSEIGNE, bronzes d'art, à Paris.
MARSAUX, estampage, à Paris.
LECOCQ et Cie, estampage, à Paris.
DUPONT (Auguste), lithographie, à Périgueux (Dordogne).
CATTIER, lithographie, à Paris.
THIERRY frères, lithographie, à Paris.
SIMON fils (Émile), lithographie, à Strasbourg.
FELDTRAPPE frères, gravure, à Paris.
SIMIER, gravure, à Paris.
KŒLER, gravure, à Paris.

POTERIES.

JOHNSTON et Cie, grès, à Bordeaux.
BURGUN, WALTER, BERGER et Cie, verrerie, à Cœtzembruck.

ARTS DIVERS.

POINSOT, chapeaux de dames, à Paris.
DURIEUX, filigranes, à Belleville.
LAROCHE frères, papeterie, au Martinet (Charente).

MÉDAILLES DE BRONZE.

TISSUS.

WOLOUSKI et MAUFUS (Mmes), à Aubusson.
WITZ, à Cernay (Haut-Rhin).
WALTER (aîné Mme veuve), à Metz.
VIMONT, à Elbeuf.
VIMAL-VIMAL fils aîné, tissus, à Ambert (Puy-de-Dôme).
VAUGEOIS, à Paris.
LÉON VALLÈS et BOUCHARD, à Paris.
VALENTIN (Ferdinand), à Nîmes.
TORCAPEL, à Caen.
TELHIARD et Cie, à Évreux.
TETTELIN-MONTAGNE, à Roubaix.
TABARD aîné, à Aubusson.
STEINER (Charles), à Ribeauville (Haut-Rhin).
SIVEL-CARON et Cie, à Paris.
SIMONDANT, A. BONNET et Cie, à Paris.
SERRES (Louis), à Nîmes.
SCHLUMBERGER (François-Médard), à Mulhouse.
SCHLUMBERGER-SCHWARTZ, à Mulhouse.
DEMY DOINEAU et Cie, à Paris.
SCHEURER GROS et Cie, à Thann (Haut-Rhin).
SAUVAGE-RENÉ et Cie, à Lyon.
SAGUIER-TEULON, à Nîmes.
RUEF et BICARD, à Bischwiller.
ROUSSÉE, à Darnetal.
RIVES (Ulysse) et Cie, à Mazamet (Tarn).
RICHOND et Cie, à Saint-Étienne.
RIGAT, à Vienne (Isère).
RUBINS, à Paris.
REVILLOD et Cie, à Vizille (Isère).
REYNAUD, père et fils, à Nîmes.
REGNAULT et PELLIER, à Elbeuf.
RAVIER, à Sarreguemines (Moselle).
REDARÈS frères, à Nîmes.
QUESNEL-MASSIF, à Rouen.
QUIBLIER (Alexis), à Nîmes.
PROVENSAL, à Moussey (Vosges).
POUCHON, fils aîné, à Vienne.
POLLET, à Roubaix.
VAYSON, PORET et Cie, à Paris.
PLUCHET, à Trappes (Seine-et-Oise).
PERSON, à Paris.
PERQUIN, à Cugand (Vendée).
PEARSON (Frédéric), à Saint-Pierre-les-Calais.
PARENT aîné, à Lyon.
PARPAITE aîné, à Carignan (Ardennes).
PASCAL, à Popincourt,
OUDINOT-LUTEL, à Paris.
OSMOND et BOISMARD, à Elbeuf.
NEVEU et MARION, à Rouen et Malaunay.
MORIZE aîné, à Paris.
MOURCEAU (H.) et Cie, à Paris.
MOLLET-WARMÉ frères, à Amiens.
MÉNAGE et Cie, à Elbeuf.
MASSE (Édouard) et fils, à Saint-Symphorien-de-Lay.
MARTIN (J.-P. et P.), à Tarare.
MARCHAND-LECOMTE, à Patay.
P. MARIE et Cie, à Laval.
MARLIÈRE, à Saint-Quentin.
MANIGUET, à Vienne.
MALLEZ (Jules), à Lille.
LUSSAGNET et Cie, à Nay (Basses-Pyrénées).
LORRAIN et GUILLET, à Lyon.
LUCY SEDILLOT, à Paris.
LION frères et Cie, à Paris.
LOMBRÉ et fils, à Nay (Basses-Pyrénées).
LIGNIÈRES PASCAL, à Carcassonne.
LEVASSEUR frères, à Paris.
LESUR frères, à Saint-Quentin.
LÉGER jeune et PARÉ, à Patay (Loiret).
LECLERC-BOISSEAU et Cie, à Reims.
LEBLANC, à Turcoing.
LEBLON-DANSETTE, à Armentières (Nord).
LAPORTE (veuve) et fils, à Limoges.
LADREY, à La Fermeté.
KOENIG (Napoléon), à Sainte-Marie-aux-Mines.
JUNOT (Hippolyte) et Cie, à Paris.
JURY fils et TARDIF, à Ambert (Puy-de-Dôme).
KAZNER et DUBOIS, à Paris.
JOURDAIN-DEFONTAINE, à Turcoing.
JOYEUX, fils aîné, à Nîmes.
JACQUIN (Julien), à Troyes.
JAILLET jeune, à Lyon.
HAROUARD et LAYA, au Mans.
GUSTELLE et MONNET, à Lyon.
GUILLEMOT frères, à Paris.
GRILLET, à Paris.
GRIMONPREZ fils, à Roubaix.
GOUJON, à Lyon.
GOULDEN et Cie, à Bischwiller (Bas-Rhin).
GLATIGNY (Mme veuve), à Rouen.
GEFFROTIN, à Paris.
GAILLARD et SIMON, à Saint-Chamond (Loire).
GAILLARD (Joseph), à Lyon.
GARARRON et fils, à Limoux (Aude).
FRIES et CALLIAS, à Guebwiller (Haut-Rhin).
FORT et Cie, à Saint-Jean-Pied-de-Port (Basses-Pyrénées).
BRESSON (Hippolyte), à Bruges (Gironde).
FLORY et AUDIBERT, au Vigan (Gard).
FEUGÉ-FESSART, à Troyes.
FESSARD, à Maromme (Seine-Infér.).
FERNAND, DELOYSE, PELLETIER et Cie, à Rouen.
FAVRE et BÉCHET, à Paris.
DUTUIT, à Barentin (Seine-Inférieure).
DUPAS-KOEL, à Mirecourt
DUHAMEL-HOUSSEZ, à Roubaix.
DUHAMEL frères, à Paris.
DUFFOUR-BAZIN, à Bazin, commune de Lectoure (Gers).
DREUILLE, à Paris.
DOUX, ROCHE et DIME, à Lyon.
DOUX jeune, à Villalier (Aude).
DOUINE, à Troyes.
DONAT, ACHARD et Cie, à Riom,
DESCOINS, à Mouy (Oise).
DEMY-BOINEAU, à Paris.
DEMOREUIL, à Hanger (Somme).
DELEPOULLE frères, à Roubaix.
DEFRESNE (Alphonse), à Roubaix.
BUISSON, JUGLAR et E. ROBERT, à Manosque (Basses-Alpes).
DE LA MORINIÈRE, GONIN et MICHELET, à Paris.
DEFRENNE (Louis), à Roubaix.
DECOSTER, à Lille.
DECHANCE et Cie, à Rouen.
DECAUX, à Elbeuf.
DEBU père et fils, à Rouen.
DAYDE-GARY, à Gennes-Monestiés (Aude).
DACHES et DUVERGER, à Paris.
COURTEY frères et BARRET, à Toulou, près Périgueux.
COLLARD et BELZACQ, à Paris.
CHINARD fils et Cie, à Paris.

CORDONNIER (Mme veuve), à Roubaix.
ANTOINE COLLIN et Cie à Saulx (Vosges).
CHAUMOUILLÉ et CÉAS, à Bourg-lès-Valence.
CHAPRON (L.), à Nantes.
CHANSON (Mlle), à Paris.
CHAMPIGNEULLE jeune, à Warize (Moselle).
CHAMPELLIER fils aîné, à Saint-Pierre-lès-Calais.
GERIN fils et ROSSET, à Chabeuil (Drôme).
ANDRÉ-JEAN et le major BRONSKI, au château de Saint-Selves.
CARRIÈRE-VIGNAT, à Saint-Etienne.
CARQUILLAT (MM.), à Lyon.
CANEL, CHAPELON et Cie, à Saint-Étienne.
CAMBON cadet, à Samène (Gard).
BURGADE père et fils, à Bordeaux.
BULTEAU frères, à Roubaix.
BUFFARD, à Lyon.
BRUNNEEL, à Lille.
BRICHE, VAN BAVINCHOVE, à Saint-Omer.
BOYER frères, à Limoges.
BOUTARD, VIGNON et Cie, à Paris.
BOURGUIGNON, SCHMIDT et SCHWEBEL, à Bischwiller (Bas-Rhin).
BOUNIOLS aîné, au Vigan.
BOULARD, à Cholet (Maine-et-Loire).
BORDEAUX (veuve), FOURNIER et fils, à Lisieux.
BONNAL (J.-P.) et Cie, à Montauban.
BOISGUILLAUME et fils, à Elbeuf.
BLUET, à Rouen.
BLANPAIN frères, à Sedan.
SIDNEY DE MEYNARD, à Orleix, près Tarbes.
BLACHIER et MASSER, à Nîmes.
BEUDON, à Paris.
BERTIN, à Nantes.
BEER-MOREL, à Elbeuf.
BEAUVAIS (Mlle) et Cie, à Paris.
BARRIER, à Paris.
BACHEMALLET, BARNICAUT et DIETZ, à Saint-Vincent-des-Vergues.
AUBRY-FEBVREL, à Mirecourt.
ACCARY (veuve) et fils, à Montluel (Ain).
GIBLIN et fils, à Lasalle. (Gard).

MÉTAUX.

BESQUENT et Cie, fonte, à Tredion (Morbihan).
BLANCHON et BOISBERTRAND, fonte, à La Chapelle-Saint-Robert.
BLARY, fonte, à Louviers.
BLOCK, fonte, à Versailles.
BOLLÉE (Ernest), cloches, à Sainte-Croix (Sarthe).
LEJEUNE fils, fers, à Paris.
BOURGEOIS et Cie, fers, à Sionne (Vosges).
DOÉ frères et Cie, fers, à Charenton.
DUCEL fils, fers, à Paris.
ELLIOT et SAINT-PAUL, fers, à Paris.
FORGES DE PAIMPONT, fers (Ille-et-Vilaine).
FREMY, fers, à Paris.
ROJON, fers, à Paris.
GEOFFROY (Bertrand), fers, à Saint-Paul-lès-Dax (Landes).
METAIRIE, divers, à Pont-Saint-Ouen (Nièvre).
TRONCHON, divers, à Paris.
VANDE et JEANRAY, divers, à Paris.
VEGNY, et Cie, divers, à Paris.
BOURDEAUX aîné, coutellerie, à Montpellier.
CHATELET jeune et fils, coutellerie, à Thiers (Puy-de-Dôme).
GUERRE, coutellerie, à Langres.
GUILLEMOT-LAGROLIERE, coutellerie, à Thiers.
LUER, coutellerie, à Paris.
NAVARON-DUMAS, coutellerie, à Thiers.
PRODON-POUZET, coutellerie, à Thiers.
PARISOT, coutellerie, à Paris.
VAUTHIER, coutellerie, à Paris.
MARTIN, armes blanches, à Paris.
DELACOUR, armes blanches, à Paris.
BATELOT (veuve), quincaillerie, à Blamont (Meurthe).
BERNIER aîné et frères, quincaillerie, à Paris.
CHAUFFRIAT et BARON, enclumes et soufflets, à Saint-Étienne.
DELAFORGE, quincaillerie, à Paris.
FUSELLIER, quincaillerie, à Nevers.
GERARD, quincaillerie, à Paris.
CHEVALIER, quincaillerie, à Paris.
SOMBORN et Cie quincaillerie, à Boulay.
ARNHEITER, quincaillerie, à Paris.
CHAUVITEAU et Cie, quincaillerie, à Paris.
DORVAL, quincaillerie, à Paris.
PAUBLAN, quincaillerie, à Paris.
JACQUEMIN père et fils, quincaillerie, à Paris.
DUFOUR et DEMALLE, quincaillerie, à Morez (Jura).
LAGOUTTE et fils, quincaillerie, à Paris.
LOYSEL et HUBIN, quincaillerie, à Paris.
SIMON et Cie, quincaillerie, à Paris.
SIROT père, divers fers, à Trith-Saint-Léger (Nord).
SIRODOT (Victor), MOUCHET et Cie, divers fers, à Oloron (Basses-Pyrénées).
MASSUN et fils, divers fers, à Metz.
NEUSS (H.-J.), divers fers, à Vaise (Lyon).
TROUSSET fils, CATALA et Cie, divers fers, à Angoulême.
DERRIEY, typographie, à Paris.
LUHAULT et RENAULT, typographie, à Paris.
LUNDY, typographie, à Paris.
MICHEL, typographie, à Paris.
PETITBON, typographie, à Paris.
THOREY et VIREY, typographie, à Paris.
BOULLAND et fils, limes, à Paris.
DEROLAND, limes, à Paris.
PUPIL, limes, à Paris.
RAOUL aîné, limes, à Paris.
TABORIN, limes, à Paris.
FROID, limes, à Paris.
GRASSET, limes, à Saint-Aubin (Nièvre).
SCHMIDBORN et Cie, limes, à Sarralbe (Moselle).
THOMAS (Louis), étaux, à Nevers.
PELLETIER, étaux, à la Ferrière-sous-Jougne (Doubs).
PECHENARD-NANQUETTE, étaux, à Pied-Celle (Ardennes).
POLI et Cie, étaux, à Paris.
PANCERA-DUCHAVANY et Cie, cordes à musique, à Ponchery (Isère).
HYON, cuivre et chaudronnerie, à Paris.
JOLLY, cuivre et chaudronnerie, à Paris.
LEBAS, cuivre et chaudronnerie, à Laigle.
PAILLIETTE, cuivre et chaudronnerie, à Paris.
REVEILHAC fils et Cie, cuivre et chaudronnerie, à Paris.
RICHARD-DORIVAL, cuivre et chaudronnerie, à Sedan.
CHATELARD et PERRIN, peignes à tisser, cardes, à Lyon.
DESPLANQUES jeune, peignes à tisser, cardes, à Lizi-sur-Ourque (Seine-et-Marne).
FOUCHER, peignes à tisser, cardes, à Rouen.
HARDING-COCKER, peignes à tisser, à Lille.
SEHET, peignes à tisser, cardes, à Soubès (Hérault).
BOCQUET, bijouterie, à Paris.
BUREAU, bijouterie, à Paris.
SAVART, orfèvrerie, à Paris.
GRISET, orfèvrerie, à Paris.
GAUSSENT, orfèvrerie, à Paris.
BERNARD, marbres, à Paris.
CABARRUS et GRADIT, marbres, à Eugomer (Ariège).
CÉLIS, marbres, à Paris.
CIULI, marbres, à Paris.
DEBRAY, marbres, à Paris.
DEBRY, ardoises, à Monthermé (Ardennes).
DEFIS, meules, à Paris.
GALMIER, mosaïques, à Montpellier.
HUTTIN, brunissoirs, à Paris.
LEMESLE, marbres, à Paris.

MONY (non exposant), émail, à Paris.
MUDESSE, marbres, à Paris.
PERRONCEL fils aîné et Cie, marbres, à la Mure (Isère).
PHILIPOT, marbres, à Perpignan.
ROGLE, marbres, à Paris.
ROGER fils, pierres meulières, à la Ferté-sous-Jouarre.
SAPPEY, marbres, à Vizille (Isère).
SAUVAGE, sculpture et marbre, à Paris.
PETIT, pierres lithographiques, à Mirecourt (Vosges).

MACHINES.

DAVID-LYON aîné, moulins, à Meaux (Seine-et-Marne).
UHLER aîné, moulins, à Dijon.
TOUAILLON, moulins, à Saint-Denis.
STOLTZ fils, machines à vapeur, à Paris.
VACHÉ, machines à vapeur, à Paris.
STAMM et Cie, machines à vapeur, à Thann (Haut-Rhin).
SIMON, machines à vapeur, à Paris.
SERVEILLE aîné, machines à vapeur, à Paris.
SCHIERTZ, machines à vapeur, à Paris.
SCHEIBEL et LOOS, machines à vapeur, à Paris.
SALADIN, machines à vapeur, à Mulhouse.
ROUFFET, machines à vapeur, à Paris.
PELTIER, machines à vapeur, à Paris.
MOLTENI et Cie, machines, à Paris.
MINIER, machines, à Rouen.
MICHEL, machines, à Saint-Hippolyte (Gard).
MICHEL, machines, à Rouen.
MAUDUIT, machines, à Paris.
MALTEAU, machines, à Elbeuf.
LELOUP, machines, à Paris.
KRENTZY, machines, à Paris.
JOHN HALL, POWEL et SCOTT, machines, à Rouen.
GUENET, machines, à Paris.
GRAVET, machines, à Paris.
GIRAUDON fils, machines, à Paris.
GAVARD fils (Adrien), machines, à Paris.
GALY-CAZALAT, MARTRES et MONTAIGUT, machines, à Paris.
FREY fils, machines, à Belleville.
FOURCROY aîné, machines, à Lyon.
FERRAND-LAMOTTE, machines, à Troyes.
DUVAL, machines à vapeur, à Paris.
DESBORDES, machines à vapeur, à Paris.
DARET, machines à vapeur, à Paris.
COMMUNEAU, machines à vapeur, à Paris.
CIECHANSKI, machines à vapeur, à Paris.
CLAIR, machines à vapeur, à Paris.
BUISSON, machines à vapeur, à Tullien (Isère).
BODIN, machines à vapeur, à Metz.
AUDENELLE, machines à vapeur, à Paris.
BRITZ, presses d'imprimerie, à Paris.
BRISSET père, presses d'imprimerie, à Paris.
COSNUAU, presses d'imprimerie, à Paris.
DAMERON, voitures, à Paris.
DUFOUR, ingénieur, à Lyon (non exposant).
GERVAZY, ingénieur, à Lyon (non exposant).
GOUET, presses autographiques, à Paris.
GUILLAUME, presses autographiques, à Paris.
GUINARD fils aîné, à Lyon (non exposant).
HAVÉ, presses d'imprimerie, à Paris.
LE MARCHAND, presses, à Paris.
MELZESSARD, presses, à Paris.
POIRIER, presses, à Paris.
THUVIEN, presses, à Paris.
WAIDÈLE, presses, à Paris.
THIRION (Romain), pompes, à Paris.
PETIT (Adrien), pompes, à Paris.
PERRIN, pompes, aux Champrois (Doubs).
LETESTU et Cie, pompes, à Paris.
DEBAUSSAUX, pompes, à Amiens.
GENTET et GODEFROY, pompes, à Ingouville (Seine-Inférieure).
DAVIRON, outils, à Paris.
BOURG, garde-robes, à Paris.
MERIC frères, pressoirs, à Paris.
GRATIEN-DESAVOYE, instruments aratoires, à Rieux-Hamel (Oise).
DOYNEL DE QUINCEY, instruments aratoires, à Avranches.
COLOMBEL, instruments aratoires, à Chaville (Eure).
ALLIER (Edouard), instruments aratoires, à Gap (Hautes-Alpes).
LACAZE, instruments aratoires, à Nimes.
LEBERT, instruments aratoires, à Pont (Eure-et-Loir).
LEQUIN (Fr.) et B. LAURENT, instruments aratoires, au Châtelet.
SAVOYE père, instruments aratoires, à Berlaimont (Nord).
ROGER, constructions civiles, à Paris.
GIRAULT, constructions civiles, à Paris.
FLEURET (veuve) et fils, constructions civiles, à Paris.
DOENS, constructions civiles, à Paris.
DEVICQUE et Cie, constructions civiles, à Paris.
JACQUEMART, constructions civiles, à Paris.
LEBOEUF, cordages, à Paris.
JOLY aîné, cordages, à Saint-Malo.
LEPRINCE, garde-robes, à Paris.
LEROY et Cie, garde-robes, à Paris.
VILLESÈQUE, pressoirs, à Perpignan.
VALLA, pressoirs, à Nimes.
LLANTA-SATURNIN, pressoirs, à Perpignan.

INSTRUMENTS DE PRÉCISION.

BOCQUET, à Paris.
BODEUR, à Paris.
BOURGOGNE, à Paris.
BRETON (Louis et André), à Paris.
DORLÉANS, à Paris.
FROMENT, à Paris.
HAMANN et HEMPEL, à Paris.
LEYDECKER, à Paris.
MARTY et Cie, à Montbéliard.
NACHET, à Paris.
NEUMANN, à Paris.
NIOT, à Paris.
RADIGUET, à Paris.
SAUNIER, à Mâcon (Saône-et-Loire).
SCHWEIG, à Paris.
VILA-KOENIG, à Paris.
ALEXANDRE père et fils, instruments de musique, à Paris.
BERNHARDT, instruments de musique, à Paris.
BORD, instruments de musique, à Paris.
BRETON, instruments de musique, à Paris.
BUFFET-CRAMPON, instrument de musique, à Paris.
BUFFET jeune, instruments de musique, à Paris.
DEBAIN, instruments de musique, à Paris.
DUSSAUX, instruments de musique, à Paris.
ESLANGER, instruments de musique, à Paris.
FAURE et ROGER, instruments de musique, à Paris.
FOURNEAUX, instruments de musique, à Paris.
GODFROY aîné, instruments de musique, à Paris.
HESSELBEIN, instruments de musique, à Paris.
DE LACOUX, instruments de musique, à Paris.
LEROUX aîné, instruments de musique, à Paris.
MULLER, instruments de musique, à Paris.
MARTIN, instruments de musique, à Provins.
MERMET, instruments de musique, à Paris.
MONTAL, instruments de musique, à Paris.
MULLIER, instruments de musique, à Paris.

ADLER, instruments de musique, à Paris.
NIDERREITHER, instruments de musique, à Paris.
PECCATTE, instruments de musique, à Paris.
POIROT, instruments de musique, à Paris.
SANGUINEDE, instruments de musique, à Paris,
SAVARESSE fils, instruments de musique, à Paris
SYLVESTRE frères, imprimeurs de musique, à Paris.
SURET, instruments de musique, à Paris.
THIBOUT et Cie, instruments de musique, à Paris.
BARON, horlogerie, aux Gras (Doubs).
GARNACHE-BARTHOD, horlogerie, aux Seignes-des-Gras (Doubs).
LAMY-JOZ, horlogerie, à Morez (Jura).
CHAVIN frères, horlogerie, à Morez (Jura).
LAMY et LACROIX, horlogerie, à Morez (Jura).
FUMEY, horlogerie, à Morez (Jura).
FONGY, horlogerie, à Besançon.
FLAUST-CORNET, horlogerie, à Saint-Lô (Manche).
BRUNEL et BIENAYMÉ, horlogerie, à Dieppe.
THOURET, horlogerie, à Paris.
ROBERT, horlogerie, à Paris.
REDIER, horlogerie, à Paris.
PHILIPPE, horlogerie, à Paris.
NOBLET, horlogerie, à Paris.
DUSSAULT, horlogerie, à Paris.
CAPT, horlogerie, à Paris.
BOURDIN, horlogerie, à Paris.
CHAUDUN, armes à feu, à Paris.
PRELAT, armes à feu, à Paris.
PIDAUT, armes à feu, à Paris.
LEFAURE, armes à feu, à Paris.
GEVELOT (veuve), amorces, à Paris.
GAUPILLAT et Cie, amorces, à Sèvres.
DELAIRE, armes à feu, à Paris.
DUTREIX, balances, à Limoges.
GARAT aîné, balances, à Caen.
JUNOT, balances, à Paris.
MARS, balances, à Paris.
DELAMARCHE, globes terrestres, etc., à Paris.
DIEN, géographie, à Paris.
BORDIN, géographie, à Paris.
OBER-MULLER (Guillaume), géographie, à Paris.
ROTH, mesures et compteurs, à Paris.
SIRY, LIZARS et Cie, mesures et compteurs, à Paris.
BARDONNAUD, mesures et compteurs, à Limoges.
TRUC et BRISMONTIER, lampes et éclairage, à Paris.
GOTTEN, lampes et éclairage, à Paris.
CHATEL jeune, lampes et éclairage, à Paris.
JOANNE, lampes et éclairage, à Paris.
NICOLE, lampes et éclairage, à Paris.
DUBRULLE, lampes et éclairage, à Lille.
ROCKEL, lampes et éclairage, à Metz.

ARTS CHIMIQUES.

AMELINE et Cie, produits chimiques, à Courbevoie.
BERGERAT et LETELLIER, produits chimiques, à Paris.
BERTHE frères, produits chimiques, à Honfleur.
BOYVEAU et PELLETIER, produits chimiques, à Paris.
DELAUNAY et Cie, produits chimiques à Portillon (Indre-et-Loire).
LAMING et Cie, produits chimiques, à Courbevoie.
MALLET et Cie, produits chimiques, à la Villette.
MARSUZY DE AGUIRRE, produits chimiques, à Paris.
RINGAUD jeune, produits chimiques, à Paris.
FRICK, produits chimiques, à Paris.
DEC, couleurs, vernis et teintures, à Paris.
BRUNEL, couleurs, vernis et teintures, à Avignon.
CERCEUIL, couleurs, vernis et teintures, à Paris.
VERMONT et Cie, couleurs, vernis et teintures, à Rouen.
DAVID et MILLIANT, couleurs, vernis et teintures, au Val-Benoît.
DELARUELLE-LEDANSEUR, couleurs, vernis et teintures, à Paris.
DUTFOY jeune, couleurs, vernis et teintures, à Paris.
ERNOULT-BAYARD, couleurs, vernis et teintures, à Paris.
FARGE, couleurs, vernis et teintures, à Lyon.
GIROUY, couleurs, vernis et teintures, à Paris.
RICHARD, couleurs, vernis et teintures, à Paris.
VALLÉ, couleurs, vernis et teintures, à Paris.
TRIPIER-DEVAUX, vernis, couleurs et teintures, à la Villette.
ANTOINE, dessiccation du bois, à la Villette.
BOIGUES, chauffage, à Paris.
BOISSIMON (de) et Cie, chauffage, à Langeais (Indre-et-Loire).
DELAROCHE, chauffage, à Paris.
GERVAIS, chauffage, à Paris.
GRAUX, chauffage, à Paris.
HOUSSIN, chauffage, à Paris.
HOYOS, chauffage, à Paris.
HUREZ, chauffage, à Paris.
LECOCQ et Cie, chauffage, à Paris.
LEPLANT, chauffage, à Arras.
PAUCHET, chauffage, à Paris.
POTTIER-JOUVENEL, chauffage, à Paris.
RÉGNIER, calorifères et bougies, à Paris.
WAILLES, bougies, à Versailles.
PETIT et LEMOULT, bougies, à Grenelle.
LEPARMENTIER et Cie, bougies, à Paris.
BELHOMMET, bougies, à Landernau.
BOISSET et GAILLARD, bougies, à Paris.
CORNILLIER aîné, salaisons, à Nantes.
GALLET, engrais, au Havre.
MACHARD, huiles grasses, au Havre.
MESNY et JAVARD, savons, à Vienne (Isère).
MONPELAS, savons, à Paris.
TAULET, fonte de suif, à Paris.
CLOUET, glu marine, à Paris.
SIGNORET (Édouard), colles fortes, à Marseille.
BRIET, eaux et liquides gazeux, à Paris.
DELAFONT, eaux et liquides gazeux, à Paris.
DE MONTEBELLO, eaux et liquides gazeux, à Paris.
RIGOLLOT, eaux et liquides gazeux, à Paris.
BOLAND, fécules, farines, légumes secs, à Paris.
BOUCHER, fécules, etc., à Pantin.
BOUDIN-DRELON, fécules, etc., à Saint-André (Puy-de-Dôme).
BRANSOULIE fils, fécules, etc., à Nérac.
DELAFONTAINE (Édouard-François), fécules, etc., à Turcoing.
ROBINE, fécules, etc., à Paris.
LABICHE et TUGOT, fécules, à Paris.
LEFEBVRE-CHABERT, fécules, etc., à Paris.
LEFEBURE et Cie, fécules, à Tromblaine (Meurtre).
MACQUET et RAMEL, fécules, etc., à Paris.
PARANT, fécules, etc., à Limoges.
PORCHERON, fécules, etc., à Dijon.
SEJOURNET fils, fécules, etc., à Clermont-Ferrand.
THEBAUD frères, fécules, etc., à Nantes.
NUMA GRAR, sucres, à Valenciennes.
JACQUAND père et fils, cirage, à Lyon.
LALLEMAND, teintures, à Sedan.

BEAUX-ARTS.

HULOT, électro-chimie, à Paris.
VEDDER, meubles, à Paris.
SELLIER, meubles, à Paris.
RINGUET-LEPRINCE, meubles, à Paris.
POCHARD, meubles, à Paris.
MARSOUDET, meubles, à Paris.
MAINFROY, meubles, à Paris.
LEBLANC, meubles, à Paris.
MARÉCHAL, bijouterie, à Paris.

KLEIN, meubles, à Paris.
HOEFFER, meubles, à Paris.
BOUTUNG, meubles, à Paris.
BERTHET et PERET, meubles, à Paris.
BALNY jeune, meubles, à Paris.
ANNÉE, meubles, à Paris.
SIMON, meubles, à Paris.
NOYON, meubles, à Paris.
MOREAU, meubles, à Paris.
LINSLER, meubles et parquets, à Paris.
DUTZSCHOOLD, meubles et parquets, à Paris.
CREMER, meubles et parquets, à Paris.
COMMOY, meubles et parquets, à Saint-Claude (Jura).
BERTHAUD et LUCQUIN, meubles et parquets, à Paris.
BARBIER, meubles et parquets, à Paris.
ADAM, meubles et parquets, à Paris.
KRAFFT, gravure sur bois, à Paris.
BRUGNOT, gravure sur bois, à Paris.
BOUVET, gravure sur bois, à Paris.
TISSIER, gravure sur bois, à Paris.
BONAFOUX et GAILLARD-SAINT-ANGE, gravure sur bois, à Paris.
GRÉER, bijouterie, à Paris.
RICHARD, bijouterie, à Paris.
MILLET, bijouterie, à Paris.
VIENNOT, bijouterie, à Paris.
VOIZOT, bijouterie, à Paris.
SERRUROT, bronzes, à Paris.
BOYER, bronzes, à Paris.
DE BRAUX D'ANGLURE, bronzes, à Paris.
BENOIT LANGLASSÉ, bronzes, à Paris.
MARQUIS, bronzes, à Paris.
RAINGO frères, bronzes, à Paris.
RODEL, bronzes, à Paris.
BASNIER, bronzes, à Belleville.
TOURNIER, bronzes, à Paris.
THOUMIN et CORBIÈRE, bronzes, à Paris.
FAURE, mannequins, à Paris.
MATHIAS, librairie, etc., à Limoges.
BARBOU frères, librairie, à Paris.
BOUCHARD-HUZARD (veuve), librairie, à Paris.
BRY, librairie, etc., à Paris.
CHARDON, librairie, etc., à Paris.
CHARPENTIER père et fils, librairie, à Nantes.
ARDANT frères, librairie, à Limoges.
CRÉTÉ, imprimerie, à Corbeil.
LEBRUN, reliure, à Paris.
MIGNÉ, imprimerie, à Châteauroux.
OTTMAN-DUPLANIL, reliure, à Paris.
SCHNEIDER et LANGRAND, à Paris.
DESHERAND, dessins de fabrique, à Aubusson.
GUICHARD, dessins de fabrique, à Paris.
LANGLADE, dessins de fabrique, à Aubusson.
LAROCHE, dessins de fabrique, à Paris.
NAZE, dessins de fabrique, à Paris.
RYPINSKY, dessins de fabrique, à Paris.
BACH-PÉRÈS, stores et écrans, à Paris.
DUPRÉ (veuve), éventails, à Paris.
DUVELLEROY, éventails, à Paris.
GIRARD, stores et écrans, à Paris.
HATTAT, stores et écrans, à Paris.
HANKIN, stores et écrans, à Paris.
HARDOUIN, carton-pierre, à Paris.
LOMBARD, carton-pierre, à Paris.
POORTMAN, histoire naturelle, à Paris.
VERREAUX, histoire naturelle, à Paris.
DUSSAUCE, peinture à la cire, à Paris.
SAUNIER (Mme), brosses et pinceaux, à Paris.
BARTHELEMY, billards, à Paris.
GUILLELOUVETTE et THOMERET, billards, à Paris.

POTERIES, VERRERIES.

NOUALHIER et BOCQUET, verrerie, à Sèvres.
VIOLAINE (de) frères, verrerie, à Vauxrot, près Soissons.
VARANGUIEN DE VILLEPIN, verrerie, à Masnières (Aisne).
NOCUS, verrerie, à Saint-Mandé.
BILLAZ-MAUMENÉ et Cie, verrerie, à Lyon.
CASADAVENT, verrerie, à Sèvres.
ROCHE, verrerie, à Nevers.
GINESTON, verrerie, à Paris.
BERGER-WALTER, taille de cristaux, à Paris.
BONVOISIN, taille de cristaux, à Paris.
CHAPELLE-MAILLARD, taille de cristaux, à Paris.
NEPPEL fils et BONNOT, porcelaine, à Nevers.
MICHET et VALIN, porcelaine, à Limoges.
GUYON DE BOULEN, grès et faïence, à Gien.
DU TREMBLAY, grès et faïence, à Rubelles.
VOGT, grès et faïence, à Paris.
ROUDIER, terre cuite, à Vaugirard.
FOLLET, terre cuite, à Paris.
DESFOSSÉ frères, couleurs vitrifiables, à Paris.
BEDIER-DOTIN, couleurs vitrifiables, à Paris.
BEAUFAY, creusets, à Paris.

ARTS DIVERS.

BOBOEUF-CASAUBON, fleurs artificielles, à Paris.
CONSTANTIN, fleurs artificielles, à Paris.
CROUSSE, fleurs artificielles, à Paris.
SALLERON, papiers, à Paris.
CHAGOT frères, fleurs artificielles, à Paris.
LAÈRE (de), fleurs artificielles, à Paris.
LAROQUE (Mme), fleurs artificielles, à Paris.
LEFORT frères, fleurs artificielles, à Paris.
MAIRE, fleurs artificielles, à Paris.
PERROT, fleurs artificielles, à Paris.
PREVOST-WENZEL, fleurs artificielles, à Paris.
ZACHARIE, fleurs artificielles, à Paris.
BOURJAT, buffleterie, mégisserie, etc., à la Troache.
DEADDÉ, cuirs et vernis et peaux, à Paris.
DEZAUX-LACOUR, cuirs et vernis et peaux, à Guise (Aisne).
ESTIVANT et BIDOU fils, cuirs et vernis et peaux, à Givet.
HEULTE, cuirs et vernis et peaux, à Paris.
HOVELACQUE frères, cuirs et vernis et peaux, à Paris.
LANDRON frères, cuirs et peaux, à Meung (Loiret).
MELLIER, cuirs et peaux, à Paris.
MICOUD, cuirs et peaux, à Paris.
ROUSSEL (veuve A.) et COURTÉPÉE, cuirs et peaux, à Paris.
ROUSSEL (L.) et DESPREZ, cuirs et peaux, à Paris.
SORREL, BERTHELET et Cie, cuirs et peaux, à Moulins.
SUSER, cuirs et peaux, à Nantes.
TROPEL-ANGE, cuirs et peaux, à Guingamp (Côtes-du-Nord).
BÉCHARD, bandages, biberons, à Paris.
CAUVARD, peignes, etc., à Paris.
REYNIER, gants, à Grenoble.
TRELON et LANGLOIS-SAUER, boutons, etc., à Paris.
NOEL fils aîné, boutons, etc., à Paris
JOULIN, gants, à Paris.
SUSER, chaussures, à Nantes.
BERNARD BRUNHES, sabots, à Aurillac.
CAZAL, cannes et parapluies, à Paris.
DESPIERRES, cannes et parapluies, à Paris.
BRIÈRE, papiers peints, à Paris.
GENOUX, papiers peints, à Paris.
MARGUERITE, papiers peints, à Paris.
PIGNET jeune fils et PALIARD, papiers peints, à Saint-Genis-Laval.
SEVESTRE fils et Cie, papiers, à Paris.
ANDRIEUX et VALLÉE père et fils, papiers, à Morlaix.
BÉCOULET (veuve) et VAISSIER, papiers, à Arcier, près Besançon.
LEMARIÉ, papiers, à Odet (Finistère).
LAROCHE, JOUBERT et DUMERGUE, papiers, à Nersac (Charente).
MARION, papiers, à Paris.

LONGUET, carton, à Paris.
GENTIL, carton, à Vienne (Isère).
ROBERT, registres, à Paris.
SAINT-MAURICE-CABANY (veuve), registres, à Paris.
GODILLOT père et fils, emballage, à Paris.
BOURGOGNE (Mmes), corsets, à Paris.
GOBERT (Auguste), corsets, à Lyon.
LAUDE frères, literie, à Paris.
DUVAL, dalles hydrofuges, à Paris.
BLANCHARD et CABRIOL, caoutchouc, à Paris.
GAGIN, caoutchouc, à Montmartre.
LEDOUX, caoutchouc, à Bonnay-sur-Loire (Loiret).
CAVY jeune et Cie, fourrures, à Nevers.
LABROUMETS, toiles cirées, à Paris.
HARMOIS frères, tuyaux à incendie, à Paris.
ALLIÉ, chapeaux, à Paris.
ABT, chapeaux de paille, à Paris.
FLESCHELLE, chapeaux de paille, à Paris.
FRAPPA et BOIZARD, chapeaux de paille, à Paris.
GUIGUET, chapeaux de paille, à Arles (Bouches-du-Rhône).
LAVILLE et POUMAROUX, chapeaux de paille, à Paris.
LEGRAS, chapeaux de paille, à Paris.
DELBOSQUE-MELO, brosses et pinceaux, à Metz.
COIGNARD (J.-J.) et Cie, brosses et pinceaux, à Nantes.
COCHERY (veuve), brosses et pinceaux, à Paris.
DRAINS, brosses et pinceaux, à Paris.
DUCOMMUN, filtres, à Paris.
TARD, filtres, à Paris.
BERNARD-SOUCHON, filtres, à Paris.

RAPPELS DE MÉDAILLES DE BRONZE.

TISSUS.

GERVAIS, coton, à Caen (Calvados).
LALIZEL aîné, coton, à Barentin (Seine-Inférieure).
LAUMAILLER et FROIDOT, coton, à Coye (Oise).
AUGUSTE GODARD, batistes, à Bapaume.
LOUIS MARY, toiles, à Saint-Rimault (Oise).
JACQUES BOYER, toiles, à Fresnay (Sarthe).
BILLON père et fils, toiles, à Fresnay (Sarthe).
BERTON frères, toiles, à Pont-de-Chaix (Isère).
DOURNHONNET, châles, à Paris.
BOUET, châles, à Nîmes.
MIRABAUD et Cie, châles, à Nîmes.
ALLIRE-BOURBON, soies, à Chatte.
NOEL-CHAMBOISEAU, soies, à Tours.
DUMAINE (Xavier), soies, à Tournon.
NOYER frères, soies, à Nîmes.
ROUVIÈRE frères, soies, à Nîmes.
PIERQUIN, GRANDIN et fils, soies, à Reims.
TROUPEL, FAVRE et GIDE, soies, à Embrun.
DUTROU fils, soies, à Paris.
MESNAGER frères, soies, à St-Étienne.
GENEVOIS (veuve), tissus de crins, à Paris.
JAVAL et MAY, draperie, à Elbeuf.
RASTIER fils, draperie, à Elbeuf.
COUPREE, MARCEL et Cie, draperie, à Elbeuf.
JUHER-DESMARES, draperie, à Vire.
GOUDCHAUX-PICARD fils, draperie, à Nancy.
BERTHAUD et PERTHUS frères, drap-feutre, à Vienne.
TALBOT fils, drap-feutre, à Saint-Denis (Indre-et-Loire).
BARTHÈS (Sylvestre), drap-feutre, à Saint-Pons (Hérault).
VISQUENEL, drap-feutre, à Rouen.
LEMONNIER, drap-feutre, à Yvetot.
MONTIER-HUET, drap-feutre, à Bolbec.
PRAMONDON (André), tissus, à Tarare.
SALMON (Alexandre) et DUVAL, tissus, à Tarare.
RENAUDIÈRE, tissus, à Paris.
LEJEUNE et Cie, tissus, à Roubaix.
DELÉTOILE-COCQUEL, bonneterie, à Arras.
TROUPEL et BARAGNON, bonneterie, à Montpellier.
VAUTIER fils, bonneterie, à Caen.
GUERIN (Samuel), passementerie, à Nîmes.
MARIE HOTTOT (Mme) et Cie, dentelles, à Paris.
HULOT, dentelles, à Paris.
BIAIS, broderie, à Paris.
ROUGET-DELISLE, tapisserie, à Paris.
FEAU BÉCHARD, impression sur tissu, à Parey.

MÉTAUX.

DEBEINE, tuyaux sans couture, à Paris.
HENRI (v^{e}), marbres, à Laval (Mayenne).
VIREBENT-DOAT, marbres, à Toulouse.
DU MENY, bitume, à Paris.
DOURNAY et Cie, bitume, à Paris.
HUTIN, marbres, à Paris.
HILDEBRAND, cloches, à Paris.
ROGER, cordes de musique, à Paris.
SOYER, limes, à Nevers.
COURJON, limes, à Nevers.
BOBILLIER, faux, au-dessus de la fin des Gras (Doubs).
SCHMITT, enclumes, à Paris.
CAMUS, quincaillerie, à Paris.
PRUD'HOMME, vis et boulons, à Bercy, près Paris.
VARLET, vis et boulons, à Paris.
FRESTEL, vis et boulons, à Saint-Lô (Manche).
GRANGOIR, serrurerie, à Paris.
FICHET, serrurerie, à Paris.
CHAMPION, toiles métalliques, à Paris.

MACHINES.

ROUFFET, machines-outils, à Paris.
BAUDAT, machines-outils, à Paris.
BECQUET, machines-outils, à Paris.
FINBEL, machines-outils, à Paris, à Mours (Seine-et-Oise).
BOULANGER fils, machines-outils, à Paris.
NUMA-LOUVET, machines-outils, à Paris.
FAN-ZVOLL, machines-outils, à Paris.
CLERC-ARMAND, machines-outils, à Paris.
ADAM (Eugène), machines-outils, à Colmar.
CONTAMIN et Cie, machines-outils, à Paris.
GENESTE, machines-outils, à Paris.
GUENIN, machines-outils, à la Chapelle-Saint-Denis.
CONTAMINE, machines-outils, à Paris.
BAINÉE, machines-outils, à Paris.
LEONARD, machines-outils, à Paris.
TRAVERS fils, machines-outils, à Paris.
GESLIN, machines-outils, à Paris.
COTTON frères, machines-outils, à la Rochelle.
BOUTTÉ, machines-outils, à Paris.
FEUILLATRE, garde-robes, à Paris.

INSTRUMENTS DE PRÉCISION.

CLAUDIN, arquebuserie, à Paris.
CAMILLE JUBÉ, arquebuserie, à Paris.
DESNYAU, arquebuserie, à Paris.
PERRIN-LEPAGE, arquebuserie, à Paris.
BAUERKELLER et Cie, cartes géographiques en relief, à Paris.
WETZELS, pianos, à Paris.
KOSKA, pianos, à Paris.
BUSSON, pianos, à Paris.
LACOTE, instruments de musique, à Paris.

ARTS CHIMIQUES.

PELTIER frères, conserves alimentaires, au Mans.
CHOMEAU, conserves alimentaires à Paris.
DURIEZ, bougies, à Paris.
LANDINY, colle forte, à Grenoble.
LEFEBURE frères et fils, colle forte, à Paris.

DEMARSON et Cie, savons, à Paris.
BOURBONNE-FILLION (Mme), savons, à Paris.
GUICHARD, produits chimiques, à Chatenay, près Nantes.
TRICOTEL et CHAPUYS, couleurs, à Paris.
MACLE, couleurs, à Paris.
PANAY père, matières tinctoriales, à Puteaux.
GISCLARD, produits chimiques, à Alby.
LÉON, vernis, à Paris.
HERBIN, cirages et vernis, à Alby.
CERBELAUD, calorifères, à Alby.

BEAUX-ARTS.

LEUILLET, typographie, à Paris.
RIGNOUX, typographie, à Paris.
MARTENOT, lithographie, à Paris.
DELARUE, lithographie, à Paris.
LARDIÈRE, lithographie, à Paris.
CHERRIER, reliure, à Paris.
LEBLANC (veuve), gravure, à Paris.
CLICQUOT, gravure, à Paris.
BEAULÈS frères, imprimerie, à Paris.
BERNAUDA, bijouterie, à Paris.
RINGUET-LEPRINCE, ébénisterie, à Paris.
HOEFER, ébénisterie, à Paris.
BAUDRY, ébénisterie, à Paris.
COLLETTA-LEFEBVRE, tabletterie, à Paris.
BOUHARDET, billards, à Paris.
SERRUROT, bronzes d'art, à Paris.
COURCELLE, bronzes d'art, à Paris
POMPON, bronzes d'art, à Paris.
BORDEAUX, estampage sur cuivre, à Paris.
MAURIN, estampage sur cuivre, à Paris.
VAUTHIER, bijouterie, à Paris.
TERRART, sculpture, à Paris.

POTERIES.

HALOT père et fils, porcelaines, à Paris.
LANGLOIS (Frédéric) et Cie, porcelaines, à Paris.
BARRE-RUSSIN, porcelaine, à Paris.

ARTS DIVERS.

MATTON (Auguste), gants, à Paris.
PINSON, boutons, à Paris.
GUILBERT fils, boutons, à Paris.
BOUMESTANT, papeterie, à Paris.
ANGRAND, papiers de fantaisie, à Paris.
FENOUX, grainerie, à Paris.
DIER, restauration de vieux habits, à Paris.

GRAND FESTIVAL DE L'INDUSTRIE.

La solennelle distribution des récompenses a été le dernier acte de cette fête nationale, qui a si profondément réagi pendant deux mois sur la vie du pays. Là s'est terminé cet imposant concours ; aux derniers accents de la voix royale s'est dispersée cette élite de notre industrie ; ici donc, terminant l'historique précédant, nous pourrions borner notre tâche et nous reposer aussi, nous, de nos fatigues. Toutefois, ce palais de l'industrie, qui, pendant deux mois, a été le théâtre d'une si prodigieuse activité, le centre vers lequel la France et une partie de l'Europe ont convergé, ce palais existe encore ; il est debout, solitaire et sans échos. Un sentiment généreux, une pensée intelligente n'ont pas voulu laisser disparaître ce monument éphémère de notre gloire industrielle sans que les arts vinssent y associer leur poétique souvenir. Les convenances matérielles semblaient satisfaire aux exigences d'une grande solennité musicale. M. Berlioz, qui le premier avait conçu le plan de cette grande fête lyrique, se mit en devoir de procéder à son organisation. Son habileté depuis longtemps éprouvée, et la bienveillance que d'ailleurs elle rencontra de toutes parts, allégèrent pour lui le poids de cette lourde tâche. Après des répétitions partielles habilement dirigées, le palais de l'industrie s'est rouvert une dernière fois le 1er août pour faire aux grands maîtres de l'art musical un accueil aussi enthousiaste que celui qu'avaient reçu naguère les nombreux représentants de l'industrie française. On sait tout l'effet qu'a produit sur le public cette grande manifestation de l'art mélodique ; on se souviendra longtemps des sensations profondes qu'ont fait naître ces grandes masses vocales exaltant, soit les sentiments patriotiques exprimés par le génie de Berlioz et d'Halevy, soit les idées de travail et d'avenir qui ont si heureusement inspiré le talent de M. Méraux.

Quant aux grandes œuvres de Beethoven, de Rossini et de Meyerbeer, leur éternel et magique effet ne dépend ni des lieux ni des circonstances.

Honneur à l'homme qui, à la fois illustre compositeur et non moins habile chef d'orchestre, a su disposer une fête artistique égale en splendeur à celle que l'industrie nationale célébrait depuis deux mois, et supérieure à tout ce que l'Europe musicale a réalisé de plus grandiose jusqu'à ce jour !

TABLE

PAR ORDRE DE MATIÈRES.

FIN DU VOLUME.

www.ingramcontent.com/pod-product-compliance
Ingram Content Group UK Ltd.
Pitfield, Milton Keynes, MK11 3LW, UK
UKHW020133220726
13923UKWH00001B/140